第 七 卷

1920.1—1921.12

孙中山史事编年

主　编　桑　兵

副主编　关晓红　吴义雄

谷小水　著

中华书局

目　　录

1920年(民国九年　庚申)五十四岁

1月

1月1日　上海《民国日报》创刊四周年,本拟撰文纪念,因日来感冒风寒,不克完成,乃书"天下为公"四字,于《民国日报》纪念增刊刊载,以作纪念。

△　派戴季陶出席寰球学生会举行的新年宴会。

是日下午6时半,寰球中国学生会假座黄浦滩前德国总会举行新年大宴会。上年12月27、29、30日,寰球学生会曾在报章连续刊登预告,通报此次活动的重要内容之一,为前大总统孙中山演说。但元旦当日,因"偬染时症",感冒未愈,无法亲临,遂派戴季陶代表莅会。戴氏在演说中对缺席原因有所说明。(《寰球学生会新年会详志》,《申报》1920年1月3日,"本埠新闻")

△　徐东垣来函,称吉林实业可以森林采伐为重。

日前,徐东垣前来晋谒,曾以实业一途相询。本日,徐东垣来函,谓吉林实业"惟采伐森林一项,既宜于生产,又厚于获利,且暂用旧式人力采伐,渐变机器采伐,则施行最易而收效尤速"。并详缮规划说明,附呈鉴核。接函后批示:"现在无暇从事于此,惟欲以此转布海外同志耳。"(《徐东垣上总理函》,环龙路档案第12596号)

△ 李国柱来函,恳时赐教言。(《李国柱上总理函》,环龙路档案第04337号)

△ 石青阳来函,恭贺新禧。(《石青阳上总理函》,环龙路档案第00648号)

△ 日本《大正日日新闻》刊载孙中山谈话。

是日,创刊于上年11月的日本杂志《大正日日新闻》,以《支那人的日本观》为题刊载孙中山谈话,介绍中国人对日本、朝鲜以及世界局势的基本认识。文章略谓:

"支那的政局依然陷于极其混沌的状态,即使是我,也不知道其适当的归结。南北议和问题自决裂以后长期陷于停顿状态,岁月已经过去多时。从最近的形势来看,和平的时机渐渐在变化,大概不日将举行上海和平会议。可是就结果言,很难说如此。支那改造运动最近也正被热烈地议论。但据我看来,改革的第一步除了完备交通工具以外,没有别的。应该先实现这些,然后逐渐从事其他工作。支那各地的排日运动仍旧甚嚣尘上,这是很可悲的现象。最近支那人的排日感情渗透得很深,不可能很容易地除去。我虽然也承认日本的自然膨胀是不得已的事情。但是如果要想在支那得到发展之地的话,其结果将只有绝望。将来即使日本向支那扩张,支那人也一定采取强烈的反抗态度。日本目前正变为世界的憎恶的中心,陷于重大的困境,在支那被支那人抵制,要是向南方发展,将受到欧美人反对,在西伯利亚也一样。如果日本愿意在不被反对的情况下充分谋求发展的话,须赴南洋。在爪哇、苏门答腊本地人不用说,数十万支那人也还很欢迎日本人,所以应该向这方面积极寻求发展。何况那里不就是日本人的故乡吗?在别的地方不受欢迎的时候,返回故乡是极其自然的。反过来,看看世界形势,这次欧洲大战大大改变了世界形势,盎格鲁·萨克逊民族的横暴愈来愈烈。此时可不是我们亚洲人起内讧之时。盎格鲁·萨克逊民族和非盎格鲁·萨克逊民族的联合之间,或早或晚难免发生冲突的命运,这样日本与支那必须联合,形成中心势力以对抗盎格鲁·萨克逊民族的横暴。自然印度人、土耳其、德国和巴尔干诸国也会参加，形势将变得微妙而引人注目。作为亚洲人必须观大局，谋大事。为了构成那时的中心势力，日本要全力以赴积蓄海军力量，支那则以巩固陆军力量为主。

"朝鲜问题变成了越来越困难的问题，我认为日本不如满足朝鲜人的希望，承认其独立。并吞朝鲜之举，必然招致朝鲜人的怨恨，增加支那人等对日本的怀疑，也对日本陷入现在的困境有很大的影响。本来没有比支那人更热爱正义的民族。日本曾以支那侵犯朝鲜独立为由，发起了中日甲午战争，战败的结果，支那割让了台湾，支付了巨额赔款。正义的支那人正是认为满朝皇室侵犯了朝鲜独立，所以不但对日本无丝毫怨言，而且反而尊敬日本，以前留学欧美的学生为了学习日本的文明纷纷奔赴日本，尤其是日俄战争以后甚至由尊敬转为崇拜。极端者，甚至有人提倡以日本皇帝代替清帝，以桂公为两国的总理大臣，恰似战前的奥地利·匈牙利帝国，成为真正的同君联盟。然而转为如今完全相反的情况，并吞朝鲜这件事实在起了相当大的作用。其结果是使得支那人产生强烈的怀疑和不安，它不仅作为酿成今日情势的主要原因，而且作为并吞主要理由的俄罗斯帝国也已经崩溃，今天，日本在北方已没有任何威胁和不安，日本即使满足朝鲜人的希望，承认其独立，又有什么障碍呢？相反，朝鲜人还会因此表示由衷的谢意，永远不忘此事，支那人也会排除对日本侵略的一切怀疑和不安，恢复昔日的友情，东亚和平也由此开始确立起来。"

该文由于旗帜鲜明地支持朝鲜的独立，因而引起朝鲜独立运动革命者的高度重视。1920 年 1 月 17 日，大韩民国临时政府的机关报《独立新闻》对该文略有删节后，以《孙逸仙氏的日本观》为题刊出。8 月 11 日，朝鲜《东亚日报》对该文删改后，以《朝鲜问题与中国》为题加以刊载。（［日］森悦子：《〈大正日日新闻〉与孙中山》，《近代史研究》1992年第 4 期）

1 月 2 日　杨嘉仁来函，请求资助回乡川资。

函谓:春间由粤返沪,困住此间,因衣履凋敝,无颜叩谒。现拟潜自回里,部署护法讨倪(嗣冲)事宜,惟川资无着,故函恳俯助若干。接函后批示:"无从为力","集合党人之力以济党魁则易,以党魁而分济党人,则尧舜犹病矣"。(《杨嘉仁上总理函》,环龙路档案第 01384 号)

1月3日　伍毓瑞来函,恭贺新禧,并"冀为国自珍,登民衽席,贶以教言"。(《伍毓瑞上总理函》,环龙路档案第 01639 号)

1月4日　陈漳来函,恳助赴川旅费。

日前曹亚伯偕上海工业协会会员陈漳来见。本日陈漳来函,请求资助赴川旅费。函谓:前接四川省长杨庶堪函召,昨又接该省警务处长张群函邀,惟囊中羞涩,川资难筹,恳请施以援手。接函后批示:"办不到。"(《陈漳上总理函》,环龙路档案第 00619 号)

△　黎天才来函,恭贺新禧,并致谢忱。

函谓:"天才辱承光宠,蒙赐容照,置诸案头,如亲德教。睹英华之朗照,益景仰之维殷。用肃芜函,遥申谢悃。"(《黎天才上总理函》,环龙路档案第 00636 号)

1月8日　廖家栋来函,称愿力行先生学说。

此前,孙中山曾将《孙文学说》及个人照像遍寄护法军将领。湖南陆军第一师第二旅旅长廖家栋收悉后于本日来函,谓:捧读学说,"所谓三民主义、五权宪法与夫种种宏规,诚为救国救种之苦心,旋乾转坤之圭臬,惜乎以理想视之,至国事日非,人民日增其痛苦。安得百万雄师,破此易知难行之劲敌"。并表示"今而之所从事",愿"以为神明之奉"。(《廖家栋上总理函》,环龙路档案第 04713 号)

1月9日　蔡大愚来函,请统一川局以谋北伐。

本日,蔡大愚来函,就川局陈述意见。函谓:自古以来,四川地位极为重要。汉高祖刘邦"善于用蜀而能成功";诸葛亮"明于用蜀",预先征服南邻羌犛之心,免却南顾之患,惜北伐"其功未遂";而今日四川当局"既不伐北,又欲排南,内地各部,不惟不思联络,更多方以凌轹之,是井蛙之不若,抑何足知有汉,此不得不为西南悲,益不得不为吾党数十年之苦心经营惜也"。为今之计，"公宜起而联南以统川局，伐北以定国是，此其时也。不然南局利于战而不战，北方利于守而得守，坐使岁月迁延，不待敌攻，而鱼烂祸作为可虑也"。（《蔡大愚上总理函》，环龙路档案第 00434 号）

△　俞文耀来函，恳俯允赴校演说事宜。

上海坤范女中校长俞文耀前曾来函，恳请于该校游艺大会期间来校演说。本日复来函，再申前请。（《坤范女中校长俞文耀上总理函》，环龙路档案第 09427.2 号）

△　黄任民来函，询问《孙文学说》二、三两卷出版日期。

函谓：拜读《孙文学说》第一卷，"非常佩服"，对五权宪法"尤其心醉"，故致函探问二、三两卷何时出版。如若可能，烦请复函，将"那本书里头的要点略说一说"。（《黄任民上总理函》，环龙路档案第 01204 号）

1 月 10 日　熊梦飞来函，报告夔州近情。

函谓：去年 6 月，与豫军总司令王天纵接洽，承蒙青眼，待若上宾。驻夔未久，李魁元据兵谋叛，幸王调度有方，用人得宜，一举殄灭渠魁。刻下王"深谋远虑，迥异恒蹊，训练士卒，必亲身检阅；招纳贤才，若周公吐哺。兼之所设之兵工厂，制造步枪，日增至六七支之多；又添设造炮厂一所，业已兴工。用意如斯，真不愧西南柱石"。学生与王颇称相得，"如蒙裁成，恳祈函电不时指示，俾所遵从"。（《熊梦飞上总理函》，环龙路档案第 00280 号）

是月上旬　致函军政府政务会议，陈请补助在法创设中国大学。

热心赴法勤工俭学事宜的李煜瀛自法返国，前来造访，详述法国之行推展教育事务情形，称在法设立中国大学，关系尤巨，且已获法国朝野赞助，期望能够得到国内各方的资助。本日，与唐绍仪联名致函军政府政务会议，详陈李煜瀛所谈内容，并请军政府拨款襄助。函谓："中国于海外自建大学，于教育前途，为利至溥。""自民国肇造以来，政本未安，奸宄屡作，民生疾苦，日以加甚；一线之望，惟在民心之未死，民智之渐开。而盈虚消长，实系于教育。教育之道，条理万端，以目前学校之未备，人才之难遇，国外大学之建议，实所以补其缺乏，应其需要，此为国家根本大计，诚不宜忽。用特陈请政务会议，拨给三十万元，以补助在法国建立之中国大学。"（《致政务会议函》，《孙中山全集》第 5 卷，第 200－203 页）

1 月 11 日　姚澄安、李白襄来电，恳请严电北廷，迅速撤换张敬尧。

张敬尧督湘以来，鱼肉湘民，罄竹难书。本日，湘西公民姚澄安、李白襄来电，痛陈张氏摧残教育，致使"省城无一学生踪迹"情形，吁请"西南当道诸公严电北廷，迅速撤换张敬尧，以救吾湘数千万不绝如缕之生命"。（《湘西公民请撤张敬尧通电》，上海《民国日报》1920 年 1 月 28 日，"公电"）

△　赵义来函，报告赴美行程。（《赵义上总理函》，环龙路档案第 08959 号）

1 月 12 日　吴醒汉来函，报告鄂西军情。

函谓：柏文蔚已于上年 12 月 18 日接受唐继尧任命，正式就任第一军总司令，所有善后事宜正着手进行。惟第二军总司令黎天才前因祖护唐克明，为公论不直，老羞成怒，竟欲吞并第一军。近日更迭来文电，含有示威举动。"汉以鄂西局势岌岌可危，一波甫平，何堪再摘，已联合各旅始终服从冀公治命，拥护柏公，无论何种压力，决不为动。除联名电达外，谨布腹心，伏乞主张公道，始终维持。"（《吴醒汉上总理函》，环龙路档案第 13041 号）

1 月 14 日　与马立成等谈南北政局。

加拿大华侨马立成、刘礼堂、李秉三归国，前来拜谒，就南北局势、开展实业诸问题探询意见。答谓："北方武人之祸国，南方贼子之专权，昔满清之权力，吾犹能推倒之，今桂系如此，吾人应赶他。今后我同志当一德一心，驱除此万恶不良之政府，大权还之民党，方可救中国危亡于万一也。"又谓："南方军府内幕，腐败不堪。陆氏及桂系握广东政局而腐败，汝地要齐心赶走几个桂人，必要我地粤人治粤。

前日赶满清要我，现下赶广西仔要汝地。"就加属华侨欲在扬子江购地垦荒、畜牧等事宜，答谓："垦荒之事，余不敢知。若买田些少，耕兼住家或无妨；如欲大作置，多买牛、羊、猪、鸡等，即有兵劫。欲知耕业如何，祈问朱卓文君便白。"（《与马立成等的谈话》，《孙中山全集》第 5 卷，第 203－204 页）

△　罗仁普来函，就孙文学说有所请教。

本日，罗仁普自四川崇宁来函，对《孙文学说》赞誉有加，谓"诵读之余，重开茅塞，真为千古辟一新生活，使吾国人早日趋于正轨"。并列科学、道家及《三民主义》《五权宪法》出版诸问题，恳请指教。接函后批示："欲知此种新理，须从物理、化学用功，不得从古说附会。"《三民主义》《五权宪法》出版"尚未有期"。（"中华民国"各界纪念国父百诞辰筹备委员会学术论著编纂委员会主编、中国国民党中央党史史料编纂委员会编：《国父墨迹》，第 394 页）

1 月 16 日　批杨鹤龄来函，告真革命党不屑升官发财。

杨鹤龄再次来函求职，函谓："近观大局，知已大有转机，广东三千万同胞，日日望公解决，非复如前岁之情况矣。老夫睹此，大有雄心，极欲服务民国。若得追随左右，必能裨补阙漏，有所广益。"（罗家伦主编、黄季陆增订：《国父年谱》，第 776 页）接函后批示："真革命党，志在国家，必不屑于升官发财。彼能升官发财者，悉属伪革命党，此又何足为怪？现无事可办，无所用于长才。"（《批杨鹤龄函》，《孙中山全集》第 5 卷，第 205 页）

1 月 17 日　丁湘田来函，恳请资助。

该函追溯革命经历，陈述留日计划后称：今春赋闲，病魔时扰，衣、食、住、医诸费用皆赖他人，债台因而高筑，恳请"推古人矜恤之心，念陈死人之交谊，惠湘七八十金，俾济燃眉之急"。（《丁湘田上总理函》，环龙路档案第 02922 号）

△　俞公骧来函，约期前来晋谒。（《俞公骧上总理函》，环龙路档案第 11725 号）收悉后复函同意。28 日，俞氏复来函，对不以在野小民见

遗,俯允接见,表示感谢,称拟三数日间前来拜谒。(《俞公骧上总理函》,环龙路档案第 03036 号)

1 月 19 日 蔡大愚来函,谢颁赐横条,请续赐著述。

函谓:"辱不弃狂愚,颁赐横条十幅,气苍笔老,训博爱为箴言;计远思深,群教宗以同化"。又谓:"前捧读大著,慨吾国数千年阘茸窳败之政治学说,得公扫而空之,善破坏不善建设之言,今后当根本打消矣。如续出书,仍祈颁赐,并惠教言。"(《蔡大愚上总理函》,环龙路档案第 00650 号)

△ 孙埜琦来函,祈赐寄《孙文学说》。

孙埜琦自北京来函,谓前在学友处阅《孙文学说》"甚佳",归而购置,惜书馆售罄。然"心恋此书甚切",祈寄送一部,"以扩眼界而开茅塞"。(《孙埜琦上总理函》,环龙路档案第 09056 号)

1 月 20 日 身体违和,蒋介石前来探视。(毛思诚编纂:《民国十五年以前之蒋介石先生》,第 89 页)

△ 批准谢持呈请,任陈树人为中国国民党驻加拿大总支部总干事。(《批谢持函》,《孙中山全集》第 5 卷,第 205 页)

△ 谭延闿来电,痛陈张敬尧督湘恶行,请一致主张驱逐。(《军政府公报》修字第 148 号,1920 年 2 月 11 日,"公电")

1 月 23 日 陆丹林来函,敬求"博爱"横披。

广州自理报社陆丹林前曾来函,并附吴山介绍书,请求书写"博爱"横披。本日复来函,恳请赐寄。(《陆丹林上总理函》,环龙路档案第 01205 号)

1 月 24 日 王正廷来访。

出席巴黎和会中国专使王正廷,自本月 22 日从香港启程,24 日下午 4 时抵达上海新关码头。上海各界百数团体到场欢迎,唐绍仪、徐谦、郭泰棋等也前往迎候。王稍作安顿后,即前来拜访,"报告一切"。(《王专使抵沪志详》,《申报》1920 年 1 月 25 日,"本埠新闻")

1 月 26 日 接受京津《益世报》访问,反对与日本直接交涉山东问题。

巴黎和会对德和约决定由日本继承德国在山东的特权,中国代表反对无效,拒绝签字。1月19日,日本驻华公使小幡酉吉向北京政府外交部提出山东交涉案,要求直接交涉。北京政府外交总长陆征祥时在归国途中,次长陈篆将日使通牒提交国务会议讨论,议决俟陆氏返国后再行决定答复日方。消息传出后,国人咸感痛愤。23日,广东护法政府致电北京,反对山东问题由中日直接交涉,电谓:"迭据报载,日使向北京政府声称日政府自己完全继承租借胶州湾,并德国在山东各种利权等语,查我国拒绝签字和约,正当此点,如果谬然承认,则前此举国呼号拒绝签约之功毁隳于一旦,即友邦之表同情于我者,至此亦失希望,后患何堪设想。如果日使有提出上列各节情事,亟应否认,并一面妥筹应付方法。再查此案我国正拟提出万国联盟申诉……此时更宜坚持初旨,求最后胜利。"(《中国大事记》,《东方杂志》第17卷第4号,1920年2月25日,第135页)

是日下午3时许,京津《益世报》驻沪记者佐治(徐谦)前来拜访,就山东问题应否与日本直接交涉征询意见。答谓:"余本主张'二十一条'应作废。日本并应于租借期满后,退出满洲各地。高丽独立问题,按照《马关条约》,中国亦应过问。余所主张如此,则山东问题不问可知矣。此次日本通牒,可以置之不理。盖日本绝无可以占据胶州、青岛之理由。""况吾国既已拒签德约,自无再与日本直接交涉之理。""此时若不知世界大势,又不顾国家人格,倘一经与日本交涉,胶、青既失,他国必且效尤,瓜分之祸随之……非然者,吾国宁可极力坚拒日本,而以抵制日货及其他断绝经济关系之法对待之。纵使日本以兵力压迫吾国,极言之,吾国为塞尔比亚,日本为奥国,亦不过再惹起一世界大战争,其结果日本将受莫大之祸,吾国尚可无覆亡之患,且可因此而有振兴之望。"(《孙总理之鲁案谈话》,上海《民国日报》1920年2月1日,"要闻")2月12日,日本《大阪每日新闻》以《孙逸仙氏暴论》为题,摘登了此次谈话内容。(段云章编著:《孙文与日本史事编年(增

订本)》,第610页)

随后在接受上海通讯社记者访问时进一步提出,解决山东问题应先谋恢复《马关条约》,扶植韩人独立,以及取消"二十一条"。谈话谓:对于山东问题,"此时似不必用狮子搏兔之全力,尽注于该问题之上",而应放远眼光。"其第一步办法,应先要求恢复马关条约,扶植韩人独立,以缓其冲。第二步办法,要求取销'二十一条'卖国条约,以锄其攫取山东之根。"此两步如能办到,则"吾国藩篱已固,山东问题即可以连带解决"。而两步方法的实施之法,"目下似宜先行造成一种强固之舆论,以博各国之同情,日后列强如有大半表同情于我,然后再定实施之法;或直接向日本要求;或提交国际联盟会公判"。(《解决山东问题应先恢复马关条约及取消二十一条约》,中国国民党中央委员会党史委员会编订:《国父全集》第2册,第848—849页)

1月27日　致函廖仲恺、古应芬,告与王乃昌接洽驱桂事宜①。

函谓:王乃昌返港,"对于桂省军事、党事有所商榷进行,企达将来桂贼驱除之后以'桂人治桂'之目的"。请与其接洽。(《孙中山致廖仲恺古应芬函》,李穗梅主编:《古应芬家藏未刊函电文稿辑释》,第136页)

△　伍毓瑞来函,谢赐玉照及学说。

上年底,周雍能受伍毓瑞、彭素民等派遣来沪晋谒,请示一切。临行携去孙中山玉照暨学说,分赠有关人士。本日,伍毓瑞自潮州来函,对惠赐照片及学说表示感谢,称"既仰德辉之晔耀,尤钦要论之玄深","愿身体而力行"。(《伍毓瑞上总理函》,环龙路档案第03050号)

1月28日　万黄裳来函,谢颁"博爱"手书。

本日,万黄裳自福建汀州来函,谓陈群由沪回汀,拜领所赐手书"博爱"二字,"已令裱匠裱好,日悬座右,以期警策而免坠落"。(《万黄裳上总理函》,环龙路档案第13691号)

1月29日　致函海外同志,冀发动华侨捐款,筹办英文杂志及

---

①　原函无年份,《古应芬家藏未刊函电文稿辑释》断该函为1919年。据内容看,似为1920年。

印刷机关。

因鉴及宣传工作在国内颇著成效,然以本国文字,外人无从了解,其影响只限于国内。为加强宣传工作,本日致函海外国民党人,促请发动华侨捐款,以便筹办英文杂志及印刷机关。函谓:"五四运动以来,一般爱国青年,无不以革命新思想,为将来革新事业之预备。于是蓬蓬勃勃,抒发言论。国内各界舆论,一致同倡。各种新出版物,为热心青年所举办者,纷纷应时而出。扬葩吐艳,各极其致,社会遂蒙绝大之影响。虽以顽劣之伪政府,犹且不敢撄其锋。此种新文化运动,在我国今日,诚思想界空前之大变动。推其原始,不过由于出版界之一二觉悟者从事提倡,遂至舆论放大异彩,学潮弥漫全国,人皆激发天良,誓死为爱国之运动。倘能继长增高,其将来收效之伟大且久远者,可无疑也。吾党欲收革命之成功,必有赖于思想之变化……最近本党同志,激扬新文化之波浪,灌输新思想之萌蘗,树立新事业之基础,描绘新计划之雏形者,则有两大出版物,如《建设》杂志、《星期评论》等,已受社会欢迎。然而尚自慊于力有不逮者,即印刷机关之缺乏是也。"是以促请海外同志协力赞助,俾设立英文机关报及创办最大最新式之印刷机关这两大计划早日成事。(《致海外国民党同志函》,《孙中山全集》第 5 卷,第 209—212 页)后英文机关报之计划,虽未能实现;而印刷机关上海民智书局则终告设立。该书局所有经费,除海内外同志赞助外,复由孙中山在财政机关拨充,由林焕廷主其事。(陈锡祺主编《孙中山年谱长编》下册,第 1224 页)

1947 年五四运动二十八周年之际,胡适撰文纪念。在该文中,胡适大段引用《致海外国民党同志函》中关于新文化运动的段落,并予以评述。他说:"中山先生这一番议论,写在'五四'之后的第八个月,最可以表示当时一位深思远虑的政治家对于五四运动的前因后果的公平估价。""孙中山先生的评判是很正确很平允的……中山先生是个革命领袖,所以他最能了解这个'思想界空前之大变动'在革命事业上的重要性。他对他的同志们说:'吾党欲收革命之成功,必有赖于思想之变化.'我们在二十八年后纪念五四,也不能不仔细想想我们今日是否已'收革命之成功',是否还'必有赖于思想之变化'."（胡适:《"五四"的第二十八周年》,欧阳哲生编:《胡适文集》11,第796—797页）

　　△　林森、吴景濂等来电,痛斥政学会议员破坏制宪会议,宣告议宪暂告终止。

　　广州国会自1918年9月始行召集宪法会议以来,因政学会议员的阻挠,始终无法顺利进行。南北议和停顿后,宪法会议于1919年11月18日重新开会,但由于政学会议员场内阻挠,场外攻击,持续二月余,制宪工作仍无实质性进展。是日,国会参众两院议长林森、吴景濂、代理审议长褚辅成及出席议员五百余人联名致电各方,痛斥政学会议员破坏制宪经过情形,宣告"自24日起,宪法会议暂行停顿,以待彼等最后之觉悟"。（《林森吴景濂褚辅成等为宪法会议纠纷案通电》,黄季陆主编:《革命文献》第51辑,第253—259页）

　　1月31日　杨玉山来函,恳拨资济助。

　　函谓:时局靡定,一筹莫展,略无职业,久守维艰,恳请"略拨公资,稍济穷迫"。（《杨玉山上总理函》,环龙路档案第01385号）接函后批示:"公资何来? 汝既称为党人,曾出过多少党资? 所请实难办到。"（《批杨玉山函》,《孙中山全集》第5卷,第212页）

　　是月　为《大光报》年刊题词,指出应当"破除"旧社会的"迷妄偏执"。

　　香港《大光报》出版庚申增刊,来函征词。以"《大光报》之立,至今八年。持正义以抗强权,于东方诸报中,能久而不渝者,唯此而已",欣然应命。题词首先追溯"光明"之于人类进化的重要作用,认为"光明者,知识之源泉,互助行为之先决条件也"。进而指出:"今日之人类,不但需爱地文上之光明,物理上之光明,尤须爱精神上之光明,心理上之光明。惟此种光明,能指示人生之趋向。而凡旧社会之迷妄偏执,——须以此光明照临破除之。障碍既除,然后此所谓互助者可得实现。盖光明者，不外使人认识实在，认识真理之一具。苟有其具而不用，或遗其实而惊其名，则无益而有害。抑且以光明与人者，其功固大，而责任亦尤重。"最后期望《大光报》"能与人真实之知识，互助之精神，不负其名也"。（刘蜀永整理：《孙中山先生佚文——〈大光报〉年刊题词》，《近代史资料》编辑部编：《近代史资料》总 97 号，第 273—274 页）

　　△　接见来访的张国焘、许德珩、康白情、刘清扬等青年学生①。

　　是月某日午间，张国焘、许德珩一行四人途经莫利爱路 29 号，顺道来访。席间，五四运动的青年领袖言辞"坦率"，孙中山也直言无隐，率直表达意见，大意是："你们学生反抗北京政府的行动是很好的；你们的革命精神也是可佩服的。但你们无非是写文章、开大会、游行请愿、奔走呼号。你们最大的成绩也不过是集合几万人示威游行，罢课、罢工、罢市几天而已。北京政府只要几挺机关枪就可以把几万示威的学生解决掉。现在，我愿意给你们五百条枪，如果你们能找到五百个真不怕死的学生托将起来，去打北京的那些败类，才算是真正革命。"随后，又就学生的"质问"有所答辩，要点是："一，他要学生们托起枪来，不过是希望学生们的革命精神再提高一步。他并不看轻学生开会、示威等等动员起来反抗北京政府的行动，并相信那些行动都有重要的作用。二，他承认我们指责他没有充分重视学生运动和新文化运动，不是完全没有理由的。他声称他很注重宣传，素来主张宣传与军事并重；不过事实上宣传的工作做得不够。所以不能使一般青年和民众了解他的主义和主张。三，他叙述他的三民主义和根本的推翻北京政府的立场，要求我们信仰他的三

　　① 据许德珩回忆，此次拜访或在 1919 年 8 月间。许还记道："归途中，大家边走边谈，觉得这位具有倔强性格的革命家颇能倾听我们的意见。同时，我们还感觉到，通过护法运动的失败，中山先生更意识到革命武装力量的重要，尤其是注意政治宣传和组织起来的必要，所以他提出要给学生五百支枪，绝不是偶然的。"如果确如张国焘所记发生于 1920 年 1 月间，似应在 1 月 15 日之前，因许德珩于 1 月 15 日自沪乘船赴法勤工俭学。（许德珩：《许德珩回忆录：为了民主与科学》，第 69—70、86 页）

民主义；一致合作，共策进行。"（张国焘:《我的回忆》第1册,第72—74页）

　　△　复函林德轩,勉按"前时计划"努力进行。

　　林德轩来函,报告湘西近况。本日复函,对林经营湘西,"日臻美满",佩慰有加;并告"承示俟湘西统一就绪,再谋推行,足征老成虑远,即按照前时计划,努力进行"。（《复林德轩函》,《孙中山全集》第5卷,第214页）

2 月

　　2月1日　蒋介石来访,"谈党务及国内时事"。（毛思诚编纂:《民国十五年以前之蒋介石先生》,第89页）

　　2月2日　报载孙中山对和议两项条件。

　　据香港报纸报道,近有沪上某政客返粤,据谈上海和会消息谓:"孙文近与唐绍仪意见颇融洽,孙对和会并无意见,惟伊单独提出两条件:（一）以胡汉民任广东省长,（二）须由北方政府赔偿伊因此次护法募债及一切损失费用二百万金以外,则一切南北双方条件,如何订拟,均不过问。唐曾以孙氏此项意见电询军政府,惟军政府中人对此多表示不满意。其原因则粤省长一席,军府与某要人有成约,早已内定有人。其二则以孙氏护法无赫赫之功,若伊亦提出赔偿费二百万,则其他独当军事之冲,如唐继尧、陆荣廷等及前敌各军司令又应赔偿若干?"（《军府与孙文意见不合》,《香港华字日报》1920年2月2日,"粤闻一"）

　　△　曾景星来函,报告汕头军情。

　　曾景星前曾来沪晋谒。离沪抵汕后,本日来函,略谓:"现到汕头,寄寓粤军总司令部。前者所闻军舰二艘到汕,并陆战队登岸一事,今查战舰二艘到汕是实,惟陆战队登岸是虚。目下该舰均既撤退矣。现桂军军饷一年未发,粤军军饷颇为充足,景今在汕,别有意志,尚希时赐教言,藉匡不逮。"接函后批示:"代答:来函收悉。"（《曾景星

上总理函》,环龙路档案第 01905 号)

2月4日　曾巾江来函,称宣誓为挽救世道人心之方。

函谓:"伏读先生学说,玩索再四,义精理足,引喻详明,为知识界辟一新天地,为谋国者示一指南针。我辈党人向以利国福民为宗旨,际此国家存亡,欲筹补救之法,须自挽回人心,自整顿民党始。入手之方,莫如力行先生学说中'宣誓'一节。"伏望"先生自旧日同盟会会员起,一一劝令实行,为全国之倡,否则不承认为同人"。"此举若行,庶几四万万人皆知宣誓为至重,久之深入脑筋,而信用之心油然以生,岂惟国基稳固,即社会道德亦赖以尊崇矣。"函末并附曾氏宣誓纸,以作倡行之始。誓词略谓:"曾巾江正心诚意当众宣誓,从此去旧更新,自立为国民,尽忠竭力,拥护中华民国,实行三民主义,采用五权宪法,务使政治修明,人民安乐,措国基于永固,维世界之和平。此誓。"(《曾巾江上总理函》,环龙路档案第 13791 号)

2月7日　卢殷民来函,约期来访。

卢殷民前曾来访,嘱其将著述转寄陕西于右任。本日,卢殷民来函,略谓:著述已于昨日付邮。拟近日前往漳州,于海军界中"鼓吹先生之新主张,决使大多数赞成,庶完达吾党之伟业"。惟日前晋谒,因来客众多,未能畅叙,欲改日再来拜见,"以便趋前毕陈其说,并讨论第二步进行之略"。接函后批示:"每日午后随时可来,有便当见,并送演说词二三十份。"(《卢殷民上总理函》,环龙路档案第 01430 号)

2月9日　致函许崇智,介绍李德益相见。

日前,李德益因潮梅事,携丁培龙手书来沪晋谒,陈述一切。本日致函许崇智,予以介绍。函谓:"文特嘱德益亲赴军次,将所有情形,晤兄详细言之,为此具缄介绍。德益至时,希即接见。"(《致许崇智函》,《孙中山全集》第 5 卷,第 214 页)

是月上中旬　黄辉、陈肇粲来访,谈论西南大学校址事。

天津学生联合会代表黄辉、全国学生联合会总会理事陈肇粲同来上海法租界环龙路寓所拜访,谈及西南大学校址问题。谈话中指出,西南大学应在广州创设,但"宜先设法赶走该处之江西军人方好。否则一经大学创成,必即为伊等势力所盘据,生种种之障碍,将设如不设矣"。(《孙中山之西南大学校址谈》,《申报》1920年3月15日,"本埠新闻")

2月12日　陈炯明来函,介绍许锡安来见。

泉州培元学校校长许锡安因学校经费短绌,扩充无由,拟赴沪来谒,意欲借重鼎言,向各方劝募。陈炯明因于本日致函,介绍来见。(《陈炯明上总理函》,环龙路档案第13286号)

2月13日　参加徐谦母亲丧礼。(《徐母出殡纪·平民式之丧仪》,《申报》1920年2月14日,"本埠新闻")

2月14日　陶乐勤来函,称民生主义可乘机而行。

函谓:顷因世界大战,经济革命已经发轫,似民生主义正可乘机而行。前孙中山"有大亚细亚民治主义之主张,亦可藉此载一时之机,北联俄,南联印度等,西联阿富汗、贝路芝,东联日本之平民、朝鲜之全体,造成亚洲新经济组织之世界"。接函后批示:大函接读,"甚为钦佩","务望人各尽一分之能力,则无事不可为。足下为商界中先觉,当于其中联络同志协力向前可也"。(《陶乐勤上总理函》,环龙路档案第13719号)

△　杨岳来函,恳请济助。

函谓:年来伏居海上,困厄异常,务恳济助一二十元,以救目前之急。接函后批示:"查明,酌量代答。"(《杨岳上总理函》,环龙路档案第13195号)

2月18日　林正煊等来函,请为《全国兵工总厂调查改革》一书品题。

函谓:何慨之顷辑《全国兵工总厂调查改革》,该书"不尚繁缛,简要详明,盖即本于实用之主义。观其内容,制械现形,了如指掌,尤能于革新规划,萃精会神,发挥警辟"。付梓在即,冀"藻题翔凤,庶几风行一纸"。(《林正煊等上总理函》,环龙路档案第01641号)接函后批示:"此等实用之书,当以内容之切实为贵,不当以品题文藻为贵。甚欲一见其书,如果适用,当力为介绍于军界。至于品题,不敢附和。"(罗家伦主编:《国父批牍墨迹》,第 106 页)

△　张煊来函,望赐文以纠汪文之失。

前顷张煊所办刊物登载汪彭年文章,对孙中山学说颇有误解。本日张煊来函,谓:汪文系章士钊推介,"不得不登"。"煊初欲作一反驳之文,与之同时发表,惟自维学识浅陋,恐或误会先生旨,以贻先生羞,故但识数语于后,以表己意,初不敢自谓有当也。倘先生及治晖(吴稚晖——引者注)先生能发挥鸿论,以纠汪君及煊失,煊所企望。"(《张煊上总理函》,环龙路档案第 09057 号)

△　钮永建来电,请将庚子赔款溢余专办教育。

欧战告终,德、奥两国庚子赔款停付。前顷俄国新政府发表宣言,国际间债务均应取消,俄国赔款停付有望。此外,英、美、法、意诸国以中国参战,亦有退还庚款之说。庚子赔款去向遂为国人观瞻所系。本日,钮永建致电国内军政要人,略谓:共和八年,祸乱相寻,"良以人民智识未尽开通,道德观念犹然薄弱","故欲解决吾国祸乱之本,非扩张教育事业不可"。"幸有兹赔款溢余之机会,当急图解决,阻止官场移作别用,留存本省民治机关,专办本省教育事业。"(《军政府公报》修字第 153 号,1920 年 3 月 3 日,"公电")

△　黄瑞祥来函,谢厚赐其子结婚"隆仪"。(《黄瑞祥上总理函》,环龙路档案第 01450 号)

2 月 19 日　批李维汉函,告无力资助。

李维汉前曾数次来函,又几度叩门求见,请求资助。上月 19 日适值 1919 年除夕,复来函恳求资助,以渡难关。并附当票一束,以作一贫如洗之证。本日批示:"当票送回,并代善为开导,以博施济众,尧舜犹病。若以众党而养党魁则易举,以党魁而济万千之党人,则万难矣。"(《李维汉上总理函》,环龙路档案第 04668 号)人

2 月 20 日　复电陈炯明,促早日率军回粤。

是月 18 日,陈炯明来电,报告滇桂冲突。本日复电,略谓:"观此今后种种变局,其有造于粤人复粤者甚多,未审兄能早日决心率粤军回粤,以收渔人之利否? 如兄已决心,文当能使两粤内部数处先发动,以扰乱而牵制之;然此必兄能随即回粤方济于事,否则徒劳也。"并请陈"切实答复"。(《复陈炯明电》,《孙中山全集》第 5 卷,第 215 页)

对于孙中山来电屡有促其回粤之意,陈炯明啧有烦言。据时人回忆:"陈对中山先生的出师北伐,在谈吐上亦闪烁其词,表示不满,曾对漳州士绅流露过这种意见:'中山先生又来电催我北伐了,须知羽毛不丰满者,不可以高飞,时尚有俟,时尚有待,我并非拥兵自私之徒也。'由于他有怨望,难怪叶举、洪兆麟之辈平素在公私场合中常辱骂中山先生为'大炮',亦置不闻问,未尝加以斥责或制止。"(段云章、沈晓敏编著:《孙文与陈炯明史事编年(增订本)》,第 255 页)

2 月 21 日　复函余荣等,贺勉悉尼国民党人召开恳亲大会。

澳大利亚悉尼华侨余荣等来电,报告悉尼国民党人拟于 4 月 3 日召开恳亲大会。本日复函,"借伸贺悃","深望诸同志于此次大会之后,感情愈洽,党务愈兴"。(《复余荣等函》,《孙中山全集》第 5 卷,第 216 页)

△　派徐谦参加俭德储蓄会周年会,并代为演说。

是日,俭德储蓄会于前德国总会原址举行周年大会,遣徐谦参加,并代为演说。演词略谓:"中山先生对于俭德储蓄极端赞成。节俭本吾国人固有之美德,储蓄亦然,所谓三年耕必有一年之食,九年耕必有三年之食,是其明证。但北人喜窖金,南人好首饰,皆未得当。最好集合储蓄会,办理以下种种:(一)消费组合,日用物品,零购不如趸购,故有消费组合,斯为便利;(二)银行及人寿保险公司,如能自办,利益必多;(三)公共住房,会员分居,费用较大,如有公共住所,如餐室、客室等多可省。至储蓄之目的,救国是已。"(《俭德储蓄会周年大会纪事》,《申报》1920 年 3 月 22 日,"本埠新闻")

2 月 22 日　与冈本理治、蒋介石坐谈。

是日,与日本友人冈本理治坐谈。继而蒋介石来谒,遂离席予以介绍,"誉不绝口"。据《民国十五年以前之蒋介石先生》,这一时期孙、蒋交往中,孙对蒋"公私宴会,皆待之以宾礼",常"纵谈历代之兴亡得失。关于清代建国规模之宏远,与其敕谕法典之精深,尤详加指示";蒋对孙则"师事弥笃"。(毛思诚编纂:《民国十五年以前之蒋介石先生》,第89页)

2月24日 复函李烈钧,贺其重握驻粤滇军兵柄。

护国战争发动后,李烈钧率云南护国第二军进驻广东。护法战争期间,在岑春煊的建议下,唐继尧命李根源统率驻粤滇军,李烈钧专任参谋部长,但李根源与岑春煊、陆荣廷等渐行渐近。有见及此,唐继尧于2月10日调整部署,下令免去李根源军事职务,改派为建设会议滇省代表,驻粤滇军由李烈钧就近指挥。

14日,李烈钧来函,报告重掌驻粤滇军第三、第四两师兵柄。(《李烈钧上总理函》,环龙路档案第02703.1号)本日复函,对李表示祝贺。函谓:"足下以戡乱长才,久困群小,抚髀之叹,能勿同情。今竟合浦珠还,用武有地,岂维一人之庆,实亦邦国之光。"又谓:"文深盼得如足下者群策群力,以达吾党最终之目的。如以荛菲为可采者,自当本为国为友之诚,叩囊底智以备刍询。"(《致李烈钧函》,《孙中山全集》第5卷,第216页)

△ 陈炳堃来函,冀不吝赐教。

函谓:岁历更新,国难未已,人心之坏,偏集于护法之时。"炳堃起自田间,仍是国民身分,国民心肠,读先生学说,深用感慨,行将实行,藉励民志。先生如以为可教而进益之,未尝非吾国民之幸也。"(《陈炳堃上总理函》,环龙路档案第00667号)

2月27日 致电刘显世,促出兵柳州,袭桂巢穴,共救李烈钧。

是月23日,莫荣新以广东督军兼军政府陆军部长名义,下令撤销驻粤滇军第三、第四两师的番号,改编为边防陆军三个旅和三个独立团。李烈钧虽取得驻粤滇军大部统率权,然滇军驻省部队步步压迫,莫荣新暗中赞助,军政府总裁亦不加制止,在省已难立足。24日,李烈钧托词巡视北江防务离开广州,准备亲赴南雄、始兴抚慰滇军,对抗改编。李方离广州,已依附桂系的赵德裕、何福昌便纷纷出动堵截,莫荣新更派桂军、福军各路合计五十余营,以沈鸿英为前敌总指挥,邱渭南为前敌总司令,水陆并进,沿途截击。李行程阻滞,屡次被困,中经多次接触,各有伤亡。(李烈钧:《李烈钧将军自传》,第83—84页)

为安定西南大局,致电贵州督军刘显世,请出兵柳州夹击桂军。电谓:"此次莫荣新挟李根源抗命,不啻破坏西南,形同叛逆。陆荣廷以老奸巨猾,佯为不闻,实欲乘此驱逐滇军,取消国会、军政府,单独投降。近且益肆猖獗,令刘志陆围攻潮州赣军,缴械解散,以杜福建粤军入路;屯兵永州,挟谭延闿以防湘西靖国军之攻桂林,狼子野心,志不在小。文为西南大局,不忍坐视,已电在粤海陆军同志,起救协和,共除桂贼。我公为大局计,为冀赓并协和计,若令一军出柳州,以冲陆贼巢穴,则彼直无所逃命耳。"(《致刘显世电》,《孙中山全集》第5卷,第217页)

2月28日　刘焕藜来函,约期与张敬尧代表来见。

函谓:前因廖湘芸失败,由湘西返沪,道经长沙,为张骏所迫,面见张敬尧。张"宣示诚意,以为际此时代,非以先生之主张为主张,决不能图治。彼深恨从前错误,未早得聆钧教也。至攻桂一节,自谓如得先生命令,甘效驰驱";并修书一封,遣张骏前来面呈。接函后批示:"请礼一午后3时来。"(《刘焕藜上总理函》,环龙路档案第04338号)

是月　黄强来函,冀慨赠图书。

本日,广东工艺局局长黄强自广州来函,为该局图书馆筹募图书。函谓:"世界进化文明,学问尤关需要,现将敝校前设藏书室扩充为图书馆,并获各方热心人士赠书多种。素仰先生藏书宏富,如蒙惠赠工业书史类图书,俾敝校学生多识名物,增长学问,至深感激。"
(《黄强上总理函》,环龙路档案第01643号)

△　顾汉槎来函,祈量力资助谭传择遗属。

函谓:长沙学生谭传择在江南警察传习所肄业后,不幸因病溘逝。其未婚妻沈氏青年守节,所遗幼女教养方长,情实堪怜。恳请量予慨助。接函后批示:"查为何人,酌量代答。"(《顾汉槎上总理函》,环龙路档案第 04667 号)

3 月

3月1日　发表《地方自治实行法》。

是日,《地方自治实行法》发表于《建设》杂志第 2 卷第 2 期。略谓:"地方自治之范围,当以一县为充分之区域。如不得一县,则联合数乡村,而附有纵横二三十里之田野者,亦可为一试办区域。其志向当以实行民权、民生两主义为目的。故其他之能否试办,则全视该地人民之思想知识以为断。""若自治之鼓吹已成熟,自治之思想已普遍",则可试办清户口、立机关、定地价、修道路、垦荒地、设学校等六事。"如办有成效,当逐渐推广,及于他事。此后之要事,为地方自治团体所应办者,则农业合作、工业合作、交易合作、银行合作、保险合作等事。此外,更有对于自治区域以外之运输、交易,当由自治机关设专局以经营之。此即自治机关职务之大概也。总而论之,此所建议之地方自治团体,不止为一政治组织,亦并为一经济组织,近日文明各国政府之职务,已渐由政治兼及于经济矣。"(《地方自治实行法》,《孙中山全集》第 5 卷,第 220—225 页)

△　为陈安仁所著《社会观》一书作序,称与平均地权之义相合。

陈安仁,广东东莞人,中国国民党党员。著有《社会观》一书,函请为序。应请题序,谓:"陈君安仁,以其所著《社会观》寄予,予不暇悉读。读其'论新旧社会财富之观念'一节,知其于吾向所主张之平均地权之义固相合也。陈君研究日深,异日必能于依私有制经营发展之社会形态以外,更有所进,则于'天下为公'之义,几乎至矣。予日望之。"(《〈社会观〉序》,《孙中山全集》第5卷,第225页)

△ 陈应权来函,恳促陈炯明速办飞机事宜。

函谓:前由沪返粤,稍作停留,即奉命赴漳。将"对于飞机事宜之尊意",述商陈炯明,固蒙赞许,惟决定进行,尚无时日。"现飞机队发动机少,且不宜用。当务职员各逃东西,部内寥然,成为不生不死之形象,是属难堪。设想若此举不成,恐将自灭,援闽粤军中难望飞机效力也。"恳请亟催陈炯明,"即速着办"。(《陈应权上总理函》,环龙路档案第13512号)

3月2日 致电陈炯明,告平定桂系计划,促速汇经费。

电谓:"琼州孤悬海外,影响不大。必高、雷、钦、廉起后,琼队内渡以助,合力攻南宁,始足制其死命。广、肇亦可起,以牵动省城。以上各属需费数万,请火速电汇来沪,以便着人回粤立即发动,然后潮、梅应之。潮、梅一动,兄当拔队入粤,则桂贼可平矣。唐(继尧——引者注)处当另电着彼出兵百色,第恐彼无力耳,然亦无足轻重也。"(《致□□电》,《孙中山全集》第5卷,第226页)

△ 殷占阄等来函,征询组建平民政府意见。

中华国民自治研究会殷占阄、薛玉山、黄孝愚、尹中天等来函,谓民国成立迄今,纷乱不堪,实因"名虽民国,实犹专制","爰拟组建平民政府,无论何种政策,均须由真正之民意宣布施行"。是否可行,敬请训示。接函后批示:请读《孙文学说》,便知对此之主张。(《殷占阄等上总理函》,环龙路档案第13977号)

△ 刘焕藜来函,报告与张敬尧协约内容。

函谓:与张敬尧相约联合湘西及林修梅等交换条件,"对桂系服从先生命令外,至湘省省长、财政厅长等职,交归中华革命党之湘人,请先生指派"。接函后批示:"张果有实力,助吾党解决广西问题,则万事皆可从此解决,不必支支节节与争湘省之权利也。务期转致湘中同志,放阔胸衿可也。"(《刘焕藜上总理函》,环龙路档案第04357号)

3 月 3 日　徐元诰来函，请速催陈炯明起兵助李。

徐元诰离沪后于 3 月 2 日抵港。本日自香港来函，附呈前日《香江晨报》有关《滇军冲突大风潮》报道。函谓："协和已于前数日往北江一带指挥，老莫派四五十营助印，现在已与桂军开始攻击，印败退英德。协和已派凌霄赴漳，请竞存共同动作。请先生即速电知竞存，共清内奸为祷。"（《徐元诰上总理函》，环龙路档案第 02418 号）

3 月 5 日　蔡大愚来函，报告图陇计划。

1 月，蔡大愚迭上两函，有所请益，但未见回复。本日复来函，报告出兵甘肃计划，请求指示。函谓："近者川中动机四伏，恐不久即有战争，愚现竭力联络在野志士及一般豪侠，拟将来乘势组织一军，以为出陇地步。"颇可虑者，各方首领明大义之人少，存嫉妒之心者多，"届时通电，务望我公特别维持"。（《蔡大愚上总理函》，环龙路档案第 00541 号）

△　殷占阄等来函，称愿联络长江一带军警。

前日，殷占阄一行来见，未及"深叙"。本日来函，称殷等系陈其美旧部，于长江一带军警两界具"联洽实力"，并有"确切把握"。同人等愿听指挥，借尽国民职责。接函后批示："有路可干者，总望积极进行，造成事实，乃来讲话。"（《殷占阄等上总理函》，环龙路档案第 11280 号）

3 月 6 日　张绍曾来电，促沪会速和。

沪会停顿多时，外界仍有重开和会之声浪。本日，张绍曾通电南北要人，略谓：时势危迫，非速和无以谋统一，非统一无以对内外。期望南北双方"俱能彻幽自觉，将一切权利思想捐除尽净，本良心之主张，实行所谓爱国家、爱法律、爱永久和平"，协力敦促沪会速成，"尤望本觉悟之真诚，定会议之准则，俾国是归于正当"。（《军政府公报》修字第 161 号，1920 年 3 月 31 日，"公电"）

3 月 7 日　复函余荣，对热心国事表示欣慰。

日前余荣来函，报告悉尼华侨党务开展情况，并附寄款项。本日复函，告函款俱收，悉"阁下热心国事，始终不渝，至为欣慰"。兹将党

员证书三十一张，随函奉上。(《复余荣函》，《孙中山全集》第5卷，第228页)

3月10日　洪兆麟来函，报告闽事，并请指示国事。

函谓：自粤军得手后，闽省争权夺利者蜂起，方声涛为"无理之尤"，陈炯明"一让再让"，"彼则得寸进尺，忍无可忍，迫得申讨，此亦事势之莫可如何，量可告无罪于天下"。又谓："和议久悬不决，令人如堕雾中，先生得各方风气之先，伏祈赐示一二，以开茅塞。"(《洪兆麟上总理函》，环龙路档案第13409号)

△　林正煊等来函，恳赞助《全国兵工总厂调查改革》出版。

上月，林正煊等来函，请为《全国兵工总厂调查改革》品题。本日复来函，谓作者愿牺牲版权，献为公益，同人爱提倡公印，志在出版多册，广赠同袍，故印款须增筹措，敬恳出资赞助。(《林正煊等上总理函》，环龙路档案第01642号)

3月11日　成安邦来函，恳请资助。

民国大学学生成安邦来函，缕述求告资助情形，谓"自今至暑假之资，仍惶惶无以设济"，恳赞助学金五十元，俾不至失学。(《成安邦上总理函》，环龙路档案第01388号)14日，又来函详述家庭遭际及个人求学境况，请补助学金"每学期四十元，或每年百二十元，足济安之学业，不受半途中废之痛苦"。随即批示：无力代筹。(《成安邦上总理函》，环龙路档案第01386号)随即复函，告爱莫能助。26日，成复来函，再请补助。(《成安邦上总理函》，环龙路档案第01390号)

3月12日　复函陈树人，告颁爱国奖状。

陈树人迭次来函，报告加(拿大——引者注)属国民党党务开展情况。本日复函，对加属发展党务，成绩至佳，表示喜慰。并告加属同志前次缴纳爱国储金者不少，兹将奖状二千九百张托人带上，希照点收，"即转送各埠同志曾缴爱国储金者"，以示奖励。(《复陈树人函》，《孙中山全集》第5卷，第228—229页)翌日，因加属域多利李翰屏等函陈，上年曾电汇廖仲恺港银七千元，请寄爱国奖章二百枚，以转给爱

国储金缴纳同志，复致函陈树人，告请"查数照给，以昭划一"。(《致陈树人函》，《孙中山全集》第 5 卷，第 229 页)

3 月 13 日　葛庞来函，询湘军内情。

函谓：当此南北不战不和之期，湘军处不死不生之境，不识拥兵者究竟何意。"想我公高蹈沪上，消息灵通，必能洞悉底蕴"，乞示以周行，俾有遵循。(《葛庞上总理函》，环龙路档案第 04343 号)

3 月 15 日　致电陈炯明，告可备款购置军械。

电谓："近有可靠之路，有步枪二千、马枪五千、子弹七百万，总共价沪洋二十万元。银先存贮银行，然后立约，二个月内可以交货。如欲购之，请即备款与前途交易。"(《致陈炯明电》，《孙中山全集》第 5 卷，第 230 页)

△　徐元诰来函，称李烈钧已抵始兴，请促陈炯明并举。

李烈钧出巡，军政府断绝一切供给，徐元诰寓居香港东京旅馆，负责筹款、联络等事宜。本日来函，称自广东省署获得确信，李烈钧已抵始兴，"正式攻击之时已至"，敬请敦促陈炯明"即日动作，同时并举，收效倍捷"；"一失此机，恐先生唯一之□望，非迟十年不得实现"。(《徐元诰上总理函》，环龙路档案第 02924 号)

△　冯军一来函，询前函所陈意见。

函谓：日前来函，想已阅悉，是否可行，希即明示。因未接前函，不知所言何事，接函后批示："问何事。"(《冯军一上总理函》，环龙路档案第 01645 号)

3 月 16 日　欧阳豪来函，称可助李。

函谓："二李争战，系澄清内部、统一西南之机。李烈钧之成败，即先生之成败。西南之成败，国家之成败。但协军散处，集中实难，不谋急助，恐难久支。自己力能助李者，一为促驻潮援赣军起应，一为鼓动刘达庆，使桂军自乱。"接函后批示："着来面谈。"(《欧阳豪上总理函》，环龙路档案第 02633 号)

3 月 17 日　致电廖湘芸，嘱切实计划与张敬尧联络。

13日,张敬尧来电,称廖湘芸将赴沪一行,不久又悉廖改变计划,拟派员来沪。本日致电廖湘芸,谓:未暇来沪,想系"图谋进行",张敬尧"英勇亢爽,诚意自矢","望即与绪先兄切实计划,并随时将进行情形电沪"。(《致廖湘芸电》,《孙中山全集》第5卷,第230页)

△ 致电唐继尧,商讨奠定西南军事计划。

李烈钧遭遇重重围堵后,唐继尧陆续有所动作。14日,唐通电西南,指责莫荣新派兵四出,公然开衅,宣称任唐继虞为援粤总司令,率兵三师,11日已由滇出发,驻陕之叶荃部亦假道鄂湘来桂。(《中国大事记》,《东方杂志》第17卷第7号,1920年4月10日)16日,李烈钧抵达始兴,与驻扎该地及附近地区的鲁子材、杨益谦会合。而韶关方面,备战益急,且迭与李军接战,双方相持不下。

李烈钧初抵始兴,即致电唐继尧,盼火速出兵百色,予以援救。电谓:"协和虽脱围至始兴,然非速救,仍恐不免。协和冒九死一生而踏绝境,实为兄也。当此千钧一发之际,所望于兄者宜火速出兵百色,其数无论多少,必能夺其胆气,而摇其根本。"如能催兵百色,必令四方响应,则"协和之围可解,竞存之阻可消,便可合攻广州。广州一下,彼众必解体矣"。(《致唐继尧电》,《孙中山全集》第5卷,第218页)

本日复致电唐继尧,商讨援李及奠定西南计划。电谓:此次事变名为莫荣新助逆,实则陆荣廷老奸巨猾,行其破坏护法、窃据西南之计划。故此次必具决心,"以剿平游勇,奠定西南为唯一之目的,无调和之可言"。并告已着手运动四川、海军、陈炯明、王文华等多处发动,请对于军事计划亦随时电告。(《致唐继尧电》,《孙中山全集》第5卷,第231—232页)

随后又再次致电,促按计划火速举行援粤兵事。电谓:"来电以全权委协和,办法甚是,惟协和近为桂军、印军包围,消息不通,无从接洽。潮、澄伍旅又被刘志陆逼令缴械解散。今所恃以救协和者,各路民军耳。非有正式大军以持其后,民军力薄,能救协和与否,尚不可必。近闻陆复派兵至永州,派代表至贵阳,有收复湘西民军势力之计划。请致电湘西各军,勿为所诱。要之,老贼心一而力齐,我则兵众而号令动作皆不一致,前途利钝未可逆料。又川事当即解决,即使不能遵行移兵而去熊亦大足为粤声援,不宜置于粤事之后。报载尊处又出师百色,此诚上着,亦救协和之急着。如尚未行者,宜火速举行。兄果出兵百色,又必促竞存同时入粤,及令钦、廉速起制之,则游勇可灭也。"(《致唐继尧电》,《孙中山全集》第5卷,第243页)

△　致电王文华,请促湘南将领率军南下。

本月13日,黔军总司令王文华发表通电,严词指斥桂系。观其电文,虽"主张正义",但仍存幻想,称将"婉劝莫督,以大局为重"。本日致电指出:此次事变,陆荣廷实为主脑。为今之计,惟有"剿平桂贼、奠定西南"。"足下逼近贼巢,一举足于冲破桂贼之腹",若能"就近电促湘南将领,率军南下,直抵韶州,非惟解协和之危,且制广州之命"。(《致王文华电》,《孙中山全集》第5卷,第232页)

△　批陈卓平函,告已办妥其侄赴美求学担保事宜。

3月1日,陈卓平来函,谓其侄陈达廷自上海扶光大学肄业,拟赴美求学,但须殷实人士担保,方能成行,恳请作保。本日批函,告已照来示办理。(《陈卓平上总理函》,环龙路档案第01206号)

△　水海山来函,称将效法荆聂,除去岑陆。

河南陈州东乡雷楼水海山前来上海,并奉上一函,谓:"民国九载,不若前清,孰令致之,岑陆二贼。现已准备妥当,不日乘轮,效法荆聂,前往除贼。"(《水海山上总理函》,环龙路档案第03134号)

3月18日　致电陈炯明,告运动各方进展,并有所指示。

李烈钧出巡后,孙中山积极联络,多方运动,力促事件朝"剿平桂贼、奠定西南"方向发展。本日致电陈炯明,告运动各方进展,促有所行动。电谓:云南已决定出兵,湘南可望援应,请致电谭延闿协助;沪上粤商筹款难望,港商颇望粤军回粤,请致函纠合港商筹款;粤中计划略事调整,"先起广属,次起潮、汕,三起钦、廉"。(《致□□□电》,《孙中山全集》第5卷,第233页)

△ 旅沪国会议员来电，斥军政府唯利是视，与北京政府一丘之貉。

是月14日，广州军政府致电靳云鹏，对北京政府举借外债一事态度暧昧。本日，旅沪国会议员通电桂系、政学系之外的西南要人，力斥其非。电谓：循该电词意，"不啻表示赞成卖国，特不许北方有此专卖权耳"。军府今绝少积极负责之人，"三数金壬，因而滥厕其间，把持一切，狗苟蝇营，唯利是视，道路侧目非一朝矣"。来电呼吁"力图挽救，共拯危机"。（《旅沪国会议员通电》，上海《民国日报》1920年3月26日，"本埠新闻"）

3月19日 但懋辛来函，请赐训诲。

函谓：民国九载，国事蜩螗，西南舍战言和，迄今一无所成。"总裁国民先觉，对于横流，当有匡救，幸赐示诲，俾有遵循。"又谓：川省人士多趋私利，"然辛等频年以来，则一本同盟宗旨而行，故凡作事，皆欲与公之三民主义相合"。接函后批示：不答。（《但懋辛致总理函》，环龙路档案第00438号）

3月20日 谢持呈请委任余祥炘为党务部干事，批示"着总务部办理"。（《党务部主任谢持上总理呈》，环龙路档案第12050号）

△ 吴醒汉来电，报告黎天才图谋吞并情形，请主持正义。

吴醒汉前曾来函，报告黎天才以统一为名，图谋并吞。本日又来电，称黎近怂恿挑起冲突，复以查办为名，"派遣重兵，逼临施建"，局势日趋紧张。恳请"主持正义，警告黎军"。（《高尚志被暗杀要电》，《申报》1920年3月27日，"本埠新闻"）

△ 报载孙中山派员调解陈炯明与方声涛矛盾。

陈炯明、方声涛内斗，对援闽粤军回粤无疑有所牵制。为解决矛盾，孙中山一面致电唐继尧，请其促方"顾全大局，毋滋纷扰"，一面派员前往调停。据报纸报道，"胡汉民、林森及多数国会议员已往漳州，鉴于云南、广西两派之轧轹，欲调和陈炯明、方声涛二氏，以一致对付桂系"。（《二李战争与各方面》，北京《晨报》1920年3月20日，"紧要新闻"）

3 月 21 日　胡文灿等来函，报告组织靖国讨逆军讨贼。

滇桂冲突，各地革命党人纷纷活动，意欲响应。本日，胡文灿、唐提雄、卢则三等来函，谓陆荣廷、岑春煊、莫荣新借滇军风潮，欲将民党一网打尽。是以提振精神，集合同志，组织靖国讨逆军，一俟筹备就绪，即行誓师讨贼。并谓"若不有先生命令，万不敢轻举妄动"，恳请指示南针。接函后批示：勉与他军协同讨贼；如"立有奇功"，"当必始终维持"。（《胡文灿等上总理函》，环龙路档案第 02420 号）

3 月 23 日　黎萼、潘起山等来函，报告讨贼准备事宜，敬祈指示方略。

驻宜昌将领黎萼、丁士杰前曾来函，报告于粤中多方联络，图谋廓清西南内部计划，并请返粤主持大局。接函后批示："如确有如此实力，如此组织，则当以起事为征。如能分头并起，以击桂贼，则文必竭力助成，务使各人成军也。如不能发起，则人械虽多，何济于事？故对于不能发起与一发而即散者，皆不欲与闻也。望公等竭力将各地人众造成事实，然后来商可也。"（"中华民国"各界纪念国父百年诞辰筹备委员会学术论著编纂委员会主编、中国国民党中央党史史料编纂委员会编：《国父墨迹》，第 398－399 页）本日，黎萼、潘起山等复来函，述粤中军事布置情形，并附呈报告、计划、请求三大端，祈请指示方略。（"中华民国"各界纪念国父百年诞辰筹备委员会学术论著编纂委员会主编、中国国民党中央党史史料编纂委员会编：《国父墨迹》，第 399－400 页）

△　复函徐谦，告将以实力对付陆桂。

函谓："接读宣言，确有特见。惜文于宗教神理之学，荒疏已久，一时不敢参加末议也。日前拟发通电一事，意在鼓励西南之士气。今滇军将领既有通电，则此电可以不发。以后当以实力对付山贼耳。"（《孙中山致徐谦函电六件》，《历史档案》1984 年第 3 期）

△　焦易堂来函，建议与各方联络，共谋倒桂。

函谓：近日李烈钧与滇军已开始反攻，各方空气为之一变，正好乘此时机力谋统一。"目下海军表面未能与滇、粤一致，似宜速派代

表向各方面秘密联络,俾粤、滇、海军就此范围共同行动,桂不难挫也。"(《焦易堂上总理函》,环龙路档案第02422号)

3月24日　朱伯为来函,恳请资助五百元。

本日,《实业旬报》主任朱伯为来函,请求资助。函谓:受杨庶堪等托付,驻沪接洽四川实业事件。近因款项不继,一年来所经营者濒于失败。恳请酌饮五百元,俾得继续进行。接函后批示:爱莫能助。(《朱伯为上总理函》,环龙路档案第00625号)

3月25日　李烈钧所部克复南雄,出巡之役告终。

是日上午9时,成桃部进犯马子坳,攻击甚力。下午2时,鲁子材率援兵赶至,成部不支溃退。鲁部乘胜追击,于3时攻占南雄。军政府闻讯,乃由岑春煊派吴介璋赴始兴前线,命令停战,岑并亲莅韶关迎候李烈钧。4月1日,李烈钧抵韶,在岑氏代表李书城、王有兰的陪同下返回广州。出巡之役宣告结束。(李烈钧:《李烈钧将军自传》,第84—85页;天啸:《李烈钧出巡记》,第202—204页)

△　致电徐元诰,嘱告李烈钧来沪。

经由联络,湘南已决定出兵援李。前曾致电李烈钧,未见回复。本日致电徐元诰,询问前电情况,并嘱其转告:"湘南可出全力攻桂,最好协和往湘南指挥,与竞存互相策应,同时进攻,则桂贼可平,而西南大局可以解决矣。务请协和速来沪,此间可设妥法安全通过各地。"(《致徐鹤仙电》,《孙中山全集》第5卷,第234页)

△　曾文侠来函,奉呈由湘攻桂计划书。

本日,旅沪湘籍革命党人曾文侠来函,奉呈《由湘助滇督攻桂计划》及湘局分析,并谓如果可行,当与计划书策划者韩恢前来晋谒,当面请教。(《曾文侠上总理函》,环龙路档案第11965号)

△　报载唐继尧派员来沪协调攻桂。

报道称,粤中滇桂战事近日复有扩大之势。据广州探员电讯,"唐继尧对于此次战事决意不受调停,现已派员驰赴上海与孙中山接洽,请电陈炯明合力攻粤,以分莫督之兵"。(《西南局面愈糟》,北京《晨报》1920年3月25日,"紧要新闻")

3月26日 致电王文华,征询讨桂意见。

本月17日曾电王文华,请其出师讨桂,未接回复。25日,李烈钧部攻占南雄,随后接受调停,各方联动讨桂情势为之一变。本日致电王文华强调指出,桂系实为根本解决之障碍,"吾辈不欲言救国则已,如言救国,则此根本为害之游勇,非先扑灭不可"。请其电示讨桂意见。(《致王文华电》,《孙中山全集》第5卷,第234—235页)

翌日,刘少南受王文华委派赍函到沪,前来晋谒,报告贵州情形。当即复函,指示对南对北方略。函谓:辛亥以还,桂系集团惟利是图,若不加以翦除,西南无以立足。当下须以解决西南内部问题为先,对北则应"择其较有信义而不巧滑者"相与周旋,俾使解决西南内部计划畅行无阻。(《复王文华函》,《孙中山全集》第5卷,第236—237页)

3月27日 复函吕志伊、段雄、李华林等,勉团结一致,共谋讨桂。

是月11日,驻粤滇军将领吕志伊、段雄、李华林来函,表示愿牺牲一切,相与始终。本日复函指出:"广西游勇破坏大局,文为国计,早已着手准备,誓歼渠魁。""吾人及今团结一气,收之桑榆,未为晚也。"并指示:"军行之际,间诡百出,稍一不察,辄启猜疑,往往功败垂成,玩寇自祸,非疏通各军意志,不能免此。三兄滇人也,而久客于粤,幸留意焉。"(《复吕志伊函》,《孙中山全集》第5卷,第235—236页)

3月28日 委任刘谦祥、叶独醒分别为宿雾中国国民党支部交际科、总务科主任。(《给刘谦祥委任状》《给叶独醒委任状》,《孙中山全集》第5卷,第238页)

△ 复函 Nathaniel Peffer。

是月15日,美国《纽约时报》驻中国记者 Nathaniel Peffer 来函,阅后觉"很有意思"。本日复函,略谓:"我仔细读了您的印象和推论,并且相信您比别人看的清楚些,看的远些。您在这信中所表示的,我会放在心上。假设您有任何新的消息,请续惠告。"(《致 Nathaniel

Peffer 函》,郝盛潮主编、王耿雄等编:《孙中山集外集补编》,第 254 页)

3月29日　广州军政府政务总裁伍廷芳及参众两院议长林森、吴景濂因反对岑春煊乱政,先后离开广州。

伍廷芳离开广州后,先往香港暂居。军政府一面派员前往慰留,邀其尽快返省,一面对其采取预制措施,"部员被监视","银行存款被查封",且准备于香港法庭发起控告。4月8日,政务会议发布命令,免去伍廷芳外交、财政部长本兼各职,任命陈锦涛为财政部长、温宗尧为外交部长。伍与军政府决裂心意渐决。9日,伍廷芳发表离粤通电,痛揭西南不法武人各为其私,导致军府形同虚设之五大罪状,声明自己"离粤后,广州政务会议不足法定人数,照章不能开会,一切行动,概属无效";并透露行止,表示"日内赴沪,当与孙、唐两总裁暨国会议长、议员诸君计划进行,并与护法各省电商大计"。(《伍廷芳声明离粤之通电》,《申报》1920 年 4 月 17 日,"国内要闻")次日,伍再发通电,重申广州政务会议所有行动均属无效,声称:"廷芳特将应用文件、印信及关税余款,携带赴沪,对于外交、财政两部事务,仍旧完全负责。"(《伍廷芳离粤后之第二通电》,《申报》1920 年 4 月 19 日,"国内要闻")12 日,伍离港前夕函复岑春煊,缕述离粤缘由。13 日,伍廷芳偕林森、褚辅成乘"香取丸"号前往上海。

△　致函李安邦、李绮庵,指示讨桂军事。

黄明堂日前来函,称与李安邦、李绮庵等在讨桂军名义问题上存有分歧。本日致电李安邦、李绮庵指出:"对于其他之同志,当以事事让之以名誉,使能和衷共济为要。""此时名目,殊无要紧",将来军级大小,当以立功多少为定。对于广州起事,并指示当注重两点:"一为长洲炮台,此当与海军疏通,然后占领为根据地,以重兵守之,此事当与邓鼎峰合作。二为尽夺其内河炮船,以控制各江之交通,而尤以绝塞西江为重,务使由三水至梧州,皆入我势力之下。如能达此两目的,则省城可不攻而下矣。"(《致李安邦李绮庵函》,《孙中山全集》第 5 卷,第 238—239 页)

3月30日　易次乾来电,请通电宣布岑春煊罪状。

南北和议早经停顿,而岑春煊等与北方的疏通联络一直未有停止。是月11日,岑氏致电西南各督,谓北督曹锟、张作霖、李纯等企图联合西南,提出解决时局办法五条,包括由北京政府召集修改国会组织法、议员选举法,并依据两法召集新国会,南北两国会同时停会;西南各省通电取消自主,拥徐世昌为中华民国总统;南北共组弼政院,负责处理相关争议事件等。本日护法议员易次乾来电,报告岑春煊私自议和情形,恳请四总裁及三议长通电宣布岑氏罪状。(《吴景濂函电存稿》,《近代史资料》编辑组编:《近代史资料》总42号,第221—223页)

△　黄顺来函,请委任江乾珊担任筹款事宜。

函谓:前受委派赴港办事,因财政困难,颇难进行。近有金华公司店东江乾珊愿担任财政进行,惟"须得先生之训示,方能深信开办"。敬请"立刻回示","待接得佳音,立时可以开办"。(《黄顺上总理函》,环龙路档案第02859号)

3月31日　致电李绮庵、李安邦,告讨桂发动应视李烈钧动向。

是月26日,李绮庵、李安邦来函,报告广东各路进行情况,并恳财政资助。函谓:受委派抵港后,即与周之贞、邹鲁、何克夫等商量广东各处发动办法,及救国军名称。现拟取名称讨贼军,其中,李安邦为讨贼第一军,李绮庵为讨贼第二军,朱本富为讨贼第三军,并已制定逼攻广州计划。其余各处也有所联络。"现各人亦催绮庵速发,大抵先为发动者,要绮庵等方有把握。"惟经费筹措颇不顺利,"如先生财政稍有,即电汇来,方能进行,否则亦空谈而已"。(《李绮庵李安邦讨桂函件》,黄季陆主编:《革命文献》第51辑,第201—203页)

本日致电李绮庵、李安邦,告已"电汇万元为安邦计划用",并指示"筹备须与协和代表徐鹤仙接洽,查确协和无调和乃可动。若协和已调和则息。再则,绮庵须另备钦廉、潮汕同时发动,为粤军回粤之先导可也"。(《致李绮庵李安邦电》,《孙中山全集》第5卷,第240页)

2月至3月　吕志伊来电，请鼎力主持粤滇赣军一致讨桂。

滇籍国会议员吕志伊来电，痛斥李根源利令智昏，致使在粤滇军大起风潮，李烈钧被迫出巡。而莫荣新所为，实则包含极大野心。来电指出，莫氏"前之攻李耀汉，去翟汪，为打击粤军之第一步。今之以滇军攻滇，并以桂粤军压迫滇军为第二步。其第三步，则陈竞存或李福林必为其目的物，即自甘为印度兵之魏邦平，想亦不能久存也。如此则滇军灭，粤军亡，海军走，军府、国会亦必无疾而终。而彼乃投降北庭，强据粤湘，则民国亦将不国"。故为今之计，粤、滇、赣军宜协同一致，驱除游匪。远由唐继尧进兵桂边，以为牵制。近则李烈钧率赣军、滇军进攻韶州，自北江而南；陈炯明率粤军及伍毓瑞率滇军进驻惠潮，自东江而西；朱培德率滇军张怀信部及周之贞旧部，并联络李耀汉旧部为内应，进据肇庆，自西江而东，三路会师，进逼广州。因事关西南大局，恳请"鼎力主持，统筹兼顾，始能一致进行，共奏肤功"。（《吕志伊等报告莫李野心并条陈歼灭游匪计划上国父代电》，黄季陆主编：《革命文献》第51辑，第237—239页）

是月下旬　迭电陈炯明，促起军直扑广州。

在各方讨桂运动中，陈炯明的角色极为关键，但陈久事拖延，按兵不动。本月下旬，迭发数电，催其打消疑虑，起兵讨桂。在第一电中，详陈攻取广州计划，期望能够及时发动。（《致□□电》，《孙中山全集》第5卷，第241—242页）第二电指出，阻止邹鲁图谋刘志陆，致使刘从容消灭伍毓瑞，"致敌势固张，同志胆寒，殊为失策"。"今刘志陆、刘达庆、沈鸿英及海军作三面围攻，而夏述唐、吕公望为内应。倘彼计得行，兄立陷于四面楚歌矣。兄为自救计，当破釜沉舟，勿恋防地，速集中军队为一大突进于东江流域，与协和联络而扑广州。广州一下，桂贼必瓦解，而海军可就范围矣。"（《致陈炯明电》，《孙中山全集》第5卷，第242页）28日电中，又告："海军绝无可虑。就使方、魏作祟，亦无能为力，只在我能破桂贼耳"，"若我胜，则其中必有一大部分，仍唯我命是听。总之兄军能扑广州，则海军我可负完全责任。请放心速

进"。(《致□□电》,《孙中山全集》第5卷,第237页)30日复再电催促,谓:
"粤民望兄,如望云霓,此行回粤,必可成功。""陆贼已急电岑调和,此
可见贼胆已寒,贼焰已衰,可一击而破矣。速进。"(《致□□电》,《孙中
山全集》第5卷,第240页)

　　△　致电孙科等,告"电汇广东银行万元",转交李安邦使用,并
将电文译交李绮庵、李安邦、徐元诰。(《致孙科等电》,《孙中山全集》第5
卷,第241页)

　　△　致电徐元诰,告与李绮庵、李安邦接洽。

　　电谓:"兹着李绮庵、李安邦回粤起事,以解协和之围;请与接洽,
将协和实情相告,以定进止为荷。"并请转致林森,不来上海亦可。
(《致孙科等电》,《孙中山全集》第5卷,第241页)

　　△　致函李烈钧,嘱勿为调停谰言所惑。

　　虞元弼来沪,获悉李烈钧幸免于难,颇为欣慰。随即致函李烈
钧,谓"足下能讨桂贼,以伸国法;援足下亦所以护法也"。"表同情于
足下者,决不仅文一人也。"并勉以"持以坚决,勿为调停谰言所惑,致
负初志"。(《致李烈钧函》,《孙中山全集》第5卷,第219页)

　　是年初　与来访的苏俄使者波波夫及美国记者索科尔斯基
谈话。

　　波波夫(Popoff)是一名中尉军官,服役于阿穆尔军区,受该军区布
尔什维克党组织派遣来到中国。他是孙中山接见的第一个来自苏俄
的布尔什维克党员。索科尔斯基(George E. Sokolsky)系美国记者,曾
目睹十月革命,在彼得格勒担任过英文报纸的编辑,结识列宁、托洛茨
基、布哈林等要人。1918年3月,被苏俄驱逐出境。(李玉贞:《孙中山与
共产国际》,第55、60页)1920年初,孙中山接见了波波夫与索科尔斯基,
后者将当时情形向美国驻上海总领事克宁翰(Edwin S. Cunningham)
作了汇报。据报告记载,谈话中孙中山一再流露出以武力打倒广西军
阀的愿望,并向波波夫探询莫斯科能否对他的作战计划予以援助。波
波夫没有正面回应,反问为何不首先攻击亲日派的徐树铮和段祺瑞。

孙中山回答:"其它事再重要,也没有必须首先从南方扫除军阀势力重要,其后再考虑处理北方之事。"波波夫又问:"安福系利用孙中山,先借孙中山之手打倒南方,然后再打倒孙中山,有无这种可能性?"孙中山相信:"自己的力量比他们强大,因此他们难以做到这点。"([日]森时彦:《第二次广东军政府时期的孙中山》,中国孙中山研究学会编:《孙中山和他的时代——孙中山研究国际学术讨论会文集》上册,第791-792页)

4 月

4月1日　致电张敬尧,请接济廖湘芸部,早入桂境。

顷接廖湘芸来电,悉廖部与桂系接战,连日不利,因械弹匮乏,难以振作,故致电张敬尧,请求接济。电谓:"桂派欲图足下,亦非一日矣。是足下与湘芸有利害共同之势,倘湘芸竟至一蹶不起,则足下之地位,亦必难保。为利害计,务望足下力予接济,俾湘芸械弹不缺,以竟前功,早进桂境,以引起两广之内应,则山贼可扑灭也。"(《致张敬尧电》,《孙中山全集》第5卷,第245页)

△　夏重民来函,请赐字文。

《香江晨报》夏重民来函,称5月1日劳动节将出版《劳动号》增刊,恳请赐挥"劳动号"三字,并惠文一篇。接函后批示:字写妥,文不作。(《夏重民上总理函》,环龙路档案第04791号)

4月2日　召蒋介石筹商闽粤军事,望其赴闽粤军总部协助军事,蒋迟迟未行。经陈炯明、许崇智、邓铿、朱执信诸人迭电催迫,廖仲恺屡次面劝,蒋于8日离沪,11日抵达漳州,佐陈炯明筹议作战计划。旋因诸事不协,"神经痛刺",于22日返回上海。(毛思诚编纂:《民国十五年以前之蒋介石先生》,第89页)

△　致电李绮庵、徐元诰,促同时攻击桂系。

致李绮庵电探询广属起事筹划进展,告"钦廉若确能起事,当再筹五千元寄来",望"赶与竞存同时动作"。致徐元浩电,告"竞存后路现已肃清,即日动员回粤",嘱"速传达协和,振作士气,同时攻击可也"。(《致李绮庵徐鹤仙电》,《孙中山全集》第5卷,第246页)

△　致电张佐丞等,告当前应以扫除桂系、统一南方为先。

顷悉四川各派纷争有解决之望,喜慰不已,立时致电张佐丞等将领指出:"四川问题解决之后,宜先统一南方,然后对付北敌,方为万全。""近来段派大有觉悟,已与我党调解,愿归和好。是此时北敌全数可以按兵不动,我正可乘时以清内奸;内奸清则南方可以统一,而段派当可就轨道也。""吾党现有之力,攻桂为易,攻北为难。此孔明所以未出中原先擒孟获,吾党今日正宜师之。"(《致张佐丞等电》,《孙中山全集》第5卷,第246页)

△　朝鲜重要报纸《东亚日报》创刊,题词"天下为公"。(段云章编著:《孙文与日本史事编年(增订本)》,第611页)

4月3日　在美国《独立周报》(英文版)发表《中国人之直言》。

《中国人之直言》原为英文,中文版首由周由廑翻译,于4月30日上海《时报》发表。文章面向美国民众,坦诚阐明了中国人在国际借款问题上的看法。文谓:北京政府与广州政府均不能代表中国,"学生运动、抵制日货、鼓励本国实业、反对签订巴黎和约的中国,才是可以负责对外偿债的中国"。任何银行家借款给北京政府,"等于在挖他们自己财政上的坟墓"。该文向美国人建议:"美国的资本家们与中国人联合,共同开发中国的实业。美国人提供机器,负担外国专家们的开支;中国人提供原料和人力。合作的基础建立于平等互惠的原则上。"(《中国人之直言》,《孙中山全集》第5卷,第247-249页)

△　《勉中国基督教青年》一文由有关人员在中国基督教青年会代表大会上宣读①。

---

①　《孙中山全集》将《勉中国基督教青年》发表时间断为1924年。吴元康通过查阅报刊材料,确定该文发表时间为1920年4月3日。(吴元康:《〈孙中山集外集〉等书勘误四则》,《安徽史学》2003年第2期)

是月1日,中国基督教青年会第八次全国代表大会在天津开幕,适值天津青年会成立二十五周年纪念,与会者众,达千人之多。是日下午大会上,有关人员代为宣读孙中山《勉中国基督教青年》一文。该文首先追溯了基督教、青年会输入中国的历史及其贡献,认为在中国已有二十五年历史的青年会,其"发达之速,收效之大,志愿之宏,结合之坚,洵为中国独一无二之团体也"。进而指出,合"万千完全人格之青年"组成的青年会,责任綦重。当今中国,虽脱专制统治,然陷于官僚武人腐败横暴政治之下,"困苦比前尤甚,其望约西亚之救也诚切矣"。通观中国今日社会团体,"欲求一团体而当约西亚之任",中国基督教青年会首当其冲。该文最终郑重呼吁:"予既有望于青年会之深,而不禁勉青年诸君之切也。诸君既置身于此高尚坚强宏大之团体,而适中国此时有倒悬待救之人民,岂不当发其宏愿,以此青年之团体而担负约西亚之责任,以救此四万万人民出水火之中而登之衽席之上乎?中国基督教青年其勉旃,毋负国人之望。"(《勉中国基督教青年》,《孙中山全集》第11卷,第536—538页)

4月4日 致电陈炯明,勉勿以李烈钧息兵而气馁。

获悉李烈钧接受调和归省消息,颇感意外。本日致电陈炯明,勉独立讨桂。电谓:"今兄后路已肃清,正宜毅然猛击,先发制人,毋为人制,则必操胜算,万勿以协和息兵而馁。盖此正兄独立以建功立名之良机也。各路之响应视兄之进止为定。不审兄之决心有无因协和而中变,望为切实答复。"(《致陈炯明电》,《孙中山全集》第5卷,第250页)

4月5日 林修梅来函,介绍王恒来见。

护法国会三议长相继离粤后,部分国会议员纷纷束装就道。林修梅借国会议员王恒赴沪之便,托其"代陈现状",特致函予以介绍。接函后批示:请王明日午后3时来见,并请林修梅来沪。(《林修梅上总理函》,环龙路档案第04384号)

△ 蒋国斌来函,报告与方声涛部冲突情况。

函谓:陈炯明、许崇智不得已讨伐方声涛,"命斌与吴君忠信驻军大田,进发德化。乃师行未克交绥,而德化、永春敌人闻风先靡,溪尾激战后,安海旋于 3 月 30 日相继克复"。目前"兵革甫平,疮痍未复,善后诸端,尚需整饬"。(《蒋国斌上总理函》,环龙路档案第 13513 号)

△　卢永祥来电,请速开制宪会议,解决南北问题。

本日,浙江督军卢永祥通电南北要人指出,南北和议须从根本——法律问题解决。当务之急,"于新、旧两国会中,各选出若干人,协商组织宪法委员会,择一适当地点,速开制宪之会议,如此则法律之纷纠既解,南北之内讧无名,促成统一,在此一举"。(《卢永祥促和之意见》,天津《大公报》1920 年 4 月 7 日,"紧要纪事")9 日,湖南督军张敬尧通电,称赞卢永祥歌电,"片言扼要,足可解纷"。认为"民国九年中,所由纷纷扰扰迄无宁息者,皆由旧约法成于仓卒,不适国情,故不能范围群伦,弼成郅治。今诚能将根本大法制作昭垂,不惟共和立宪之精神昭若日月,即此九年中因无适用之法守,酿成种种之争持,皆可凭宪法之大的迎刃而解决"。(《张敬尧促和通电》,天津《大公报》1920 年 4 月 11 日,"紧要纪事")

△　报载孙中山已抵安南,谣传称西南"风发云行之急"。(无名:《粤战事调停后之新现象》,《申报》1920 年 4 月 5 日,"国内要闻")

4 月 6 日　广州国会参众两院召开联席会议,推选孙光庭代行参议院议长,并发表通电。

广州国会参众两院议长林森、吴景濂及参议院副议长褚辅成相继离穗赴港后,岑春煊于 4 月 3 日派兵搜查两院,运走若干重要文件。本日,留粤政学系国会议员召开两院联席会议,公推孙光庭代行参议院议长职权,兼督理众议院事务。政学系议员并发表通电,声称以后林、吴、褚"如有假借议长、副议长名义发表文电,概属无效"。(《专电》,《申报》1920 年 4 月 8 日;《广州国会移沪说》,《申报》1920 年 4 月 11 日,"国内要闻二")

△　复电李绮庵,指示讨桂方略。

5 日,李绮庵来电,报告驻粤海军已有讨桂之志。本日复电,详解粤舰队加入后的讨桂方略。电谓："海军果确,则省城可袭,北舰可夺。二事得手,大功便成,不待粤军之回矣。如省城不能袭,只能夺北舰,亦可先握花地、河南及黄埔、虎门各要塞;然后一面合各路围攻省城,一面以舰队进攻西江,节节取之,至梧州为止,握而守之以堵桂贼之出路。若二事皆不得手,则以舰队收三水以下各邑为根据,而合水陆进攻西江如前,以待粤军之回,则大功可成也。"同时致电粤舰队同志,告进行方略"请与安邦、绮庵详商,谋定后动,务期一举破贼"。

(《复李绮庵暨粤舰队同志电》,《孙中山全集》第 5 卷,第 250—251 页)

4月7日 李绮庵、李安邦来函,报告讨桂进展情形。

函谓:当前粤舰队仍坚持陈炯明发动而后响应,将来或可说服改变。钦廉、潮汕也有所进展。广州方面,"进行甚急,成绩极佳,甚有把握,定能自行发动,一手续妥当,即发动"。长洲各炮台,现亦进行。

(《李绮庵李安邦讨桂函件》,黄季陆主编:《革命文献》第 51 辑,第 203—205 页)

4月8日 广州军政府召开政务会议,免去伍廷芳外交、财政部长职,并发表通电。

是日,广州军政府在岑春煊的主持下召开政务会议,议决免除伍廷芳所兼外交、财政部长职,任命温宗尧为外交部长,陈锦涛为财政部长。并发表通电,指责伍廷芳携带关余及文件无故赴港,既不接受规劝回省,亦不办理移交手续,致使军政府"库空如洗"。(平:《西南政局之观察》,《申报》1920 年 4 月 15 日,"国内要闻")岑随即派员向香港、上海两地法庭提出控诉,要求伍廷芳归还关余款项。

△ 《申报》刊文分析孙中山仍在上海。

西南政局剧变,孙中山动向颇为各方关注。外界时有传闻,谓孙中山业已离沪他往。本日《申报》刊文指出:"日前外传孙中山由沪转赴云南,昨省中国会方面且谓孙已于本礼拜一日行抵安南,海防现查此事,殊非事实。昨据民党中人所述,谓孙氏现时确在上海,并未他去;且伍总裁离粤后,伍系人物与孙氏接近者,亦有专电分致沪上唐少川、孙中山两人,布告伍氏行踪。观此则谓孙氏赴滇之说,亦出于子虚乌有矣。"(《伍廷芳离粤之观察》,《申报》1920年4月8日,"国内要闻")

4月9日 林森、吴景濂、褚辅成联名发表通电,谴责岑春煊违法祸国,宣告国会将择地另开,以贯彻护法救国初衷,并声明"广州军政府政务会议自伍总裁廷芳离粤后,已不足法定人数,此后一切行为,概不生效力"。(《西南国会分裂之续讯》,《申报》1920年4月14日,"国内要闻")

△ 复函陈树人,告照准域多利交通部留存。

2月29日,加拿大域多利中国国民党交通部长李翰屏暨党务兼文牍主任谢奕赍来函称,按中国国民党章程,域多利交通部似应取消。惟交通部成立已久,且经居留地政府照准立案,为办理党务起见,应请变通办法,特别保存,以利进行。本日复函谓:"李君等所称,亦属实情。兹为维持党务起见,该交通部准照旧留存,但内容办法,应照海外支部通则办理。"(《复陈树人函》,《孙中山全集》第5卷,第251—252页)

4月10日 吴景濂一行抵达上海,前来晤谈。

是日,吴景濂一行抵达上海,唐绍仪、易次乾、卢信至码头迎接,并设宴接风。餐后,唐绍仪约吴景濂前来宅邸晤谈。谈话间,出《孙文学说》《建国大纲》原稿相示,说明作书宗旨及要点。略谓:其"大意重'知'字。《大禹谟》云:'非知之维艰,行之维艰。'自古重行不重知,其说甚非。今改正重知,凡行不能彻底者,皆由'知'不能彻底。吾人应当着重'知'字,此吾之学说,专以'知'为主点"。吴表示:"先生学说,重'知'甚是。""先生学说出版后,学者读之,当得益处不少。古今所见略同,甚为佩服佩服。"随后话题转移至司马迁。吴认为司马迁为"通达政治大家","愿先生与景濂熟读迁史",事业"将来或有成功之一日"。宾主谈话极为欢洽,欢谈数小时始散。(吴叔班记录,张树勇整理:《吴景濂自述年谱》下,《近代史资料》编辑部编:《近代史资料》总107号,第74—75页)

吴景濂抵沪后,将离散的议员组织起来迅开国会,及重行组建护法政府,成为其工作的重心。这在其随后拟定的工作计划中有较为详细的体现:"一,拟国会立即(在沪)开会,取消岑之总裁。二,拟岑之遗缺由国会补选。三,拟请中山勿再辞总裁职。四,拟请少老就职。五,拟在滇或漳挂军政府牌。六,拟电唐总裁请派总裁代表驻沪办事。七,拟在沪组织总裁办事处。八,拟对外以孙伍唐唐四总裁或加入补选之总裁名义发表。九,拟请缪延之先生留沪。十,拟电林来沪或电陆派代表。"(《目前工作要点》,李家璘、郭鸿林、郑华编辑:《北洋军阀史料·吴景濂卷》第1册,第233—234页)

△　致电李绮庵,询问讨桂筹备情况。

电谓:"竞存广属一动,即必出兵,兄能先动否? 如不能动,则候竞存定期再报。"同时致电陈策,委任丁培龙为粤舰队正指挥,黄达观为副指挥,"统率舰队,协力讨贼"。(《致李绮庵陈策电》,《孙中山全集》第5卷,第252页)

△　批邓家彦函,告暂无向华侨筹款计划。

邓家彦来函请求赴美筹款,接函后批示:"来意甚感。但此时向华侨筹款,已有缓不济急,且有不欲再向华侨筹款之意。"(《批邓家彦函》,《孙中山全集》第5卷,第252页)

是月上旬　为合肥阚氏重修谱牒作序。

合肥阚氏重修家谱,应阚兰溪等之请,为谱稿作序。该序揄扬阚氏先祖蚩尤,"为中国第一革命家"。称赞合肥阚氏"自办学校,议立族规,纂续谱牒,储集公产,自治精神,卓然为一乡模楷"。认为"诸君一心以改良风俗为任,注重教育,组合群力,皆为民治最优厚根柢,又能守其祖先发愤自雄百折不挠之心志,以出而效力于国家,则将来阚氏之立功业于宇内,著勋绩于史册,必能接踵而起,为世钦仰"。(宋霖:《孙中山〈合肥阚氏重修谱牒序〉考辨》,《江淮文史》2003年第3期)

4月12日　廖仲恺来函,报告洽商粤军回粤情形。

援闽粤军迟迟按兵不动,遂派廖仲恺、朱执信等赴漳与陈炯明商洽。11日,廖仲恺抵达漳州。本日来函,报告情况。函谓:陈炯明对于回粤，似有决心，但"以粤军独立作战，非先筹备枪炮子弹不可"。李厚基、臧致平则坚持粤军出发后，方能援助。请设法"使李先信粤军，给以子弹"，否则"归粤计划，恐成虚愿"。（《廖仲恺报告李厚基迟不支付子弹原因上国父函》，黄季陆主编：《革命文献》第51辑，第240—241页）

4月14日　朱执信来函，报告与李厚基、臧致平交涉弹药接济经过。

来函详述自李烈钧出巡迄今，陈炯明与李厚基、臧致平交涉弹药接济，一无结果之经过。告"现竞存拟派仲元、汝为往福州，与李商量，将吾人所能牺牲者尽数说明，彼所能助者于何时期何地能交付若干，亦一订定。回漳即布置攻击计划，一面由介石作成。此项交涉大约日内可行，结果则可望于一礼拜内知之也。竞存意如有北兵参加攻粤，则须先生来主持，始免受人攻击"。（"中华民国"史事纪要编辑委员会编：《中华民国史事纪要（初稿）——一九二〇年一至十二月》，第201页）

△　唐继尧来电，否认军政府政务会议及伍廷芳免职决定。

电谓：查军政府政务会议，向以出席人员过半数为法定数额，现自己未派代表，伍廷芳复离粤，孙中山、唐绍仪亦均无代表出席，政务会议"已无成立之理由，所有一切政治行动，当然无效"。至伍廷芳现虽离粤，然所兼外交、财长部长，并未辞职，而国会亦并无允许伍辞职明文，"所有西南各省军关于外交、财政事件，仍应责成伍兼部长主持之"。（《伍博士离粤后之唐继尧》，《申报》1920年4月21日，"本埠新闻"）

△　"劭"来函，建议脱离军政府之总裁"为一致之宣言"。

署名"劭"者来函，谈及军政府控告伍廷芳事件及国会他迁问题。函谓：近有人假借军政府名义，将伍廷芳控诸英国法庭，辱国如此，言之痛心。查军政府由七总裁组织而成，今仅余岑春煊，"似此少数人不能以军府名义有所行为，所控当然不能有效。惟未到羊城诸总裁，自应为一致之宣言，不独为伍氏一事而已。若不为此宣言，则彼岑氏者尚忖以军府名义，而为其他之各等行为，害莫大焉"。至国会方面，广州武人专横日甚，"自以迁移他去为是，下走以为漳州而外，云南次

之，二者之中择一迁之可也"。(《劭上总理函》，环龙路档案第02161号)

4月15日　致电孙科、李绮庵，告讨桂发动计划。

本日，由广东银行电汇二万元给孙科转交李绮庵，并致电二人说明经费用途，同时指出："各路筹备之后，钦、廉可先发，相机自由动作；潮、汕次发，当与粤军共同动作；广属后发，水陆一致动作。"(《致孙科李烈钧电》《致李绮庵电》，《孙中山全集》第5卷，第253页)

△　致电李烈钧，请设法共同讨桂。

本日致电徐元诰转李烈钧谓："云南远水恐难救粤中近火。现闻湘南有望，请兄设法速离粤来沪，转入湘南，统率一部赴韶，与滇军联合，约定竞存同时进攻，桂贼必败。"(《致孙科李烈钧电》，《孙中山全集》第5卷，第253页)

4月16日　伍廷芳、林森抵沪。

是日上午10时，伍廷芳偕护法国会参议院议长林森及议员数十人乘船抵达上海，前往迎接者有唐绍仪、吴景濂、孙中山代表吴铁城、饶鸣銮、王正廷等百数十人。伍廷芳"冠土制白草帽，着常礼服，精神矍铄。出栈桥与诸友握手时，便大呼打！打！！打！！！各友和之。于欢声雷动中，驱汽车回戈登路本宅而去"。林森登岸后，由居正等迎候，陪同前往南京路东亚旅馆暂住。(《伍廷芳偕林森到沪》，《申报》1920年4月17日，"本埠新闻")伍廷芳抵沪，《大陆报》认为，此为"广州政府最后瓦解之符号，亦为新国会开幕之先声"。(《伍博士对西报访员之谈话》，《申报》1920年4月18日，"本埠新闻")

伍廷芳抵沪后，《字林报》《大陆报》先后派员访问，就军政府现状及下一步行动诸问题探询意见。伍氏答称："余去后，军政府不足法定人数，不能存在，故在法律上已自行解散。军政府总裁计有七人，必有四人始足法数。今孙中山、唐绍仪与余皆在上海，而唐继尧亦与吾三人同一主张，其他三人不足法数，不能执行军政府事。今彼等犹以军政府自命者，直欺人之滑稽剧耳。余离省后，彼等智穷不知所措，乃为保全颜面计，下令免除余职，改择他人，但此乃非法举动也。"

并声言："广州政府今已不存在矣,新国会将于若干星期内开幕矣……新国会何时可成立,尚未克预定;而在何处开议,现尚未曾决定。"一切"俟唐继尧代表到后,再定行动"。(《伍博士对西报访员之谈话》,《申报》1920 年 4 月 18 日,"本埠新闻")

△　王宗尧等来电,斥章士钊混充军政府代表控告伍廷芳。

伍廷芳离粤后,岑春煊控制的广州军政府对其展开追索预防行动。4 月 10 日,南方议和代表章士钊以军政府名义委托哈华托律师处麦克劳律师,向上海公共租界会审公廨控诉提取关余案。(《章士钊请谕汇丰留军府款项》,《申报》1920 年 4 月 14 日,"本埠新闻")本日,护法议员王宗尧、邓天一等十余人联名致电岑春煊外六总裁,力斥其非,电谓:目前军政府七总裁已去其五,政务不能开议,章士钊实无从取得代表资格,"乃混称军府代表,控告军府总裁,尤为荒谬绝伦";"不惟违背法纪,抑且丧失国权"。(《电驳混充军府代表》,上海《民国日报》1920 年 4 月 17 日,"本埠新闻")

△　卢殷民来函,请赐《建设》杂志。

函谓:前领《建设》杂志五份,惟尚缺第一部一、二、五号,第二部三号共四期,请补发齐备。接函后批示:杂志有者可以奉送,其无者,请就市上买之。二期三号已出版,亦可买之市上。(《卢殷民上总理函》,环龙路档案第 13209 号)

4 月 17 日　熊克武来电,告已向军政府电辞四川督军职。(《熊克武通电辞职》,长沙《大公报》1920 年 5 月 2 日,"中外新闻")

△　报章载文剖陈孙唐联段谋徐之说。

外界传言,段祺瑞与孙中山、唐继尧联合,以谋对付徐世昌。本日,《申报》刊文指出,孙段联合,或有其事。唐段携手,目前绝无可能。该文略谓:"孙与段之联络,确有其事,且在半年以前。然孙因提出数个条件,段甚麻烦,语人曰:'他们总好提什么条件,我不知道为什么? 我们要联合就联合罢了。'因此此事竟未有结果而罢。至于唐与段更毫无关系。年少气盛,口口声声主张根本解决、永久和平之唐冀赓,在现在情形而论,决不能与段氏握手。而负气倔强之段氏,亦万无唐氏言欢之理,故此说完全无根。"(长息:《北京通信》,《申报》1920年4月17日,"国内要闻")

4月18日　盛钧来函,代呈黄钺统一湘南、讨伐桂系计划。

本日,盛钧来函,附黄钺呈文。呈文陈述所部伏处湘南及粤桂边界之枪支数目,及统一湘南计划,并请商之段祺瑞、张敬尧"筹款接济,以便维持固有军队"。接函后批示:"碍难办到。"(《盛钧上总理函》,环龙路档案第04495.1号)

△　魏勋来函,建议诸总裁发一宣言,以正观听。

函谓:今闻岑春煊已在公堂具控伍廷芳,"愚见此时诸总裁应连合发表宣言,否认军政府之在广州,以正世人之观听。日前吴议长与通信社之谈话,有择华界开会之说,议者不乏其人,良以此时上海尚属敌地也。似应更正,以释群疑"。(《魏勋上总理函》,环龙路档案第01645号)

4月19日　褚辅成来电,译转唐继尧两电。

在第一电中唐继尧告,拟即遵照来示,联合西南各省联名通电全国转香港政府,"伍总裁之离粤,系根据我西南内部之同意,为政治之行动,并非个人行为,而现在广州之军政府人员,在我国内法已失代表西南之资格,此等起诉行动当然无效"。15日第二电认为,宣布岑春煊罪状,"似可不必"。可"由三议长与秩老、中山、少川、继尧等联名通电,表示现已决意离去粤府"。(《吴景濂上总理函》,环龙路档案第02323号)

4月20日　复电李绮庵,指示讨桂方略。

是月19日,李绮庵来电,谓舰队发动,需款一万元,现与舰队磋商,约定5月9日可能发难。乞即转电陈炯明、李烈钧,各路能否如期举行,一致动作。(《民国九年江大等舰讨贼事略》,黄季陆主编:《革命文献》第51辑,第197页)本日复告:"若要他方一致动作,始能持久者,则不宜先发,须待各方筹备,然后由此电约乃可发。发时须照前电,钦先、潮次、广后","竞存动期未定,然若潮汕得手,彼必随时回粤"。
(《复李绮庵电》,《孙中山全集》第5卷,第254页)李绮庵顷即复电,谓:"钦
廉报告未到,动期未定,潮汕原定候竞存先发动。广属先发,恐难久
持,须有他方同时响应或先动,方能成功,甚望竞存促动。"(《民国九年
江大等舰讨贼事略》,黄季陆主编:《革命文献》第51辑,第197页)

23日又致电李绮庵,告"竞存必动,惟期未定,广属须静候"。
(《致李绮庵电》,《孙中山全集》第5卷,第256页)是月下旬,复致电李绮庵,
告"钦改期甚是,惟到时务望果决猛进;如得手,则广属与舰队当继
之"。(《致李绮庵电》,《孙中山全集》第5卷,第258页)

△　伍廷芳致电徐世昌,称此次赴沪为西南大学事。

伍廷芳抵沪与孙中山、唐绍仪会合后有何行动,外界颇为关注。
据北报报道,本日伍廷芳以私人名义致电徐世昌,内称:"廷芳此次来
沪,专与中山计划西南大学之进行事。预备后此从事教育,不愿久居
宦海。最近既受各方委托,已面嘱少川从速开议,以慰各方之企望。"
(《和局中之杂讯·伍廷芳来电》,北京《晨报》1920年4月21日,"紧要新闻")

是月中旬　复函谭延闿,促速起讨桂。

是月13日,谭延闿来函,并遣员前来晋谒,报告湘情。随即复函
指出:"湘之外敌,北兵也;其隐患则桂系也。""今则国会既去,军府无
名,桂系遂为天下之公敌。闻冀赓已决从滇边进兵,贵州亦已携手,
粤人恨桂实深,竞存更不能不急速回戈。惟湘当其中,须与首尾相
应。鄙意以为当由竞存先发,而湘为应援,滇、黔更以精兵覆其巢穴。
如此,则桂系必败亡,而大局可望有根本解决……此时事机已迫,是
非利害,均不待言而共喻,所望左右与同志诸公,速定大计,示我好
音。"(《复谭延闿函》,《孙中山全集》第5卷,第255—256页)

4月21日　林森、王正廷、吴景濂、褚辅成联名通电,否认3月
29日后军政府政务会议及命令。

本日,护法国会参众两院正副议长林森、王正廷、吴景濂、褚辅成
联名通电西南各省、各军队,宣告自3月29日起,政务会议已不足法

定人数,所有免伍廷芳外交、财政部长等职及其他一切决议,"概属违法行为,当然不生效力"。(《旧国会议长关于军府任免电》,《申报》1920年4月24日,"本埠新闻")

4月22日　胡万州来函,请示方略。

函谓:3月15日,为邹鲁委任救国军第二军中路第二支队司令。现十余县旧部相继归附,前来领取委任,惟饷械未足,时机未熟,未敢妄动,恳请指示方略。接函后批示:"望切实进行,当以立功后再由此间直接处理。"(《胡万州上总理函》,环龙路档案第02634号)

4月23日　与伍廷芳、唐绍仪及在沪旧国会议员举行会议,决定筹组云南军政府。

各总裁及议长齐集沪上后,军政府的组织问题业已刻不容缓。是月中旬,唐继尧托林众难向吴景濂等转陈意见,主张"政务会议速须组织,可暂以漳州为根据地"。吴随即就商于孙中山、伍廷芳、唐绍仪等。孙中山认为,漳州四面皆敌,云南为护法策源地,地理上及军事上之关系均称便利,"军府之设,自宜在滇不在漳"。

翌日,吴景濂致电唐继尧,告知上海方面的决定,称此举为护法生死关头,"我公若能赞同,则少公可以就职,孙公可不再辞总裁,合法之政务会议指日可成。对内有统一之机关,对外有正当之名义,欲图发展,较易为力"。恳请"速来一电赞成斯议,并一面派定总裁代表驻沪办事,以便开议"。(《吴景濂函电存稿》,《近代史资料》编辑组编:《近代史资料》总42号,第225页)

4月24日　复函埃兹拉(N. E. B. Ezra),对锡安主义运动表示同情与支持。

1897年8月29日,第一届世界锡安主义者代表大会在瑞士巴塞尔举行。大会通过决议,明确表示将致力于在巴勒斯坦建立一个公认的、有法律保障的犹太民族家园。大会成立了世界锡安主义组织。此后,锡安主义思想迅速传播到世界各地的犹太社团中。1903年,上海犹太人组织成立"上海锡安主义协会",由埃兹拉担任秘书长,这是东亚地区最早成立的锡安主义组织。翌年4月22日,英文月刊《以色列信使报》创办,埃兹拉兼任主编。7月,该报正式成为上海锡安主义协会的机关报。1917年英国发表支持犹太人在巴勒斯坦建立"民族家园"的《贝尔福宣言》后,上海锡安主义协会以《以色列信使报》作为主要阵地发动宣传攻势,埃兹拉以该报主编的名义致信中国及亚洲诸国的政府及知名人士,向他们介绍"贝尔福宣言"精神,呼吁他们支持锡安主义运动。中国、日本和暹罗三国政府正式表示同情锡安主义运动。1918年12月4日,北京政府外交部次长陈箓致信上海锡安主义协会主席伊利·嘉道理,表示:"本国政府对于贵会之此种愿望与英国政府取一致之态度。"

本日复函埃兹拉表示:"我对这场运动——当代最伟大的运动之一满怀同情之心。所有爱好民主的人士,对于复兴你们伟大而历史悠久的民族,必须会给予帮助和支持。这一民族对世界文明作出了如此重大的贡献,理应在国际上赢得一个光荣的地位。"中国革命领袖的明确支持大大激励了锡安主义运动,《以色列信使报》随后刊文指出:"我们相信全世界犹太人都可从此信中看到中国愿意给予我们全力支持的最新讯号……中国领导人的最新声明,激励我们充满热情和勇气地去完成我们所面临的极为艰巨的任务。"(王健:《孙中山与犹太民族》,林家有、李明主编:《看清世界与正视中国:"孙中山与世界"国际学术研讨会论文选集》,第263—264页)

△　谭人凤病故,与唐绍仪、伍廷芳、章太炎等联名发出讣告。(《谭人凤作古》,《申报》1920年4月25日,"本埠新闻")

4月25日　复电卢永祥,请以尊民废督相号召。

是月23日,浙江督军卢永祥通电全国,提议废除督军制度。电谓:"共和国体之下,督军制似不相宜","欲救国家之危亡,必先牺牲个人之权利,废除督军制"。(《卢永祥促和之又一电》,天津《大公报》1920年4月24日,"紧要纪事")本日复电,赞扬"身任督军而肯牺牲个人权利以救国者,实以此为第一声"。同时指出:"执事若真欲舍身救国,即应树尊民废督之义,起而号召",且自约束视学生若仇雠的沪杭军警始。(《复卢永祥电》,《孙中山全集》第5卷,第257—258页)卢氏废督漾电发出后,各省督军反响不一,赞否参半,北京政府旋即议定暂从缓议。

4月26日　广州军政府政务会议通电全国,声称会议依旧合法有效。

是月14日,唐绍仪致电军政府政务会议,称军政府总裁七去其四,"政务会议已无成立之理由"。是日,政务会议通电全国,谓:"查军政府组织大纲,并无出席人数之规定。政务会议条例虽有过半数出席之条,而第八条规定各部长得列席政务会议,是条例所谓过半数,当然指总裁与部长而言。条文明显,本无疑义。即假定指总裁而言,少川先生并未就职,中山先生复早辞职,总裁实只五人,今出席者总裁三人,仍属多数。谓为无效,恐涉误解。"(《公电》,《申报》1920年4月30日)

△　谢英伯来函,请电汇来沪川资二百元。

本日,护法国会众议院议员谢英伯自香港来函,谓来沪川资不足,请电汇二百元,俾早日成行。接函后批示:国会在沪无期,此间亦无所事,不来为妙。(《谢英伯上总理书》,环龙路档案第02925号)

4月27日　黄焕廷、马超俊来函辞行。

黄焕廷、马超俊前自粤来沪,曾予接待。本日来函,告接总会电,谓香港罢工业经解决,并催促回粤。适船期迫近,匆匆首途,未遑恭辞,殊深抱歉。接函后批示:存记地址、人名。(《黄焕廷马超俊上总理函》,环龙路档案第03067号)

4月28日　李烈钧由广州秘密乘船逃抵香港。

据报道,"李自返省后即被岑春煊等软禁于军府之最深一层,一举一动均有人为之监视"。(《李烈钧抵港记》,《申报》1920年5月4日,"国内要闻")是日抵达香港后,在港滞留近一月。5月27日,李烈钧由香港乘坐日本邮船"天洋丸"启程赴沪,30日抵达。(《李烈钧昨日抵沪》,《申报》1920年5月31日,"本埠新闻")

△　伍廷芳通电，斥责军政府政务会议宥电之非。

是月 26 日，广州军政府通电全国，声称政务会议合法有效。本日，伍廷芳通电南方军政要人指出：自军政府改组以来，政务会议召开已逾百次，"未见有总裁及代理总裁不满四人之列席而开议者"，"此次通电，其必有人窃用政务会议之名义而发，毫无疑义"。"此后如再有假用政务会议名义之文电及一切行动，绝对无效，廷亦一概置之不理。"（《伍廷芳致西南各要人之勘电》，《申报》1920 年 4 月 29 日，"本埠新闻"）

△　温宗尧与记者谈孙中山等在沪组织政府事。

是日下午 4 时，广州军政府新任外交部长温宗尧接受广东周循社记者访问。记者问：孙中山、伍廷芳、唐绍仪等拟在上海组织军政府，果有此事否？温答道："果有此事，但孙、唐、伍等之不能在上海租界内或租界外组织军政府，其因果与国会不能在上海自由召集同。现闻已派人赴滇接洽，拟在滇组织军政府，而在上海设立军政府办事处。现尚未悉其结果如何，大约未必能成事实。"（《温宗尧抵粤后之谈话》，《申报》1920 年 5 月 3 日，"国内要闻"）

4 月 29 日　报载孙中山谈军政府设置问题。

据报道，孙中山谓："近来军政府移往云南或置诸上海之论颇多，予对于此尚未发表其赞否，盖各省督军目下且有持废止之论者，则军政府今似无更新设之必要。议员方面抱此种意见者亦多，惟国会之现状既已若此，其处置已至极困难，然此亦非容易解决问题也。又督军废止之意，固极表赞成，一般舆论亦极表欢迎，但达到实现恐尚需多少之时日耳。"（《西南时局愈纠纷》，北京《晨报》1920 年 4 月 29 日，"紧要新闻"）

4 月 30 日　川军将领来电，通告公推吕超为川军总司令。

本日，川军将领吕超、刘湘、向传义、刘成勋、石青阳、颜德基、陈洪范、黄复生、卢师谛等联名通电，痛揭丁巳以来熊克武六大罪状，告"熊氏通电辞职之日，即其督军资格消灭之日，此后熊氏一切妄发之号令，及与任何人缔结之契约，一律无效"。并宣称川中各军业"公推吕超为川军总司令，刘湘为川军副司令"，"共推唐、刘两公为川滇黔联军总、副司令"。(《川军电责熊克武》,天津《大公报》1920 年 5 月 9、10 日,"紧要纪事")

是月 与美国银行家托马斯·W. 拉蒙特(Thomas W. Lamont)谈话,商讨向美借款事宜。

是月初,美国摩根公司银行家拉蒙特来到中国,闻讯邀其前来寓所做客。谈话主要围绕向美借款问题展开。孙席间向拉蒙特展示了宏大的铁路建设计划图,请其出借铁路建设资金。在谈到当前中国局势时,拉蒙特称,威尔逊总统关心是否有一条途径能给中国的南北方之间带来和平,孙干脆利落地回答道:"拉蒙特先生,只要您给我二千五百万元,我就可以装备一倍的军队,然后我们就可以迅速得到和平。"([美]韦慕庭著、杨慎之译:《孙中山——壮志未酬的爱国者》,第 107 页)

△ 复函新中国杂志社,告未敢应命。

《新中国》杂志是一本由进步知识分子创办的综合性月刊,1919 年 5 月发行,1920 年 8 月停刊。新中国杂志社于创刊周年前夕来函,请就所列问题发表意见。本日复函,婉拒来函所请。函谓:"贵志纪念周年,必有杰作以应社会期望。惟开示各个问题,非仓猝所能置答,即如其中关于实业计划,弟方从事以累年研究者与海内商榷,而时逾半岁,尚未竣稿,盖不敢率尔操觚,以为塞责。今兹未敢应贵社之命,亦犹此意耳。"(《复〈新中国〉杂志社函》,《孙中山全集》第 5 卷,第 50 页)

△ 复函菊池良一,誉其为中国之友。

日本友人菊池良一竞选众议院议员,力主以中日友好合作、复兴亚洲为日本外交政策,并专门来函,陈述其对日本政治改革的意见。随即复函,对菊池对华主张极表称许,赞誉其为"中国之友"。(段云章编著:《孙文与日本史事编年(增订本)》,第 612 页)

5 月

5 月 1 日 为《新青年》"劳动纪念专号"题字。

《新青年》第7卷第6期出版"劳动纪念专号"，其中有工人生活图片三十三幅和十二个工人的亲笔题词，并发表李大钊的《五一运动历史》一文，介绍"五一节"的来历及各国纪念的情况。为《新青年》"劳动纪念专号"题写"天下为公"四字。（《为〈新青年〉杂志题词》，陈旭麓、郝盛潮主编，王耿雄等编：《孙中山集外集》，第634页）

5月2日 李绮庵、李安邦来函，请催各方早日发动。

本日，李绮庵、李安邦来函，详告桂军动向及各路筹备情况。函谓：目前广州城防空虚，"若得漳州或云南或湘南一动，绮、安联舰队在广属一动，桂贼必寒心而解体"。惟望早日发动为妙，请"催各方面速进行，以早日动作为要"。（《李绮庵李安邦讨桂函件》，黄季陆主编：《革命文献》第51辑，第205—206页）

5月4日 广州国会政学系议员召开会议，补选熊克武、刘显世、温宗尧为军政府政务总裁。

西南内讧发生后，军政府为政学系所掌控。本日，政学系议员不顾部分留粤议员之反对，强行在省议会召开非常会议，补选熊克武、刘显世、温宗尧为政务总裁，以取代孙中山、伍廷芳、唐绍仪；并改组军政府，重定各部部长：内政岑春煊、外交温宗尧、财政陈锦涛、司法徐傅霖、交通赵蕃（未就）、陆军莫荣新、海军林葆怿、参谋吕公望。同时非常国会还决定：自熊、刘、温三总裁选出之日起，前总裁伍廷芳、唐绍仪、孙中山当由国会解除其名义，以免混淆。故拟由非常会议通电声明，伍、唐、孙总裁名义消灭。（《军府三总裁选出后之情势》，《申报》1920年5月12日，"国内要闻二"）5日，在粤参众两院议员董耕云、吕志伊等联名通电西南军政要人，指斥此次补选为"违法"。（《董耕云等在粤两院议员就孙光庭陈鸿钧窃取非常会议议长并违法补选总裁事致孙中山吴景濂等快邮代电》，李家璘、郭鸿林、郑华编辑：《北洋军阀史料·吴景濂卷》第1册，第209—210页）报章分析，此次新总裁人选颇有意味。熊、刘获选，"即为联络川黔，以抗御滇督之计，一方并以坚北廷之信，表示川黔两省皆就范围，唐冀赓已成孤掌难鸣，庶和议易于就绪"；至于温宗尧，则"为广东人姑留一席，免广东人之缺憾而已"。（平：《西南政局之观察》，《申报》1920年5月9日，"国内要闻"）

△ 熊克武来电，宣布继续担任四川督军职。（《军政府公报》修字第177号，1920年5月26日，"公电"）

5月5日 在沪旧国会议员召开全体谈话会，决定四条办法。

是月3日，在沪旧国会议员在恺自迩路282号国会议员通讯处召开谈话会，到者百余人。首由刘云昭提议即赴云南继续开会，赞成者众，遂推王试功、刘云昭、张秋白等八人为代表，与两院议长商议赴滇手续及招待办法。继由万鸿图提议通电声讨岑春煊、陆荣廷破坏约法通电之罪状，众无异议，推彭介石、陈荣广等五人为起草员，俟下次开会时决定。（《旧国会议员谈话会略纪》，《申报》1920年5月4日，"本埠新闻"）

本日，旧国会议员续开全体谈话会，决定四条办法："（一）即日宣布岑春煊之罪状；（二）宣言声明军政府总裁及旧国会议员现在人数均不足，所有少数人之行为一概无效；（三）国会议员领款暂由林、褚两议长担任，按照在粤时规定数目付给；（四）国会移滇仍须待与唐继尧商妥办法后再定。"（《上海旧议员之近情》，天津《大公报》1920年5月9日，"北京特约通信"）关于国会移滇，议定"每省公推一人，与议长、副议长协同筹备赴滇开会，从国民之公意，正法律之统系"。（《彭养光等上总理函》，环龙路档案第04073号）随后国会赴滇筹备员凌钺、李执中等联名来函，告5日谈话会并赴滇开会筹备情形。（《旧议员致三总裁书》，上海《时报》1920年5月12日，"本埠新闻"）

△ 报载段祺瑞谈弭政院事，称"孙文、唐绍仪、伍廷芳、岑春煊何人，我何屑与伍"？（《专电二》，《申报》1920年5月7日）

5月6日 温宗尧致函总税务司安格联，攻击孙中山等，请求在南方政府争回关余问题上给予协助。

该函首先辩称所争关余，"并非拟用于战争，而是用于支付军饷，避免军队闹事。这样，从目前到南北方之间问题得以解决，可以裁遣军队这一过渡时期之内,社会秩序便有可能得以维持"。为了说明南方政府用途的正当性,该函继而攻击孙中山等为"过激分子",谓当前"南北方之间的和平比以往更有希望。因为除了如孙逸仙、伍廷芳这样的过激分子以及顽固的国会议员之外,每个人都渴望和平。看来,这些激进分子不承认约法,却不惜一切地拥戴目前的旧国会班子。但现在所有激进分子都去了上海,我们可以不受干扰地和北方谈判。我们注重实际,而激进分子们则是流于空谈。我们愿意承认当今总统徐世昌为中国合法总统,虽则徐并非由旧国会选举上台;我们支持现任总理靳云鹏,虽则他曾经是安福系的成员。而他们却想要一位由旧国会选出来的新总统,并欲要现总理辞职。他们在了解到我们不予支持这一计划之后,就与我们分道扬镳,并和那些亦不满现总统和现总理的安福系人物携手合作。故此,您可一目了然:谁要和平,谁要战争"。温宗尧还随函附上广州军政府致外交使团照会。该照会旨在争取关税余款,声称"目前在广州执政的西南政府,是一个法律上及事实上均具备资格的政权"。(广东省档案馆:《1919—1921年中外交涉关余及接管海关史料》上,《历史档案》1987年第1期)

5月7日　为胡汉民所撰《余健光传》作序,赞其革命奋斗精神。

余健光(1891—1919),又名余祥辉,彝族,四川叙永人。1906年赴日留学,加入同盟会。1911年参加广州起义。1914年7月,参加中华革命党成立大会,期间与孙中山频繁接触,随后积极参与护国、护法战争。1919年5月病殁上海,年仅二十八岁。(颜林:《一生追随孙中山先生的彝族辛亥革命志士余健光》,《四川档案》2007年第2期)余去世后,胡汉民为其作传,载其事功言行,俾免湮没无闻。

本日,为胡汉民所撰《余健光传》作序,对其革命奋斗精神称赞不已,谓其"固以奋斗而死,自有志于革命以来,真所谓一息尚存,未尝少懈者。其生平自撰,亦曾无成败利钝之见,故不问健光所已建树于国家社会者奚若,而即此奋斗进取之精神,已足以移传于多数后起之青年而不朽"。(《〈余健光传〉序》,《孙中山全集》第5卷,第259页)

　　△　复函陈树人、蒋宗汉,对加拿大国民党党务日进表示喜慰。

　　4月1日,加拿大国民党总支部总干事陈树人来函,报告加拿大党务发展及举荐蒋宗汉代理党部文书事宜。8日,蒋宗汉亦有函来,介绍情况。本日复函陈树人,对加属党务日进,"无任欣慰"。对陈"舍身为党,竭诚任事",表示感佩。并对蒋宗汉代理文件工作,"深庆得人,不胜厚幸"。(《复陈树人函》,《孙中山全集》第5卷,第259—260页)同日又复函蒋宗汉,对其"任事诚毅,堪以代理一切文件","感佩良深"。(《复蒋宗汉函》,《孙中山全集》第5卷,第260页)

　　5月8日　与伍廷芳、唐绍仪暨国会议员讨论国会开会地点。

　　前者,唐继尧关于国会会议地点通电,提出"云南地处僻远,不如迁往四川重庆"。是日晚,与伍廷芳、唐绍仪及国会议员开会集议国会开会地点,"佥以国会宜迁往有军政府地点为相宜,故仍决定迁往云南"。(《旧国会决迁云南》,天津《大公报》1920年5月10日,"东方通信社电报")

　　△　伍廷芳来函,抄送唐继尧鱼电。

　　是月6日唐继尧来电谓:"续开政务会议,实为目前要图,承嘱速派代表赴沪,俾足法定人数,即行开会,应即照办。闻协和已赴香港,拟即派为敝处代表。"(《伍廷芳上总理函》,环龙路档案第04170号)

　　是月上旬　赴恺自迩路中华女学校参观,"颇为赞许"。捐助大洋二十元,"以资提倡"。(《孙中山赞助女学》,《申报》1919年5月8日,"本埠新闻")

　　5月11日　吕超、石青阳等联合滇军赵又新、顾品珍,击败熊克武。熊自成都出走绵阳,吕超代理四川督军。("中华民国"史事纪要编辑委员会编:《中华民国史事纪要(初稿)》——一九二〇年一至十二月,第233页)

　　5月12日　广东留日学生同乡会来电,请一致铲除广东恶政。

　　伍廷芳离粤后,军政府在政学系的控制下,强行补选总裁,划钦廉入广西,恶政频出,粤民群情激愤。本日,广东留日学生同乡会来电,告决议四事,请一致主张,共起奋争,"打破彼等奸谋,铲除吾粤恶政"。(《留日学生声讨政系电》,上海《民国日报》1920年5月24日,"国内要闻")

△　王沅德来函,恳助复秋瑾祠宇。

秋瑾罹难后,墓葬问题几经波折。民国成立后,浙江当局"为之营葬,表西泠之墓,建风雨之亭",并将墓旁刘典祠没收改名为"鉴湖女侠祠","春秋祭祀,以慰幽魂"。1919年,浙江省长复徇刘氏后人之请,将该祠发还刘氏。本日,秋瑾之子王沅德来函,叙述事件经过,恳请"垂怜同志,俯念孤零,代作主张,规复祠宇,以安毅魄而表孤衷"。接函后批示:此事现在无从为力。(《王沅德上总理函》,环龙路档案第04196号)

5月14日　致电许崇智,嘱作好防范及出击准备。

电谓:桂系为生存计,必先灭粤军不可。今彼布置已定,攻漳之期不远。"今特预先告兄,望兄有以备之。万一漳州失陷,请兄切勿张惶,务须镇静处之,集中部众于上杭、武平一带,为一突进东江之举,则必能转败为胜也。"并告"予拟六月初离沪,往闽往粤,尚在未定。如至此时桂贼尚未攻闽,吾决先击之,望兄集中所部以候令"。(《致许崇智电》,《孙中山全集》第5卷,第261页)

5月15日　在沪国会议员召开第二次谈话会,修正国会移滇开会宣言,并随即发表。(《旧国会议员第二次谈话会纪》,《申报》1920年5月16日,"本埠新闻")宣言追溯护法运动源流,历数岑春煊、陆荣廷破坏护法之事实,宣告:"兹本国会自由集会之义,移滇开会,誓达护法救国之初衷。所有广州政系议员私选总裁,及其他一切行为,当然无效。"(《国会移滇开会宣言》,黄季陆主编:《革命文献》第51辑,第273—274页)

△　陈自先来函,告召集旧属,竭力讨桂。

函谓:兹于高雷属内召集旧部,现联合队伍已有十营,"竭力准备与各方面协同动作",共同讨桂。(《陈自先上总理函》,环龙路档案第02423号)

△　萨镇冰来电,告暂代北京政府国务总理职。

北京政府总理靳云鹏因时局不靖,应对乏术,一再请辞。14 日,徐世昌任命海军总长萨镇冰暂代国务总理。本日,刚刚履新的萨镇冰来电,告"暂承其乏,以维现状",并表示"时局飘摇,望和若渴,促进统一,同抱肫诚"。(《军政府公报》修字第 178 号,1920 年 5 月 29 日,"公电")

5 月 16 日 在上海中国国民党本部演讲造就"真中华民国"之根本。

演说批评辛亥以来革命党人的失败,都在"革命军起,革命党消"这句话。认为"无论何时,革命军起了,革命党总万不可消,必将反对党完全消灭,使全国的人都化为革命党,然后始有真中华民国"。在谈到如何造就"真中华民国"时指出:要以革命党为根本,"根本永远存在,才能希望无穷的发展","所以办党比无论何事都要重要";"以后我们要把三民主义的精神,传他到全国,完全靠在这党的作用上面,我们同志非拿全副精神来办他不可。诸君切勿以为党事无足轻重,诸君如将党办得坚固,中华民国亦就坚固了"。(《在上海中国国民党本部的演说》,《孙中山全集》第 5 卷,第 262—263 页)

5 月 17 日 加藤政吉来函,请协力鼓吹中日亲善提携主义。

本日,加藤政吉自东京来函,告成立日华实业社已及四年,旨在倡导日中亲善及经济提携,并以日中两种文字发行《日华之实业》月刊。又谓:该社创立以来,常以稳健言论鼓吹日中亲善提携,无如势单力薄,不能响彻日中全境,致使两国屡生龃龉。然同人犹"欲以诚心诚意贯彻从来之主义,愈加大倡亲善提携论,以谋两国之实利共存",务祈"赞成同人之目的,协力鼓吹此主义"。(《加藤政吉上总理函》,环龙路档案第 04792 号)

5 月 18 日 江恭喜来函,感谢栽培。

本日,江恭喜自福建来函,对栽培之恩深表感谢。函谓:1918 年5 月蒙饬往陈炯明处效力,随派充许崇智处军事委员。去年 7 月,复蒙许崇智优待,委以上杭县盐厘征收所所长。此等知遇,"若非钧座栽培,曷克臻此",无任感激。(《江恭喜上总理函》,环龙路档案第 04015

号)

5 月 19 日　离杭赴沪。(《杭州快信》,《申报》1920 年 5 月 21 日,"国内要闻一")

△　刘青乙来电,请另设军府,继续护法。

靖国联军豫章参军兼游击司令特派八省联络代表刘青乙来电,力辟南北调和之说,请"团结西南义师,牺牲己见,择西南地势险隘、人民丰富、交通便利,攻守自如之处,召集国会,另设军府,作大公无我之计划,下令讨伐,宣言救国"。(《刘青乙反对求和之通电》,黄季陆主编:《革命文献》第 51 辑,第 287－288 页)

5 月 21 日　参观中西女塾校友会展览会。

21、22 两日,三马路中西女塾校友会假黄浦前德国总会召开展览会,陈列展销各种国货。来宾众多。是日下午,与唐绍仪、王正廷各偕夫人莅会参观,颜惠庆、徐谦等亦与会。(《中西女塾校友会展览会纪》,《申报》1920 年 5 月 22 日,"本埠新闻")

△　姚畏青来函,建议与段祺瑞携手解决国是。

常州姚畏青来函,谓辛亥以还,"所能实心为国公而无私者,唯先生与芝泉"。为今之计,宜乘靳云鹏内阁倒台、军府离散之际,与段祺瑞携手,解决一切,"同时改选国会,以选举首、副座"。接函后批示:"无分南北,只以主义同者则为同志耳。"段祺瑞近日大有觉悟,"自乐与共图国事,使真正之共和能早日实现于中国也"。("中华民国"各界纪念国父百年诞辰筹备委员会学术论著编纂委员会主编、中国国民党中央党史史料编纂委员会编:《国父墨迹》,第 402 页)

5 月 23 日　书写挽额"国魂不死",悼张汇滔之逝。

张汇滔(1882－1920),字孟介,安徽寿县人。1905 年加入同盟会,辛亥革命元勋。民国成立后,追随孙中山参加革命活动。1914 年加入中华革命党。1915 年协助陈其美刺杀上海镇守使郑汝成。1917 年随孙中山南下广州成立军政府,任中华民国大元帅府参军。1919 年 10 月,中华革命党改组为中国国民党,张汇滔被委以重任,负责整顿沿江七省党务。1920 年 1 月 29 日傍晚,于上海法租界维而蒙路国恩寺附近遇刺,身中四弹,穴胸洞腹,被法国巡捕送往海宁医院救治。闻讯后立即指示管鹏、廖仲恺等速将张转至广慈医院抢救,并亲觅良医,前往探视。31 日上午 9 时,张汇滔伤重不治,年仅三十八岁。(《维而蒙路发生暗杀案》,《申报》1920 年 1 月 30 日,"本埠新闻";上海《民国日报》1920 年 1 月 30 日—2 月 5 日)对于张汇滔逝世极为悲痛,于 5 月 23 日举行的追悼会上,致送亲笔书写的"国魂不死　孟介同志千古"挽额悬于灵前。(《悼张孟介挽额》,陈旭麓、郝盛潮主编,王耿雄等编:《孙中山集外集》,第 635 页)

△　罗鉴龙来函,为《子女唯心法稿》求序。

罗鉴龙前曾来函,寄呈著述《子女唯心法稿》,本日复来函求序。函谓:我国纳妾之俗,求嗣续为要因。该书明生育之理,"使其说行,则纳妾以求子之事宜日加少"。"先生邃于医学,足以知其说之是非",故望一言,以绍于世。接函后批示:"虽曾习医,然荒日久,故对于此种专门之研究,非有心得,莫敢赞辞。求序当谢不敏。"("中华民国"各界纪念国父百年诞辰筹备委员会学术论著编纂委员会主编、中国国民党中央党史史料编纂委员会编:《国父墨迹》,第 404 页)

5 月 25 日　应沪江大学自治会之邀,发表题为"中国之再造"的演讲。

是日,应沪江大学自治会邀请,面向该校师生,畅谈中国再造问题。演词如次:"今天兄弟到贵校参观,蒙诸君缱爱,来请兄弟讲演,私心也是恨〔很〕喜欢拿意思贡献于诸君。诸君是世界上一青年,也是中国一青年,我们人生要有一个目的,现在我们大家的目的,要怎么样呢? 民国已有九年了,诸君大概有二十多岁,当记忆民国九年前的事情。我们九年前,是满清政府的奴隶,现在是中华民国的国民,我们大家要担负中华民国的国民的责任,我们应知道,担负中华国民责任的是要那〔哪〕一种人呢? 是要一种有学问有知识的人,诸君都富于学问的。为什么士为四民之首呢? 因为他们有学问、有智识的。

若论智识,是从学问生出来的,学问则从学堂来的,诸君能得在大学堂里求学,中国四万万人中占极少数,所以这一个机会是很难到手的。前时满洲政府不要人民有智识,要使他们成了专制的奴隶,但今日我们已脱离了专制的奴隶,做了国民的奴隶了。'奴隶'二字,含有责任,较人家高一等的意思,学生担负责任,如何做法呢? 近时中国流行一种毛病,就是人人'避嫌疑避责任',这句话是从那〔哪〕里生出的,很不明白了,但望诸君不要被这一句话蒙蔽,放弃了责任。

"但是他们发出避责任的话,莫非因为受了留学欧美学生对于'政治'二字的误解? Politics 一个字包括了二个意思,一是国家的政治,一是家庭的是非(Family Politics)。现在南方政学会、北方研究系阴谋诡计,弄出争端,这也是叫做 Politics。所以欧美用 Politics 一个字有二种解说,普通用 Politics 一个字,含有不好的意思,所以他们欧美人避去不讲。我们留欧美的学生以为 Politics 一个字是'是非'的解说,是'党争'的解说,不知道中国'政治'的意义是与'是非''党争'二解说完全不同的,是带好意思的。我们新开通的人也效欧美人不要听政治,这对于中国前途很是危险啊! 我们现在的责任是要讲政治呢!

"中国人民数千年来多不理政治,二百年前,满人把中国人民当作了奴隶,就为这一个缘故,中国的原来学问此刻多已失了。周、秦、汉时代是中国学问文化进步的时代,到了元朝,中国学术退化了,后来明代承替,中国学术又恢复了,及至清代,中国学术较明退化了,可以说没有学术了,所以我们须往外国求学。由此看来,国家最大的力量,除了政治力量外,没有再大的力量了。

"我们要把中国的进化跟到欧美各国,须要将政治弄得好。外国商人到了上海做生意,设一自治政府于租界,就是工部局。初时,外人到了我国上海,看见中国政治很不好,说中国的法律不能治理他们,所以外国商人设立了这一个工部局自治的团体。法国租界也有同样的自治团体。现在上海的政治比别地好得多了,但是还不能和外国的政治和理想的政治相较。我们试取租界和华界相比,就知他们租界自治得好,他们商人留心政治,天天将政治改良起来,我中国的政治适成一个反比例,他们觉悟起来,知道政治的重要,争把政治来管了。

"世界上最大的力量就是政治。政治使文明进步,政治好的,文明也是好的,政治不好的,文明也是不好的。我国一千年前,政治好的,所以那时候的文明较西国来得进步。中华民国成立九年,没有好的政治,但是好政治不是一天能够成功的,我们要天天起奋斗。虽然无政府主义派看政府不好,不过他们无政府主义派在欧洲没有经过无政府,所以以为无〔政〕府好了。但我们要一个好的政府,因已有经历了,上海外人的学问也是平常,但他们很留心政治,天天起改良政治。我国新脱了专制的羁勒,国民大多数对于政治改良尚没有知道,所以这一个责任要诸君学生去担负了。

"我国的学生是不能效外国的学生不讲政治的。我们的学生,第一先要把政治弄得好。国民不留心府〔政〕治,是很不好的现象。我们不好误解了 Politics 的意思,'政治'是他的好意思,'是非'是他的不好的意思。外国人不留心政治是可以的,因为他们的政府已建设得好了,但我们不当如此。九年前,我国是在破坏的时代,现下是在建造的时代,我们已挂了'中华民国国民'的招牌来建设民国,这一个责任,诸君去担负,比较别人担负的重大得多了。四万万人中,有几个人享受像诸君的大好的机会呀!诸君出上海时,沿途所看见的,无非是工厂里作工的小童,他们约计有十多万,都是没有机会到学校里读书去,诸君已有了好机会,将来学问成就,要担国民的大责任,做了普通人民的模范,代四万万人谋幸福,使中国和欧美各国并驾齐驱。诸君呀!起来担任责任呀!"(苏灿福:《孙中山先生演说辞》,《沪江大学月刊》第 9 卷第 6 期,1920 年 6 月;张金超辑注:《孙中山佚文三篇》,《民国档案》2010 年第 2 期)

△ 致电驻闽粤军,告海军动态。

24日香港来电,报告魏子浩率"海琛"舰、毛仲芳率"永丰"舰昨日开往汕头,海军陆战队暂由林葆怿兼领。本日致电驻闽粤军,通报港电消息,并告"海军自饶子和回粤后,尚无一切实报告,其态度仍不明了。望兄注意"。(《致□□电》,《孙中山全集》第5卷,第265页)

△　孙祥夫来函,报告浙军军情,并请示方略。

函谓:陈肇英师长现驻闽疆,尚有实力,"其人智勇有为,且与祥夫志同道合,大可为吾党尽力。先生与各方面接洽情形及其具体办法,恳请详细示知,以便代表而资适从"。接函后批示:"陈师有心来助,甚好。待计划有定,再行通知。"(《孙祥夫上总理函》,环龙路档案第13500号)6月5日,孙复来函恳请密示办法,谓"此间浙军实力,似乎表面较粤军稍小,而内部之团结,器械之精锐,实他军所不及。若承派人来安海,与雄夫师长接洽一切,必能得圆满之结果"。(《孙祥夫上总理函》,环龙路档案第13514号)

△　王正廷来函,请按数拨还旅欧支出。

1919年巴黎和会,王正廷代表南方政府充任全权代表。在欧期间,前八月经费由代表团供给,9月后因奉军政府令留欧办理余务,代表团停供经费,一切用项均出自筹。本日来函,详述用项情况,恳请与诸总裁迅予议决,按数拨还。接函后批示:到时自当尽力。(《王正廷上总理函》,环龙路档案第08569号)

5月26日 李绮庵来函,询问陈炯明讨桂态度。

李绮庵自香港来函,告赴汕北舰陆战队"营长及三队长已有意来归","他日汕有事,该营长、队长已应允帮助"。又谓:"顷闻陈竞存兄有畏桂贼势厚,有怯意,有观望心,未知是否?""如竞存兄确有观望,可即令许汝为兄速备举事为是。若许君能举,绮即应之;如绮先举而许君能应之,绮亦即举。"(《李绮庵李安邦讨桂函件》,黄季陆主编:《革命文献》第51辑,第206—207页)

△　唐继尧来电,告国会、军府设于重庆为宜。

国会、军府设于西南何地,存有在渝、在滇两种意见。本日,唐继尧来电,谓国会、军府必须成立,地点以重庆为宜。因"利用滇、川、黔势力,促进大局,非以该地为总枢不可;欲必实联结滇、川、黔有所作用,亦非出驻该地不可"。(《唐继尧为敦促国会军府迁渝事致孙中山伍廷芳等电》,李家璘、郭鸿林、郑华编辑:《北洋军阀史料·吴景濂卷》第1册,第219—220页)翌日,缪嘉寿来电,称迁滇、迁渝尚须研究。电谓:另择地点组军府开国会,实为良法。但川中战端已开,滇军势必加入战团,军府移滇,实难兼顾。(《缪嘉寿就国会军府不宜迁滇事致吴景濂等电》,李家璘、郭鸿林、郑华编辑:《北洋军阀史料·吴景濂卷》第1册,第221—224页)

5月28日　致电谭延闿,促速定讨桂大计。

讨桂形势出现后,曾多次函电谭延闿速起,但谭不为所动。本日复致电催促。电谓:"闻蒉赓已决从滇边进兵,贵州定与携手,竞存亦拟回戈图粤。湘当其中,若与首尾相应,则彼必败亡。""兄与所部为国奋斗,久历艰瘁,今有机可乘,必能遂除民害,望速决定军事准备。"(《致谭延闿电》,《孙中山全集》第5卷,第265页)

5月29日　复函梅放洲,嘱确查桂系进击陈炯明计划。

是月23日,梅放洲来函,报告潮汕地区军队联络及运动进展。本日复函,对潮汕进境深为欣慰,告"以后凡关于桂军一切行动及其内容如何,一有见闻,务望详为报告"。并嘱"近日道路传闻,桂贼集大兵于东江,欲先发制人,有进击竞存之势。照兄所见,桂贼有此胆略否? 竞存甚为戒备,然桂贼敢进攻与否? 所关吾人计划甚大,此层务要切实确查详报也"。(《复梅放洲函》,《孙中山全集》第5卷,第266页)

△　致函陈永惠,嘱与李绮庵协力运动军队。

梅放洲来函,称陈永惠"热心爱国,已自行联络军队,以备驱除桂贼而救粤民"。本日致函陈永惠告:"联络军队,须协同一致,不可分歧","闻兄所联络之军队,有已为李绮庵兄所接洽者,故望兄务与绮庵兄一致动作,则必有事半功倍矣"。(《致陈永惠函》,《孙中山全集》第5卷,第266—267页)

△　报章刊文分析西南内部沪派、粤派之对立。

本日,《申报》刊文,详细分析西南内部之派分及趋向。文章称:"西南政局继滇桂两军激战后而发生巨变,近且呈分裂之象,此无可讳言者也。然总括其分裂之派别,不外沪、粤两派。沪派孙中山、伍秩庸、唐少川、唐蓂赓属之;粤派岑西林、陆幹卿属之。至林葆怿方面,事齐事楚,向无明确之表示。沪派得总裁过半数,揆之军府组织大纲,似具有法律上之根据;惜未得开议之适当地点也。粤派因限于人数问题,故有补选总裁之事实。至补选手续是否适法,此乃国会内部问题,吾人姑不置论。但究其趋向,终必走于极端,以此之故,遂不免各本实力以冀贯彻其主张。沪派实力集中于云南方面,滇粤相距较远,其进行情形,颇难得其真相。今先以粤派言之。粤派以桂军为主力军,桂军以维持两粤为职志,近因陈炯明有返粤消息,遂纷纷派兵开赴东江,堵截陈炯明之归路(查新赴梅潮桂军已逾三十营以上。11日,桂军与民军曾发生冲突)。如陈无根本返粤之主张,则桂军亦无越境进逼之决心。但闻陈氏近与唐继尧密电往来,约作军事上之联合,使唐果侵桂,则陈返粤之事或亦将见诸实行也。赵又新阳日通电,不啻代表唐蓂赓而拍发者。阳电力驳莫荣新之非,含有挑战之口吻。粤派阅赵电后颇为惊惶,现经电商幹卿,主由西林先向陈炯明疏通,以为缓唐出师之计。岑之调和代表刻虽未指定何人,大约仍以吕公望、蒋尊簋两人任之。然陈炯明鉴于两李调和之故事,恐未必肯蹈李协和之覆辙也。"(《西南内部之和战谈》,《申报》1920年5月29日,"国内要闻")

5月30日　李烈钧抵达上海,前来拜访。

滞港期间,李烈钧曾因"军事紧急",无意来沪。(《吴景濂函电存稿》,《近代史资料》编辑组编:《近代史资料》总42号,第230页)后经吴景濂、褚辅成等迭电催促,是日上午9时自香港乘日本邮船抵达上海,同行者有贵州前驻粤代表李子云、国会议员王乃昌等。前往码头迎接者有唐绍仪、吴景濂、褚辅成、王正廷、伍朝枢等。李烈钧登岸后,即乘坐汽车前来宅邸,随后又分诣伍廷芳、唐绍仪、吴景濂、褚辅成等。

《李烈钧昨日抵沪》,《申报》1920年5月31日,"本埠新闻")当晚8时,各总裁、旧国会议长及李烈钧均前来宅邸会谈,10时始散。当晚,李烈钧下榻孙宅。(《李烈钧到沪后之行动》,长沙《大公报》1920年6月5日,"中外新闻")

5月31日　在沪国会议员召开谈话会,讨论国会移滇问题。

(《国会讨论赴滇》,黄季陆主编:《革命文献》第51辑,第271—272页)

是月　复函王天纵,勉策时努力。

王天纵前遣员赍函来沪晋谒,报告鄂西军情。本日复函指出:"执事经营鄂北,劳苦备尝,际此百务瘫疲,独能奋发,热心爱国,至可嘉尚! 戎事多劳,惟策时努力,共达护法救国本旨,深所愿望。"(《复王天纵函》,《孙中山全集》第5卷,第267页)

6月

6月1日　于宅邸举行谈话会,沟通情况。

是日午后,与伍廷芳、唐绍仪、李烈钧等于寓所召开特别会议。"首由伍廷芳发言,主张本日即作为正式会议,并推举中山为主席。中山除辞谢主席外,且声明仍认为谈话会,遂互相讨论军府、国会迁滇问题。伍氏力持在沪组织政务会议办事处之说,会议良久,末后由李协和说明唐蓂赓主张国会宜改设重庆种种理由,未及解决而散。"

(《上海孙中山宅之特别大会议》,《新国民日报》1920年6月17日,"祖国要闻")

6月2日　于宅邸续开会议,决定四总裁发表正式宣言。

是日下午3时,与唐绍仪、伍廷芳、李烈钧(代唐继尧),护法国会两院议长吴景濂、林森、王正廷、褚辅成,以及各省各军代表赵世钰(陕西)、覃振(湖南)、谢持(四川)、由宗龙(云南)、王世荣(贵州)、陈策(鄂西)等多人,在寓所举行会议,讨论应付时局办法。历时甚久,决定由孙中山、唐绍仪、唐继尧、伍廷芳四总裁发表正式宣言,通告中外:否认广东军政府为护法政府;残留之国会议员既无合法议长,亦不能认为国会,其所议决事件完全不生效力。(《昨日孙中山宅之重要会议》,《申报》1920 年 6 月 3 日,"本埠新闻")

上海《民国日报》认为,此次会议意义重大,实开西南时局新纪元:"此次会议虽未具政务会议之形式,而精神上已为代表西南多数省分与军队之最高会议,所议决事件,固有非常强大之效力。从此滇黔陕蜀湘鄂各省军正式与广州军府脱离关系,此案虽酝酿已久,至今始克实现。故 6 月 2 日之孙宅会议,可谓开西南时局之新纪元也。"(《西南时局之新发展》,上海《民国日报》1920 年 6 月 3 日,"本埠新闻")

6 月 3 日　与唐绍仪、伍廷芳、唐继尧联名发表宣言,宣称移设军府,继续南北和议。

四总裁宣言痛斥广州政府自政务会议成立以来,为一二人所把持,"假护法之名,行害民之实","非惟国法所不容,直人类所不齿"。随后宣告"移设军府",郑重声明:"自今以后,西南护法各省区、各军,仍属军政府之共同组织。对于北方继续言和,仍以上海为议和地点,由议和总代表准备开议。其广州现在假托名义之机关,已自外于军政府,其一切命令、行动及与北方私行接洽之事,并抵押借款,概属无效。""希北方接受此宣言后,了然于西南公意所在,赓续和议,庶几国难敉平,大局早日解决。"(《移设军政府宣言》,《孙中山全集》第 5 卷,第 267—268 页)

同日,唐绍仪以南方总代表身份将宣言用正式公函送达北方总代表王揖唐。5 日,王复函"表示接受宣言之意",谓"南北和议,停顿年余,揆之国人望治之心,与友邦关切之意,无不期永久和平之实现。揖唐忝议和总代表之任,惟当体此内外心理,促进和局。贵总裁等本多数之公意,为正当之宣言,奉读之余,知企望和平之心,彼此一致,故本其权责,即行接受。并愿与贵总代表赓续年余以来停顿之和议,所有条件当虚衷商榷,期于妥协,以纾国难"。(《四总裁宣言后之时局》,《申报》1920 年 6 月 6 日,"本埠新闻")

对于引起政坛震动的四总裁宣言,有议员认为存在两大缺点:一未述及脱离广州理由，二未谈及护法之将来，故"既不能使局外人洞明真相，又不能使局中人坦然无疑"。有报纸在搜集各方消息后指出："查该宣言系汪精卫、胡汉民、徐谦三君，分承四总裁意旨草拟而成。当时只据各总裁自就其权责所发表之意见，故就财政、和议、军事各面，郑重缕述，于前述第一、第二两点未暇细究。但脱离广州之理由，已经国会议长及伍总裁一再宣布；护法之将来一层，尤系自初一贯之主旨，此时亦无重述之必要。此种责难当可冰释。"（《四总裁宣言后之时局》，《申报》1920 年 6 月 6 日，"本埠新闻"）

据报章报道，四总裁宣言发表后，吴景濂、褚辅成两议长曾赴孙宅沟通意见，"中山自谓：此宣言并不妨害民党之进行，即彼之为此和议之运动，亦并不与向日之主义相违反。盖此为政策运用中之一手腕，且与主义未来之前途更为裨助"。"两议长得此言论，遂以四总裁之宣言与议员之赴滇为并行不背之事，国会移滇者自移滇，而沪上之和会自和会也。"（《西南分裂后之沪讯》，天津《益世报》1920 年 6 月 9 日，"要闻一"）

四总裁宣言发表后，原南方议和分代表刘光烈、郭椿森召集章士钊、曾彦、李述膺、彭允彝于刘光烈宅集议应付办法。"郭、刘、章三人主张电请广州军府撤换总代表，曾彦、彭永彝两人表示反对，李述膺不赞一词，当时遂无结果。事后，由郭、刘、章三人将其主张急电广州，请求照办。"（《四总裁宣言后之南方代表》，《申报》1920 年 6 月 8 日，"本埠新闻"）6 日，广州军政府政务会议召开紧急会议，"所有总裁"无一缺席，莫荣新也参加了会议。会议决定："（一）免去唐绍仪首席和平代表的职务。（二）任命温宗尧为首席和平代表。（三）通告人民和外国社团，与北方的和谈不久将恢复。（四）通告北方：唐绍仪、伍廷芳和孙逸仙等人在上海的行动是无效的。除唐继尧外，上述三人已被免去军政府总裁的职务，因此，他们不能以总裁的资格代表政府。"（广东省档案馆编译：《孙中山与广东——广东省档案馆库藏海关档案选译》，第 186 页）同日，岑春煊、陆荣廷、林葆怿、温宗尧联名发出通电。

△　复函徐谦，商讨四总裁联合宣言发表事宜①。

函谓："宣言大约今晚可通电，明日当交上海各报。兹如命先交一分与兄抄录快邮寄京津。抄后请将原底掷回，以便今日午后3时交各省代表看可也。"（《孙中山致徐谦函电六件》，《历史档案》1984年第3期）

△　萨镇冰来电，望力弭战祸，统一早成。（《军政府公报》修字第183号，1920年6月16日，"公电"）

6月5日　致函张学济，勉秣马厉兵，以待讨桂。

张学济日前来函，并遣员来见，报告谭延闿、张敬尧冲突及湘西军情。本日复函指出，谭、张开衅，不过局部之事，"只须将桂系遏平，余事即可迎刃而解"。并告讨桂计划及各方进展，勉其"秣马厉兵，以待大举"。（《致张学济函》，《孙中山全集》第5卷，第269页）

△　杜尹群来函，祈请赐文。

函谓：同人等创办《启明日报》，旨在"扶植正义、拥护法纪"，定于6月15日出版。"夙仰先生为当代之华盛顿"，敬祈赐以鸿论，"俾公诸天下而光敝报"。（《杜尹群上总理函》，环龙路档案第09061号）

6月6日　广州军政府召开政务会议，改派温宗尧为议和总代表。

本日，广州军政府召开政务会议，议决免去唐绍仪南北议和全权总代表职务，改派温宗尧为南北议和全权总代表。随后岑春煊、陆荣廷、林葆怿、温宗尧联名致电北京政府徐世昌、萨镇冰，告总代表易人，并声称："上海租界内所称之军政府，除唐继尧未辞职外，唐绍仪始终未就职，孙文业于八年八月间辞职，伍廷芳于本年三月间卷款弃职，经于五月四日由国会非常会议宣告免职，另行改选，是孙唐伍三人所有宣言及一切行动均属无效。"（《公电》，《申报》1920年6月10日）对于广州政府免唐任温，报章分析指出："此事为尽人意中所能料及之

---

①　此件无日期。函中所指宣言，当系四总裁联合宣言。函中所述与该宣言3日以通电发出，4日交上海各报，5日见报，大体吻合。该函日期故断为1920年6月3日。

事。惟其所派之温宗尧,恐不能得北方承认,因北政府既正式接受四总裁之宣言,唐王两人亦已正式会见,虽未实行开议,而所谓温宗尧者已另无活动之余地也。"(《岑春煊免总代表之怪剧》,上海《民国日报》1920 年 6 月 8 日,"本埠新闻")

广州免唐电发表后,有记者分谒各方探询意见。唐绍仪认为,西南方面已迭电否认广州政府合法性,"当然视为无有",置不理会。其余总裁及国会方面曾有人提议驳斥,"因多数主张吾人既不认岑春煊为军府,则对岑氏文电无驳斥之必要;若加以驳斥,不啻承认其有军府资格,反足增其价值,故一概置之不理"。有北方议和代表团成员指出:"吾人既已正式接受四总裁宣言,与唐总代表开始接洽,此外任有何人,万无承认之理。"(《各方面对免总代表态度》,上海《民国日报》1920 年 6 月 10 日,"本埠新闻")

6 月 7 日　郭同等来电,请将军府、国会移设重庆。

本日,国会议员郭同、李华林等致电西南内部军政要人,详析云南及上海于军府、国会均非相宜。认为相比较而言,"重庆为长江上游,形势既伟,航路亦通,为滇黔川军密集之区,势力既厚,和战均易着手","择地重庆,实为可和可战可守之办法"。(《郭同汪彭年等请移国会军政府于重庆上国父电》,黄季陆主编:《革命文献》第 51 辑,第 274—276 页)

△　报章载文指西南目前非政治问题,实军事问题。

是日,北报刊发长文,认为唐继尧、李烈钧等军事实力派的动向,实关系西南内部政局之趋向。文章称:"李烈钧到沪后五六日来南方政局转现岑寂之象。虽经孙宅两次之会议,只议决一由四总裁三议长对粤声讨之通电,此外竟无所发展。其中因缘甚为复杂,要不外李氏个人态度之不决,唐冀赓方将有事于四川也。

"李氏自经韶关出巡失败以后,对于政治问题颇有举棋不定之势。据其亲信传说,则谓李由韶回省以后,陆荣廷曾有急电致莫,告以相机而为速制之死地。莫固极承陆之意旨者,因以商之政学会中人。政派慑于李之声望,窃计倘有不利于李氏,则杀人之名任何必归之于政系,故为其自身前途之政治命运设想,实不愿空居杀人之名,而自杀其各方活动之力量,于是决定明允桂系之协商,暗促协和之速于去粤。此李氏所以于身陷虎口之后,复能只身北去也。以此之故,李氏对岑私交所在有不能公然反对之隐,其来上海之本意,惟在急于回滇,得一旅之师实行讨桂云。

"然唐蓂赓对李态度,虽有极大之盛情的关系,要不能全然不顾多数军官之意向。李既到港未来上海之前,唐曾征集滇中部属之意见,多数均以李之地位原不逊于唐,以大位界之,恐非滇所能堪,小又非李氏所能受。唐于此时正苦无法,适广西议员王乃昌由上海之密电到滇,请以总裁代表委李氏,以便在沪开会。唐氏得此,遂发□电促协和速到上海就代表职。此又李氏来沪与唐蓂赓之关系也。

"李氏急于讨桂,唐蓂赓急于平川,则国会移滇之说其势不得不停顿矣。昨日通信处筹备员虽开会议,决办法三条(赴滇者发川资二百元;暂不去滇者只发维持费百元)。然多数派之褚寓要不能不秉承党魁之意旨,其党魁唐少川近更有暗中谋和之趋向。微闻国会各派稍能一致,上海政务会议能略具雏形,唐氏之和平论即将出现矣。

"总之,西南目前非政治之问题,乃军事之问题也。军事占优势者,实无政治之可言也。王文华(驻渝黔军司令)昨日来电与上海民党某君,谓反复派之刘湘已战败退去二千余里云云,则川中局面倒熊派或可得势,国会移渝之说或为异日一事实欤。"(《李烈钧与西南政局》,天津《益世报》1920 年 6 月 7 日,"要闻二")

6 月 8 日　淞沪护军使署致电北京政府,报告孙中山等行踪。

电谓:"孙中山因与唐继尧接洽各事,启程赴滇。伍廷芳则为关余讼案未曾离沪。唐少川现正组织军事会,筹备和会开会,极为忙碌。并查悉孙唐伍等已于法界设立军府事务办事处,粤中甚为反对。"(《沪军署报告孙伍唐行动》,北京《晨报》1920 年 6 月 11 日,"紧要新闻")

6 月 9 日　复电唐继尧,勉其贯彻主张,推助平民政治普及全国。

是月1日，唐继尧通电各方，响应卢永祥废督裁兵之议。宣称自即日起，解除云南督军职务，云南督军一职废止。所有全省军权由卫戍司令官担任，全省民政事宜由省长主持办理。(《唐蓂赓实行废督电》，上海《民国日报》1920年6月7日，"国内要闻")本日复电指出："比年以来，国家多故，民生疾苦，日以加甚，于是废督裁兵之议，遂成时势之要求。""今执事毅然行之，以为天下倡，且不以独善为己是，而更欲行其所信于力所能及之地，谋国之忠，为议之勇，诚无愧于护法之柱石矣。"并勉其"削平大难，贯彻主张，俾平民政治，由云南而善及于全国"。(《致唐继尧电》，《孙中山全集》第5卷，第270页)

△　天津外交协会等来电，赞四总裁宣言，望和局早成。

四总裁宣言宣布南北继续言和，由总代表准备开议，引发外界热烈反响。本日，天津外交协会来电，称赞宣言赓续和议，仍由沪会解决，此尤全国民意所在；此种宣言"极有价值"，"实天经地义，可揭日月而行，质之中外舆论，应无不认为正当者"。(《津沪各团体之同声促和》，天津《大公报》1920年6月12日，"紧要纪事")天津国民促和会来电谓："诸公本公意之所在，为正当之宣言，而趋重于多数舆情，续开和议，爱国热诚，溢于词表"，"窃愿诸公抱定宗旨，务达和平，救国救民，实在此举"。(《(民国)南北议和会议卷宗集成》第4册，第1593—1594页)安福俱乐部来电指出：四总裁宣言促和，唐王总代表迭次会晤，"此诚剥极而复之机，我国人所当引为庆幸者"。敬祈"邦人君子，重念国危，一致电促双方代表克日进行"。(《(民国)南北议和会议卷宗集成》第4册，第1579—1581页)13日，上海民生维持会来电，谓四总裁宣言为"和平之福音，统一之佳兆"，望南北当局"速催代表，迅开和议"。(《民生维持会之促和电》，天津《大公报》1920年6月16日，"紧要纪事")

△　李仲夔来函，恳为其子证婚。接函后批示：办法不合，不能照行。(《李仲夔上总理函》，环龙路档案第01208号)

△　蔡荣华来函，报告运动联络情形。

函谓:去年以来,受杨春浩委派,在海南琼崖、陵水、海口等地秘密运动,后又在香港租赁场所,赞襄联络。现拟日内来沪,面陈各节,请示方略。接函后批示:不答。(《蔡荣华上总理函》,环龙路档案第02425号)

△ 报载唐绍仪对《大陆报》访员谈南北议和。

唐绍仪谈话略谓:"吾等四人,现准备与北方复开和议。""岑春煊虽有对北作战之意,但在沪四总裁则愿与北议和。四总裁既发表宣言书,从此不复负岑氏行为之责任矣。"(《唐王携手后之西报消息》,《申报》1920年6月9日,"本埠新闻")

△ 报载北京政府密电王揖唐确查四总裁状况。

据报道,四总裁宣言发表后,北京政府认为"不能不怀疑者"有两点:"(一)发表宣言之地点系在上海租界之私人住所内,此种住所是否可视为政府?(二)前项宣言并未经西南全体首领之表决,是否即能代表全体之意见?而所谓唐总代表者,是否除外粤桂之部分,抑并粤桂部分而亦代表之?"因以密电王揖唐,"详查确复,以凭核办"。
(《四总裁宣言之两疑点》,北京《晨报》1920年6月9日,"紧要新闻")

6月10日 在沪国会议员召开谈话会,讨论四总裁宣言。

是日下午3时,在沪国会议员于议员通讯处召开正式谈话会,到者六十余人。鄂籍议员胡祖舜提议反对四总裁宣言,谓"四总裁将一切事宜委托唐总代表办理,未能合法"。讨论后付诸表决,未获通过。
(《国会议员正式谈话会》,上海《民国日报》1920年6月11日,"本埠新闻")

△ 复电李绮庵,告遣居正赴粤任讨桂总司令,黄大伟任参谋长。

为统一粤省各路讨桂事宜,拟遣居正、黄大伟前往主持。本日复电李绮庵,告粤省军事,"所虑者兄等非军事专家,恐临时不善运用,致为敌所乘耳。故特派居正来粤为总司令,黄大伟为参谋长,由余面授作战方略。望各同志一律称路,不得称军。而各路司令悉听总司令指挥,立功后乃再定等级"。(《复李绮庵电》,《孙中山全集》第5卷,第

283页)17日,李绮庵、李安邦复函,谓广州政府于港澳密布侦探,"恐居、黄君早来,消息一出,必为贼政府之侦探注意,有多不便",确定起事日期后"即来为佳"。并告先前策划颇为隐秘,"此次若漳州、湘南、云南果有决断进兵,绮、安确有把握攻打广州城矣"。(《李绮庵李安邦讨桂函件》,黄季陆主编:《革命文献》第51辑,第208—209页)

△ 报载北京政府对沪会重开持赞成态度。

文章称:北京政府"虽以种种关系,及对于桂粤如何处理尚取慎重态度,与沪会进行方针如何确定未有明白宣示,但对于唐、王两总代之接洽得多数之同情,自不能旁观坐视。闻国务院奉谕续电王总代表,大致谓昨电悉,卓筹办法至佩,顾念大局,和议为根本解决之途,自宜速筹进行云云。此种电报仍属空洞,未明示其方针所在,确缘政治内幕中尚有复杂之关系,不得不尔也。但上海方面之和议进行,至总代表除已电告政府外,又决定派分代表徐佛苏即日入京,面商一切,亦有电先达政府。国务院亦另有复电,大致谓徐代表即日入都,已呈明主座,到时当迅予商洽云云。据以上两电观之,政府对于沪上和会进行仍表示赞成之意。惟闻连日公府对此极多谈论,总统之态度则颇以四总裁宣言及商请开议,未能得西南全体之表决,恐不能代表西南全体为憾;再以桂粤处理,亦觉有不便之感。并闻曾对人言,前此桂派之请局部议和均已拒绝,此番是否可以承受唐氏开议之请,应加以审慎"。(《沪和会进行与各方面》,天津《大公报》1920年6月10日,"北京特约通信")

是月上旬 复函廖湘芸,嘱扑攻桂林,扫平广西。

湘西军情极其复杂,廖湘芸虽得张敬尧协助,但处境仍形危殆。廖日前来函,报告此情,并请求指示。本日复函指出,"所陈各节,均属可行","惟主要目的,在扫平广西,以扑桂林为第一着,对于辰州之军队取切实联络,对于洪、淑之军队,可收用者尽先收用;其不可收用而必须征服者,则须以全力于最短时间击破之,勿招前此之失败"。(《致廖湘芸函》,《孙中山全集》第5卷,第271页)

△　致函张敬尧，就廖湘芸出师疏通意见。

致函张敬尧，并遣罗迈前往沟通意见，函谓："廖湘芸此次出师，唯一之任务，以奉文命令，直扑广西，对内对外一切名义，文可负完全责任，决不予人以口实，使督军为难。"（《致张敬尧函》，《孙中山全集》第5卷，第272页）

6月11日　张敬尧北逃，护法湘军进占长沙。

吴佩孚军撤防后，护法湘军谭延闿部即向长沙步步推进，连战连捷。湖南督军张敬尧除迭电北京政府求援外，束手无策。是日，张率部逃离长沙，北撤岳州，护法湘军先头部队进占长沙。14日，湘军总指挥赵恒惕入驻长沙。（"中华民国"史事纪要编辑委员会编：《中华民国史事纪要（初稿）——一九二〇年一至十二月》，第275页）

△　接受《字林西报》记者访问，反对英日续盟。

是日，接受《字林西报》记者访问，强烈反对英日续盟："同盟有害于中国，日本既取侵略政策，英国何以赞助之？同盟第二次续订后，高丽即脱离中国。华人现信同盟如经三次四次之续订，则中国将步高丽之后尘矣。但吾人准备与之奋斗，华人无一不反抗日本，倘英日再续盟，则华人且将反抗英国。"继而指出英日同盟已无存在之必要："日本利用印度以取得同盟，当时英国惧俄国南侵，但现在俄之帝国势力已消灭，已无复同盟理由之存在。假使谓日本既无同盟之束缚，将不利于印度，则试问中国如受日本管辖后，其危害将至何等乎？中国乃一和平之国，然则何不使中国为日本与印度间之一缓冲国乎？"并严正警告：日、英同为岛国，利害终必冲突；日若控制中国，"若握太平洋霸权，即能殖民于澳洲，占领坎拿大，控制南非，畀印度以独立"，则"英国无宁日矣"。《字林西报》报道时指出，访谈间孙中山态度坚定，"措词极为有力"。（《孙先生与西报之谈话》，上海《民国日报》1920年6月12日，"本埠新闻"）日本《大阪每日新闻》转登谈话时攻击为"刁难日本的言论"。（段云章编著：《孙文与日本史事编年（增订本）》，第613页）

△　报载卢永祥向北京政府报告孙中山等行踪。

报告略谓："孙中山因事赴滇，伍廷芳为关余诉讼未曾离沪，唐少川在沪组织军事会主持和议。孙唐伍三人已在法界成立军政府事务办事处，而广东政学系方面则对于伍唐孙此举甚为反对。"（《在沪三总裁之行动》，天津《大公报》1920 年 6 月 11 日，"北京特约通信"）

△　报章载文分析广东军政府土崩瓦解现状。

文章称：军政府自伍廷芳离粤后，"大势已如瓦解，固已成为不可掩之事实。而政系中人仍积极维持者，因视此为谋和之绝好时机，欲乘势以图一己之私利耳，非不知此中之形势难以维持也。而近来危机更陆续显露，恐亦不能久支矣"。譬如向为岑春煊"所器重之夹袋中人物如钮永建、冷遹、李书城、文群等，率皆借端辞职"，内部涣散，可见一斑。各省军驻军政府之代表陆续离职，军政委员会、财政委员会已无形消灭。陈锦涛就财政部长，"对于财政上之措施竟毫无把握，而其困难情形且有加无已"。"温宗尧南下之初，自称谓能争回关余者，驯至今日而争执如故，近且有停付之宣言。"此外，岑陆不洽亦已显现："近日湘中发生战事，岑迭电陆荣廷欲调林虎、马济所部出发，以图一逞。讵知陆氏之意原冀军府自倒，若以桂军供其指挥，则固陆之所最不赞成，故复电均以粤桂风云紧急为词，不允所请。"以上数端，"均为军府瓦解之明证。目下纵能维持现状，亦不过等于残喘苟延而已，自身一无实力而欲图存盖亦难矣"。（《土崩瓦解之军府现状》，天津《大公报》1920 年 6 月 11 日，"紧要纪事"）

6 月 12 日　沈夏声来函，称愿回国效力。

是日，前保定军官学校学生沈夏声自马来亚槟城来函，陈述改造军人设想及回国报效之意。函谓：我国现时纷扰，实因多数军人无识，死抱持顽固思想，"倘若我们在一块地方，集合了很多有智识、有思想的军官，训练了几师有智识、有教育的军队，教他们都晓得'为着人民永久的幸福，吾党纯良的主义而战争'，方才可以根本上铲除一切的恶性"，才可以成为国家建设的助力。看俄国"劳农政府，依然用着军队的力量，维持扩张他的主义"。我国若要根本上谋求改革，须

"从根本上训练"军队，"要从新组织几师才好"。并告近拟设法回国，"直接效力于吾党的实力部分"，"尽吾人一分子的力量"，望切实予以指引。接函后批示："现正用武之时，君为军人，何不即回国效力。"（《沈夏声上总理函》，环龙路档案第 14052 号）

6 月 13 日　林森、吴景濂、王正廷、褚辅成来电，赞同四总裁宣言。

护法国会参众两院正副议长林森、吴景濂、王正廷、褚辅成联名致电孙唐伍唐四总裁，对四总裁宣言极表称许，并指出："永久和平，仍当求之于法治，故保全法系，正所以巩固国基。倘能重开，深冀体念国民多数之心理，贯彻护法救国之初衷，庶国脉可保，正义能伸。"（《四议长保全法系意见》，上海《民国日报》1920 年 6 月 15 日，"本埠新闻"）

△　向日本驻外军事机构官员提出强烈要求，希望日本对直皖之争严守中立，警告"张（作霖）的一举一动都是表明日本对（中国）时局的态度的晴雨表"。（段云章编著：《孙文与日本史事编年（增订本）》，第 613 页）

△　莫荣新通电，攻击孙中山与段祺瑞联盟。

四总裁宣言发表后，广东督军莫荣新于是日发表通电，污蔑宣言混淆视听，"意在冒用已去职之总裁名义及总代表地位，实现其年来孙段王唐勾结之密谋"。针对四总裁所指斥的粤省"烟苗遍地，赌馆满街"，"军行所至，淫掠焚杀，乡里为墟"，通电全部否认，并大言炎炎，诘责孙中山等"固尝薄窃时望，屡握事权，徒以私利所蒙，遂至冥行不择，诬谋粤政，出自褊心，其事犹小；勾连敌党，祸我西南，人格不存，廉耻道丧，所关于人心者其害至深"。（《莫荣新对四总裁宣言之反对》，《申报》1920 年 6 月 19 日，"本埠新闻"）

翌日，广州军政府发出通电，同样集矢攻击孙中山等与段祺瑞握手言和，结为联盟。该电首指段祺瑞和安福党为"毁法"罪魁，与西南护法团体"遂驰两极"。次责"首倡护法讨段之孙文，以不得利于粤中，竟至屈而媚段。彼专断提出八条之唐绍仪，以欲居奇沪会，揽取政权,竟至勾结安福"。继而捕风捉影,详述孙段携手、岑等力撑难局之"真相":"三四月前,据京中密告,谓孙段已定交换条件,如协谋总统,段许孙每年八十万元出游欧美,而自摄国政;以及王任总理、唐长外交等项……迨二三国会议员,鼓动唐督继尧,易置驻粤滇军统帅,以推翻粤局。再与王揖唐开议之密谋发现,同时复有段助饷械,以南攻南之种种报告。煊等始稍惊诧,然仍不动声色,从事调和。乃自调和局成,彼等图穷匕见,意不自安,立转为消极破坏之计。伍氏父子卷款先行,吴景濂、褚辅成等又侵蚀议员款项,仓皇出走……由孙唐伍等假总裁名义,宣布与安福党魁开议。"最后声称:"孙伍两人早经改选,唐总代表亦已撤消,改任宗尧继任,赓续和议。所有王唐私订条件,一律无效。"(平:《岑春煊应付他派之策画》,《申报》1920 年 6 月 22 日,"国内要闻")

随后,军政府又向外国社团发出声明,"严厉谴责伍廷芳、孙逸仙和其他一些人。声明叙述了以往的事件,说明为什么政府是对的,为什么所有反对者是错的。孙逸仙以前反对段祺瑞,而现在却与段祺瑞联盟。唐绍仪以前反对王揖唐,现在却与王谈判。唐继尧很想做四川、云南和贵州的巡阅使,行动也是自相矛盾。伍廷芳及其儿子伍朝枢携带公款潜逃。所有这些人仅从自私自利的动机出发,言行不一。他们攻击政府准许在省内赌博。但首次重开赌博时,孙逸仙曾是'大元帅'。那时他为什么一声不吭不予反对?声明最后说,政府将战斗到底,直到护法事业取得成功,为实现这个目的,政府不会承认王揖唐为北方首席代表。对于唐绍仪和王揖唐之间达成的各项条款,政府不承认有约束力"。(广东省档案馆编译:《孙中山与广东——广东省档案馆库藏海关档案选译》,第 188 页)

对于广州军政府的这一波攻击,《申报》认为,实因"自沪上四总裁宣言后,王揖唐有不认广东军政府之说。此间军府虽派出温宗尧为总代表,而北廷亦未有承认表示,且始终不允更换王揖唐。'和'之一字简直无从说起"。(平:《岑春煊应付他派之策画》,《申报》1920 年 6 月

22 日，"国内要闻"）质言之，岑春煊等深恐南北议和中南方角色为孙中山等所掌控，广州军政府丧失代表南方的地位，从而危及本集团的利益。

△　吴佩孚发表通电，攻击上海和议，主张召集国民大会。

是日，吴佩孚于郑州启程前往保定会晤曹锟前，致电张作霖、李纯、王占元、陈光远、赵倜，阐述和议主张，并征询意见。该电略谓：和平统一固为救国之方，"然全国所希冀者，乃全国之谋和，非局部片面之谋和；乃全国之统一，非一党一系之统一"。但自和议为王揖唐及安福系所垄断后，上海"几成为分赃议和之营业场"。而"唐绍仪独与之钩稽野合，夜行不休；孙文衔广州被逐之嫌，倒行逆施，结好安福，冀续其士敏斯土厂之旧梦。伍廷芳为旧国会所诳诱，而噬脐莫及……观四总裁江日宣言，则曰希望北方接受此宣言后，了然于西南公意所在，赓续和议。试问七总裁列四，是否即属公意？舍桂而言滇，能否解决大局？安福系当道，能否救平国难？与安福系携手，能否餍服民望？卖国党不除，能否长治久安？安福系私许权利，能否得偿夙愿？综观以上颠末，是种苟且结合，能否谋和统一，不待智者而后知也"。"鄙意惟有出于招集国民大会，以真正民意公决，庶可无偏无党，永绝后患。"（《吴佩孚对和议之主张电》，《申报》1920 年 6 月 22 日，"国内要闻"）

6 月 14 日　罗迈来函，恳力助廖湘芸。

日前遣罗迈往晤张敬尧，就援助廖湘芸沟通意见，未及启行，张氏败退撤出长沙消息传来。本日，罗迈来函，除恳请资助外，告"现报章传载，张已退守岳州。但无论事之确否，于湘芸联络湘西计划，毫无妨害"，务祈竭力主持，俾"湘芸得早日成立"。接函后批示：着居正交百元去。（《罗迈上总理函》，环龙路档案第 04459 号）

△　报载孙中山等运动段祺瑞组阁。

报道称："长沙失守，亟图规复，于是拥护合肥上台以组织强有力内阁之说，因复大盛。外传孙文、伍廷芳、唐绍仪近派某亲信持函恳托某将军代劝合肥组阁,斯说虽尚未征实,但此项运动确在进行。而合肥自身则仍以时机未到,不欲冒昧登台。"(《孙伍果倾向合肥耶》,天津《益世报》1920年6月14日,"要闻一")

△　北报称西南激烈派主张四总裁谋和,将粤桂川首领排除在外。

报道称,北京政府昨接西南各委员来电报告和议问题,谓"当下除上海方面另有提议外,其岑(春煊)、陆(荣廷)等处意见确欲先图入湘,然后角争法律,必有效力,而于事实亦易协商"。"日来南方激烈一派多数主张仅由伍唐等四总裁谋和,不用粤桂川各首领搀入,因其向日主张局部谋和。惟当道以根本解决非将滇黔川粤桂联合一气,断难一劳永逸,昨日特将此意电商于唐少川。"(《夜长梦多之和议》,北京《晨报》1920年6月14日,"紧要新闻")

6月15日　李厚基来函,愿竭诚共济。

日前遣黄大伟赍函赴闽,往见福建督军李厚基,表达合作之意。本日,李厚基来函,谓:"时局败坏至此,非一致协力,何能挽回? 我公手创共和,救国救民之心,久而弥切。厚基不敏,甚愿竭尽愚诚,以期共济。"陈炯明代表邓铿偕黄大伟"面商各节,均有端绪"。(《李厚基为愿竭诚共济上国父函》,黄季陆主编:《革命文献》第51辑,第244页)

6月17日　致函李绮庵,告派徐绍桢赴粤任讨贼军总司令。

前遣居正、黄大伟赴粤主持讨桂军事,因居正等无暇前往,旋改派徐绍桢为两广各路讨贼军总司令,赴港统筹各路事宜。本日致函李绮庵,告知此事。函谓:"兹派徐固卿先生回粤为总司令,统率各路讨贼军,望兄纠合同志,听总司令指挥,奋勇进取,务期扫除桂贼,肃清两广,为百粤人民造无穷之幸福。"(《致李绮庵函》,《孙中山全集》第5卷,第272页)7月上旬,徐绍桢抵港,偕孙科、吴铁城等"组织机关,主持军务",并广泛联系香港各界尤其是商界人士,争取财力支持。(沈晓敏:《孙中山、徐绍桢关系述论》,《近代史研究》2010年第1期)

△　报载孙中山谈联络段祺瑞。

报道称，孙中山日前往访某日人，谈话略谓："前者日本协助段祺瑞欲以武力统一中国，不意今已完全失败矣。吾人既反对此等政策，故不惜与日本及北方军阀宣战。乃今者国内形势一变，兹为平和与统一早日实现起见，是以与仇敌段祺瑞已实行握手。然徐东海结纳张作霖等，欲破坏吾等之计划，且陆荣廷与政学会等相呼应，以故目下之形势殊出吾人之料，南北两方颇有由横断的而变为纵断的之倾向。然吾人确信苟与段祺瑞联络，中国之平和和统一决能实现。盖日本尝亦援助徐总统，是以切望今后严守中立，以免中国纷纠不休。"（《孙文联段亦有词》，北京《晨报》1920年6月17日，"紧要新闻"）

△　报载北京政府斡旋西南内部，以促和议。

报道称："王揖唐以和议阻碍，皆因孙伍等与岑陆之意见不能一致，故王氏刻已设法疏通，以期和议早日成立。探其办法，岑陆方面由中央疏通接洽，孙伍方面由和议处从中调停，以便沪粤各要人从速接近，化除意见，共谋和议。""又闻上海和会王唐两代表近已筹备开议，惟政府方面仍以南方内部分裂，此时纵即开议，事实上亦难望其统一，故对于沪会正式开议决主从缓。闻已分电李苏督及王揖唐，嘱令转告岑陆孙唐先办自身和议，再进而为南北和议。原文大意谓，中央希望和平綦切，凡以和平见商者，无论何方面均愿开诚接洽，一视同仁，决不因孙唐等反对粤军府而承认上海政务会议，亦不因军府反对孙唐而承认温宗尧。总之惟能代表西南全部者始予承认，所望南方各首领先谋内部之统一，以取得对等之资格，则中央无论何时均可接受磋商。"（《北方斡旋之西南内部》，北京《晨报》1920年6月17日，"紧要新闻"）

6月18日　旅俄华工联合会召开第三次代表大会，决议邀请孙中山访俄。

是月18—24日，旅俄华工联合会第三次代表大会在莫斯科举行。列宁和孙中山当选为大会名誉主席，二人肖像引人注目地悬挂在会场的主席台上。全俄中央执行委员会主席加里宁到会并致贺词,苏俄外交人民委员部的齐契林也莅临讲话。任大会主席的刘泽荣作长篇讲话,详细介绍中国革命运动的情况,突出强调孙中山的地位与作用。他说:"有觉悟的中国民众正紧张地探索摆脱悲惨境遇的道路。民众的目光集注于老练的中国革命领袖——孙中山的身上。"(李玉贞:《孙中山与共产国际》,第44—49页)大会决议组织"华工社会党同盟会",并邀请孙中山访俄。("中华民国"史事纪要编辑委员会编:《中华民国史事纪要(初稿)——一九二〇年一至十二月》,第283页)

△　任命廖伦为中国国民党典的市分部干事。(《任廖伦为典的市分部干事状》,中国国民党中央委员会党史委员会编订:《国父全集补编》,第554页)

6月19日　广州军政府发表宣言,攻击污蔑孙中山与段祺瑞言和。

是日,温宗尧将军政府宣言书送交路透社发表,略谓:"宪法必须维持,以免段祺瑞之蹂躏;国家必须救护,以阻安福部之变卖。故段祺瑞不去,无以收护法之功;安福部不散,无以奏救国之效。孙中山附和段祺瑞,极力奉承;唐绍仪接近王揖唐,热忱推崇。数月以来,段与孙、唐密使往还,交换意见,私议条件,只图私利双方均沾。议定徐世昌退职,段祺瑞继任,王揖唐充总揆,唐绍仪长外交,唐继尧巡阅滇、蜀、黔,伍朝枢出使华盛顿,而孙中山岁获八十万元,静居国外。军政府固愿早睹和平,但不愿与安福部如王揖唐者议和。苟与安福议和,是永留安福势力也。军政府已解除唐绍仪南方议和总代表之职,兹特声明唐、王私定办法不生效力。军政府已委任温宗尧为议和总代表,一俟北京政府召回王揖唐,另简适当代表后,即与北方开议和局。"(《太平洋路透电》,《申报》1920年6月20日)

△　孙光庭、陈鸿钧通电,攻击四总裁宣言。

是日,广州参议院主席代行议长孙光庭、众议院主席代行议长陈鸿钧联名通电,攻击并否认四总裁宣言合法有效。电谓:"依据国法而言,广州以外无国会,亦无政府,虽其间国会不幸而有林、吴、褚等之弃职，然此不过分子之去留，而国会行使其职权自若；军府不幸而有孙、唐、伍等之先后去职，然亦不过分子之去留，而军府机关行使其职权自若。”“孙、唐、伍早已去职，今不过一私人资格耳。唐继尧曩曾自撤代表，屡催未经续派。三数人者安得再冒袭军府名义，便其私图。”（《广州国会驳孙唐等宣言电》，《申报》1920年6月29日，“国内要闻”）

　　△　报载孙中山关于国会主张。

　　据报道，北京当局接上海调人来电，略谓：“孙中山曾与各首领协议，对于法律问题主张新旧国会合制宪法，并欲速将旧国会闭会。惟各议长对此尚不表示同情。”（《孙中山不护旧国会矣》，北京《晨报》1920年6月19日，“紧要新闻”）

　　△　伍廷芳抵横滨，20日抵箱根。（《专电》，《申报》1920年6月20日、23日）

　　自上海启程前，伍对《大陆报》访员表示，“体气甚佳，惟精神不爽。辛亥革命后，本拟永远优游林下，乃事变迭出，辛苦尤甚于前。今前途事业尚多，故须乘机稍事休养”。此次访谈并谈及英日续盟，伍指出：“其实美国既据有菲列滨群岛，则已与远东有甚大之关系矣，保全各国领土现状起见，似有加入盟约之理由。而中国地广人众，远甚于英美日三国，且与盟约最有关系，尤应参与盟约。若美国加入，余敢保中国亦必加入。”（《伍博士对于英日续盟之意见》，《申报》1920年6月16日，“本埠新闻”）

　　6月20日　中法协会第二次年会于北京召开，与唐绍仪、伍廷芳等各致函札祝贺，并“允赞助一切”。（《西报论中法今后之关系》，《申报》1920年7月8日，“国内要闻”）

　　△　廖仲恺来函，报告与李厚基交涉进展。

　　日前致电廖仲恺，告已电催北京转告李厚基即拨子弹。本日廖仲恺来函，谓邓铿赴闽交涉，“所有作战计划及接防事宜，皆如李所要求，载书而往。惟李必需俟参谋长归，会议之后，始能交付。参谋长归期，现未有定”。“粤军所急在子弹，而不在满口承诺”，“倘徒以此信人,终非失败不可,惟先生留意"。(《廖仲恺报告邓铿赴福州洽借子弹未果上国父函》,黄季陆主编:《革命文献》第51辑,第241页)

△　报载护法派某君谈西南内部分裂之由来。

谈话称:"世人对于孙逸仙、唐绍仪、伍廷芳、唐继尧四总裁之态度,与彼等与段祺瑞及广州军阀间之关系,大启误会。诸护法领袖之中外友人皆抱一疑问,以为此等领袖先与岑陆联合,近则反对之;三年前反对段祺瑞,今则似愿与段缔一'不自然之同盟'(路透社之言);始而反对王揖唐,不与议和,今则承认之。凡此皆为何故?按四总裁之态度,最近曾有宣言,而不深知政局之变化者辄易误解,以为四总裁今日所为,与开始从事护法时不一致,实则不明真相所致耳。按孙唐伍三氏自始抱护法之主义,以纯国家幸福为前提,绝无权力之见。当一九一七年国会被解散时,彼等即知拥护法律及民治主义之必要。中国向来重人治不重法治,此为内乱之源。孙伍唐三君之目的,即在设置宪法政治,以消灭人治主义也。世人恒讥评旧国会成为惯功。夫旧国会中,诚不免有损碍国会尊严之分子,然护法派人则有一问题焉,曰中国果需要立宪的代议的政治乎?如其需要之也,则人民默认三年前非法解散国会之专制武人之行动,其足以奖励立宪政治而促其实施否乎,可断言之曰未可能也。果尔则护法派人之拥护国会,乃认为一种民治主义之机关而拥护之,认为一种宪政原理而拥护之,固非为八百七十个之议员谋生活,故于议员分子之良窳不问也。护法派固不能以赤手空拳与武人搏,则必联络实力。当时利用之实力分子有二:一为陆荣廷,一为唐继尧。而海军则由程璧光上将及第一舰队代表加入,极有价值。后程君遭害,乃护法派之一大损失也。岑春煊为最后加入护法主义者,此真所谓'不自然之同盟'。孙唐伍三君与桂派武人陆荣廷、莫荣新之间绝无契合之处,早已显然可见。彼等之间时相背而驰,护法领袖以一种主义而反抗北京政府,南方武人则为自利起见而反对之。此等吾人所欲者,为征收赌捐,侵略广东,拓张武力于湖南。然而吾人尚希望此不自然之同盟既共同反抗北京,于宪政主义或能得多少之成功,否则至少亦能使护法问题昭然揭橥于国民之前,俾民治主义不致完全铲除也。但不幸争持日久,此联盟日渐离心,终至决裂。决裂之理由如下:(一)南方武人及岑春煊为私利起见,抛弃护法本旨,暗与北方接洽和议,漠视南方总代表唐绍仪,又不商诸其他总裁;(二)岑等公然敌视国会,几等于解散;(三)蹂躏粤省,倒行逆施,如赌博盗贼、官场贪婪、吸烟种烟、滥行专制,如封禁《广州时报》等等。于是伍博士及参众两院议长、议员(只有少数从武人之意留粤)相继离粤矣。岑春煊与政学会及陆荣廷素与直系联络,而反对段祺瑞,今护法领袖既与南方武人分离,则与反对南方武人之段氏自立于共同之一点,然谓此即无异与段氏联盟,则为过甚之词,而不符于事实者也。人以为四总裁去年反对与王揖唐议和,实为大误,反对王者,实为岑陆。因岑陆视王为段派人物,彼等既与直系秘密谈判,不欲王氏破坏其计划于和议席上也。唐绍仪自始即宣言不问北方代表之个人,但问媾和之条件,故目下之愿再开议并承认王揖唐,并不得指为前后态度之矛盾也。凡友爱中国之人士,对于护法派人三年来之奋斗,必不能不表示同情。彼等所执持之主义,非奋斗至最后胜利不可,否则中国之民主政治将不克实现,此护法派人所誓欲达其目的者也。"(《西南分裂由来之西讯》,上海《民国日报》1920年6月20日,"国内要闻")

6月21日　任寿祺来函,恳示方略。

是日,革命党人任寿祺自江西来函,谓赣省政坛,"他党以金钱力吸收,而政学会又出以鱼目混珠之手段,来日大难,何从设法"。祈恳有以训示,并请惠寄五权宪法学说。接函后批示:寄书十本。(《任寿祺上总理函》,环龙路档案第00006号)

△　王用宾等来电,主张"以和平会议为建设会议"。

是日,在沪国会议员王用宾、焦易堂等数十人联名致电南北要人,一面指出唐绍仪总代表资格"毫无问题",一面主张将和平会议变为建设会议,"以时局收拾问题,为国家改造问题"。并建议改造"百孔千疮之国"，可从法律上修改议宪人数规定、政治上裁兵废督、社会上推行民生社会主义几方面入手。(《(民国)南北议和会议卷宗集成》第5册，第2311－2331页)

　　△　报载粤、沪互争和议新动向。

　　报道称："上海和议近日颇有进行，惟自湘省南军得利之消息传来，影响所及，和局不免因之稍有波折。缘王唐方面之计划，原拟置岑陆于不顾，及湘省南军得势之后，岑陆之声援骤增，故不能不有所顾虑。闻最近唐少川之意，扔拟与岑陆言归于好，业托章士钊从中斡旋，以岑若能收回改派温宗尧之成命，则上海和议之进行仍听广州军政府之指挥。否则惟有撤开两广，与北方即日开议。闻章氏亦颇愿任调人之责，故对于向唐索取总代表印信一节并未过问也。但另据某方面消息，则谓最近粤沪两方尚有互相讦击之来电。军政府急电谓：南北和议，迄今未有头绪，长此以往，实非前途幸福。而孙伍等刻又盗用名义，与王揖唐私谋议和，曾经军政府再三声明，绝对否认。近拟将和议手续及条款由政务会议讨论妥协后，即派温宗尧衔命赴京，届时务希与之接洽，以期和局早日解决云云。而唐继尧、伍廷芳、唐绍仪、孙文等昨(14日)又来一电与中央，请从中帮忙，并请勿与广东局部议和。其交换条件，即认东海为总统。"(《粤沪互争之和议》，长沙《大公报》1920年6月21日，"中外新闻")

　　6月22日　上海九团体来电，反对北京政府与温宗尧接洽。

　　是日，上海万国改良会等九团体致电南北要人，认为四总裁宣言为"军府正式之通告"，与温宗尧接洽，于"法理、事实两无根据"。敬恳各方速开和议，以息谣诼。(《上海各团体之促和电》，天津《大公报》1920年6月25日，"紧要纪事")27日，上海国是研究会等三团体通电全国指出，广州已无政府无国会，撤唐任温，纯系"不法"。四总裁宣言"当然为合法，当然为有效，当然为中央所承认，赓续和议，毫无疑义可言"。(《上海三团体之促和电》，天津《大公报》1920年7月1日，"紧要纪事")

　　△　旅京粤人来电，斥莫荣新元电文过饰非。

13 日,广东督军莫荣新通电,辩称向无擅弛烟禁,纵兵殃民,贩种烟土,增辟苛税各节。本日,广东旅京同乡黎凤翔等致电南北要人,列举莫氏督粤以来纵兵殃民、擅弛盐禁、横征暴敛种种事实,恳请"出而纠正,共维粤局"。(《旅京粤人痛诋莫荣新电》,天津《大公报》1920 年 6 月 27 日,"紧要纪事")

6 月 23 日　段祺瑞来电,愿开上海和会①。

四总裁宣言对北方继续言和,本日,段祺瑞来电,予以赞同。电谓:"惠电敬悉。时局艰危,同舟共济,统一早见,国之福也。祺瑞谢政久矣,苟利于国,始终以之,空谷足音,蛰然以喜,民亦劳止,迄〔汔〕可小休。议席瞬开,无任盼切。"("中华民国"史事纪要编辑委员会编:《中华民国史事纪要(初稿)——一九一九年一至六月》,第 812—813 页)

△　复函李国柱,勉巩固内部,发扬军誉。

是月 1 日,李国柱自湖南来函,称治军以来,兢兢业业,惟以护法卫民为己任。所部虽仅数营,而"士卒尽子弟之兵,军官概同志之辈"。然湘中黑幕重重,"野心家常欲攫而噬之",务祈"速电湘省谭督军加意维持,俾不为野心家所摧残"。(《李国柱上总理函》,环龙路档案第04527 号)本日复函谓:"所云有人欲攫贵部而有之,权利之争,今世不免。惟足下加意训练,巩固内部,严申纪律,发扬军誉,则彼野心者当亦不敢逞其志","谭督处遇有相当机会时,自应电请维持也"。(《复李国柱函》,《孙中山全集》第 5 卷,第 272—273 页)

6 月 24 日　复电刘显世,嘉勉废督之举。

是月 17 日,刘显世来电,告欲响应唐继尧废督主张,废除贵州督军之职。21 日,刘通电宣称,废去贵州督军一职,即日起自行解除职务,暂以靖国联军副司令名义保卫地方,收束军队。(《刘显世实行废督通电》,上海《民国日报》1920 年 6 月 21 日,"本埠新闻")本日复电嘉许,电

---

①　《中华民国史事纪要(初稿)——一九一九年一至六月》将该电断为 1919 年 6 月23 日,应误。该电由王揖唐转致,致送对象包括孙中山、唐绍仪、伍廷芳、唐继尧。从致送对象及内容看,应该是对四总裁宣言的回应。

谓:"唐公与执事有此一举,然后尊崇民治之本心乃大白于天下","行见风声所树,全国景从"。并勉其"早芟大难,以定邦本,循民治之正轨,谋亿兆之安宁"。(《复刘显世电》,《孙中山全集》第5卷,第273页)

△　谭平来函,告在日近况,祈加指导。

是日,谭平自日本来函,告去岁抵日后,颇致力于演说,"使日人了解英国之毒手,免遗祸东亚"。近自早稻田大学卒业,进三菱银行实习,"拟暂在银行内研究其中关于日本各方面情形应当注意者",祈时加指导。随函并将日本报章所载"先生对于日英同盟者"寄呈。接函后批示:甚谢! 以后凡有要闻,请时时函报为荷。(《谭平上总理函》,环龙路档案第07985号)

△　黄复生来电,对四总裁宣言极端赞成。

电谓宣言"意周虑远,义正词严,将以杜奸党之诡谋,除方来之隐患。挽救颓风,恢复大法,舍此莫由。复生极端赞成"。(《黄复孙复称总裁电》,上海《民国日报》1920年7月1日,"国内要闻")

6月25日　报载安福系对和议态度转形冷淡。

文章称:"孙唐伍唐发表宣言之初,安系力主即与开议,故段有复孙唐等之电,表示承认。而其尤关重要者,则10日徐树铮由乌得所发之电,极言为巩固本派地位计,惟有催促王唐议和;苟和议成于王揖唐之手,终为本派之利。盖安系之自为计,实莫妙于王唐和议告成,条件一唯所欲,而由和议之条款取得优胜之地位也。然彼等之所专注,在与滇唐成立和议,其次则川之杨庶堪、黄复生、闽之陈炯明,皆在孙中山之旗下,亦为有势力者,可藉此以攻粤川,破除与岑陆之联合,而伍廷芳、唐绍仪当非所注重也。然自陈炯明与粤军政府言归于好,而川战之结果,杨庶堪弃职以去,黄复生亦不复振,顾品珍、赵又新既脱唐继尧之关系,且将转而入滇,唐之地位亦甚岌岌。局势一变,安系之所以为可恃者竟不可恃,而希望沪上和议之热度顿时冷却。最近王揖唐来电,乃藉前此国务院诘问之语,言西南既未能一致,惟有延宕之一法。据安系人言,现在对于和议已不得不取观望之态度,而决不主张积极进行,即唐绍仪以开议相催,亦只为时日之延宕。此十日来之变局,出于安系方面者也。"（般若：《北京通信》,《申报》1920 年 6 月 25 日,"国内要闻"）

6 月 26 日　贵州省议会来电,请速行召集国会,组织政府。

电谓:当前山东危如累卵,西南已无政府,尚望秉护法初衷,"速定适宜地点,以合法手续,克日召集国会,组织政府,制定宪法,以慰民望而济颠危"。（《黔议会电促另组政府》,上海《民国日报》1920 年 7 月 14 日,"国内要闻"）

6 月 28 日　致电李绮庵、邓子瑜,嘱定期必动,切勿失约。

李绮庵、陈策等商定 7 月 15 日晚先行发动讨桂。本日致电李绮庵,告徐绍桢"乘广利来,所定之期必动,切勿失约";"一失约,则 7 月 15 日以后由总司令另行招集大众,以图发动可也"。（《致李绮庵电》,《孙中山全集》第 5 卷,第 274－275 页）同日又致电李绮庵、邓子瑜指出:"桂贼集重兵于东江,子瑜所联络营兵、乡团当能活动。如不能,则当改响应为发难,与各路同时并起,以牵敌之后路。"（《致李绮庵邓子瑜电》,《孙中山全集》第 5 卷,第 274 页）29 日,李绮庵、邓子瑜、孙科联名复电,谓:钦廉已与黄必云部联络,昨派人催促,限三周内发动。"东江新调桂军约三十余营,布置要点。邓子瑜所联络乡团,实不能发难,粤军如反攻潮汕,此间各路,即可响应。"舰队方面虑桂系令各舰分防,调往各地,故皆望急办。粤军何时发动,恳请电示。（《民国九年江大等舰讨贼事略》,黄季陆主编:《革命文献》第 51 辑,第 198 页）接电后,于 30 日致电李绮庵,详细指示作战方略。电谓:"钦、廉能起,甚佳! 竞存不日动,各宜先后继起。舰队若遇被令分防,宜立即集中江门,与附近各营同时起事","布置妥当,即分军进取虎门、东莞、石龙一带为右翼,以绝彼东江之交通。然后分东西路水陆夹攻","如此省城可不攻而下"。并告居正"现改派往湘指挥,如兄等能临机应变,实行方略,则不必派人来,否则,另择人来总粤事"。（《致李绮庵电》,《孙中山全集》第 5 卷,第 290－291 页）

　　△　李炳荣来函,愿奋勉驰驱。

　　本日,李炳荣自福建来函,谓:"钧座再举义旗,重兴讨伐,荣虽不敏,颇知军人卫国之责所在,敢不奋勉驰驱,以上副钧座护法之初心,而略尽军人之天职","谨秣马厉兵,以待命矣"。(《李炳荣上总理函》,环龙路档案第 02800 号)

　　△　报载唐绍仪主张南北和会不应弃陆荣廷于不顾。

　　报道称:"号称唐王议和之进行,至今因种种阻碍已呈停顿之象。在唐氏眼中,欲以南方实力派中有所结托,陆荣廷方面实不能抛开不顾。据唐氏亲近某君云,即陆荣廷方面不久亦将赞助唐氏之人。五日前,唐曾派一员往桂与陆氏有所妥协,其妥协条件,唐在和会提出陆氏地位问题使北方承认,陆氏须于最近发布一赞成上海和会及和议必要之通电。大约此妥协事实不久可望成立云云。某君又云:此种妥协运动,唐氏显有把握,各方除孙中山派外均已默认云。吾人以某君此言大有可以征信之价值,如前日广州岑政府免唐代表之时,当场反对者独有曾彦一人,曾固陆荣廷之义子而代表者也。最近唐又对主张讨伐广西之人云,广西实情究竟如何,尚有考虑必要云云。此尤可见唐氏近日视线实充分注射于广西矣。"(《唐绍仪之态度又变》,天津《益世报》1920 年 6 月 28 日,"要闻二")

　　6 月 29 日　派朱执信、廖仲恺前往漳州力促陈炯明回师讨桂。

　　自李烈钧出巡,迭催陈炯明兴师讨桂,但陈始终虚与委蛇。本日复遣朱执信、廖仲恺前往漳州,力促起事。随后并致电陈炯明,告"执信已来。介石有病,需两礼拜始能出院,出后,当劝之来助。先发制人,乃救亡上策,切勿中变"。(《致陈炯明电》,《孙中山全集》第5卷,第279页)7 月 1 日,朱执信、廖仲恺抵达漳州。多次规劝,均无效果。陈炯明一意保全实力,态度暧昧。据报纸报道:"陈炯明虽有返粤之意,然观时审势,尚未敢动。惟桂军逼人太甚,则箭在弦上不得不发。日前陈曾派代表往武鸣谒陆,力陈愿服从军府命令,谣言万不可信。陆亦以桂系命脉所关,不欲滋生事端,致伤和气,故对陈表示联络。"(平:

《陆荣廷对时局之态度》，《申报》1920年7月7日，"国内要闻"）

　　△　致函田中义一，促日本对华政策改弦更张。

　　直皖矛盾激化，张作霖以调人身份入京，道路风传，"谓为阻段氏与民党言和，且与复辟阴谋有关"。因张素"仰日本政府鼻息"，本日致函日本陆军大臣田中义一，促制止张氏阴谋，改变对华政策。函谓："近代日本对于东亚之政策，以武力的、资本的侵略为骨干，信如世人所指；而对于中国，为达日本之目的，恒以扶植守旧的反对的势力，压抑革新运动为事"，"故国人咸认日本为民国之敌。若再以乱中国之和平为事，则国人之恶感更深，积怨所发，其祸将不止于排货"。希望田中能"鉴于世界之大势与东亚之安危，一变昔日方针，制止张氏之阴谋，以缓和民国人民对日之积愤"。（《致田中义一函》，《孙中山全集》第5卷，第275—277页）

　　△　致函克劳，祝贺《工业杂志》创刊。

　　克劳在华创办《工业杂志》月刊，"继续中华实业丛报而刊印"，旨在"促进中国工商实业之发展，利用最新发明之机器，联络国外专家之资助，作资本家、企业家之后盾，尽鼓吹国民实业思想之责任"。本日以英文致函克劳，祝贺杂志创刊。函谓："比闻足下有工业杂志月刊之作，一以增进中国工业为主旨，逖听之下，欣喜无似。某之所欲竭诚致贺者，则以贵志之旨趣方略并见超卓。吾知国内有识之士，亦将力为贵志助也。今为增进中国工业计，自当出于中国人自动，而以外国之机械与技巧为佐，即可助中国组织一切，以谋和平，解决远东问题胥于此利赖之矣。用申一言。敬祝贵志之成功。"（《孙中山先生来函》，《工业杂志》第8卷第7期，1920年11月；张金超辑注：《孙中山佚文三篇》，《民国档案》2010年第2期）

　　6月30日　各省旅沪公团来函，促请唐绍仪订期开议。

　　是月25日，各省旅沪工商、实业、慈善、教会各公团假座黄浦滩前德国总会旧址召开茶话会，讨论敦促南北和平会议意见。南方总代表唐绍仪、北方总代表王揖唐应邀出席。因故未暇出席，派代表列席。南北双方的态度令外界对和议前途颇为乐观，"中西报纸备至揄扬，友邦人士亦极乐观"。本日，各公团联名来函，敦请"俯念时局阽危，斯民水火，转请唐总代表即日订期开议，以救民生，而维国本"。接函后批示："作函奖勉，并着积极鼓吹舆论，一致主张，以破反对和平者之阴谋。"（《各省旅沪工商实业慈善教会各公团上总理函》，环龙路档案第 13935 号）

　　△　徐东垣来函，称可出动鲁东。

　　函谓：近因排日风潮，"日人对吾行动稍觉宽容"，"吾可乘机以逞，出动鲁东"，敬祈赐教。又告吉奉暗潮，"倘有决裂之时，吉军有若干学生出身中下级军官，尚有血气（坦已联络成熟），彼时当能拔赵帜而易汉帜"。接函后批示："现宜潜养实力，不宜动作。俟各地养足实力，到有机可动之时，然后约定为一共同动作乃可也。"（《孙中山先生批牍选》，《历史档案》1987 年第 2 期）

　　是月　直军全体将士檄讨徐树铮六大罪状，在其中第四罪"破坏统一"中指责，"王揖唐厚结孙、唐，以激滇、桂起衅"。（《直军全体将士宣布徐树铮六大罪状檄》，中国第二历史档案馆编：《直皖战争》，第 85 页）

　　△　何海清来函，对祭悼先父表示感谢。（《何海清上总理函》，环龙路档案第 04166 号）

　　是年夏　与李朴生、林卓夫谈话，勉励研究高深学问，做好宣传工作。

　　1920 年岭南大学副校长钟荣光提出组织学生军的主张，并遣广东学生联合会会长、高等师范学生李朴生及另一名高师学生林卓夫前来上海晋谒，征求意见。谈话中指出："（一）你们是学生，学生要研究高深学问，革命基础在有高深的学问；（二）军阀可以由我的军队去打，还用不到学生去打仗；（三）民众不了解革命的道理，不拥护革命，革命还不成功；（四）学生最好是做宣传工作，宣传工作做得好，我的军队就会打败军阀的军队。军事行动与宣传工作相辅相成。"（《与李朴生等的谈话》，陈旭麓、郝盛潮主编，王耿雄等编：《孙中山集外集》，第 248 页）

△　复函高廷槐，勉力为讨桂后盾。

旅美华侨飞行家高廷槐日前来函，告美洲同志意气融洽及成立飞机公司事宜。本日复函表示欣慰，谓"飞机公司成立，将来致力于国家之处不少"，并告现与各方协谋申讨岑、陆，"以贯彻我党正大之主张。将来大功告成，我党必愈见发扬"，希望海外同志"力为后盾，壮我义声，斯大局不难底定，而我党历年经营之苦志，亦得申展"。

（《致□廷槐函》，《孙中山全集》第5卷，第278页）

7月

7月1日　张铁梅、王升来函，愿负戈讨桂。

是日，援闽粤军第五十一营营长张铁梅、第五十二营营长王升来函，表示"愿依大纛之前，负戈以为先导"。接函后批示：期会羊城。

（"中华民国"各界纪念国父百年诞辰筹备委员会学术论著编纂委员会主编、中国国民党中央党史史料编纂委员会编：《国父墨迹》，第408页）

7月2日　复电李绮庵，指示方略。

上月28日，李绮庵来电，告阳江克复，并建议"各方注重统一机关"。本日复电指出："阳江克复，足壮军威。惟昨闻鹤山有警，尚望设法堵截，毋使内犯。尊电迭劝各方注重统一机关，具见苦心，尚望力任调和，共济时艰。"（《致李绮庵电》，《孙中山全集》第5卷，第279页）

△　谢英伯来函，寄呈《澳门晨报》，请赐墨宝。

是日，国会议员谢英伯自澳门来函，谓广州舆论颠倒是非，军阀横行无忌，故与旧友在澳创设《澳门晨报》，"一面提倡民生主义，一面鼓吹讨贼义师"。寄呈数号，请予斧正，并赐四言墨宝，以便制额悬挂。（《谢英伯上总理函》，环龙路档案第04793号）

7月3日　复函黄德彰，告此后动作当一致进行。

日前黄德彰自广东来函，报告密集旧部准备讨伐桂系情形。本日复函嘉慰,并指出:项已致函陈自先,"告以以后动作当听广东讨贼军总司令命令,为一致之进行。希兄等努力排除困难,积极准备,届时大举"。(《复黄德彰函》,《孙中山全集》第5卷,第280页)

△ 谢鉴泉等来函,请再赐墨宝。

汉口潮嘉会馆重建,日前应请书写长联。本日会馆董事谢鉴泉、沈凤石等来函,谓"落款之字过大,联幅无位以容",恳请重书"潮嘉会馆重建 中华民国九年庚申六月 孙书"数字。(《谢鉴泉等上总理函》,环龙路档案第01209号)

7月5日 李绮庵来电,转粤舰队电,请复电鼓励。

日前,粤舰队召开全体会议,随即来电,表示"志切同仇,一惟先生马首是瞻"。本日,李绮庵来电,转粤舰队电,请"复电以坚其志"。(《民国九年江大等舰讨贼事略》,黄季陆主编:《革命文献》第51辑,第197页)

7月6日 致函陈永惠,告汕头当与广属行动一致。

日前梅放洲来沪,言陈永惠热心国事。本日致函表示钦佩,并告:"兹对于粤事,文已派定主持之人,汕头动作当与广属一致,庶收效更大也。"(《致陈永惠函》,《孙中山全集》,第280页)

△ 致函邵元冲等,嘱协助周炳炎在美求学。

因星洲革命党人周献瑞之子周炳炎赴美求学,本日致函邵元冲、马素及中国国民党三藩市总支部予以协助。致邵元冲函,嘱为其"选择一适当学校"。(《致邵元冲函》,《孙中山全集》第5卷,第281页)在致中国国民党驻北美代表马素函中,告周"所带学费不充,若缺乏时,并请介绍一作工之处,俾得获资助学,玉成其志"。(《致马素函》,《孙中山全集》第5卷,第281页)致中国国民党美国旧金山总支部函,除重申前意外,"并希转知该校所在地之分部,随时照料"。(《致三藩市总支部函》,《孙中山全集》第5卷,第282页)

△ 唐继尧来电,告拟请王伯群为驻沪代表。

李烈钧离沪后,唐继尧曾托徐元诰为其驻沪代表,旋因事召徐回滇。本日来电相告,拟请王伯群为代表,出席总裁会议。(《云南之两要电》,《申报》1920 年 7 月 18 日,"本埠新闻")

7 月 7 日　谢持呈请颁发中国国民党嘤吃分部职员委任状,批示"着总务部照行文"。(《党务部主任谢持上总理呈》,环龙路档案第 05195 号)

△　复电李绮庵,嘱一切悉听徐绍桢指挥。

上月 30 日李绮庵来电,本日复电告:"各军只得称路,已再三申明,来函犹欲称军,决不能许可。徐总司令已到港,一切指挥皆为彼命是听,兄不可总指挥。以后关于各路权限,悉由总司令定夺。"(《复李绮庵电》,《孙中山全集》第 5 卷,第 282 页)

△　喻维陆来函,再请资助。

喻维陆前曾来函,恳资助留学旅费百元,复函拒绝。本日复来函,再请资助,并谓段祺瑞为近来国内政变罪魁祸首,期慎重将事,勿与其携手。(《喻维陆上总理函》,环龙路档案第 01393 号)

7 月 9 日　复电李绮庵,嘱赶速发动。

是月 8 日,李绮庵来电报告筹划进展。本日复电指出,徐绍桢"十日左右可到,到后当赶速发动。潮汕与广属各起粤军,亦同时返攻,望赶速预备一切"。(《复李绮庵电》,《孙中山全集》第 5 卷,第 283 页)

△　周之贞来函,称可于一周内发动。

周之贞自香港来函,谓已晤徐绍桢详告一切,并表示:"此次之经营及作速发难,拼一局部之牺牲,以期观望者速发","大约发难之期,前途无障碍,则在一星期之内"。(《周之贞上总理函》,环龙路档案第 02458 号)

7 月 10 日　褚辅成来电,告国会移滇成立。

本日,赴滇国会议员召开参众两院联合会,议决国会移滇成立,并对外宣告:"国会移滇,早经两院议员开会决议,宣告国人。现两院议员业已集合于云南省城,组织机关,行使中华民国国会职权,以维法统。"褚辅成随来电转告。(《旧国会移滇成立之宣告》,《申报》1920 年 7 月 27 日,"本埠新闻")

△　报传孙中山与唐绍仪同赴杭州。

据报道,孙中山近日与唐绍仪同赴杭州,陪同者有马鸿烈、杭州税关监督及浙江都督卢永祥秘书等。(《西报纪孙唐之赴杭》,《申报》1920年7月14日,"本埠新闻")此消息实为误传。本月15日,上海《民国日报》刊文指出,孙中山未曾离沪。文章称:"日昨本部某西字报(《字林西报》),传孙中山、唐少川同赴杭州,兹悉实系不确。孙总裁昨日尚接见某外报记者,亲与谈话。唐总裁于昨晨尚亲往法领事署祝贺国庆,并语人云:我自日本归国担任议和总代表后,未尝离上海一步,安有赴杭之理。"(《孙唐两总裁并未赴杭》,上海《民国日报》1920年7月15日,"本埠新闻")

7月11日　致电陈炯明,告各处运动进展,嘱放胆回粤。

是日接香港方面消息,谓刘志陆部炮营营长承诺:一,援闽粤军进攻潮汕时,"彼即响应";二,"如事前调出前线,则与粤军接时即倒戈";三,上述两事如不能办到,则"毁炮以消阻力"。随致电陈炯明转告,并谓"广州李安邦确能响应,江防舰队全体可来归",请其"放胆回粤。"(《致陈炯明电》,《孙中山全集》第5卷,第284页)

△　两院联合会来电,请孙伍唐总裁迅速来滇①。

是日,赴滇国会议员召开两院联合会,议决要事多项。随即来电,通告两院联合会决议将国会、军政府移设云南,请孙、唐、伍早日赴滇,或派代表前往。(《四总裁之重要会议》,上海《民国日报》1920年7月25日,"本埠新闻";《云南已开两院联合会之沪闻》,《申报》1920年7月16日,"本埠新闻")

△　报载孙中山欲驱逐李纯谋夺江苏。

据北京某外报报道:"孙文现在在上海招集旧部五千人,定名为敢死队,委徐固卿为总指挥,攻取南京,驱逐李秀山。并闻苏常镇守使朱熙独立一节亦系受徐固卿所运动,因朱在前清时徐为第九镇统

---

①　上海《民国日报》记该电为11日,《申报》则称接云南12日来电。

制,朱充队长。"(《孙文果谋取江苏耶》,天津《益世报》1920年7月11日,"要闻一")此消息显系谣传,因孙派革命党人的核心工作时在讨桂,徐绍桢实在香港组织协调广东各路讨贼事宜。8月4日,《申报》刊载《徐绍桢启事》,公开予以批驳。该启事称:"绍桢自辛亥光复南京后,即解兵柄,闭门数载,不问世事,何意犹劳南北报界注意及之。总司令、总指挥之头衔,载者不一。7月21号(徐误记该消息刊载于7月21日——引者注)迄今,已经旬矣,试问此五千子弟究在何处,朱镇守使有无独立,绝非可掩人耳目者。至谓朱熙为桢旧部,尤非事实,不敢承认者也,桢行年六十,壮志久消,今春曾患中风,病虽旋愈,至今未离,里世之知我者,当能辨之也。"(《徐固卿启事》,《申报》1920年8月4日)

7月12日　岑春煊代表赵鲸面谒唐继尧疏通。

岑春煊特派赵鲸为代表,赴滇向唐继尧疏通。9日,赵抵达昆明,12日晋谒唐继尧。唐"以为前此对于广州军府竭力拥护,惟军府现在不能融合各方之感情,各不相谋,遂致群情体解。今内部分裂,诚非护法初衷"。(《唐冀赓对岑之不满意》,《新国民日报》1920年7月23日,"祖国要闻")

7月13日　致电梅放洲,告静候并举。

梅放洲来电,称潮汕地区运动进展喜人。本日复电指示:"可着静候,以待各方准备,同时并举,则桂贼可灭也。"(《致梅放洲电》,《孙中山全集》第5卷,第284页)

△　梅放洲、李绮庵来电,询援闽粤军情况。

梅放洲、李绮庵自香港来电,告"汕已准备候机发,放洲昨日抵港候讯",询"漳事如何",恳请电示。(《民国九年江大等舰讨贼事略》,黄季陆主编:《革命文献》第51辑,第197页)

7月14日　直皖战争爆发。

是日,直皖两军于琉璃河、杨村等地接触,直皖战争爆发。皖军数遭败仗。19日,北京政府下令直皖各军停战退兵,段祺瑞随即通电解职。22日,直皖战争结束,北京政府遂为直系军阀所掌控。(《段

祺瑞自请解职之通电》，《申报》1920 年 7 月 26 日)

△　致电陈炯明，告与海军方面协商情况，并指示机宜。

是日，饶子和来见，称"日内回粤，当竭力调解海军"，使助粤攻桂，欲知陈炯明处条件。答谓：此事可代为确定："一，海军当助粤军攻下汕头，汕头下后，竞存即回潮汕，悦卿可到漳州。二，海、粤两军一致行动合攻广州，广州下后，另议计划进取。"饶甚为满意，云抵粤后四五日当有切实答复。随即致电陈炯明告协商情况，并指出："倘海军能转圜，则广州自在拿握，而由海道出一奇兵于钦廉，以扑桂贼之老巢，亦易如反掌，诚便利也。如不能转圜，亦宜积极进行，不必畏也。惟对于悦卿部下，暂宜取缓和态度，以待饶之调解。"(《致陈炯明电》，《孙中山全集》第 5 卷，第 284—285 页)

7 月 15 日　李绮庵策动"江大""江固"等舰起事，旋即失败。

是日，按原定计划，李绮庵、陈策等以"江大"舰为临时指挥部，分别以广东讨贼海陆军总指挥兼讨贼第二军总司令和副指挥兼海军陆战队司令的名义，颁发命令，通电讨贼。惟因各舰燃料匮缺，乃绕道澳门购煤。葡吏见粤舰纷集，顿起猜疑，一面电询莫荣新，一面命兵舰及炮台轰击。交涉无果后，李绮庵率队冒险驶出，试图直入香顺，绕出江门，会合大小各舰，进取广州。然舰队刚驶至九澳海面，即为莫荣新所使"豫章"等舰拦截。"豫章"等舰发炮遥击，混乱中"江大"舰搁浅，失却战斗能力。在舰同志纷乘舢板渡登九澳岛，又遭驻岛葡军开枪扫射。是役，李福游、张金福等十三人殉难。陈策、周少棠等二十三人为葡人所获，后经交涉，始被释放。李绮庵等九人雇乘渔船逃往大澳。此次讨桂旋归失败。(《民国九年江大等舰讨贼事略》，黄季陆主编：《革命文献》第 51 辑，第 198—200 页)

△　唐继尧召集会议，决将国会、军政府迅即移渝。

是日，唐继尧邀请李烈钧、褚辅成入署开会，议决将国会、军政府迅速移设重庆，并决定由李烈钧先行前往，布置一切。唐一面电四川省长杨庶堪迅速筹备经费，一面电达在沪的孙中山、唐绍仪、伍廷芳三总裁及李烈钧代表徐元诰,请将在重庆召开国会正式决定通告中外。(《军政府将移设重庆》,上海《民国日报》1920年7月18日,"本埠新闻")

7月16日　复电刘泽荣,告中国仍须革命,以扫荡封建军阀。

刘泽荣,又名刘绍周,广东高要县人,自幼随受聘指导制茶工作的父亲刘兆彭赴俄,后在俄求学和工作。1917年4月18日,中华旅俄联合会成立,刘泽荣是重要的发起人。该联合会的宗旨是:联络旅俄华人,保护华侨的合法行动,"洵为我旅俄人渡迷之津梁,输通两洋之枢纽"。十月革命后,中华旅俄联合会的工作得到苏俄政府的大力支持,同时在其影响下,联合会的性质逐渐有所变化。1918年12月,刘泽荣等发起成立旅俄华工联合会。旅俄华工联合会进而成为苏俄开展对华外交的重要依托。

1920年6月18—24日,旅俄华工联合会第三次代表大会在莫斯科举行。会后,刘泽荣以大会的名义向中国国内发了三封电报:一封致中华民国大总统,一封致孙中山,一封请孙中山转全国同胞。致孙中山的电报于6月25日发出,中谓:"第三次全俄华工大会,代表数万名远离祖国而不能直接参加新中国建设但热情关注您孜孜不倦坚忍不拔的革命活动的工人,决定选举您和世界解放运动的领袖列宁同为大会名誉主席。大会议决邀请您前来俄国,以便使我们有机会直接了解您,中国革命领袖的思想。"(李玉贞:《孙中山与共产国际》,第50页)致孙中山转全国同胞的电报于大会闭幕逾10日的7月5日发出。该电通报大会议决的通电请求同胞之案:"其一,请求全国同胞团结,大力协助中国青年革命事业,以排除其敌人,如帝国侵略、资本专制等主义。其二,请求我国即行承认劳农共和国,彼为领导受制人民共争自由者也。并请我国对于反对俄国之列强,切勿施以援助。其三,请求我国即派正式全权代表来俄,以结邦交。此为我国急要之图,万不容缓者也。其四,请求我国即行设法,使在俄侨民之欲回国者,得以利便言旋,归途无阻,实为至幸。"7月10日,孙中山收到该电后,于13日将其刊载于上海《民国日报》。(《侨俄华工普告国人电》,

上海《民国日报》1920年7月13日,"国内要闻")

是日复电刘泽荣指出:"当前中国仅仅在名义上是一个共和国,政权仍掌握在封建军阀手里,人民是没有自由的;还应再来一次革命,以扫荡这些当权集团,您来电中谈到的第四点内容才能够实现。"此电拍发颇费周折,由于上海电报局拒绝拍发致苏俄的电报,只好通过在纽约的马素辗转发出。(《复刘泽荣电》,《孙中山全集》第5卷,第285页)

△ 董泽来函,告近日行程,称脚愈后即供奔走。(《董泽上总理函》,环龙路档案第01513号)

△ 报载孙中山谈时局问题,直指日本为国内政局纷扰之幕后黑手。

《大陆报》报道,据孙中山意见,国内数周来政治变动,如湖南政变,直皖冲突,苏浙纷扰,均系直皖之争,源头均出自日本策略,近因则为四总裁宣言。且谓此次国内纷争,决非立时可了,不久将公然开战。惟最后之决断,将由东京为之,不论何方战胜,终为日本之胜利。凡此皆使南北问题之解决,益无希望。并指出段祺瑞之本心实系排日。

该报详细记录了孙中山此次谈话。在谈到四总裁宣言实系导火索时谓:"此宣言中所最注重者,为要求宣布中日间一切密约,并要求取消军事协定,以为重行议和统一南北之基础。""而段祺瑞对于此宣言则承受之。段氏此项态度,乃与日本一切阴谋及希望相背,一经表示,于是困难乃相迫而来矣。"孙中山历述数年来南北分裂情形及中国参战,随曰:"向使余不设法使南北分裂,则中国今日早为日本之附庸矣。今日中国北方已为日本所控制,若南北不分裂,则中国全国将归日本掌握。由是可知段氏之与日本阴谋实大有关系,彼必须亲日,否则即须遭毁坏。段之承受四总裁宣言,为反对日人之第一声。彼允许排除日本势力,余觉其实出于诚意。""假使段竟履行其诺言,脱去日本羁绊,则不但须抵抗今之敌党,并须打倒为东京所操纵之一切

势力,而张作霖即此种势力之一也。段若能推倒张,则能于六十日内
毁灭曹锟、吴佩孚。然张绝有力,曾有一日本阁员告余,谓张作霖为
日本对华政策之晴雨计。因此段氏一经承受四总裁宣言,吴佩孚立
即发难,欲以全力倒段。张作霖追踵入京,肆行恫喝,盖皆有线索可
寻也。"稍作停顿后续曰:"余旋致一书与日本陆军大臣田中氏表示意
见,该书于 6 月 29 日发出以后已见效验。盖张作霖已被召出京,召
张者并非日本陆相,而为奉天日领事。张回奉后,如何情形,不得而
知,或者已说服日人从彼之意见。彼最近致总统措词强硬之电讯,殆
以此故耳。"(《孙总裁之时局谈话》,上海《民国日报》1920 年 7 月 16 日,"国内
要闻")

7 月 17 日　董昆瀛等发表时局通电,主张国民自决。

孙中山与段派王揖唐议和,颇为诸多护法国会议员所不谅。是
日,旅沪鄂籍国会议员董昆瀛、刘成禺、张知本等十四人痛感"护法救
国皆成权利之竞争",联名通电全国民众,呼吁国人"依世界潮流之趋
向,本国民自决之精神,急起直追,扫除障碍,以期民治主义之实现"。
该电指责孙中山联段以抗桂,"叛民治而降军阀,背自主而附北廷",
略谓:"孙中山以革命先觉,隐然为海内舆论之宗。西南护法,其功尤
不可没。乃囿一地方之见,不惜牺牲主义,竟与皖系军阀携手。最近
发表致日本陆相之书,谓段已悔悟,并有希望日本制止张作霖入关之
意。前日《大陆报》之谈话,又谓段心中本反对日本,以接受四总裁宣
言为证。措词之巧,至堪捧腹。民党中向依中山为生活者,见中山暮
年下野,秉国无期,群欲趁其垂尽之年,卖此老以求活动。与昔见革
命不成,欲以二十万金卖中山之头颅者,同一无赖。致使中山之令名
不终,民党之信用全失。同人不仅为中山惜,尤为民治主义之前途悲
耳。曩者,中山谓南北军人为一丘之貉,国人称为公论。今则中山亦
自侪于貉,大惑不解,未有甚于此者也。"(《鄂籍旧国会议员对时局通
电》,《申报》1920 年 7 月 19 日,"本埠新闻")

7 月 18 日　复电唐继尧,告一致讨桂,可一扑而灭。

是月16日,唐继尧来电,陈讨桂筹备情况。本日复电,告"竞存处现筹备已竣,到时当能分桂贼大半之力。海军初以方事,几至与竞存决裂,今已设法和解,想可一致攻桂。如此,东面有粤军为中坚,海军为辅助,西面有兄大军以临之。钦、廉、广、肇更有民军以牵制之,桂贼必难兼顾,当可一扑而灭也"。(《致唐继尧电》,《孙中山全集》第5卷,第287页)

△ 复函何民畏,告国内局势转趋有利,当勉力进取。

日前,何民畏自川中来函报告军事动向。本日复函告:熊克武出走,川局自可大定,"今后惟望主客各军极端融洽,则可分数路出兵:一由川中编定大军,东下宜昌,进规武汉;一由滇中联合贵州,出兵百色及柳州;一由在湘滇军直扑桂林。如是,则南征北伐,两向必胜,天下不难定也",请转唐继尧速图之。对于直胜皖败后的国内局势,分析指出,段氏失败,北洋自断一股,"奉、直必因权利而冲突而决裂,而皖系之余烬,又必不能不附我而图报复",是"正有可乘之势","武汉可探囊而取"。就讨桂形势,函谓:刻下民军蜂起,"竞存亦准备进攻,粤垣已有风声鹤唳之势。滇、黔以战胜余威,由百色、柳州取建瓴之势,而在湘滇军又冲入广西之腹,则桂贼老巢岌焉震动,势必弃粤而逃。粤失则广西陷于夹攻之地,亦不能自存矣"!(《致何民畏函》,《孙中山全集》第5卷,第286—287页)

△ 宫崎寅藏谈孙段合作,原因在性格及思想接近。

日本友人宫崎寅藏在与来客谈话中,涉及孙中山与段祺瑞合作问题,认为他们的合作不是偶然的:"第一,他俩的性格非常相似。许多人认为,在今日中国政治家当中,在没有私心这一点,他俩是最好的一对……因为孙先生曾经对我说过:'在北方的政治家当中段最了不起,最低限度不偷偷摸摸。'反此,根据北方人的说法,段祺瑞常常对人家说:'孙中山是个真正的爱国者,不过他的主张有时候有点离奇。'由此可见,他们之间有灵犀相通的地方。"第二,除了直桂勾结促使孙段合作外,"使他俩合作的真正理由,应该是思想上的接近"。

"孙先生是理想主义的人,由此他常被人家说是非而处于逆境。但以理想为生的他,不但毫不介意,且以真理是最后的胜利者而自乐。基于这种认识,孙先生不仅拥有伟人的资格(条件),而且是位绝不屈服于权势的人物。"段祺瑞"正在四面楚歌之中……这是段祺瑞接近孙先生的真正理由。因为段祺瑞这样做的结果,既可以拥护他本身,也是拥护共和主义的结果。这等于说,孙先生和段祺瑞的接近,是段祺瑞妥协的结果"。"如果段获胜,共和的基础必由之而巩固;如果胜利归于直隶派,或有第二次复辟。此时,已经浸润今日中国青年之头脑的文化主义将与共和主义携手合作,而变成消灭复辟的运动,他们并终获胜利。"(段云章编著:《孙文与日本史事编年(增订本)》,第614—615页)

7月19日　顾品珍等来电,迎请国会及各总裁入川。

是日,顾品珍、袁祖铭、卢师谛等川滇黔将领联名通电,略谓:"现川、滇、黔三省感历年内争之苦痛,今既彻底觉悟,决计实行废督,适用平民政治,冀以裕民生纾国难,企世界于大同,侪人类于平等。惟国家之形式未复,则中外之观听终摇,不惟无以竟护法之全功,抑且不足以维西南之局势。"是以吁请"我国会诸公及各总裁克日莅川,恢复合法之国会及政府,以维贯彻最初护法之主旨","俾我护法团体,早日有所统属"。(《简州顾品珍等来电》,《申报》1920年8月13日,"公电")该电发出后,西南军政要人迭电响应。22日,王文华来电特表赞成。(《唐王赞成国会移渝电》,上海《民国日报》1920年8月15日,"国内要闻")黄复生来电,谓"宏识伟论","极表赞同","应请我国会诸公及各总裁克日莅渝,早定大计,以竟护法之初衷"。(《军政府移渝之主张》,《申报》1920年8月7日,"本埠新闻")23日,刘显世来电,冀"诸公一致主张,刷新时局,定成护法大业"。(《刘显世赞成军府移川》,《申报》1920年8月5日,"本埠新闻")廖谦来电,认为"实为时势需要",敬请"诸公早日莅渝,成立政府、国会,以存民国正统"。(《重庆廖谦来电》,《申报》1920年8月11日,"公电")

7月20日　廖仲恺来函,称惟与段交涉,方可使粤军发动。

邓铿、廖仲恺、朱执信等迭与李厚基、臧致平交涉拨弹、借兵，未获成效。援闽粤军讨桂事宜，亦无所进展。本日，廖仲恺来函告：与李厚基交涉，"此间求速，而李故缓，口惠而实不至，于事无补"。目前粤军士气低落，情形可虑，"一则终至不能发动；二则勉强发动，而将官无此兴致，必以懈怠致败"。今欲提振士气，使能发动，势必将拨弹、借兵二事设法速办，"且非先生来此一行不可"。李厚基一意延宕，惟有遣黄大伟"从速北行见段（祺瑞），告以情形，请其设法直接拨给粤军子弹，务求见诸事实，毋再徒托空言。若不能，则请其直接密令王（永泉）旅，径与粤军一致作战"。关于湘事，函谓：张敬尧一无所用，廖湘芸事恐付泡影。"先生徒信人言，而事事不切实，亦一大弊。""段用此辈人，所以失败。湘事若仍用张敬尧，必为桂系之利。为吾党计，为段计，亦宜以湘督许谭，使反攻广西"，"子荫见段，不妨切直言之"。（《廖仲恺为建议遣黄大伟往见段祺瑞洽借子弹上国父函》，黄季陆主编：《革命文献》第51辑，第242—243页）援闽粤军迟不发动，令孙中山、廖仲恺等颇为焦虑。本日，廖仲恺以孙中山来电传示蒋介石，"语气殊着急"，蒋亦"蹴然"。（毛思诚编纂：《民国十五年以前之蒋介石先生》，第90页）

7月21日　徐绍桢等率数千民军在广东江门起义，号称"救粤军"，宣布分五路攻袭广州。但因纪律松弛，装备粗劣，进军不力。（《广东文史资料》第43辑《广东军阀大事记》，第131页）

△　致电饶子和，责海军违背前约。

日前，粤江防舰队讨贼，为订有协约的北洋舰队所阻，消息传来，极为骇异。本日致电饶子和责问。电谓："日前兄在港面约以海军取闽，粤军逐桂，各守中立为条件；纵不然，必不助桀为虐。况该条件已经文于文日电负责代粤军完全答应。今忽食前言，信义安在？请明白答复是盼。"（《致饶子和电》，《孙中山全集》第5卷，第288页）

△　报载孙中山将与伍廷芳、唐绍仪等开会集议军政府、国会移川。

报道称:伍廷芳回沪后,即返戈登路旧宅中。日昨孙中山、唐绍仪均往伍宅访晤,聚谈甚久。"闻日内将由孙总裁邀集伍、唐总裁诸人,在孙宅开一非正式会议,以讨论军府、旧国会迁移重庆问题。有知其内情者言,须俟李协和入川,与川滇黔各要人商定办法后,军府、旧国会始实行移渝。刻尚在布置中耳。"(《军府总裁将会议移川》,上海《民国日报》1921年7月21日,"本埠新闻")

7月22日　谭延闿通电,宣布湖南自治。

自湘督张敬尧遭逐后,谭延闿主政湖南。为避免南北各方干涉,本日,谭延闿通电全国,宣布湖南自治。此为全国联治运动发动之先声。("中华民国"史事纪要编辑委员会编:《中华民国史事纪要(初稿)——一九二〇年一至十二月》,第338页)

△　朱执信来函,称粤军发动,惟有亲赴漳州。

陈炯明迟疑难定,令朱执信极为痛愤,一怒之下,离漳赴港,转而运动李福林。本日自香港来函,报告情况。函谓:"此次到港,本意福林处有可运动,或能一为帮口。然到港则事已无可为,福林为人非空口白舌所能动也。竞存处力量费尽,疲玩如故,此际感情已伤,留亦无益,故决计先来沪,一陈彼间状况,俟见哲生兄后即行。对付竞存、汝为之方法,仍以先生电彼告以日间到漳为最上策,此层为彼所无可如何者;而彼又深知先生一到,桂必攻彼,无可犹豫也。"(罗家伦主编,黄季陆、秦孝仪增订:《国父年谱(增订本)》下册,第881页)

7月24日　在唐绍仪宅举行会议,讨论时局。

是日上午10时,与伍廷芳、唐绍仪及唐继尧代表王伯群在上海老靶子路唐绍仪宅邸举行会议。将最近云南、四川发来各电逐一传观后,会议对北方时局有所讨论,议决再发关于时局宣言,表明西南态度。有关军府、国会移设重庆问题,会议决定"暂时只作为内定,尚未届公表之程度"。(《四总裁之重要会议》,上海《民国日报》1920年7月25日,"本埠新闻")

7月26日　为谢彬所著《新疆游记》作序。

《新疆游记》(初名《新阿游记》),谢彬著。谢彬(1887—1948),字晓钟(一说号),湖南衡阳人。1916年10月,以财政部特派员身份赴新疆省、阿尔泰特别行政区考察财政。自10月16日由长沙启程,迄次年12月16日返回北京,历时十四个月。沿途经湖南、湖北、河南、直隶、东三省、陕西、甘肃、西伯利亚、新疆、阿尔泰等地,行程四万六千余里。是书为日记体,洋洋三十万言,逐日记载沿途所见所思,极具价值。

本日为《新疆游记》作序,对其人其书赞誉有加。略谓:"自民国创建以来,少年锐进之士,多汲汲于做大官,鲜留心于做大事者。""乃谢君不过财政部一特派员","然于奉公万里,风尘仆仆之中,犹能从事于著述,成一数十万言之书,以引导国民远大之志,是亦一大事业也"。是书使国人"知国境之内,尚有此广大富源未经开发者,可为吾人殖民拓业之地,其兴起吾国前途之希望,实无穷也"。(《〈新疆游记〉序》,《孙中山全集》第5卷,第288—289页)

7月28日　四总裁再度宣言,重申护法救国主张。

上月3日四总裁宣言发出后,北方仅皖系通电赞成。是月14日,皖系主持的边防督办处通电宣布废止《中日军事协定》。23日,段祺瑞来电,赞同四总裁宣言。但随后直皖战争爆发,北京政府为直系军阀所掌控,南北和议续开充满变数。本日,与唐绍仪、伍廷芳、唐继尧联名通电全国,严正声明:"无论北方内讧如何结束,无论当局者为何派何人,惟我西南护法救国主张,必始终贯彻。北方果有希望统一诚意,必须首先废止中日军事协议,并有宣布废止中日'二十一条'之表示,然后和议乃可赓续,而国本乃不至动摇。倘有违背护法救国主张,复假借名义以谋个人权利者,不问南北,不问派别,当与国民共讨之!"(《重申护法救国宣言》,《孙中山全集》第5卷,第289—290页)

在此前后,并发布南北和谈通电,追溯南北议和源起,及6月3日四总裁宣言发布后的议和形势。宣告:"不问对手方为何人,亦不问其为皖系、直系,凡愿改正坏法卖国之事者,即可与言和者","在此议和时期,北方内讧,只能认为私斗。是以文等仍持与北方言和态度,于其内讧无所偏袒。今皖系已有失败之势,而岑春煊等乃竟附和直系讨段,将来皖系完全失败后,岑春煊等殆惟有投降于直系,岂有和议之可言?而坏法卖国之事,恐亦将置之不问。殊不知同为北方之人,不能分皖系与直系,纵使皖系已去,而直系如不愿改正坏法卖国之事,即与昔之皖系无异。是以文等为代表国民真意,特再宣言,无论北方内讧如何结束,今后国事仍当由上海和平会议根本解决,务期改正一切坏法卖国之事。将来北方如由直系主持和议,亦必须首先宣布废止中日军事协议,并承认废止'二十一条',始能继续开议。倘岑春煊等此后竟与直系私和,而坏法卖国之事竟不改正,则国民仍当认为乱与奸而讨之"。(《南北和谈通电》,《孙中山全集》第 5 卷,第 293—294 页)

△　刘绍周在共产国际第二次代表大会上称赞孙中山及其领导的革命运动。

7 月 19 日至 8 月 7 日,共产国际第二次代表大会在莫斯科举行。是日,召开讨论民族与殖民地问题的第五次会议,旅俄华工代表刘绍周发言指出:"领导南方政府的是第一次中国革命的著名领袖孙中山","南方政府至今还在继续其同北洋政府的斗争。同时,这场斗争还是在孙中山派所宣布的口号下进行"。目前"孙中山及其第一次革命的拥护者,还有学生总联合会、工会和社会主义党","已联合起来反对日本,反对北洋政府和资产阶级。他们的特点是具有坚定的革命精神"。他呼吁大会"应该极其严肃地注意这一事实。支持中国革命不仅对中国本身,而且对全世界的革命运动都有重要意义"。(《中国代表刘绍周在第五次会议上的发言》,中共中央党史研究室第一研究部编:《共产国际、联共(布)与中国革命文献资料选辑(1917—1925)》,第 129—131 页)

△　报揭广东各路救国军纷起。

据香港报纸报道:"民党要人近日纷纷组织救国军,猛图大举。

除周之贞一军在江门起事外,顷闻何克夫一军19日亦在顺德沙尾起事,集众数千人,挟有大炮二尊,机关枪十余杆,驳壳千余支,枪械异常精利。连日与莫正聪所部军队鏖战颇剧。又闻任鹤年、林警魂等近亦在香山招集旧部,乘机响应。香山营县已有电来省,告急请兵。而起事情形,各方哄传,风声鹤唳。"(《港报记粤东之救国军》,上海《民国日报》1920年7月28日,"国内要闻")

7月30日　朱和中来函,报告北方政情。

是日,朱和中自北方来函,报告吴佩孚动向及北京政情。接函后批示:"两害取其轻,两恶宽其小,吴佩孚与桂贼联结,假民意皮毛,无彻底之办法,为他人作嫁衣,挫去一段祺瑞,而招一张作霖(日本狗)。其无特识、无远见为如何也。"请"向之劝导,顺风转舵,投诚革命党,则其功业必有可望"。(《批朱□□函》,《孙中山全集》第5卷,第290页)在此前后对另一封朱函的批示中,告"言和当以第二次宣言为条件,此时想无希望"。对待吴佩孚,"可由公代表往说他同来革命,为根本之解决,以达利国福民之目的。此当胜于苟且言和"。(《批朱□□函》,《孙中山全集》第5卷,第291页)

是月下旬　复函何成濬,告作战方略。

何成濬日前来函,建议暂缓与桂冲突,切实整顿,以谋大举。本日复函指出,川事已告成功,长江形势因直皖战争又生变化,皖系长江势力未尽消灭,陕西陈树藩已在惩办之列。我方宜乘此时机,以攻取长江为第一计划。一面"以战胜余威,速组大军,急出宜昌,以图鄂省";一面出陕,以断中原。至于对桂,只须"以滇中原有军队守备桂边,即堪巩固。而在湘滇军,再由冀公临时调度,或取桂林,或由常、澧出长江,均为现今极要之图"。(《复何成濬函》,《孙中山全集》第5卷,第292页)

是月　冯玉祥来函,表达仰慕之意。

冯玉祥接北京政府命令移驻湖北,全军离常德经津市抵达武汉。期间曾来函,表达私心倾慕之意,略谓:"百折不回,再接再厉,无论如何失败,我行我素,始终如一。真正救国,只有先生一人。凡谋国者莫不感奋。今限于环境,不能追随,但私衷仰慕,已非一日。"(孙嘉会:《冯玉祥小传》,第 51 页)

△　批胡海山等函,告代请伤兵川资。

伤兵代表胡海山等来函,请求发给伤兵川资。接函后建议:"黎元洪现在拥资数百万,公等应在报上用明信向之求恤,想必能达目的。"并告"亦当致代请,以得双管齐下",嘱"调查确实伤者几人"。(《批胡海山等函》,《孙中山全集》第 5 卷,第 295 页)

8 月

8 月 1 日　吕超来电,请入川组织政府。

是日,川军总司令吕超来电,谓前者有国会、政府迁滇之议,又有沪上组织之谋,然滇远处南疆,沪则寄居租界,全局计划,难以展施。"求其居高屋建瓴之势,为长驾远驭之图,固未有胜于川省者。"现川局已定,千载一时,"务望克日西征,共扶大局,改组合法政府,以奠国基"。(《川军界促请军府移渝》,上海《民国日报》1920 年 8 月 10 日,"国内要闻")颜德基亦电催入川,略谓:西南护法团体自失统系,将及半载。现联盟障碍已除,"尚祈诸公克期莅任,组织合法之国会及政府,与民更始,展布新猷"。(《绥定颜德基通电》,《申报》1920 年 8 月 8 日,"公电")

8 月 3 日　护法国会参众两院来电,请速将政府移渝。

护法国会参众两院抵滇后,云南各方反应冷淡。当地报界宣扬云南"财政恐慌,粮食恐慌,即政治、学术,更无一而不恐慌","惟望议员诸公如金人三缄其口而已"。唐继尧亦担心议员不能为其所用,一意保送出境。(莫世祥:《护法运动史》,第 182 页)8 月 2 日,国会议员在昆明召开两院联合会,议决将国会移往重庆。本日来电,告开会情形,并"请各总裁速将政府各机关,随同移往重庆,以应时机"。(《国会正式议决移渝》,上海《民国日报》1920 年 8 月 10 日,"本埠新闻")

△ 唐继尧来电,促即行赴渝。

是日,唐继尧致电孙、伍、唐及在沪国会议员,略谓:处今之世,胜败全视民心向背,无关兵力厚薄,"吾人坚持护法救国之旨,必得多数国人之同情","即就滇、川、黔、湘四省之力,抱持正义,勇往直前,必得最后之胜利"。又告月内将前往重庆,"与诸公共策国是","希诸公即行赴渝,以利进行"。(《唐总司令定期入川》,上海《民国日报》1920 年 8 月 8 日,"国内要闻")6 日,复来电催促,冀"诸公从速赴渝,俾西南正式合法之机关,早得成立"。(《赞同旧国会军府移渝之两电》,《申报》1920 年 8 月 15 日,"本埠新闻")

8 月 4 日 北京政府改派李纯为南北议和全权总代表。

皖系战败后,北京政府着手惩办皖系主从。7 月 28 日,颁令裁撤督办边防事务处。29 日,下令通缉徐树铮等首要。8 月 3 日,复下令解散安福俱乐部。本日,又撤王揖唐总代表资格,改派江苏督军李纯代表北方与南方议和。然李拒绝接受。("中华民国"史事纪要编辑委员会编:《中华民国史事纪要(初稿)——一九二〇年一至十二月》,第 345—347、377—378、393 页;《专电一》,《申报》1920 年 8 月 8 日)

△ 致函朱执信,嘱与王绍一接洽。

函谓:"王绍一兄来港,请为接洽。王兄对于湘中出兵攻桂甚为尽力,此来亦欲促彼方速发也。"(《致朱执信函》,《孙中山全集》第 5 卷,第 295 页)

8 月 5 日 在美国议员团欢迎会上演说,指出废除"二十一条"是解决中国问题的关键。

是日,以前驻华公使芮恩施为团长的美国议员团一行九十六人抵达上海。当晚 8 时,太平洋社假白渡桥塊礼查饭店举行欢迎宴会。应邀出席,并发表题为《中国问题之解决》的演说。

欢迎会开始,唐绍仪致欢迎词。芮恩施在答词中略述孙中山、伍廷芳、唐绍仪、王正廷四人学问才干,及其对中国期望。谓"孙君逸仙我当称之曰理想家,伍君廷芳则当称之谓哲学及思想之代表,唐君绍仪可为引美国文化入中国之代表,王君正廷又为外交家中之能人。总之以上四人,皆为中国之栋梁,中国实不能一日无此四人也。中国欲求巩固,务须尊重民意。今则军阀专权,待民强暴,焉能望其有强盛之日哉。今我美同人不当直接援助,当使我亲爱之华人自己觉悟,而解决各种困难问题,然后使国势日强。此我美同人所盼望者也"。（《美议员团到沪纪》,《申报》1920 年 8 月 6 日,"本埠新闻"）

　　演说详细追溯"二十一条"历史、国内外局势及日本对华政策的演变,指出:"'二十一条款'和军事协约是日本制的最强韧的铁锁链,来绑中国手脚的。实行'二十一条款'之统一的中国,就是日本把中国整个征服去了。我们革命党一定打到一个人不剩,或者'二十一条款'废除了,才歇手。中国的大混乱是'二十一条款'做成的,如果废除了它,就中国统一马上可以实现。"并呼吁国外"有名誉的团体,跟着我所指出的方向,发出好议论","帮忙解决这中国问题"。（《在上海欢迎美国议员团时的演说》,《孙中山全集》第 5 卷,第 296－301 页）7 日,日本《大阪每日新闻》以《孙文氏之暴言》摘登了这一讲话的内容。（段云章编著:《孙文与日本史事编年（增订本）》,第 617 页）

　　△　复电粤军将领,告拨弹问题当能解决。

　　本月 3 日,援闽粤军来电,称拨弹已有头绪。4 日,李厚基代表余筹来谈,言下之意,李迟不拨弹,盖因在厦浙军与南北海军有约图闽,担心粤军一发,彼等乘机而动。故必等浙军撤出后,方肯拨助子弹。而今浙军不日全数撤回,拨弹一事当不在远。本日复电,告相谈情况,指出余筹所言"与来电所说相符。以后支节,只陈部浙军问题","此问题若能解决,则子弹必不假也"。（《致粤军将领电》,《孙中山全集》第 5 卷,第 301 页）

　　△　北报攻击孙唐欲抵借日款筹国会移滇经费。

　　据北方报纸报道:"孙唐等主张将国会移滇,现在关余未能动用,拟请将云南某铜矿抵押东方某国,借现金一千万元,以为云南国会及重庆军政府之用度,以二年为偿还期,利息七厘五。"(《孙唐尚敢卖国耶》,北京《晨报》1920 年 8 月 6 日,"紧要新闻")

　　△　粤海关情报称孙中山设法使陈炯明与李厚基结为联盟。

　　该情报称:"已经有报道说湘、赣、鄂三省将组织联军北上讨伐皖系,这已见诸报载,可是,湖北督军王占元忽然改变主意,不准其他省的部队通过汉口北上。他怕万一这些部队在汉口逗留期间向他进攻。于是拟议中的讨伐联军将不再组织。因此,军政府密切注视着福建,但本省的革命党最近异常活跃,大大妨碍了讨伐军进军。据说孙逸仙是正在此活动的革命党的领袖。他最近派了一位代表同陈炯明、李厚基谈判,许多人认为这证实了陈、李之间达成秘密谅解的报道,或者至少孙逸仙正设法促使陈、李双方结盟。孙氏是广东人,他对桂系的敌视足以使他全力以赴在广东推翻桂系政府。因此,广东省当局为自身安全计,决定在伐闽之前先倾力镇压革命党人。"(广东省档案馆编译:《孙中山与广东——广东省档案馆库藏海关档案选译》,第 190 页)

　　8 月 7 日　在滇议员召开两院联合会,决议撤销岑春煊总裁职务。

　　是日,在滇国会议员召开两院联合会,万鸿图等提案,岑春煊毁法误国,亟应撤销总裁职务,付诸表决通过。9 日,参议院议长林森、众议院副议长代理议长褚辅成联名通电,昭告中外。同日,林森等来电,报告国会决议,并请通告各国公使。(《旧国会在滇议决取消岑总裁》,《申报》1920 年 8 月 14 日,"本埠新闻")

　　△　蒋介石、廖仲恺来谈。

　　上月 8 日,蒋介石奉命离沪赴闽,16 日抵达漳州,随即参与粤军机要。是月 5 日,蒋接沪电自厦门鼓浪屿启程来沪。本日下午抵达后,即偕廖仲恺前来晋谒,商讨"粤军及国内大局"。(毛思诚编纂:《民国十五年以前之蒋介石先生》,第 90—91 页)

　　△　报载孙中山、唐绍仪等进行方针。

　　报道称,据军政府系某通行社消息,孙中山、唐绍仪等大体将取以下方针:"(一)在重庆召集国会及组织护法政府;(二)联络陕西陈树藩处置徐树铮等之残军;(三)要求湖南省绝对中立,为军事上之缓冲地带;(四)四川、云南、贵州、陕西之各省为纯粹民主主义实行区域。"(《孙唐之新计画》,北京《晨报》1920 年 8 月 7 日,"紧要新闻")

8 月 9 日　北京政府任命靳云鹏为内阁总理暂兼陆军总长。

△　朱执信致函古应芬,谈孙中山对援闽粤军态度。

内称:"汉民、仲恺都由先生勒令赴川一行,大概月底起程。竞存昨天来一个电说,一定干,但是李还不付东西。广东的事体,先生是主张一律停止,不特竞存不动的时候不管,就是动了以后也没有再花钱的意思。"(《朱执信致古应芬函》,李穗梅主编、李兴国等整理:《古应芬家藏未刊函电文稿辑释》,第 217 页)

8 月 10 日　函寄康德黎夫人演讲稿,请代在英传布。

是日致函康德黎夫人,附寄近期演讲稿数份,请其"在英国广泛发布,藉向海外广大的群众说明中国之实际情形"。(《致康德黎夫人函》,《孙中山全集》第 5 卷,第 301 页)

△　报载孙唐欲派代表参加天津会议。

报道称:沪上孙中山、唐绍仪各总裁近以西南军政府已派代表丁乃扬加入天津会议,将来南北各项之解决必易入手,"特向北庭电请亦派代表北上,俟曹张晋京后加入调停会议,以便有所发表。闻北庭昨已电复,谓俟曹张来京后再行斟酌"。(《孙唐竟请派代表赴京》,长沙《大公报》1920 年 8 月 10 日,"中外新闻")

是月上旬　复函陈自先、洪兆麟,勉积极准备。

日前陈自先来函,报告联络旧部,力谋讨桂情形。本日复函表示嘉慰,并指出:"以后如何动作,当听广东讨贼军总司令命令,为一致之进行",冀"努力准备,以待时机"。(《致陈自先函》,《孙中山全集》第 5 卷,第 302 页)在此前后又复函洪兆麟,告"桂贼日逼,不可缓图,希即积极准备,听候陈总司令命令,一致奋斗,以竟全功"。(《致洪兆麟函》,《孙中山全集》第 5 卷,第 302—303 页)

8月11日　广州军政府下达攻闽动员令。

是日,广州军政府下达攻闽动员令,任命沈鸿英为总司令,浙军吕公望为右路司令,桂军刘志陆为中路司令,靖国军方声涛为左路司令,林葆怿率舰队赶赴诏安,各路会攻福建。(《香港电》,《申报》1920 年8 月 13 日)桂系攻闽,明则配合直系清剿皖系残余,实则志在殄灭援闽粤军。有报章分析指出,唐继尧、陈炯明"近为贯彻护法宗旨起见,彼此已为积极上之联结。桂系屡欲除去陈炯明以免为其心腹之患者,一以陈氏宗旨坚定,一为削去唐氏之牵制力。若先倒陈氏,然后倾两粤之兵力与滇抗,胜负虽未可知,但已无东顾之忧矣"。(《桂系决心攻闽原因》,上海《民国日报》1920 年 8 月 16 日,"国内要闻")又据报纸报道,攻闽令下达后,岑春煊"电请李纯向李厚基声明:此项出兵,专为对付陈炯明,非攻击李厚基,望勿误会。李纯接电,已派与李厚基有旧之鲁籍军官前往游说"。(《岑春煊疏通李厚基》,上海《民国日报》1920 年8 月 20 日,"本埠新闻")对于此次攻闽,有报道指莫荣新实为戎首。某"西南要人"在接受记者访问时谓,莫氏久有消灭粤军之意。直皖战事停息,莫担忧"南北统一后,更不能将粤军剪除,遂不如趁此时机,一则可将粤军剪除,一则可将桂军势力扩充于福建。无论何人劝解,均置不恤,一味调遣重兵趋攻闽省"。"现莫荣新借攻闽之名,实则欲消灭粤军,以快其私。此节虽三尺童子莫不知之。闻某总裁对人云,莫日初哪里是攻闽,实在是想谋陈竞存。"(《粤桂战争之因果谈》,上海《民国日报》1920 年 8 月 25 日,"国内要闻")

△　委派陈箇民为中国国民党驻西贡总支部总干事。(《委派陈箇民职务令》,《孙中山全集》第 5 卷,第 303 页)

8月12日　陈炯明在漳州公园举行誓师大会,兵分三路回师讨桂。

广州军政府步步紧逼,闽粤边境阴云密布,战事一触即发。本日,陈炯明在漳州公园举行誓师大会,声讨桂系。随后加紧部署,于16 日兵分三路,发动攻击。其中叶举指挥第一军一部为中路,由小溪、平和进攻饶平、平原而出高陂。邓铿率第一军一部任左翼,由诏安、云霄进攻黄冈、澄海,协同中路肃清韩江下游,以完全占领丰顺、潮安、汕头为目的。许崇智率第二军担任右翼,由永定、上杭、武平攻大埔、松口、蕉岭、平远,以完全肃清韩江上游,占领梅县、兴宁为目的。邹鲁、姚雨平则在潮梅运动联络,以为内应。(邹鲁:《中国国民党史稿》第3篇,第1089页)

△　杨庶堪来电,祈早日命驾来川。(《杨庶堪欢迎国会议员赴渝电》,《申报》1920年8月16日,"公电")

8月13日　报载孙中山等召开总裁会议,讨论南北和议等问题。

报道称,北京政府昨接李纯拍10日来电,略谓:"上海孙唐伍各总裁,刻又在沪召集总裁会议,讨论和议与北政府接近之各项办法,及滇省军府、国会迁移重庆之利弊,以便积极进行,不为粤省方面所牵掣。并请和议处从速筹谋和议进行,以便南北早日统一。"(《上海之各总裁会议》,天津《益世报》1920年8月13日,"要闻二")

△　报载孙中山、唐绍仪变更和议主张。

报道称,孙中山、唐绍仪近因和议形式确有更易之必要,故将向日局部直接谋和之主张改变。"闻其最新之办法,俟北省调停会议完全解决后,再谋接近进行。并于法律、地盘各问题均示退让,以期早日解决。"(《孙唐又变议和主张》,长沙《大公报》1920年8月13日,"中外新闻")

8月14日　在滇议员召开国会非常会议,补选刘显世为军政府政务总裁。(《刘副总司令当选总裁》,上海《民国日报》1920年8月17日,"国内要闻")

8月15日　川西土司来电,愿支持护法政府。

川西虽僻处边隅,但位置重要,前曾派员慰问联络诸土司。本日,川西地方土司及官员代表联名来电,略表追随之意。电谓:"川局初平,群情望治,祈我公早日降临,内图自治,外讨妖氛。当联川、甘、青、藏土族,以随公后。"(《川西土司致孙总裁电》,上海《民国日报》1920年8

月 30 日,"国内要闻")

8 月 17 日　在滇议员召开护法国会非常会议,议决国会及军政府移设重庆。

是日,护法国会非常会议开会,决定将国会及军府移渝。唐继尧亦迭次致电在沪要人速行赴渝。20 日,林森、褚辅成联名通电,宣告国会移至重庆开会。电谓:"国会为维持国家法律,保全国家纲维,不得已集会于云南,业经宣告国人。现北方不法之武人,复自开战,扰害人民,危及国本。国会系国家主权所寄托,处此非常变故之时,不能不谋相当之救济。今因地域之便利,时机之必要,定于本月 28 日移至重庆开会,特此宣言。"(《国会移渝之正式通告》,上海《民国日报》1920年 9 月 2 日,"国内要闻")

△　陈炯明来电,通告粤军进击。

是日,陈炯明通电西南,指责莫荣新"贼性莫改,恣睢日甚,杀逐元老,胁散国会,剪除友军,破坏护法",告已于 16 日"鼓行而西,奋烈讨贼",并述粤军战况。(《致孙中山等电》,段云章、倪俊明编:《陈炯明集》上卷,第 470—471 页)

8 月 19 日　致电陈树人,告粤军讨桂进展。

是日,致电加拿大中国国民党总支部负责人陈树人,告"粤军讨桂,铣日、篠日连得大埔、黄岗、饶平等处,全线压入敌境百余里,桂贼溃降无数。请转电各分部及金山"。(《致陈树人电》,《孙中山全集》第 5卷,第 303 页)

△　朱和中来函,报告北方政情。

朱和中自北京来函,报告北方政局动向,并拟赴沪一行,面商对北办法。接函后批示:此间此后对北方武人,尚无一定办法,故来沪亦无所商。对于吴佩孚"当先探悉其心,果有爱国之心,不是为出风头、争地位,乃可与之接洽"。(《批朱和中函》,《孙中山全集》第 5 卷,第 304页)

△　陈玉如来函,告汇寄百元。

中国国民党泗水支部长陈玉如来函，谓："顷阅通信，知总部经费不敷，需财孔亟。本支部集议，佥谓先将收得年金基金不拘多少，先行缴上，以资接济。兹即由汇丰银行汇上一百大元支票一张，随函奉上。"（《泗水支部长陈玉如上总理函》，环龙路档案第 08421 号）

△　杨熙绩来函，恳请资助。

是日，杨熙绩来函，告湘西之款未至，身无长物，困处窘境，请求救助。（《杨熙绩上总理函（一）（二）》，环龙路档案第 04662 号）20 日复来函恳请。略谓："今时多有假借革命名义，以图首领之金钱，供彼荒嬉，比比皆是"，然己并非其类。恳请鉴此苦衷，施以援手。（《杨熙绩上总理函（一）（二）》，环龙路档案第 04662 号）

8 月 20 日　粤军攻占汕头。

粤军下达攻击令后，一路势如破竹。17 日，右路许崇智攻占大埔，中路叶举进占饶平，左路邓铿攻克诏安。19 日，右路占梅县，中路克潮州。20 日，左路邓铿部兵不血刃，进占汕头。24 日，陈炯明抵达汕头，委任洪兆麟为汕头镇守使，邹鲁为道尹，姚雨平为潮汕卫戍司令。

粤军进展神速，除将士用命，民心所归实为要因。"当粤桂开战之始，潮梅一带舆论，多以粤军必操胜算。"粤军克复汕头前夕，前经梅放洲、伍士雄等运动联络、授职为广东讨贼军第八路司令之驻汕炮兵营营长余鹰扬率部起事，迎接粤军入城。（《余鹰扬上总理函》，环龙路档案第 13609 号）反观桂军，长官"畏粤军如虎"，"茫无抵御之法"。（《桂粤军战纪》，《申报》1920 年 8 月 28 日，"国内要闻"）在汕桂军怵于粤军"飞机及枪械之利"，未战"已成预备逃走之势"。各军官眷属纷纷避往香港。19 日，潮汕镇守使刘志陆偕参谋军官数人亦逃遁无踪，不知所之。（《桂军一败涂地》，上海《民国日报》1920 年 8 月 27 日，"国内要闻"）

△　杨益谦来函，称驻琼旧部极愿讨桂。

是日，杨益谦自湘中来函，告特派团附段毓贤前赴香港，招集驻琼旧部，"共聚义旗"。该团自被逼开抵琼州后，密函往复，"极愿归

来"。此次"前往游说，响应非难，并令顺道晋谒总座，报告一切"。（《杨益谦上总理函》，环龙路档案第 02426 号）

是月中旬　致电颜德基，冀迅速出师，戡定熊刘变乱。

7 月中旬，熊克武被赶出成都退守保府后，不甘失败，派员与蛰处陕南的刘存厚联络，共商联合驱逐滇黔军事宜。二人一拍即合。是月 6 日，刘在汉中组织"靖川军"，自兼总司令，兵分数路，挥师入川，一路连克广元、昭化、顺庆、合川等地。四川面临重陷混战的危险。本日致电颜德基，对熊、刘勾结导致川局复变甚为惊诧，指出："今事已至此，惟有迅速出师，协同戡定。吾人之驱逐熊氏者，实因于救川救国之计根本不能相容。今既干戈相见，再无所用其犹豫，以陷入进退失据之境。兄为吾党健者，又同盟军主要分子，甚望剑及履及，以竟全功。"（《致颜德基电》，《孙中山全集》第 5 卷，第 305 页）

8 月 21 日　复电滇黔川军政长官，告将赴渝组设政府。

滇黔川三省军政要人函电交驰，敦促赴渝组织政府。本日与唐绍仪、伍廷芳联名复电，告"当随诸君后，共奠邦家，以新国命"。（《复滇黔川三省军政长官电》，《孙中山全集》第 5 卷，第 306 页）

△　复电陈炯明，祝贺粤军大捷。

陈炯明日前来电报告粤军战况，本日复电喜慰有加。电谓：粤军分路进兵，所向大捷，敌军闻风而溃，"良由执事等指挥素定，谋勇兼优"，"由此绥定百粤，预祝最大成功"。（《致陈炯明等电》，《孙中山全集》第 5 卷，第 305 页）

8 月 23 日　复电赵又新，勉出师救川救国。

是月 4 日，驻川滇军第二军军长赵又新来电，报告川乱情形，主张出师为救川救国之计。本日复电，肯定来电主张，勉其"亟行准备，并商告各军一致主张，俟协和到川时，即可实行出兵"。并告粤军进展，望唐继尧此时"能以一部出击广西，使桂贼首尾受敌，一举歼灭"。（《复赵又新电》，《孙中山全集》第 5 卷，第 308 页）

△　复函叶独醒，勉疏通闽粤感情，助粤灭桂。

华侨革命党人叶独醒自福建来函，报告自菲律宾归国，疏通各方，力图助粤情形。本日复函，对其"远道奔驰，为乡为国""大尽其力"表示钦佩，并告粤军进展。略谓："此后粤省得入我党手中，再商量闽省办法，必可得圆满之结果。切望便告闽中同志，静待时机，并仍疏通闽粤感情，一致助粤灭桂。"（《复叶独醒函》，《孙中山全集》第 5 卷，第 306－307 页）

△　复函陈树人，希策励同志，以达救国之目的。

陈树人来函，请书总支部牌额及颁寄证书。本日复函谓，所嘱业已妥办，对加属党务"蒸蒸日上"极表欣慰。并告粤军一路克复名城，"现已进击惠州，桂贼闻风瓦解，省垣指顾亦可收复"。嘱转达同志，以慰桑梓之念。（《复陈树人函》，《孙中山全集》第 5 卷，第 307 页）

稍后又收陈树人来函，称温汝辟（今译温尼伯——引者注）分部经购置党所，恳书写匾额。26 日复函指出，"兄所巡视各处，目前见党务发达，同志生计亦较二年前优越，此真吾党前途之好现象"。嘱"即随处勖勉诸同志，整须兼程并进，以达救国之目的"。（《致陈树人函》，《孙中山全集》第 5 卷，第 309 页）

8 月 26 日　唐继尧、刘显世来电，告革新时局主张。

是日，唐继尧、刘显世为将"护法救国之初衷"，"大白于天下"，联名通电全国，宣布革新时局主张。其中收束时局主张两项，包括"南北和平办法应由正式和会解决"；"和议条件以法律、外交两问题为国本所关，须有正当之解决"。刷新政治、根本救国主张三项，包括废除督军及特设兼辖地方之各种军职、裁汰冗兵、"实行民治主义"。（《滇黔两帅宣布解决时局条件电》，长沙《大公报》1920 年 9 月 4 日，"要电"）

△　致函陈炯明，告慎重处置反正军队。

25 日，陈炯明通电西南，称五日之内已将粤东桂军扑灭，缴获子弹辎重无数。"现驻汕头，并拟即赴前敌督师。"（《粤军总司令告捷电》，上海《民国日报》1920 年 9 月 2 日）本日复函表示祝贺，并告处置反正军队方略。略谓：翟浩亭来，述其旧部三营在汕反正，接港电知须改编。

"该三营系翟君密意行动,与寻常降军不同,翟君亦早与此间接洽。翟君尚有旧部多营,在广、惠一带,宜有以收降者之心,而为将来之劝励。此等部曲,早与桂贼为敌,倘得惠照,亦必踊跃用兵",请慎重处理。(《致陈炯明函》,《孙中山全集》第5卷,第308—309页)

8月28日 粤军第二路许崇智攻克老隆,占据紫金,会同第三路围攻惠州首邑博罗。粤军飞机队由汕头出发,队员百余人。(《本社专电》,上海《民国日报》1920年9月2日)

△ 复函吕一峰,告国民大会及川滇政争意见。

川军总司令吕超之弟吕一峰来函,分析川滇致争缘由及吴佩孚所提召开国民大会意见。本日复函指出,国民大会能否解决国事,关键在于"国民自动之力如何",若自力不足,徒为军阀政客所利用。解决川滇纷纠,稍识时务者应以舆论为依归,"若能造成多数人之舆论,不生冲突龃龉种种问题,则亦不患当事者不降心相从"。又告:西南大局以桂系为梗,故"决意用全力破此强盗之军阀"。当前粤军进展顺利,"倘在两粤破却武人专横之局,则可与蜀中同志彼此提携。我兄进行之目的,亦更易达到"。(《复吕一峰函》,《孙中山全集》第5卷,第312页)

△ 复函姚雨平,促作速前进,规复羊城。

汕头卫戍司令姚雨平自小溪来函,报告粤军攻击情况,探询沪上舆论。本日复函指出,强蛮必不能敌公理,现宜"作速前进,并令各地方同志,多方并举,务使桂贼无暇布置,顾此失彼。则我师战愈利,气愈盛,而彼方乃风鹤皆惊,不战而溃"。并告沪上舆论,"虽非吾党机关报,亦皆赞许,盖桂贼已为众怨之府",冀转同袍"努力杀贼",期规羊城。(《致姚雨平函》,《孙中山全集》第5卷,第311页)

△ 复函王育寅,勉许国驰驱。

上月19日,湖南常澧镇守使王正雅为副使卿衡杀害。其子育寅(春初)旋在慈利县属东岳观召集王氏旧部军官,决议兴兵复仇,(《王正雅被杀之风波》,《申报》1920年8月10日,"国内要闻")并派人前来陈情。

是月前后,曾两次复函。第一次复函指出,听闻"执事墨经兴师,报仇雪恨,古称孝勇,复见于兹,更以为国为湘之念","感慰交并"。并告特遣于若愚前来"斟商一切"。(《复王春初函》,《孙中山全集》第 5 卷,第 310 页)随即王育寅又派员前来"陈述近事"。本日复函,冀"本其孝勇,许国驰驱,报国报亲,两臻其极"。(《复王春初函》,《孙中山全集》第 5 卷,第 310 页)9 月 1 日,于若愚驰抵王部。王育寅随于当日来函,表示"知遇之恩,自当捐糜图报",且告遣参谋聂祖煜前来面禀与林修梅合作事宜。(《王育寅上总理函》,环龙路档案第 04380 号)

　　△　颜德基来电,贺粤军大捷。

　　颜德基前接皓电,悉粤军迭下名城,"欢腾曷已",本日来电祝贺,"冀勉勖各路将领,乘战胜之余威,抒同仇之义愤,灭兹丑虏,以竟全功"。(《粤军大捷贺电》,上海《民国日报》1920 年 9 月 1 日,"国内要闻")

　　8 月 29 日　致电朱执信、周之贞,望立时发动。

　　粤军攻占汕头后,桂粤形势为之一变,惠州继而成双方争夺的重心。桂军积极调兵遣将,聚重兵于惠州,战事日臻激烈。此时各地若能响应,扰桂后路,分桂之兵,势必极大推进战争进程。本日致电朱执信,告李福林、魏邦平"尚有意效顺,则广州无难下","各地民军,宜着立刻发动,以验真假"。又致电周之贞指出:"兄承宝安响应之责,今潮、梅已下多日,正合时机,务望速动,与虎门、东莞同志一致行动,以扰惠州后路。"(《致朱执信周之贞电》,《孙中山全集》第 5 卷,第 313 页)30 日复致电伍学煜,冀筹饷助民军纷起。略谓:"此时能致桂贼于死地者,在令各地民军纷起,扰彼后方;而尤以钦廉高雷起事,扑彼南宁老巢为要者。"嘱与朱执信商酌,"分别拨款接济,务使各地能立即纷起,使彼首尾不顾,则惠州可破,而省城必下"。(《致伍学晃〔煜〕电》,《孙中山全集》第 5 卷,第 314 页)

　　8 月 30 日　委钟公任为巴达维亚中国国民党支部评议部正议长。(《给钟公任委任状》,《孙中山全集》第 5 卷,第 314 页)

　　△　复函邓家彦,告赴川无定期。

邓家彦来函,询问赴川行期。本日复函,告尚无定期。并谓近日粤军甚为得手,"如以后亦同此顺利,则今年之内,可将两广游勇灭尽","诚如是,则兄不必往蜀,当回桂以建设民治"。(《复邓家彦函》,《孙中山全集》第5卷,第313页)

8月31日　粤军许崇智部克龙川,进至梅村。洪兆麟部推进至距惠州城四十里之平山。关国雄部在河源与桂军刘达庆部剧战,刘军败溃,沿途遭民军袭击,伤亡甚巨。(《本社专电》,上海《民国日报》1920年9月5日)

△　蒋介石来见,命其往助粤军。

30日,电招蒋介石来沪。是日,欲遣蒋赴粤东赞襄军事,为其拒绝。(毛思诚编纂:《民国十五年以前之蒋介石先生》,第91页)

△　致函赵恒惕、谭延闿、李国柱,斡旋李部交还事宜。

湘南游击司令李国柱所部一营,前为赵恒惕调用,久未归还,且有编遣之说。李日前派遣周某赍函来见,恳协助解决。本日致函赵恒惕指出,李部纯系革命军,今湘事初定,无需此项军队,而广东正赖革命军以资勘定。希"速将该营交还李部,俾便调遣"。(《致赵恒惕函》,《孙中山全集》第5卷,第315页)

又致函谭延闿,重申此意。略谓:各省人解决各省事,已成今日正论。今桂军败溃不堪,而粤中弭乱,处处需兵。"李部以革命党关系,甚愿出而助力,文意亦即拟调使赴粤,俾得纾其报国之志,且亦使湘省减轻负担。"(《致谭延闿函》,《孙中山全集》第5卷,第315—316页)

随即复函李国柱,告已致书谭、赵,"不知有无效力"。并指出:"兄须善为审度,毋使彼方徒生嫌怨,益置我于困境。若能设法自行拔出,则较求诸反对方面更为稳妥。"(《复李国柱函》,《孙中山全集》第5卷,第316页)然谭、赵置不理会,斡旋努力未获成效。9月30日复李国柱函中,对所部为人兼并,"殊为惋惜"。(《复李国柱函》,《孙中山全集》第5卷,第339页)

是月下旬　致函陈炯明,嘱接济赖世璜部,并急攻惠州。

日前接赣军赖世璜来函报捷,且表竭诚之意。本日致函陈炯明指出,赖部颇称善战,可为我用,其饷械子弹,务望一律接济,"俾得竭诚效死"。并嘱攻惠"以急攻为宜,趁桂贼惊疑震荡之际,可一鼓歼之"。(《致陈炯明函》,《孙中山全集》第5卷,第317—318页)

△ 致函邓铿、洪兆麟,促乘胜急攻惠州。

函谓:此后大战,实在惠州。"桂军虽各方麇集,然意志尚未统一;且又顾虑滇军及内部之钦廉军官,对于我方潜伏势力亦未明了,刻正在惊骇震荡之中。使我军乘胜急进,则桂贼又必似潮汕之草木皆兵矣。"(《致邓铿洪兆麟函》,《孙中山全集》第5卷,第317页)

是月 为吴宗慈所撰《中华民国宪法史》前编作序。

吴宗慈(1879—1951),字霭林,祖籍江西南丰。1912年,作为江西代表前来南京晋谒,回省后出任江西民社副支部长。翌年当选为国会众议院议员。1917年南下护法,任川滇劳军使。1919年,任国会宪法起草委员会理事兼书记长。(李穗梅主编:《孙中山与帅府名人文物与未刊资料选编》,第105页)1917年国会解散,吴宗慈开始撰编《中华民国宪法史》前编,1920年前后大体编就。该编内容涵盖辛亥革命迄护法时期的立宪活动。是编完成,因请为序。序文指出,"宪法者,国家之构成法,亦即人民权利之保障书",然"民国9年,人民求宪法而不见,今见此书,其感慨觉悟为何似? 抑吾人懔荀子群众无斗之戒,既以护法为职志,则惟有努力奋斗,期必达目的而后止"。并断言"中华民国宪法必有正式宣告于海内外之一日"。(《〈中华民国宪法史〉前编序》,《孙中山全集》第5卷,第319页)

7月至8月 马特维也夫—博德雷和沃依亭斯基来访,探询对俄国革命的态度。

据马特维也夫—博德雷忆述,沃依亭斯基用英文向孙中山提出了"几个能够确定他对俄国革命的态度的重大问题"。孙中山"认真地、若有所思地听取我们所说的每一个字、所提的每一个问题。他这次也说得很慢,斟酌着每一个字的分量"。来宾又问及中国革命的前途,主人打开一幅很大的中国地图,指着插满红旗的广东和周边地区满怀信心地说,"这就是我的势力范围,大约 1924 年我的政府将建立在这里"。([苏]马特维也夫—博德雷:《两次会见孙中山》,尚明轩、王学庄、陈崧编:《孙中山生平事业追忆录》,第 308—309 页)

9 月

9 月 1 日 上海商界救国总团成立,函请莅临指导。(罗家伦主编,黄季陆、秦孝仪增订:《国父年谱(增订本)》下册,第 886 页)

9 月 2 日 孙科、朱执信来电,报告粤军战况。

是日,孙科、朱执信自香港来电,谓即日由古应芬携十万八千元往汕。"粤军由紫金进攻,已到河源境,定昨日向惠行总攻击。"(《孙科朱执信报告粤军向惠州总攻击电》,黄季陆主编:《革命文献》第 51 辑,第 245 页)3 日,朱执信复来电报告军情,并告陈炯明"请先生亲致函林虎,假以词色,劝其助我"。(《朱执信报告粤军行止电》,黄季陆主编:《革命文献》第 51 辑,第 245 页)

△ 报载孙中山假道汕头前往四川流言。

《申报》据北京消息称,孙中山与伍廷芳、唐绍仪皆已抵达汕头,"将穿行内地,前往四川"。"闻王揖唐不日亦将离神户而往蜀境,因旧国会将在四川集议也。"(《北京之政局》,《申报》1920 年 9 月 2 日,"太平洋路透电")

9 月 3 日 卢师谛来电,祈早日赴渝组织政府。

川军第二军军长卢师谛接 8 月 21 日电后,于本日来电敦请起行。略谓:国会由滇移渝,"祈诸公乘轮西上,早莅渝城,俾合法政府迅速成立,根本计划逐渐进行"。(《成都卢师谛来电》,《申报》1920 年 9 月 13 日,"公电")

△ 北报称因抵借日债不成重庆军政府将成泡影。

报道称,唐继尧代表在沪商议个旧锡矿抵借日款,以条件未妥停止谈判,因之重庆军政府有将成法螺之形势。"并有人探问孙文、唐绍仪、伍廷芳,均言不往重庆;如不得已时派代表前往。孙文已托李烈钧为代表,唐绍仪托唐继尧为代表,伍廷芳则尚无表示。"(《重庆军府将成泡影》,北京《晨报》1920 年 9 月 3 日,"紧要新闻")

9 月 4 日 遣胡汉民出席刘仲文追悼大会,并代为演说。

9 月 2 日,《申报》刊登刘仲文追悼大会预告,称届时邀请孙中山、唐绍仪、伍廷芳、孙洪伊等莅会演说。(《追悼刘仲文预志》,《申报》1920 年 9 月 2 日,"本埠新闻")本日下午 2 时,武汉首义功勋刘公追悼大会在上海四川路青年会殉道堂举行。来宾千余人。灵堂正中悬挂遗像,并悬孙中山所题"功在民国"四字。胡汉民代为演说,略谓:"人之不朽,全在其生平行事能留影像于人人心中。仲文先生毁家造国,淡于荣利,忧伤劳瘁以死,实为社会惜此人才。吾人之所以致敬于仲文者,因其有三种精神:(一)非卑劣的,(二)非伪善的,(三)非个人享乐的。"(《追悼刘仲文大会纪》,《申报》1920 年 9 月 5 日,"本埠新闻")

△ 陈炯明来电,请速汇军饷。

是日,陈炯明自老隆来电,告粤军进军神速,惟军费筹集缓不济急,以致中路行抵紫金,"绝粮两日",停顿不能攻敌。务请"速筹速汇,或带纸币到汕批换,以济眉急"。(《致孙中山电》,段云章、倪俊明编:《陈炯明集》上卷,第 480 页)接电后,除稍前古应芬由港赴汕所携带的十万八千元外,又急汇三万五千六百元。(罗家伦主编,黄季陆、秦孝仪增订:《国父年谱(增订本)》下册,第 886 页)

△ 彭埜、董权瑰来函,报告运动滇军李根源部情况。

彭埜、董权瑰前由孙科转来一函,本日复来函报告运动增城李根源部情况。函谓:迭派员往增城周兴权旅联络,虽李根源对周防范甚严,"周仍进行不已,暗与一、二旅磋商,再再晓以大义,似觉颇有动机,而各士官均分头联络,设麻子(李根源——引者注)不从,将胁迫之"。惟"内部尚未联络一致,是以尚需时日"。(《彭埜董权瑰上总理

函》,环龙路档案第 02428 号)

9 月 5 日　李烈钧抵达重庆,随即决议攻陕攻鄂。

是日,李烈钧抵达重庆,随即以代行川滇黔联军总司令职权名义,召集川滇黔鄂各军将领顾品珍、王文华、叶荃、吕超、黎天才、蓝天蔚、柏文蔚等举行军事会议。汪精卫代表孙中山、唐绍仪出席。讨论联军进行方法,结果定攻陕攻鄂兼营并顾。攻陕总司令任于右任,以叶荃副之。攻鄂任柏文蔚为总司令,黎、蓝副之,但鄂省军力较陕为厚,故另助以黔军王文华一部。又以湘督谭延闿态度不明,拟由唐继尧出面电谭,嘱令会师攻鄂。报章评论:"联桂制滇,初为北方收拾时局之一种策略。讵料一月间陈炯明崛起于漳州,李烈钧联军于夔万,民党又推波助澜,标榜民治,以作滇黔声援,于是滇桂形势为之一变,而鄂局亦因之动摇矣。"(《滇桂局势变迁与鄂省》,《申报》1920 年 9 月 16 日,"国内要闻")

9 月 6 日　致电唐继尧,告令在湘滇军攻桂。

上月 27 日,唐继尧来电,称抽调在川滇军合力讨桂。本日复电表示感谢,指出:桂系倾其兵力抵抗粤军,空其老巢,濒湘一带,极为空虚。"以现在形势,只令在湘滇军移师攻之,已足制其死命。"请其即日电令在湘将领,返旆南征,"使彼腹背受敌,粤事既指顾可定,山贼亦不能更为边患"。(《复唐继尧电》,《孙中山全集》第 5 卷,第 320 页)

△　谭延闿来电,主张粤人治粤。

谭延闿控制湖南后,即推展联治运动,宣布该省自治。本日通电西南要人,主张粤人治粤,试图调和粤桂纷争。电谓:"今日解决国家问题,必以励行各省自治为急,一切纠纷,可以立断,一切战祸,无自而生。"吁请陆荣廷"出而主持,察粤人公共主张,为粤桂谋永久福利,以粤事决之粤人,俾确立粤民自治政府","桂粤之间,必当更增融洽"。(《谭延闿主张粤人治粤》,上海《民国日报》1920 年 9 月 14 日,"国内要闻")

△　许崇智来电报告粤军克复河源。

许崇智自河源来电，报告粤军进展及克复河源情形。电谓：6日完全占领河源，缴获辎重无算，敌军死伤惨重，并俘获攻闽总司令卓贵廷。“惠州城已由我左翼军、中央军夹攻。”(《粤军报告攻惠战况》，上海《民国日报》1920年9月21日，“本埠新闻”)

△　报载北京政府派员向孙中山探询南北议和意见。

报道称，日前北京政府托人以非正式方式询问孙中山对于南北统一意见。孙中山表示：“北方政府要与岑西林媾和，此民党所反对。若北方追认唐绍仪进行沪会，则诸事概可商理且可种种让步，予可保证冀赓处当亦无甚异议。”报章认为，“推孙氏之意，毫无其他意见，不过反对岑派耳”。(《南北和议消息》，《申报》1920年9月6日，“国内要闻”)

9月7日　张醉侯来函，称林葆怿欲助粤攻桂。

来函略谓：日昨夏某来言，接林葆怿参谋来函，云林现与陈炯明竭力联络，“意欲出全力帮助攻桂，所有舰队皆组合一气进行，第恐不得先生信用”。“一得先生允许，即汤火不辞。”因事关重要，拟于日内前来晋谒，面罄详情。接函后批示，请与夏君8日午后4时来谈。(《张醉侯上总理函》，环龙路档案第02631号)

9月8日　陈炯明通电，报告战况。(《致孙中山等电》，段云章、倪俊明编：《陈炯明集》上卷，第482—483页)

△　章昙来函，建议将西北建为革命基地。

中国国民党党员章昙来函，主张经营西北。函谓：今日治国根本之策，在扫清官僚政治，实行社会主义政治。“吾党欲达此目的，必须先得一政治立脚地。”环顾域内，惟“西北三省兵力单薄，尚属有虚可乘，且地邻俄国，彼方实行社会主义，自无侵略领土之野心，易得同情之互助”。今得新疆友人函称苏俄政府召集华工数万，从事训练，“苟得华人军官之指挥，率之以入新疆，则陕甘新三省可以立时占据，再以社会主义召集全国，庶几官僚政治有澄清之望”。(李云汉：《从容共到清党》，第114页)接函后批示：“查明何人交来，并寄信人如何人，然后酌答奖励。”(《批章昙函》，《孙中山全集》第5卷，第321页)

9月9日　李烈钧来电,告饬令在湘滇、赣军即日进攻北江。

李烈钧日前迭接 8 月 20、25 日粤军告捷电,本日来电祝贺,并告"已饬在湘滇、赣军,即日进攻北江"。(《李部长饬滇赣军助粤》,上海《民国日报》1920 年 9 月 25 日,"国内要闻")

　△　致电湖南各界,促请湘军出师攻桂。

粤桂战争爆发后,迭派李执中、周震鳞等向谭延闿运动,请其出兵曲江,攻桂军后路。然谭态度暧昧,无所反应。是日,与唐绍仪、伍廷芳联名致电湖南各界,请促湘军出师。电谓:"闻桂贼将复倾尽老巢来粤,希图负固。湘桂界连,乘虚可入,正宜以三湘精锐星夜进攻,此不特助粤之成,亦即以除湘之患。且为护法计,不可不共清内患;为民治计,亦不可不先靖盗氛。"(《孙伍唐等最近之两大运动》,天津《益世报》1920 年 9 月 19 日,"特别纪载")11 日,复直接致电谭延闿、赵恒惕等湘军军官,略谓:"岑陆破坏护法精神,侵占湘粤土地,粤人起而自卫,势非得已,青电谅在洞鉴之中。务希共起自决,扫清内治。"报章报道,"谭得电后,与赵恒惕商榷,一概置之不理。日内将发表一种中立通电,以免粤桂互相纠缠"。(《陈莫争讧与各方面》,北京《晨报》1920 年 9 月 21 日,"紧要新闻")

　△　复函甘肃留日同乡会,告救国惟有革命。

甘肃留日同乡会日前来函,报告甘肃省情,探询救国方略。本日复函,告来函所称张广建加入护法团体,"属报纸传闻,实无其事"。救国惟有两途:一为护法,一为革命。护法一途,"有负人民厚望",现"已有步步荆棘之象"。当今之世,北方军阀割据称雄,南方岑陆狼狈为奸,"此而欲以挽救,恐非革命无以成刷新之局"。并指出:"诸君今尚为纯洁之学子,甚愿一本进取之精神,行高超之理想,课余之暇,于革命一途深加研究,庶国家之新机不绝也。"(《复甘肃留日同乡会函》,《孙中山全集》第 5 卷,第 321—322 页)

是月上旬　基督教救国会来电,期速选南方代表参与国联会议。

1920 年 1 月,巴黎和会期间酝酿的国际组织——国际联盟正式宣告成立。6月29日,中国正式加入。11月15日,国际联盟拟于瑞士日内瓦总部召开第一次全体大会。在南北分裂的格局下,中国代表的选派面临问题。基督教救国会来电,认为对外代表由南北双方协派,已为定程。今国际联盟代表事关重大,北方派定二人,此外一人必须由南方指定,然南方迄今无所动作。"公等为军府总裁之多数,行使职权,责无旁贷",务请"迅选贤能,派赴欧洲盟会,为我国代表,以抒大难"。(《促各总裁派联盟代表》,上海《民国日报》1920年9月9日,"本埠新闻")

9月11日 报章刊文,认为粤桂无调停余地。

粤桂战争愈演愈烈,各方停战息兵,调和之声四起。本日,上海《民国日报》转刊香港《大光报》文章,认为粤桂实无调停余地。文章指出:"粤军回粤,以两大主义为标帜,一曰救乡,二曰救国。两大主义之目的未达,即乡国之祸未绝,非断其孽根,则祸乱无肃清之一日。此粤军宣言,所为必以惩治岑陆莫为最重要之办法也。今粤军方讨岑陆莫,而岑陆莫不自觉悟,竟称兵对抗。在粤军方面,只有一鼓而前,扫清妖孽,以救乡国之一策耳。在粤民方面,数年来水深火热,备受苛政猛虎之惨,只有一致协助粤军,相与扫除妖孽,以救乡国之一策耳。岂可中途辄止,与贼言调停,求苟安一时,以自贻日后无穷之祸。"(《粤桂无调停余地》,上海《民国日报》1920年9月11日,"国内要闻")

9月12日 复函邓家彦,告桂系对北行动无效。

邓家彦自北京来函,报告桂系暗与北方商谈言和条件。本日复函,告粤军进展顺利,"彼曹形势已去,已弗能有而以与人,恐不能更售好价",且"彼曹所有举动,吾辈经一再宣言,认为无效"。(《复邓家彦函》,《孙中山全集》第5卷,第322页)

9月14日 遣周震鳞代为宣读祭刘建藩文。

刘建藩(1886-1918),字昆涛,湖南醴陵人,同盟会员。1917年署零陵镇守使,积极参与护法运动,屡败北军于攸县、醴陵、平江、岳州等地。1918年遭张敬尧部伏击,失足落水,以身殉难。1920年驱逐张敬尧后,谭延闿将其灵柩运抵长沙,于是日中旬开会追悼,随即出殡安葬。1923 年,广东政府追赠刘建藩为陆军中将。

是日,委托湘籍护法议员周震鳞致祭,并代读祭文。祭文历述刘建藩艰苦从事护法活动之事功,谴责"桂贼之误我公、误湘人、误护法大业",指出"公虽死于桂人,公之护法精神则永留于湘人","今之湖南,非北敌之湖南,非桂系之湖南,实为湖南人干净之湖南,实为护法到底之湖南,实为欲竟护法全功之湖南也;则公虽身死,公之灵魂真不死矣"。(《孙总裁祭刘故使文》,上海《民国日报》1920 年 9 月 20 日,"国内要闻")

9 月 15 日　陆荣廷致电陈炯明,期罢兵修好。("中华民国"史事纪要编辑委员会编:《中华民国史事纪要(初稿)——一九二〇年一至十二月》,第 449 页)

△　致电唐继尧、刘显世,告向曹锟等辩明国会问题。

上月 26 日,唐继尧、刘显世通电全国,宣布刷新政局主张。31 日,吴佩孚复电唐继尧,提议新旧国会两废,依据旧选举法,选举正式国会。(《吴佩孚致唐蓂赓电》,上海《民国日报》1920 年 9 月 12 日,"国内要闻")本月 10 日,曹锟、张作霖等北方将领联名通电,重申此意。电谓:法律、外交问题诚为解决时局之根本,而法律方面又以国会问题为根本。"现在新旧国会放弃职务,不能满民人之愿望,复党派关系,不足法定人数,开会无期,而时效经过,尤为法理所不许。"欲图救济,惟有"依法改选","根据旧法,重召新会,护法之愿既达,则统一之局立成"。(《北方各省大吏之重要通电》,长沙《大公报》1920 年 9 月 14 日,"要电")是日与唐绍仪、伍廷芳联名致电唐继尧、刘显世,驳斥曹锟、张作霖取消旧国会谬论,冀唐、刘再向曹、张加以晓谕,且"宣示国人,藉明是非"。(中国科学院近代史研究所中华民国史组、广东省哲学社会科学研究所历史研究室编:《孙中山年谱》,第 262 页)

△　致电陈炯明,告桂军实无可虑。

电谓:谭浩明电调炮兵第三营第八连回桂,李子青率桂军四营来粤,然"桂省尚要炮兵回防,来者不过零星数营,其倾巢而出与我一拼者,实无可虑"。(《致陈炯明电》,《孙中山全集》第 5 卷,第 324 页)18 日复致电陈炯明,告各地民军蜂起,广州风声鹤唳,"军政府与督军署拟迁肇庆","彼贼已无与我一拼之心"。嘱"毅力猛进,以搏最后之五分钟"。(《致陈炯明电》,《孙中山全集》第 5 卷,第 324 页)

　　△　粤军完全占领飞鹅岭,下午 6 时攻占惠阳。(《专电二》,《申报》1920 年 9 月 19 日)

　　△　朱执信策动虎门炮台独立。

　　粤军誓师后,朱执信奉命驻港主持广东讨桂事宜。粤桂相持之际,任朱执信为讨贼军总指挥,负责策动广东各地军队起事,以分桂军兵力。朱执信随与胡毅生、邹鲁等协商分工,朱力策动肇军,胡负责运动魏邦平、李福林,邹则注力民军。为发动虎门肇军和虎门炮台独立,朱执信偕吴礼和潜入虎门,积极开展活动,最终于本日成功发动炮台守军宣布独立。(张瑛:《朱执信评传》,第 298－299 页)

　　△　复电四川省议会,表达追随之意。

　　8 月 24 日,四川省议会来电,敦请入川组织合法政府。9 月 15 日,收接该电。本日复电表示:"西南自桂逆破坏,法统几乎中绝,幸贵省及时戡定,奠我宏基。自应本改造之精神,建民治之极轨,文虽不敏,愿随其后。"(《复四川省议会电》,《孙中山全集》第 5 卷,第 325 页)

　　△　复电李明扬,嘉勉奉命兴师。

　　是月 13 日,赣军梯团长李明扬来电,报告出师助粤情况。本日复电,对其"踊跃兴师,见义勇为",深表嘉尚,并告"此后师行所届,获地克城,自有因粮之便,文等亦当竭力接济,决不使赴义之师有枵腹之困"。(《复李明扬电》,《孙中山全集》第 5 卷,第 325 页)

　　△　薛云章来函,称将力向前途进行。

　　薛云章自云南来函,报告赴滇后情形。函谓:抵滇后承唐继尧不弃,眷念关中,此后"自当秉承我先生厚爱盛意,力向前途进行"。并介刘谦来谒,谓刘"对于川局甚详,陕事深知",祈进而有教。(《薛云章上总理函》,环龙路档案第 04084 号)

9月17日 复函姚雨平,告勉力进行。

是月6日,姚雨平自汕头来函,告业于上月26日就任潮汕卫戍司令。旬日来于防务、治安种种设施,略已就绪。近据探报,李根源率琼州兵千余乘舰来袭,"惠州未下以前,敌人必注意窥袭吾后,故此地防务万不能稍疏"。"现前军将下河源,总部行营已进驻老隆,平山各处均获大捷,行见鼓行而临五羊,敌不足平。"(《姚雨平上总理函》,环龙路档案第02429号)本日复函指出:"前敌后方,两应并重","碣石、甲子一带,海道堪虞,兄先事预防,真为扼要。河源、马鞍,均闻大胜,现惠州不难攻下"。望"勉力为之,必以正义胜强蛮"。(《复姚雨平函》,《孙中山全集》第5卷,第325—326页)

△ 林森、吴景濂来电,告赴渝行程。

护法国会决定移渝召开后,国会议员纷纷首途。是月8日,林森、吴景濂及部分国会议员一行五十余人,自沪乘英商轮船西上,11日抵武汉,17日抵夔府。鄂督王占元事前曾数次向驻汉英领事交涉,拟将该船扣留,卒为所拒。又致电宜昌驻军,设法阻止轮船上驶,亦未成功。本日林森、吴景濂来电,告本日抵夔府,将于19日抵达重庆。(《国会议员电告抵渝》,上海《民国日报》1920年9月21日,"本埠新闻")

9月18日 复函邹鲁、欧阳豪、梅放洲、陈继虞、叶夏声等,嘱听命于陈炯明。

粤桂战争,粤方统系复杂。为统一起见,拟将各地民军及起事军队指挥权委诸陈炯明。本日复函邹鲁、欧阳豪、梅放洲、陈继虞、叶夏声等,告军事上如何进行,悉听诸陈炯明,"以便统筹全局","免生枝节"。(《复邹鲁函》《复欧阳豪□松清函》《复梅放洲函》《复陈继虞函》《复叶夏声函》,《孙中山全集》第5卷,第326—328页)

△ 北京粤事维持会来电,请共助粤人治粤。

粤桂战事爆发后,旅外粤人关心桑梓,纷纷组织团体,发表公论,维持粤事。本日上午9时,北京粤事维持会召开紧急会议,议决四事。随即致电上海粤籍同乡,主张废督以杜客军野心;民选省长,恢复自治;助虐祸粤者,粤人视为公敌;付托陈炯明暂维全省治安等。恳请"一致进行"。(《京沪粤人一致除恶》,上海《民国日报》1920年9月22日,"本埠新闻")

9月19日　曹锟来函,冀"遥垂指教"。

直鲁豫巡阅使曹锟来函,表达景仰之意。函谓:"先生勋在国家,望隆泰斗,万流仰镜,垂不朽之谟猷,四宇承风,溥无疆之福利,云霓在望",冀"遥垂指教,幸分照以余光"。("中华民国"各界纪念国父百年诞辰筹备委员会学术论著编纂委员会主编、中国国民党中央党史史料编纂委员会编:《国父墨迹》,第432页)

△　报载孙中山、伍廷芳、唐绍仪将移设军政府于潮州。

据北方报纸报道,汕头方面急电致北京政府,谓"陈炯明攻惠州异常得手,桂军瓦解指顾间耳。现在孙文、唐绍仪、伍廷芳以重庆军政府问题川人方面不易疏通,颇为危险,故改变方针,将军政府移至潮州。一方可以招徕广州之议员、政客,仅需一日海程;一方仍保持广东军政府之地名,且可直接监督桂系之行动。业于14日分别电征沪滇潮渝各方同意矣"。(《孙伍唐等最近之两大运动》,天津《益世报》1920年9月19日,"特别纪载")

9月20日　分函李星阁、赵予潭、毛济民,勉速行解决国事。

时赵予潭与驻鄂直军将领李星阁、毛济民秘密联络,力谋组织政府,然忧财政、外交无所应对,乃派姜雅亭来沪面谒,洽谈进行办法。本日分别致函李星阁、赵予潭、毛济民,各有所指示与期许。致李星阁函指出:"有力者能以主义相结合,而后统一可言;举事者能以民意为依归,而后成功可也。"当今之世,"计惟革故取新,与民更始,乃可图根本之建设"。且告"形势日变,机会迫人,若组织有成,则外交、财政诸困难问题,当负责任"。(《致李星阁函》,《孙中山全集》第5卷,第328-329页)致赵予潭函告:"所谓中央受人穿鼻,必别有创造,与民更始,乃成真正统一之局",目前"时机已熟,企速进行"。并请其为代表,接洽吴佩孚、李纯等北方将领。(《致赵予潭函》,《孙中山全集》第5

卷,第 329 页)致毛济民函指出:武汉地位重要,王占元决不能守。"若乘势取之,足为建设之基,此惟视执事之决心如何。"(《致毛济民函》,《孙中山全集》第 5 卷,第 330 页)

△ 复函王永泉,嘉其出兵助粤。

闽粤双方屡经交涉,最终于 9 月达成协议。粤方以闽南粤军所有地盘归还李厚基,换取李接济军械,遣师助粤攻桂。日前王永泉来函,报告即将出师。本日复函,称誉王爱国热诚"为北方军人之冠",指出:此次黄大伟至闽交涉,尤仗大力斡旋,且踊跃用兵,当仁不让。"粤得劲旅为援,翦除桂孽,将事半而功倍,此举实关大局,岂徒百粤专拜嘉惠。"(《复王永泉函》,《孙中山全集》第 5 卷,第 331 页)

△ 复函余鹰扬,冀为国努力。

余鹰扬前被委广东讨贼军第八路司令,上月 20 日在汕头起事欢迎粤军,并曾来电报告情况。9 月 15 日复来函,报告起事后情形,恳鼎力维持该部。函谓:粤军入汕后,邓铿以名目分歧,不利指挥,将广东讨贼军第八路司令,改炮兵团及统领等名衔。邓铿、洪兆麟、邓本殷等复纷向该部订借大炮枪械,声言到省后交还。恳请垂察,"鼎力维持,庶免向隅",并请"加派妥员前来统率各属部众","指示一切"。(《余鹰扬上总理函》,环龙路档案第 13609 号)本日复函,对余"首义响应",接受改编,"假借利器",甚表称许。并告虽克复粤省在望,"惟鄙意必将肃清桂孽,捣其巢穴,然后合西南之义师,进取中原",勉其当此时机,"展其骥足","为国努力"。(《复余鹰扬函》,《孙中山全集》第 5 卷,第 330－331 页)

是月中旬 致函杨益谦,促出师攻桂。

杨益谦前来数电,本日致函,促其出师。函谓:粤军每战必克,粤事不难解决,惟仅粤军攻击,扫除不易。"兄部在粤劳苦有年,嗣后以被逼出境,今不趁此于广西觅一发展之地,此后时机逸去,进取殊难",故"屡促出师,此不但为两粤肃清计,亦为兄部前途计"。(《致杨益谦函》,《孙中山全集》第 5 卷,第 332 页)

△ 复函□云章,忧滇军无暇攻桂。

□云章前由张文甫转来一函,并汇寄二百元交张手收。本日复函,略述粤军战报,继而指出:"如滇军能及机协击,两广指顾可平。惜以川事牵扰,恐坐失绝好机会耳。"(《致□云章函》,《孙中山全集》第 5 卷,第 333 页)

9 月 21 日 朱执信因调停冲突于虎门罹难。

是月 16 日,虎门炮台在朱执信策动下宣布独立,影响甚大。惟虎门民军与降军时有冲突,势同水火,双方均要求朱执信调停。明知局势复杂,出面或有不测,但考虑若有成效,对桂系则更增打击,遂毅然赴身险地。是日在调停过程中,突为降军冯德辉部所击,与民军领袖邓钧一同以身殉难,年仅 36 岁。消息传来,极为痛愤,长叹曰:"执信是革命中的圣人。"(蒋永敬:《民国胡展堂先生汉民年谱》,第 248 页)24 日复谢持电谓:"闻报之下,痛怆难言,虽尽歼桂贼不足以偿也。"(《复谢持电》,《孙中山全集》第 5 卷,第 334-335 页)11 月 4 日在上海中国国民党本部会议发表演说时,称赞朱是"最好的同志","学问是很好的,对于革命事业又非常热心"。(《在上海中国国民党本部会议的演说》,《孙中山全集》第 5 卷,第 393 页)此外还多次痛论朱执信之死对党务、国事所造成的影响。

△ 批准居正呈请,任命叶楚伧等为中国国民党改进起草委员。

前经指定中国国民党改进起草委员丁惟汾、田桐、吕志伊、覃振等因故先后离任,起草委员于讨论审查间,常有人数过少之憾。本日居正来函,呈拟叶楚伧、刘芷芳、孙科、彭素民等四位"忠实有历练之党员"补缺。接函后批准。(《居正上总理函》,环龙路档案第 12053 号)

△ 广东各界联合会来电,请合力驱贼。

是日,广东各界联合会致电广东省内各机关团体、旅外粤籍有关人士指出,粤军返粤,护法凯旋,粤人治粤,时势所趋;陈炯明为护法中坚,"与孙、伍、两唐诸公,尊重民意,均主张排除军阀,废督裁兵"。凡为粤人,均应"各尽能力,合词驱贼,迎我元戎,为国家收未死之人

心，为吾粤图永久之治策"。(《欢迎粤军回省靖难电》，上海《民国日报》
1920年9月26日，"国内要闻")

9月22日　招蒋介石相商就职去向。

是日，蒋介石自浙江奉化返回上海，即电招相商任职去处，"于
俄、蜀、粤任自择"。蒋"以赴粤则伸公而绌私，游俄以同行者非素契，
将有待"。"私愿入蜀"，而廖仲恺"力挽往粤"。30日，蒋启程赴粤，
赞襄粤军讨桂。(毛思诚编纂：《民国十五年以前之蒋介石先生》，第93页)

9月23日　胡汉民致函古应芬，谈孙中山用人、护法、讨桂诸
问题。

在谈及孙中山用人缺陷时谓："关于铎(孙中山——引者注)，至
有问题。铎首以竞(陈炯明——引者注)能听话与否为条件，弟谓使
人听话只有两种，一是道义感情，一是事实关系，而竞则在两者之间；
至注重一纸空文，或当面之口头之答应，真乃不值一哂。铎闻弟论，
但有点头(点头之作用有时并非赞同)。弟更历引宣誓者如何无益、
不可靠，反复数小时(此亦向来苦口说过多次者)。最后铎乃云，伊以
为党事、国事皆不能无约束之手续，中国人向无之，故其意欲以此养
成习惯。弟谓约束形式决不如此，则又无言。故此一个难关，或尚须
费许多气力。"(《胡汉民致古应芬函》，李穗梅主编、李兴国等整理：《古应芬家
藏未刊函电文稿辑释》，第67页)

在谈到护法及讨桂问题时，谓："继此之问题，则弟电三层俱有研
究价值。独秀、季陶俱谓因仍旧贯，无益有损，而国会一无好处，护法
亦讨人嫌(デモクラシイ[①]，不合于现象)，独裁则竟独裁，反能创造
一切。又，以弟所见，伍、唐连辔究竟可虑，伍犹比较易与，唐则愈看
愈差。盖唐毫无主义，而为多方面之人，无道义之交，而最易为人利
用；好干涉破坏他人之事，而自己向不负责任，合一炉而冶之，必闹笑
剧(铎之为人极平正，而口头甚恶；唐则反之，而说话俏皮)。""海军

---

①　意为"民主、民主主义"。

也,魏、李也,国会也,此等材料自有牵扯,利用种种机会,我辈乃麻烦极矣。预料粤东问题,一时尚多纠纷,何能更多内部之暗斗? 故破除合议制,先少一种葛藤,未始不善。惟南北对抗,若忽然改组,又不依向来之手续,则目前将招普通人之反对。且关余已有成票,今积存系汇丰者二百余万,另新局面恐难提取。又,粤省未得,时时以四总裁名义发表意见,一旦克复全粤,即抛弃其余,更是近于凉薄。故仍旧贯之说,未始无研究之价值。至于以铎个人不负名义为竞之指导、为其后盾,实事求是莫过于此。然中国人讲名教、名器、名誉久矣,名义果能无之与否仍是问题,此所以弟不能解决,而以奉询,更请按合广东情形一讨论之也。""顷为铎打复电竞存,请其便宜处分各事,而此间尚有所事未能成行。当此军事扰扰之时,其实竞存果有莫大之实力,则多专断办理一事,更使后来者易于措手。不审弟此种臆断是否完全合当? 弟之归否则纯视铎于行止如何。"(《胡汉民致古应芬函》,李穗梅主编、李兴国等整理:《古应芬家藏未刊函电文稿辑释》,第 68 页)

△ 为加拿大顷士顿同志题词:"热诚毅力。"(《为顷士顿同志题词》,陈旭麓、郝盛潮主编,王耿雄等编:《孙中山集外集》,第 635 页)

9 月 24 日 复电李厚基,企全力助粤攻桂。

23 日,福建督军李厚基来电,告王永泉旅及厦门方面军队已出发助防。本日复电申表谢意,并指出:"我师转战月余,不无疲乏,而桂贼则尽倾两省之兵,死力相抗,故惠州未能下。今王旅以精兵助我,声威立壮,尤企早清内患,即赶至前方,闽、粤合兵,一得惠州,则广、肇各地不成问题矣。"(《复李厚基电》,《孙中山全集》第 5 卷,第 333 页)29 日复致函王永泉,谢其"毅然以劲旅相助,俾我军声威倍壮,而桂贼闻风胆落"。并告"军旅之事,拙速胜于巧迟",促其速图,"使惠州早定,百万居民即脱兵戈之祸"。(《复王永泉函》,《孙中山全集》第 5 卷,第 337 页)

△ 复电李烈钧,望急令所部攻桂。

是月 13 日,李烈钧来电,称所部业已出动讨桂。本日复电,告接周震鳞电,湘军、赣军均已在途,五日可抵粤境。望即"电令急攻;加派之别军,亦望兼程并进"。又谓:得谢持电,称"兄将调杨(益谦)、张(怀信)各部由左州直冲柳、桂",嘱"迅即行之"。(《复李烈钧电》,《孙中山全集》第5卷,第334页)同日复电谢持,告讨桂形势,请其就近催促李烈钧饬令所部攻桂。(《复谢持电》,《孙中山全集》第5卷,第334—335页)28日再致函李烈钧,并托罗猴笙、邱赞寅代为详述,促速调在湘滇军就近反攻。该函详细分析粤局之于西南的重要性,认为今日若不乘川局略定,粤军有全胜之势,消灭桂贼,促成西南统一,则"数年护法之役,将属徒劳"。进而指出:"文觉仅调赣军,势力似比较的薄弱,而在川滇军,又恐道远不及赴机。文意终以速调在湘滇军,就近反攻为宜。"(《致李烈钧函》,《孙中山全集》第5卷,第336—337页)

9月25日　陈自先来函,请批准改路为军。

陈自先前经邹鲁批准,以救国军第二军第三路名义行事。随即积极进行,几月内兵力扩充至数十营。进入9月,该部陆续开拔,"向高、雷等属驻防之敌分途进逼"。本日来函,告因筹款、招降等原因,经部众会议决定,将该部改称为救国第八军,恳核示批准。接函后即批准所请,准称第八军,并嘱"速攻南宁"。(《陈自先上总理函》,环龙路档案第11973号)

△　报载孙中山、唐绍仪谋阻桂派议和,以促局势变化。

报道称,北京政府接探员电,报告探得孙中山、唐绍仪近致唐继尧密函,略谓:"桂派单独议和,实于西南民气有妨,我党须加阻挠。现北政府以统一为标榜,一旦和议不成,彼将无以号召,北方各督必且互争雄长。内讧一起,瓦解可待,然后我西南起乘其弊,合滇黔川湘之师,进规长江,以取中原。智者乘势,机不可失,现在重庆军府亟宜成立,内资联络,外张声势,此其时已,竞存战事得手,前途尤可乐观。"(《孙文唐绍仪蓄志破和局》,北京《晨报》1920年9月25日,"紧要新闻")

9月26日　林森、吴景濂来电,冀速行重组军政府。

林森、吴景濂于19日抵达重庆,暂假重庆总商会为两院院址,静候云南议员聚齐后即行开会。本日,林、吴联名致电旅沪西南要人,冀"坚持素志,贯彻初衷,速联西南各省,重组军府,以立代表国家之中枢;团结西南内部,移师北伐,以竟护法救国之全功"。(《旧国会议长自渝拍发之通电》,《申报》1920 年 10 月 6 日,"本埠新闻")

△　致电吴忠信,嘱来沪助理图皖。

吴忠信时在粤军,负责对闽交涉。本日通过粤军总司令行营致函吴忠信,告"长江机会渐趋成熟,皖局尤佳",嘱其"速回沪助理进行,切勿延迟"。(《致吴忠信电》,《孙中山全集》第 5 卷,第 335 页)

△　报载裴光文章,同情孙中山铁路计划。

上海《密勒氏评论报》刊载北京交通部顾问裴光文章,感喟孙中山铁路计划之未行。文章称:"今者中国为近世生活潮流所振荡,为其强邻压迫所吓制,以致心神不宁,必须有若干真正之工作使其从事,始能凝集全国之注意,而大功克举也。1912 年共和肇始时,有革命领袖数人深知此意,彼等知全国大乱之余,众心惶惶,非有若干有价值之大工作,不足以定一人心,故提议于十年内兴造铁路五万英里……然世人对于此伟大计划,颇示怀疑。此等人目光短浅,盖徒见此事之难行,而不见实行之后,其所得将倍蓰于实行时之所失也。"文章认为,兴造铁路,无论从精神上、政治上还是经济上,对于中国均"裨益之极大";甚且可以使日本"侵略之心,亦可以少衰"。(《孙先生铁路计划之同情》,上海《民国日报》1920 年 9 月 26 日,"国内要闻")

9 月 27 日　苏俄政府发表"第二次对华宣言",提出八项条款作为两国谈判的基础。(薛衔天、金东吉:《民国时期中苏关系史(1917—1949)》,第 47—48 页)

△　魏邦平、李福林宣布独立,响应粤军讨桂。

广东省警察厅厅长魏邦平、广惠镇守使李福林在广州宣布独立,限莫荣新二十四小时内退出省城。驻江门警卫军司令陈德春亦采一致行动。至此,桂系在粤省交通完全受扼。据报纸报道,魏、李与陈炯明早有联系,惟因桂军势大,不便响应。粤军围攻惠州,陆荣廷倾广西兵力赴援,魏、李屡接陈炯明电催,加以"部下踊跃欲动",遂与陈德春密开军事会议,决定起事计划。24 日,魏抵达石岐。(《魏李讨莫之发动》,上海《民国日报》1920 年 10 月 3 日,"国内要闻")27 日,魏、李两军会师省河,宣布独立。魏邦平随即来电,报告起事消息。电谓:"此次粤军持粤人治粤宗旨,整队由闽返粤,被桂军抵抗,相持于东江,糜烂地方,不堪言状。爰率所部及舰队,于沁日陈师珠江,集中鹅潭,占领中流砥柱及车歪炮台各要隘,与福军一致进行。"(《魏邦平宣布独立电》,上海《民国日报》1920 年 9 月 30 日,"国内要闻")报章指出,鹅潭前对西关,与车站炮台同为由广州进入西江之要隘。"中流砥柱"居广州"河南"之中,为广州出东江之孔道,皆距省会仅一二里之遥,"今被魏邦平占领,则桂军不啻笼中之鸟,欲飞不能矣"。(《魏邦平电告讨桂形势》,上海《民国日报》1920 年 9 月 30 日,"本埠新闻")

　　魏、李宣布独立,对桂系打击颇大。报道称,陆荣廷闻悉后,"知大事已去"。29 日电令莫荣新宣布辞职,以李福林为广东督军,魏邦平为省长。岑"本拟出境赴港,因四围危机,潜伏不敢出城,仍在观音山。杨永泰于二十八夜遁去,行踪不明。陆荣廷另派员来粤与李、魏交涉,担保广西军之安全"。(《粤桂风云千变万化》,天津《益世报》1920 年 10 月 2 日,"要闻一")

　　△　谢申岳来函,报告湖南讨桂舆情。

　　中国国民党党员谢申岳自湖南来函,告"此间空气略有变化"。舆论方面,除个别报馆有右桂色彩,余均赞成助粤。并附寄所作《吾湘有攻桂之必要》一文,祈请察阅。接函后勉其"努力进行"。(《谢申岳上总理函》,环龙路档案第 04472 号)10 月 5 日,谢复来函报告舆情及各方援粤筹备情形。(《谢申岳上总理函》,环龙路档案第 04476 号)

　　9 月 28 日　岑春煊、陆荣廷请林葆怿担任调停,谋缓和粤局。

　　魏、李独立后,广州已处于战争状态。岑春煊乃请林葆怿担任调停,试图缓和局势。是日,陆荣廷致电莫荣新、杨永泰、李福林、魏邦平,赞成粤督由粤人选任。翌日,林葆怿经往来磋商,通电宣布两方划界自守办法。(《南北海军果统一矣》,长沙《大公报》1920 年 10 月 13 日,

"中外新闻")然而莫氏居心叵测,一面谈判交卸条件,一面致电陆荣廷、马济、李根源等请求援兵,并制定固守待援,甚至纵火焚城计划。(《莫荣新缓兵待变》,上海《民国日报》1920 年 10 月 1 日,"外电")

△　任鹤年、王作标来电,宣布独立。

是日,粤军第四路司令任鹤年、副司令王作标集合所部,在香山金斗湾宣布独立,誓师讨贼。随即来电报告情形。(《粤军第四路崛起香山》,上海《民国日报》1920 年 10 月 11 日,"国内要闻")

△　谭炳华来电,主张粤省废督裁兵。

粤桂战争大势已定,粤局善后引发关注。本日,广东省议会副议长谭炳华来电,认为今之大计,乃在肃清与善后。善后之道,惟在废督裁兵。废督之议,倡自浙省,"孙总裁、陈总司令之所赞同"。"督制既废,厉行自治,提倡文化,吾粤始有一线之生机。"(《粤人主张废督通电》,《申报》1920 年 10 月 4 日,"本埠新闻")29 日,广东学生联合会来电,同申类似主张。电谓:粤军回粤,粤人亟盼自此脱离军阀,实行民治,敬祈施行废督,废巡阅使,省长、县知事民选及出兵援桂诸事。(《粤学生会之彻底主张》,上海《民国日报》1920 年 10 月 10 日,"国内要闻")

9 月 29 日　致电李福林、魏邦平,告急击勿失。

27 日,魏邦平来电,报告起事消息,接电后"狂喜"。本日复电指出:"闻莫贼尚有要求,缓兵待救,我宜急击勿失。盖为我粤安全大局计,俱不能容此丑类,以遗后患。莫贼更罪无可逭,除恶务尽。贼兵非解除武装,勿俾轻走。"请与汤廷光"努力毋懈"。(《孙伍唐三总裁反对调停》,上海《民国日报》1920 年 10 月 9 日,"国内要闻")

△　致电林葆怿等,冀海军助战。

魏、李宣告独立,调停之议四起。林葆怿、林正煊(广东省议会议长)等纷纷充作调人,讨桂大好形势或变生不测。是日,与伍廷芳、唐绍仪联名致电林葆怿、汤廷光、林籁亚、饶子和、魏子浩等海军将领指出,桂贼恶行罄竹难书,海军于公谊私仇均宜讨伐。今魏、李声罪致讨,"宜率海军,开炮助战,勿留余孽,以祸中国"。(《孙伍唐三总裁反对调停》,上海《民国日报》1920年10月9日,"国内要闻")30日,三总裁复联名致电林葆怿、汤廷光暨广东各界,严正反对调和。电谓:"闻莫贼尚有要求,以缓我师而望外救。查莫等罪在不赦,无调和之可言;其余众解除武装,亦不能附有何等条件。一日纵敌,遗患无穷,狼子野心,势难姑息。"(《致林葆怿等暨各界电》,《孙中山全集》第5卷,第341页)

△　致电周震鳞,促湘、赣各军兼程入粤。

是月24日,周震鳞来电,称湘赣两军均已出发。本日致电,告魏、李独立后广州形势,指出:"惟湘、赣各军,应早入粤边,吾辈望之如岁,请促其兼程并进。北江空虚已甚,可以顺流而下。此时形势,若只遥为声援,非所望也。"(《致周震鳞电》,《孙中山全集》第5卷,第339页)

9月30日　魏邦平、李福林联合广州各界在海珠召开会议,公举军政府海军次长、"海圻"舰长汤廷光权理广东督军,另电请陈炯明主持粤局。(《本社专电》,上海《民国日报》1920年10月1日)一面行文莫荣新,限10月1日下午7时交印。(《粤局交替中之电音》,上海《民国日报》1920年10月3日,"本埠新闻")

△　委任麦森为新加坡啤吃中国国民党分部总务科主任。(《给麦森委任状》,《孙中山全集》第5卷,第341页)

△　分函李明扬、林修梅,促入桂讨贼。

赣军梯团长李明扬日前遣庞子周持函来谒。本日复函,告"现在广东已可解决,所最要者,即趁此将桂贼划除净尽,使不得收山作贼,则西南内部巩固,可以达我救国目的"。(《复李明扬函》,《孙中山全集》第5卷,第340页)同日复函湘军将领林修梅指出,粤局虽近解决,"惟桂贼遗孽甚众,老巢不覆,难免收山。务趁其喘息未定,布置未周之际,突入桂省,扫穴犁庭,则西南匪患可绝,乃可以达到吾人救国目的"。(《复林修梅函》,《孙中山全集》第5卷,第340页)

△　报载北京政府对西南决采不干涉政策。

报道称,北京政府日来决定对西南采若干政策:"(一)对于粤桂战争决不干涉,以凭严守中立;(一)对于滇黔川方面,仅有劝慰不得组织第三者护法机关,而于该省内幕则不过问;(一)对于湖南之南军,则须责成湖北王巡阅使与谭延闿各守讯地,不得逾出岳州。"(《中央对西南各界态度》,天津《大公报》1920 年 9 月 30 日,"北京特别要讯")

是月下旬　复电马育航,告款已汇寄。

上月 30 日,粤军筹饷局总办马育航来函,报告前敌战况,请筹款济助。函谓:需饷甚急,"商民因惠城未下,尚怀观望,不易筹募巨款,请速筹款,直汇汕头筹饷局"。(《马育航上总理函》,环龙路档案第 02926号)接函后即汇寄款项,9 月 8 日已电知陈炯明,本日又复电相告。且因报纸关于惠州消息相互抵触,故以有无克复相询。并告接周震鳞电,"谭延闿已派兵三旅助义,赣军李明扬部亦已奉命准备出发"。(《复马育航函》,《孙中山全集》第 5 卷,第 342 页)

△　致电臧致平,促速行助战。

闽军讨桂,迟不发动。前闻臧致平向李厚基请命,继接福建来电,悉李允臧部开前助战。本日致电臧致平,对闽粤交涉以来,深荷援助,"至为纫感"。并分析粤垣巨变后形势,告"师行贵速","粤、桂合战后甚疲,一得精锐参加,成功必大"。(《致臧致平电》,《孙中山全集》第 5 卷,第 343—344 页)

是月　派李章达前往苏俄,期望与苏方合作。

是月,派遣曾担任过警卫团团长和大元帅府参军的李章达前往苏联。赋予他的使命是访问莫斯科,并代表向苏俄提议缔结军事合作协定,促请苏俄红军于次年春自俄境土耳其斯坦进兵中国新疆,深入甘肃接应与援助四川革命党人,以造就并推动中国境内的革命形势。李章达于 10 月底到达布拉戈维申斯克(即海兰泡),1921 年春抵达莫斯科。

关于李赴俄的使命,1920 年 11 月来到中国的苏俄代表索科洛夫·斯拉特霍夫有过说明。斯氏进入中国前,曾在海兰泡与李章达晤谈,李向他介绍了此行的计划。在 1921 年 4 月 21 日给国内的一份报告中,斯特拉霍夫称:"我在布拉戈维申斯克的时候,于 1920 年11 月结识了国民党员李章达。他给我写了引见孙逸仙博士、李烈钧等人的信,并告诉我说,他想来莫斯科,要以孙博士向苏俄政府建议签订在华联合行动的协议。孙逸仙博士想签订的军事协议,是旨在使红军从俄国的土耳其斯坦方面向新疆发动春季攻势,直逼中国西南四川省首府(成都)。据李章达说,四川省有四万名的国民党员,已做好策应这次行动的准备并会兴高采烈地迎接红军。"(《索科洛夫·斯特拉霍夫关于广州政府的报告》,中共中央党史研究室第一研究部:《联共(布)、共产国际与中国国民革命运动(1920—1925)》,第 62 页;杨奎松:《孙中山的西北军事计划及其夭折》,《历史研究》1996 年第 3 期)

　　△　《共产国际》杂志刊文称扬孙中山。

　　是月,旅居上海并有所接触的朝鲜革命者在《共产国际》第 1 卷第 13 期发表文章,称赞孙中山为"中国革命运动,尤其是中国反日运动的象征"和"中国年青人的实际领袖"。文章认为,孙中山对于苏俄及共产国际具有特别重要的价值,因为他"目前正在利用反日的学生运动进行第三次革命,以推翻封建贵族官僚的势力"。建议苏俄及共产国际乘此时机,对"这位中国革命领袖提供合作的精神和物质方面的援助",使他"不仅同他的国家的过去,而且同整个资产阶级世界断绝一切关系,并坚定不移地采取共产国际的策略"。(陈锡祺主编:《孙中山年谱长编》下册,第 1289—1290 页)

　　△　与黄一欧等谈话,指示湖南活动方略。

　　黄一欧系黄兴之子,黄兴旧部在湖南颇多,故欲借助黄一欧推动湖南革命形势。是月电召黄一欧,嘱约阎幼甫、杨仲恒速即来沪。三人抵沪后前来晋谒,面授机宜,指示:"现在的局面必须打开,由广东北伐,湖南首当其冲,湖南的动静关系西南大局。谭延闿不是革命党,他不会死心塌地跟我们走的。""你们回去后,看情况变化,如果谭延闿不愿意革命,就把他拿下来;谁把谭延闿拿下来,我就让他做湖南督军。"回去后多多联系同志,遇事多和周震鳞商量。(《与黄一欧等

的谈话》,陈旭麓、郝盛潮主编,王耿雄等编:《孙中山集外集》,第 249—250 页)

　　△　致函刘亮章,嘱联络运动鄂事。

　　刘亮章曾任湖北兵工厂厂长,对鄂省情形较为熟悉。函谓:"吾人欲申张正义,不得不驱除障碍,以利进行。"现鄂中正有可图,"请即与各方面极力联络,待时而动"。(《致□亮章函》,《孙中山全集》第 5 卷,第 344 页)

　　△　遣徐谦、钮永建持函往汉口联络冯玉祥。

　　据冯玉祥自述,是月,"中山先生派了徐季龙和钮惕生二位先生带着信到汉口来看我。两位都是基督徒,又是我平时所稔知的朋友。他们对我说了很多勉励和鼓舞的话,希望能够一致从事革命工作,使我很是兴奋感激"。冯表示,国事窳败,积重难返,北方军阀政客"没有一点为国家为民族的远大眼光","四万万五千万人民都把眼睛望着中山先生和他所领导的团体,稍能振作上进的将领也是存着这样的心"。后来冯派秘书任佑民到广东去拜访孙中山,表示"只要他用的着我时,我当然无不尽力以赴"。(冯玉祥:《我的生活》,第 323 页)

　　是月前后　会见在俄国成立的中国共产党组织局代表刘江[1],并达成有关协议。

　　1920 年 7 月,共产国际第二次代表大会召开,此次大会特别强调无产阶级世界革命的形势及"枪杆子"的重要性。会后参加俄共的华侨共产党员们就讨论过一个从中亚、蒙古和华南三路合击,推翻北京政府的计划。是月前后,在俄国成立的中国共产党组织局代表刘江(俄文名费奥多罗夫)来到上海,前来拜访。据是年 10 月 5 日刘江致俄共(布)阿穆尔州委会关于上海之行结果的报告,双方达成的协议如下:"(一)立即把华南、俄国中部和远东地区的中国革命力量联合起来,以便能够密切配合为反对北方现时的反动政府准备条件;(二)为此必须在远东地区设立一个领导中心,拟把布拉戈维申斯克

　　[1]　李玉贞指出,此人原名为刘谦,刘江疑误。(李玉贞:《莫斯科与黄埔军校的建立》,广州近代史博物馆编著:《国民革命与黄埔军校》,第 209 页)

作为这个中心,将从这里向南方和在苏俄的组织下达指示;(三)拟把新疆省作为驻扎苏俄军队和华南军队的集中地点,把军队集结在谢米巴拉金斯克州和谢米列钦斯克州的边界线上,在中国新疆附近,那里现在正在部分地区征召志愿者。从战略上考虑,这是可以自由地向北方调遣军队的一个最好的地方。驻扎在俄罗斯中部的中国军队已同南方首领孙逸仙举行了军队合并的谈判,前者完全同意同南方配合行动。为了同孙逸仙保持密切联系,孙将向莫斯科派驻两名代表,他们不久就到这里来。他们打算在布拉戈维申斯克呆一些时候,对这里的劳工群众和中国军队开展宣传工作;(四)广泛开展出版事业,为此必须在上海办好印刷厂。"(《刘江给俄共(布)阿穆尔州委的报告》,中共中央党史研究室第一研究部:《联共(布)、共产国际与中国国民革命运动(1920—1925)》,第44—45页)

△ 接见森本厚吉,澄清中国反日实因日本扩张。

日本北海道大学农学部教授森本厚吉来访,接待时公开申明:中国反日是因为日本自甲午战争、日俄战争及其后的行径,足以表明日本从来怀有扩张领土的野心。(俞辛焞:《孙文的革命运动与日本》,第315页)

是年秋 复函吴东垣,勉扩张党势。

6月7日、28日,中国国民党美洲葛仑埠分部长吴东垣迭来两函,报告救国储金募集困难,询及黄花岗烈士建坊捐款及《香江晨报》股款事宜。本日复函,告救国储金关系"本党者至大",望"随时劝诱"。黄花岗烈士建坊捐款及《香江晨报》股款,非本部经理,可直接与黄伯耀、夏重民交涉。并指出"我党停办数年,现复继续进行,办理艰难,固意中事",嘱"本奋斗之精神,以收人心,扩张党势"。(《复吴东垣函》,《孙中山全集》第5卷,第345页)

10 月

10月1日 致电陈炯明、许崇智,命长驱进省,以定粤局。

粤军正面进攻，为桂军阻于惠州。本日致电陈、许，告岑春煊、温宗尧逃入沙面租界，托领事调停，粤局久恐生变。为今之计，"宜全军速移向长宁，取道从化，长驱进省，以定粤局，然后再行处置后方之穷寇"。(《致陈炯明许崇智电》,《孙中山全集》第 5 卷，第 349 页)

△　致电孙科，告协助飞机寄运。

为发展飞机事业，前委朱超(字卓文)为飞机队司令，又电嘱陈炯明委任。并积极购置飞机，运抵粤省助战。本日致电孙科，告是月 4 日将有两架飞机由广生船运来广州，"如省不稳，则在港设法上陆；或托利古公司代收，运澳存放"。(《致孙科电》,《孙中山全集》第 5 卷，第 350 页)6 日，复致电孙科，谓"水飞机两架已转载，纸交 Jowsing 名字收，可通知卓文"。(《致孙科电》,《孙中山全集》第 5 卷，第 355 页)

△　致电谭延闿，请迅饬所部，直下北江。

是日，致电周震鳞转谭延闿，一面继续为李国柱斡旋，请其允许李部协同攻桂，俾使向外发展；一面告莫氏施缓兵狡计，离间粤人，阴谋虽经电揭，"特恐贼心不死，重以糜烂粤人"。冀其"念救兵如救火之义，迅饬所部，直下北江，驱除桂贼"。(《致谭延闿电》,《孙中山全集》第 5 卷，第 350 页)

△　致函田应诏、赵恒惕，望即攻桂省老巢。

周重嵩回湘，因托便致函田应诏、赵恒惕，敦促即时攻打广西。致田应诏函指出，粤局进展神速，桂军苦苦撑持，桂省老巢，调遣一空，"贵军若能立即攻入桂林，必可唾手而得。桂林既得，则桂贼无可收山，两粤可以肃清，吾人救国之目的，不难达到"。(《致田应诏函》,《孙中山全集》第 5 卷，第 346—347 页)致赵恒惕函，望"贵省所派大军，兼程并进，犁庭扫穴，在此一举"。(《致赵恒惕函》,《孙中山全集》第 5 卷，第 347 页)

△　复函石青阳，嘱待时直趋武汉。

石青阳前遣员持函来谒，报告川事。本日复函指出，川祸连年，皆由内讧，非力图向外发展，终无宁日。现粤事得手，粤局不难解决，

"此后长江形势或有变动,则须调贵部出川,到时一接拔队之电,务必舍去川中一切,直趋武汉,必可以达吾等远大之目的"。(《复石青阳函》,《孙中山全集》第 5 卷,第 348 页)

△　复函冯自由,对魏、李接受调停颇为无奈。

上月 24 日,冯自由来函。本日复函,痛惜朱执信之逝,叹息"李、魏允受调停,必堕莫贼缓兵之计,真属无可如何"。并告黄伯耀收受外埠寄《晨报》股款一事,"此间不便与闻,请由重民答复各股东"。(《复冯自由函》,《孙中山全集》第 5 卷,第 347 页)

△　陆爱群来函,冀使桂省重见天日。

陆爱群前在湖南武冈主办《民权报》,逐日邮寄呈览。本日来函,告该报移至长沙出版,"勉促我公三民主义竟厥全功"。并谓陆、莫盘踞两粤,残杀同志,虐待桂人,愿"于恢复全粤后,即溯珠江而上,捣彼巢穴,歼彼丑类,毋独使珂乡重见天日,任我桂人永沉地狱"。接函后批示,复函"嘉勉"。(《陆爱群上总理函》,环龙路档案第 11923 号)

△　驻琼崖滇军来电,告独立讨贼。

上月 30 日,驻琼崖滇军经唐继尧所委驻粤滇军宣抚使何畏敦劝,在琼宣布独立,出师讨贼。本日来电,告该军暂名靖国联军援粤滇军,"遥受孙总裁、唐联帅管辖",就近接受陈炯明指挥,"立与驻粤滇军一致行动"。(《琼崖滇军援粤讨桂电》,上海《民国日报》1920 年 10 月 14 日,"紧要新闻")

△　陈得平来电,告即日出师讨贼。

上月 29 日,陈得平率部举义江门,所部编为广东第十四路讨贼军。本日致电各方,宣告即日开赴前敌,协同各军共伸天讨。(《陈得平上总理函》,环龙路档案第 02435 号)

10 月 2 日　致电李厚基,促速出兵助粤。

该电详陈粤省形势,及其中变对闽省造成的影响。略谓:莫荣新狡狯离间之计,或可得逞。若粤省调和终成事实,则不独粤军苦战之功终归幻影,且海军必得陇望蜀,"大唱闽人治闽主义,而与公为难"。

今日"为竞存挽回九仞之功",非得一师以上之生力军相助。请速令王永泉旅"兼程取道大埔、梅县以赴前线",臧致平师"取道潮汕,助我左翼",则"胜算必操,可无疑义"。并再嘱"救兵如救火,不能一刻或延"。(《致李厚基电》,《孙中山全集》第 5 卷,第 351 页)稍后因前电"未蒙赐答,至切悬盼",再电李厚基指出,当前已届成败紧急关头,"救急之着,专在麾下"。敬望"即速电令臧师出发,开至前线,粤军得此,则破贼无疑"。并告北京无力约束各省,"公以锐师破惠,大局竟解决,彼必不敢责难"。(《致李厚基电》,《孙中山全集》第 5 卷,第 359 页)

△ 报载有人冒用孙中山、唐继尧名义在北京活动。

报道称,最近有人以孙中山名义在北京活动,谓"苟中央能筹二百万畀孙,给以欧美考察经济之名义,则和局前途即不生掣肘"。北京政府"以此等代表完全带有骗局性质,并未理会"。此外,有周某等在北京冒充唐继尧代表,北京政府"原不置信,继去电南方询问究竟。昨日唐继尧复电谓:闻有假托云南代表在京接洽之事,实属妨碍时机。此间果派代表,当有正式公文声明,幸勿受骗"。(《和议前途又现悲观》,天津《益世报》1920 年 10 月 2 日,"要闻一")

10 月 3 日 任鹤年来函,恳请筹济。

上月 28 日,粤军第四路司令任鹤年在香山宣布独立讨贼。10 月 1 日,由居正致电任氏,有所指示。2 日任鹤年来电,本日复来函,请求接济。函谓:自受令组织第四路粤军以来,所有用款,全出私人典质借贷,未蒙任何接济,如今困窘异常。务恳"鉴其愚忱,迅赐维持",俾督率所部及早进攻省垣。(《任鹤年上总理函》,环龙路档案第02433 号)

△ 曾毅来函,告未遇之憾。

前《中华新报》总编辑曾毅暑期赴广东旅行,逢粤桂战起。昨日回沪,本日上午前来拜谒,欲"面陈广东内部情形",适外出未晤。因翌日晨即遄返南京,故来函道未遇之憾。接函后批示:是日适有事外出。可于每日午后来,若无外出,当可见也。(《曾毅上总理函》,环龙路

档案第 01514 号）

10 月 4 日前　复函蔡钜猷、陈玉鋆,促迅即出兵桂林。

湘西镇守副使蔡钜猷前遣员持函来谒,表达矢心救国。复函指出,目下桂系虽遭重创,然非各方协剿,难期根绝。"执事局促湘西,宜图发展,请趁此桂贼败亡倾巢远出之际,迅即出兵桂林,捣其不备,必可收犁庭扫穴之效。如此则贵军可以扩充实力,助成伟业,执事之壮志可酬。"(《复蔡钜猷函》,《孙中山全集》第 5 卷,第 352 页)在此前后,并复湘军将领陈玉鋆,同样指示:"执事毅然以讨贼为任,甚望踊跃出发,攻入桂林,扫穴犁庭,在此一举。"(《复陈玉鋆函》,《孙中山全集》第 5 卷,第 353 页)

△　复函蒋国斌,嘱力维后方饷糈。

蒋国斌前遣杨绥荣持札来见,报告情况。复函告:"执事维护后方饷糈,责任与前敌同重。不日饮至羊城,论饱腾之力,当推储峙之功。"望其"奋励雄图,襄成伟业"。(《复蒋国斌函》,《孙中山全集》第 5 卷,第 352 页)

10 月 4 日　莫荣新拒绝交出督军印信,且向粤人提出高额所谓欠饷,广州战云密布。是日广东各团体在广济医院召开和平维持会,议决:(一)先筹五十万元,为桂军回桂恩饷;(二)限莫荣新三日内交印,同时交款;(三)汤廷光接印后各事由其负责。(《本社专电》,上海《民国日报》1920 年 10 月 6 日)广州总商会致电陆荣廷,请饬莫荣新早日交卸,又电汤廷光速即就任。该条件仍为莫荣新拒绝,莫坚持先付清十个月欠饷始交印。(《港探报告之广东近状》,天津《大公报》1920 年 10 月 8 日,"紧要新闻")

△　复电颜德基,嘱急将川局奠定,共出长江。

颜德基自四川绥定来电,报告同盟各军协力讨贼情形。本日复电勉励,并告"所望急将川局奠定,共出长江,企图远大,则于川于国两有其利"。(《致颜德基电》,《孙中山全集》第 5 卷,第 353 页)

△　复电翟汪,企即扫粤垣。

粤军翟汪所部进军甚速,9月下旬攻占高明,随即分兵进攻鹤山、四会、台山等县。(《广州危急之京沪消息》,《申报》1920年9月29日,"本埠新闻")月底又占领清远、从化等,降获桂军甚多。(《广东战事之电音》,《申报》1920年10月1日,"本埠新闻")桂军广州北部防线门户洞开。10月1日,翟汪来电,报告克复清远、从化情形。本日复电,告"莫氏负固待援",希即"协助魏、李,迅速扫除,毋误调停,致滋棘手"。(《复翟汪电》,《孙中山全集》第5卷,第354页)

　　△　蓝天蔚来电,冀早竟全功。

此前与蓝天蔚迭有函电往还,互通音问。本日来电,谓陈炯明"如能会合粤省各军,占领广州,则西南庶能一致护法,目的可达",恳"左提右挈,早竟全功"。(《贺粤事告捷电汇志》,上海《民国日报》1920年10月11日,"本埠新闻")

10月5日　复函宫崎寅藏,望日本民间人士纠正军阀对华政策。

日本友人宫崎寅藏迭来两函,一祝粤军所向克捷,一悼朱执信死难。本日复函,略告情形,并论及中日关系现状及前景。函谓:"今后大势,吾党可统一全国。英美对华,改弦更张,白人外患,可以无忧。此后吾党之患,仍在日本之军阀政策。"倘日本仍肆其扶旧抑新手段,则吾人亦不能不亲英美以排日。"深望日本民间同志,有以纠正军阀之方针,不为同洲侵略之举,而为同舟共济之谋,则东亚实蒙其福,而日本亦终享其利。东亚经纶百年大计,无愈于此者。"(《复宫崎寅藏函》,《孙中山全集》第5卷,第354页)

　　△　林修梅、王育寅等来电,告克日出师助粤。

王育寅宣告兴师为父复仇后,数度来函、遣员报告情况。是日,林修梅、王育寅分别以湘西靖国军总司令、常澧靖国军司令兼常澧镇守使身份联名致电西南各方,声讨桂系罪行,宣告"克日出师,为粤后援"。8日,王育寅复来电,通告公推林修梅为湘西靖国军总司令总司令,"主持一切"。(《林修梅等关于声讨桂系的快邮代电》《王育寅诸人就公推林修梅为湘西靖国军总司令事致孙中山参众两院等快邮代电》，李家璘、郭鸿林、郑华编辑：《北洋军阀史料·吴景濂卷》第3册，第566—572页）王电发出后，谭延闿、赵恒惕一面通电，声罪致讨，宣布王氏父子罪状；（《公电》，《申报》1920年10月7日）一面电令湘西各军严密防范，并在总部召开军事会议，商酌应付方法。所得结果则以王部行动实属谋叛，断不因其假借援粤大题，即予容忍。遂由谭氏电令驻湘西蔡钜猷、刘叙彝各军，开赴前敌，复令第一师之第一旅全部开往常德驻防。

对于林、王合组湘西靖国军，搅动湘西政局，有报章分析前后原委。分析称，王育寅自乃父被杀即希图大举，故以复父仇为由大招土匪，驱逐卿衡，而占有大庸、慈利各县。又恐谭延闿派兵攻击，迭次电省声言服从。谭因诸事纷纭，未暇顾及。王遂妥速布置，又自知声望不高，乃决定拥林修梅为总司令，而将所部改编为湘西靖国军，以示与唐继尧取同一行动，"得以援粤名义动人听闻"；又虑无外援，且恐林氏拒绝，"则派员远谒某伟人，陈述一切。某伟人以其能援粤攻桂，嘉其向义，并允所请，派林修梅返湘担任总司令职"。林氏抵达慈利，王育寅始发通电，声明拥戴原因。林氏亦发通电，宣告就职。于是湘西问题又轩然而起。（《湘西战事又在酝酿中》，《申报》1920年10月21日，"国内要闻"）

△　报载风传孙中山运动李厚基加入国民党。

报道称，粤桂战争发生以来，李厚基与陈炯明关系愈深，双方代表时相往来。且旧国会闽籍议员曹振懋、郑德元等，前因隶籍国民党为李所忌，远避沪、粤，近亦陆续返闽。"前数日又有孙文所派之代表闽人陈民钟、湘人黄大伟、粤人梅光培等先往汕头，与陈炯明接洽要务，旋即到闽，再与李厚基接洽。"据外间传述，商谈内容谓系"关于李氏加入民党之事，并目下攻粤之举，军事上一切计划，互相调剂之事"。（《孙文运动李厚基加入民党》，北京《晨报》1920年10月5日，"紧要新闻"）

10月6日　致电孙科，嘱促琼州各军直捣南宁。

驻琼各军迭经运动，相继独立，惟兵力闲置，若能远袭桂系老巢，则两粤不难戡定。本日致电孙科,告"传令琼州各军,即渡雷州,会合高、雷、钦、廉同志,直捣南宁,以破桂贼老巢"。(《致孙科电》,《孙中山全集》第5卷,第355页)

△　蔡荣华来函,建议调处琼崖陈、赵两军办法。

粤桂战起,陈继虞率民军于琼崖响应,与李根源所属滇军赵德裕部相抗月余。上月24日,驻琼滇军响应唐继尧号召,通电反正。10月1日并来电宣告扶持正义,一致讨贼之意。陈、赵两军虽"已成一家",然相争并未止息。本日,蔡荣华来函,建议调解之法,主张以陈军"进攻高雷,而以赵军全力相助,以冀成功。如高雷得手,即以与陈为酬功之地"。接函后批示,所说甚是,当另函着香港同志调解。即着内渡钦、廉,进攻南宁。("中华民国"各界纪念国父百年诞辰筹备委员会学术论著编纂委员会主编、中国国民党中央党史史料编纂委员会编:《国父墨迹》,第410页)随后复赵德裕等电,赞其誓师讨贼"于粤有敌忾之功,于滇报夺军之仇"外,即勉其"速出琼崖,共清珠海"。(《致赵德裕等电》,《孙中山全集》第5卷,第358页)

10月7日　童杭时等来电祝贺粤事进展顺利。

护法国会议员接9月28日电,悉"粤事得手,忻忻异常"。是日,童杭时、罗家衡各领议员二十余名,分别来电致贺。(《贺粤事告捷电汇志》,上海《民国日报》1920年10月11日,"本埠新闻";《国会议员致孙总裁电》,上海《民国日报》1920年10月14日,"国内要闻")

△　报载北京政府修改议和办法。

报道称,北京政府日来对于西南谋和,已确定若干修改意见,包括:代表方面,"北方应承认南方为唐绍仪,军政府曩提温宗尧作为无效,此项手续应大加更改";谋和地点,"仍宜贯彻上海,因南方争执此项极烈,所有提议南京、天津均难进行";提案方面,"首应依照南方护法宗旨,次可依诸北方意见研究事实"。(《对南谋和之最新提议》,天津《大公报》1920年10月7日,"北京特别要讯")

10月8日　汤廷光接任广东督军。

因莫荣新拒不交印,魏、李与广州各团体商决另刊新印,一面请汤廷光暂借海军印信,以督军名义布告安民。(《专电二》,《申报》1920年10月8日)本日,汤于河南士敏土厂就任广东督军。汤随以广东督军名义通电全国,宣告就职,"用宁众志,冀济艰虞"。(《汤廷光就任粤督详志》,长沙《大公报》1920年10月22日,"中外新闻")莫荣新所部桂军以莫尚未正式交卸,即由沈鸿英领衔通电各省,对于汤氏就职表示断难承认,并星夜油印传单十数万份于广州市面散发。(《桂系不认汤廷光督粤》,上海《民国日报》1920年10月18日,"国内要闻")

△　复电陈炯明,指示攻取惠州新战法。

惠州力攻不下,粤军久战师疲,战事朝长期化方向发展。为摆脱困局,本日致电陈炯明,指示改变战法。电谓:惠州若一击不下,宜即变计,一面分军正面,与敌相持;一面"分小队两支,取道新丰,一西袭英德,一南取从化,声言由此路以取省城。俟此两路发生影响,即引敌兵于北江方面,乃以大队由龙门、增城以取石龙。石龙一得,则惠州可不战而降"。并告惠州为彼死守之地,"我不宜老师于此,宜四出活动,保全朝气,则贼必立沮丧溃败"。(《复陈炯明电》,《孙中山全集》第5卷,第356页)

△　李烈钧来电,告增派军队来助。

是月1日,李烈钧来电,对粤军连克名城,驰电致贺。(《贺粤事告捷电汇志》,上海《民国日报》1920年10月11日,"国内要闻")接9月28日电后,复于本日来电,告赣军业已出发,并"增派动员"。详情托徐元诰转陈。(《致孙中山电》,周元高、孟彭兴、舒颖云编:《李烈钧集》下册,第465页)

10月9日　致电卢永祥,嘱接济臧致平子弹。

闽军助战,又以子弹不足为词。本日致电同属皖系阵营的浙江督军卢永祥,对其促成李厚基援粤表示感谢。并告最近臧致平决定开赴前线,助粤讨桂,"惟闻子弹不甚充分,求尊处为之接济。此举关系重大,粤军久战稍疲,一得精锐参加,破惠无疑,而省局亦迎刃可解"。望即"拨臧师所需子弹,俾得助战,以成大功"。(《致卢永祥电》,《孙中山全集》第 5 卷,第 357 页)11 日,因接陈炯明来电,告子弹匮乏,李厚基已无可拨,再致电卢永祥,请其"济以百万,解由闽督转交"。(《致卢永祥电》,《孙中山全集》第 5 卷,第 360 页)

　　△　致电黄明堂、陈德春,勉率部驱桂。

　　黄明堂、陈德春先后宣布独立,讨伐桂系。本日致电黄、陈,勖勉兴师讨贼,并望"即率劲旅,协同竞兄,将各贼悉数驱除,还我乡土,使粤人回复自由"。(《讨桂声中之要电》,上海《民国日报》1920 年 10 月 18 日,"国内要闻")

　　△　薛云章来函,告唐继尧处情形。

　　薛云章时在唐继尧处,本日来函,告唐行营业已组织完备,定于10 月 14 日出发。又告粤事纠纷,"已在唐公计划中","川事亦然"。(《薛云章上总理函》,环龙路档案第 04107 号)

　　△　吴钝民等来函,请赐报纸题签。

　　吴钝民、方绍文、李汉青来函,谓联络华侨同志在厦门创设《同声周报》,"以传播新文化为宗旨",已定本月 10 日后出版。敬恳惠词,并赐题签,藉光篇幅。(《吴钝民等上总理函》,环龙路档案第 13289 号)

　　△　安礼逊、许锡安来函,请赐墨宝。

　　是年春间,泉州培元中学许锡安等因该校募捐事,经陈炯明介绍,两次来沪晋谒,并蒙捐助题字。本日来函,谓 11 月初该校举办多种活动,恳请"九鼎一言之赐",以"增光荣于盛会"。接函后写"共进大同"四字寄去。("中华民国"各界纪念国父百年诞辰筹备委员会学术论著编纂委员会主编、中国国民党中央党史史料编纂委员会编:《国父墨迹》,第 414页)

　　10 月 10 日　出席工商友谊会成立会,发表演说。

　　是日午后,上海工商友谊会假英界爱文义路毓贤学校召开成立大会。应邀出席,并与徐谦、徐朗西、沈定一、张继等先后演说。(《工商友谊成立会纪》,《申报》1920 年 10 月 11 日,"本埠新闻")

△　委任马秋帆为越南薄寮中国国民党分部评议部评议员。（《给马秋帆委任状》,《孙中山全集》第 5 卷,第 357 页）

△　为《少年中国晨报》题词"国民之导师"。

1910 年,《少年中国晨报》创设于美国旧金山大埠古里街。是年借访美之机,在旧金山成立同盟会,并将华侨李是男等人创办的《美洲少年周报》改名为《少年中国晨报》,作为同盟会的机关报。李是男任编辑,黄伯耀任总经理兼发行人,鼓吹革命。（黄伯耀:《李是男事略》,《近代史资料》编辑组编:《近代史资料》总 37 号,第 8 页）本日为该报十周年纪念,题写"国民之导师",以示勉励。（《为〈少年中国晨报〉题字》,陈旭麓、郝盛潮主编,王耿雄等编:《孙中山集外集》,第 635 页）

△　周行来函,请鼎力筹助。

函谓:此番企图,不难应付,惟"必须预备携带充裕之基金,方足以资应付而谋发展"。此行预算开办费用,"非得数千金作基本";若过于短绌,则"实难为力"。希"谅察情势","鼎力培植"。（《周行上总理函》,环龙路档案第 02927 号）

△　根津一来函,约请参与书院活动。

东亚同文书院院长根津一来函,谓本月 24 日上午于虹桥路本院,举行书院创办二十周年纪念典礼,务请光临。（《东亚同文书院院长根津一上总理函》,环龙路档案第 11755 号）18 日,东亚同文书院同窗会并来函相邀。接函后批示,胡汉民作函祝谢。（《东亚同文书院院长根津一上总理函》,环龙路档案第 11755 号）

是月上旬　复函马育航,指示消灭浙军余部。

上月 27 日,马育航来函,报告浙军及张贞残部二千人,近窜扰大埔,与粤军接战。并谓浙军本可为我所用,如蒋尊簋来当有办法,恳转知促来。（《马育航上总理函》,环龙路档案第 02431 号）本日复函指示,"此部残余浙军甚不可靠,收之反恐为患,不如消灭之,更为妥当"。又告莫荣新尚负隅顽抗,省垣局势无所进展,"恐日久变生,殊令人焦虑"。（《复马育航函》,《孙中山全集》第 5 卷,第 358 页）

10月11日　蒋介石抵达老隆粤军总部,与陈炯明计划集结精锐,于最短期内克复河源。(毛思诚编纂:《民国十五年以前之蒋介石先生》,第94页)

△　复函马伯麟,告先助二百元。

马伯麟来函,言艰困之状,请求援济。本日复函,告拮据已甚,先助报费二百元,俟"大局一定,当为设法"。(《复马伯麟函》,《孙中山全集》第5卷,第360页)

△　唐一峰来函,约期来见。

前军政府内政部主事唐一峰自滇赴沪,来函约期晋谒。且谓:"读明公之学说,心胸豁然而开朗,知难行易,推倒前人,卓见明言,中国之至人","改造山河,而惟明公是赖"。接函后批示,每日午后4时为见客时间,可请来。(《唐一峰上总理书》,环龙路档案第03037号)

10月12日　复电湖南省议会,盼促湘军出师援粤。

是月8日,湖南省议会来电,言及王育寅改称湘西靖国军事,本日复电略告内情。电谓:"上月王育寅派员来称,愿率所部攻桂以抒〔纾〕粤患,颇嘉其知义。当嘱务与湘中将领一致进行,并派林君修梅前往察看助理。"且告当前粤桂战事,"匪势仍未潜销",望湘省"共抒互助精神,以清西南余孽"。(《复湖南省议会电》,《孙中山全集》第5卷,第360—361页)25日,又致电赵恒惕等湘军将领,告林修梅就任湘西靖国军总司令事,谓"林君起义衡州,艰难百战;今又勇于讨贼,登坛誓师,此湘军之光荣,亦前民之矩获"。望助其援粤,毋使"独为其难,且树之风声,尤能得民意之助"。(《致赵恒惕等电》,《孙中山全集》第5卷,第372—373页)26日,复再电湖南省议会,指出惠州、石龙虽下,粤事解决,仍须湘人相助。其望湘省当局"勿再有所瞻徇,与林君为一致之行动。尤望贵议会代表人民之真意,促进贵省行政当局,维持其宣言"。(《致湖南省议会电》,《孙中山全集》第5卷,第374—375页)

△　黄秉衡等来函,请惠赐教言。

黄秉衡、朱凤藻、聂开一自香港来函,言是月8日随朱超抵达香港。朱终日奔忙，"未暇示知生等刻下情形"，请惠赐教言，俾便遵循。接函后批示："须稍为忍耐，俟粤局大定，当可从事于飞行学校。"刻下各事，当听朱超调度。(《黄秉衡等上总理函》，环龙路档案第01907号)

10月13日　杨庶堪通电，辞四川省长职。

8月23日，熊克武和刘存厚分道全面反攻。9月6日，熊克武部占领成都，随后滇川两军在成都一带展开激战。是月下旬，滇军全面溃败，第二军军长赵又新为杨森部击毙。10月12日，代理黔军总司令卢焘宣告率部回黔。(《卢焘通告率军回黔电》，长沙《大公报》1920年10月21日，"要电")本日，四川省长杨庶堪通电辞职，随后离渝来沪。吕超、卢师谛、石青阳等也纷纷来沪。杨抵沪后，被委任为中国国民党本部财政部长，负责筹计军需，掌理机要，并接洽各方代表。(罗家伦主编，黄季陆、秦孝仪增订：《国父年谱(增订本)》下册，第892—893页)

△　致电李烈钧，嘱即来沪商讨大计。

粤桂战事相持未决，国内时局忽生巨变。11日，林葆怿与北方海军联名通电，宣告统一。12日，江苏督军李纯在督署自杀身死。报纸纷传北京图谋复辟，张作霖兵逼京津，曹锟南逃；湖北皖系军队蠢蠢欲动，大有发动之象。因于本日致电李烈钧，告粤事渐可解决，"长江形势今较粤为急为重"，"似此长江机会绝佳，亟宜统筹全局，确定大计"。嘱其"迅驾来沪，决定机宜"。(《致李烈钧电》，《孙中山全集》第5卷，第361—362页)

△　致电陈炯明，嘱再振士气，仍取攻势。

11日，陈炯明来电报告，李根源部被截获子弹三百箱，击毙团长一名，李军大困。本日复电指出，目前桂军士气低落，战斗力极差，"若我军能再振作士气，仍取攻势，则最后之胜利，必归诸我"。并告南北变局。(《致陈炯明电》，《孙中山全集》第5卷，第362页)翌日再电陈炯明，告前所图谋响应者，今已陆续生效，桂贼"已有风声鹤唳，草木皆兵之恐"，"主要人物一切举动，悉属手忙脚乱"。冀"再振其锐气，分

小队猛扑北江,以大力强取石龙,则惠州可不攻而下"。(《致陈炯明电》,《孙中山全集》第5卷,第363—364页)

△　李烈钧来函,告援粤事宜。

9月,遣罗家衡(字缑笙)、邱赞寅携函赴渝面致李烈钧,促饬驻湘滇军攻桂,随后并屡有电催。本日,李烈钧托罗家衡持复函返沪。函谓:接函后,除数次呈电报告部署外,"一面电令李团、杨旅进攻粤、桂,一面电商冀公,设法助粤"。李、杨军队当早已抵粤、桂境界。此外拟调张、鲁两旅赴湘来助,因川战甚剧,迟迟其行,"俟川局告一结束,钧当离川前进,冀有以副先生暨诸同志之望"。接函后批示:"请缑笙来见。"("中华民国"各界纪念国父百年诞辰筹备委员会学术论著编纂委员会主编、中国国民党中央党史史料编纂委员会编:《国父墨迹》,第420页)

△　欧阳豪来函,报告图赣图桂计划。

欧阳豪前偕蔡锷之弟蔡涛前来晋谒,命其"经营赣事,以备及时谋举"。本日来函,详述谋赣入手方法,并请资助运动经费。又谓广州海珠会议险恶环生,变态莫测,护法旗帜或为诸逆掩卷。亟宜乘彼倾师援粤之时,设法蹴乱其后。"有杨青山及桂林失势之军官等请愿出任其事,如蒙命彼进行,收效当自不浅。"接函后批示,"桂林事若确有把握,当可进行。赣事且缓,以待时机"。("中华民国"各界纪念国父百年诞辰筹备委员会学术论著编纂委员会主编、中国国民党中央党史史料编纂委员会编:《国父墨迹》,第416—418页)

17日,蔡涛来函,告粤事"非有二三月不能解决","非有武力不能达到目的"。主张一以运动北江李荣昌部,会合李明扬部,沿铁路及北江直捣清远、四会,攻击高要;一以琼州赵德裕、何福昌所部,经海道由阳江登岸,会合胡汉卿部直捣恩平、开平等,攻击高要。二路会师高要之时,饬令各军同时攻击,"定收完全效果"。并谓以上各员或早经派人接洽,或"素称莫逆","涛不徒跋涉,志愿前往",请予鉴准。接函后批示,可先函商各军,如得复函,确有办法,乃有相商之地。(《蔡涛上总理函》,环龙路档案第02638号)

10月14日 护法国会议员离渝来沪。

9月以来,护法国会议员纷纷前往重庆,意欲召集国会,重组军政府。然而川战日趋激烈,滇军节节败退,重庆朝不保夕。是日,两院议员雇船东下,驻渝滇军随即开拔。(吴叔班记录,张树勇整理:《吴景濂自述年谱》下,《近代史资料》编辑部编:《近代史资料》总107号,第78页)

△ 驻粤浙军来电,宣布助粤讨桂。

是日,驻粤浙军通电西南,告全体军官集议,决定"与粤军一致行动,对于伪军府完全脱离关系。其与我粤浙军宗旨不相容者,誓一力剪除"。(《驻粤浙军之义声》,上海《民国日报》1920年10月25日,"国内要闻")

△ 报载北京政府拟研粤局三问题,以确定对粤方针。

报道称,北京政府对粤桂战争确定察观三种趋势,以定进行标准:"(一)两广战争后谋和问题究以何方面为主体,以便另图和局之成立;(二)岑莫虽已离粤,然其是否尚能回粤,以及再察两广究竟达到何种变局。(三)陈炯明是否能得广东一致欢迎,此节更有研究之余地。"(《政府对粤桂重要研究》,天津《大公报》1920年10月14日,"北京特别要讯")

10月15日 川军刘文辉部进入重庆,一度被视作护法要区的西南基地丧失。30日,熊克武抵达重庆,并将四川督军公署暂设于此。("中华民国"史事纪要编辑委员会编:《中华民国史事纪要(初稿)——一九二〇年一至十二月》,第534页)

△ 叶夏声来函,报告与李根源联络。

叶夏声自香港来函,告李、魏独立后,李根源即有输诚之意。近与李氏代表徐咸泰在港接洽,达成一致,并获李同意。惟冯自由来函,谓此事未获先生指示,不敢擅专。云南代表何畏对与李接洽,亦有异议。恳请亮察裁夺,示知在港同志遵办。

来函并谓,观察情势,此间各派运动,分头并进,毫无统属,又互相反目,肆意诋排。如今在粤势力即可分陈炯明、李、魏、汤、钦廉八属军人、李耀汉、翟汪、邹鲁、黄志桓、邓耀，滇军等数部。是等各派，毫无联络，不肯相下，且为扩张势力，自相残杀，殊可慨叹，实属可虑。若今不谋防患于先，则将来益不堪设想。（《叶夏声上总理函》，环龙路档案第02438号）

△　陈箇民来函，告捐款抚恤朱执信家属。

中国国民党驻西贡总支部总干事陈箇民来函，告双十节，同志自行签捐一千六百八十五元，拟汇本部转朱执信家属，"以笃党谊而表体恤"。并请将三纸捐单送登报端，"以资鼓励"。（《陈箇民上总理函》，环龙路档案第01836号）

10月16日　粤军许崇智部收复河源，大破桂军及李根源部。滇军八千人进攻韶关，桂军大败，急电莫荣新求助。（《本社专电》，上海《民国日报》1920年10月18日）克复河源后，粤军军势大振，各路军队并进，而桂军李根源、沈鸿英、莫正聪三部皆狼狈溃退。（《讨桂粤军大捷之电音》，上海《民国日报》1920年10月19日，"本埠新闻"）

△　吴忠信来函，报告与臧致平接洽。

闽军助粤，虽函电交驰，闽方仍虚与委蛇。吴忠信前经电招，来沪经营皖事。自汕头出发后，特道经厦门，与闽方接洽。是月13日，吴抵达厦门，本日来函报告情形。函谓：臧称已决定出兵援助，候李督命令一到，即可开拔。"信意俟该军出动后，即行回沪。否则须经由福州，与李督接商妥洽，方可再返沪上。"（《吴忠信报告接洽闽省援粤上国父函》，黄季陆主编：《革命文献》第51辑，第244页）

△　李耀汉来电，请与桂决战。

粤局调停迁延，日复一日，相持莫解。本日，粤军第六军总司令李耀汉通电粤方各处，请粤方各军鼓励士气，与桂决战。望"我粤各团体诸公齐起而为后援，无惑于调停之空言，致酿成姑息之大祸"。（《粤事纪要》，天津《大公报》1920年10月28日，"北京特别要讯"）

10月18日　滇军攻占韶关。（"中华民国"史事纪要编辑委员会编：《中华民国史事纪要（初稿）——一九二〇年一至十二月》，第544页）

△ 赵恒惕等来电,声讨王育寅。

湘军将领赵恒惕等联名通电西南军政要人,指责王"诪张为幻,假托名义,虽称讨桂,实则乱湘",声称"誓为桑梓,除此祸源,绝不容其偷窃一隅,破坏全局"。(《赵师长等声讨王育寅电》,长沙《大公报》1920年10月20日,"本省新闻")

△ 唐宝锷来函,报告北方政情。

上月30日,唐宝锷来函,言治粤三事。本日来函,谓沪报对京事颇有谣言,其实李纯之死,北京政府无关痛痒。徐世昌决以靳云鹏继李,任周树谟继靳,已经内定,周亦同意入都。惟因张作霖先荐张勋,尚待疏解,所以令齐燮元暂代。又谓:南北统一无期,各省实行自治,湖南首先进行,"我粤恢复之后,急宜妥为经营",想"必有荩筹硕划,以慰乡人之望"。接函后批示:以后有消息,请常报闻。(《唐宝锷上总理函》,环龙路档案第11139号)

△ 报载北京政府命调人向孙中山、唐继尧疏通和议。

报道称,北京政府近鉴南北和议已无端倪,日前特电某调人再电唐继尧,筹商进行办法及将来趋向,"并令对于上海孙伍方面亦当与之接洽,征询意见,以便日后协助进行"。又"令丁乃扬向军政府方面探询一切,两广日后能否再与北政府进行和议,共谋统一"。(《各方面进行和议实况》,天津《大公报》1920年10月18日,"北京特别要讯")

10月19日 粤汉铁路工人全体罢工,莫荣新欲调兵往援韶关,交通断绝。绕道清远前往者,多被民军击毙。(《本社专电》,上海《民国日报》1920年10月21日)

△ 李安邦等来电,告率部即赴前敌。

广东讨贼军第一旅司令李安邦偕前敌指挥梁禹平来电,称"奉命统率香属健儿出发虎门,即赴前敌",请"速饬各军,协同作战,早歼丑类,还我山河"。(《粤军大集虎门之电告》,上海《民国日报》1920年10月21日,"本埠新闻")

10月20日 林森来函,告对王文华态度。

川军攻渝前夕,黔军总司令王文华见大势已去,自作主张,调动部队作回黔计,又向商会勒索巨款八十万元,随乘轮东下,逃往上海。本日,林森来函报告离渝后行程,并述处置王文华意见。函谓:王氏误事原因甚多,如来晋见,务望涵容,"因川滇黔表面之结合,不愿使北虏知我真相;若表露分明,恐湖南或生摇动。故对于王文华个人,只有安慰其心,勉励其重整旗鼓,免他投向敌人,反为敌用"。(《林森上总理函》,环龙路档案第00553号)

△　石青阳来函,报告川事失败。

川事失败,石青阳退守涪陵。本日来函,告"此次川中战事,本属全胜之局,乃以意见不惬,遂至丧败如此。现青阳同汉群(吕超)、锡卿(卢师谛)三部(共编六个混成旅),均集中涪陵,拟节次退守酉、秀、黔、彭休养,以待事机"。("中华民国"史事纪要编辑委员会编:《中华民国史事纪要(初稿)——一九二○年一至十二月》,第546页)

是月中旬　复函谭延闿,望出师扫荡桂系。

国会议员李锜(字纯荪)日前持谭延闿手书来见。本日复函指出,桂系扰乱西南大局,此獠不除,流毒必不让于北方军阀。尚望"飞檄在途各军,兼程并进,促粤之成,绝湘之患"。并告"湘省财少兵多,亦当以向外发展为善后要策,所谓攘外而安内"。(《致谭延闿函》,《孙中山全集》第5卷,第367—368页)

△　致电李厚基,告力助解决粤事,以遏海军图闽之念。

顷接海军各舰拟赴厦门,与北舰合力,图占马江要塞消息。本日致电李厚基指出,海军图闽,因见"粤军形势稍钝","今日为闽、粤共存之计,惟有催促臧师、王旅同时并进,火速攻破惠州,使桂贼重兵溃败,粤垣大局定见解决,则海军无援,其势亦必不敢逞"。若"我仅言自守,则北方有反对我者,不难于其时以一纸命令买海军之欢心,此时我亦失先发制人之机"。(《致李厚基电》,《孙中山全集》第5卷,第368—369页)

△　致函王懋功,促倒戈杀贼。

皖人王懋功系桂军马济部团长。其亲戚陆福廷日前来见，接洽倒戈事宜，要求"响义后不得记念战仇，即加解散，并须一律待遇"。当即照允。随托陈携函面致王氏，以洪兆麟往事作例，告"执事惠然肯来，竞存必极欢迎；对于所部，必不歧视"。望其"当机立断，更无犹豫"。（《致王懋功函》，《孙中山全集》第5卷，第366页）又致函陈炯明说明情况，嘱"如果来归，务希照此议办理，以昭大信"。（《致陈炯明函》，《孙中山全集》第5卷，第365页）22日，陆福廷自香港来函，告19日抵达香港，当即派人赴省接洽。王部确在惠州，机不可失，拟日内设法往劝。（《陆福廷上总理函》，环龙路档案第02436号）

△　复函林修梅，告设法筹济。

前遣林修梅赴湘，往助王育寅。是月5日，林修梅来函报告情况，并请协助诸事。本日复函谓："所举各端，均当照办。惟款项以前此挪贷一空，刻虽从事续筹，尚无着落，故一时未能办到，现正在极力设法。"又告：谭延闿、赵恒惕前电讨王育寅，"经此间去电解释，并请赞助讨桂"。（《复林修梅函》，《孙中山全集》第5卷，第365—366页）

△　复函吴宗慈，勉谋彻底解决国事。

众议院议员吴宗慈来函，述及军府、国会问题。本日复函指出，对于军府、国会"毫无成见"，听其自然，"所望曾共患难之朋友，一致觉悟，同心协力，本创造之精神，谋彻底之解决，一扫拘牵固陋之弊，使吾人素持主义，得以次第实现"。（《复吴宗慈函》，《孙中山全集》第5卷，第367页）

10月21日　熊克武通电，讨伐唐继尧。（《熊克武通电》，长沙《大公报》1920年11月3、4日，"要电"）

10月22日　粤军攻克惠州，桂军向博罗退却。23日，陈炯明于惠州召集军事会议，决定总攻广州计划。（毛思诚编纂：《民国十五年以前之蒋介石先生》，第96页）报道称，惠州易手当日，广州城内忽遍贴督军署布告，各报馆一律停版，无论何种报纸及传单均不许沿街售卖，故23日市面无报纸发行。莫荣新试图藉此封锁惠州失守消息。粤军攻占惠州后，声势更壮，广州无险可守，已暴露于粤军的攻击之下。（《粤军攻克惠州纪详》，《申报》1920 年 10 月 31 日，"国内要闻"）

△　广东讨贼军来电，斥调和论调。

是月 16 日，广东讨贼军于虎门誓师讨贼。本日，总指挥吴铁城、行营主任陈策、第一路司令李安邦、第二路司令李绮庵、第五路司令马伯麟、第十四路司令陈得平联名通电，指出"贼势虽蹙，调和论张，一有姑容，贻患何极"，敬恳"努力挞伐，共策进行"。（《广东讨贼军誓师通电》，上海《民国日报》1920 年 10 月 30 日，"国内要闻"）

10 月 23 日　四总裁发表宣言，声明北京政府与岑、陆私订和约无效。

粤桂战争，桂系日暮途穷，遂行苟延残喘之计，屡派代表晋京，加紧交涉，欲趁"在粤生机垂尽之时，求与北方订约，冀得现在或今后之援助"。本日，与唐绍仪、伍廷芳、唐继尧等四总裁联名通电全国，声明无论就事实还是法律，"岑、陆私人签订之条件，直等废纸，绝对不生效力"。"北方果诚意谋和，不仅图纸上空文之统一，则固不必与秘密勾结暮夜乞怜之辈，订定条件；应将一切法律事实问题，付之沪上和会，公开解决。"（《四总裁否认岑陆私和》，上海《民国日报》1920 年 10 月 25 日，"国内要闻"）北京政府国务总理靳云鹏接电后，随即复电，表示"对南方各派并无成见，愿和均可接洽。现总代表未续派，沪会无从召集，果开诚布公，请派代表来京筹商"。（《本社专电》，上海《民国日报》1920 年 10 月 26 日）

△　岑春煊通电引退。

粤军步步推进，广州旦夕可下，岑春煊见局势难挽，于本日发出通电，宣言引退。该电高自标置，侈言自己"百折不回"与谋和议经过，并以四事呼吁国人："一，希望西南各省速取消自主，俾南北统一早日告成；二，希望京廷速依法召集国会，俾得补救外交，完成宪法；三，希望南北军人自动提倡裁兵，以免财政破产；四，希望京省开诚布公，共图善后，并协定外交、财政、实业、教育诸种建设大计，以定国

是。"(《公电》,《申报》1920 年 10 月 28 日)

△ 致电陈炯明,告对桂军万不可掉以轻心。

是月 21 日,陈炯明来电报告战况。22 日,粤军攻克惠州,粤桂相持状况被打破。本日复电指出,"桂军之退,万不可掉以轻心,测其用意,必为集中大力,先将魏、李击灭,然后对付粤军"。粤军久战疲劳,不堪再遭失利,务望促臧致平师"全部速来为要,盖非此粤局必难遽定"。(《致陈炯明电》,《孙中山全集》第 5 卷,第 370—371 页)

△ 复函《少年中国晨报》,告托林直勉代行股东职权。

上月 25 日,三藩市《少年中国晨报》来函,报告即将召开股东大会,并寄来启事、股票、息金等。本日复函,告委托旧金山本埠林直勉为股东代表,依期出席股东大会,代行本股东职权。(《复三藩市〈少年中国晨报〉函》,《孙中山全集》第 5 卷,第 369 页)

△ 复函陈树人,嘱陆续筹款。

加拿大中国国民党总支部总干事陈树人悉心办理党务,积极为粤军筹款。日前托甄胜持函来沪,并带来港币五千元汇票。本日复函,告粤军战况,嘱"陆续筹款,俾照转达"。又告加属党务"勿稍萌退志,致亏前功"。(《复陈树人函》,《孙中山全集》第 5 卷,第 370 页)

△ 报揭北京政府与岑、陆和议内幕。

报道称,据某京报探访,章士钊初来时,欲为岑、陆索款一百五十万,因北廷态度强硬,贬价为八十万,继又减至七十万元。现由某当局缓颊,业已商有眉目。其前此所以若拒若绝,盖有还价作用,非真屏来者于门外。22 日中美通信社消息,谓北方近对和议趋向,已拟定从岑、陆方面入手,"一因岑、陆方面对于各项条件已愿牺牲,再因和议成立,军府取消,南北即可宣布统一。如有他方面宣言反对者,当为另一问题,再行设法解决"。北京通信社亦谓谋和问题,北方迄未稍懈,自南代表文群、章士钊等抵京后,府院方面已分别延见接洽。靳云鹏望和之心尤切,特定于 22 日下午 6 时,备筵宴请该代表等,借以联络感情,促和议前途之收效。(《岑陆求和之代价》,上海《民国日报》

1920 年 10 月 25 日,"国内要闻")

10 月 24 日　粤军攻克石龙,桂军败溃,省城大震。(《本社专电》,上海《民国日报》1920 年 10 月 26 日)翌日,邓铿、洪兆麟来电,报告克复石龙消息。(《克复石龙之正式捷电》,上海《民国日报》1920 年 11 月 1 日,"国内要闻")

△　岑春煊等宣言取消广州军政府。

是日,岑春煊、陆荣廷、林葆怿、温宗尧联名通电全国,宣布解除军政府政务总裁职务,取消广州军政府。该电略谓:南北相持,战祸绵延,"近者大势虽已启新机,而局部复日趋溃裂,军府匏系其间,澄清何俟,徒为统一之累,重贻中外以忧","煊等谨从良心所诏示,特取断然之处置,即日自决,辞去总裁,解除军府职务,以期国家恢复原状,而减愆尤于万一"。(李培生撰:《桂系据粤之由来及其经过》,第 197 页)

报道称,岑春煊 23 日辞总裁通电和 24 日取消军政府通电,原文共七百余字,除由广州电局发出外,并由香港大北公司水线转发,计"华洋文电费共一万三千余元之巨","此为岑春煊下台之大价值"。通电发出后,岑随即在"永丰"舰宴请林葆怿、汤廷光、李福林、魏邦平,惟李、魏未到。25 日上午 9 时,岑并在督军署召开会议,定期军政府取消西南自主。岑之离粤,系偕温宗尧乘汽车往沙面,后搭轮转港赴沪。(《军府取消后之粤局》,《申报》1920 年 11 月 1 日,"国内要闻")

△　徐树铮来函,陈述合作计划。

西南局势大变,徐树铮由北京日本兵营逃抵上海后静极思动,有所思谋。本日来函,力言合作计划。函谓:李死岑遁,粤府星散,请密商卢永祥,"赶速联合滇、黔,提携闽、粤、川、陕,抚翼苏、赣,重新组设军府,登高一呼,万山皆应。甘、新不过垂手旁观,鲁、皖亦必归我,鄂、豫更勿能为"。并谓"东邻外交及川、陕交亲,弟可力任",请与卢永祥剖陈利害,"救国救世,在此一举"。(罗家伦主编、黄季陆、秦孝仪增订:《国父年谱(增订本)》下册,第 894—895 页)

△　报载孙中山来港组织军政府。

报道称,北京政府接香港密电,谓"刻下孙中山有赴香港之说。虽未证实,但言之确凿。闻其来港目的系欲重组广东军政府"。(《粤桂近事类纪》,天津《大公报》1920年10月25日,"北京特别要讯")

10月25日 复赵伸、李伟函,告煤铁为将来发展实业之助。

护国之役,赵伸、李伟因调查武器,顺道来沪晋谒,嘱以"此后当留心实业,如矿山、工艺之类,切莫为官"。二氏回滇后,孜孜以实业为务,于1917年开办铁工厂、煤铁厂各一。近因吴山赴滇,备述"先生关垂盛情",遂来函报告经营情形,并请在沪筹资,为两厂扩张之备。("中华民国"各界纪念国父百年诞辰筹备委员会学术论著编纂委员会主编、中国国民党中央党史史料编纂委员会编:《国父墨迹》,第474页)本日复函,告"吴山往滇,此间并未知悉,其所言动,均非文所委嘱"。又指出:获悉"所经营铁工及煤铁二厂规模之大,不啻于无意中发见异宝。既有此丰富之煤铁,将来必能为中国发展实业之一大助。俟大局稍定,自当注力为之,惜刻下尚无从为力"。且嘱其详报煤铁两矿积量,"以便计划"。(《复李伟赵伸函》,《孙中山全集》第5卷,第372页)

10月26日 莫荣新通电取消自主,退兵广州。

24日,岑春煊等宣言取消军府,莫荣新本欲负隅顽抗,但本日李福林、魏邦平向莫发出最后通牒,限其三日内离开广州。当晚,莫荣新在市内张贴布告,曰率军离粤,听任市民公举督军负责。(《本社专电》,上海《民国日报》1920年10月29日)并另发通电,宣称各总裁24日通电,"是荣新拥护军府之责,亦可从此告终。谨于本月敬日起,率同将士,宣布取销自主,粤事应听中央政府主持";"兹为保全粤民、减免战祸起见,于中央政府未任专员以前,先率将士让出广州市区,所有维持地方治安事宜,应由粤民所举之新督军负此责任"。(《莫荣新退出广州之消息》,《申报》1920年11月3日,"国内要闻")在驻广州英国领事的陪同下,莫氏随即逃入沙面。30日晨,由沙面乘坐英鱼雷艇往港。(《专电一》,《申报》1920年11月2日)

△ 复函田应诏,告助林修梅。

日前，田应诏遣参谋周佩玮持函来见，报告湘西军情，且请筹助军费。本日复函告，"筹款一节，刻下罗掘俱穷，万难应付"。并指出："文统筹全局，执事此时若能助林修梅统一湘西，进兵桂、柳，获有土地之后，乃能设法彻底之解决。"（《复田应诏函》，《孙中山全集》第5卷，第374页）

△　批孙科电，嘱控莫荣新私吞公款。

是月下旬，孙科自香港来电，报告筹款及岑、莫窜逃诸事。略谓：22日沙面英国领事逐温宗尧出境，24日飞机掷炸弹于观音山，岑、莫即乞英领派舰保护离粤。据闻莫决去，一二日间当逃。接电后指示："倘莫到港，即当搜罗证据，控彼私吞公款，以归刑事犯。"（《批孙科电》，《孙中山全集》第5卷，第375页）

△　冯自由来函，建言再造本党之法。

粤军克复石龙，粤局指日可定，冯自由因于是日来函，筹谋粤省善后及建设之法。该函首请早日回粤，主持建设事业。进而指出，面临新机的国民党亟须有所觉悟，改弦更张，恢复及宣传本党主义，同时担任扫除粤省政治积弊之责。关于再造国民党之法，来函择其要者，列举五项，并指出"向来本党员一入政界，即与党中办事人意见各走极端，不能一致。此实本党前此失败之最大原因，今后应加以特别注意"。且表示自己办党经验最久，"从前本党失败之故，知之甚明，故欲专任恢复粤省本党事宜"。接函后批示："所言极得我心，然办法一时尚未能定。"（"中华民国"各界纪念国父百年诞辰筹备委员会学术论著编纂委员会主编、中国国民党中央党史史料编纂委员会编：《国父墨迹》，第426页）

△　颜启汉来函，告发动旧部讨桂。

颜启汉自香港来函称，前月返港，召集旧部，编成一军，暂用新编粤军游击营队名义。现分驻西江、北江，不日可动。并运动旧部多处，已发委任，伺机响应。祈转电陈炯明，如遇此项军队，请派员接洽，指示进行。接函后批示，勉以进行。（《颜启汉上总理函》，环龙路档案第02430号）

10月27日　复函蓝天蔚，嘱全力谋取两广。

是月中下旬，鄂西靖国军第一军军长蓝天蔚部为熊克武所逐，退出川境，驻守鄂西恩施、鹤峰一带。蓝随即改变计划，意欲图鄂，并遣冯启民持函来沪，报告情况。本日复函指出，"若实力不充，多方发难，实有务广而荒之弊"，"转而图鄂，亦恐未易得手"。此时宜集合各省之力，统一湖南，确立根基，"然后用湘力以扫除游勇，以统一两广，则西南民党之大势可成，而民治可建，民国乃有希望"。（《复蓝天蔚函》，《孙中山全集》第5卷，第376—377页）

△　复函□苐棠，望担任联络海外华侨之职。

日前□苐棠来函，关心国事。本日复函指出，革命未成，实因党务不振；党务不振，又因人才缺乏。上海国民党本部为联络海外各支分部枢纽，目前尚缺一深悉海外华侨之人，如能担任，"致力一二年，以联结海外与本部成为密切团体，当必于国事大有裨益"。（《复□苐棠函》，《孙中山全集》第5卷，第377页）

△　复函赖世璜，勉翦平桂系残余。

赣军支队长赖世璜来函，报告讨桂情形。本日复函，称其驱除桂贼，"义勇可钦"。勉励"努力争先，翦平余虏，不特助粤人成功，亦为赣、滇两军雪耻"。（《复赖世璜电》，《孙中山全集》第5卷，第378页）

△　香港来电，告岑春煊抵港。

本日，收香港方面来电，谓岑春煊搭乘"新疆"轮，"今午到港，明日开沪"。翌日来电，告岑昨日至港，仍在"新疆"轮未登岸，顷忽改乘"天洋丸"，闻与李根源同行。29日来电，再告岑等动向：岑确搭"新疆"轮，李根源乘"天洋丸"，均昨午往沪。（《香港来电报告岑春煊往沪》《香港来电报告岑春煊李根源行踪》，黄季陆主编：《革命文献》第51辑，第246页）停港期间，有人以粤事询岑，答谓："予回忆前清时总督两广，所办各事，无不措置裕如。今为军府主任总裁，反一事莫举。良由我手下无兵权，无实力故耳。若莫荣新等各事听我调度，彼此办事有所磋商，必不至弄到如此结局。"（《岑春煊过港时之谈话》，《申报》1920年11月4

日,"国内要闻")

　　△ 胡汉民等讨论孙中山返粤问题。

　　粤局不日可定,善后及建设问题提上日程。是日,胡汉民致函古应芬、廖仲恺、汪精卫,提出讨论孙中山返粤问题。函谓:"以此数日之战况观之,似省城不成问题,而桂贼或退守肇庆以自固。兹弟所专祈兄等商榷者,则先生宜否返粤? 返粤以何时为宜? 返时偕唐、伍同行否? 四总裁之关系似不宜遽废,而国会又如何? 凡此数节,弟一人不敢武断,望详细研究。"(《胡汉民致古应芬廖仲恺汪精卫函》,李穗梅主编、李兴国等整理:《古应芬家藏未刊函电文稿辑释》,第 69 页)

　　10 月 28 日　马济炸毁兵工厂后逃离广州。

　　是日,粤军由东圃、车陂疾趋广州,并向瘦狗岭、白云山追击。桂军万余人向龙眼洞溃退。广州兵工厂时为中国第二大兵工厂,因莫荣新既正式布告退兵,粤人乃予兵工厂督办马济以行动自由。不料马氏撤离前,"先以地雷轰毁机器室,继乃放火焚屋,全厂皆毁"。(《桂军之瓦解》,上海《民国日报》1920 年 11 月 2 日,"外电")

　　△ 致函谭延闿,请师讨桂。

　　是日,遣何成濬持函面致谭延闿,再请出师讨桂。函谓:广州指顾可下,莫等或退守西江,"惟陆、莫未除,不独粤东隐患未消,即大局亦难言解决"。何来湘请师,"企多得部队,更为粤省援助,使桂乱早日肃清"。(《致谭延闿函》,《孙中山全集》第 5 卷,第 378 页)

　　△ 夏述唐来电,宣布一致讨贼。

　　是日,方声涛部旅长夏述唐自汕头发出通电,痛斥桂系柄政,"假护法之名,行乱法之实"。宣布"自今以后,谨率所部,服从中山先生命令,一致讨贼"。(《夏述唐通电声明志趣》,上海《民国日报》1920 年 11 月 10 日,"国内要闻")

　　△ 梁泮来函,请助川资。

　　梁泮来函,请求接济返美川资。接函后批示,请林焕廷查明,酌量设法。(《批梁泮函》,《孙中山全集》第 5 卷,第 379 页)

△ 上海《民国日报》辟孙中山派员议和传闻。

是月 27 日，上海《新闻报》《时事新报》登载北京来电，谓孙中山派员赴京提出和议条件，并列载条件四项。上海《民国日报》记者就此往询孙中山某书记官，据云："此事毫无影响，因出北京《晨报》一纸，记载北方希望名义上之统一，以取得借债之资格，故尚与章士钊等谋无聊之和议。今报所传孙文提出和议，亦确信是北庭方面欺骗外人，以图借债之手段。盖因岑、陆现已一败涂地，不足以欺外人故，又造出孙氏条件，明眼人可一见而知。"（《孙中山绝未电京议和》，上海《民国日报》1920 年 10 月 28 日，"国内要闻"）

10 月 29 日 粤军克复广州。

是日晨，粤军进入广州，桂军莫荣新、马济残部索得商民开拔费后，仓皇逃离，绕道北江，撤向广西。陈炯明随即自石龙来电，报告情况。电谓："我军本晨克复广州，敌向北江退却，钦廉籍军在省宣布独立。现一面处置钦、廉军，一面檄大军追击。"并请与胡汉民"立刻回粤，主持烦剧"。（《致孙中山电》，段云章、倪俊明编：《陈炯明集》上卷，第 499 页）30 日复电陈炯明，指示变更战略："集中全力速趋省城为上策，集中全力以扑灭麻子（李根源——引者注）为中策。缩短战线，握要固守，以保势力而待援军亦为一策；惟不忍舍去地土，与敌相持，分薄兵力，则为下策。"（《复陈炯明电》，《孙中山全集》第 5 卷，第 380 页）

△ 致函蒋介石，嘱全力助陈。

蒋介石月前驰赴粤军，赞襄陈炯明，参预军机。惟其"性刚而嫉俗过甚"，颇忧其与陈炯明共事不谐，致碍大局。本日致函，特告今之陈炯明，"举全身气力"为党为国，吾所信托，犹民元前之黄兴、民二后之陈其美。并指出，"吾党中知兵事，而且能肝胆照人者，今已不可多得"，惟兄"勇敢诚笃"，且能知兵。望"勉强牺牲所见而降格以求"，为党负重大责任，"不惜全力以为竞兄之助"。（《致蒋中正函》，《孙中山全集》第 5 卷，第 379－380 页）

△ 复函李兴高，勉长驱捣桂。

滇军参谋长李兴高来函，报告滇军协助讨桂情形。本日复函告，岑、莫虽逃，惟非完全改造桂省，"不但无以固粤局，亦无以拯桂人"。故"我军正须再接再厉，直捣黄龙。滇军勇毅著闻，当必乐于长驱也"。（《复李兴高函》，《孙中山全集》第 5 卷，第 380 页）

10 月 30 日　北京政府颁布大总统令，宣布南北统一。

是日，北京政府依据岑春煊、陆荣廷等于溃败之际发出的宣言引退、取消军政府通电，由总统徐世昌颁布命令，宣布南北统一。徐令在复述岑、陆等电后宣告："中央望和若渴，已非一日，但能促成统一，有裨国家，自应博采群情，速图归宿。着责成国务院暨主管部院，会商各该省军民长官，将一应善后事宜迅速妥筹办理。"（《政府公报》第1691 号，1920 年 10 月 31 日，"命令"）

报纸分析统一令出台内幕称，北京政府希望统一，情急已非一日。"在两方初意，本欲以不关痛痒之新旧国会为牺牲，作成形式的要求条件，为岑、陆代表向北政府提出，而北政府予以同意。于是由北政府与岑、陆代表章士钊等双方签字，然后由岑、陆拥军政府名义取销自主，再由北政府颁发明令，成立名义上之统一。"不料桂系节节败退，岑春煊深恐军政府招牌转为陈炯明所有，乃以从前官场放起身炮手段，发出自行取消军政府通电。北方获悉，又惊又喜。在京政学会代表更频频向当轴说项，谓此时不收拾两广，粤局一入民党之手，永无和平之日。请一面颁令统一，一面设法援桂，所有各项善后办法，均待粤局平后缓商。30 日上午 9 时，北京政府全体阁员召集紧急会议。靳云鹏发言，称此为颁发统一令绝好机会，请徐世昌立即决定。徐卒从靳说。"于是出府到院在阁议席上，提出预拟之令稿，于词句略有改窜，即刻缮正请印颁发。"（《靳岑纸片统一之换文》，上海《民国日报》1920 年 11 月 2 日，"国内要闻"；《滑稽的统一令之由来》，上海《民国日报》1920 年 11 月 1 日，"国内要闻"）

△　汪精卫、廖仲恺来电，请任命陈炯明，以安粤局。

是日，汪精卫、廖仲恺自广州抵达石龙，面晤陈炯明，商讨粤情。

随即来电,告"省局诡变百出",请用总裁名义致电陈炯明,嘉粤军战功,"委为省长兼管全省军务,凡粤所属陆海各军,均归节制调遣,以竟讨贼全功"。并致电魏邦平、李福林,"奖其协同讨贼之功,并勖其辅竟治粤";"免林葆怿海军总长职,以汤廷光为海军总长,以林永谟为海军总司令"。(《与汪兆铭致孙中山电》,廖仲恺、何香凝著,尚明轩、余炎光编:《双清文集》上卷,第376页)

△ 翟汪来电,请来粤主持。

来电告莫荣新部出走,粤军各部陆续进驻广州,并"请总裁南来,维持大局"。(《翟汪请孙总裁回粤电》,上海《民国日报》1920年11月1日,"国内要闻")31日,军政府护法军总指挥叶夏声、副指挥陆祺来电,谓军府、国会应即同时规复,恳请总裁及国会诸公"克日莅粤,以竟护法全功"。(《广东亦运动规复军府国会》,长沙《大公报》1920年11月13日,"中外新闻")11月3日,广东救国第三军第四路司令遝敬川亦来电,请"总裁、国会诸公克期抵粤,以竟全功"。(《遝敬川为请军府国会诸公克期抵粤事致吴景濂等电》,李家璘、郭鸿林、郑华编辑:《北洋军阀史料·吴景濂卷》第3册,第613—614页)

10月31日 四总裁发表宣言,否认北京政府统一令。

是日,与唐绍仪、伍廷芳及唐继尧代表王伯群等于唐绍仪宅邸召开会议,商讨时局。对北京政府发布的统一令,决定对国内暨公使团发表正式宣言,揭破阴谋,以正观听。又议决刷新粤局之政令数道:(一)任命陈炯明为广东省长兼粤军总司令,统率广东水陆各军;(二)免去海军总长兼海军总司令、福建督军林葆怿本兼各职;(三)任命汤廷光为海军总长;(四)任命林永谟为海军总司令。此四道命令各以四总裁署名,电达粤省照行。(《粤局解决后军府命令》,上海《民国日报》1920年11月4日,"本埠新闻")

四总裁宣言随即拍发。该电指出,和会正式机关并未废止,南北和议,舍此莫由。近岑、莫败亡之余,辄为取消自主之说,北方竟据以口实,宣布统一,"似此举动,过于滑稽儿戏"。察其用意,"实思以伪统一之名义,希图借取外债,以延长其非法政府之命脉"。宣言严正通告:"须知岑春煊早丧失地位、资格,而军政府依然存在,初不因岑等个人反复,致生问题。此次北方宣言,文等绝不承认,内而国民,外而友邦,勿为所欺。北方既毫无诚意,而用此种狡狯无聊之手段,使大局更起纠纷,咎有所在。"(《四总裁否认滑稽统一之宣言》,上海《民国日报》1920 年 11 月 2 日,"国内要闻")

宣言发出后,西南内部多有响应。11 月 1 日,陈炯明发表通电,称四总裁宣言"光明正大,所有护法军队皆秉此以为指南。岑、莫等之宣言,不过取消其所窃据之名器,取消其本身之人格,不能损军政府和国会之毫末"。(《公电二》,《申报》1920 年 11 月 9 日)同日,国会三议长林森、吴景濂、褚辅成联名通电全国,痛斥今日和平统一障碍,第一为徐世昌与其所卵翼之督军武人。"徐氏果真爱和平,真谋统一,应即宣告退位,其余问题依法解决,和平统一即可实现。"(《国会议长斥统一谬令》,上海《民国日报》1920 年 11 月 7 日,"本埠新闻")谭延闿、唐继尧、刘显世等亦先后屡电表态。

上海《民国日报》发表社论,认为四总裁宣言有两大意义:"第一是对国内声明,军府所主张是公开的对等和议,苟有理可援,有法可据,有真诚可发表,尽可堂堂皇皇地进行。第二是对国外声明,这次北廷所宣布的统一是无效的,没根据的,并且是欺罔的。"尤值得注意的是,防止北京政府借名统一,滥借外债,增加内乱的痛苦和无谓的负担,"四总裁所以特地喝破这一点,要求国民注意"。(楚伦:《四总裁宣言的附注》,上海《民国日报》1920 年 11 月 2 日,"社论")

△　齐契林来函,号召中国兄弟行动起来。

是日,苏俄外交人民委员齐契林来函,介绍《里加和约》签订情况,指出"中国粉碎了联合日本帝国主义的极端反动的势力,中国人民在国内外都朝着自决和自治方面迈进了一大步",中国人民"自觉地走上同帝国主义对世界的沉重压迫进行斗争的道路"。并呼吁"中国兄弟们,行动起来吧,压迫你们的势力在一天天衰落下去。请再稍等一等,你们胜利在望,但是也不要浪费时间。应当立即恢复我们两国的贸易关系。不应放过任何一个机会。愿中国坚定地走上与我国友好的道路"。(《契切林致孙中山的信》,中共中央党史研究室第一研究部编:《共产国际、联共(布)与中国革命文献资料选辑(1917—1925)》,第50页)此信历经周折,迄1921年8月14日才被收到。

△ 致电陈炯明,告择期南下。

粤军克复广州后,陈炯明来电敦请南下。本日与唐绍仪、伍廷芳、唐继尧联名致电陈炯明,除对克复羊城表示敬佩,望为慰勉粤军将士外,表示"承嘱联翩南返,共策进行,文等救国救粤,义不容辞,首途有期,容当续告"。该电并指示,岑春煊等取消军府,陆荣廷、莫荣新等取消自主,"易淆观听,外人不察,尤恐坠其术中"。请以粤军总司令名义,通电全省,照会驻粤各领事,力辟谣诼,以正视听。(《唐绍仪发电稿》,《近代史资料》编辑组编:《近代史资料》总51号,第196—197页)

△ 陈炯明来电,建议任命政务、财政两厅长。

广州克复后,百端待理。本日,陈炯明来电,建议任命廖仲恺为政务厅长,邹鲁为财政厅长,"扫除桂蠹积习,刷新吏治"。(《致孙中山等电》,段云章、倪俊明编:《陈炯明集》上卷,第501页)接电后即准其所请。

△ 复函陈继虞,勉合力进攻南宁。

是月16日,陈继虞来电,告克复琼崖,并与滇军推诚相与。本日复函表示欣慰,并谓广州业已克复,"贵部当即合力进攻南宁,将游匪全行扑灭,使广西同时改造,然后两粤乃得奠安,可以进而解决大局"。(《复陈继虞函》,《孙中山全集》第5卷,第382页)

△ 复函胡景翼,勉守陕待时。

胡景翼前为陕西督军陈树藩囚于西安,直皖战争爆发,陈为笼络人心,将其释放。胡返抵三原,就任陕西靖国军副总司令兼总指挥,宣布继续讨陈。日前来函,报告脱身虎阱,重掌军符情况。本日复函指出,粤事将告解决,"继此即当改造广西,使两广成巩固之局,民治基础,庶乎有赖"。北政府所发统一伪令,"已显认新国会为非法,自失依据。我更当再接再厉,以完我救国之大业"。并告"陕西险据中原,为南军入北之冲要,幸善守之,以俟时局之变化"。(《复胡景翼函》,《孙中山全集》第5卷,第382-383页)

是月下旬　复函李福林,勉力竟全功。

是月21日,李福林来函,报告省城独立、军事部署及军力发展情况。(《李福林上总理函》,环龙路档案第02439号)本日复函告,岑、莫逃窜,我军除清剿余寇外,"尚须继续攻入广西,歼灭游匪。务使两广人民同脱强盗之羁绊,辟民治之宏规"。勉其"诸惟努力,用竟全功"。(《复李福林函》,《孙中山全集》第5卷,第383-384页)

△　复函杨寿彭,告所赖众力者尚大。

旅日华侨杨寿彭来函,报告华侨党员关怀桑梓、踊跃输将情形。本日复函表示感佩,并指出粤事结束,将"进而改造广西,建真正民治之基础,所赖于众力者尚大"。北方五省饥馑,谊应拯救,惟官僚多中饱私囊,须"捐款人之严行监督,乃能实惠及民"。(《复杨寿彭函》,《孙中山全集》第5卷,第384页)

△　复函何卓竞,望继续捐助。

侨美中国国民外交总会何卓竞来函,报告旅美同志热心桑梓,慷慨解囊。本日复函慰勉有加,并告现粤省余寇尚待清剿,且须进取广西,以铲绝根株,故"所须军费,尤亟浩繁"。望"各同志继续捐助,俾得早清游匪,建立民治"。(《复何卓竞函》,《孙中山全集》第5卷,第385页)

是月底　接受日本《朝日新闻》特派员访问,就时局阐明态度。

报道称,就北方统一令及将来行止问题,孙中山表示:"徐世昌之南北统一命令,不过戏谈而已。北京政府在欲得新银行团借款,故有此声明,以欺瞒中外。岑春煊亡命赴沪,其政治生命已然告终,惟政学会派尚有何等活动。迩来陈炯明及广东各方面,劝余速赴广东。至余应之与否,今尚未定,而余之行止,约在本星期内决定。"对于军政府移粤后的计划,答谓:"余对此计划之赞同与否,目下尚不能述其意见,惟观将来表示之形势以定余之目的。至于全国统一一节,堪信不久必能实现。"(《孙文口中之统一谈》,天津《益世报》1920 年 11 月 8 日,"要闻一")据日本媒体报道,访谈间并表示:"吾人可以断言,这次是建立新政府运动,具有由吾等民党统一全国的意味……决非单纯的广东政府问题。"(《嘲笑统一宣言》,《时事新报》1920 年 11 月 1 日;[日]森时彦:《第二次广东军政府时期的孙中山》,中国孙中山研究学会编:《孙中山和他的时代——孙中山研究国际学术讨论会文集》,第 793—794 页)

是月　吴景濂来访,谈进行方针。

护法国会议员离渝后,相继辗转来沪。吴景濂抵沪后,即前来晋谒,"叙述离渝本末,并请指示此后进行方针"。(吴叔斑记录,张树勇整理:《吴景濂自述年谱》下,《近代史资料》编辑部编:《近代史资料》总 107 号,第79 页)

△　复函何畏,勉迅速收拾滇军。

何畏来函,报告受唐继尧委任,收拾在粤滇军,并请筹济。本日复函,告所需急款,颇难筹措。望"迅速进行,俾减敌势";对该军切实晓以大义,"做到一分是一分"。(《复何畏函》,《孙中山全集》第 5 卷,第 387页)滇军李根源部自河源败溃退回广州,仅余两三千人。陈炯明以途穷始来归附,必不可靠,于 11 月 2 日将其缴械解散。同日廖仲恺来电,告何畏、叶夏声等如有电诉,请勿理会。唐继尧电嘱陈炯明保存滇军,交还战场所得枪炮,"殊属无理","若彼电沪要求,请勿理"。(《致孙中山电二件》,廖仲恺、何香凝著,尚明轩、余炎光编:《双清文集》上卷,第377—378 页)3 日,张开儒来函,谓本拟收束所遗滇军,"专待台旌回粤,另组军府,统率拱卫",不期陈炯明派队缴枪,"收束不及,只滋愧悔"。现派团长王树藩来沪,"面陈一切"。接函后批示,不答。(《张开儒上总理函》,环龙路档案第 02455 号)

△　复函戴任,勉致力解决川事。

9 月 24 日,戴任自重庆来函,言西南内部诸事。本日复函,谓"所云各节,见解独超"。并指出,粤事未平,川事又起,"兄现在渝,必

多赞助,尚望勉为致力"。(《复戴任函》,《孙中山全集》第 5 卷,第 386 页)

△　复函赵德裕,勉即行兜剿桂军。

是月 15 日,赵德裕来电,报告琼崖起事讨桂。本日复函,深表佩慰,并告"已照电粤中各军,一致提携,共完伟业,现在桂贼未清,亟望统率戎行,迅速兜剿,以绝国家无穷之匪患"。(《致赵德裕函》,《孙中山全集》第 5 卷,第 386 页)

△　复函吕一夔,勉共扫桂系。

广西吕一夔来函,对粤军讨桂表示支持。本日复函指出,陆、莫"不特粤之罪人,亦桂之恶障。为造福人民计,自当不分省界,协力扫除游勇,以致真正之民治。俟粤局定后,即可尽粤省之力,以助桂省"。(《复吕一夔函》,《孙中山全集》第 5 卷,第 387 页)

△　林丽生来函,请赴粤组织政府。

林丽生与孙科多有联络,参与运动海军事宜。本日来函,告莫荣新不日必将交卸,岑春煊、温宗尧亦将相继离粤,陈炯明班师有期。恳"早日南旋,另组一强有力之政府,俾善后诸事得人主持"。(《林丽生上总理函》,环龙路档案第 01574 号)

是月底次月初　护法议员前来探询进行办法。

在沪护法议员于恺尔路通讯处开会集议,推举丁象谦、张知竞等三人为代表分访孙中山、伍廷芳、唐绍仪,询问今后进行办法。三总裁表示意旨大同小异,略谓:"护法到底,对于北京发布之统一令已有正式宣言。"11 月 3 日下午,各议员又在通讯处集谈,将访问情况向社会进行通报。(《孙中山等与旧议员最近行动》,《申报》1920 年 11 月 4 日,"本埠新闻")

11 月

11 月 1 日　以军政府名义裁撤广东督军,任陈炯明为广东省长兼粤军总司令;免海军部长兼海军第一舰队司令林葆怿本兼各职,任汤廷光为海军部长,林永谟为海军第一舰队司令兼署理海军总司令。(《广东人之广东新气象》,上海《民国日报》1920 年 11 月 8 日,"国内要闻")

△ 谭延闿来电,否定岑陆通电,主张联省自治。

电谓:"军府为各省组合,非二三人所能消灭,各省主义自然不能以二三人为转移。所有粤中岑陆林诸人宣言,当然不能承认,并不发生何等效力。"倡议"此后各省以武力戡乱,不如以民治奠国基,宜仍互结精神,主张联省自治,贯彻救国之初衷,保全南服之人格"。(《谭延闿否认岑陆行动》,上海《民国日报》1920 年 11 月 6 日,"国内要闻")翌日,谭延闿、赵恒惕等湘军将领又通电重申前意,并宣言:"(一)湘军主张当与西南护法各省一致,一切问题须由公开和会解决;(二)湘人实行自治,以树联省自治之基,不受何方之干涉,亦不侵略何方,如有横加侵略者,必以正当对付。"(《湘军全体之郑重宣言》,长沙《大公报》1920 年 11 月 8 日,"本省新闻")4 日,谭延闿复来电,对四总裁宣言表示"极为佩仰",祈详示大局进行方针。(《谭延闿复四总裁电》,上海《民国日报》1920 年 11 月 8 日,"国内要闻")

△ 朱超来电,告兵工厂为魏邦平骗据。

是日收朱超来电,谓 29 日攻下兵工厂,中午时分魏邦平部入驻,随即增加兵力,并骗得粤军总司令部手令,将其逐出。"该厂遂为魏有,不平殊甚。"(《朱超报告攻下兵工厂及退出经过上国父电》,黄季陆主编:《革命文献》第 51 辑,第 246 页)3 日,王汉斌、稽翯青来电,详述救护兵工厂及易手魏部始末。(《王汉斌等报告救护兵工厂始末电》,上海《民国日报》1920 年 11 月 9 日,"公电")

△ 卢焘来电,宣称护法宗旨不变。

代理黔军总司令卢焘偕黔军将领本日通电,斥熊克武暗通国贼,破坏军府、国会,宣称"护法宗旨,始终不渝,靖国锄奸,惟力是谋"。(《黔军卢焘等通电》,长沙《大公报》1920 年 11 月 6 日,"要电")

△ 张绍曾来电,通告和平救国大纲。

南北间重要调人张绍曾,鉴国内战事愈演愈烈,草拟和平救国大纲五条,在征得吴佩孚、张作霖同意后,本日通电全国,倡议各方奉行。该大纲包括:即日停战撤兵;谋组最高军事会议,解决裁兵问题;召开国民会议,解决修宪及政改问题等。(《张绍曾就草拟的和平救国大纲事致吴景濂等电》,李家璘、郭鸿林、郑华编辑:《北洋军阀史料·吴景濂卷》第3 册,第 603—608 页)

11 月 2 日　陈炯明抵广州。

是日午间,陈炯明由石龙乘车抵达广州,受到各界欢迎,随后驻节八旗会馆。汤廷光通电各界,一致公推陈炯明接管军民两政,并函促"乞迅受符,用慰群望"。(《陈炯明入粤后之粤讯》,天津《大公报》1920 年11 月 6 日,"紧要新闻")3 日,汤廷光派员将督军、省长两印送交,陈拒不接受,仍饬送回。4 日,汤又邀各社团茶会,说明辞职原因,请代为携印送陈。各团于 5 日谒陈代劝就任。(《战潮未息之粤桂》,天津《大公报》1920 年 11 月 8 日,"紧要新闻")

粤军入城后,广州市面焕然一新。报道称,"粤军入城,桂军解散后,各机关及市面上为之一新。揆厥原因,各机关刻均更易粤人,是以均谋进步,竭力整顿。各学校亦均上课,所封之《岭南新报》等刻已出版,市面上因莫已走,日后必无战事,故一律照常营业"。(《两广新纪事》,天津《大公报》1920 年 11 月 5 日,"紧要新闻")

△　复电孙科,指示军火购置事宜。

阅报见黄志桓在钦廉宣布独立,此事果确,则桂系出海口尽失,无从接收外来军械,原军械商或能转为我用。本日致电孙科指示:"此等军器亦正合吾人之用,可与前途交涉。""现款一时难得,但在沪可觅银行担保,俟粤局定后,则当先以关余还之。可约其船先驶入汕头停泊。若交易不成,当通知沿海一带同志防备,免其偷接。"(《复孙科电》,《孙中山全集》第 5 卷,第 388—389 页)

△　廖仲恺来电,告宜速图西南响应四总裁宣言。

是日,廖仲恺自广东连来两电,报告各事。电谓:北京政府颁发统一令,于粤影响甚大。汤廷光、魏邦平、李福林"以利相结,勉强附和,皆企趁此收场"。粤军将领久战思逸,亦为"此种空气所中"。四总裁宣言收到后,即由陈炯明本通电意旨,通告各领事。"惟必须黔刘、湘谭皆赞我之通电,始有镇人心而壮士气。川刘若能通信,宜速图,否则势孤,终恐酿变",因梁士诒"运动盛,宜严防"。又谓"先生归粤利害",俟与汪精卫、陈炯明熟商后再复。(《致孙中山电二件》,廖仲恺、何香凝著,尚明轩、余炎光编:《双清文集》上卷,第 377—378 页)

11 月 3 日　复函林修梅,嘱联络湘中同志,统一湘西。

上月 16 日,湘西靖国军总司令林修梅来函,商讨移师计划,并请筹助军饷。本日复函告,军队即改称讨桂军,移师计划可相机实行。款项正在筹措,"必极力设法"。又指示亟联湘中同志,"统一湘西,与协和一致行动";并速派人与吕超、石青阳、卢师谛联络,"团成一片,巩固实力,然后相机解决大局"。(《复林修梅函》,《孙中山全集》第 5 卷,第 389 页)

△　致电许崇智,勉迅图扫穴。

是月 1 日,粤军第二军军长许崇智进抵广州。本日致电祝贺。电文称许粤军血战二三月,遂能放逐蛮酋,"固公理之战胜,亦策略之靡遗。民国 9 年粤军战史,第一功当属兄矣"。并勉其"再厉戈矛,迅图扫穴,出桂人于强盗之手,使两粤联为一气,固我初基,进而解决大局,庶三民主义得有贯彻之日"。(《致许崇智电》,《孙中山全集》第 5 卷,第 389—390 页)

△　陈炯明来电,辞广东省长。

电谓:"现在粤局甫定,军务未尽收束,不得不维持始终",省长一职,自非所能兼顾。务请另简贤能,或命汤廷光兼任,"俾得专任军事,一心杀贼"。(段云章、倪俊明编:《陈炯明集》上卷,第 502 页)4 日,汪精卫、廖仲恺来电,告陈炯明辞省长,"尤望勿允"。(廖仲恺、何香凝著,尚明轩、余炎光编:《双清文集》上卷,第 379 页)

△　在粤护法议员举行会议,推举五代表面谒陈炯明,请表示对

国会意见。陈谓："岑莫等失人格,乞怜于此,取消自主,实为我所不承认。我修军回粤者,莫非因彼等行此罪恶贯盈之故。今我回粤之目的虽达,而护法之目的未终。"并表示："数日内将电请孙唐伍唐各总裁到粤任职,商榷前途办法,以竟护法之全功。"(《战潮未息之粤桂》,天津《大公报》1920年11月8日,"紧要新闻";《陈总司令向国议员表示宗旨》,《香港华字日报》1920年11月6日,"粤闻")

11月4日 在中国国民党本部召开会议,演说修改党章之意义及方向。

上年10月10日,中华革命党改组为中国国民党,惟本部章程一仍其旧,未及修改。本日于中国国民党本部召集有关同志,集议修改章程问题,并发表演说。演说首述修改的必要性及原则性,谓本部章程是数年前于东京依照海外情形制定的,"现在我们既已能够在国内立脚,打算在国内进行党务,那章程自然有多少要修改的地方"。而修订章程,必须明白"我们造一个党,是因为要把我们的主义和目的贯彻到底"。继而详为追溯中国同盟会、中华革命党党务开展及其经验教训,精微阐发五权宪法、三民主义命意及内涵,明确指出:"我党就要以三民主义为宗旨、五权宪法为目的,合拢这两条来做革命";我们要"赶紧在国内扩张起来,实行这三民主义、五权宪法"。演说最后号召,依据上述精神,"把从前的章程,大家来参酌修改"。(《在上海中国国民党本部会议的演说》,《孙中山全集》第5卷,第390—394页)

△ 在住宅召集会议,讨论时局。

陈炯明邀请各总裁赴粤电抵沪后,日与伍廷芳、唐绍仪及在沪西南要人召开会议,筹商对策,有"先派代表赴粤接洽,再定行止"之说。是日下午1时,又与伍廷芳、唐绍仪召集旅沪西南要人王伯群、孙洪伊等,及参众两院议员五十余人,在环龙路住宅召开紧急会议。讨论良久,决定:"(一)通告外交团,如中央假名统一押借巨款,西南誓不承认;(二)由孙等四总裁名义,各派干员一人,充代表兼程回粤,考察现在状况,以定进行;(三)顺从新潮流,废去广东督军,所有收束种种军事,归各司令负责;(四)桂军新挫,势力大衰,宜电令各军进攻桂梧,以期灭此朝食,永绝后患;(五)军政府之名义与尊严,须继续维持。"上述五项由列席者全体认可签字,即付履行。(《上海孙宅会议汇总》,《香港华字日报》1920 年 11 月 13 日,"中外要闻")

△　陈炯明布告对各大问题之主张。

是日,陈炯明布告有关广东、广西及全国问题处置方针。关于本省治理,谓"欲改造广东,当实行民治始,现有军队为民治保障,愿粤人共监视执行"。关于对桂态度,谓"此次战争,非粤人与桂人战,乃粤人与桂贼战。桂贼桂不能除,今为两广人共除之。当同尽力,使两广民治相辅发展"。关于国事,谓"当求永久和平有主义统一。自今春伍廷芳离粤,广州军府已失存在。关于和平统一诸问题,当依孙唐伍宣言为解决"。(《战潮未息之粤桂》,天津《大公报》1920 年 11 月 8 日,"紧要新闻")

△　汪精卫、廖仲恺来电,请电邀林葆怿离粤。

是月 1 日,军政府免林葆怿本兼各职令下后,林进退失据,颇为狼狈。初拟率舰队离粤,为各舰长所阻;欲乘"海琛"舰北驶,又为汤廷光不许。(《本社专电》,上海《民国日报》1920 年 11 月 6 日)本日,汪精卫、廖仲恺来电,告"命令发表后,林葆怿不能抵抗,已准备交卸,惟欲保全体面,以赴沪与诸总裁商议南北议和为名"。请在沪各总裁"发电邀林葆怿,以促其离粤"。(《与汪兆铭致孙中山电》,廖仲恺、何香凝著,尚明轩、余炎光编:《双清文集》上卷,第 379 页)10 日,林通电离粤。

△　彭邦栋等来电,请速驾返粤。

广州克复,邀请赴粤函电纷至。本日,国会议员彭邦栋、邓天一等十余人联名致电各总裁及两院议长,谓"当兹护法根本已经奠定之余,正我西南团结亟图发展之候",恳"速驾返粤,组织政府,以维持法系,巩固国基"。(《彭邦栋诸人为请返粤组织政府事致孙中山吴景濂等电》,李家璘、郭鸿林、郑华编辑:《北洋军阀史料·吴景濂卷》第 3 册,第 615 页)

11 月 5 日　复电靳云鹏,重申和议主张。

　　北京政府统一令颁发次日,国务总理靳云鹏来电,谓统一进行"实目前救时之惟一方剂","中央望和若渴,但能有裨国家,自应速图归宿,以慰群众之望。已令会商各督,妥筹善后"。并冀"携手进行,共谋国是"。(《靳云鹏分致西南各首领电》,天津《大公报》1920 年 11 月 4 日,"紧要新闻")本日与伍廷芳复电指出,统一令颁,讥评如潮,"谓为滑稽,良非无故"。重申"欲解南北纠纷,图全国事实上之统一,必自赓续和议,该军事协议乘时取销,各种密约完全废止,法律问题完满解决始。否则,求统一而去统一愈远,言和平而破坏和平愈甚"。(《两总裁电质靳云鹏》,上海《民国日报》1920 年 11 月 9 日,"本埠新闻")7 日,唐继尧致电北京政府,亦谓:"对于无条件议和一节,绝对不能赞成,仍请依照原订步骤在沪接商和议。仍公推唐少川为南方议和总代表,求和议上之正途进行。"(《旅京苏人之自治会议·孙唐反对无条件议和》,北京《晨报》1920 年 11 月 8 日,"紧要新闻")

　　△　陈炯明通电,主张和议公开。

　　岑、桂被逐,南方代表方已无争议,而和议显为解决国事之正轨。陈炯明鉴于前此和议,久拖不决,无裨国事,本日通电南北要人,力主和议公开,解决一切。电谓:年来议和,"方法不能正大,实为最大之梗阻";"诡随与秘密,实为万恶之源"。自兹以往,"不议和则已,苟议和,则单独之接洽、暧昧之行动,宜绝对禁绝。惟以正式之会议,公开之方法,解决一切,方能收快刀斩乱麻之效"。并呼吁北京政府即刻"派遣议和总代表克日来沪",与南方总代表唐绍仪继续议和。(《陈总司令主张和议公开》,上海《民国日报》1920 年 11 月 13 日,"国内要闻")

　　△　报载孙中山等最近行动及计划。

　　报道称,中美通信社通讯谓:上海孙中山、唐绍仪、伍廷芳等因岑、陆已完全失败,广州军政府当另行组织,闻孙、伍等日内即搭轮赴香港再赴广州。"刻已由上海分电广州之汤廷光、陈炯明、魏邦平、李福林,又电滇黔之唐继尧、刘显世,多数均表同情。二次军政府成立之期,殆指日可待。"又一消息谓:北方宣布统一后,孙中山等重整广东军政府计划积极进行,北京政府表面虽不甚措意,实际却极力疏通。惟孙中山、陈炯明携手之势已成,恐近难发生效果。另据某方面消息:孙派之计划,"由联络湖南、收拾广东双方并进,而重整军政府尚为第二步。闻其底理,系孙派恐谭延闿党于桂派,遂实行联络林修梅、赵恒惕,先使谭氏不能展布。在广东方面,设法渐迫桂军全体出境以消隐患,以为军政府之地盘";"并闻孙文拟先返粤,唐绍仪仍暂留沪活动,接洽一切"。(《政府注意中之西南行动》,北京《晨报》1920 年 11 月 5 日,"紧要新闻")

11 月 6 日 复函齐燮元,告慎防地盘被攫。

上月 12 日,苏皖赣巡阅使兼江苏督军李纯在督署自杀身亡。15 日,北京政府命齐燮元暂代。对于李纯之死,外界颇为瞩目,一时谣诼纷纭。日前,齐燮元来函,附呈李纯遗书。本日复函指出,李纯死后,"北使纷驰沪上,造谣不休,想必有人欲攫取地盘,而先陷当局者以莫须有之罪"。并告"北方政出多门,更有人为之奔走捣乱,此恐非语言文字所能释谤而止纷。夫当非常之事变,要有非常之干略"。(《复齐燮元函》,《孙中山全集》第 5 卷,第 397 页)

△ 复函蒋道日、关墨园,批准中国国民党古巴分部改称支部。

上月 12 日,蒋道日、关墨园来函,请示将中国国民党古巴分部改称支部。本日复函照准,并感谢古巴侨胞为粤军讨桂慷慨助款三万元,又告改派周雍能赴古巴担任《民声报》报事。(《复蒋道日关墨园函》,《孙中山全集》第 5 卷,第 398 页)12 月上旬周雍能启程前夕,特致函蒋、关,为周作介,并谓"以后相聚一方,尽可互为辅益,使党务发扬无已"。(《致蒋道日关墨园函》,《孙中山全集》第 5 卷,第 443 页)

△ 广州来电,报告陈炯明解决时局主张。

本日接广州来电,报告陈炯明解决大局主张。电谓:对于孙中山南来及组建军府,陈炯明认为"先生如来粤,振起军民精神,实大有裨益"。"惟先生来粤,必须重组军府,而总裁制实不适用,非改造军府,由先生单独主持,吾党理想断难实现。欲达此目的,必须逐步做去。"

对于北京政府,陈意四总裁既通电否认伪统一,"宜更对于北方告以桂贼扫除,和梗已去,当重派代表正式公开议和。北庭对此通告,若竟决然拒绝,则衅自彼开"。(《广州来电报告陈炯明对大局之主张》,黄季陆主编:《革命文献》第 51 辑,第 247 页)

11 月 7 日　北京政府召开统一善后事宜筹备会议。

北京政府颁发统一令后,虽遭南方反对,仍于本日召开统一善后事宜筹备会议。除全体阁员出席外,岑春煊亦派代表参加。会议决定由国务院设立善后会议办事处,办理统一善后事宜。("中华民国"史事纪要编辑委员会编:《中华民国史事纪要(初稿)——一九二○年一至十二月》,第 580 页)

△　旅沪新国会议员来电,祈促徐世昌退职。

上月 30 日,徐世昌颁发统一令,又令各省依据民元 8 月 10 日所公布国会组织法及参众两院议员选举法办理选举。一体取消新旧国会之用心显而易见。本日,旅沪新国会议员八十五人致电徐世昌,随后并通电全国,声称徐"既不惜自居于非法,以污我同人,我同人决不肯自居于非法,以徇阁下"。恳请各界一致主张,促令徐世昌即日退职。(《旅沪新国会议员之通电》,天津《大公报》1920 年 11 月 10、11 日,"紧要新闻")

△　报载陈炯明召开军事会议,决定欢迎各总裁返粤重组政府。

报道称,陈炯明因筹商广东善后,在司令部(旧督署)召集重要会议,讨论诸事。议决:"(一)欢迎上海孙中山、唐少川、伍秩庸返粤,组织军政府;(二)电致唐继尧、刘显世,筹备联军,实行护法;(三)宣布岑、莫破坏护法之罪状;(四)整顿各军,实行分配设防,并将议决情形咨达省议会备案。"(《陈炯明之军事会议》,天津《益世报》1920 年 11 月 7 日,"特别纪载")

△　报载孙中山等筹商解决西南办法。

报道称,据上海来京某要人云,孙中山等因北京政府与岑、陆单独和议,颁布统一令,甚为不满,日来迭在恺白尔路旧议员招待处集议,筹商办法。刻已分电民党各要人来沪与议。闻孙中山等日前召集筹备会时预提各件,包括:"(一)整顿民军及护法各军,实行分防各要地;(二)调停西南各方面之意见,以期和衷共济;(三)筹备巨款,令各要人分任筹措;(四)速组军政府,招集国会;(五)追捕岑、莫,以作反对统一之后步。"(《所谓统一问题之近息》,天津《大公报》1920 年 11 月 7 日,"北京特别要讯")

11 月 8 日　举行茶话会,筹谋应付时局方法。

是日,与伍廷芳、唐绍仪在法租界举行茶话会,到会者"除一二政党要人外,余均旧议员"。所议事项:"(一)筹备正式会议,招集西南各方面代表来沪之方法;(二)讨论赴粤组织军政府,招集旧国会之手续;(三)集合护法军队,再另编制,并补添护法义勇队;(四)募款之计划及分配之办法。"(《粤沪方面最近要讯》,天津《益世报》1920 年 11 月 11 日,"要闻一")

　△　与记者谈山东问题救济法。

是日下午 3 时半,上海通讯社记者偕北京《晨报》、天津《益世报》驻沪记者来访。因适逢与新近来沪议员多人集议要事,故等候半小时后始接受采访。记者首询军政府、国会组织问题及西南应对北政府统一令办法,答曰:"各该问题,现下在沪诸总裁尚未议有具体之办法,故现下不能预告。"记者继问山东问题救济法,答谓:此时似不必用狮子搏兔之全力,尽注于该问题。而应"将目光放远一步,专行注力于满洲、高丽两方面。其第一步办法,应先要求取消《马关条约》,扶持韩人独立以缓其冲。第二步办法,要求取消'二十一条'卖国条约,以锄其攫取山东之根";"两步办法如能办到,则吾国藩篱已固,山东问题亦既可以连带解决。"记者进询两步方法如何实施,答称:"宜先行造成一种强固之舆论,以博各国之同情",然后再定实施之法,"或直接向日本要求,或提交国际联盟会公判"。(《孙中山先生之外交谈》,上海《民国日报》1920 年 11 月 9 日,"本埠新闻")

　△　改造广西同志会来电,吁明令讨伐陆荣廷。

改造广西同志会王乃昌等来电,痛数陆荣廷各罪,吁请军政府从速宣布陆荣廷罪状,明令讨伐,并迅令西南诸省一致协剿,"庶护法前途,永无南顾之忧,桂省人士,同趋民治之轨"。(《桂人王乃昌等讨陆电》,上海《民国日报》1920 年 11 月 18 日,"国内要闻")

△ 报称陈炯明欢迎孙伍唐返粤无诚意。

据北报报道,本日,粤绅商公举代表十二人谒见陈炯明,欢迎到省,并陈年来粤民疾苦,希望勿迎军政府重来,以减粤乱。陈表示:"予原来亦不愿意接孙、唐来粤,前电不过表面办法而已。请诸公想一方法阻挡孙唐,予无不赞成。"(《沪粤函电中之要讯》,天津《益世报》1920 年 11 月 12 日,"要闻一")陈此番表态,恐非全为遁词。白逾桓忆述:"当时陈君既下广州,中山使汪精卫赴石龙,说陈主迎中山,陈初尚犹豫,汪与陈君约谓粤事由陈君主持,中山回粤不过回复前日被逐之颜面。陈君遂欢迎中山。"(陈定炎编:《陈竞存(炯明)先生年谱》,第 263 页)

另据港报报道,同日,粤军总参议黄强向记者谈话,称"报章所载竞公发电欢迎军府、国会,全非事实"。"我辈未叫其(指国会——引者注)在粤开会,只叫其在上海开会而已。"不过次日黄强电告,报章所载"深非事实"。(《黄强述陈总司令之政见谈·黄强有辩正之言》,《香港华字日报》1920 年 11 月 9、10 日,"粤闻")

11 月 9 日 参加中国国民党本部会议,演说"训政"涵意。

是日,在上海中国国民党本部召开会议,讨论党务,并解释"训政"命意。略谓:现在人民有一种专制积威造成的奴隶性,很难自觉自动地承担国家主人翁角色,以致民国成立九年,"一般人民还是不懂共和的真趣"。所以,"我不单是用革命去扫除那恶劣政治,还要用革命的手段去建设";"我们现在没有别法,只好用些强迫的手段,迫着他来做主人,教他练习练习。这就是我用'训政'的意思"。(《在上海中国国民党本部会议的演说》,《孙中山全集》第 5 卷,第 400—401 页)

会议讨论并通过《中国国民党总章》。总章凡十八条,对本党宗旨、目的、革命程序、本部及支分部组织作了具体的规定。明确宣布,中国国民党以三民主义为宗旨,以创立五权宪法为目的。革命程序分两阶段进行:第一阶段军政时期,"以积极武力扫除一切障碍,奠定民国基础;同时由政府训政,以文明治理督率国民建设地方自治"。第二阶段宪政时期,"地方自治完成,乃由国民选举代表,组织宪法委员会,创制五权宪法"。而"自革命起义之日至宪法颁布之日,总名曰革命时期。在此时期内,一切军国庶政,悉由本党负完全责任"。(《中国国民党总章》,《孙中山全集》第5卷,第401—403页)

△ 通电护法各省、各军,宣告革故取新。

岑、莫败逃,西南重生,重组后的军府向何处去,颇为外界所瞩目。本日,与唐绍仪、伍廷芳等通电西南护法各省各军,历数岑、陆盘踞军府,扰乱国会数种罪恶,宣告"人民自决,潮流所趋,吾人正宜本真正之民意,革故取新,推广平民教育,振兴农工实业,整理地方财政,发展道路交通,裁撤无用军队,实行地方自治。我护法各省,联合一致,以树全国之模范"。并冀各方"共策进行"。(《孙唐伍宣布革故取新之主张》,上海《民国日报》1920年11月10日,"国内要闻")

对于该电所提革故取新主张,上海《民国日报》发表时评指出,第二、四项"是中山先生建设计划书里详细讲过的";第一、六项"是陈竞存君在漳州实地办过的";第三项"是粤军一回广州即行着手的";第五项"因受事实的要求,或者还有几时实行,然实行期当也不远的"。评论认为:"他们所标治的这六条,无异在护法主义下,再加了个恳切周到的解释;树了个接受平民意思,分头进行的保障。读了这几条,显然见护法主义下已经加了些新彩色,虽则艰苦备尝,依然在那里不绝进步。这是一件很可以欣慰的事。从今以后,他们当然能按着程序,使一一实现。"(《介绍六项革新办法》,上海《民国日报》1920年11月10日,"时评一")

△ 报载在粤护法议员致电在沪护法议员,"述广东形势已变,国会障碍已去,可速还粤"。(《译电》,天津《大公报》1920年11月9日)

11月10日 通告统一中国国民党译名。

中华革命党改组为中国国民党,国外各部以中国国民党名义向当地政府注册,但所用英文名称五花八门,颇多不便。本日签署通告,规定即日起国民党英文译名统一为 The Kuo Min Tang(Chinese Nationalist Party)。其余国家文字,则一律译作 Kuo Min Tang。
(《统一国民党译名通告》,《孙中山全集》第 5 卷,第 405 页)

△　陈炯明通电就任广东省长。

是月 1 日,军政府任陈炯明为广东省长兼粤军总司令,陈以军务倥偬,无暇顾及为由,数次辞让省长一职。外界则一再请促,四总裁亦电催履任,谓"执事文武兼贤,百粤本是旧地,省长一职,驾轻就熟,于军事进行,初无妨碍"。(《电请陈省长早日视事》,《香港华字日报》1920 年 11 月 10 日,"粤闻")在各方屡屡催促下,陈炯明于本日宣布就职,表示"自兹以往,当奋力扫除秕政,以树立民治之基础。今日总摄军民两政,以守危难之局,炯明不敢惮劳。他日使军民分治之制得以实现,炯明亦不敢辞责"。(《陈总司令就职通电》,上海《民国日报》1920 年 11 月 15 日,"国内要闻")

△　复函谢英伯,嘱夹辅当局,用竟全功。

上月 30 日,粤籍国会议员谢英伯等鉴广州克复,粤事戡定在即,通电有关各方,主张联请孙、伍、唐三总裁即时回粤,主持护法政府,国会同人同时回粤集会,为护法政府后盾;划分粤省军民两政,陈炯明宜任总司令之职,省长一职畀诸胡汉民;广东省议会服从非法政府,应立即解散,依法再选。(《粤籍议员之粤局主张》,上海《民国日报》1920 年 11 月 6 日,"国内要闻")本日复函告,来电主张"皆为切要",现以"事实便利",已委陈炯明为省长兼粤军总司令。并指出:刻下粤省虽复,桂逆犹存,望"桑梓人士,夹辅当局,用竟全功;庶民治基础,得以巩固"。(《复谢英伯函》,《孙中山全集》第 5 卷,第 406 页)

△　复函龚振丹,勉直捣桂系巢穴。

龚振丹自虎门来函,报告用兵情况。本日复函指出,粤省虽复,桂逆尚存,"须乘我壮,直犁彼酋庭,方足以清后患,而计永安"。(《致

龚振舟函》,《孙中山全集》第5卷,第406页)

△　林永谟来电,报告就海军舰队司令职。

自军政府发表任命海军长官命令后,是月7日,林葆怿通令交卸海军部长、总司令及舰队司令等印务。"海圻"舰长林永谟初"以廉退为志",后虑及"舰队司令关系重要,不可一日无人掌握",遂于8日接印视事,而海军总司令一职仍拒而不纳。(《汤廷光转任海军司令》,上海《民国日报》1920年11月13日,"国内要闻")是日,林永谟来电,告就职视事。(《林永谟就舰队司令职》,上海《民国日报》1920年11月18日,"国内要闻")

是月上旬　北京政府特派员来谒,疏通南北和议。

北京政府国务总理靳云鹏因见"统一纷纠,不因命令而解除",遂派某国会议员为特派员来沪疏通。特派员前来谒见,征询和议意见,答谓:"北方能派段芝泉为和议总代表,诸事可办。"7日,特派员又访唐绍仪,唐谓:"北方先取消统一命令,然后再谈。"特派员曰命令不好撤销,唐答有先例可援,徐世昌"向来为可以牺牲成见之人",撤除曹、吴免职令,即为好例。(《专电一》,《申报》1920年11月12日;《沪粤函电中之要讯》,天津《益世报》1920年11月12日,"要闻一")

△　与某护法议员谈护法问题。

谈话略谓:"护法本是革命,余始终抱革命主义。一切举动,悉遵国会自决,但能办理妥善,无不乐从。"(《沪民党之最近举动》,天津《益世报》1920年11月10日,"要闻一")

△　致电谭延闿、赵恒惕,请勿遽加兵林修梅、王育寅。

是年10月,以林修梅、王育寅为首的湘西靖国军崛起后,谭延闿、赵恒惕不断加派重兵进行围剿。11月2日,谭部湘军攻下慈利、大庸,靖国军无力抵抗,节节败退。王育寅率残部向永顺退却,林修梅则"不知下落"。(《湘西战事之终了》,《申报》1920年11月13日,"国内要闻")获悉林、王迭遭攻击,处境危殆,即致电谭延闿、赵恒惕指出,"如果育寅仍系依据前情,出师援粤,似未可指为悖谬。且其人前以复父仇,行动稍有逾轨,于情尤有可原"。冀望"两公体察情势,勿遽加兵,并将育寅原电迅速转示,以便商处"。(《致谭延闿等电》,《孙中山全集》第5卷,第407页)

△　致电陈炯明,嘱善遇丁基龙等。

粤军回师前,李安邦、李绮庵与江防舰队丁基龙、陈策等积极联络讨桂,事虽未成,实为武力讨桂之造端。因致电陈炯明,告"丁、陈为海军难得之同志,欲谋粤局巩固,以防北方运动,宜量才录用之,以固江防团体;二李则现带民军,亦望善遇"。(《致陈炯明电》,《孙中山全集》第5卷,第406—407页)

△　致电陈炯明,指示速行讨桂方略。

顷得密报,粤桂相持惠州时,北方定有援桂计划,因战局变化,未及实行。因特电陈炯明相告,并指出北方颁布统一令,实援桂之先声,"粤局此时犹未得以为安"。当务之急,对桂作战,"以速为妙","一面宜解散桂之嫡派降军,以清后患;一面宜厚抚民军,以致多助;使民军速进桂边,以扰彼归路,然后以大军临之,一溯西江以取梧、浔,一由海道集中钦州,以取邕、龙,则桂贼可全灭"。(《致陈炯明电》,《孙中山全集》第5卷,第408页)

△　致电何成濬,嘱促谭延闿斥北方统一伪令。

四总裁宣言发出后,各方响应至关重要。时何成濬在湖南与谭延闿等联络,特致电何氏,略告四总裁宣言之经纬。并指出:"组庵护法决心,至所佩仰,前沪报载其反对桂系单独媾和,义正词严,尤足慑服群奸。此次对于北庭统一伪令,想必有坚决之表示,以慰群望。"(《致何成濬电》,《孙中山全集》第5卷,第408—409页)11日,何成濬复电,称谭与粤同心,不日将出师讨桂。随即复电,告既定出师,务请即由郴州、永州突入广西,"扫彼老巢,清吾内患"。并请转告谭延闿,"戮力扶持,使省民自治之义,得推及兄弟之邦,庶可相扶共进,不陷于踦凉之境"。(《复何成濬电》,《孙中山全集》第5卷,第439—440页)

△　复函凌钺,勉同志彻底觉悟。

党员议员凌钺日前来函,报告惨淡经营之况。本日复函告,护法迭遭顿挫,"今后倘各鉴前车,同心一致,尚不难收桑榆之效;若犹是不能达到目的,则惟有进而为革命"。勉励"同志彻底了悟,但以主义为皈依,不以诡随为应付,则虽万变纷乘,我正义之主张,终当贯彻"。(《复凌钺函》,《孙中山全集》第5卷,第396—397页)

△　复函周行,嘱促桂籍军人与粤提携。

周行日前来函,言与桂籍军人浃洽。本日复函指出,粤事大体解决,继当进图广西,扫除桂系,施行民治。"兄既与桂籍军人浃洽,亟宜晓以此旨,使与粤军提携共进,实行改造桂省。"(《复周行函》,《孙中山全集》第5卷,第396页)

11月11日　复函李翰屏,询枪械购置事。

加拿大华侨李翰屏来函,报告加属华侨踊跃捐输,且计划购置枪械援粤。本日复函,请其速行查复枪械详情,并告桂系老巢尚待清扫,"望我诸同志协力一致,完此伟业"。(《复李翰屏函》,《孙中山全集》第5卷,第409页)

△　复函周之贞,嘱迅即西征。

周之贞来函,报告用兵西江情形。本日复电表示佩慰,嘱其"致力肃清境内,迅即西征"。(《复周之贞函》,《孙中山全集》第5卷,第410页)

△　黄星如来函,告捐助薄款。

南洋大吡叻美罗埠同志黄星如来函,告粤军讨桂,因纠合同人,集有薄款,计得双毫银一千元。经于本月9日汇寄陈炯明处,以资军用。(《黄星如上总理函》,环龙路档案第08423号)

△　报载孙中山迭次通电,意在争取对等和谈。

报道称,北京政府日来接上海密探报告:孙中山在沪所发各项通电,"并非完全不愿南北统一,实为力争南北吻合,以正当对等手续研究"。是以迭次讨论办法,已与唐绍仪商定,不久即由上海民党首领通电中外各界,仍主张在沪重开和会。"否则各首领赴广州改组军府,与北方抵抗。"(《孙中山力争对等手续》,天津《大公报》1920年11

月11日,"北京特别要讯")

11月12日　蒋介石来谒,报告广东情形。

因陈炯明自行改变战略,蒋介石颇为不满,于是月6日晨由港搭轮回沪,行前留书相责。是日抵达上海,即前来谒见,报告广东诸事。翌日复来晋谒,悉许崇智亦"蓄愤"来沪,当晚遄返宁波。(毛思诚编纂:《民国十五年以前之蒋介石先生》,第101-103页)许之离粤,外界报道,"因与陈炯明有意见,16日负气赴沪。闻因黄强故,与当局生意见,陈即派人来港追留,已不及"。(《粤军各派大起内讧·许崇智福气出走》,北京《晨报》1920年11月20日,"紧要新闻")时胡汉民极力主张蒋、许速即返粤,来函谓:"汝为来,固须先生邀其速即返粤,介石亦定要与之偕回。两人素服先生,先生以大义感情诚恳动之,且凡事须积极奋斗,若只洁身抛弃兵权,则他人正中下怀,此求两人所宜知也。"(蒋永敬:《民国胡展堂先生汉民年谱》,第251页)随与胡汉民、张静江(人杰)、戴季陶合电蒋介石,告"不去粤,则汝为亦不行"。(毛思诚编纂:《民国十五年以前之蒋介石先生》,第103页)16日再电蒋,谓"刻有要事面商",促即返沪。(《致蒋中正电》,《孙中山全集》第5卷,第411页)17日蒋复电,称"家慈病甚,而中亦病,须展至梗日到沪。否则大驾果行,中必追随前来"。(毛思诚编纂:《民国十五年以前之蒋介石先生》,第104页)

　△　复电林直勉,准其辞任。

林直勉来函,请辞中国国民党三藩市总干事。本日复电允准,并委刘芦隐署理该职。(《复林直勉电》,《孙中山全集》第5卷,第410页)

　△　唐继尧、刘显世来电,否认北京统一令。

是月10日,刘显世来电,谓"岑电取消西南自主,已为骇怪,北庭据以宣布统一,尤为滑稽。此间对于时局之主张,已与唐公于宥电宣言,自当抱定此旨,贯彻初衷"。(《黔刘电辟滑稽统一令》,上海《民国日报》1920年11月13日,"国内要闻")本日,唐继尧、刘显世联名通电各方,告对于南北大局主张,已于8月宥日通电,对于北廷"此等暧昧苟且之行为,断难承认"。(《滇黔痛斥苟和电补志》,上海《民国日报》1920年11月

28 日,"国内要闻")

△　报载孙中山等重组军政府计划。

报道称,孙中山、唐绍仪、伍廷芳等对于军政府组织计划,刻已初步拟定,日内即携手赴粤,积极进行。其规定方法:(一)召集各总裁会议,补选总裁缺额;(二)公推首席总裁,召集各办事职员;(三)筹备旧议员赴粤,召开旧国会;(四)宣布护法目的;(五)整顿各路护法军队。(《沪粤函电中之要讯》,天津《益世报》1920 年 11 月 12 日,"要闻一")翌日另有报载,谓重组军府系孙中山、唐绍仪所主张,伍廷芳有所反对。连日孙、唐集议,均未邀伍列席。闻其协商结果,"决定先行借款四百万元以为活动之资,俟借款成立,孙则赴粤组织军府,唐则留沪设立办公处,一致鼓吹联邦自治,实行南北分立,为中国创一新局面"。(《孙唐重组军府之计划》,北京《晨报》1920 年 11 月 13 日,"紧要新闻")

△　报载孙中山命李耀汉西征。

报道称,粤军新编第六军司令李耀汉现奉孙中山命令,组织第一路讨桂军,已飞令本军第二支队徐东海,大集西江三罗、茂信之众,就地编练,准备西征。昨特遣前锋司令罗定武,晋省组织办事处。李亦定于日内偕总参谋梁日东晋省,与各方磋商西征准备。"闻此事全由孙中山动议,将以六师之兵力进讨。"(《广州通信》,天津《益世报》1920 年 11 月 12 日,"要闻二")

11 月 13 日　刘显世通电解除军政各职。

是月 10 日,黔军将领卢焘、谷正伦、何应钦等率部进入贵阳,驱逐刘显世。本日刘显世电告各方,靖国联军副司令着即撤废,所兼贵州省长改由民选,新省长到任前,由政务厅长暂代。(《刘显世逊位之索隐》,长沙《大公报》1920 年 11 月 24 日,"中外新闻")15 日,卢焘通电接任贵州总司令,各界公推任可澄接任贵州省长。外界分析,刘显世倒台,"受粤军极大影响"。因陈炯明率师返粤,粤人治粤之局已成,于是民治潮流在西南内部一日千里。(《广东之联省政府说》,《申报》1920 年 12 月 8 日,"国内要闻二")

△　报载省港民众反对军府、国会返粤。

报道称,据香港来电,"陈炯明不愿再设军政府,孙派大不满意,暗斗颇烈。省港人民心理亦不愿有军政府,港商昨因此事集议,全数反对,谓有军府、国会在粤,为战祸之媒。现派出其董事研究,将有诉讼出现。"(《粤民反对再设军政府·孙陈两派之暗斗》,北京《晨报》1920年11月13日,"紧要新闻")

11月15日　粤军翟汪、李耀汉、魏邦平部进占肇庆,桂军韦荣昌、马济等败退。(《李魏等报告收复肇庆》,上海《民国日报》1920年11月22日,"国内要闻")

△　复电唐继尧,促出师桂省犁扫。

是月5日,唐继尧致电西南各方,谓北廷所颁统一令决不能接受,西南护法所争者,"皆关于国家正义主张,吾辈为保存人格计,万不能中道背驰"。(《唐继尧致孙文电》,天津《大公报》1920年11月13日,"紧要新闻")本日复电,赞来电主张"肝胆之言,我心如一"。并指出:"现广东虽复,若不改造广西,仍多后患";"桂定,则滇、粤脉络贯通,西南可成强固之局"。望其旋师稍息,即"转向桂边,并图犁扫"。(《复唐继尧电》,《孙中山全集》第5卷,第410—411页)

△　何天炯致函宫崎寅藏,告孙中山近期计划。

是日,何天炯致函日本友人宫崎寅藏,告"广东局面已渐次归入吾党范围,中山先生拟二周内即偕唐、伍二君返粤,拟将旧日军府维持现状"。返粤后,俟"组织稍有头绪,即遣弟东渡,与贵国朝野人士共商东亚大局之前途"。(段云章编著:《孙文与日本史事编年(增订本)》,第619页)

△　报载孙中山等要求北京政府重开南北和会。

报道称,孙中山、唐绍仪、伍廷芳现屡有会议,讨论对北办法及实行组织军政府。最近已议决数项,要求北京政府重开正式南北和会,解决统一问题。内容包括:(一)继续进行和议;(二)取消军事协定及清结各项外交;(三)否认岑陆统一电;(四)实行民治主义;(五)恢复宪法。另有消息称,唐绍仪近鉴军府组织之不易,请人转达北京政府:"余并非不赞成统一,不过统一令中尊重岑氏,于我等面子太下不去。他如军协即销,国会两亡,均可迁就,此令能更改,则便可了结。"(《西南重组军府与各方面·孙唐伍对北之表面要求》,北京《晨报》1920年11月15日,"紧要新闻")又据报道,取消军事协定,早为国民呼吁,孙中山等亦认为统一条件,故北京政府决定毅然处置。"连日参陆两部派员与外部接洽此事,意在必行。闻日本方面亦颇表赞同,预定下星期内即可实行取消。"(《日政府居然怂恿俄人排华·军事协定行将取消》,北京《晨报》1920年11月9日,"紧要新闻")

△ 报载孙中山、伍廷芳等因陈炯明掣肘暂缓离沪。

报道称,13日晚北京政府接沪探急电,密报孙中山、伍廷芳等"鉴于陈炯明把持军权,唆使粤省反对重组军府,故有暂缓离沪之决心"。(《中央政闻汇纪》,天津《大公报》1920年11月15日,"北京特别要讯")

△ 报载唐继尧赞成在广州重组军政府及召开旧国会。

报道称,北京政府接驻滇委员报告,日来唐继尧对在广州重组军政府及召开旧国会,极表赞成,已向孙伍唐及陈炯明表示赞成之意,并陈述意见两种:"一为先筹备设立西南各省护法大会,招致护法各省分、各军队之代表,齐集广州,讨论护法之进行及一致对北之办法;二为筹措护法基金,由护法各省分分配担任,以免军府再有财政竭蹶之虞。"(《西南重组军府与各方面·唐继尧之军阀式护法》,北京《晨报》1920年11月15日,"紧要新闻")

11月16日 报载多方反对在粤重设军政府。

报道称,上海商会及各公立团体现连日召开会议,以香港中国商会为领袖,筹议反对在广州重组军政府。商民颇以北京已有统一和平命令,则国民自当向统一和平进行,筹备善后事宜,不应建立无用新机关;且岑、陆时代广州军政府既如此,则将来转入孙中山等之手,亦未必能有益于国家人民。"况孙唐等复入政治漩涡,必须携安福败党人物与共,而国事更不可问。"(《西南风云之面面观》,天津《益世报》1920

年11月16日,"要闻一")

旅津粤人多人亦反对军府、国会重归粤省,于此前后通电各方,称"吾粤自有军府,频遭兵燹,十室九空。今幸岑、陆悔祸,宣告裁撤,乃惊魂未定,犹传魑魅重来,人人闻之,几于谈虎色变。诸公苟尊重舆论,爱惜桑梓,亟应放牛归马,顺风收航,毋再称南越之王,庶可苏百粤之困"。(《珠江新潮·旅津粤人反对重组军府》,天津《大公报》1920年11月19日,"紧要新闻")

并据报道,粤省部分有力军人、官吏及商民,风闻孙中山将来粤组织军政府,咸心不愿,"以为数年来广东护法起义,负累甚重,迭苦兵祸,如再组织军政府,实难负担维持之责任。且谓因孙文氏之来粤,恐与反对派生倾轧,再陷广东于混乱之虞"。现正策划阻止孙中山来粤。(《粤民反对重组军府之粤局·孙唐欲卖舰组军府》,北京《晨报》1921年11月16日,"紧要新闻")

另有消息揭,此种反对风潮系由北京某方面鼓荡而成。其措词谓"军府重张,则广东战祸难免,且军府、国会暨各省军队用费,均由粤省供给,不如乘此时机竟行拒绝,以免战祸而轻负担"。(《西南新形势之大发展》,上海《民国日报》1920年11月17日,"本埠新闻")

11月17日　粤军黄志桓部克复廉州、北海。19日攻占灵山。桂军黄培桂部败逃出境。(《黄志桓就桂系黄培桂败逃事致孙唐伍各总裁及吴褚各议长等快邮代电》,李家璘、郭鸿林、郑华编辑:《北洋军阀史料·吴景濂卷》第3册,第680页)

△　报载北京政府确定应对时局方针。

报道称,北京政府对于维持大局,近来决定三种方针:(一)在法律上既已宣布以旧法召集新国会,即应催促筹备进行。对反对方除疏通外,应力驳其非;(二)上海和会取消,无论如何不能反复。惟西南果有困难,不妨直陈商办;(三)以善后手续促成统一。又称北京政府对于西南复杂情形颇为焦灼,惟据各处来电报告,沪、滇等处民党首领虽皆反对统一命令,"但其趋势亦可望由磋商手续力图吻合,惟恐中央不能容纳提议。是以分谋自主巩固,并须提倡重行开会言和。闻中央决定再征集民党意见,以凭采择"。(《中央与西南各方》,天津《大公报》1920 年 11 月 17 日,"紧要新闻")

　　△　报载北京政府托王正廷向孙中山等疏通统一问题。

　　报道称,北京当局就上海民党反对统一令问题,议定致电和约研究会长王正廷,托其分向孙中山、伍廷芳、唐绍仪等转达"中央愿与各处协商统一",并探询"各民党现具之目的"。(《政府欲制造统一令之效力》,北京《晨报》1921 年 11 月 17 日,"紧要新闻")

　　11 月 18 日　致函加拿大等地华侨,劝捐军饷。

　　粤军回粤,驱桂功成,华侨捐输,其功不小。因马素赴美,特致函加拿大、三藩市、古巴、墨西哥暨美洲各处华侨,"用申奖谢"。该函称许海外同志助成粤省规复,勋绩可与冲锋陷阵者媲美。并告粤省善后及进攻桂省,需费甚繁,"切盼再鼓热诚,共完伟业,造两粤成民治首善之区,于以发扬光大,使全国人民实享共和之福"。(《致加拿大等处华侨函》,《孙中山全集》第 5 卷,第 411—412 页)

　　△　旅粤改造广西同志会来电,宣称力求根本改造桂省。

　　为铲除军阀,促进民治,广西旅沪人士因是创立改造广西同志会,并议决分设京、粤支会。是月 13 日,旅粤改造广西同志会宣告成立。是日,该会致电有关各方,通告成立缘起,声称自今而往,誓合广西人民,一律歼除桂酋,力求根本改造。(《桂人助粤攻桂之通电》,《顺天时报》1920 年 12 月 30 日,"来件")

　　△　报载孙中山等议决要项多件。

　　报道称,北京政府 17 日接上海探报,告孙中山、伍廷芳、唐绍仪等对于时局议决要项数种:"(一)陈炯明不能抵制粤人反对风潮时,须将军政府、旧国会在滇组织;(二)西南一致废督,暂时均须分任总副司令;(三)补选总裁即以陈炯明、刘显世、孙洪伊担任;(四)通饬南方军队力谋最后护法之进行。"(《萍踪无定之护法军政府》,北京《晨报》1920 年 11 月 18 日,"紧要新闻")

△　粤海关情报载孙中山与北京政府谈判条件。

本日,粤海关情报依据广东当地报纸指出,孙中山等正在上海与北京政府进行关于和平问题的秘密谈判。此次谈判如获成功,将提交上海和会正式批准。据了解主要条件有:(一)恢复约法;(二)解散新、旧国会;(三)召开新国会并在一年内草拟新宪法;(四)南方可提名三个内阁成员;(五)取消两广巡阅使;(六)广西官员的任命由陆荣廷与北京政府协商解决;(七)任命陈炯明为粤军总司令,广东省省长由广东自己选举,报中央政府确认;(八)贷款五千万元,其中三分之二支付给西南充当善后费用。(广东省档案馆编译:《孙中山与广东——广东省档案馆库藏海关档案选译》,第 202 页)

11 月 19 日　公布《中国国民党规约》及《中国国民党总支部通则》《中国国民党海外支部通则》。

上年 10 月 10 日,中华革命党改组为中国国民党,同日颁发《中国国民党规约》,计共八章三十二条。本年 11 月 9 日,《中国国民党总章》颁行,随即修订《中国国民党规约》,于本日公布施行。新修订的《中国国民党规约》凡六章三十条,从总纲、党员、机关及组织、会议、党费等方面,对中国国民党的组织及运作进行了规范。同时颁布的《中国国民党总支部通则》及《中国国民党海外支部通则》则对总支部及海外支部的组织、职责及其运作作了具体规定。(《中国国民党规约》《中国国民党总支部通则》《中国国民党海外支部通则》,《孙中山全集》第 5 卷,第 412—422 页)

△　粤海关情报载陈炯明省长施政。

情报称,陈炯明就任省长以来,颁发了两道训令:一是禁止部队官员干扰或扣留各地区税收;二是命令部队官员从粤军总司令部领取军费,不要直接向财政厅要钱。第一道训令的目的是统一本省的财政,第二道训令是想检查各军的开支情况。他也在削减行政费用和降低官员的工资水平。不久将发布另一道训令,禁止政府官员身兼多职。(广东省档案馆编译:《孙中山与广东——广东省档案馆库藏海关档

案选译》,第203页)

11月20日 美国驻广州总领事称粤军内部矛盾复杂。

本日,美国驻广州总领事向美国国务院报告粤军内情,谓在陈炯明的幕下,已有些不满意的人。"第二军长许崇智因没收有同情桂系嫌疑的广东人之财产为敌产,受到陈炯明下令禁止。据闻许对此禁令,极感不快。还有魏邦平对陈任令孙中山的儿子孙科为广州市政厅长,亦感不满。因魏另兼广州警察局长职,将受到孙科的直接管制。"(陈定炎编:《陈竞存(炯明)先生年谱》,第264页)

是月中旬 召开会议,筹备组织军政府。

据报道,孙中山、伍廷芳、唐绍仪等在恺白尔路议员招待处召开会议,筹备组织军政府事宜。经多数表决,决定先在上海组织军政府筹备处,公推孙中山承办一切,并提出组织办法数项:(一)筹措赴粤款项;(二)分配各要区护法兵力;(三)联合各方面手续;(四)宣布上海军政府筹备处成立日期。另一消息源称,孙、唐赴粤"尚须观望风头",已派居某赴南洋哗能、爪哇等处筹款。"决定在上海召集非常国会,凡南北国会分子一律加入,凑成法定人数,选举非常总统。"(《沪上民党最近之主张》,长沙《大公报》1920年11月23日,"中外新闻")

△ 孙洪伊来函,拒与王揖唐、徐树铮为伍。

报道称,孙中山等重组军政府,拟邀孙洪伊入阁。同时外界风传王揖唐、徐树铮也将担任重要职位。本日孙洪伊致函孙中山与唐绍仪,谓"诸君始终护法,无任钦佩。组阁一节,若将王揖唐、徐树铮加入总裁,则予不愿与之为伍,如留王、徐,则请拒余;余若加入,请黜王、徐"。(《孙唐邀孙洪伊入阁》,长沙《大公报》1920年11月26日,"中外新闻")另据消息,孙中山等接函后召集会议,结果因唐绍仪"与王揖唐关系太深,无法分离,惟有将孙洪伊勾去"。(《孙唐邀孙洪伊入阁》,天津《益世报》1920年11月22日,"要闻一")而陆军总长一席,原拟许崇智,惟军府要人,以所定各人多属粤籍,恐滋物议,"拟改任徐树铮"。(《孙唐与安福合组之军政府》,北京《晨报》1920年12月5日,"紧要新闻")

△　复函唐继尧,告北京政府已根本动摇。

唐继尧前遣吴某持函来见,筹商南北大局。本日复函指出,北京政府自宣布依据旧法改选议员后,"新议员群起反噬,徐氏根本动摇"。近复以徐树铮潜逃出京,北廷更滋惶遽。"以我之整,当彼之乱",与北京政府相比,已觉"优势在我"。(《复唐继尧函》,《孙中山全集》第 5 卷,第 422—423 页)

△　复函李福林,嘱迅速西征。

李福林前遣曾先齐赍函来谒,报告军情。本日复函,称其建义羊城,厥功甚伟。望继克复肇庆后,再接再厉,迅速西征。所有军事计划,悉与陈炯明商酌。(《复李福林函》,《孙中山全集》第 5 卷,第 423 页)

11 月 21 日　于宅邸召开会议,决定赴粤组织军政府。

是日,与唐绍仪、伍廷芳在宅邸举行会议,决定"前往广东改组军政府,继续进行与北方对峙"。(《孙宅中之要人会议》,《香港华字日报》1921 年 11 月 27 日,"中外要闻")

△　出席上海机器工会成立大会,发表演讲。

是日下午 3 时,上海机器工会假白克路上海公学召开成立大会。应邀出席,并发表演讲。演讲历时两小时,首述机器与资本关系,末以三民主义作结,号召向官僚夺回民权。略谓:"我人欲贯彻民生主义,非在官僚中夺回民权不可。否则,我国徒拥一专制变相之民主国号耳。"陈独秀、欧阳桂生、倪文富等亦先后演说。(《机器工会开成立会》,《申报》1920 年 11 月 22 日,"本埠新闻")

△　出席中国国民党本部饯行宴会。

因即将离沪赴粤及马素行将返美,本日晚,中国国民党同志于本部设宴饯行。出席者包括胡汉民、孙洪伊、居正、谢持、杨庶堪、徐谦、伍朝枢、马君武、郭泰祺、吕志伊、吕超、卢师谛、石青阳、程潜、蒋尊簋、吴忠信等。席间并发表讲话。(罗刚编著:《中华民国国父实录》第 5 册,第 3723 页)

△　陆荣廷通电,佯言将桂军调离粤境。

粤军西进,桂军败溃,粤境内桂军相继被肃清。本日,陆荣廷通电各方,佯言为避免发生误会,"所有驻粤各军,现在经已一律调出粤境。此后粤省地方治安,即由粤人负责"。(《陆荣廷今日之解嘲语》,上海《民国日报》1921 年 11 月 24 日,"国内要闻")随即北京政府任陆荣廷督办粤边防务,任谭浩明为广西督军。

11 月 22 日 于寓所召开会议,议决赴粤组织军政府。

是日,与伍廷芳、唐绍仪于寓所召集会议,议决近日赴粤重组军政府。(《孙中山宅之大会议》,天津《益世报》1920 年 11 月 25 日,"要闻一")关于重组军府,各种消息相互抵触,谣诼纷纭。有报道称,北京政府屡接上海调人来电,谓孙中山、唐绍仪等现均略变宗旨,欲将赴粤组织军府、国会意见改往云南或湖南实行。因"陈炯明藉口粤商不愿重见兵燹,对于重组军府拒绝,故皆愤而出此"。已将此意分电唐继尧、谭延闿,俟得复电,即正式决定。(《上海各首领改变方针》,天津《大公报》1920 年 11 月 22 日,"北京特别要讯")

△ 报载北京政府欲釜底抽薪,削弱西南反对统一令力量。

报道称,北京政府对西南各首领反对统一令,确已分别入手疏通,惟情形复杂,遽难收效。是以近两日又决定,迅速设法削减反对方面力量,其方法则"首与唐继尧通电接洽,咨询究竟有何交换条件,以资釜底抽薪;次为派员赴沪,与各民党首领商办一切"。(《减少西南反对之计画》,天津《大公报》1920 年 11 月 22 日,"北京特别要讯")北京政府随即对疏通唐继尧一事迭加研究,办法大致确定,包括依据刘显世辞职苦衷,详电唐氏,"使其自悟";再将岑陆所陈意见修改,另电唐氏,请其速派代表来京;分托在野政客劝慰唐氏迅速取消自主;所有唐氏各项要求,均允和衷协商。(《疏通唐继尧已定办法》,天津《大公报》1920 年 11 月 25 日,"北京特别要讯")

11 月 23 日 与记者谈话,告今后南方将统一北方。

赴粤行期已定,两日后即当首途。本日接受记者访问,谈赴粤后方针。谈话中指出,广东业已肃清,形势仍未乐观,因广西虽处孤立,但陆荣廷尚可与北方互通声气,势力不可轻视。如不能将其消灭殆尽,则难达南方统一目的,故抵粤后当讲攻略之策。谈话继而放眼南北大局,略谓:"目下最为中国障碍者,北有张作霖,南有陆荣廷。推倒此两人,则可达统一之目的。外间以我等之南下,当开南方分立之局,此乃误之甚者。今后南方行将统一北方耳。"(《与记者的谈话》,《孙中山全集》第 5 卷,第 424 页)

△　谭延闿通电宣布解除军民两职。

谭延闿掌控湖南,表面统治稳固,实则暗潮汹涌。是月 13 日,驻湘北平江第十二区司令萧昌炽因士兵闹饷被杀。萧系谭氏心腹,事件发生,谭即命第三旅旅长鲁涤平和第六区司令李仲麟讨伐乱兵,但二者拒不应命。程潜旧部李仲麟、第二旅旅长廖家栋与乱兵推举出的新十二区司令于应祥联合兴兵,进攻长沙。湘军第一师师长赵恒惕默不表态。谭延闿见大势已去,本日通电宣布解除军民两职,总司令由赵恒惕继任;省长一职,则由省议会选举临时省长承乏,俟省宪制定再行改选。(《湘局改革中之要电》,长沙《大公报》1920 年 11 月 25 日,"本省新闻")几经推让后,赵恒惕于是月 25 日就任湘军总司令,林支宇也被省议会选举为临时省长。解职后谭延闿离开长沙前往上海。

△　致函中国国民党同志,望捐款赈济朱执信家属。

朱执信勠力国事逾二十年,英年猝逝,不仅是中国国民党的极大损失,对其家庭亦为重大打击。此前越南等地分部从党谊出发,自发捐助款项,赈济朱执信家人。本日致函国民党同志,告朱执信为"翦除桂贼,仓卒被戕,家无宿粮,孤寡堪悯。目前衣食,尚赖诸友之馈遗;将来诸儿教育所需,尤不能不早为筹备"。瞩望同志"念执信兄夙谊者,尚祈转为告语,量力相助,毋忘旧交"。(《致各同志函》,《孙中山全集》第 5 卷,第 424—425 页)

△　复函郑占南,勉捐助支持讨桂。

美国葛仑埠中国国民党同志郑占南来函,报告同志热心助捐,且痛悼朱执信之逝。本日复函表示感谢,并指出粤军不日西上,扫穴犁庭,改造桂省,望诸同志"再鼓热忱,共完伟业"。又告执信为"中国有数人才","我党失此长城,同深震悼。今正严拿凶手,穷究真因"。(《致郑占南函》,《孙中山全集》第5卷,第425页)

△ 石美玉等来函,请查明捐款经过。

中华基督教妇女节制协会会长石美玉前曾来函,请求捐助。接函后捐番佛五十元,交礼士夫人,并由徐苏中复函相告。本日,石美玉暨该会主干梅云英来函,言并无礼士夫人其人,请核查捐款经过。并谓欲晋谒有所陈述,敬恳接纳。接函后复查,发现前言捐款不确,礼士夫人捐款,实为基督教妇女青年会。乃令秘书代为复函告知,并告星期二午后可来相见。(《石美玉等上总理函》,环龙路档案第01434号)

11月24日 参加旅沪粤侨商业联合会召开的欢送会,发表演说。

是日,旅沪粤侨商业联合会在上海老靶子路该会会所召开会议,欢送孙中山、伍廷芳、唐绍仪、许崇智等离沪往粤。到会者有汪精卫、胡汉民、陈少白、卢信、梁纶卿、杨富臣、杨仲羲、黄式如、周清泉、欧彬等三百余人。

下午6时会议开始,首由会长陈炳谦致欢送词,副会长叶宓荃致颂词,继则应邀演说。此次演说着重从政治与商业关系的角度,阐述了驱除桂系军阀的重要性。略谓:"广西游勇入粤,较龙祸尤烈。全粤损失,有形无形,岁逾万万。计吾粤旅外华侨及各省侨商,每岁营业之资,运回粤者约四千万。以吾粤千辛万苦汗血所积之资,不及广西游勇半年之剥削,言之痛心。政治为商业根本,无政治即无商业……现粤局已由破坏而进行建设时期,所望商界诸公,同心协力,襄助发展工商农矿各种事业,则数年损失,或可得回。"随后伍廷芳在演讲中,历数粤省三年来所受种种痛苦,指出回粤后当注重行仁政、禁赌博等。来沪欢迎孙中山等返粤的许崇智也发表讲话。他介绍了粤军回师经过及粤局形势,表示此次陈炯明邀请三总裁回粤维持大局,皆系奉民意而为。(《旅沪粤侨欢送三总裁》,上海《民国日报》1920年11

月 25 日,"本埠新闻")

　　△　与《字林西报》记者谈话,否定北京政府统一令及缔借外债①。

　　是日,《字林西报》记者来访,探询南北统一意见和赴粤后方针。对南北统一问题,答谓:吾人虽望和平,然不能承认统一令。北京政府颁布统一令,"此事太滑稽,不值一顾",乃欲欺骗外人贷以金钱。北方必须以正当方法,与吾人讨论宪法、外交等问题。"吾人之议和代表固留待于上海,如北方有电来,表示愿对等议和,吾人即可中止广州之行。惟吾人不要私人媾和,不要苟且之和平。"记者继问是否承认北京政府缔借外债,答曰决不承认。话题随转移至赴粤后方针,略告:吾人今足法定人数,以后当力除军阀主义,厉行禁赌、禁妓,竭力以民治主义改革广东。尚拟行一新例,即凡百官吏就职时必发誓奉公守法,违誓者必尽法惩治。总之,"吾人当竭力整理护法各省之政治,俾人民蒙其福利,而得有为他省之模范"。(《三总裁启程赴粤记》,上海《民国日报》1920 年 11 月 26 日,"本埠新闻")

　　△　嘱胡汉民函促蒋介石即速往粤。

　　因蒋介石以生病为辞,迟不应命,再嘱胡汉民催促。本日,胡汉民致函蒋介石,缕述陈炯明态度、粤中情形及其中误会。函谓:"竞兄已数次电来欢迎,其中有扼要语,则谓以后大局悉听先生主持。精卫兄来,详述粤中各方面情状尚好,竞亦自始无不愿意军府回粤之言。黄强对各界说话,为江孔殷所送稿,登报本非原意。而黄强次日亦即更正矣。盖目前以理以势而论,俱不容他人对于先生主张有异议。"(毛思诚编纂:《民国十五年以前之蒋介石先生》,第 104 页)

　　11 月 25 日　偕伍廷芳、唐绍仪、宋庆龄等乘船前往广州。

　　是日上午 9 时,偕伍廷芳、唐绍仪、王伯群、胡汉民、伍朝枢、戴季陶、郭泰祺、徐谦、马君武及夫人宋庆龄等,乘中国邮船公司"中国"号

---

　　①　上海《民国日报》登载时未明示时间,《申报》明确记为启程前一日。(《孙伍唐等昨日赴粤》,《申报》1920 年 11 月 26 日,"本埠新闻")

轮船赴粤。因"中国"号舱位紧张,汪精卫、张继、许崇智、黄复生已于昨日搭乘法国邮船"高尔地埃"号先行。(《昨日赴粤之民党要人》,上海《民国日报》1920年11月25日,"本埠新闻")其余国会议员相继启程往粤。

前往上海码头送行者有王正廷、王文华、钟文辉、吴景濂、褚辅成、彭允彝、居正、罗家衡、刘家瑶、薛仙舟及广东旅沪商人代表、报界记者等。三总裁中首先抵船者是伍廷芳,随后唐绍仪偕家属抵达。孙中山到时已8时45分,与送行者一一招呼后,即至会客室接见记者。"舟将开行时,三总裁登甲板,凭栏与送行者相别。时有一西报记者登大木箱上,以西语大声欢送,和者甚众。"9时10分,"中国"号轮船徐徐启碇离埠而去。(《三总裁启程赴粤记》,上海《民国日报》1920年11月26日,"本埠新闻")

据《上海日日新闻》报道,临行前孙中山与唐绍仪在甲板上与该报记者有过短暂交谈。孙、唐均谓:"废督裁兵,施行地方自治,改造军政府,非速实现不可。"至对和会意见,孙、唐略有不同。唐谓:"余望南北统一早日实现。若北方取消统一命令,由合法机关开和平会议,甚愿交涉。"孙中山则谓:"上海和会之复活乃一疑问,因北方政府无诚意。若南方与之议和,非北方当局将北方政府大改造不可。而改造政府,非先将现政府推翻不可也。"(《孙唐伍在甲板上之谈话》,长沙《大公报》1920年12月1日,"中外新闻")

另则报道所记孙中山等谈话,内容有所不同。略谓:"现粤状态渐臻改善,而省内不见桂军一兵,惟不能遽以为乐观。现桂省虽处孤立,陆荣廷之势力不能轻视。由今次战事,桂军已损失过半,故陆之得力军队不过三万。然陆尚在通北,倘吾等不加猛力压迫,可信南方统一难期,故今后拟从事征伐陆荣廷。近桂省内反陆派极多,拟与予等提携改造桂省。如改造广西同志会等,亦属反陆派。在目下形势,破坏统一者,在北为张作霖,在南为陆荣廷。若倒此二派,统一可成。对北不必顾虑。或谓予等南下,乃肇南北分裂之端。然并非分立,乃系南方拟统一北方。"唐绍仪则谓:"此次予等赴粤,并非何等用意,只因北政府对于和议全无诚意。倘北政府表明继续上海和会真意,予即回沪。"(《孙唐离沪时之谈话》,《香港华字日报》1920 年 11 月 27 日,"粤闻")

《大陆报》就三总裁返粤发表社论,略谓:"今日护法派领袖孙唐伍三氏由沪起程赴粤后,中国政局又将一变,但并非复返于此三氏离去广州前之现状。""吾人对于中国政治,不必具许多之常识,即可断定今后政局之变化中,实含有和平之机会。但言和平之机会,不如言重造机会之为确切。"社论指出,目前中国所需要者,并非和平,实为改造。"中国大国也,其大如海,吾人既不能造海以就舟,则惟有造舟以就海耳。"(《三总裁返粤中之西论》,上海《民国日报》1920 年 11 月 25 日,"本埠新闻")

△　报载孙中山、唐绍仪对于南北问题主张。

报道称,孙、唐目前主张,对北京政府统一令完全否认,一俟军政府成立,"对峙之势,仍当复现"。将来欲谋和平,必须经由公开会议手续。自统一令下,北方曾迭遣代表与三总裁接洽。孙、唐等仍要求公开,会议地点则以上海为宜。唐绍仪对人表示,北方若有诚意言和,另派全权总代表正式议和,"予当立即从粤来沪,开始谈判"。北方现时派人员疏通,殊与法定手续不合。"予等抵粤后,施政方针拟注重民治,由粤省首先废督,为各省倡。"并"拟注重建设政策,使外人知我国亦能以法治国,无藉武力"。(《孙中山宅之大会议》,天津《益世报》1920 年 11 月 25 日,"要闻一")

△　陈炯明召集军事会议,筹备攻桂。

是日,陈炯明在广州召开军事会议,讨论肃清粤省境内桂军及预备攻桂问题。所议办法,粤军方面:(一)电令粤北包作霖分逐连州、阳山桂军,并分防于南雄、始兴各要隘;(二)调令关国雄率新军第一师速赴粤东,驱逐大埔、潮梅等处浙军,并令熊略扼守河源、惠阳。民军方面,将各处民军编成两师:(一)以混成旅一师驻广州,担任防务及维持秩序;(二)以一师调赴香山防守海港,而粤西仍保持其原有兵力,以备攻桂。(《中央与西南各方之各说各话》,天津《大公报》1920 年 11 月

30 日,"紧要新闻")

11 月 26 日　《京津泰晤士报》攻击重建军政府绝难依据法律。

对于三总裁重返广州组织军政府,外界各有揣测,攻击污蔑,所在多有。本日,《京津泰晤士报》载文攻击军政府重组,绝难依法而行。文谓:"平日所号为护法之孙唐伍等,已向某国借款筹备重设军政府于广东。此一般政治家素不能安于位,其名誉信用如何,早为国人所共知,今乃欲重建军府,殊堪痛恨。盖其结果,不过延长粤省内乱,增加百姓之苦痛而已。但他等所经营到手之款,决不敷布置,将来不能不再取于粤民。当旧政府未消灭时,其最大之收入,即为赌捐与乐户之捐,前所持改革政治之计划全然失败,所谓国会议员者,将丰裕之薪金,除通过几件及对中央政府之罪状外,别无所为。今孙唐伍三人又言护法,亟图重设新军政府,吾人绝不能信其行为能根据法律。上海通讯谓彼等欲提取现存银行之关余数百万,其重建新军府之意想,即在此也。"(《新旧议员将合建军政府》,北京《晨报》1920 年 11 月 29 日,"紧要新闻")

△　粤海关情报称陈炯明忙于遣散民军。

是日粤海关情报称,陈炯明省长现正忙于遣散本省一部分军队。据统计,各地民军总数约有三十万,其中只有八万得到粤军总司令承认。这个数字不包括广州高级将领统率的正规军。大多数民军在他们辖区内表现不好,纪律松懈,省当局经常收到对他们不守纪律行为的批评意见。(广东省档案馆选译:《孙中山与广东——广东省档案馆库藏海关档案选译》,第 204 页)

11 月 27 日　粤海关情报报告孙中山统一全国计划。

该情报称,孙中山离沪前夕曾派代表赴川,与该省军事领袖磋商支持西南政府问题。孙中山的计划是,"一旦打下广西,使之再次归顺西南政府后,便马上由川、陕、湘、黔四省同时派出远征军讨伐湖北。收复湖北以后,即成立一个由浙、闽、粤、桂、赣、鄂、湘、黔、滇、川、陕和新疆等十二省组成的政府并正式选举总统"。至于北方各省，段祺瑞承诺说使服从大局，胆敢反对该统一计划，即武力惩罚。孙中山考虑，"这个新政府将在民国十周年时成立"，那时中国将重获统一。作为第一步，"孙打算从新组织的粤军里面成立两个师的护国军，这两个师的军队将由他自己指挥和提供给养。此外，还要成立两个师归军政府直接控制。据说，已经在着手组织上述军队了"。（广东省档案馆选译：《孙中山与广东——广东省档案馆库藏海关档案选译》，第 204—205 页）

11 月 28 日　途经香港抵达广州。

是日晨，与伍廷芳、唐绍仪、胡汉民、戴季陶、宋庆龄等抵达香港。香港各界纷至船埠热烈欢迎，并推代表二百人登船趋谒。（《本社专电》，上海《民国日报》1920 年 11 月 29 日）午间转乘广九专车于下午 5 时抵达广州。陈炯明率军民长官及军队到站迎候。旋在陈炯明的陪同下，与伍廷芳、唐绍仪一行前往旧督署休憩。从广州大沙头火车站到前督军衙门的街道两旁排满士兵，沿途商店悬旗放炮，市民表示欢迎者，不绝于途。永汉路牌楼悬生花大横额，文曰："亿兆胪欢。"当晚 7 时，陈炯明在广东省署内洋花厅举行欢迎宴会，孙伍唐三总裁及胡汉民、汪精卫、伍朝枢、戴季陶、徐谦等出席。魏邦平、李福林、各高等学校校长亦列席。

席间，陈炯明首致欢迎词，旋即起立发表演说。首先代表粤人，对陈炯明挥师光复粤省表示感谢，继则言及外界普遍关注的治粤方针。略谓："吾国必须统一，惟以民治为统一方法，然后可期永久；武力不过辅助民治之不及，非不得已，不宜轻用。"吾辈此次归来，将"提倡民生主义，厉行民治精神，务使社会财产渐趋平均"；于粤省这一护法根本策源地，"务须实行保护，使粤省民治发达，足为各省之模范"，"而立和平统一之基础"。演讲并以俄国实行社会主义，继而造成欧洲风气作例，期望"吾辈改造广东，使广东成一种最良好之风气，而此种良好风气传入各省，各省亦必发生一种良好变化"。（《本社专电》，上海《民国日报》1920 年 12 月 1 日）演讲还谈及援桂问题，谓粤人援助广西发展,应从实业上去努力。"赶走绿林之后,立刻就要合起广东全省的余力,去帮助他们发展教育,帮助他们发展农业。"(《在广东省署宴会的演说》,《孙中山全集》第 5 卷,第 431—432 页)

演说历时五十多分钟。其间,孙中山精神矍铄,声音洪亮,旁征博引,兴致高昂。9 时席散,伍、唐及胡汉民、徐谦等先回军府休息,仍留下与陈炯明就西南大计"有所商榷","夜深始回军府"。(《欢迎三总裁返粤纪盛》,上海《民国日报》1920 年 12 月 5 日,"国内要闻")

上海《民国日报》刊发时评指出,孙中山提出的治粤方针"适应潮流,顺从民意","在非常纷扰、几乎绝望的时局中,见着这从基础上做起民治来的广东,凡热心民治的,应该用好意去扶助他促进他;他们若有错误处,也该用好意去纠正他"。(《孙先生到粤演说》,上海《民国日报》1920 年 12 月 1 日,"时评一")

对于三总裁抵粤后的施政动向,粤海关情报称,据悉总裁们来穗后要做的头一件事将是重组西南政府。不过这次和前次不同,这次只是重新组织一个政务委员会,政府的其他部分将不再重建。"四处也在谣传说,这次西南要联合闽、浙、陕三省选举他们自己的总统。孙逸仙可能会被选为总统,段祺瑞当副总统,唐绍仪当总理。据说,三位总裁在上海曾与最近从日本的公使馆逃出来的徐树铮磋商过。"(广东省档案馆编译:《孙中山与广东——广东省档案馆库藏海关档案选译》,第204 页)

△　与杨西岩谈话,指出中国须组织工商政府。

是日晨抵达香港,与港商杨西岩有简短谈话。略谓:"中国欲达安宁富强之目的,须组织工商政府,庶几铲除军人之专横、武人之残暴,而民治精神始能实现。"(《在筹建广东省总商会会议上的讲话》,《香港华字日报》1921 年 9 月 14 日,"粤闻")

11 月 29 日　召开政务会议,决定政府人选。

广州军政府自伍廷芳离粤,不足法定人数,政务会议停顿已久。此次三总裁及唐继尧代表王伯群偕同返粤,已足法定人数,乃于今日重开政务会议。决定以观音山旧都署为军政府所在地。12 月 1 日，并通电宣告政务会议重开，继续履行职能。(《军政府重开政务会议》,上海《民国日报》1920 年 12 月 5 日,"国内要闻")

对于军政府重建，广州商民意见不一。一方面众多市民连日举行巡游大会，祝贺军政府重光，且"以广东为政治首都，则工商业当益发达，深盼孙总裁建筑南方大港计划早日着手实行"。(《本社专电》,上海《民国日报》1920 年 12 月 3 日)另一方面，广东商界各团体于 29 日集议上书，"勿在粤设军府，即须设，亦请移往别处。即发通电表示民意所在"。(《粤民反对中之军政府·孙唐实行组织军府》,北京《晨报》1920 年 12 月 3 日,"紧要新闻")

△　视察观音山。

抵粤后以观音山为广州重要军事区域，龙济光、莫荣新督粤时，均恃此为天然险阻，且闻山上各项建筑物非常坚固，故此次返粤，即拟亲往视察。是日下午 1 时，邀同邹鲁、李耀汉、周之贞、李安邦及孙科，"笠屐登临，共作游山之会"。适民党旧同志陈学彬入府请谒，因其前在南洋办理党务，深资得力，令其前导上山。登临间，拾级登高，振衣千仞，感慨良多。"凡经过各处炮垒兵房，皆一一视察，垂问甚详。均由陈学彬举要奉答。孙为慨然者久之，谓此不祥物，无裨国防，徒供负固，行当扫除净尽，毋使市民惊恐。"游览至傍晚，"始行下山回府晚膳"。(《孙总裁视察观音山》,上海《民国日报》1920 年 12 月 7 日,"国内要闻")

△　报载孙中山等赴粤前决定三事。

报道称，据沪探电讯，孙中山等入粤前，曾决议三事:(一)补选孙洪伊、陈炯明为总裁;(二)设立军政府，"经费决定四百万元，一半由某国借款，一半请粤省担任";(三)"欢迎安福派议员入粤组织国会。"(《新旧议员将合建军政府》,北京《晨报》1920 年 11 月 29 日,"紧要新闻")另据报道，某方面接沪传来消息，谓西南有委定十路司令分担军政之说:(一)韩恢为江淮总司令,(二)许崇智为闽南总司令,(三)陈炳焜为广

西总司令,(四)李烈钧为赣西总司令,(五)林修梅为全湘总司令,
(六)王华裔为全黔总司令,(七)于右任为全陕总司令,(八)孙武为武
汉总司令,(九)熊克武为全川总司令,(十)蓝天蔚为长江上游总司
令。又谓民党在沪决议,俟各要人到粤组织军政府后,"即举孙文为
总统,段祺瑞为副总统,唐绍仪组阁,王揖唐任内务,徐树铮任陆军,
郑万瞻任交通,孙洪伊任农商,居正任司法,殷某(汝骊)任财政,陈独
秀任教育,汤廷光任海军"。(《西南新组织之传闻》,天津《益世报》1920 年
11 月 29 日,"要闻一")

11 月 30 日　在军政府主持召开重要会议。

是日上午 9 时,与伍廷芳、唐绍仪及唐继尧代表王伯群在军政府
召集省中要人会议。陈炯明出席。议决重组军政府,并讨论西南有
关重要问题。(《重组军府之新气象》,上海《民国日报》1920 年 12 月 7 日,"国
内要闻")另据消息,此次会议在下列问题达成共识:(一)重组军政府;
(二)通电宣布不承认岑春煊、陆荣廷所发取消两广独立的宣言;(三)
撤消岑、陆军政府总裁职务,补选两位新总裁。(广东省档案馆辑译:《孙
中山与陈炯明》,广东孙中山研究会编:《孙中山研究》第 1 辑,第 375—376 页)
北报报道,会议"并议迎段祺瑞南下。因陕闽浙鲁皆段系,段来必加
入。若桂赣鄂反对,即用武力征服"。(《军政府发出成立宣言》,北京《晨
报》1920 年 12 月 6 日,"紧要新闻")补选总裁及迎段南下或系不确。上海
《民国日报》针对外界风传,登载 12 月 4 日广州来电,谓总裁"决不补
选。至迎段南下,绝无其事"。(《本社专电》,上海《民国日报》1920 年 12 月
5 日)

△　报载孙中山等设法巩固西南团体。

报道称,孙中山、伍廷芳、唐绍仪鉴于西南时局多故,刻下虽来粤
力谋重组军府,但西南团体破裂之弊,宜先设法解决。故"密电唐继
尧贯彻向日宗旨,仍须联络黔川;外复电李烈钧,请其速赴广州,协商
统一西南要旨,然后再定对北方针"。(《中央与西南各方之各说各话》,天
津《大公报》1920 年 11 月 30 日,"紧要新闻")另据报道,唐继尧因西南形势

散漫，护法总机关缺失，前途大有阻碍，特令李烈钧速赴粤省，与孙、伍接洽组织军政府，并托李携个人意见书，听孙、伍采纳施行。大要"一为速筹相当地点及规定基金，组织军政府；一为设法统一西南护法各军及各方面之趋向；一为征求各处意见，实行对北；一为粤桂战事早日收束，规定护法各事项"。(《组织军府中之粤局·唐继尧派李烈钧赴粤》，北京《晨报》1920 年 11 月 30 日，"紧要新闻")

有望补任总裁的孙洪伊之动向亦为外界关注。有报道称，据某南方派消息家言，去年以来孙中山与孙洪伊意见阻隔，甚不融洽。及至最近，二者已见疏通，孙洪伊或将被任为新军政府政务总裁，"进而谋直隶派与广东派之接近"。(《中央与西南各方之各说各话》，天津《大公报》1920 年 11 月 30 日，"紧要新闻")然另一消息源称，孙洪伊近日接见外报记者，谈此次不入粤缘由，"因其主张民党宜与直派携手，与孙文主张联络安福之意见不合，故虽反对中央，亦不赞成孙文等重组军府之计划"。(《粤民反对中之军政府·孙唐实行组织军府》，北京《晨报》1920 年 12 月 3 日，"紧要新闻")

△ 粤海关情报称，孙中山组建强势政府主张颇遭反对。

该情报称，孙中山致力于在西南地区正式选举总统，以取代总裁制。这样可避免意见分歧，有利于统一行动。目前他正采取步骤重建各地民军，这些民军将由新政府直接控制。"这个新政府不像前次的政府，它将是一个能对护法各省发号施令的强有力的机构。"但据说陈炯明反对孙的征兵计划。他的意见是省内军队应当统一，只能由粤军总司令指挥。他愿意全力支持新政府，但"不喜欢还有别的高级军事领导人"。(广东省档案馆编译:《孙中山与广东——广东省档案馆库藏海关档案选译》，第 207 页)

12 月 1 日粤海关情报又称，军政府大多数总裁赞成继续实行以前的那种七总裁权力均等制度。孙中山可能会当政务委员会主席，段祺瑞可能是补选总裁中的一位。据说段不久将来广州。军政府各个部也将会恢复。陈炯明将出任陆军部长，汤廷光任海军部长，唐绍仪任外交部长,伍廷芳任财政部长,徐谦任司法部长,李烈钧任参谋总长。(广东省档案馆编译:《孙中山与广东——广东省档案馆库藏海关档案选译》,第 207 页)

△ 报载岑春煊、陆荣廷联谋应付孙伍唐办法。

报道称,岑春煊恐孙、伍、唐赴粤引致极大风波,刻已派员赴桂面谒陆荣廷。其所商定办法,"仍应由桂出兵赴肇庆迎截粤军为第一要着;即次联名发电,使西南国体巩固统一形式;然后再行派员北上,与中央妥将进行手续协商"。(《中央与西南各方之各说各话》,天津《大公报》1920 年 11 月 30 日,"紧要新闻")

是月中下旬 会见共产国际使者吴廷康。

共产国际使者吴廷康接受陈独秀建议,前来拜访。据吴自述,拜访原因一是因为"自己很想认识孙中山";另一原因是获悉孙近日将去广东与追随者陈炯明会合,与其结识,"我就有可能认识陈炯明将军和就近仔细观察他的'神奇的'空想和计划"。

谈话是在孙宅书房中进行。在吴廷康眼中,孙中山颇显年轻,他身材挺秀,衣着朴素,举止谦和,手势果断,没有中国人的繁文缛节。据吴廷康回忆,两个多小时的谈话,涉及多个话题。孙中山首先询问了俄国革命情况,继则谈及中国辛亥革命及民初政局。"孙中山异常兴奋",讲述了袁世凯如何背叛革命,如何在日本的帮助下复辟帝制,以及自己如何对日方施加压力而使日本政府与袁断绝联系。在签署"二十一条"问题上,孙中山认为并非由于日本的压力,简直是袁出于复辟的目的向日本方面主动提出的。

话题最后转移至苏俄问题上。吴廷康说,孙中山显然对这一问题深感兴趣,即怎样将"中国南方的斗争与远方俄国的斗争结合起来"。他抱怨说,"广州的地理位置使我们没有可能与俄国建立联系"。他还详细询问了在海参崴或满洲里设置大功率无线电台,从而与广州建立联系的可能性。([苏]维经斯基:《我和孙中山的两次会见》,《维经斯基在中国的有关资料》,第 109—110 页)

△　致函谭延闿、赵恒惕等,告拟赴粤重组军府。

因国会议员李锜返湘,托便分函谭延闿、赵恒惕等湘中将领。致谭延闿函指出,西南须一面抗拒北方强权,一面筹谋实在建设。中国问题就现状以谋解决,只益纠纷,"必有进一步之主张,始能得实在之平和"。并告"现已定赴粤,重组军府,共策进行",望"时锡南针,共定国是"。(《致谭延闿函》,《孙中山全集》第 5 卷,第 427 页)致赵恒惕、宋鹤庚、鲁涤平、陈嘉祐函告,已定赴粤重组军府,"贯彻义之初衷,求民生之幸福"。勉励"竭诚卫国,始终不渝,丁此艰危之会,当有远大之谋"。(《致赵恒惕等函》,《孙中山全集》第 5 卷,第 428 页)

△　致函陈树人,告派马素代申敬意。

加拿大创设党所,加属党务蒸蒸日上。本日致函陈树人,称许海外同志勤劳党务,立坚固之基,既"见我党之兴隆",亦"可以转移国运"。告"落成盛典,理应祝贺。兹特派马素君前来代表,用申敬意,并致欢忱"。(《致陈树人函》,《孙中山全集》第 5 卷,第 436 页)

是月下旬　致电陈炯明暨粤军各将士,勉秣厉西征。

粤境桂贼虽遭肃清,广西仍在盘踞之下,日来桂人多有呼吁,粤军援桂,势在必行。本日致电陈炯明暨粤军各将士,告粤军回师,桂贼被逐,"此非独粤人之幸,实民治前途之福"。"此际桂人尚股请命,西征在即,秣厉尤劳,勉完康济之功,用造承平之局。"(《致陈炯明暨粤军各将士电》,《孙中山全集》第 5 卷,第 436 页)

然对于西征之议,陈炯明及社会舆论实别有所见。报道称,肇庆克复后,征西之说,忽然兴盛。民党报纸极力鼓吹,以为粤省讨桂,旨在铲除桂贼,桂贼不除,粤省终难久安。今军事得手,正宜东西并举,一军入梧州,一军指钦廉,力谋根本解决。但稳健派报纸,则主张暂不征西,以为两广恶感不宜太深。而探之总司令部,则云"当局要人向无黩武之心,目前但求肃清桂孽,收回广东境域为止,至征西与否,须视大局之能否解决,现时尚难预言"。(平:《广州通信》,《申报》1920 年 11 月 25 日,"国内要闻")

是月底 赵恒惕代表来见,详陈湘事。

赵恒惕宣布接任湘军总司令后,即遣代表刘德裕来粤说明情况。刘抵粤后,先谒陈炯明,"对于西南重要问题有所商酌"。随后前来谒见,详细报告湘事经过。(《重组军府之新气象》,上海《民国日报》1920年12月7日,"国内要闻")军政府随即决任赵恒惕为湘军总司令。

△ 在军政府召开会议,议决数事。

据报道,孙中山、伍廷芳、唐绍仪于是日在军政府召集会议,议决"(一)限阳历年内将广西完全占据;(二)军政府自民国10年1月1日宣布成立;(三)公推粤绅办理恢复自治及监督整顿财政;(四)关于军政府之改组及府署之修理,积极另行办理"。又据报道,三总裁抵粤后,连日在观音山开时局会议,结果决定三项:"(一)军府现有四总裁已过半数,暂不补选;(二)援桂一举,认为不可延缓之事,决分三路进兵,以许崇智为总司令,陈炯光副之;(三)护法军府不能离开国会,应以迅速手段召集新旧两会议员来开临时会。"(《孙唐与安福合组之军政府》,北京《晨报》1920年12月5日,"紧要新闻")北报报道或有不确。据上海《民国日报》,12月初军政府决议1月1日方出师援桂。(《本社专电》,上海《民国日报》1920年12月7日)

是月 宴请返沪旧国会议员,筹划应付时局办法。

是月设宴为由渝返沪的国会议员接风,到场者有唐绍仪、伍廷芳、林森、吴景濂、褚辅成、孙洪伊、唐继尧代表王伯群以及重要国会议员,约二十余人。据吴景濂忆述,宴后谈话,孙中山告已与段祺瑞、张作霖合作,此次回粤将弃用军政府名义。孙洪伊表示赞同,认为应由国会组织总统选举会,选举孙中山为非常大总统,以此名义号召国人,较用军政府为正。吴则认为以孙中山声望,不必借重非常总统名义,如则易滋外界"始以大义号召全国,而以利终之"的非议。主张选举总统一事缓行,俟占据武汉召开国会,再行选举为正式大总统。孙中山颇是孙洪伊之说,谓吴主张"迂缓","不甚赞成"。(吴叔班记录,张树勇整理:《吴景濂自述年谱》下,《近代史资料》编辑部编:《近代史资料》总107

号,第79—80页)

关于孙、段合作,宗方小太郎颇不以为然。是月12日,他在向国内的报告中说:"孙文系民党与安福俱乐部的败类相结合,继续在上海进行挖空心思的反直运动。说者谓,此系民党的堕落亦即段派之无聊。段祺瑞之失计在于与其生平之主张相反之孙文握手。所谓弄巧成拙即此是也。"(李吉奎:《孙中山与宗方小太郎》,《龙田学思琐言——孙中山研究丛稿新编》,第182页)

　△　举行茶话会,邀国会议员赴粤。

赴粤组织军政府、国会既定,乃在寓所举行茶话会,就军政府组织、国会召集诸事进一步沟通意见。席间,邀吴景濂等国会议员同时赴粤,又责吴等对议员严加管束。据吴景濂忆述:"予随先生去粤,为吾之本愿;但对议员如何管束,非吾之职责所能为。如必迫我为之,我深知才力不及,只可缓行赴粤。予先将众议院文卷交褚副议长携带广州,吾暂留沪养病。盖孙先生如此主张,乃是怨予不赞成选举非常总统之意,故以此相难。"行前十数日,又在唐绍仪寓开茶话会,"唐受孙先生指示,其论调与孙相同。予与唐私交最深,不愿语言发生意见,仍以在沪养病为词,缓同去粤"。(吴叔班记录,张树勇整理:《吴景濂自述年谱》下,《近代史资料》编辑部编:《近代史资料》总107号,第82页)

　△　复电赵恒惕,望协力驱桂。

是月5日,赵恒惕来电,言联省自治主张。本日复电指出,联省组织,实救时之策,惟民治畅行,须强梁摧尽。望"推己及人,抑强扶弱","贾其余勇,协力驱除"桂系。(《复赵恒惕电》,《孙中山全集》第5卷,第440页)

　△　复函邹鲁,勉统率所部西征。

邹鲁日前来函,报告所部奋勇讨桂。本日复函指出,粤桂战争,"贵军首先发难,厥功尤伟"。惟余孽未灭,隐患实多,望再接再厉,统率西征,捣其巢穴,则"粤防可以巩固,而大局庶可有为"。(《复邹鲁函》,《孙中山全集》第5卷,第438页)

△　复函叶独醒,嘱助粤饷。

小吕宋宿务支部总务科主任叶独醒来函,报告同志捐助粤饷情形。本日复函,告粤军即将西征,以期犁扫。并嘱"小吕宋支部经兄倡导,慨助粤饷,足征好义。其有冷淡者,尚希随时晓以党员对于国家之责任义务,不能不助我党军之战胜"。(《致叶独醒函》,《孙中山全集》第5卷,第438页)

△　复函李能相等,勉助款讨桂。

接稳梳埠中国国民党分部副部长李能相等来函,悉该部同志热心桑梓,慨助义捐。本日复函,甚表佩慰,且指出"粤局告宁,吾党业获实施之根据,不日大军西上,扫穴犁庭,望同志再鼓热忱,完成伟举"。(《复李能相□介藩函》,《孙中山全集》第5卷,第439页)

△　复函张韬,嘱协力讨桂。

10月底,桂军马济所部团长张韬阵前倒戈,参与救护石井兵工厂,该部随后为粤军总司令部改编为第二支队。张韬日前来函,报告投粤后情形。本日复函,谓其临阵举义,预防兵工厂炸裂,"厥功可纪"。望"同心协力,以竟全功"。(《复张韬函》,《孙中山全集》第5卷,第437页)

△　复函薛木本,告遣陈承谟担任编辑。

薛木本自仰光来函,言将扩充《光华日报》版面,拟添聘一名编辑。接函后随即觅得同志陈承谟,学识颇佳,愿往担任。本日复函,告"已将前汇来川资交付,克日即可南来"。(《致薛木本函》,《孙中山全集》第5卷,第437页)

12月

12月1日　军政府召开会议,讨论筹款、召集议员及援桂各事。

(《专电二》,《申报》1920年12月3日)

　　△　参加欢迎会,并即席演说。

　　是日起,广东全省实行禁赌,与唐绍仪、伍廷芳应邀出席广州各界举行的欢迎会。席间演说,"详抒建设大计,末述赌害宜禁",指出陈炯明省长此次禁赌"具大决心,行大善政。吾粤绅商宜一致赞助,俾全省赌害及外埠与赌害有关联者一律肃清"。听者欢声雷动。(《本社专电》,上海《民国日报》1920 年 12 月 3 日)

　　△　四总裁联名宣言,宣布建设方针。

　　与唐绍仪、伍廷芳、唐继尧联名通电,将新政府建设方针宣告国人:"民国成立,于今九年,始以袁世凯称帝,继以督军团叛国,张勋复辟,祸乱相寻,建设事业,百未一举。今当以护法诸省为基础,励行地方自治,普及平民教育,利便交通,发展实业,统筹民食,刷新吏治,整理财政,废督裁兵,进国家于富强,谋社会之康乐。共和政治,民为主体,同心协作,有厚望焉。"(《建设方针宣言》,《孙中山全集》第 5 卷,第 440—441 页)对于军政府重组,北京政府经内阁会议议决"取冷静态度"。(《国内专电》,《申报》1920 年 12 月 4 日)

　　孙、伍、唐返粤重组军府,西南局面为之一变。对于西南新局的形成,有报纸指出,当粤军恢复广州时,陈炯明本意,期望恢复上海和会,以快刀斩乱丝手段解决问题。故当时国会议员等纷请重开军府,召集国会,陈皆态度冷静;叶夏声欲重组军政府护法第一、二军,陈皆解散而不顾。然北方对上海和会已无意规复。今日陈炯明固为实力派,苟不赞成激烈之事,粤地当无特别举动,然陈应付亦极难为。"陈之名义、陈之地位皆由奉孙、唐、伍之军政府命令而来,断无羽翼已成,又忽然反抗之理。"故上海和会无甚动静,然后孙中山决意回粤,抵粤后当然有新局面发生,而西征之举则为事实所不能免。(平:《广州通信》,《申报》1920 年 12 月 3 日,"国内要闻")

　　△　军政府发表布告,宣布启用新印章。

　　上月 29 日,军政府重开政务会议,即将军府印信重新刊制,中刻篆文"中华民国军政府印"。此印"方横二寸八分,极形宏伟"。本日,军政府发布布告，通告新印即日启用，"所有从前之军政府印，即行作废"。(《西南之新建设》，上海《民国日报》1920年12月14日，"国内要闻")

　　△　旅粤国会议员开会集议，推选代表与各总裁接洽。

　　是日午后2时，旅粤国会议员在海珠公寓举行会议，到会者逾百人。会议推选参议员蔡突灵、谭惟洋等及众议员陈家鼐、谢英伯、邓天一等为代表，择日前往军政府，与各总裁接洽，说明情况。(《旅粤国会议员昨日开会之提议》，《香港华字日报》1920年12月4日，"粤闻")

　　△　报载各方对军政府重组意见不一。

　　据报道，陈炯明对于军政府重组已发表意见：(一)军政府采合议制，不设领袖总裁；(二)实行议会政治，以政务会议行使大总统、国务院职权；(三)召集旧国会，杜绝安福分子，免招护法者毁法之讥。报道称，"其言虽甘，然陈仍思操纵军政府"。(《攻桂声中之粤局·孙唐实行设立军府》，北京《晨报》1920年12月1日，"紧要新闻")另据消息，孙中山、孙洪伊派国会议员关于重组军政府议决四项：(一)一致拥护孙中山完成护法事业；(二)变更军政府组织大纲，"废会议制度为单独制度"；(三)召集非常会议，选举孙中山为非常总统；(四)时局统一后再推孙中山为正式大总统，国事终了，非常国会如有再开之必要，则召集临时会议。(《重组军政府与复活沪会》，北京《晨报》1920年12月1日，"紧要新闻")

　　△　报载南北有关方面关于沪会态度。

　　报道称，据知内幕者谈，唐继尧等对于南北和议磋商，仍主张依照李纯转达中央办法，以避直接谋和嫌疑，而为回复沪会张本。而北京政府此际主张分头直接接洽，免为居间者播弄，且无延迟之弊，自不肯遽舍其主张，而迎合西南；并以广东军府能否顺遂进行尚属疑问，故暂取观望态度。"如果南北确有对等之实力，西南果有完全负责之代表，则沪会回复亦未可知，而此尚非其时。"(《重组军政府与复活沪会》，北京《晨报》1920年12月1日，"紧要新闻")

　　△　《京津泰晤士报》攻击军政府重建系牺牲粤人。

文章称,"中国近日之最奇诡,莫过于非护法之护法派之活动。此项题目,原为孙文、唐绍仪、伍廷芳系之自相揭橥者,现且将建立军政府于以前因自相残杀而覆亡之军政府之废址。此三人政客以为生涯,今又与极大战场之广东相依,则彼等自谓一生任务,在付与该省颠连痛苦之人民以护法政府之利益者,其所要求决不在小,粤人必无余力以应付之也。然则外间所述号称护法派者,其资财乃仰给于中国以外之国,殆无足怪,如此名词,盖常用以指不幸而负有临浊流而渔之名之某国也。且彼等非能自牺牲之人,亦非能为幻术之人,其政治理想虽空幻达于极点,而其个人之野心固未尝幻也。彼等但求得财政上之辅助,虽以国家为交换亦所不惜,故借债一事亦无何等疑义。但彼等现已来粤,自不能将粤人轻轻放过。不幸之粤人,既因广西首领之战败而奉以贡物,复不偏不颇,而奉贡于战胜之广东首领,今又奉贡于一二野心家,而其需索殆又甚矣。故彼三人之入粤,于大局殊无所牺牲,其所牺牲者唯粤人而已"。(《孙唐已在粤挂出军府招牌》,北京《晨报》1920 年 12 月 2 日,"紧要新闻")

12 月 2 日 参加军政府会议,发表讲话。

是日,军政府召开会议,讨论进行办法,决定"设联省制","仍由国会产出新政府"。(《本社专电》,上海《民国日报》1920 年 12 月 4 日)另据报道,此次会议孙中山、陈炯明先后发表讲话,二人在联段问题上针锋相对。报道称,孙中山发言谓:"吾等所取之目的自宜一致护法,但所用之手段则各有方法,不必限于同一步调。譬如吾等与段系在上海握手,并非我等屈就段系,乃段等来求援于我。虽反对北政府之方法不同,而反对北政府目的则一。"陈炯明则称:"反对北政府是一事,护法又是一事。要护法,似不宜与段系往还,因此事与护法不相容也。若以上海既已接洽,未能摆脱为言,则上海所取之手段为权宜计,不得不如此。今广西派败退,我已有根据地,正是孙中山所谓手段可以变化,目的不能更易者,今已到变更手段之时机矣。"(《孙唐伍抵粤后之经过情形·孙唐等之大会议》,长沙《大公报》1920 年 12 月 10 日,"中外新闻")

△　游虎门,"拟设兵工厂"。(《军政府发出成立宣言》,北京《晨报》1920年12月6日,"紧要新闻")

△　复电卢焘等,勉与护法各省一致行动。

贵州局势初定后,黔军代总司令卢焘偕混合旅旅长胡瑛、谷正伦等于11月22日来电,报告刘显世辞职归里,黔省陆军节制整理,交由黔军总司令部进行;并表示"现在护法事业尚未告终,本军对于大局计划,仍与西南各省一致主张,决不至有所变更"。(《卢焘等声明宗旨电》,长沙《大公报》1920年12月1日,"要电")是日,与唐绍仪、伍廷芳、唐继尧联名复电指出:"诸君出任艰巨,对于大局计划,仍与西南护法各省一致主张,甚为佩慰!望即本此决心,共策进行。"(《四总裁策励黔军界》,上海《民国日报》1920年12月20日,"国内要闻")

△　林支宇来电,告就任湖南临时省长。

上月25日,湖南省议会召开临时省长选举会,林支宇当选。当日,湖南省议会曾来电通告。(《省议会选举省长之通电》,长沙《大公报》1920年11月27日,"本省新闻")本日,林支宇来电,告暂维湘局,"勉同护法"。(《林省长就职后之要电》,长沙《大公报》1920年12月3日,"本省新闻")

△　张智来电,报告倒谭原委。

电谓:前奉孙中山命令,与周震鳞赴湘组织援粤军。因谭把持湘政,勾结桂系,阳许以援粤湘军游击司令,暗中则遇事牵制。无论为粤为湘,皆有倒谭必要。用会合第六区司令李仲麟、第十二区支队长于应祥等,宣布谭氏罪状,大张挞伐。所幸大众一心,全不血刃,军民两政同时解决。现粤局敉平,湘省安谧,爰将所部即日收束还粤。(《张智表明倒谭原委》,长沙《大公报》1920年12月4日,"本省新闻")

12月3日　召集军政会议,决议数事。

据报道,本日与伍廷芳、唐绍仪等在海珠召开军政会议,表决数事。军事方面:(一)改编护国军,将民军加入,共成十师六混成旅及防军四十营(未含他省护国军)。四十岁以上兵士均令退伍;(二)饷械由西南各省担任十之三,余由军政府担任;(三)添设教练团、学兵营及工程教练队。财政方面:(一)由省议会公推管理员及监督员分配支拨;(二)禁赌后,以关税增加抵补赌捐;(三)改组军政府先从补选总裁入手,积极进行。(《孙唐组织军府与各方面·孙唐购日械以练大军》,北京《晨报》1920年12月7日,"紧要新闻")

　　△　国会议员陈家鼎等来谒,谈召开国会。

　　上年4月伍廷芳离粤后,部分议员仍留广东召开会议。军政府重组,如何处置附逆议员,各界颇为关注。报道称,本日国会议员陈家鼎、谢英伯、马小进、蔡突灵、邓天一等前来晋谒。陈家鼎自袖中拿出报上所载军政府四总裁宣言,言该宣言并未提及召集国会,似有疏漏。孙中山答谓:"国会议员南来,原为护法。前被岑春煊、莫荣新等逼走,故移往云南及重庆开会。汝等逗留广州不去,实为甘心附逆,罪有应得。今日岑、莫失败,复又倡言护法,何以从前不到云南及重庆乎?余照律应将留粤之议员一一逮捕,徒因军府事忙,未暇为之。此后国会开会,只有纯洁而未变节之议员有此权利,其曾经附逆者,非从严惩治不可。"闻听之下,议员中曾依附桂系者大为失色。谢英伯起而答谓:"先生如此办理,实为大公至正,为民国正本清源计,必当如此。"(《广州新军府之大事纪》,《申报》1920年12月14日,"国内要闻")

　　但对此事报道,因消息源不同,内容有所差异。有报道依据"接近孙派及当日在座他客所闻",指孙中山实未说过此话。报道称,是日陈等前来商谈别事,谈次偶出报纸,问及军府宣言似遗漏国会方面。孙答可能系秘书厅误错遗落所致,或因国会迁移靡定,无处收受文件。陈等继问:"今桂政既去,总裁既回,且迩者自沪、渝回粤之两院议员亦日有人,广州为国会地点何如?"孙谓:"君辈固反对逆系者,我亦知之。惟广州久为政学、桂系所盘窃,似碍难认为国会。"陈等称:"彼逆系分子我辈历年与之对敌,其不庸为彼辩护固无待言。但国会机关与国会分子有别,而分子与分子又有别,似不能把分子与机关、分子与分子并为一谈也。然则其宣言电达沪上两院同人处，何如有议长在□，到过重庆之议员亦在也。"孙答："他们住在租界上，亦非国会地点，是以未电沪。"又曰："我无成见，大家依法做去，再商量可也。"陈等并询传言四总裁于本月 2 日已有电致沪，邀议长及议员遄返粤垣，是否属实。答现尚未有此电。(《孙文与旧议员谈话志闻》，天津《大公报》1920 年 12 月 21 日，"要闻二")

　　另有报道称，陈等首言，军府迭次宣言并无提及召集国会，外间多传军府有不要国会之意，实情如何，请一表示。孙中山初则答以此必秘书厅遗漏。陈等再诘以此等文电总裁有无过目，孙瞠目久之，继则答曰："我实不相瞒，此回之军府确无用国会，即须规复国会，而如50 号(即政学系所在地名)、石行会馆皆为倒蛋人物，万不容其存留。君等欲规复国会，究竟有法能将此等倒蛋议员取销否？"陈等答以 50号、石行会馆等，此等议员不良分子与国会全体无涉，不能因分子不良，遂将机关取消。譬如军府，岑、陆为不良分子，孙先生及唐、伍等则良者也。若因岑、陆不良而谓军府可废，岂有此理。至国会中取消不良分子，此当以法律行之，不能任意去取。言至此，孙中山拂袖而入。陈等扫兴而退，出而告人，皆谓"此回之孙中山与前此大有分别"。(《军府最近之形势·孙文自选议员》，北京《晨报》1920 年 12 月 19 日，"紧要新闻")

　　对于召集国会，各种报道纷歧杂出。部分报道认为，旧国会近期或无在广州召集可能。有报道称，因对桂军事较为急迫，孙、伍、唐主张徐图组织国会，故"先在广州组织军政府，暂将辰州军政，分府移滇，以便滇粤双方向桂进兵"。(《南北局势变化观》，天津《大公报》1920 年12 月 3 日，"北京特别要讯")粤海关情报亦认为，旧国会恢复前景不明。因为迄至目前，大多数议员仍在上海，只有少数议员来到广州，难以达到法定人数。"被采访的总裁们并没有明确地说他们是否愿意恢复'旧国会'。省当局尤其是市民们似乎都不愿意给旧国会提供费用。"(广东省档案馆编译:《孙中山与广东——广东省档案馆库藏海关档案选译》，

第 208 页）

　　而另些报道则指，召集旧国会实在紧锣密鼓进行。有报道称，孙中山派员来京，招旧议员赴粤，条件旅费外给三个月岁费，但开会只限三个月，"闭会时应通过王揖唐、徐树铮内陆两长，并须签字为凭"。议员中有愿去而不肯签字者。（《专电》，《申报》1920 年 12 月 5 日）还有报道称，旧议员"准于一星期内召开预备会，拟定选举孙文为非常大总统，段祺瑞或唐继尧为副总统"。（《军府成立后之粤局》，北京《晨报》1920 年 12 月 8 日，"紧要新闻"）

　　△　致电赵恒惕，促迅驱桂系。

　　军政府前任赵恒惕为湘军总司令。本日，与唐绍仪、伍廷芳、唐继尧联名致电，略申贺忱，并"祈本夙昔之主张，迅驱桂贼，出吾人于水火，庶民治有策源之地，西南无心腹之忧"。（《孙唐伍唐致赵总座电》，长沙《大公报》1920 年 12 月 5 日）8 日，赵恒惕复电，表示"勉竭棉薄，以副盛意"。（《湘当局拥护军政府》，上海《民国日报》1920 年 12 月 20 日，"国内要闻"）

　　△　报载南北政府相互态度。

　　报道称，北京政府迭次阻止在粤重组军政府。日前接调人密电，略谓："如不愿西南再选总统，北方应将统一令取消；不愿重组军政府，北方尤不得公然自认现有正式政府；不愿广州重组国会，应将旧法召集新会之命令认作无效，从新另开和会，表决一切。"措词极为强硬，北京政府以此为无理要挟，置而未答。（《南北局势变化观》，天津《大公报》1920 年 12 月 3 日，"北京特别要讯"）西南在野调人亦迭电北京当局，请速办三事，以冀民党首领态度转圜：一，实行废督并废巡阅使；二，请用致电形式，答告孙、伍、唐取消统一命令；三，外交方面停止对外交涉，俟由南北同决。"闻府院以第一项可行，亦须和平后举办；余两件一召内乱，一碍国际，断难进行。"（《西南调人请办三要事》，天津《大公报》1920 年 12 月 5 日，"北京特别要讯"）另有消息称，北京政府意欲南方内乱发生再行沟通。因近接多数确报，西南公民团体厌乱，仅有少数党人提倡南北决裂,人民对于重组军政府极不赞成。故"决定专待先由南方反对民党举动,届时因势再行劝慰,事半功倍,意见必易通融"。(《政府对于广州之镇静》,天津《大公报》1920 年 12 月 5 日,"北京特别要讯")

与此同时,北京政府复征集地方长官对于滇、粤意见,近陆续接到复电。有主张由近处着手统一,远处宜仍观望者;有主张缓期接收自主,仍应将意见疏通者;有欲以强硬手段对待反对者。宗旨极不一致。(《南北局势变化观》,天津《大公报》1920 年 12 月 3 日,"北京特别要讯")

12 月 4 日　安福系议员林绳武、许峭嵩、陈子楷来谒,遣梅培代为接见,"敷衍数语而退"。(《广州新军府之大事纪》,《申报》1920 年 12 月 14 日,"国内要闻")

△　报载各省自治联合会上书,请"改造自治政府,树全国模范",并请"实行代议制度,实行直接民权"。(《本社专电》,上海《民国日报》1920 年 12 月 4 日)

△　报载孙中山等积极进行各事。

报道称,孙中山等抵粤后,最近积极进行诸事:一,讨论推举总裁及调查军政府旧日案卷情况;二,增加前敌兵力,限日扫清粤境桂军,再向广西进攻;三,调查反对在粤组织军政府各派;四,筹备提倡护法联军,便一致实行对北。其他关于军队改编、财政整理以及各项行政,均有筹划。此外,对于重组军府有关经费问题,"已由陈炯明令全省九十六县知事,每县平均抽捐三万圆,共有二百八十八万元,限 12 月底以前解省使用,准于地丁中扣除"。(《军政府组织中之粤局》,北京《晨报》1920 年 12 月 4 日,"紧要新闻")关于攻桂,有报道称,首先实行扫除粤境桂军计划,并将陈炯明不入桂界宣言取消,另派生力军进攻广西,复令陈督饬攻击德庆之中路军队,北由三洲、石河,南由江口集军包围进攻,以便积极进行而取梧州。(《军政府组织中之粤局》,北京《晨报》1920 年 12 月 4 日,"紧要新闻")

另有报道指,孙中山与段祺瑞、王揖唐携手后,"早拟组织一党,兹已将成为事实"。党名曰新国民党,党首拥孙中山或段祺瑞未定,总机关部设于广州,上海设一支部。(《将有新国民党出现说》,《申报》1920 年 12 月 4 日,"本埠新闻")北京政府接在沪委员来电,谓近日沪上租界已不见王揖唐行踪,探询王之夫役,则言"王氏已赴香港,就道赴广州,此行系蒙孙中山之电召"。(《军政府组织中之粤局》,北京《晨报》1920 年 12 月 4 日,"紧要新闻")

△　报载陈炯明来函,要求五事。

报道称,陈炯明遣人持函面致孙中山,要求五事:(一)不得任用安福党;(二)不得以广州产物及收入抵押外债;(三)本人有指挥援桂军队全权;(四)广东不担任客军饷项;(五)办事须公开。(《军政府组织中之粤局》,北京《晨报》1920 年 12 月 4 日,"紧要新闻")并有报道指,陈炯明对欢迎孙中山等返粤已有悔意。报道称,孙中山等赴粤,虽由陈炯明去电欢迎,然事先并未征得香港、广州全体商民同意,故当下颇有悔意。"其理由更为民党首领不至粤省,陈有逐桂功绩,可望独掌特权,而军政府成立,不过仅为局部分子";且"广东民困始苏,倘再经乱,陈氏难逃首祸"。鉴此推测,将来必起至大冲突。(《陈炯明颇有悔意消息》,天津《大公报》1920 年 12 月 5 日,"北京特别要讯")

12 月 5 日　参加军政府会议,宣布三项办法。

是日,召开军政府会议,就军政府组织问题宣布三项办法:(一)重组军府为总结整理护法事项,决不扰及广东各界;(二)筹款首在借款及募捐,断无加税之理;(三)粤省治安将来由军府负责。(《孙中山主持军府之种种计划》,长沙《大公报》1920 年 12 月 14 日,"中外新闻")

△　报载孙中山谈不久即重造西南护法政府。

报道称,孙中山谓粤军朝气方盛,攻入桂省,指顾间事。"刘显世在黔失败,彼能助之恢复,滇黔仍可图川。不久即可重造西南真正护法政府。惟旧议员散处各地,一时未能集会,故重组国会,尚难骤行。"(《孙唐与安福合组之军政府》,北京《晨报》1920 年 12 月 5 日,"紧要新闻")

△　报载孙洪伊提倡军政府实行总统制。

报道称，孙洪伊在上海对外表示，与孙中山提携诚为事实，日内当赴广东视察。据其观测，军政府采用总统制，似较总裁制适切。其大体主张总统制，总统候选人为孙中山。又外间传其在军政府获一位置，现时殊属不然。总之非抵广东后，颇难决定。(《孙唐与安福合组之军政府》，北京《晨报》1920 年 12 月 5 日，"紧要新闻")又谓外间风传举段祺瑞为政务总裁，"全无根据"。而对广西则非推倒陆荣廷不可，如仍留置陆氏，北方将利用而为广东之障碍。现军府正在预备计划。(《广东军府之各面观》，长沙《大公报》1920 年 12 月 8 日，"中外新闻")

△　报载吴景濂谈国会移粤。

孙中山等返粤，吴景濂因心存芥蒂，借病滞留上海观望。报道称，吴景濂接受记者访问时表示，国会移归广东之期未定，主要原因一系广东无电相招，一系经费匮乏。目下在沪国会议员约计二百余名，国会如移归则每月需经费数万元。广东正着手整理诸事，如民军改编与整理，且财政及其他各事似未就绪，故"国会移归之机会亦似未至。予等欲待广东确报之到来，再定行动"。(《孙唐与安福合组之军政府》，北京《晨报》1920 年 12 月 5 日，"紧要新闻")

12 月 6 日　参加政务会议，讨论联省政府事宜。

是日，军政府召开政务会议，列席者除孙、伍、唐三总裁及唐继尧代表王伯群外，还有陈炯明、各军司令、各厅长等。讨论中，"众以军府既改称联省政府，则从前军府组织大纲自不适用，应即从事修改，以期适于联省制度"。当即由各总裁指定胡汉民、戴季陶、徐谦、伍朝枢、卢信等五人为起草员，俟组织大纲修改完竣，即行提出讨论。(《西南之新建设》，上海《民国日报》1920 年 12 月 14 日，"国内要闻")另据报道，孙中山在粤除积极进行军政府改组外，近又提倡护法联盟会，综合滇、黔、川、湘各省联为一大护法团体，以免彼此龃龉，破坏护法宗旨。闻所定条规，"一为共同出兵攻击反对护法各省，一为粤事解决后实行对北，一为联盟边防而免他方面之攻击，一为划一意见而免政出多门"。(《孙唐组织军府与各方面·护法政府又变为联省政府》,北京《晨报》1920年12月7日,"紧要新闻")

△　四总裁发表宣言,谴责北方破坏和平罪状。

是日,与唐绍仪、伍廷芳、唐继尧联名发表宣言,历数北京政府三大罪状,痛责改弦更张,力谋国事解决。宣言谓:"北方频年行动,最有害于国者三:(一)利用军阀盗窃政权;(二)以善后赈灾等为名,欲欺骗新银行团,而未经得国民承认之借款,擅加国民之负担;(三)宣布伪统一,自认非法,而又以无国法上地位之机关,擅令各省举行伪国会选举。凡此三者,苟有其一,已足破坏和平,陷国家于危境。本政府仍盼北方速行屏除军阀,停止借款,取消伪令,庶可相见以诚,继续开会,为正当之解决,以副人民之希望。"(《军政府二次宣言原文》,上海《民国日报》1920年12月14日,"国内要闻")北京政府接电后认为,军政府"无诚意谋和",置而不复。(《专电一》,《申报》1920年12月18日)

△　粤海关情报称粤省谣言频传,市面金融动荡。

该情报称,自从孙中山等抵穗后,各种谣言盛传。最近风传广东省银行不久将发行一千万元钞票,商人们最近所预付贷款将被当作银行储备金,又称这些钞票已在日本印好。该谣言传出后,中国银行广州分行的钞票大受影响,因为人们担心政府以后不承认这种钞票。目前,中国银行钞票价值只有票面价值的十分之七。此外还盛传军政府将任命新省长取代陈炯明。据说孙中山与陈炯明对许多重大问题都有分歧,但省当局矢口否认,回应称这些谣言是梁士诒为首的交通系所散布,其目的是阻挠重组西南政府和讨伐广西。据说交通系正设法收买报界以制造舆论,混淆视听。(广东省档案馆编译:《孙中山与广东——广东省档案馆库藏海关档案选译》,第207页)

△　报载北京政府讨论对南办法。

报道称,徐世昌因军政府筹划种种对北计划,故与靳云鹏及军政要人筹商对南办法,约有数项:一为先自疏通入手;一为严防安福系与粤联合,并从速召集安系议员,设法安插;一饬驻粤委员及密探调查徐树铮、王揖唐是否隐匿该地，与民党有无关系。(《军政府发出成立宣言·政府讨论对于南方之方法》，北京《晨报》1921 年 12 月 6 日，"紧要新闻")

另有报道称，靳云鹏日昨因孙、唐问题晋谒徐世昌，徐谓："和平统一之明令既下，中央作局部疏通之计则可，若再欲开沪上之和议，则不啻自己取消前次之命令，无论如何决不可行。"靳亦深以局部疏通为然，双方磋商方法良久。又据消息，某政客前日晤见某当局谓，欲西南军政府无形消灭，以承认旧国会在北京开会之法为最良。盖西南方面所以能号召者，徒以此也。某当局亦深然其说，故"连日有政府承认旧国会一部分之传闻"。(《孙唐组织军府与各方面·北京当局磋商对付办法》，北京《晨报》1920 年 12 月 7 日，"紧要新闻")

12 月 7 日　召开政务会议，议决各部人选。

是日，政务会议确定军政府各部人选。随即军政府发布三令，正式任命各部总长。第一令"特任孙文为内政部长，唐绍仪为财政部长，唐继尧为交通部长，陈炯明为陆军部长"。第二令云"外交部长兼署财政部长伍廷芳、司法部长徐谦、参谋部长李烈钧，均照旧供职"。第三令云"交通部长唐继尧未到任前，特任王伯群署理"。参谋部长李烈钧未到以前，并明令以参谋部次长蒋尊簋暂行代理部务。又任命马君武为军政府秘书厅长。至此，军政府大体组织完竣。(《西南之新建设》，上海《民国日报》1920 年 12 月 14 日，"国内要闻")

△　贵州省议会来电，请速组军府。(《黔议员电请速组军府》，上海《民国日报》1920 年 12 月 16 日，"国内要闻")

△　报载各总裁召集军事会议，讨论军政府设施。

报道称，日昨各总裁召集驻粤陆海军高级军官开军事会议，对军府设施有所讨论。闻各总裁仍主合议制，公推孙中山为主席总裁。岑、陆资格既已取消，应即改选段祺瑞，陈炯明、汤廷光亦呼声甚高。徐树铮亦有为陆长说。目下进行办法，则以规复各部为要图。闻各部长已经内定，日间组织成立。唐继尧亦派王鸿逵驻粤，代表列席政务会议。

对于孙、段合作及军政府组成后的计划，该报道称，西南大计唯军府之命是听，且孙、段携手。此次军府组织，将来段祺瑞亦将加入。闽、陕等省凡属段系，均将与西南一致。"将来由孙中山统辖西南，而以段祺瑞收抚北方各省，俟南北完全收复，即正式选举总统，其梦想计划如此。"故军府规模，伟然大观。（平：《广州通信》，《申报》1920 年 12 月 7 日，"国内要闻二"）

△　报载军政府购置日械图谋攻桂。

报道称，粤军近来战事所需军火均系购自日本，并有永久协济之密约。是月 2 日，又由日本运来大批军火，在珠江码头上岸，计有野炮六尊，机关枪二十四架，陆炮八尊，步枪一百余箱。均由日本村田三郎押送到粤，刻已运至总司令部，以备攻广西之需。（《孙唐组织军府与各方面·孙唐购日械以练大军》，北京《晨报》1920 年 12 月 7 日，"紧要新闻"）另据报道，孙中山等暗中与日订约购械。据闻"军府与日人订借军械借款一千万日金，仍照段氏边防军成案办理，利息八厘，以广东附加税作抵押。日人由村田氏代表签字"。已运到大炮六尊，机关枪二十四架，快枪二千支，六五子弹一百五十万发，直接解往粤军总司令部。（《军政府更改名称后之进行·孙文口中之三民主义》，北京《晨报》1920 年 12 月 13 日，"紧要新闻"）

12 月 8 日　召开政务会议，议设积弊调查委员会。

是日上午，与伍廷芳、唐绍仪在军政府召开政务会议，王伯群、陈炯明、徐谦等均出席。会间有发言提议整顿吏治，谓"中国各省政治，积弊重重，贿赂成风。如粤省之厘税厂、各铁路局、官煤士敏土厂、造币厂，皆流弊甚多。非彻底澄清，决难整顿吏治"。众皆赞成。议决由军政府设一积弊调查委员会，并指定胡汉民、徐谦、戴季陶三人为该会条例起草员。拟于议会成立起草后，先调查粤省各机关积弊，尽行设法扫除，然后推及各省。"必使全国旧污荡涤无余，庶可进于民治之正轨。"（《军政府之建设事业》，上海《民国日报》1920 年 12 月 17 日，"国内要闻"）

△　军政府任命廖仲恺为财政部次长,程潜为陆军部次长,吕志伊为司法部次长,外交部次长伍朝枢照旧供职。(《军政府公报》光字第2号,1920年12月6日,"命令")

△　复电赵恒惕,通报政务会议任命情况。

是月3日,赵恒惕来电,推荐程潜出任陆军部长。(《赵恒惕推举程潜电》,上海《民国日报》1920年12月20日,"国内要闻")7日,军政府政务会议议决陆军部长人选,决定任陈炯明为陆军部长,程潜为次长。是日复电通告情况,谓程潜"学识勋绩,素见重于国人。昨日政务会议,议决陈总司令竞存为陆军部长,拟任颂云兄为陆军部次长,协力整理军政"。(《赵总司令力为程潜推毂》,长沙《大公报》1920年12月15日,"本省新闻")13日,赵恒惕复电,一面认为任程潜为陆军次长,"诚为恰当";一面又称程潜"抱负甚巨,不特将略优长,平日身在戎行,深究国家大计,观其雄心远略,呈以经国济民,往年权理湘政,诸务革新,追溯前功,堪征敏干",仍旧期望能够"任总别部,伸展长才"。(《赵恒惕推举程潜电》,上海《民国日报》1920年12月20日,"国内要闻")

△　报载孙中山联络安福系。

报道称,北京政府接驻粤密探5日电报,谓孙中山欲扩充党势,筹措巨款,分电各安福要人及新议员,以便筹备对付北方方法。近来在广州之安福系议员,已逾百人,而徐树铮不日亦有赴粤消息。孙近在城外吉祥街各旅馆内设招待所数处,目的有二:"(一)联络安系,以厚其金钱上之协力;(二)藉联安系而为间接联络浙、闽、鲁、豫、陕、甘各省,以厚其武力。"(《军府成立后之粤局》,北京《晨报》1920年12月8日,"紧要新闻")另有报道称,因孙、陈在联络安福派问题上意见分歧,两派相互倾轧。6日午时,叶夏声因与段系往来电报之故,为魏邦平所拘,因押于水陆稽查处。孙中山去函保释无效,最终以三千元现金保出。(《内忧外患之广东·孙陈两派之倾轧》,北京《晨报》1920年12月12日,"紧要新闻")

△　报载唐继尧决意联粤。

报道称,北京政府接驻滇委员 5 日来电,报告唐继尧向持骑墙主义,于攻川失败、贵州逐刘之始,对于北京所宣布计划"均允商榷"。后广东民党进行顺利,唐又改变方针,决意联粤,"拟定一方面分兵图川攻桂,一方面敦促广州速召国会,组织军府。至于财政问题,云南将以各矿借债接济一切"。(《军府成立后之粤局》,北京《晨报》1920 年 12 月 8 日,"紧要新闻")随即,北京政府又接该委员来电,告唐继尧派代表黄某赴粤,接洽各种要事。探其所携任务,一为加入粤省联省政府筹备会议,一为筹商联粤攻桂攻川计划,一为要求孙、唐、伍设法接济滇省饷械,一为规定李烈钧进攻桂省之路线及与粤军会合之地点。此外,闻唐令该代表疏通个人副总统位置。(《滇唐派员赴粤之目的》,天津《大公报》1920 年 12 月 12 日,"北京特别要讯")

12 月 9 日　召开会议,筹商应付北京政府方法。

北报报道,本日,民党各首领召开重要会议,对于应付北方方法,议定数种意见:一于法律方面,北京政府既颁令以旧法召集新会,南方反对恐亦无效,须即宣布真正法律途径,以便巩固旧国会;一于外交方面,仍依旧贯进行,并宣告各国,"凡北京政府所办外交,于未和平以前均不承认"。(《广州会议对北之变计》,天津《大公报》1920 年 12 月 13 日,"北京特别要讯")

△　军政府海军部长汤廷光通电就职。

汤廷光被任命为海军部长后,态度暧昧,反应消极。有报道称,孙中山等因汤廷光不就海长职务,其他总长均持观望态度,于前途殊多窒碍,"特规定数项条件,仍请汤氏早日就职,其内容系将海军官制由军政府规定,不受何方面之牵制;关于海军作战计划,由海军总长调度;各舰之饷,不得亏欠至两月以上"。因此汤廷光 9 日正式宣布就海军部长职。(《粤军政府之复兴与安福系》,北京《晨报》1920 年 12 月 14 日,"紧要新闻")

12 月 10 日　发表慰劳诸将士宣言,勉西征肃清桂省。

是日,军政府各总裁发布宣言,称许护法将士劳苦功高,勉励继续奋斗，肃清桂系老巢。略谓："两广受盗祸尤深，遂至官开赌博，暴敛横征，竭百姓之膏脂，供贼酋之挥霍。今幸赖诸将士之力，恢复全粤。尤望继续奋斗，肃清贼巢，使两省人民重睹天日，从此改良政治，发展生产，以南方诸省为民国巩固基础，诸将士之功勋，诚永世不朽矣！"（《军政府慰劳将士宣言》，上海《民国日报》1920 年 12 月 19 日，"国内要闻"）

　　△　李烈钧誓师邱北，实行攻桂。

　　报道称，是日，李烈钧在滇东南邱北誓师，实行攻桂。将驻陆良滇军第三师、建水第七旅均调赴富州，与唐继尧所调往该处镇威军两旅会合，进攻镇边，再取百色，直捣南宁。另据报道，孙中山与陈炯明商妥攻桂计划，日前电令李烈钧由滇夹攻。探悉双方所定计划："粤军方面由德庆、钦廉并进，责令许崇智担任前敌攻击，魏邦平、李福林所统各军为后援。刻已饬陈炯光、熊略分赴德庆、钦廉，筹备防御事务。滇军方面李烈钧已将滇军三、四两师集合富州，由该处进攻镇边，令马鸿宾担任前线防御，而先锋军已开到富州所属之平羊。"（《军政府复活后之形形色色》，北京《晨报》1920 年 12 月 16 日，"紧要新闻"）

　　△　卢焘通告治黔政纲。

　　据北报报道，贵州卢焘于本日宣布治黔政纲：（一）黔省决取门罗主义，不与他方面联络；（二）依据时机转移及政治潮流，再定取消自主手续；（三）凡黔省行政、军政不受他方面干涉及协助；（四）黔省自民国十年一月一日起实行自治，取消三级官制及军阀政策；（五）黔省财政由省议会监督分配。（《变化叵测之西南情形》，北京《晨报》1920 年 12 月 15 日，"紧要新闻"）另据消息，23 日，某黔籍政客谈话中亦谓：卢焘治黔，确取门罗主义，虽邻省亦不接洽。"惟黔边防务异常吃紧，故粤省孙、唐、陈各要人迭次联络均被拒绝，并向粤宣言，黔省自治业经实行，对于联防作战及武力政策为黔人所反对，故实行铲除。"是以联粤援桂、加入联省等事，因各团体反对甚烈，不能附从进行。（《最近之统一消息》，《申报》1920 年 12 月 26 日，"国内要闻"）

△　林支宇来电,赞同四总裁建设方针宣言。

是月 1 日四总裁建设方针宣言发出后,西南内部续有回应。本日,湖南临时省长林支宇来电,表示对"施政方针,极表赞同","当一致进行,贯彻终始"。(《湘当局拥护军政府》,上海《民国日报》1920 年 12 月 20 日,"国内要闻")

△　报载孙中山向各方筹款。

报道称,近日上海旧议员要求川资每人一百元及岁费三个月,孙中山无法应付,将在广州发行军政府公债一千万,以预支地丁收入作押,派人赴南洋兜售,实收五成。广东当局现计划预征民国 10、11、12 三年地丁。其办法先令各县预先开征,凡预缴民国 10 年地丁者,以七折计算;预缴民国 11 年者,仅缴二成,填发全数收讫证据。此种办法,可收到三百万元。又有消息称,孙中山日昨在广州通电海外华侨,"说明在粤二次组织军政府之原因,并要求各华侨以前次接助军府之热心,仍旧补助饷项,以达护法之目的"。(《孙文到后之粤局变动·旧议员之吮取粤民膏脂》,北京《晨报》1920 年 12 月 10 日,"紧要新闻")

△　报载孙中山、陈炯明在民军改编、援桂等问题意见分歧。

报道称,陈炯明在漳州时蓄志谋粤,恐实力不足,故于未攻汕头前,密委各处绿林预备响应。各地民军总数约至三十万之多。但此等绿林,目的实在利禄。"陈炯明到省后,各统领自恃功高,纷纷来城,不料陈以此辈绿林皆不可用,立意尽行遣散。故对于各处民军统领来谒,均拒绝不见,即从前所委任命亦概不承认。各统领愤不能平,以陈初则加以委任,招之使来,今日功成则又任意遣散,如此负义,非共谋推倒不可。此在孙中山未回粤时之情形。迨孙中山回粤,对于陈炯明往日所招民军,主张一律抚慰改编,另行加给委任,又复四处遣人招罗,故最近孙、陈因此大生意见。或谓孙欲组设一强有力之军府,另具目的。"(《孙文到后之粤局变动·孙文陈炯明发生意见说》,北京《晨报》1920 年 12 月 10 日,"紧要新闻")

对于孙中山主张收编民军,外界颇有异议者。本日,港报刊出黄秋舫上孙中山书,力言"民军肆虐,谈者色变",万不可用,且亦不必用。因为民军多为绿林,非良善之民,"野心难驯,动辄越出轨外","以此辈而欲托以救国护法之大业,何异南其辕而北其辙";况且兵贵精不贵多,"纵欲编练有力之自卫军,以为宣传主义之助,与其滥收性质已坏之民军,徒贻他日收拾之难,曷若就先有十万军队之中,迅予督练,汰弱留强"。(《黄秋舫清孙中山勿编民军书》,《香港华字日报》1920年12月10日,"粤闻")

此外在援桂问题上,孙、陈同样意见不一。有报道称,孙中山等初到时曾与陈炯明商定办法,拟将粤军编成两师,以一师逼取梧州,以一师开赴钦廉,并电湘军总司令赵恒惕派兵直捣桂林,电唐继尧调拨所部略取剥隘。此种军略,陈极表赞成。但数日后,孙中山以免号令分歧,而崇军府威信为名,提议所有援桂军事概由军府主持,不得以粤军名义负责。各路军队亦概归军府直接统辖,粤长官亦不得过问。陈大为不怿。"维时陈左右有接近桂系者,遂乘机劝陈与陆武鸣恢复感情,彼此不相侵犯,为将来一致对孙之计。陈极以为然,因派代表某氏密往南宁,向陆氏提出以钦廉以南归粤,以北归桂,为复和之条件。旋据回复,陆亦提出要求三条。"目前双方正就上列条件商洽。(《孙文到后之粤局变动·孙文陈炯明发生意见说》,北京《晨报》1920年12月10日,"紧要新闻")另据粤海关情报,粤省商民对援桂实有不同意见,部分住在香港的广东人致函陈炯明,劝他不要派兵讨伐广西。(广东省档案馆编译:《孙中山与广东——广东省档案馆库藏海关档案选译》,第209页)

　　△　北报指粤省内部已分裂出多个派别。

文章称,桂军离粤后,孙中山携军府招牌与粤军俱至,广东现时已生出几大派别。(一)陈炯明派,主张广东门罗主义,不侵伐他省,亦不许他省侵入,一仿湖南所为。其进行方法则建立联邦,改广东省为广东邦。商界、教育界及其他各界与政治无十分关系者属之。(二)军府派以孙中山为领袖,主张重建军府,开非常会议,选举非常总统。"凡他省之策士政客及粤籍之游民或政客附和之。"（三）社会革命派，主张以激烈手段实行社会主义，使广东一旦变为社会主义之邦。凡从前无政府党与新起社会主义派属之。此派目前尚无若何实力，未为一般人所注意。

文章认为，数星期前，联邦派占最大势力，自孙、唐到粤后，军府派遂完全获胜。"盖许崇智为孙文死党，所统之军实为陈炯明军之中坚，前次与陈冲突，离粤赴沪，而今则与孙文偕来，因之军府派之声势又增一倍。"然军府派虽势力突增，而外面既见恶于粤民，内部又为陈炯明所反对，将来恐不能立足于粤。闻孙中山派某要员常大骂陈炯明，且谓"中山虽来，仍须时时预备三十六着的上着"。军府派前途可以想见。近孙中山大招民军以自固，盖有由也。社会革命派虽栖息二派之下，然若陈独秀来粤，则此派在教育、言论之势力亦不可侮。闻陈独秀确不久到粤任教育司长一职，且与粤当局订立条件，一教育权独立，一教育基金独立，并主张将师范改为大学。由此观之，粤局之变化，实有注意之价值。（《桂军退后之粤中派别》，北京《晨报》1921年12月10日，"紧要新闻"）

是月上旬　召开政务会议，提议整饬粤省政治。

粤省地方政治向沿清制，民国成立后，仍不脱官僚政治窠臼。陈炯明率师旋粤，锐意整饬吏治，实行平民政治。是月上旬在政务会议上，各总裁提出整饬粤省政治，拟将从前政治一律推翻，从新改组。其大端系设立市政厅一所，独立办理一切，仍受省长统辖。组织办法系仿英国市政成规，计该厅下设七局：一警察局、二交通局、三土地局、四工务局、五统局、六卫生局、七消防局。省长范围则管五司：一内务司、二教育司、三财政司、四实业司、五交涉司。"经各总裁一再研究，一俟协商妥，当即由政务会议以教令实行。"（《西南之新建设》，上海《民国日报》1920年12月14日，"国内要闻"）

12月11日　召开粤省自治会议，通报攻桂行动意旨。

报道称，孙中山攻桂方针，前经军政府联席会议已完全表决，本日召开粤省自治会议时向众宣言:"粤军政府攻桂,系对岑、陆、莫、谭之行动,绝非仇视桂人。若岑、陆早日觉悟,自行解除武力,则粤军即行收束,决不进攻,并保两广地方秩序之安宁。"该报道称,粤绅方面因欲保持在桂商务财产,将联络桂绅敦劝陆荣廷氏去职。(《军政府复兴与各方面》,北京《晨报》1920年12月15日,"紧要新闻")

△　签发委任状,分别委任黄德源、陈东平为仰光中国国民党支部会计科正、副主任,委任陈甘敏、朱锦乔、黄壬戌、许寿民为仰光中国国民党支部评议部评议员。(《给黄德源委任状》《给陈东平委任状》《给陈甘敏委任状》《给朱锦乔委任状》《给黄壬戌委任状》《给许寿民委任状》,《孙中山全集》第5卷,第444—446页)

12月12日　由广州前往韶关,沿北江视察。

是日自广州出发,视察北江军情并收编民军。14日,继续视察,旋返回广州。有报道指,"孙中山此次赴北江,沿途收编民军甚多,自厚兵力"。(《军府最近之形势·孙文大招民军自卫》,北京《晨报》1920年12月19日,"紧要新闻")另有报道称,孙中山以迭次失败因无兵力,此次回粤即借援桂名,大招民军。"日前赴韶,复发招军委状极多,均就地暂驻。"(《专电二》,《申报》1920年12月18日)

△　委任云金发为暹罗中国国民党支部评议部正议长。(《给云金发委任状》,《孙中山全集》第5卷,第446页)

△　北京政府电邀岑春煊、莫荣新来京,图制孙中山、唐继尧。

是日,北京政府鉴统一善后事宜,如岑春煊等束手旁观,则"关于西南之结束终难进行",故致电岑及广西莫荣新,"令其从速来京,筹商统一善后之方法,以免西南再藉此时机发生他项变幻"。关于岑、莫位置,则俟粤桂战事停止后方能发表,惟到京后当局拟暂予一名誉位置。(《军政府更改名称后之进行·中央竟欲藉岑莫抵抗孙唐》,北京《晨报》1920年12月13日,"紧要新闻")14日,北京政府接岑春煊由上海来电,谓孙中山等破坏宗旨,希图扰乱统一,"嫉妒北方之巩固国局,兼忧个人私利不能发展,业在广州重组军政府,恐不能号召一切。刻又改组联省政府，其居心叵测，实欲将国家孤注一掷。请速将此宣布外界，以免民党声势嚣张，致各国不明真相，有轻予承认之虞"。（《军政府复兴与各方面》，北京《晨报》1920年12月15日，"紧要新闻"）

△　报载孙中山、伍廷芳等分任整顿、疏通事务。

报道称，孙中山、伍廷芳对于粤省军事、财政、外交三项刻已规定分任进行，陈炯明办理军务，伍廷芳进行外交，孙中山自任整顿财政。其入手办法：军政方面，改编粤军，分别裁汰民军、水上警察及防营。外交方面，照会各国继续承认广东所组织护法机关联省政府，并规定各国侨民财产及侨民保护法。财政方面，除调查地方财政、增加杂税外，再交涉关余，向日本抵借巨款，整顿广东各项善后。（《孙伍陈分任整顿三项》，天津《大公报》1920年12月12日，"北京特别要讯"）此外对西南各界联络疏通，也各有责归。有报道称，孙中山担任"对于激烈派及各华侨与安福祸首联络"，伍廷芳担任"将西南法律家及在野派意见妥为疏通"，唐绍仪担任"疏解政治派暨旧议员与绅商方面隔阂"，而西南统兵长官则由汪精卫负责疏通。（《广州会议对北之变计》，天津《大公报》1920年12月13日，"北京特别要讯"）

12月13日　军政府召开政务会议，讨论联省政府组织草案。因"独裁制与会议制主张不一，无结果"。（《粤民厌恶中之军政府》，北京《晨报》1920年12月18日，"紧要新闻"）

△　委任陈辉石为仰光中国国民党支部评议部评议员。（《给陈辉石委任状》，《孙中山全集》第5卷，第447页）

△　报载孙中山对粤省善后宣布八大政见。

报道称，孙中山对粤省善后，刻已宣布八大政见，分别进行：一，克复桂省后，铲除武力政策；二，实行民治，提倡三民主义；三，裁汰改编粤军，以节军饷；四，铲除旧官僚及激烈派运动；五，整顿全省财政，改订各种税则及规定各机关预算；六，实行联省制，统一行政规程；七，提倡实业，整顿教育；八，增设兵工厂及各工厂，容纳被遣军人。（《军政府更改名称后之进行·孙文口中之三民主义》，北京《晨报》1920年12月

13 日,"紧要新闻")

　　△　报载军政府公布联省政府行政纲要。

　　报道称,孙、唐、伍自日前宣告联省政府成立后,近又宣告行政纲要,内容大要:(一)容纳粤、桂、滇、黔、川,凡独立省份均受联省政府统制;(二)在援桂未克复广西前,桂省为特别区域,不受联省政府统制;(三)凡关军政各项会议,各联省均须加入,彼此不得歧视;(四)关于联省总裁选定,本月以内均须举出。(《军政府更改名称后之进行·联省政府之组织》,北京《晨报》1920 年 12 月 13 日,"紧要新闻")

　　△　报载南北政府相互否认对方借款。

　　报道称,北京政府因孙中山等在粤组织联省政府,竟向日本订借大宗款项,并以广东等处金矿作为抵押,除秘密派员调查外,已令外长颜惠庆照会日本政府,反对此项条约,并声明"嗣后借款非由中央承认,不能发生效力,而人民亦必不能承认"。(《滇唐攻川军费与刘熊之战备·政府否认西南借款》,北京《晨报》1920 年 12 月 13 日,"紧要新闻")

　　与此同时,军政府对北京政府向外借款亦颇警惕。有报道称,日来北京政府借统一之名,频向银行团磋商借款,其中赈灾借款一批,已有定期交款消息。军政府要人听闻,佥"以此时南北既未统一,若外人借款于北廷,为私相授受,故已由外交总长伍廷芳通告北京各公使及驻沙面各领事,反对借款与北方政府之举,声明未能得西南各省同意,决不承认借款"。(《西南之新建设》,上海《民国日报》1920 年 12 月 14 日,"国内要闻")

　　随后,孙中山与唐绍仪、伍廷芳等并联名致电北京公使团指出,近闻北京政府又有烟酒、赈灾、印花税等种种名义之借款,殊堪惊诧。"以后北方所借之款,南方概不承认。如外交团方面再与北方借款,南方方面之各省决不负偿还之责任。"(《军府复活后之形形色色·孙唐反对北方借款》,北京《晨报》1920 年 12 月 24 日,"紧要新闻")

　　12 月 14 日　召开政务会议,讨论组织联省政府案及司法部组织大纲案。

报道称,司法部案讨论通过。联省政府则"仍诸多窒碍,一时未易解决",其原因即由于"单独制及合议制之未能一致"。(《粤闻纪要》,《申报》1920 年 12 月 25 日,"国内要闻")

△　孙洪伊抵达广东。(《译电》,天津《大公报》1920 年 12 月 18 日)众议院副议长褚辅成,及鲁籍国会议员丁惟汾等十余人并两院秘书厅职员多人,自沪启程前往广州。(《旧国会议员又陆续复粤矣》,《申报》1920 年 12 月 15 日,"本埠新闻")

△　报载孙中山、陈炯明因民军、援桂等问题恶感日深。

报道称,陈炯明现对凡非本党人之军皆遣散,陈令邹鲁取消义勇队,翟汪军队已遣散过半,翟将解职。(《广东内部形势之摇动·陈炯明解散民军》,北京《晨报》1920 年 12 月 14 日,"紧要新闻")另据报道,孙中山因总揽兵柄,擅夺前线指挥权,与陈炯明微生意见。闻陈刻已坚辞总司令职务,嗣经唐绍仪、伍廷芳及魏、李各要人调停,凡民军方面归孙节制,而粤军仍由陈氏指挥,双方均甚同意,故已告结束。惟孙因扩充个人实力起见,藉辞改编民军,刻又在南海等处招募新兵八十营,与李耀汉未解散之民军混合,以图自卫。又一消息称,孙中山与陈炯明前因改编护法军及对桂作战计划问题颇生龃龉,因此意见迭生,各自为谋。且孙中山曾宣言军人不应干涉政治,军人者仅以服从命令为天职,倘背此旨,即为越职。是以"陈之部下鉴于孙文独断主义,颇为愤恨,因此恶感日深"。(《广东内部形势之摇动·孙陈龃龉之原因》,北京《晨报》1920 年 12 月 14 日,"紧要新闻")

△　报载安福系谋与广东方面合作。

报道称,"西南刻已密遣代表刘某来京,邀段祺瑞南下。惟段现被政府监视,不愿再作遁逃客。闻代表劝驾甚殷,盖欲段至西南可以号召安系各要人"。又据某方面消息,北京政府昨得上海探员报告,"安福首领王揖唐及徐树铮曾在上海法租界密开会议,讨论分布党羽,潜入各省运动军队,以作死灰复燃之计"。北京政府决定电令苏督齐燮元、浙督卢永祥及淞沪护军使何丰林严为戒备,并悬赏侦缉,以免发生意外。又一消息,北京政府刻已密派侦探赴沪访查安福系行动及侦缉徐、王。(《粤军政府之复兴与安福系》,北京《晨报》1920 年 12 月 14 日,"紧要新闻")

　　另有消息指,安福系余党在上海者有九十人,连日在王揖唐宅开秘密会议,并与日人密商种种办法。"闻该党议员议决投降国民党,直赴广州,组织非常国会,并发宣言书,取消前日一切议案,内且包有总选举一项。闻孙文对此大为欢迎,已派代表与之接洽。"(《军政府复兴与各方面》,北京《晨报》1920 年 12 月 15 日,"紧要新闻")

　　段祺瑞派与广东军政府间关系,外间种种推测,然皆未如报章所言成为事实。有报道称,段氏与孙中山之联络确为事实,惟段派处于今日地位,不能有露骨态度。即孙中山等亦"以广东之时局尚未安定,苟遽发表其与段派之关系,则与反对党以口舌,而蒙不利。故非至西南正式政府组织上必要之际,秘而不发"。(《军政府奔忙于借债招兵·孙段之联络》,北京《晨报》1920 年 12 月 20 日,"紧要新闻")

　　△　报载驻粤领事团允向军政府转拨关余。

　　报道称,关于交涉案仍由伍廷芳、伍朝枢父子担任办理。向来外交界方面,对于伍老个人极为仰重,故日来交涉进行颇称顺手,"沙面领事团已允代电北京公使商之总税务司,将南方应得关余仍照旧拨交军府,以符原案。闻此项关余由停拨之日起,计至 11 月份止,积存总数四百万元。将来交涉就绪,可于阴历年关陆续请拨"。(《西南之新建设》,上海《民国日报》1920 年 12 月 14 日,"国内要闻")

　　12 月 15 日　致电北京政府,提出南北议和三项前提。

　　据报道,孙中山本日致电北京政府,再提南北议和条件。略谓:北京政府须实行下述三项办法,否则广州不能议和:"一,政府军阀中人一概免职;二,撤回统一命令;三,不借外债。"(《北京政府接孙文来电》,上海《民国日报》1920 年 12 月 16 日,"国内要闻")北京政府接电后认为,"此等条件,万难承认,尤以第一、第二条为最。且南方显无谋和之诚意"。(《军政府复活后之形形色色》,北京《晨报》1920 年 12 月 16 日,"紧要新闻")

△ 报载孙中山等提议大局进行方针。

报道称,孙中山等提议对于大局积极进行方针,首先组织国会,选举正副总统;次用联省政府名义宣布北伐,其进兵分为三路:(一)由鄂西入陕,(一)由湖南入鄂,(一)由广东入闽。此外尚有各支路,拟即同时大举,向北进军。(《军政府复兴与各方面》,北京《晨报》1920 年 12 月 15 日,"紧要新闻")

△ 报载唐继尧、刘显世有意北顾。

报道称,北京政府近接唐继尧来电,"对于中央意态忽大转圜"。闻悉唐因广州各首领进行各件仍无把握,且对云南不能援助,是以除派代表来京面陈外,并表示愿商条件。另一消息称,此次黔省政变,刘显世退职原因,外间传述不一。不料鼓动风潮迫刘离职者,实为刘氏外甥王文华。现闻刘已四出求援,冀图恢复。日昨鄂督王占元电致北京政府报告,黔省刘显世被王文华迫走,秩序大乱,滇军驻黔不敢左右祖。刘曾迭电四川刘存厚及熊克武派军援救,刘、熊以川省秩序未复,来电求鄂转援。惟鄂省正在收束军事,借以整顿施南秩序,实无余力援助。(《变化叵测之西南情形》,北京《晨报》1920 年 12 月 15 日,"紧要新闻")

△ 报载粤省财政异常窘迫。

报道称,据银行界广州通讯消息,粤省财政,库空如洗。中国银行自粤军纠纷后,即闭门而拒兑。"然当军务最紧、人心恐慌时,票价犹在八三四,乃近则日益低折,至最近竟低至六五一。其减跌之速,令人一惊。"推其原因,或谓因粤政府改组广东银行,正式宣布将从前所发钞票概作无效,此事令人寒心;或谓因交通系图粤,将于财政上施以大打击。上说均非无因,故目前粤省财政非常紊乱。(《军政府复兴与各方面》,北京《晨报》1920 年 12 月 15 日,"紧要新闻")

△ 报章刊文,称陈炯明为东方第二列宁。

是日,《香港华字日报》转载上海新《申报》评论陈炯明文章,称:

"数年来纷扰未已之护法问题与以后中国全局分合之问题,与自闽返粤之陈炯明皆有关系。盖陈为同盟会军人之硕果,亦欧人所认为东方第二列宁者也。故研究今后之局势如何,对于陈氏之作为极可注意。陈氏为人刚毅果敢,沉默寡言,其私人道德可为南北权要之模范。惜今仍为环境所包围,不能冲破一切,卓然自立。关于此次返粤留沪之军政府,以一纸空文命令要买场面,陈竟哑然忍受,可以知矣。陈初入粤时,有人献策否认南北政府,广东宣布独立,在全国未为苏维埃前,广东为完全自主国。陈亦颇欲纳其言,故迟不就任。后卒为部下悍将包围,仍以奉军府命为辞,就总司令职。陈氏不但藐视北京政府,即于孙中山亦时致微词。其批评北京政府云:'彼欲统一广东,余亦甚欲统一北京。'又云:'彼辈武夫,余何必疾视之,使我在粤十年,国人将群起逐之矣。'对孙中山批评云:'先生志则大矣,惜其太多枝节也。'陈氏对于敌党,向取宽容主义,故虽以桂系之相迫,尚能忍至三年,然癸丑之役,则以轻视旧交通系而致失败。此次陈氏仍持前态,其结果如何甚难逆料。盖粤中情势复杂,而陈部又多悍将故也。陈氏用人初无成见,惟其左右为彼乡里小儿所包围,不免露悻悻之色。以百战功之洪兆麟氏(湘人)尚有憾之者,其它可知矣。然物极则必反,最近许崇智(第二军军长,广东南海人)与黄强(粤海关监督,广东惠州人)交恶,黄卒辞去两兼职始已(军务处长兼总参议)。黄欲以广东为惠州人之广东,其结果竟至如此,恐将来类此者甚夥也。有人谓陈氏为近世之军阀野心家,实则陈氏殆以军阀野心家欲自拔,以进于布尔什维克之域而未能也。"(《沪报对陈炯明之评论》,《香港华字日报》1920 年 12 月 15 日,"中外要闻")

12 月 16 日　许崇智、邓铿等将领入谒,表示拥护军政府护法。

是日,许崇智、邓铿、洪兆麟、李炳荣、关国雄、邓本殷、熊略、陈炯光等数十名军官皆戎装佩剑,前来晋谒。叩问来意,许、邓、洪等均言:"此次各总裁来粤,再造军府,实为护法戡乱,千载一时之好机。某等愿与陈总司令同以死力拥护军府,誓必贯彻护法戡乱之大目的。

无论何人，有反对军府护法进行者，必以实力扫除之。请各总裁急速进行，万勿犹豫。"闻言大为嘉许。随后，诸将领又往谒伍廷芳、唐绍仪。(《粤闻纪要》,《申报》1920 年 12 月 25 日,"国内要闻")

　　△　报载军政府谋求外国承认,各国持观望态度。

　　报道称,伍廷芳现以外交部长名义,要求各国承认西南联省政府,并极力运动拨付关余。(《军政府复活后之形形色色》,北京《晨报》1920 年 12 月 16 日,"紧要新闻")又一消息称,日前孙中山等曾有通告送致驻粤领事团,要求各国正式承认。该领事团各电请求训示,刻下各国俱有复电拍致,略谓军政府方即取消,联省政府又继续出现,此系中国自决之事,外人万难置喙。"其电中大意对于承认一节,略无提及,大有观望之意。"(《粤民厌恶中之军政府》,北京《晨报》1920 年 12 月 18 日,"紧要新闻")

　　另有报道,军政府密派林大琛为全权代表,径赴日本游说日本政府,冀其承认联省政府,"许以某项路线之建筑权为交换条件"。日政府尚未公然允诺,惟谓"倘英美法各国中有一国承认,日本必尽先承认"。(《军政府派员赴日本运动承认》,北京《晨报》1920 年 12 月 19 日,"紧要新闻")然军政府内部对于亲日政策或有不同意见,有报道揭,教育界与陈炯明部分部下一致反对联省政府外交政策。"盖以联省政府之请求日政府资助饷项、军械等,实为亲日之表示。"关于此事,陈之部下拟发出一种宣言。(《军府重兴与各方面·陈派反对军府之亲日政策》,北京《晨报》1920 年 12 月 21 日,"紧要新闻")

　　△　报载孙中山重视西南各省态度。

　　报道称,孙中山以军政府名义通电云南、贵州、四川、湖南四省,请各派代表赴粤开会,选举总裁,以补岑、陆等之缺,并组织联省政府。闻已接到四川复电,略谓"该省现对于南北两方皆取中立态度,加入西南政府问题现时不能决定,故此时对于广东军政府之事不欲过问"。(《四川对于西南政府之态度》,北京《晨报》1920 年 12 月 16 日,"紧要新闻")

另一报道称,北京政府昨接驻粤委员来电报告,孙中山现与各首领迭开会议,孙极端注重黔、湘、川之趋势,据所发表意见谓:"卢焘有倾向北庭之存心,无论如何宜令卢氏联滇。刘存厚纯归北方,固不具论;熊克武前既表示护法,应速设法使熊操纵全川。湖南各处统兵长官复杂,应由联省政府整顿,否则西南终有涣散之虞。"(《孙文注重黔湘川三省》,天津《大公报》1920年12月21日,"北京特别要讯")

12月17日　戴季陶致函胡汉民等,谈孙中山与陈炯明合作。

是日,戴季陶致函胡汉民、廖仲恺、古应芬,谈孙、陈合作及广东前途。函谓:"前天晚上竞存先生那样的办法,昨天早上汝为兄那样的说话,已经把我弄到欢喜得不知怎么样才好。我已经看见了,中国前途最大的希望种子已经种下,已经发芽了!有先生和竞存、汝为三个人这样一心同体的结合起来,何愁大事不成,这是就实力上讲的;有仲元、仲恺、湘琴、湘臣诸位老哥一气的努力奋斗,何愁广东的建设作不好,这是就事业上讲的;有展堂先生在许许多多的同志和许许多多的方面的人的当中,作一个后见人、监督者、调和剂,何愁事情的进行不圆满,这是从人事上讲的。所以我是十分欢喜、十分安心,以为竞存这一加入,使孙先生的心事完全满足,于是大家可以一致向前奋斗了。群小的作怪,从此就可以不怕了;敌人的捣鬼,也就不要紧了。"(《戴季陶致胡汉民廖仲恺古应芬函》,李穗梅主编、李兴国等整理:《古应芬家藏未刊函电文稿辑释》,第23页)

20日,戴季陶又致函古应芬、邓铿,略谓:"竞公精明而强,勇于为善。今之地位,大有可为。对世界有一博士,对中国有一将军。'二人同心,其利断金。''天下大势,分久必合。'以吾党之主义统一中国,惟望于此。今则博士、将军既已'一以贯之',复何忧哉!惟战战兢兢,以一致奋斗而已。"(《戴季陶致古应芬邓铿函》,李穗梅主编、李兴国等整理:《古应芬家藏未刊函电文稿辑释》,第24页)

△　报载孙中山改编粤军计划,陈炯明颇不满意。

报道称,孙中山在海珠会议上提出改编粤军计划,将民军完全加入,共编护国军八个师及防军三十营,另编军政府护卫军十一营。陈炯明颇表反对,声言"嗣后对于军政,均须由众公决,不得独断独行"。(《陈炯明大展手腕》,长沙《大公报》1920年12月17日,"中外新闻")

△　报载孙中山拟于虎门设置航空筹备处。

报道称,孙中山以粤省光复,飞机队助力颇多,现援桂之师行将出发,决定集中粤省飞行人才,组设航空筹备处,直隶军政府管辖。并由军政府拨款,添购数架军用飞机。航空筹备处议定设置于虎门附近。(《军政府之建设事业》,上海《民国日报》1920年12月17日,"国内要闻";《专电二》,《申报》1920年12月12日)

12月18日　命盐运使邹鲁负责国会筹备事宜。

孙中山、伍廷芳、唐绍仪抵粤后,旧议员纷至沓来。是日,命盐运使邹鲁担任国会筹备事宜,邹奉命立即着手准备招待和欢迎议员各事。与此同时,又派仇某"赴沪欢迎旧国会议员赴粤,重组国会。故日来沪上各议员筹备行装,异常忙碌,闻将乘下星期四(12月31日)之'中国'号船赴粤。并闻安系议员在沪者亦运动加入,惟迄今尚未得粤省方面之照准,一时尚难同往"。(《广东军府内部之分裂》,北京《晨报》1920年12月27日,"紧要新闻")另据12月16日粤海关情报,孙中山已拍电报给留沪国会议员,请他们到广州来。不过,"所有属于桂系的议员或已到北方准备参加即将来临的选举的那些议员则不受欢迎,也就是说,只欢迎那些至今仍效忠于现政府的议员"。由于后一种议员数量尚不到法定人数,估计可能只是举行一次特别会议。(广东省档案馆编译:《孙中山与广东——广东省档案馆库藏海关档案选译》,第210页)又有消息称,孙中山此次来粤,实抱有建设新中国大思想,对于国会议员曾向北京政府及政、桂两系卖身者,深恶痛绝,指为丧失国民代表之资格。而对于与北京政府及政、桂两系无关系议员,则异常尊重,谓"国会分子及老民党员,经数度政变之淘汰,仅有此数。今后可与同负根本改造之责者,亦惟此辈是赖。应同心协力,以贯彻民权、民生之目的"。因此前日已有电邀请国会议员来粤,再组非常国会,解决建设新中国方针。各议员得孙中山电,异常欢悦。近由沪来粤者络绎于道,一俟十四省议员到齐,即当开会解决一切。(《孙中山欢迎国会议员来粤》,《申报》1920 年 12 月 22 日,"国内要闻")

各议员陆续抵粤,先后由沪来粤的有尚镇圭、吕志伊、万鸿图、李正扬、禹瀛、丁超五、岳昌侯、罗家衡等二十余人。其余亦俱陆续可到。众议院副议长褚辅成已于 18 日早到粤。参议院议长林森在福州,日内启程前来。刻下褚已派员筹备秘书厅,其地点仍设在广州大沙头旧址。秘书厅职员"据各议员公意,咸谓当以曾随国会赴云南及重庆者为限。其未离粤,及仍在政学系之非法秘书厅留职者,应一律拒绝不用"。(《军府筹办开非常国会》,上海《民国日报》1920 年 12 月 29 日,"国内要闻")据 21 日广州电,抵粤国会议员已达二百〇八人。(《本社专电》,上海《民国日报》1920 年 12 月 22 日)

△ 旅沪改造广西同志会来电,请早颁明令援桂。

粤省援桂空气极为浓厚,惟军政府命令迟未见颁。本日,旅沪改造广西同志会来电,略谓:"本会欲改造广西,固非驱陆不可,而钧府思巩固西南,亦断非除陆不能。钧府与本会义务相同,责无旁贷,务请早颁明令,实行出兵。"(《改造广西同志会要电》,上海《民国日报》1920 年 12 月 22 日,"本埠新闻")

△ 报载日本借口南北分裂反对中国加入国联。

上月 15 日,国际联盟第一届大会在瑞士日内瓦召开,北京政府派顾维钧、唐在复参加。会期历时三十四天,于 12 月 18 日闭幕。报道称,是月 13 日,顾维钧致电北京政府,报告日前国际联盟决议四案,内有一案谓凡加入联盟之国家须有巩固统一政府。关于此点,日本代表发言指中国现无统一政府。顾力驳其非,谓"中国昔日之南北不统一,正因日本对于南方为物质上之援助(饷械等类)"。(《粤民厌恶中之军政府》,北京《晨报》1920 年 12 月 18 日,"紧要新闻")

12 月 19 日 李烈钧所部滇军攻占湘西沅州。

李烈钧离渝后,所部滇军屯驻黔境,拟假道湘西助粤攻桂,因连日在湘黔边境与湘军接战。(《滇军与湘边防军冲突》，长沙《大公报》1920年12月18日，"本省新闻")本日，李烈钧部攻占沅州。报道称，孙中山自接李烈钧占领沅州来电后，召集紧急会议，商讨援助李烈钧。决定(一)致电赵恒惕，请其和平协理，并乞疏通各派意见；(二)由军政府电令许崇智、洪兆麟作速进兵，以分桂省兵力；(三)援桂军军费先由某项借款中先划五十万元。(《军府将以借债为生》，北京《晨报》1920年12月28日，"紧要新闻")

对于李烈钧在湖南展开军事行动，有报道称，李自与田镇藩开战后，认为已与湘省失感，故连日占沅州取黔阳夺芷江攻洪江，得寸进尺，势如破竹。闻李日前致电军政府，谓"烈钧本拟遵军府意旨援桂，乃不蒙湘省相谅，今既衅自彼开，惟有誓师直指，俟湘局解决后再收桂攻赣，以竟全功"。(《西南要讯》，天津《大公报》1921年1月1日，"要闻二")另据报道，北京政府接湘南探员报告，李烈钧自出晃攻沅以来，野心毕露，现特电广州联省政府，自告奋勇谓："彼所统率军队内有滇粤赣健儿，确能图赣攻湘。且云江西陈光远庸弱不振，久为中外著称，足见决无信用，不能镇摄该省，而湘中各军凌乱，如不接收各处零散军队，势必将归北京政府接收。故请接济饷械，不下旬余保可分使赣湘加入南方。"(《李烈钧分图湘赣野心》，天津《大公报》1921年1月4日，"北京特别要讯")

△　邵元冲来函，主张设立朱执信图书馆。

此次粤军回师，百日间全粤悉定，而奋斗至烈，牺牲至大，尤以朱执信殉难虎门最为沉痛。朱执信罹难后，如何为来者之观感，存功烈于不敝，各处做法各异，有为之铸造铜像者，有拟开辟公园纪念者。

本日，《少年中国晨报》主笔邵元冲自美来函，认为"今吾人之所以欲纪念执信者，非第欲其名之不敝而已，抑且欲其精神之浸濡于国人，使人人言执信之言，行执信之行"。"执信之志，莫大于传播文化，启迪民群。而传播文化、启迪民群之本，莫亟于建立图书馆。"若能移铸铜像辟公园之资，兴建一图书馆，以执信之名名之，则"执信之名，既随图书馆而俱久；执信之精神，且因图书馆而益足以发扬而光大。
于纪念贤哲，嘉惠社会，发皇文化，一举而数善备"。并谓异日国事稍
定，诸先烈皆在表彰纪念之列，届时如以此次执信图书馆创立为标
准，分别建立大小或通俗图书馆，而悉以各人之名名之，则不数年而
图书馆可以溥及全国。"绵延先烈之精神，发扬社会之智德，皆在此
次诸公之建立执信图书馆树之风声而已。"（《"朱执信图书馆"之建议》，
上海《民国日报》1921 年 2 月 2 日，"国内要闻"）

　　△　报载孙中山拟采用联省政府制度。

　　报道称，军政府自孙、唐、伍回粤后，已重组政务会议。闻孙中山
之意，拟采用联省政府制度。孙自信湘、粤、滇、黔、闽、浙、皖、陕、鲁、
豫十省，可联合一致。盖联省政府，不用总统、元帅、总裁等名义，只
由各省各军推举一委员长，执行总统职权。各省已有省议会为立法
机关，故国会是否召集，尚未决定。惟闻留粤国会议员，多数主张以
军政府为护法政府，由国会选举临时总统，行使原有临时约法，则对
内对外较为名正言顺。又闻"孙氏一俟各省复电赞同后，始行发表联
省制及对于国会之真实态度。而联省政府之条例，则已在起草中
矣"。（《联省政府说中之所闻》，《申报》1920 年 12 月 19 日，"国内要闻"）另据
报道，18 日北京政府接驻粤探员来电，谓孙中山以联省政府名义致
电苏、浙、闽、鄂各省，劝令赞成联省制，并派曹俊杰赴苏浙、刘广文赴
闽鄂，积极联络。曹、刘所携各项条件，其中紧要者如某省赞成联省
制，即可得总裁一席，在西南政府有发言权。（《军府最近之形势·孙文
派员联络各省》，北京《晨报》1920 年 12 月 19 日，"紧要新闻"）

　　△　北报攻击孙中山拟向日本订购新式战舰。

　　报道称，顷据军政府传出消息，谓"孙中山以欧战停止后，各国多
将战舰廉价出售，我国海军人才缺乏，战舰又尽属旧式，亟应乘此时
机力图改造"。现拟选派熟悉海军人员，携带巨款前往某国，订购数
艘五千吨以上新式战舰回粤，以利军用。至经费一层，据孙中山与人
谈及，谓已有把握，无须借债。（《联省政府说中之所闻》，《申报》1920 年 12

月 19 日，"国内要闻"）

△　报载缪嘉寿抵粤，谈唐继尧意见。

报道称，云南代表缪嘉寿已抵广东，与孙、唐、伍各总裁及各方面接洽。据闻唐继尧为巩固西南团体，希望军政府改革顺应大势，使全国贯彻废督裁兵主义。无论形势如何，总欲努力于主义之彻底。但据一般人观测，唐氏现正埋头于四川问题，恐暂时无暇顾及军政府。（《军府最近之形势·唐继尧之言行如斯》，北京《晨报》1920 年 12 月 19 日，"紧要新闻"）

12 月 20 日　军政府政务会议通过《官吏宣誓条例》。

中国吏治腐败已极，非彻底澄清，决无振兴之望。日前拟设积弊调查委员会，专事调查各机关积弊。孙中山与伍廷芳复提议制订《官吏宣誓条例》，拟令全国文武职官，皆须于就职前宣誓永不受贿营私，否则照违背誓章律从严惩罚。是日，《官吏宣誓条例》在军政府政务会议通过。该宣誓条例如下："第一条，文武官员及其他依国家法令执行职务之人，须宣誓后始得任事。任事在前者，于本令公布后，即补行宣誓。第二条，宣誓词如左：余诚敬宣誓，尽忠本职，确遵国家法令，不得营私舞弊，滥受贿赂，谨守宣誓，决不违背。第三条，宣誓之仪式如下：（一）宣誓于就职地公开行之；（二）对国旗举右手宣誓；（三）宣誓时最少须有国家职员一人在场作证。第四条，本令自 10 年 1 月 1 日施行。"（《官吏宣誓条例》，上海《民国日报》1920 年 12 月 28 日，"国内要闻"；平：《广州通信》，《申报》1920 年 12 月 28 日，"国内要闻"）

△　金兆棪、饶鸣銮晋见徐世昌，详陈南方关于统一意见。

报道称，是日午前，军政府秘书厅厅长金兆棪、南方海军总代表饶鸣銮赴集灵囿晋见徐世昌，"详陈南方各首领无不希望南北早告统一，惟须上海仍开和会，俾符谋和之手续"。闻徐逐件说明不能再开和会原因，是以双方未达成何等结果。（《中央政闻汇纪》，天津《大公报》1920 年 12 月 21 日，"北京特别要讯"）

△　粤海关情报称孙中山忙于招兵买马。

该情报指,军政府总裁唐绍仪已离开广州到他的家乡作短期访问。报纸报道说,他的离开与政治无关。虽然军政府已经建立,但是总裁们并没有多少事情可做,许多部门仍未恢复。即使已经宣布恢复的部,工作也不是很忙。唯有孙中山一人例外,"他为了建立一支讨桂的远征军,正忙于招兵买马,组织军队。孙掌握了政权的主要权力,对省当局似乎也有颇大影响。他手下有数量可观的军队,因为直接指挥着省内许多粤军和一些民军"。这些民军因得不到陈省长的赏识,现在都掉头前来投靠。(广东省档案馆编译:《孙中山与广东——广东省档案馆库藏海关档案选译》,第210页)

是月中旬　与梁长海、伍于簪谈话,望创立全国粮食管理局,杜绝商人垄断。

香港米业巨商梁长海、伍于簪前有创立国民银行提议,曾觐谒广东省长陈炯明及财政厅长廖仲恺,面陈进行办法。陈、廖"以兹事体大,非详密审慎,不易进行,故一时未便照准"。梁、伍复前来谒见,详陈计划。闻听之余,大为嘉许,希望梁等"以其创立国家银行之计划,创立全国粮食管理局,以杜商人之垄断,而减轻贫民之负担"。并告"此为欧战后各国政府最新而最有效之善政,中国应速仿行,以裕民食"。梁、伍"以孙总裁以此重任相责,均甚满足,拟日内开出进行办法,然后商议进行"。(《孙总裁对港商之谈话》,上海《民国日报》1920年12月19日,"国内要闻")

12月21日　致函吴忠信,勉努力进行,以为声援。

吴忠信前被委以联络运动皖省。本日致函,告"此间一切仍旧,尚无发展之机。吾人所切望者,首在攻桂,次则进取武汉,以窥长江,而定中原,雅不欲株守一隅,使人得以察我"。望其"努力进行,助我声援"。(《致吴忠信函》,《孙中山全集》第5卷,第447—448页)

△　委任刘宗汉为新加坡东路中国国民党分部总务科主任。(《给刘宗汉委任状》,《孙中山全集》第5卷,第448页)

△　报载军政府统一全国计划。

报道称,某方面接广州谍报,孙中山等连日召集各军首领暨民党要人在观音山开会,讨论时局大计。结果决定分三步进行:第一步由粤军集合湘赣各省军队,全力荡平广西;一面并责成滇黔两省出师图川,驱逐熊刘,务期将川桂两省同时收回,以恢复南方旧有势力。第二步即进而与北方议和,仍要求在沪开对等会议,提出较有利条件促其承认。如和议破裂,则第三步诉诸武力解决。其预定计划系分三路进兵:第一路由李烈钧率粤湘赣三省平桂军队,取道桂境,直捣南昌。第二路则令蓝天蔚联合豫鄂民军,由鄂西进迫武汉。第三路窥伺苏皖两省,谋握长江锁钥,控制上下游,以为南北分立根据点。"以上三路除对赣进兵须在攻桂得手之后,目前无从筹备外。其鄂西地方,已嘱蓝天蔚与林修梅、张学济等切实联络,待时出动。苏皖方面并已委任柏文蔚、韩恢等密往进行。"现柏氏业将张敬尧残部悉数收容,隐伏颍州、芜湖、亳州、六合一带,乘机肆扰。且拟煽动新旧安武军,使之自相仇杀,俾便就中取事。(《军府重兴与各方面·军府之对北计画》,北京《晨报》1920年12月21日,"紧要新闻")

12月22日 胡汉民谈话称护法招牌已不适用。

报道称,是日胡汉民对某国会议员言:"护法招牌今日已不适用,因护法必复国会。国会复否有两论点:自其机关言,无不可存之理;自其分子言,无可尽存之理。最好由国会自行解散。护法信用完全失坠,南方人民必不以旧烂招牌为足。戡乱救国,必思改造之无疑。"(《广东军府内部之分裂》,北京《晨报》1920年12月27日,"紧要新闻")

△ 报载戴季陶谈孙、陈关系及广东建设方针。

因处理私事返沪的戴季陶,在接受记者访问时,针对外界关于广东的种种谣传,详谈孙、陈关系、孙中山施政方针、民军编遣及援桂诸问题,力图以正视听。在谈及孙、陈关系时,戴季陶谓:"现在就广东政治上说,孙陈的区别,可以断言是没有的。孙中山就是陈炯明,陈炯明就是孙中山,两个人在主义上、在政策上、在地位上都是一心同体。不单他们两个人的关系是如此,粤中各部各局的当局,各师各旅

的长官,没有不是与孙先生一心同体的……就现在广东省政治的主
要人来看,自陈竞存省长以下,廖仲恺是财政厅长,邹海滨是盐运使,
古湘琴是政务厅长;就军事上说,许汝为是军长,邓仲元是参谋长兼
师长,洪湘臣是师长;以及其他许多文武的主要人员,无论那一个人,
没有不是和孙先生及陈竞存是生死患难的同志。"

关于孙中山施政方针,戴称:"这层意思,不是孙先生个人如是,
竞存的意思,我和其他许多朋友的意思,都是一样的。现在在广东的
执政权的人,大家都是照着这个方针去做的。这个方针是什么呢?
就是'实事求是的新建设'。"对于外部常以制造孙陈不和传闻的民军
问题,戴季陶答:民军已全部遣散完毕,即便是有战功的民军,也早已
遣散。外界编造孙中山招募民军,殊为可笑,"他们以为可以挑拨孙
陈的恶感,他们不晓得广东一切计划,都是孙先生和竞存商量得妥妥
当当定下来的。有孙先生的大政方针,然后才产出竞存的施政方略。
他们的挑拨,不是枉费心机吗"?(《改革期中的广东:戴季陶君的谈话》,上
海《民国日报》1920 年 12 月 22 日、23 日,"国内要闻")

△ 报载孙中山、陈炯明改编粤军意见分歧。

报道称,北京政府 21 日接驻粤探员报告,谓孙、陈因粤军改编意
见分歧,迄今仍未冰释。陈炯明最近宣言将辞总司令职务,下野归
田,而孙中山仍照个人裁减粤军之计划进行。刻下已将第三、第四两
师实行归并,攻粤时所募新兵四十营除裁汰外,余均与民军混合改
编。故陈甚为愤懑,将离省赴三水召集粤军军官会议,以谋抵制。
(《粤桂两军交战之准备·孙陈意见不能消除》,北京《晨报》1920 年 12 月 22 日,
"紧要新闻")

△ 报载孙中山已妥分援桂军队。

报道称,孙中山援桂计划已将实行,各路兵力亦已分配妥协:
(一)粤北方面,改令许崇智将新编民军十二营与粤军新军五营扼守
韶州,抵抗怀集桂军。(二)攻梧州之中路军由陈炯光统率第一军,而
李福林第四军作为后援。(三)粤东方面,由熊略及驻河源关国雄两

人所统军队十六营及防军三营抵御浙军。钦廉方面,则令魏邦平所统第五军及新任命第三师,配合民军进攻。(《粤桂两军交战之准备·孙文对于援桂军之分配》,北京《晨报》1920年12月22日,"紧要新闻")

12月23日　军政府召集各省代表会议,商讨编制联军及组织联省政府事宜。

是日,与伍廷芳、陈炯明因编制联军及组织联省政府诸事亟须研究进行,特于观音山旧督署召集各省代表会议。滇、黔、闽、湘均有代表出席。会议开始,首先提出应行讨论十二事项,陈炯明提出军制案四条。会议表决:"(一)各省因求互卫起见,先入手筹办联防;(二)联军编制,各省所有军队尽行编入,分为五区训练,款由各省分配筹划;(三)联省政府由军政府改组,以节手续;(四)联省联军标明对北而设,以保护法威信。"(《广东军府内部之分裂》,北京《晨报》1920年12月27日,"紧要新闻")

△　报载孙中山致电解释联省政府真意。

报道称,孙中山以联省政府组织,无论如何进行,宗旨应在护法。惟恐西南各界不加深信,日前又用个人名义分电西南各省阐述此意。该电所列要点计:(一)西南保存旧国会无所不至,无非救国起见,今组非常国会,仍为贯彻初衷。(二)以西南所争应于宪法注意,嗣后仍应以旧国会制宪。(三)北方宣布召集新会,确应反对到底。(《军府之新设施与攻桂计画·孙文最近对西南表示态度》,北京《晨报》1920年12月23日,"紧要新闻")

12月24日　报载孙中山通告南方联军计划。

报道称,孙中山近拟组织邻省联军,虽邀湘省赞同,闽督默认,然赣、黔业已表示反对。因恐他方面诸多误会,特将联军条件详为宣布:(一)联军目的在防边御侮,实行铲除内部扰乱,与护法实无关系。(二)联军行政由各方面通电,择相当地点召集会议讨论进行。(三)联军手续,各出对等兵力分配布防本省边境,以资联络。有消息称,某方面得广州电告,"孙文之联军制已得大多数之同意,可望即日实行"。(《军府复活后之形形色色·孙文之联军计划》,北京《晨报》1920 年 12 月 24 日,"紧要新闻")

12 月 25 日 白坚武在孙洪伊的陪同下来访。

是晚 8 时,白坚武、孙洪伊联袂来访,"道来意,并述北方近况"。(中国社会科学院近代史研究所编,杜春和、耿来金整理:《白坚武日记》第 1 册,第 288 页)

△ 赵恒惕通电,宣布戡除祸乱。

赵恒惕借程潜派军人力量取代谭延闿后,颇感自身地位并不稳固。是月 5 日,湘军第二旅士兵在长沙发生闹饷风潮,变兵冲入司令部和赵恒惕私宅劫掠,赵逃入美国领事馆暂避。被乱兵推举为临时总司令的廖家栋属于程派,但因忌惮赵派实力并未就职,而与甫抵长沙的李仲麟出面劝阻乱兵。7 日,风波平息。9 日,赵恒惕、廖家栋等发布此次事件布告。(《军界之严明布告》,长沙《大公报》1920 年 12 月 9 日,"本省新闻")程潜也发来电文,希望湘局稳定。(《程潜关于湘事之电稿》,长沙《大公报》1920 年 12 月 9 日,"本省新闻")然而经历此次风潮,赵恒惕决心寻找机会将程派力量一网打尽。24 日,前来长沙参加军事会议的李仲麟、瞿维臧等八人遭遇突袭,全部被杀。程潜在湘势力基本被肃清。本日赵恒惕发出通电,称李、瞿"阴相勾结,唆使第四团驻省之一三两营,密谋举事,不惜糜烂地方,以图一逞","本总司令惩前毖后,不得不力去害群,以奠桑梓,以维法纪"。(《赵总司令戡除祸乱》,长沙《大公报》1920 年 12 月 26 日,"本省新闻")翌年 1 月 10 日,林修梅通电孙中山等,痛言湘局,揭破赵恒惕屠戮异己罪状。指出赵氏"两年来所处地位与其力量,均足左右湘局。湘中党派纷歧,本无可讳。乃赵公时而联甲以倒乙,时而联乙以倒甲,翻云覆雨,操纵在手,使政局永无奠定之望,人民日在恐怖之中。揆诸护法初衷,应亦无以自解"。(《林修梅痛言湘局》,上海《民国日报》1921 年 1 月 11 日,"国内要闻")

对于此次湘省事变缘由,有报道称,赵恒惕以迅雷不及掩耳之手段斩杀首谋数人,"实因程派意欲欢迎李烈钧入湘,推倒赵恒惕。故赵氏决然取猛烈方法,实出于意料之外。而程派军官尤异常恐慌,故赵氏日来极力筹划善后之方,而对于程派仍异常敷衍。故以鲁涤平为第二师师长,以程子楷为高等顾问,而对于军政府极力保荐程潜为陆军总长"。(《湘边战况与赵恒惕之表示·赵恒惕仍敷衍程派》,北京《晨报》1921 年 1 月 21 日,"紧要新闻")

此次事件对湖南与军政府关系造成极大影响。有报道揭,12 月初湘军索饷风潮,本与程潜等有关,故赵一面推荐程于广东,免其再扰湘省;一面则对于为孙中山派运动军队者,用严厉手段对付。故赵氏现在态度,"决不积极援助广东,惟亟亟于湘省内部之统一,以先固其地位。其对于孙文等,实已有甚深之意见"。(《赵恒惕之态度与湘局·赵恒惕不援助广东》,北京《晨报》1920 年 12 月 21 日,"紧要新闻")又一报道称,是月 30 日,赵恒惕致电吴佩孚,告"湘局暴乱分子既去,今后必可全力维持湘序。现仍按自治方针做去,决不附孙"。翌日,吴佩孚将该电转交北京政府国务院。(《专电》,《申报》1921 年 1 月 4 日)

△　报载军政府迭开联席会议,讨论联省制。

报道称,自孙中山宣布联省制后,已有三省电请加入,惟对于其中两条尚有异议。军府要人连日迭开联席会议数次,闻所议者确有五项:"(一)联省制大纲中军府提出政务会议,其已加入之省份,应就近电派代表一人列席与议。俟表决后即以联省政府名义公布。(二)联省政府成立后,应即召旧国会开会。所有护法各省督军均改称总司令,实行废督。(三)联省政府总裁问题,拟不由国会补选,即以各省之总司令兼总裁,以杜争竞。(四)西南势力未充,闽浙均存观望,当派员分赴长江各省运动加入,以壮声势。(五)军府经费暂由护法各省分担,俟关余交涉有望,再分别情形略予补助各省军费。议毕,已将此意通电西南有关各省。"(《军府内部各派之暗斗·军府之改头换目》,北京《晨报》1920 年 12 月 25 日,"紧要新闻")

另据报道,孙中山迭召会议,讨论联省计划,均未拟有具体办法。然其进行方针,已经规定三项。联络手续:(一)派员分赴闽赣相邻近各省设法联络，然后以次扩充；(二)表明联省利益及趋向；(三)联省制民治问题，分向各界详细宣布。军制问题：联省共同组织，实行守望相助主义。官级方面：(一)实行废督；(二)改设军长或总司令；(三)废除省道，均用县治，实行自治。(《广州军府瓦解之形势·军府之黩武穷兵》，北京《晨报》1920年12月29日，"紧要新闻")

12月26日　军政府召开会议筹划联省政府。

报道称，孙中山、伍廷芳业将联省制之行政、军政两股组织成立，是日假省署召集筹备会议，除许崇智未列席外，其余要人均到会。讨论结果，所表决事项："(一)为派员运动苏浙闽赣加入联省政府；(二)为选举总裁及各股股长之手续；(三)为筹备的款；(四)为联军之行动与办法。"另据消息，此次会议并决定"先行电致已加入之省分，限于10年1月15日以前速派代表集中广州，以便择期成立联席大会议。一面复派员赴香山敦请唐氏回省，因某某等省加入，须藉唐氏之力以劝诱"。(《军府复活与中央态度·联省政府之筹划》，北京《晨报》1920年12月30日，"紧要新闻")

△　刘廷汉来函，表示贯彻主张。

刘廷汉自湘西来函，对赐寄相片表示感谢，并谓"湘西事自当尽瘁，务期贯彻先生主张，若蒙赐教，无不唯命是听"。(《刘廷汉上总理函》，环龙路档案第04493号)

△　北报指军政府与俄国劳农政府在上海签订密约。

报道称，近日列宁已与西南民党首领孙中山等携手，并由列宁派代表携带巨款，在上海与孙中山等代表接洽数次，议定条件多项，双方均经签字，彼此认为极端满意。兹将两方探记如下："俄国劳农政府首领列宁氏特秉人类互助精神，与中华民国民党首领孙文等订立左条件：一，俄国劳农政府因友谊的关系，特助中国民党革命一万元。此款在上海交付；一，中国民党在广东成立政府后，劳农政府继续助与俄金一千万元；一，俄国劳农政府随时援助中国民党推翻南北一切官僚军阀；一，中国民党当努力于二年内在北京或南京、广东择一适当地点,组织中华劳农政府;一,中华劳农共和国成立时,得聘俄人充中央执行委员会委员及国务员。"(《列宁与孙伍唐之密约》,长沙《大公报》1920 年 12 月 26 日,"中外新闻")

12 月 27 日　报载唐绍仪离省归里,军政府前途悲观。

报道称,唐绍仪鉴于四周空气不佳,业于日前回里,迄未来省。军政府迭电催促,复电亦未定归期,仅请以伍朝枢暂代出席政务会议。目下总裁不足法定人数,所有进行事件俱因搁浅。日前勉开政务会议一次,只通过宣誓条例及司法统一两案,而财政竭蹶,尤难补苴。伍廷芳为关余案,虽频频奔走沙面,但各领事仅允电京请示,至今尚无答复。新军府前途已陷于悲观境地。(《广东军府内部之分裂》,北京《晨报》1920 年 12 月 27 日,"紧要新闻")另有消息称,唐绍仪对广东形势大抱悲观,已归去香山。孙中山等数次电招,亦无效果。26 日复私自前来香港,现有赴上海之说。"人皆疑其与孙文发生意见。"(《广州军府瓦解之形势·军府总裁相继辞退》,北京《晨报》1920 年 12 月 29 日,"紧要新闻")

并据消息,唐绍仪有已于 28 日赴沪之说,但未得确报。唐之心腹卢信则业已出发。据接近民党者言,唐与孙中山意见不合,对于粤局极抱悲观,故不愿再投漩涡。又一消息指,孙中山拟以许崇智为广东省长,陈炯明不肯相让,二人意见复生。唐绍仪语人:"粤事已不可为,不能偕中山为西林第二。"广州现仅孙、伍二总裁。"伍以关余未能到手,奔走太苦,自觉于长寿卫生法大有妨碍,亦拟辞职。"孙中山现正敦劝。(《军府内部之大分裂·孙唐伍陈各生意见》,北京《晨报》1920 年 12 月 31 日,"紧要新闻")翌年 1 月 5 日,北京政府接驻粤委员来电,告唐绍仪借口回籍,现经孙中山、伍廷芳屡次邀其速赴广州,唐均拒绝。"据悉唐氏实为孙中山揽权,已失人心,绝不再问时事。日前彼复伍秩庸一电,沥言孙中山只可共患难,不可与谋国,并嘱伍氏好自为之。语中极露联省政府不易进行,个人不久出洋等语。"(《粤桂两派各起内讧》,北京《晨报》1921 年 1 月 6 日,"紧要新闻")

12 月 28 日　卢焘来电,告改陈清为驻粤黔军代表。

前贵州驻粤军事代表李世荣,系刘显世所派。刘氏下台,李代表资格自成问题。本日,卢焘来电,告已电令黔军谘议官陈清赴粤,充当黔军军事代表。(《黔省取消自主之无稽》,上海《民国日报》1921年1月12日,"国内要闻")

△ 报载军政府决开非常国会,解决国是。

报道称,军政府既成立,势不能无国会以辅助之。近日恢复国会呼声甚高。旧议员既源源到粤,众院副议长褚辅成已到,参院议长林森、众院议长吴景濂闻亦将到。明知议员之来,断不能足法定人数,然非常会议在所必开。孙中山已命盐运使邹鲁担任国会筹备事宜。至国会开后,军府力量增厚,倘北方仍不能有所解决,则再进一步,即选举孙中山为正式总统。此举或将实现。(平:《广州通信》,《申报》1920年12月28日,"国内要闻")

△ 报载孙中山召集会议,讨论对北要求。

报道称,孙中山因民党要人要求及滇省唐继尧意见,对于北京政府之统一,应表示具体办法。即假陈炯明总司令部召集会议,表决二要项:一为要求北京政府恢复上海和议,明令收回所发统一令;"一为取均等办法,由南北两政府进行统一"。孙中山并提倡将两项办法通电各省,宣布实行。(《军府将以借债为生》,北京《晨报》1920年12月28日,"紧要新闻")29日,北京政府收到孙中山等最后警告,谓"恢复上海和会,为和解南北之唯一希望"。(《陆代表到京后之统一观》,《申报》1921年1月1日,"国内要闻")

然另有消息称,广州调人已将联省政府所提条件,通告北京政府。其条件如下:"(一)上海和会可以废止,但两方面须另派总代表一人、副代表二人以赓续和议。(二)中央政府苟正式承认新成立之联邦政府,则联邦政府亦承认中央政府所发出之统一命令。(三)倘北方政府对于再造之西南政府予以承认,则西南政府对于北方之借款将不起而反对。"(《广州军府瓦解之形势·军府对北之调停条件》,北京《晨报》1920年12月29日,"紧要新闻")

△　报载军政府召开联席会议,讨论总司令任命。

报道称,昨三总裁及民党各要人在军政府召开联席会议。孙中山之意,以陈部军官拥护陈炯明之心,无微不至,"前此各方挑拨意见,无非为广东军府权限问题。今极宜早发表陈氏之总裁及总司令,则陈部自贴耳服从,而援桂问题亦负有专责"。民党中赞成此说者颇占多数,但以伍廷芳之意,则谓"新加入省份如某省,被北方欠饷为数颇巨,现在所派代表到粤,均系秘密联合,若予发表,则北方不特拒绝饷源,且将兴师讨伐,非慎重行事,恐贻误事机。若以陈氏先行发表,则灰已加入者之心,尤非所宜"。最后决定各省加入者,应俟通电归附西南后,军政府即以此通电发表总司令明令,并由军政府送致新总裁之公函。(《军府将以借债为生》,北京《晨报》1920 年 12 月 28 日,"紧要新闻")

△　报载军政府拟发行二千万公债。

报道称,孙中山定于明年一月发行联省政府公债二千万元,利息一分,期限十年,以广东预支地丁五年收入为担保,不足则以粤桂铁路为第二担保品。此项公债,实收八四。(《军府将以借债为生》,北京《晨报》1920 年 12 月 28 日,"紧要新闻")

12 月 29 日　北京政府委陆荣廷督办粤边防务,谭浩明为广西督军,李静诚为省长,令妥筹善后。

△　粤籍国会议员假座广东图书馆召开谈话会,受邀与会。谈话中表示:"余素尊重国会,凡事可由国会自行解决。"(平:《广东旧国会之近状》,《申报》1921 年 1 月 4 日,"国内要闻")

△　改造广西同志会代表来谒,请求速行援桂。

粤海关情报称,是日,由效忠于军政府的广西人组织的改造广西同志会(粤海关情报译为"广西改革协会",应误——引者注)代表晋谒军政府总裁,受到孙中山的接见,他们提出了两个要求:"一,立即发出惩罚陆荣廷的命令,对准备参加讨桂的各支军队马上进行动员,开赴前线;二,要求驻广州的法国领事通知其驻广西的领事禁止法国商人向广西当局贷款。"孙中山回答说:"取得政务委员同意后,会马

上按他们的要求办。"(广东省档案馆编译:《孙中山与广东——广东省档案馆库藏海关档案选译》,第 211 页)

　　△　报载孙中山谈自由贸易及援桂问题。

　　报道称,孙中山与客谈及粤人主张自由贸易问题,颇为赞同。他指出:"盖目下之税则,徒助励外货之输入,损中国之出口家,以利外商而已",并诋责目前"海关仅为外国入口家经营,以遏制华商为务"。在谈到援桂问题时,称"今并未参与此项运动,官场关于此事,亦未有何行动可令其注意者。粤人不信陆荣廷所统之桂兵由五路进攻广东之说,桂人之赞助护法运动者,今且组织军队以逐陆党,现信广州护法派领袖将予以助力。广东政府并无攻入桂省之意,仅欲要求桂军将自粤取去之物交还粤人耳"。(《孙中山之粤事谈》,《申报》1920 年 12 月 29 日,"太平洋路透电")

　　△　报载北京政府欲于上海召开善后会议。

　　报道称,自岑、陆等通电取消自主,北京政府明令宣布统一,上海和会无形消灭。惟广州现积极规复军府,北京政府既难以武力屈服西南,而又不容不力谋国内统一。"故近多建议于政府,要求重开沪会,以便解决一切善后问题,免致广州方面别生枝节,长为统一之梗。闻政府方面已大致赞同,惟主张以善后会议之名义,就上海地势之便利,为解决善后宣告统一后之善后问题。雅不愿于军府解散以后,再有南北对待之和平会议,故将来规复沪会,决与上次和会大异其趣,亦非因孙唐等之要求而回复沪会之原状。"又一消息称,自统一令颁布后,北京政府极欲与西南要人联络,以收统一之效,故特设统一善后委员会于北京,以笼络南北要人。但该会自成立后,并未能达统一之目的,而南方民党重组军府,坚持和会重开,否则干戈立见。"闻日前某要人曾上书总统建议,将该统一会议移至上海,而调和南北之风云,并可与西南各首领共谋统一。"(《广州军府瓦解之形势·统一会议移上海说》,北京《晨报》1920 年 12 月 29 日,"紧要新闻")

　　△　粤海关情报称粤省财政出现大额赤字。

　　该情报称,广东省财政厅年终时出现五十万元赤字。尽管采取许多紧急措施,还是没法凑够这笔资金,"因为北江地区的税收和其他收入全部被粤军第二军司令许崇智扣留了"。因此,不得不强迫各地区商会和市内各大公司贷款给政府,以救燃眉之急。(广东省档案馆编译:《孙中山与广东——广东省档案馆库藏海关档案选译》,第 341 页)

　　12 月 30 日　北京政府收孙中山等议和条件。

　　报道称,是日北京政府收到调人转来孙中山、伍廷芳等有关南北议和条件:(一)北方果诚意谋和,南方可牺牲原有和会形式,双方仅派总代表一人、副者二人,即可言和,以示均有体面;(二)北方如认联省政府一时有效,和议统一令亦可不必取消;(三)北方如允容纳以上要求,西南建议手续即停,而于北方借款等事亦不表反对。(《统一问题之近讯》,《申报》1920 年 12 月 31 日,"国内要闻")另一消息称,因陆荣廷迭电磋商两广善后,并派代表陆裕光等来京面商,北京政府刻对于两广已定筹两种手续:"(甲)再请调人疏通孙伍陈等,勿以条件为解决时局之办法。西南之要求,中央能通融者均可分别承认,并望粤军从速停止援桂之行动,以期和平解决两广善后。(乙)至不得已时,中央以实力接济陆荣廷,令李闽督、陈赣督襄助陆氏进行一切。一方面再宣布孙等破坏时局之罪。"(《军府复活与中央态度·中央对南之计划》,北京《晨报》1920 年 12 月 30 日,"紧要新闻")

　　12 月 31 日　王安澜来电,祝贺军府重开。

　　滇川黔靖国联军援鄂第二路左翼总司令王安澜来电,祝贺"正义重光",并表示"枕戈拔剑,惟公等马首是瞻"。(《军政府公报》光字第 14 号,1921 年 1 月 26 日,"公电")

　　△　报刊载文,分析孙中山、陈炯明关系实难维持。

　　是日,《香港华字日报》转载日本《大阪朝日新闻》文章,指出孙陈合作,按诸情势,实难维持。文章称,"广东军之讨伐广西计划以孙文为最热心,是为许崇智所主张。而关于此问题,一般舆论以先整理广东内部为急务之理由,主于未达到粤人治粤之目的暂不可战争,极力反对讨伐之主张,但能达到目的与否颇属疑问。今孙、陈表面上虽似甚好,而陈对孙等到粤极持消极的态度,对军政府并未表示意见。此系孙、陈两氏发生间隙的明证。且军政府与省政府亦生有龃龉。最近军政府突然将与陈炯明友好之徐傅霖逮捕,省警察亦将孙文部下之叶夏声逮捕。又陈炯明欲解散民军,而孙文欲以民军为基础,令许崇智编制成立为军政府直属之军队。况陈氏与许崇智不和,而与江西陈光远有约互不侵犯;李烈钧又有侵略江西的野心。故孙文与陈炯明不和之传说,虽经各方面否认,观现在之情势,两氏将来恐不能长久保持协调。"(《日人对于孙陈的批评》,《香港华字日报》1920 年 12 月 31 日,"中外要闻")

△ 施存统撰文评论广东建设计划,对实业计划称誉有加。

文章认为,从世界历史看,无论是革命还是建设,都必须有周详的计划。目前国人观瞻所系的广东建设计划,"并不是随随便便决定的,是就理想上和事实上研究出来的。中山先生的发展实业计划,实在是一个改造中国最要紧的计划。这种计划,在现在的中国,除了中山一人之外,恐怕不会有第二个人能够做得出的(我听一个朋友说,中山是一个最熟悉中国舆地的人)。我以为像这样伟大的计划,实在是我们主张改造的朋友所最应该研究、最应该筹划的"。(存统:《改革的要件》,上海《民国日报》副刊《觉悟》1921 年 1 月 10 日,"评论")

△ 报载孙中山组织非常国会方法。

报道称,军政府决定召集非常国会,"其内容即以容纳新国会议员与旧国会议员及候补选之议员三者,合组此种国会,以为抵抗北方之政策"。连日孙中山已分派干员,前往沪、宁、汉、津各处组织俱乐部为招待处。(《军府内部之大分裂·军府又欲召集旧国会》,北京《晨报》1920 年 12 月 31 日,"紧要新闻")

是月 为徐公祠题写匾额。

徐公祠位于广东省花县(今广州市花都区)三华村。1909 年秋,三华村村民、同盟会会员徐维扬回到家乡,建立中国同盟会广东番花分会,先后发展众多农民入会。黄花岗起义,徐维扬奉命组织敢死队,其中有多位三华村民。1920年底重返广州后,特派张继前往凭吊,并为广东番花分会所在地徐公祠亲笔题写匾额"毁家纾难,功在党国",对三华村人以身报国的事迹及精神予以褒扬。(《为徐公祠题匾》,陈旭麓、郝盛潮主编,王耿雄等编:《孙中山集外集》,第636页)

△　与广州《新民国报》记者谈话,主张用革命再造中国,期望国民共喻斯旨。

军政府再造逾旬,外界对新政府未来的施政方向极为关注。广州《新民国报》记者来访,探询南北统一计划。答谓:"统一计画,尚无具体可说,且有不能说不便说处。惟自简单抽象而言,统一南北,必以革命之道行之。以前的中华民国系由革命的真理创造出来,以后的中华民国,亦当由革命的真理创造出来。惟革命而后可以改造中国,亦惟革命以后可以统一中国,此予所笃信而实行者也。然欲实行革命,必先造成舆论,此其责即在报纸。使全国人民均赞成革命,则同心一德,推翻恶劣政府,建设良好政府。如是则政治日益开明,政府日益强固,内乱自然可止,统一自然可期。若人人反对革命,则大乱终无已时,统一即成绝望。"

并以法国革命作例,说明"革命为世界潮流所趋,宜顺而不宜逆"。进而指出:"吾国人对于革命,恒多怀疑,时作和平统一之梦想,卒之统一之期望愈趋愈远。此我国民旦夕偷安之劣根性也。望各报纸时时鼓吹革命真理,务使革命二字家喻户晓,深入人心。余生平酷嗜革命,昔以革命创造国家,今以革命改造国家。余信革命为救国不二法门,舍此实无良策。然革命非仅破坏而已,实含有建设在内。余所著学说已迭次论及,所望国民共喻斯旨耳。"

记者又询以"在今日已无一顾之价值"的南北和议,对新政府此前宣言中一再提及,颇感疑惑。答称:"此系继续前军府之政策。粤中报纸三十余家,主和者十居其八。人民赞成议和者既居多数,军府惟有顺从民意。今贵报既知其非,当勉力造成反对议和之舆论。军府无不乐从。"(《孙中山始终要革命》,长沙《大公报》1921 年 1 月 1 日,"中外新闻")

△　嘱上海同志汇寄宫崎寅藏一千元,以解决其年关困难。(段云章编著:《孙文与日本史事编年(增订本)》,第 620 页)

是年底　与潘乃德谈话,指示对桂工作。

据潘乃德忆述,1919 年秋季,潘目睹桂系集团调兵遣将,准备消灭驻扎在闽南的陈炯明部,急忙联系胡毅生,并由胡密电报告孙中山。孙复电邀潘赴沪面谈。见面后,潘备述详情,"孙中山先生沉思了一会说:'你马上到漳州去告诉陈竞存(陈炯明),叫陈竞存准备班师回粤,争取主动。'我一定设法帮助他"。并修书一封,托潘带给陈炯明;且一再吩咐:"到漳州后一定要将老桂系军阀调兵遣将要消灭闽南粤军的情况详细告诉陈炯明,叫他做好充分准备并从速班师回粤。又说陈炯明可能顾虑枪械和饷项,叫陈不要顾虑,他一定设法援助。"

就潘乃德未来工作的重点,孙中山也有所指示:"你的工作主要是运动桂军,在桂军将领中要特别注重做林虎的工作。但是重点要放在中下级军官,因为桂军盘踞广东后,上级军官包烟、包赌,腰包已经胀了,打不得仗了,一打就垮。而中下级军官分不到份,心中一定怀恨,运动他们反正就较有把握。"他随即写信交潘转致林虎,函谓:"我离开广州住上海专心著作,想你很关心我,现趁潘君过沪回粤之便,托其致意,请与协商一切。"并向潘分析说:"隐青(林虎)是个将才,他是有决心革命的。但是碰到困难的时候又缩一缩,你鼓励他,他湖口发难讨袁一役,震动全国,表现很好,可惜一碰失败就灰心,将部队遣散,枪械交给别人,没有坚持的决心。你这次见到隐青,一定要将革命的形势和一切情况告诉他,叫他不要灰心。"潘离开上海前,孙中山还亲作监誓人,介绍其加入中华革命党。

潘随即离开上海转道香港前往漳州,与陈炯明详谈,面交孙中山函件。该函略谓:"潘君来沪,将桂系军阀的情况详细告我,桂系军阀一心想消灭我革命队伍,现命他到漳州将情况告你,希望你速作准备。"离开漳州后,潘乃德利用多种关系,积极联络运动林虎、黄韬、马晓军、谢冠群等桂系军官。在粤军回粤作战中,潘还乘机收编桂系败军,组成"粤军挺进队",并自封司令。孙中山自沪返粤重组军政府后,潘乃德与黄大伟前往拜谒,孙谆谆以告:"你现在抓了军队,虽然数目不多,规模也不大,但总算有个基础。你是个知识青年,千万要记着:第一不要包烟,第二不要包赌,第三军队不要住民房。认真做到不骚扰老百姓,凡是骚扰老百姓的军队,都会被老百姓打的,桂军的下场就是一个教训,你们都要好好记取! 你看那些旧军官哪个要得? 你们尤其不可学他们的榜样。"(潘乃德:《孙中山先生对老桂系军阀陆荣廷的争取和讨伐》,广西壮族自治区政协文史资料委员会编:《孙中山先生在广西》,第 37—44 页)

1919 至 1920 年　苏俄使者波达波夫来访,请其转达对列宁的问候。

1919 至 1920 年间,同情苏俄新政府的原沙俄军人波达波夫前来上海,保有"联系密切",后又赴福建漳州与陈炯明探讨苏俄与中国革命力量相互合作事宜。1920 年 12 月 12 日,波达波夫致函齐契林,报告了中国之行的成果、孙中山及其追随者的状况和打算。报告末尾,波达波夫说:"鉴于我即将返俄,他请求我转达他对列宁的问候。协约国代表对我的搜查,使他有些担心,所以他未发表对苏维埃政府的书面呼吁书。因为他同莫斯科的交往一旦暴露,就会给他在外国租界的逗留和在中国进行的工作造成麻烦。我们同他约定使用我的中英文密码进行联系。除了他的照片,我没有他的任何文件。在各种交谈中,他不止一次地表露出,他不相信我们能成功地在俄国实现共产主义。他以中国人民的经验作为自己的论据,不过我得以说服孙逸仙向我们这里派驻两名代理人。他选择了廖仲恺和在华南享有声望的朱执信将军。这两个人同我进行了长谈,应在 8 月取道欧洲前往。"(《波达波夫给契切林的报告》,中共中央党史研究室第一研究部:《联共(布)、共产国际与中国国民革命运动(1920—1925)》,第 47—48 页)

△ 指导朱执信、戴季陶、廖仲恺等研究编辑教科书。

1919 年在沪创办《建设》杂志时,鉴于上海各书坊所出版教科书,缺点甚多,趋向尤误,因此颇关注教育方针、教学方法以及教材选择、教科书编辑等问题。指示胡汉民、朱执信、廖仲恺等研究中小学教育事宜,及编辑初级师范、男女中学以及初高两级小学教科教授用书。其第一步工作,亲自领导,集中改良国文及本国史地三科,以朱执信负总编辑任务,而与胡汉民、廖仲恺两分任编辑之责。其时所收集各书坊先后出版的教科教授用书、参考用书、课外读物,凡数百种。外国师范及男女中学各种应用图书、小学教科教授用书、各种读物以及关于教育制度、教学方法等出版品,购置亦颇不少。"惜甫经着手初步工作,而回粤之师迭克名城,执信先生遽于 9 月 21 日殉难虎门,迨桂系肃清,总理再度赴粤建立革命政府,于是先生与汉民、仲恺两先生在总理指导下从事编辑教科书之工作,亦遂停顿。"(陈天锡:《戴季陶(传贤)先生编年传记》,第 42 页)

是年 复函黄景南、朱少穆,告报国方式当以能力为视。

黄景南、朱少穆为越南著名侨商,关心国事,不遗余力。粤桂战起,黄景南放下手边实业,回国组织华侨义勇队助粤讨桂。朱少穆亦积极参与。黄、朱日前来函,报告情况。随即复函,称赞"执事以侨商急国难,仗剑从军,义勇可感"。并指出:"惟是人各有能与不能,强不能以为能,必功少而劳多。""执事既为商界翘楚,似不如仍致力于实业,为国家谋建设。所事虽殊,收效则一,固不必攘臂趑趄于赳赳者之破坏事业始云为国也。"(《复黄景南□少穆函》,《孙中山全集》第 5 卷,第 449 页)

△ 出席伍廷芳宴会,讨论设立联太平洋大学。

与唐绍仪、美国众议院外交委员会会长施底芬包德、参议院威廉哈立司及联太平洋协会秘书福德等出席伍廷芳组织的宴会。席间,讨论设立联太平洋大学问题。1921 年 2 月前后,于檀香山设立联太平洋大学之注册请愿书及进行计划,通过檀香山地方检事长哈来欧温及总督麦楷山核准。据请愿书,该大学旨在提倡劳动之重要,其办法与其他大学不同,并不招学生入校,而由该校发出课程。该校面向太平洋各国,实则为一工人大学。(《联太平洋大学与中国》,上海《民国日报》1921年2月17日,"国内要闻")

1921年(民国十年　辛酉)五十五岁

1月

1月1日　在军政府发表演说,主张建立中华民国正式政府。

是日为南京临时政府成立九周年,中华民国军政府在广州举行大会隆重纪念。广东省军政各界要人、国会议员及在野名流一千多人与会。上午 10 时,会议开始,军乐大作。与会者在诸总裁的带领下,向国旗行三鞠躬礼,嗣大众向诸总裁行三鞠躬。礼毕,首先登台宣誓,誓词一照宣誓条例,以次伍、唐两总裁及各部长相继宣誓。

随后发表演说,痛陈民国成立,迄今九年,因循敷衍,致成如斯之局,必须改弦更张,建设正式政府。演说约四十分钟之久,中谓:"此次军府回粤,其责任固在继续护法,但余观察现在大势,护法断断不能解决根本问题。吾人从今日起,不可不拿定方针,开一新纪元,巩固中华民国基础,削平变乱。方针维何? 即建设正式政府是也。盖护法不过矫正北政府之非法行为,即达目的,于中华民国亦无若何裨益;况护法乃国内一部分问题,对内仍承认北京政府为中央政府,对外亦不发生国际上地位之效力……就以上种种观之,足见建设正式政府之不容一日缓也明矣……但建议建立正式政府之权,全在国会。国会在北京不能行使职权,而在广州能自由行使,是望国会诸君建议,仿南京政府办法,在广东设立一正式政府,以为对内对外之总机关,中华民国前途其庶几乎! 余认广东此时实有建立正式政府之必要。愿以此重大之事,作中华民国 10 年 1 月 1 日之新纪念焉。"随后众议院副议长褚辅成登台演讲,对于孙中山主张极为赞成,但认为设立正式政府,事关重大,必须取决国会多数之同意。(《孙总裁元旦之演辞》,上海《民国日报》1921 年 1 月 11 日,"国内要闻")

△　接见广东各界代表,望助饷援桂。

是日,广东各界举行两大巡行:一为请愿援桂大巡行,一为提倡国货大巡行。游行队伍出发时,各团体陆续加入者不下四五万人。游行者高举各种国货招牌、请求援桂之旗帜,一路散发否认桂系借款及要求外交团交回关余之传单,沿途观者如堵。下午 1 时,巡游队经过军政府,各团体推举代表一百多人入谒军政府各总裁,呈递各界联合会请愿书,要求出兵援桂、否认桂中借款以及外交团交回关余。

与伍廷芳优礼接见。各代表陈请愿词毕,答谓:"出兵援桂一举,本为军府各总裁、陈总司令之主张,亦为粤军在漳州预定出师四大计划之后一计划。惟粤军回粤后,因粤省经桂军多年之蹂躏,公产赋税概被抵押,财源几尽匮乏;加以禁赌后每年短少收入约一千万元,政府尚无法弥缝此项损失。故虽明知援桂一举为刻不容缓,亦以财政问题之束缚,一时未能实行。今粤政府锐意裁减军队,亦为此故。诸君既来请愿援桂,具见爱国热诚。惟援桂一举,不能徒托空言,必人民与政府合力进行然后可。何谓合力? 即政府担任出师,而人民则不可不担认筹饷。所谓助饷者,非一定金钱之谓。如做苦力者可以报效挑工,卖草鞋者可以报效草鞋,卖衣服者可以报效衣服,有钱者出钱,无钱者出力,人人能如是,则出师之举随时可见实行。此实各界诸君出而提倡之责。且政府现因谋人民福利而禁赌,每年已牺牲收入一千万元。此举既为谋粤人福利,则我粤人应设法筹还此一千万元,以弥缝此项损失,亦不为过。况粤人因开赌而损失者,此一千万元不过就直接者而言,其间接损失又不下二千万元。是粤人因开赌而损失,每年实不下三千万元耳。政府既毅然禁赌,以谋人民福利,人民又何乐而不助政府筹饷,以除粤省未来之后患乎? 余可决言诸君之请愿,余可完全答应,但诸君亦须合力相助乃可。"

伍廷芳亦勉励各代表以数语。请愿代表以军府各总裁允其所求,遂欢呼万岁而退。(《广州各界元旦日之大巡行》,《申报》1921 年 1 月 11 日,"国内要闻";《元旦日广东两大巡行》,上海《民国日报》1921 年 1 月 11 日,"国内要闻")

△ 在粤国会议员集会,主张速开非常会议。

是日,在粤国会议员假座省议会举行集会,庆祝南京临时政府成立九周年暨新年元旦,到者约九十余人。部分议员因交通堵塞,未能与会。活动开始,各议员在褚辅成的引导下向国旗行三鞠躬礼。褚辅成在演说中称:今日为南京临时政府成立纪念日,"吾人须将旧时希望苟且议和、以后到北京开会之苟且心理打破,必俟将北方官僚武人完全打倒后,再到北京正式开会,为民国再造一新基础。应即以今日立一新纪元"。朱念祖、张秋白、邓天一、童杭时等在演讲中均主张改弦更张。丁象谦明确提出:同人应有彻底觉悟,"当此护法戡乱期间,可将向来希望开正式常会及宪法会议之心理抛开,免因法定人数问题致碍进行。此时宜开非常会议,以革命方略促进护法讨逆之事业,须将一般恶劣之军阀官僚,凡为中华民国之障碍,全行推倒,然后再开真正正式常会及宪法会议,届时当收美满之效果"。(《国会庆祝新元旦盛况》,上海《民国日报》1921 年 1 月 11 日,"国内要闻")

△ 报载孙中山实力渐充,联省政府志在必得。

报道称,孙中山鉴于前此军政府失败,端由军政府无实力军队拱卫一切,此次回粤表面上虽由陈炯明抽拨粤军借供驱遣,"然以平日毫无感情之军队纵归个人节制,而日久生心难保无意外之变,是以对于招兵抚匪等事无日不积极进行。一方又虑陈氏发生意见,特托援桂为辞,派员分赴香顺一带招兵,并收抚北江巨匪数千人编为师旅,益以许崇智所部本系民党旧侣,亦已倾心向孙。前后总计孙氏所可靠之军队亦有一万五千人之多,故孙氏日来每对党徒云:"余所提议之联省政府志在必行,将来非达到以南方统一北方之目的不止"。(《西南要讯》,天津《大公报》1921 年 1 月 1 日,"要闻二")

而对广州联省政府积极进行,北京政府实乏应对之策,只得不断通过调人及函电试为阻止。有报道称,北京政府近特电广州首领,劝"万勿再持激烈主张,并详告国际联盟各代表曾提及,凡加入国不能统一无列席资格。我国确应速谋吻合,如有误会之点,请通电接洽。倘再提议复战,是则甘心陆沉,永无图强之一日"。(《电劝各首领应谋吻合》,天津《大公报》1921 年 1 月 1 日,"北京特别要讯")又一消息指,徐世昌鉴西南各界误会统一,非常焦灼,昨以个人名义分电在野政客,希望速办数种要项:(一)设法电劝广州各首领,嘱勿坚持和议,南北争议不难即日解决;(二)再托调人使贵州、湖南各首领勿持激烈主义,拥护中央;(三)深盼各调人联袂来京,共商维护国局之要政。(《解释西南误会之计画》,天津《大公报》1921 年 1 月 4 日,"北京特别要讯")此外,北京政府并试图分化孙、陈,有报道称,北京官场盛传"陈炯明不与孙中山联络,则中央政府可认陈为粤督"。(《北方近事记》,《申报》1921 年 1 月 6 日,"世界路透电")

△　报载军政府反对北京政府裁兵主张。

报道称,北京政府近接驻粤委员来电,告广州各首领现将北方提议国家建设各项提出讨论,"孙中山对于中央所列各案,大体上以为均属正宗应行重大题目;又得各国赞助,因称正式办法,易得各界欢心。但南方虽不能完全反对敛怨,而于裁兵一节则极端不能赞成。缘裁兵法系北方借其名目削减西南护法之计划,联省政府当应大招护法军队,故对此案不表同情"。(《孙文暂不主张裁兵》,天津《大公报》1921 年 1 月 1 日,"北京特别要讯")

1 月 2 日　参议院议长林森抵达广州。(《粤省电招旧议员赴粤》,《申报》1921 年 1 月 6 日,"本埠新闻")

△　《上海日日新闻》开始连载宫崎寅藏所撰《桂太郎与孙逸仙

之介绍者秋山定辅》一文。(段云章编著:《孙文与日本史事编年(增订本)》,第621页)

1月3日　参加中国国民党本部特设驻粤办事处成立会,委任干部,并发表演说。

是日,中国国民党本部特设驻粤办事处成立,委派张继为干事长,周震鳞为总务科主任、杨惠为副主任、田桐为党务科主任、陈群为副主任,黄复生为财政科主任、卢仲琳为副主任,邓家彦为宣传科主任、万鸿图为副主任。(罗家伦主编,黄季陆、秦孝仪增订:《国父年谱(增订本)》下册,第905-906页)

成立会上并发表演说,指出民国成立十年,实未达共和境界,"我等要造成真正民国,还要将辛亥革命未了的事业做个成功。但欲革命成功,便须巩固基础;基础之巩固,就在主义之坚定与人心之团结。我党以三民主义为圭臬,备历艰阻逾二十年,基础固早卓立,但对于国家之改造与进步,尚须有卓越之党人负完全责任,运用机能指导群众"。(《在广州中国国民党本部特设驻粤办事处成立会的演说》,《孙中山全集》第5卷,第451-452页)

△　北京政府驻粤委员报告孙、陈各有军事部署,意似对付对方。

是日,驻粤委员致电北京政府,报告"许崇智近在北江方面,除布防、设司令部、增编民军外,关于军事上之行动,如筹备军用汽车与各县防军……等种种举动,表面上均系对北之设施,而对陈之态度,则尚不明了。惟陈炯明则已将粤军齐集三江、广州各处,不知是何用意。外间揣测,孙陈意见不能融洽,均因此故"。(《粤桂两派各起内讧》,北京《晨报》1921年1月6日,"紧要新闻")

关于孙派军事部署,有报道称:"孙、许除在北江设司令部外,又将民军编为三师及两混成旅;拟先设法断绝陈军之饷源,使其自行溃散,并议将广州之粤军第三旅、第四旅调往钦廉,而省城则以民军补防。"(《军府复活与各方面》,北京《晨报》1921年1月5日,"紧要新闻")

孙派军队的扩充引发粤军内部冲突。有报道揭，许崇智在广东北部征收租税的行为引起陈炯明部的公开反对："许崇智受孙文之命令，现正以武力霸收广东北部之租税，以借给孙氏所募民军之用。惟陈炯明之军队对于此种行为大为反对，正向陈氏要求发给军费，并要求陈氏向孙文磋议，请其收回成命。闻陈炯明所统属之第四军军官人等，现已宣言，谓倘所欠军费若再延一月仍不发给，则彼等将不奉联省政府之命令。"（《粤桂两派各起内讧》，北京《晨报》1921 年 1 月 6 日，"紧要新闻"）另有报道提及许崇智部与李福林部发生冲突："许崇智在广东北方清远县之军队，近因与李福林军队因误会发生冲突。李氏已命其部下停止争斗，惟双方现仍极力准备作战。"（《粤军内部之冲突》，北京《晨报》1921 年 1 月 7 日，"紧要新闻"）

△　报载闽督李厚基谈话，辟归南之说。

报道称，日前李厚基曾对某要人谈话，谓"外间盛传吾已决意归南，实则孙中山只知捣乱而不知建设，与吾宗旨不合。陈炯明之势力亦不出粤城，吾焉有此事"。（《归南说盛行中之李厚基》，《申报》1921 年 1 月 3 日，"国内要闻"）

1 月 4 日　致电吴景濂，请速来粤开会。

是日，与伍廷芳、唐绍仪、王伯群联名致电众议院议长吴景濂，告林森业已抵粤，"盼速偕留沪议员来粤开会"。林森 2 日抵穗后，3 日致电吴景濂，告"诸事待商，切盼台驾迅偕在沪同人南来，以利进行"。9 日，唐继尧、刘显世联名致电吴景濂，请其"速偕议员诸君到粤"，共维大局。（《滇黔电速旧议员赴粤》，《申报》1921 年 1 月 12 日，"本埠新闻"）吴迭接两电后，于 5 日向在沪国会议员发出通启，通报两电情况。（《军政府电招议员赴粤》，上海《民国日报》1921 年 1 月 6 日，"本埠新闻"）

迄 5 日止，已有多省议员抵粤。报道称，近日国会议员由沪来粤者甚夥。据最近搭绥阳轮来粤某议员云："同人此次同船来者约三十人。上海方面待船起程者，不下七八十人，大约两礼拜内必可到齐。"查原驻此间议员及新到之数，合算已近百人。俟彼七八十人再到，便可开非常会议,恐不出两旬以外。(《筹备开会中之国会》,上海《民国日报》1921年1月5日,"国内要闻")与此同时,部分议员则"持观望态度,不愿冒然赴粤","一时不知所在者,尚有数十人之多"。(《军府复活与各方面》,北京《晨报》1921年1月5日,"紧要新闻")吴景濂亦滞留上海,不愿即行首途。

　　△　召开会议,议决若干重要问题。

　　报道称,是日召开重要会议,陈炯明未列席。会议议决事项包括:"(一)联络四川加入广州联省政府,(二)广东之军队及民军应即混合及再编之,(三)海陆军费应即增加。"(《粤军内部之冲突》,北京《晨报》1921年1月7日,"紧要新闻")

　　△　蒋介石复函胡汉民、廖仲恺,对援桂颇有疑虑。

　　军政府重建后,孙中山即拟出兵援桂,规复广西,认为"现在西南局面只要先扑灭广西游勇,则长江以南便可大定","而后由长江出发,以讨北京"。惟陈炯明反应冷淡,援桂计划窒碍难行,孙中山拟不顾陈炯明反对,亲自督师援桂。

　　蒋介石获悉后,颇有疑虑。本日致函胡汉民、廖仲恺称:"弟对粤事,终抱怀疑不安之态,孙先生督师,更不放心。"因第一,基本部队不多,稍有挫失,易致动摇。许崇智部虽众,其自练可靠者亦属无几。第二,粤军将领,性质复杂,程度不齐,一经直接指挥,诸多困难。"今日竞存对先生如当作二人看待,则将来一场无结果,可以断言也。粤军官长,此时非竞存不能调度。对于援桂之计,约有三要:一,竞存任总司令,亲自出马。二,孙先生督师。三,许、邓、洪三部同时动员,方为有济。"此外,"广西地形险阻,残兵足有二万余,许军全部恐不足以当此强寇,而滇黔湘南之援军数目,更不可算列正式计划之内。今日援桂,须作粤军单独作战之考案,而对于闽、浙、赣、鄂,且须顾虑及之。元冲未回之前,如弟未离国,则动员下令,孙先生出发之日,弟必来粤随从前进,报效万一"。(中国第二历史档案馆编:《蒋介石年谱初稿》,第50—51页)21日,胡汉民复函蒋介石,谓:"中山先生督师之说,近来

不复提及,弟亦如兄自始不敢赞同;兄来,破桂必矣。"(毛思诚编纂:《民国十五年以前之蒋介石先生》,第116—117页)

△　报载孙中山向闽、陕推广护法势力。

报道称,日前联省政府开会,孙中山对众发表意见,"主张推广护法势力,因先将向附北方而带南方性质之省份收复。但于福建方面则应使其联浙,并由联省政府任命该省省长,始可任为加入护法团体,否则不能信任"。日内即可施行。而"陕西尤应切实使陈树藩与于右任握手,反对中央,表示独立;尤宜用缓进手续,渐期实行"。(《孙文对闽陕所定计画》,天津《大公报》1921年1月4日,"北京特别要讯")

△　报章刊文,分析旧国会内部派别及主张差异。

文章指出,"大抵在粤议员,虽号称民党,亦分二派:一,纯粹的孙派,二,非纯粹的孙派。纯粹的孙派,其所推戴只有一孙中山,故主张独裁制。以为从前合议之弊,政出多门,事滋无成,不可不改弦更张,遂并联省制度亦掊击之,以为此时尚未能实行联邦。近日各省所倡自治,带有地方色彩,不免将国家分裂,故须设一正式政府。不特西南各省应行联络,即北方亦望其悔过来归,以成统一之大业。其志愿可谓大。而非纯粹的孙派,则以为事实上恐不能办到,不如暂仍其旧,以免西南分裂无余,仅成一广东之军政府。以此二派意见,尚属纷岐,故旧国会虽开议,亦未可为乐观也"。(平:《广东旧国会之近状》,《申报》1921年1月4日,"国内要闻")

1月5日　召开政务会议,废止《惩治盗匪法案》。

是日,军政府召开政务会议,因事未暇出席,托胡汉民代表。伍廷芳、唐绍仪及各部总次长均出席。会上,司法部长徐谦提议废止袁世凯公布的《惩治盗匪法案》,议决通过。(《新广东政闻一束》,上海《民国日报》1921年1月14日,"国内要闻")8日,司法部通令废止该法案。

△　报载军政府运动西南各省加入。

报道称,据北京政府驻粤委员电告,孙中山等已派专员密往西南各省联合,所抱目的:第一,劝唐继尧攻桂,并取消自守,仍持扩张主义;第二,系劝贵州卢焘、湖南赵恒惕反对统一令;第三,再劝四川刘、熊暂勿取消自主;第四,尚劝李厚基、陈树藩及某省督军加入南军。(《军府复活与各方面》,北京《晨报》1921年1月5日,"紧要新闻")

△　报载孙中山组织护法军遭遇阻碍。

报道称,某使馆接广州确报,孙中山现在组织护法军拟亲率四万人一节,已发生数种至大妨碍。"第一,陈炯明对此极不赞成,愿由孙担任文治,个人执掌兵权。第二,商界咸谓孙非武人,并不知兵,饷由商民担负,行将失败。第三,由粤军统系紊乱,改为孙统辖,各小首领均不表赞同。"(《孙中山组织之护法军》,天津《大公报》1921年1月5日,"北京特别要讯")

1月6日　报载某要人谈话,称军政府并无分裂倾向。

报道称,据是月3日由广东归来之某中国要人谈,"军政府断不如外间所传有分裂之倾向。唐绍仪氏业于1日归任,孙、唐、伍三氏现正协力当事,以图内部之巩固。又外间有陈炯明不喜孙文来粤之说,纯属谣传。此次陈氏夺回广东,所负于孙文之助力者甚大。今陈氏对于孙文自无芥蒂之可言。至于讨伐广西一事,虽有一部分人士主张实行,但经费及其他之关系,殆陷于不可能。孙唐等此际亦不愿有事于外,拟先整顿巩固广东内部,以得他日活动之地步。故迩后当努力锐意刷新内部之统一"。(《译电》,天津《大公报》1921年1月6日)

△　英文《京津泰晤士报》刊文,认为组织联省政府实徒托空言。

文章称:孙中山业已邀请各省(西北诸省亦在其内)派遣代表一二人来粤,共同讨论组织联省政府问题。"但彼辈以鉴于现有政府非法,而一切行政不甚满意,发起联省政府以代之,然是否能得全国国民同意亦一疑问。以旁观的态度观之,除少数国民党赞成此举外,一般人士对于孙文之徒事空言毫无实际,未必不厌弃之耳。"(《伍唐返粤后之孙文》,天津《大公报》1921年1月6日,"紧要新闻")

1月7日　致电蒋介石,促速来粤援桂。

自上年底,与胡汉民、张人杰、戴季陶等迭有函电,催促蒋介石来粤。戴季陶更是亲自前往宁波，"声色俱厉"，迫蒋氏出山。本日再电蒋氏，谓："援桂克日出师，请兄速来臂助。兄本允赴粤追随，勿再迟延为幸。"蒋接电后即于 12 日复电，略谓："今莅粤五旬，未闻发一动员令，中是以有待。如果出师期定，当不俟召前来效力也。"复致书"良师"张人杰，表示"此次赴粤，实迫于孙先生之命，明知其地非我所能久居，其事非吾党所能挽救，而必欲强之使从，是亦至不幸之事……孙先生 7 日来电，命我速行。弟意：一，以动员之日起程；二，须季陶同行；三，请速汇淡游元冲之款；四，以个人私交，随同督战，勿居名义"，同时祈张代复一电，"措辞易圆，不致有伤感情"。

与此同时，古应芬、杨庶堪、戴季陶、邵元冲、胡汉民等均致函蒋氏，促其来粤，共成大业。1 月 12 日，杨庶堪在书中指出："中山先生政治兴趣未衰……尤欲持以勉兄共襄其业，且见兄之关涉重要过于一般同志。中山先生从事创造，自当仗兄为前驱，然则先生撒手则已耳，如犹奋斗，吾辈安忍作壁上观，故无论如何拂逆，皆当含忍而为之，兄此时故万万不能遽息。"为蒋盛怒而拒犹有余痛的戴季陶，在 14 日书函中谆谆以告："兄试思之，先生之事业，自始至终，日日趋于成功之一途，自其主倡革命以来，其所持主义在中国之推行进步之速，或较各国之革命史上成绩为优。然先生之所长何在也，静江与弟皆认为忠厚和平为先生唯一优点。吾人从未见先生以己所不欲者施诸人，亦未见先生在私人关系上，对人有丝毫怨仇之心，而不嗜杀人，尤为圈中与全世界政治家所仅见者。中正和平四字，殆其生性，其他思想学问识见之优长，皆不过为涵养其伟大人格之工具，而决非其伟大人格之本质也。吾人日与先生处，而能见及此点者，已为不多，能学得此点者更少。执信亦同辈中之一特殊人格，然与先生根本不同之点，则在于此。弟深知之而不能望先生之德量于什一，非不欲学也，质不如也，然甚愿与兄共勉学之耳。"

21 日，胡汉民在函中谓："盖军事计划大体决定，而需人为助则上下同感。今日犹是革命时代，只求于事实有济，以接近于吾人之理想主义,其他殆不足论。中山先生与竞存、汝为、仲元俱盼兄来……中山先生督师之说,近来不复提起,弟亦如兄自始不敢赞同。前者季陶书来,述兄对于攻桂应注意数点与此次手书,弟均交竞存、仲元同看,二人亦以兄意为然。"(中国第二历史档案馆编:《蒋介石年谱初稿》,第50—58页)

△　报载军政府召开紧急会议,议决重要问题。

报道称,军政府连日召开紧急会议,所议者约有四款:(一)日本借款问题,(二)省长继任问题,(三)许崇智攻赣计划,(四)李烈钧对于湘事问题。"结果第一项应派员赴沪,与某会社代理接洽后,即实行签字。第二项陈炯明既已力辞省长兼职,自应准予所请。继任人全拟以胡汉民、许崇智择一任命,并征求陈同意。第三项许部既由北江出发,惟兵力尚嫌单薄,军政府应即酌调后援队驰援,以壮声势。第四项据李烈钧急电,现已驰赴芷江,闻湘军复派大队迎击,并联合鄂赣援兵抵御,应由军政府电请唐继尧联衔向赵恒惕责问。"此外尚有陆荣廷进驻龙州,实行窥粤之警报,应令陈炯明转电援桂军前敌,妥为防御。(《军政府之侵略计画》,北京《晨报》1921 年 1 月 7 日,"紧要新闻")

1月8日　谈统一南北意见。

因北京政府佻言南北统一,而军政府积极推行联省自治,外界颇有是北非南之议。本日发表谈话,再谈南北统一意见。略谓:"统一南北,固余日薪之而不可得者"。惟非打破军阀专制,则民治之精神无由实现。"余所亟亟从事于联省制者,即欲以自治之基而造就巩固不拔之统一政府。北方如诚意谋和,必先复上海和会。然和会开日,余之所持之联省制与其废督裁兵之两大条件,非完全承认无磋商之余地。广州为护法省份,将来统一告成后,南北应有对等之兵力。而统率南北权之最高机关,应设在广州。否则,余非达到以南方统一北方之目的不止。"(《统一南北意见》,《孙中山全集》第5卷,第453页)

△　旅省琼崖代表来谒,探询海南岛赁与某国传闻。

因沪上报纸载有孙中山欲将海南岛赁与某国,以二十年为期得款五千万等消息,旅省琼崖人士于是日在广州召开大会,推举代表三人来谒,探询情况。派员接见,告属谣传,然"对代表提出的通电更正要求未予答允"。(《专电》,《申报》1921年1月13日)9日,琼崖留省各界假座琼崖留省学会,召开全体大会,讨论应付办法,决定:(一)除备文向军府质问外,并举代表再谒孙中山询问;(二)推举调查员数人,向各方调查;(三)候孙中山答复及调查结果,再行开会讨论办法。(《琼岛押款说之海南人大会》,《申报》1921年1月17日,"国内要闻")

△　与陈炯明、胡汉民、廖仲恺、古应芬联名发表启事,告将于是月23日上午在省议会举行朱执信追悼大会。(《告白代邮》,《广东群报》1921年1月10日)

△　刘显世在云南就军政府总裁职。

1920年5月,刘显世为广州国会推选为政务总裁,迄未就职。军政府重组后,受唐继尧"劝勉",本日于云南宣布就总裁职。9日并来电通告,表示"谨随诸公之后,期达护法目的"。(《军政府公报》光字第11号,1921年1月15日,"公电")然而刘氏就任,在西南内部尤其贵州,激起较大反对声浪。稍后,黔省政学农工商各界来电,历数刘显世造乱贵州八大罪状,表示黔省"七百万人民,人心未死,誓不能承认此无人道无人格之总裁,使我西南光明璀璨靖国护法之旗帜,被其玷污",呼吁"诸公同声致讨,勿为所惑"。(《黔省各界宣布刘显世八大罪电》,长沙《大公报》1921年1月26日,"要电")2月3日,贵州全省公民代表陈百朋等来电,揭露刘显世破坏护国、护法罪行,指出:"以如此反复无耻之小人,设令其滥竽总裁,参与机密,势必藉枢要之地位,作北廷之内奸,则岑、陆之故智,又将复见于今日。"若"必以通敌奸邪担当政务,此不特军府之羞,国家前途,宁有希望"。(《贵州公民代表宣布刘显世罪状电》,长沙《大公报》1921年2月14、15日,"要电")

△　刘湘、但懋辛通电宣布四川自治。

川局纷扰,省内实力派人物因应联省自治潮流,也打出川人治川旗号。是日,四川陆军第二军军长兼前敌各路总司令刘湘与第一军军长但懋辛联名通电,声称川省民意、军心均属意自治,宣告在中华民国合法统一政府未成立以前,川省完全自治,以省民公意指定省根本自治法,行使一切政权;"对于南北在何方面决不为左右祖,对于大局当主持正义","永不许外省侵入本省境内"。(《公电》,《申报》1921 年 1 月 13 日)

△　报载孙中山决将军政府改组为独裁制。

报道称,军政府初时所谓改组者,"原拟俟湘、赣、闽、浙、川、陕、鲁、豫各省态度趋向若何,然后再行决定。如果各省一致加入护法范围,则径行组织正式政府,选举大总统"。但此种重大计划,目前极难办到。而现时仍行合议制,每患不足法定人数。孙中山"已决将合议制改为独裁制,拟即规复大元帅制度,连日已与某秘书磋商着手筹办,大约不久即可发表。惟是改组案须提交国会通过,故将来国会须开一次非常会议也"。(《粤闻纪要》,《申报》1921 年 1 月 8 日,"国内要闻二")

△　报载孙中山连日联络军界,筹谋诸事。

报道称,北京政府接粤探 6 日来电,谓孙中山日来迭次宴会各界要人,近又在旧督署大开筵宴,邀请粤军各级军官筹备援桂及组织联军事宜。席间所讨论者,"一为欢迎滇军援桂之手续,并疏通赵恒惕准李烈钧假道湘省;一为公选联军总司令计划;一为分配援桂军队路线;一为邀请各军官赞成联军制,扩充护法实力"。(《孙文联络军界之用意》,天津《大公报》1921 年 1 月 8 日,"北京特别要讯")

△　报载孙中山欲借外人促谋和议。

报道称,北京政府接驻粤委员电告,广州方面联合西南计划进展甚微,各总裁迭开会议商定应付办法:如武力对北难以实行,则应变计专图南北谋和。鉴于北京政府气焰方炽,势难认可,欲借外力促成和议。所拟方法:"第一系设法托由英人李德立贯彻前次调停南北善意,第二系请日本施用强制手段谋和,允与日本某种利权。"另有消息称:"孙文已派人往英、法、美、日各国游说。"(《军府成立与中央对南计画》,北京《晨报》1921 年 1 月 8 日,"紧要新闻")

△　报载唐继尧不赞成联省政府。

报道称,北京政府接驻滇委员来电,告唐继尧召开全省军事大会,除表决仍须分攻黔、川外,复研究广州联省政府所来邀其承认共同进行咨文。"惟唐氏对众宣言,西南护法团体早即破裂不堪,而首先倡言之云南遂致无人辅助,坐令在川失败。今又重组联省,实际仅有滇粤联合,徒作众矢之的。"故暂置广东各种进行于不顾。(《滇唐不赞成联省政府》,天津《大公报》1921 年 1 月 8 日,"北京特别要讯")

△　报揭北京政府应对西南办法。

报道称,北京政府应付南方办法,共分劝慰、招抚、奖勉三种,分别积极进行。"刻已向粤省孙、伍方面实行劝慰办法。而于湘西林修梅、张学济、王育寅、鄂西黎天才、蓝天蔚以及广州之各路民军,均派员接洽,实行招抚,予以相当之位置。又对广西、四川两省施以奖勉办法,日内可有大批保奖,奖慰该两省之军官佐发表。"(《军府成立与中央对南计画》,北京《晨报》1921 年 1 月 8 日,"紧要新闻")

又据报道,北京政府以川桂自主取消,决施渐进主义,再谋黔、湘,最后始再处置滇、粤。闻所定手续,对于贵州,再派人员前往面见卢焘,劝其拥护统一,联络川省,以取一致行动。否则滇军不时分窥黔、川,倘不与川联合,将来必为云南牵制,黔将受患。而对湖南则责成湖北王占元速用两种手续对付:一用严守划界办法在岳州加派军队,一以巡阅两湖政策兼固湘防。(《西南形势与中央之统一计画·中央收抚黔湘之计划》,北京《晨报》1921 年 1 月 9 日,"紧要新闻")另一报道亦称,"北京政府对于西南政策,现以川、桂既用明令宣布,黔、湘则可分途派员接洽,预计将来最后对付滇、粤,专以单独手续施行。决将云南、广东列为最后解决之省份,仍用固防主义,防守滇粤沿边"。(《西南形势与中央之统一计画·中央处置滇粤之意见》,北京《晨报》1921 年 1 月 9 日,"紧要新闻")又一消息,北京政府拟使黔省取消自主后,即令以下数省联防,俾可抵制南方。"闻一令两湖实行联络,并南合广西,使广东孤立;一令黔川军联合防堵滇军北上;一令赣闽浙联防;一令苏皖联防,保卫长江。以上各项征集京外各派意见后,即可责成上述各省实行。"(《孙文运动攻桂与中央之防范》,北京《晨报》1921年1月10日,"紧要新闻")

1月9日　公布军政府内政部新官制。

本日,公布内政部新官制。孙中山时兼任内政部长,亲自参与制订内政部官制条例。条例凡九条,就内政部设官、部门以及内政部长、次长、秘书、司长、司员、书记官等各职官的职能范围作了明确的规定。新官制自公布之日起施行。(《军政府内政部新官制》,上海《民国日报》1921年1月9日,"国内要闻")

△　报载孙中山与陈炯明协商援桂意见。

报道称,北京政府接驻粤探员来电报告,孙中山因援桂问题迄今不能实行,特在观音山召集会议,征求各方面意见。到会者除各军高级军官外,而农、商、教育、省议会及广州桂省同乡会均行加入。所议办法:"(甲)援桂时期若陆荣廷不知返省,至不得已时再实行办理;(乙)援桂方针以驱逐陆莫林谭收抚桂军为唯一目的,决不糜烂地方;(丙)援桂饷械由借款项下支拨,嗣后由粤桂两省共同归还;(丁)援桂军由军政府支配,不得再作他项之战备。"(《孙文征集援桂之意见》,天津《大公报》1921年1月9日,"北京特别要讯")

另据报道,孙、陈在攻赣问题上意见分歧。许崇智提议组织远征队以攻伐江西,此举大为孙中山及孙派人员所赞许。"惟陈炯明对于此议大为反对,并宣言一己之军队将不参与此种攻伐。陈氏之意以为陈光远虽奉北方政府命令,然其对于南方则素无侵犯之举,今乃遣此无关重要之远征军以攻伐江西,徒牺牲无数金钱及生命实为无益。彼谓凡为个人利益而发之命令,彼军队将不肯服从。"(《孙文力催开非常国会》,北京《晨报》1921年1月9日,"紧要新闻")又一报道称,陈炯明与孙中山确缘援赣宗旨不同,互起冲突,陈已向孙伍等发表个人成见专在攻桂。所持理由,则谓"两广向有不可分离之势,遂致桂军久占粤境,嗣后厥应依诸联省计划,实将两广统一。是以非用武力,难达良美目的。至于图赣、图湘诸议则不赞成"。(《孙文力催开非常国会》,北京《晨报》1921年1月9日,"紧要新闻")

1月10日　军政府召集要人会议,议决重要问题多项。

本日军政府召集要人会议,据报道,议定重要问题多项:(一)非常国会开会案,决定"开会日期由国会自定,惟不得逾一月。经费暂准由盐税项下筹拨"。(二)裁撤镇道案,决定"先裁道尹,用二级制,以省长统辖九十四县。各镇守使所管辖之地域照旧,惟名目则改称为第一二三四等区司令,均统归总司令管辖,由军政府加任"。(三)召集省议会案,决定"旧会已满期,不成问题,新会不再召集。拟军事平定,再召集合法议会"。(四)援桂与援赣案,决定因"桂省现正内讧,应乘机派兵由肇庆边境实行进攻。江西既封疆自守,此时实无进取之必要,迅电许军以半数分布防务,半数抽调援桂,庶双方合力,易于成功"。(《广东军政府之无聊》,北京《晨报》1921年1月13日,"紧要新闻")

△　蒋介石来函,阐述对于局势九大意见。

是日,蒋介石自奉化来函,阐述对于时局、军事准备、出师北方准备、处置四川、军费预算、军制、外交、筹建兵工厂、建设粤汉铁路等九大问题意见。关于时局问题,主张平桂后,先解决四川问题。对熊克武办法,"当视其能否诚意归附为断";对于闽浙,暂主怀柔,以为日后北伐声援。关于军事准备,主张川、粤二省并重。四川纳入势力范围后,川粤二省,"除警备本省之军队不计外,三年内应各编四师六混成旅,及湖南二师二混成旅,共练为十师与十四混成旅"。关于北伐准备,主张以西北为第一根据地,东北为假定目的地。具体出师则"以四川六旅先平西北,再由陕西出井陉之道,以其三师出湖北,上京汉铁路;以广东三师平定东南后,即由南京向津浦铁路前进;以其余六旅,由海道出秦皇岛,而以湖南二师二旅为总预备队,并为镇摄西南内部之用"。此外并对处置四川、军费预算军制、外交、筹建兵工厂、

建设粤汉铁路等也各有建议。(《蒋中正上国父军事意见书》,黄季陆主编:《革命文献》第52辑,第38—39页)

△　报载广东政府积极运动关余。

报道称,广东政府现对驻粤外交团提出数种声明:"(一)联省政府成立,决然担任列名联合各省保护外人生命财产;(二)所有外交事项联省政府必担完全责任;(三)西南护法团体始终巩固,特请外交赞成;(四)昔日军政府以及近日所组军府对外事宜均作无效;(五)财政上仍望将关余拨付,以利进行。"(《各首领对外声明五项》,天津《大公报》1921年1月10日,"北京特别要讯")另有报道,孙中山关于关余交付问题,再由其机关报登载其主张,"若外交团无期交付,则军政府当派人向各方面运动,务达其目的。不然即决行自由贸易,其有缺损则增征盐税、烟税以填补之"。(《军府之进行与各方面·军府致最后通告于领事团》,北京《晨报》1921年1月11日,"紧要新闻")

是月上旬　邓家彦来谒,请求从速援桂。

广东援桂声浪日益高涨,元旦市民游行大会亦以援桂为词,向军政府及广东省署请愿。惟"军府方面又以攻赣进行刻不容缓,大有左右为难之势"。是月上旬,旅粤广西同志会派遣代表邓家彦前来军府晋谒各总裁,当即传见,垂询该会进行状况。邓家彦并陈请愿两事:(一)请军府速下讨伐陆荣廷令,并分饬援桂各军誓师出发。(二)请由外交部咨请沙面领事转电驻桂法领事,禁止该国商人借款与陆。均经允诺,交由政务会议议决施行。(《军府之进行与各方面·桂人纷起反对陈氏卖矿》,北京《晨报》1921年1月11日,"紧要新闻")

1月11日　报称非常国会准备略已就绪,于15日当可开会。其经费概由盐税中支出。(《译电》,天津《大公报》1921年1月11日)

△　参加香山恳亲大会,演讲地方自治主义。

香山地方辽阔,向称富庶,但近年地方凋敝,民生日困。有见及此,唐绍仪等日前发起会议,邀集邑中绅商各界及各乡局董来省,筹议整顿邑事计划,期冀乘此趋重民治潮流,将各项政治刷新,进为全省模范。

是日,香山恳亲大会在广州亚洲酒店举行,香山各界人士及旅澳侨商到会者甚形踊跃。应邀出席。10 时开会,唐绍仪担任主席,首先发言,陈述开会理由。继则应邀阐发地方自治主义。随后,陈赓虞、张仲弼、李安邦、张傅霖、刘问刍、李守一、徐桂、郑卓如、吴铁城、何翰臣、林君复等次第发挥。各人言论多主张顺应世界趋势,采纳平民政治,务使利民福国为前提。会后在亚洲酒店餐楼午餐,当即决议成立香山全属自治筹备处。担任筹备起草员者,计四十余人。俟筹备妥善,再开全邑大会,讨论进行。(《唐总裁提倡地方自治》,上海《民国日报》1921 年 1 月 16 日,"国内要闻")

△　赵恒惕、林支宇来电,辩白湘省事变。

湘省事变后,外界各有猜测。本日赵恒惕、林支宇来电,谓"护法以来,创深痛巨,正谋厉行民治,以资宁息,而图光大。湘人素重人格,山河可易,此志不移。近闻奸人到处造谣,非指为变乱,即诬以投北,藉词加害,无所不至。应请查究防止,以杜乱萌"。(《赵林两公电辟谣诼》,长沙《大公报》1921 年 1 月 12 日,"本省新闻")

对于西南内部各省动向,军政府旁观之余,亦谋有所应对。有报道称,孙中山邀集各界要人召开联省会议,"以贵州卢焘及各统兵长官内受岑西林与四川刘存厚鼓惑,确有取消自主形式,实为护法前途障碍。倘不速行设法,令其拥护广州所定计划,终为极大危险。而湖南赵恒惕又缘兵变电请北方援助。此两项应由联省定出方针禁止"。闻已派员往黔、湘有所制止。(《孙中山对黔湘之态度》,天津《大公报》1921 年 1 月 11 日,"北京特别要讯")

△　报载军政府内部就组织正式政府等意见纷纭,派分明显。

报道称,广州方面关于组织正式政府及选举正式总统问题,现分三派意见:(一)国会议员派,主张于 8 日开非常会议,组织正式政府及选举孙中山为正式总统。(二)军府中稳健派,以目下政务会议不足法定人数,拟改为独裁制,仿照前例推举孙中山为大元帅;待各省实力派加入西南,然后再选举正式总统。(三)伍廷芳、唐绍仪、陈炯明等保守派,鉴于现状不得已而趋向第二说。报道认为,"综合孙文元旦日之演说,及众议院议长褚辅成等国会议员之言论,恐近日将由非常会议形式,组织正式政府及选举正式总统"。(《军府之进行与各方面·孙文急欲过总统瘾》,北京《晨报》1921年1月11日,"紧要新闻")

并有消息,联省政府会议时,孙中山曾宣言:"此次西南如不以破釜沉舟政策组织护法团体,行将坐待北方宰割。而伍廷芳所谓稳健手续,和平方针,均属迁阔,况于财政上北方任意罗掘,尚可应付各项,南方若再不速借款,不久即现涣散之象。"言下颇不赞成伍氏主张。(《广东军政府之无聊》,北京《晨报》1921年1月13日,"紧要新闻")

另有报道称,关于选举孙中山为总统问题,议员中赞成者甚多,但因唐继尧态度不明,其驻粤代表亦未发表意见,故有人主张俟军府前派赴滇专员王乃昌到滇接洽后,再行办理。一面先由两院组织议员资格审查会,除去反对派分子,以免实行选举时发生障碍。至唐绍仪、伍廷芳二人对此均不满意。唐拟借斡旋和议之名,于日内离粤赴沪。伍氏父子态度亦均消极,且有相偕赴沪之说。近日政务会议开会,唐、伍二氏均称病未出席。(《西南政客武力之形形色色·唐伍之消极态度》,北京《晨报》1921年1月16日,"紧要新闻")

△　报载孙中山援赣计划积极进行。

报道称,孙中山、许崇智援赣计划虽遭陈炯明反对,然日来仍积极进行。许已将援赣计划规定三大项:(一)编练自立军,以民军第三、第四两旅为主体,以新募者作为中路,以驻防昌乐、仁化者为先锋。(二)军饷、军械之支配由孙中山在广东担任,并组织民党派粤军作为后援。(三)援赣方针先向陈光远声明,若赞成联省实行联合护法,即取消此举,以免劳兵伤财。又一消息称,援赣司令部被陈炯明解散后,赖世璜亦离广州。现赖遵李烈钧电将司令部改驻韶州,经费由许崇智供给。(《粤军援赣之进行与赣边防务》,北京《晨报》1921年1月11日,"紧要新闻")

另有报道,许崇智、陈炯明两军发生冲突。报道称,孙中山、许崇智前于北江编练民军,初向各方面宣言系因援桂问题,粤军不足边防之调遣,故在北江编练一师一旅,以为防御闽赣方面浙军进窜。刻下将该军分调清远、花县、三水等处,屡与陈部粤军冲突。故陈将孙、许筹备民军作用特向各界宣布,以求公断。省议会方面及在粤旧议员深恐引起内讧,刻向双方竭力调停,并令将许军一律开回北江原防,以免纠纷。(《军府之进行与各方面·广东军队之改编》,北京《晨报》1921 年 1 月 11 日,"紧要新闻")又一消息,属于孙中山之民军与陈炯明之粤军在附近粤省北部之翁源激战,相持一日,卒致民军弃甲而走。粤军追击以后,由包作霖出而和解,始得停止进攻。据陈炯明所要求者二:(一)民军以后不得越出其固有之防线,亦不得派军至粤军防线以内;(二)民军当赔偿粤军因此次战争所受之损失,如不能容纳,则再讨伐云。虽粤省军界中人意见不和,然以后又担保不致再有战事发生矣。(《西南形势之一斑》,天津《大公报》1921 年 1 月 20 日,"紧要新闻")

△　报载唐继尧电促北京政府让步解决南北问题。

报道称,唐继尧日前致电北京政府,谓"现在西南护法团体扩充,北政府果有诚意,即不重开和会,亦应仍存旧国会,俾便完成宪法。至于广州联省政府规划,亦经孙中山、伍廷芳等颇费手续,北方切实让步始能解决。惟滇黔川则有联合必要理由,应设立巡阅使,否则时局无日统一"。(《唐继尧仍有过奢希望》,天津《大公报》1921 年 1 月 11 日,"北京特别要讯")

另有消息,北京政府总统、总理近特商定,无论如何决不再开和会,并定出办法数项:(一)致电前次襄助和局各调人,详述仅可疏解各处意见,不能重开和会。(二)直接电达广州各总裁,谓和会重开,破坏时局统一,请即勿存此念。(三)速设法令黔湘各省赞成统一。(《军府之进行与各方面·北方拒绝重开和议》,北京《晨报》1921 年 1 月 11 日,"紧要新闻")又一消息,广州各首领要求仍开和会,内幕附有极大条件。闻北京政府昨已电复各首领,大要谓"和会决难重开。其详情实为统一令宣布,川桂已经取消自主,中央所收效果极速,故能分由局部接收一切。至于各政客传达执事种种条件,但凡不与大势所趋相左,政府无不极端退让。嗣后仅请在范围以内提议,不可逾出和平法规"。(《政府电复各首领述要》,天津《大公报》1921 年 1 月 14 日,"北京特别要讯")

1 月 12 日　参众两院议员在广东省议会召开谈话会。

是日午后,参众两院议员假座广东省议会召开茶话会,出席者一百余名,筹议 15 日召开非常会议之事:"一拟组织两院议员审查资格会,一拟非常会议选举大总统抑选举大元帅。"(《两院议员开谈话会》,《新国民日报》1921 年 1 月 21 日,"护法要闻")当时议决审查议员资格条件,凡属下列五项之一者,即取消议员资格:"(一)曾通电反对宪法会议者;(二)通电攻击伍总裁携带关税剩余金而赴上海者;(三)伍总裁离粤后,尚供职军政府或为代表者;(四)伍总裁离粤后,尚为参众两院秘书厅职员者;(五)曩受领赴云南之旅费而窃归广东者。"(《西南政客武力之形形色色·孙派自选议员》,北京《晨报》1921 年 1 月 16 日,"紧要新闻")

另有报道,军政府连日关于非常国会进行已积极筹备。据邹鲁报告,现到粤议员已达一百八十余人。"拟定于 1 月 15 日开非常国会成立后,参众两院合并为一院制,所有军府组织采独裁制抑共和制,决由军府提出国会议决。"(《粤桂两派各自分裂之近状·非常国会拟举大元帅》,北京《晨报》1921 年 1 月 21 日,"紧要新闻")又一消息,广州日内即开非常会议。其开幕议案,业经拟定两起。"第一案为讨伐叛法总裁案,由议员李希莲等三十余人提出。内容大致以岑春煊、陆荣廷、林葆怿等阳假护法之名,阴行毁法之实。除在云南开会已将岑之总裁取消外,所有陆、林二人之总裁资格,亦应一并取消,并咨达军府下令讨伐岑、陆、林三人,一面通电护法各省严缉岑等爪牙,以消国蠹。第二案为取消上海和会案,由议员田达章等三十余人及陈垫等十余人分别提出。内容大致以北方迄无谋和诚意,今复擅发统一令,弁髦法律,压迫民气,莫此为甚,应即取消上海和会机关及总分代表名目,由军府通告中外,用昭罪责。"(《军府之进行与桂省之备战·非常国会之两大议案》,北京《晨报》1921年1月20日,"紧要新闻")

△　派代表二人启程赴滇,"与唐继尧接洽攻赣计划"。(《中央政闻汇纪》,天津《大公报》1921年1月17日,"北京特别要讯")又一消息称,孙中山鉴唐继尧"为有实力之总裁,其驻粤虽有代表,而究不知其本意若何",故近派国会议员王乃昌赴滇,与其接洽。王已乘轮赴港,转由海防起程前往。"大约西南大计,以选举总统为一层关键,彼此亦有所磋议也。"(平:《广州通信》,《申报》1921年1月13日,"国内要闻")

△　报载北京政府欲与南方争夺旧议员。

旧国会议员纷纷赴粤,非常国会召开在望,北京政府颇感压力,遂转变策略,与南方争夺旧议员。有报道称,"最近数日来,南方军政府对于召集非常国会一事进行甚力,旧议员之赴粤者亦较踊跃,岑氏在沪目睹情势,唯恐议员到粤助孙,因又电达政府力申前请。并谓中央前颁之选举命令虽载有改选字样,但全部固改选而一部亦改选,并无何等抵触等语。此电到京已数日,政府意思如何尚无所悉。并闻旅沪旧议员约二百余人亦密派代表来京,向当局提出两条件:(一)依照岑氏提议,召集旧参院改选一半。(二)众院议员及参院半数落选者,各给一年之岁费。政府如容纳此项请求,彼等情愿解散,否则应孙文之召前赴广州开会,与中央对抗到底"。(《国会问题与统一命令》,北京《晨报》1921年1月12日,"紧要新闻")

1月13日　报称"国会议员到粤已二百人,均主组正式政府,举总统,付全权。总统由非常会议产出,政府由总统组织"。"非常会议有明日起开会说","陈家鼐等已预备提出新政府组织案"。(《本社专电》,上海《民国日报》1921年1月13日)

△　报载军政府日来"大有发展"。

报道称,粤省军政府日来似大有发展,国会议员既源源而来,非常会议召开决在旬日间。议长林森、褚辅成既已相继到粤,议员所主张亦已各有预备,现所竭力调查者,惟从前附于政、桂二系之议员。至开会而后,其主张第一大事,即为选举大总统。此议孙洪伊提倡最先亦最力,议员中赞成者极多,"盖谓总统不举出,则一切举动皆属无名。徒就目前局面,苟安旦夕,无论为和为战,其势皆不可以持久,故主张速选。且注意于孙中山者,在议员中已有具体办法。然亦有谓此事宜加以慎重,且宣言唐继尧不赞成此层,倘必急遽选出,恐滇唐将由此解体者。然某机关报则力辨唐必非不赞成"。(平:《广州通信》,《申报》1921 年 1 月 13 日,"国内要闻")

△ 报载臧致平劝李厚基加入联省政府。

报道称,驻闽第二师师长臧致平日来迭与孙中山等函电往来,磋商敦劝李厚基加入联省政府。臧今向李筹商拒北归南方法,仍以欠饷为要挟。"惟李因鉴西南解体,绝难持久,故已完全拒绝。然臧第二师已有一部开入粤境,以为顺南表示。李日来迭电北京政府表示态度,均因此故。"(《臧致平劝李加入联省》,天津《大公报》1921 年 1 月 13 日,"北京特别要讯")

△ 报载北京政府决定派员调查西南实情。

报道称,北京政府以西南各省团体虽不巩固,然其内幕实情则离北京较远,不易深悉。昨又决定派员前往调查,其目的则分三级:"(一)川桂已将自主取消者,其各界是否一致拥护中央;(二)滇湘对于大局观望,其内容究竟如何;(三)滇粤反对北京政府,内中有无可望握手之局部。"(《调查西南各省之计画》,天津《大公报》1921 年 1 月 13 日,"北京特别要讯")

1 月 14 日 军政府召开联席会议,提出援赣纲要。

是日,军政府联席会议召开,即将援赣方针完全提出,所规定纲要:"(甲)军队之支配:(一)由粤北许崇智指定一师团作为先锋,包作霖作为援队;(二)以军政府名义调令熊略之粤军第五旅作为后援。(乙)饷械之接济:(一)由北江各县税款项下支拨,再由军政府补助;(二)子弹暂由粤军司令部挪用;(三)援军出发时期及各军官之任命另案发表。"(《军政府之援赣大会议》,天津《大公报》1921 年 1 月 17 日,"北京特别要讯")

另据报道,孙中山、许崇智提倡由北江援赣办法,现经孙氏主张不受他方面牵掣,决计由日前所规定者(先用劝慰手续,反对时再用兵力)积极进行。探其内容:"(甲)以北江两个师团之兵力分三路向赣进攻,不受陈(炯明)军之援助;(乙)仍以北江各县钱粮杂款作为援军费;(丙)援赣总司令由许担任,总指挥由包作霖担任。"(《孙中山援赣三项主张》,天津《大公报》1921 年 1 月 14 日,"北京特别要讯")又有消息称,孙中山、陈炯明意见愈演愈深。孙已密令许崇智在北江扩充军队,以为攻赣之计。并在广州召集各界大开会议,讨论以军政府名义向华商各资本家筹借五百万元,予以相当抵押。然各界以广州各商行经济困难已达极点,故经当面拒绝。惟"孙氏因此项急需,一为充作军费,一为维持军政府之现状,非成立不可,刻下仍向各界婉商,以期达到目的"。(《军政府之进行·孙文向粤民筹款攻赣》,北京《晨报》1921 年 1 月 14 日,"紧要新闻")

△ 以内政部长身份委任吴东启为垦务督办。(《任命吴东启职务令》,《孙中山全集》第 5 卷,第 456 页)

△ 报载孙中山"以观音山公园向葡商抵借五十万盾"。(《专电二》,《申报》1921 年 1 月 14 日)

△ 报载汤廷光整顿海军计划。

报道称,联省政府海军部长汤廷光近上各总裁呈文,谓:"南方海军实无全国三分之一,若维持护法势力,殊属不足;而顾全现状,亦属仅能供应运输。请即联合林葆怿,冀将停泊虎门各舰先行加入南军。至于通盘计划,推广州如筑港兴学诸项,非待统一不可,暂时南方实难负此重责。"(《汤廷光整顿海军计划》,天津《大公报》1921 年 1 月 14 日,"北京特别要讯")

△ 报载莫荣新向北京政府密陈对粤宗旨。

报道称,北京政府顷接莫荣新来电,大要系密陈对粤宗旨:"第一谓孙、陈意见不合,业经惹起至大风潮,而唐少川赴沪,实际确已解体。请即由此弊点入手,前途必易收功。第二谓旧国会议员仍在广州扰乱,惟势成散沙,乞即趁此再颁命令,使其自悟。第三谓速任陆武鸣为两广巡阅使,俾资维持。"(《莫荣新电陈对粤宗旨》,天津《大公报》1921 年 1 月 14 日,"北京特别要讯")

　　△　报载南方各省对南对北态度。

　　报道称,刘存厚、熊克武因孙中山、伍廷芳等迭电敦劝加入联省,与粤省一致护法,特电复声明:"(一)川省自改归民治后,对于各方面之吸引均不为动。(二)护法与向北均由川人自决,个人全无主张。(三)川省各界会议决取闭关主义,决不与他人联络,以免再受各种牵掣,引起战祸。"(《刘熊对南北之态度》,北京《晨报》1921 年 1 月 14 日,"紧要新闻")

　　另据报道,湘省北归消息,自赵恒惕代表来京后,喧传益甚。"惟赵氏之意不欲援照川桂先例,以明令宣布,因湘军内部尚未完全一致,现时惟有以自治为名,而实际则一切秉承中央办理,以免诸种障碍。该代表此来,即本斯旨与当局商洽。"又一消息,湘省取消自主,刻在酝酿之中。赵恒惕个人意见颇与北京政府接近,但恐遽尔宣布,为其他军人所反对,致迟迟未决。昨据深知湘中形势者云,"湖南地处南北之冲,中立实非所宜,与其依附七零八落之军府,实不若托于北京政府之下较为可靠"。(《两湖联防中之中央对湘计划·赵恒惕对北之态度》,北京《晨报》1921 年 1 月 14 日,"紧要新闻")

　　1 月 15 日　国会非常会议开幕。(《本社专电》,上海《民国日报》1921年 1 月 16 日)

　　△　军政府发布命令,声明收回海关管理权。

　　外国使团以军政府权力仅局限广东为借口,屡经交涉,拒不拨付海关余款。本日军政府发布命令,宣称:"凡在军政府所属各省之海关,须从 2 月 1 日起,服从军政府之训令,听其管辖。"所持理由:"(一)税关系政府机关之一,军政府既在事实上与法律上对于护法诸省一切行政与财政事宜,执行绝对管辖权,则护法省内各税关若仍听从北京命令,为之征收税项,以供其伤害国家利益之用,岂非刺谬,故军政府管辖税关之行为实为正当;(二)军政府承认税关组织完善,故决定管辖权虽移转,而承认军政府权力之现有关员以及现行规则,则不稍更动;(三)关税有外债关系,军政府绝不欲稍妨害债权人之利益,故西南诸省关税,仍照前尽先摊还外债。"(《南方与海关》,《申报》1921年1月21日,"太平洋路透电")是月28日,又通告广州沙面各领事,声明军政府决定收回海关管理权。面对军政府的一再要求,公使团在虚与委蛇之后公开声称:"海关制度应归总税务司负责,载诸约章,历办有年,万无听从南方自管之理。经此驳复后,南方再有异议,各国为维持责权起见,惟有派遣军舰前往保护。"港英当局闻讯,竟派兵二百名前往广州,表现出不惜诉诸武力的姿态。(《军府又倡议联省自治·外人以兵力抵抗接收海关》,北京《晨报》1921年2月2日,"紧要新闻")3月,外交团将保管之关余二百五十多万元按北京政府提出的方案实行分配。

　　△　陈炯明招待两院议长,强硬反对速选总统。

　　报道称,选举总统运动以孙洪伊等为主谋,现定计划欲以非常手段迅速选出,近来进行甚急。本日,陈炯明招待两院议长强硬反对总统速选,其理由以为"护法区域内,决不可有非法之举动。近来军警及省民均因速选总统颇怀危惧,若不幸发生意外,则予不负责任;若依总统选举法而选举,则予当尽力。故望在上海之议员等俱来广东,以图大局之维持"。(《军府中孙陈两派之暗斗·陈炯明反对选举总统》,北京《晨报》1921年1月22日,"紧要新闻")

　　翌日,陈炯明又约林森、褚辅成谈话,在座有"重要军官数人"。陈郑重声明:"我爱中山最挚,此番如必须组织正式政府,举大总统,须开正式国会,招集经费我甘备一百万元。如以非常会举大总统,以我粤为护法区域而有此非法行为,军警同袍异常慌恐,伊时我无法维持,只好辞职。"且云,此事动机非出自国会本身,"但国会须以法律为衡,如希望者欲为皇帝,亦可举之乎"?(《李秉恕为告知关于陈炯明声称如必须组织正式政府选举大总统则须开正式国会事致吴景濂函》,李家璘、郭鸿林、郑华编辑:《北洋军阀史料·吴景濂卷》第1册,第339—340页)

△　报载军政府致函报界,否认出租海南岛。(《专电》,《申报》1921年1月15日)

1月16日　朱执信归葬广州东郊驷马岗,亲自步行执绋,极为哀痛。(余炎光:《朱执信》,第91页)

△　军政府召集军事会议,讨论联络川黔计划。

是日,军政府召集军事会议,在粤"各要人悉行列席"。所议事项,第一决定分派专员携款前往黔、川,联络熊克武、卢焘,劝其加入军府;第二拟定改广东全省为四边区制度,每区设防务总司令一员,总摄其事。江岸则设水上警察,巡察江岸,中央则编辑游击,拟以魏邦平承乏,以便维持秩序。(《军府之进行与桂省之备战·军府联络各省计划》,北京《晨报》1921年1月20日,"紧要新闻")

△　旅沪粤侨商业联合会来电,请维持中行纸币。

先是,粤省银行业代表胡沛云因粤东中行纸币低折,于市面金融、人民生计关系至巨,致电旅沪粤侨商业联合会,请求协助。是日,旅沪粤侨商业联合会来电,"请为维持"。随即复电,告"维持中行纸币一节,先经省长决定办法,执行在案,现尚未便更张;且本省财政经莫等破坏后,至今尚未复原,一俟财政稍裕,当为设法"。(《电请维持粤中行纸币之复音》,《申报》1921年2月18日,"本埠新闻")

△　符养华等来函,报告星洲琼侨分部党务开展。

是日,中国国民党星洲琼侨分部部长符养华、张魁等来函,报告党务开展情况。函谓:分部自1914年组织,惨淡经营,勉力维持。1920年8月,总理印信颁到,接命后与同志密商统筹规复办法,一方面对旧说明,一方面从新召集。现已联集本埠旧党员数十名,招入新党员数十名,请即将盟书百张寄来,俾资进行。(《本党星洲琼侨分部上总理等函》,环龙路档案第07773号)2月14日,符养华等复来函,告上月

25日曾向星洲交通银行购汇票一张,叻币千元,折上海银七百六十九元二角三占正。汇票及职员名表,由邮局挂号寄呈。请依照职员名表,一一加委任状,并给收银据,以示鼓励。(《琼侨分部前部长符养华等上总理函》,环龙路档案第08425.1号)

△ 报载孙中山提倡劳农政策。

报道称,孙中山等因外交界及和平派反对联省政府,指为行将提倡劳农主义恐有危险,现在又改谋元帅府组织。"惟孙中山与各方面密商,谓改组斯项,个人虽为大元帅,暗幕中亦仍提倡社会政策,以期实行共产目的,当并得有三种结果:第一先由广州为起点,第二以印刷品向北方推行,第三派员赴俄切实与劳农政府联络。"(《孙中山提倡劳农政策》,天津《大公报》1921年1月16日,"北京特别要讯")

又据报道,广州军政府容纳孙中山提议,已与劳农政府实行握手。劳农政府在广州代表罗鲁司克氏与孙协定三种要项:"(一)军政府以国际关系承认劳农政府;(二)凡西南传播之劳农主义,以吻合民治者为适宜(记者按,此项不通,恐不足信);(三)劳农除承认军政府外,所有与北政府各项交涉须经军政府通过后,方为有效。"(《西南政客武力之形形色色·军府果与俄国订约乎》,北京《晨报》1921年1月16日,"紧要新闻")

另一消息称,军政府与俄新政府已实行联络。惟关于俄政府各项措置内政内幕,多不明了,故特派陈昌文(前广州外交司长)赴俄,详为调查,以资联络。(《军府中孙陈两派之暗斗·军府派员赴俄》,北京《晨报》1921年1月22日,"紧要新闻")军政府与苏俄联络一事扑朔迷离,有报道载刘恩荫自广州致电北京政府,谓:"俄人阿力古雪夫奉列宁之命来粤,欲会晤孙文,并携来公函一件,承认南方政府。孙文派戴季陶接洽,但并无何等结果。孙亦并未派员赴俄,其主动实出于列宁方面等说。"(《孙文与列宁之关系》,天津《益世报》1921年1月22日,"要闻一")

△ 报载林修梅运动湘军总司令。

报道称,湘省自李仲麟被枪毙后,民党势力业已完全铲除,湘西林修梅等虽亦程潜一派,惟所部不及三千人,故除前日通电外,并不敢有所举动。但闻林氏近二星期以来来往沪港,极为忙碌。据湘人云,"林因赵恒惕有取消自主之意,故连日在各方运动,欲孙文任命其为湘军总司令,周震鳞为省长,以图卷土重来。但程派在湘南之势近日更弱,林氏奔走运动,恐亦无所作为也"。(《决意北附之赵恒惕与各方面·林修梅运动湘军总司令》,北京《晨报》1921 年 1 月 16 日,"紧要新闻")

　　△　报载北京政府收束大局办法。

　　报道称,湖南赵恒惕已露北归诚意,北京政府为此昨特集议研究湘省纳诸统一后,应即施行三种军事办法:"(一)关于贵州,倘令川、湘劝慰无效,可因清乱手续,将反对方面铲除。(二)关于桂省危乱情形,即由湘省假道直接援助。(三)关于滇、粤两省首领须切实警告,使其即日赞助中央,不可坚持成见,否则破坏大局之处当由中央政府宣布。"(《中央收束大局之办法》,北京《晨报》1921 年 1 月 16 日,"紧要新闻")

　　而对于收抚赵恒惕,也确定办法。报道称,北京政府对湘问题虽取急进主义,然表面上仍取冷静态度,务使赵恒惕自行投北,刻下所定方针:"(一)暂不进兵,令赵穷于应付,促其自馁;(二)电令梅馨(中央派赴湘省代表)详察赵之态度及湘省实力;(三)容纳赵之最近要请,至湘省时机紧急时再取折衷办法答复,湘局庶可迎刃而解;(四)联络湘省各军统兵长官以掣其肘。"(《决意北附之赵恒惕与各方面·中央收抚赵恒惕之方针》,北京《晨报》1921 年 1 月 16 日,"紧要新闻")

　　另据报道,湘省取消自主问题,北京政府迭与赵恒惕接洽,赵确表示赞成,惟取消自主手续须由谭延闿宣布,俾免再生枝节。北京政府谅赵氏苦衷,业已派员赴沪,送与谭氏密码电本,借资随时电商进行。"兹闻谭、赵同具北归之意,刻已承认由个人名义先行通电全国,历述大局纷扰原因及不易解决理由,试察各界意见如何,然后即将湖南自主取消,与中央共图南北统一事宜。刻下此项问题已在暗中进行,而其表示意见之电,一二日内即可发现。"(《决意北附之赵恒惕与各方面·赵恒惕将联谭宣言取消自主》,北京《晨报》1921 年 1 月 16 日,"紧要新闻")

1 月 17 日 电斥租售琼岛谰言。

是日,致电某人,告"琼崖租法,奸人造谣,并无其事"。(《致□□电》,《孙中山全集》第 5 卷,第 456 页)同日,军政府秘书厅亦致电北京琼崖留京同乡会,指出:"出卖琼岛,纯属谰言,必系北方奸人造谣惑众,贵会乃据为事实,来点诘问,助奸长乱,是何居心;且来电并无姓名,是否为奸人假借,图乱南方? 此种造谣奸人,必拿获按律治罪,附和者同。"(《军府力辟卖琼岛谣言》,上海《民国日报》1921 年 1 月 24 日,"国内要闻")2 月 11 日,军政府秘书厅又致函琼崖留日学生同乡会,告"出卖琼岛,纯系谰言。奸人造谣,深为痛恨。前经登报否认,兹并附录函复,即希查阅"。(《军府再辨正卖琼谰言》,上海《民国日报》1921 年 2 月 23 日,"国内要闻")

△ 报载孙中山图谋长江之计划。

报道称,据外交界旅沪外人报告,孙中山将在长江流域别谋发展,已在法租界维尔蒙路设立总机关部,派居正为长江上游总司令,田桐为长江下流总司令兼转运总指挥,王育寅、林修梅、吴醒汉、蓝天蔚、黎天才为一二三四五路司令。"其六七八等路司令,尚未发表名姓,因其人多在苏赣皖鄂军队中,现充军官故也。尚有数人皆长江一带枭匪头目。原定俟蓝天蔚、王育寅等得手后,各省预伏之各司令即同日响应。现因蓝、王均已失败,故停顿未行。惟蓝、吴之代表业已抵沪,与居、田等密有接洽。盖滇军、粤军各将领莫肯直接听孙文之调度,故孙欲收此数人为其直辖之军队。"(《军政府之进行·孙文图谋长江之计划》,北京《晨报》1921 年 1 月 17 日,"紧要新闻")

△ 报载卢焘对北态度若即若离。

报道称,卢焘对于取消自主,坚持观望主义,个中原因,约有三项:(一)四川表面统一,内部确向自治方面注意,且四川能否恢复原状,须以是否北京政府协助为断,故应详查四川情形,再定进行方针。(二)唐继尧意存侵川,无时或已,倘黔取消自主,唐必借口发兵,深恐无法应付。(三)湖南态度不明,贵州未便单独行动。另一消息则谓,北京政府屡派专员与贵州卢焘接洽,近已得复电,略谓"卢已提出数种取销自主条件:第一为中央须接济黔军饷械,预备滇军反对时之应付;第二为所有省长任务由卢暂兼摄;第三为贵州军队不能裁撤;第四为贵州赞成统一之人员决无更动。闻政府已复电表示允许"。(《卢焘对北若即若离之态度》,北京《晨报》1921 年 1 月 17 日,"紧要新闻")

1 月 18 日 军政府召开各总裁、各军司令联席大会,讨论改组事宜。

本日,军政府召开各总裁、各军司令联席大会,讨论改组事宜。会议开始,"首由伍廷芳宣布军政府改组之理由,及将来实行统一之办法。继由国会议员代表凌钺发表西南非速举正式大总统,不能与北对抗理由。最后表决议案三项:(一)军政府改组正式政府,事前由国会名义通告全国及各友邦;(二)由各总裁名义联络滇黔川湘各护法省份;(三)与北议和若被拒绝时,则以武力统治西南各省,再谋进行方针"。(《军府中孙陈两派之暗斗·陈炯明反对选举总统》,北京《晨报》1921 年 1 月 22 日,"紧要新闻")

△ 两院联合会召开会议,"关于总统选举问题,有所协议"。(《军府之进行与桂省之备战》,北京《晨报》1921 年 1 月 20 日,"紧要新闻")

△ 国会审查资格委员会开会审查议员资格。

是日上午 10 时,由参众两院议员联合会组织的审查资格委员会,在参议院秘书厅召开第四次审查会。首由委员长凌钺报告到会委员已过半数,宣告开会,并连日根据大会交到六项附逆标准,逐款调查。凡干犯本六项条款之议员,附逆有据者,按名提出讨论。计触犯第一项通电破坏宪法会议者,为沈钧儒、孙光庭、杨永泰、韩玉辰、宋汝梅、金兆炎等;触犯第二项通电污蔑伍总裁卷款潜逃者,为孙光庭、陈鸿钧等;触犯第三项曾任岑政府(伍总裁离粤后之岑政府)各职者,为司法次长李为纶、道尹存记覃超、龚政;触犯第四项僭称伪参众两议长、秘书厅各职者,为孙光庭、陈鸿钧等;触犯第五项提案补选伪总裁者,为韩玉辰、袁麟阁、张大义等。遂由委员长将各该附逆议员提出表决"在非常会议期内停止其出席并停给公费",多数通过。关于第六项曾领赴云南路费复回广东者,多数委员以本条俟证据调查明确,再行审查报告。查上项附逆议员,有触犯一款者,亦有触犯一款以上者。(《国会淘汰附逆议会》,《新国民日报》1921年2月2日,"护法要闻")

有报道称,军政府近以非常国会议员人数统计不及二百余人,若除审查附桂嫌疑停止出席者外,必愈形减少。而一般京、沪各议员,又被北京政府大力笼络,非设法招徕无以展布。特议办法三项如下:"(一)无论是否曾借粤资来粤,但系未领川资者均一律补给。(二)两院议员公费,决定由盐税项下如期拨付,每半月每人一百元。1日至15日到省得发上半月,16日至31日到省得发下半月。(三)议员到省后,由军府派员请入招待所,所有食宿等费归院秘书厅办理。"(《军政府之穷魔》,北京《晨报》1921年1月23日,"紧要新闻")

△ 居正来函,报告国内情势。

是日,居正来函,详告甘、川、鄂、湘各省情势。函谓:目前甘肃形势极为险恶,已成相互混战之势。昨日陆洪涛代表马子元来谈,言"陆在甘肃军界资格甚深,系前清随陶模入甘,以营长起家,现任陇东镇守使,所部较为能战,甚欲服从先生"。四川方面,"内部溃裂",熊克武、刘存厚、刘湘各有所归,"似此川中决裂已在目前,我方善为运用,必有新机"。湖北方面,矛盾错综纷纭,此次蓝天蔚军得势,即可征王占元"外强中干,鄂事似有可为"。湖南虽迭传附北,条件尚难征实,然赵恒惕既加害民党,附北之事,恐系时间问题。惟闻李烈钧所部已到武冈,距宝庆不远,得此要区,不虑其变,或竟能威服。

来函最后指出,军府刻定援桂,亦固可行。惟即已如此,则愈速愈妙。"盖大军已西上,则事竣之后,乃可转施向外发展;而各方形势变化甚速,又难久待。故惟愿西征之速奏成功,不然,风云激荡,我不能出而挽其轮舵,则恐益趋险恶,为我不利。"(《上总理报告甘川鄂湘局

势书》，罗福惠、萧怡编：《居正文集》上册，第 380—381 页）

△　报载孙中山、陈炯明在人员任命、联络西南及选举总统诸问题上意见不合。

报道称，孙中山近在军政府政务会议屡次提出民党官吏任命发表案，而陈炯明派则大为反对，除将新任命第二军军长被人控告免职外，余均促令分赴各处接替，以扩张个人势力。惟陈军多表示反对，已实行开会拒绝。日来伍廷芳亦要求委任个人私党，是以各怀意见，诸事均难进行。又一消息，孙中山昨在军府召开不完全之联省政府会议，倡言西南各省对于广州新结合之团体颇怀观望，其病源"（一）在陈竞存所有误会，（一）在唐少川固执不化，因此各界紊乱，授北方以可乘之隙。亟宜设法挽回，以求巩固方针。言下颇有愤懑之意"。另据消息，孙派议员主张独裁制者已四出运动，冀达选举总统目的，但旧议员中有一部分不赞成者，遂联合陈部各军官怂恿陈炯明出与为难。近闻陈昨特致函孙中山，略谓："军府重立，根基未固，必翻改旧制，恐已护法各省将各树其自治之旗，而脱离西南政府。为丛驱雀，利未见而害先来，公其熟思。"孙接此函颇为动容，已嘱邹鲁转达各议员再行熟计。（《军政府内部之纠纷·孙伍陈亦不相容耶》，北京《晨报》1921 年 1 月 18 日，"紧要新闻"）

并有报道称，刻下民党各首领对于大局问题虽有种种提议，然察趋势则派别为三："一为积极派，孙中山所属者为多，愿由国会选举总统，于北方立于极端地位；一稳健派，唐少川所属者占大多数，仍愿维持原有政策，俟将实力渐图推广；一改进派，均为附合伍秩庸者，愿组元帅府，大元帅一席推举孙文。"（《广州各派主张之异点》，天津《大公报》1921 年 1 月 18 日，"北京特别要讯"）

△　报载军政府将组三种委员会。

报道称，粤首领对于大局意见，主张组织三种委员会：（一）北伐军事委员会，研究联合各省实行北伐问题，并应筹划军需。（二）和议委员会，南北大局终须由和会解决，应即预定一切程序。（三）外交委员会,讨论一切对外办法。(《军政府内部之纠纷·将组三种委员会》,北京《晨报》1921 年 1 月 18 日,"紧要新闻")

1 月 19 日　军政府召开政务会议,添聘胡汉民为军政府顾问,(《胡汉民任军府顾问》,《新国民日报》1921 年 2 月 2 日,"护法要闻")决议 2 月 1 日起收回海关。(《本社专电》,上海《民国日报》1921 年 1 月 23 日)

△　军政府颁发训令,令海军部长汤廷光、舰队司令兼署海军总司令林永谟查办"海琛"舰长魏子浩。训令谓:"查'海琛'舰长魏子浩有通敌附逆行为,着即免去'海琛'舰长本职,并拿办治罪。"(《军政府训令》,《新国民日报》1921 年 2 月 2 日,"护法要闻")

△　报载孙中山、伍廷芳提议组织正式政府。

报道称,顷孙中山、伍廷芳等因联省政府不足号召各省,近又在政务会议席上发起组织西南正式政府,以便与北京政府对峙。其所提议进行手续:"(一)续开国会选举总统;(二)组织临时内阁;(三)设立筹备处,讨论组织政府之手续;(四)从速编练团军,拥护军府。"(《罗掘俱穷之新军府·孙伍急欲设立正式政府》,北京《晨报》1921 年 1 月 19 日,"紧要新闻")

△　报载陈炯明、许崇智互争军饷。

报道称,孙中山、陈炯明因争执许崇智扣留粤北钱粮问题,又发生暗潮。除唆使各军与军政府索取欠饷,并指明粤北钱粮作为粤军北路饷源,无论何方面均不得截留。闻孙中山于表面上虽有允诺电许交出之意,然许仍照常把持,似为孙所使,以免民军无饷摇动。故即与陈氏发生意见,亦必毅然行之。(《罗掘俱穷之新军府·陈许互争军饷》,北京《晨报》1921 年 1 月 19 日,"紧要新闻")

又一消息,粤军总司令陈炯明因孙中山密令许崇智把持粤北各处赋税及各项税款,以作民军饷糈,"粤军均极不平,纷纷向陈索饷,并令与孙中山严重交涉,不得使许截留税款,专顾民军。粤军第四军刻又宣言,若再迟延一月,不补发欠饷,则不服调遣,各军与军政府脱离关系"。(《粤军索饷已起风潮》,天津《益世报》1921 年 1 月 6 日,"要闻一")

△　报载军政府对川、黔、湘计划。

报道称,军政府连日召集紧急会议,由孙中山提出三事:"(一)对于四川者,略谓熊克武既不就北方省长,与刘存厚必不并立,宜派员前往疏通,令其加入联省政府,即予以援助,否则与唐继尧合力攻川。(二)对于湖南者,略谓赵、王已息息相通,湘之附北,不日必见,应令蓝扰鄂,李图湘,并电滇省派兵作援。(三)对于贵州者,拟由军府切电卢焘,略谓黔如宣布护法,加入军府,则黔总司令非公莫属。滇及刘显世由军府担任疏通,各守疆界,所有不足军饷仍予补助。"(《罗掘俱穷之新军府·军府对川黔湘之计画》,北京《晨报》1921年1月19日,"紧要新闻")

1月20日　在军政府西花厅召集广州各界代表,疏通向外借款事宜。

报道称,孙中山因军政府财政支绌,而粤军屡催八个月欠饷,特于是日在军政府西花厅召集广州农、商各会会长及各界代表,"详述广州最近行政、军政财政困难情形,非暂借外债不能支持。当即提出向日本资本家订借八百万元,以广九路为抵押。首由商会会长竭力反对,继由各界联合代表反对,以致无结果而散"。(《军政府之穷魇》,北京《晨报》1921年1月23日,"紧要新闻")

△　召开茶话会,讨论推选总统事项。

报道称,孙、伍等所改组非常政府自宣布成立后,即讨论推选总统及非常内阁等事。20日孙中山、陈炯明、伍廷芳于观音山召集茶话会,即研究此项,并组织非正式推选票额。"孙中山得二十三票,唐继尧十四票,伍廷芳八票,以孙为最多。故民党方面甚为欢欣,遂于次日在旧军政府正式投选,仍以孙中山票额最多,故得充为非常总统。"(《西南之儿戏选举》,天津《大公报》1921年1月24日,"北京特别要讯")

△　蒋介石致函戴季陶,称孙中山以诚待人。

上年底,戴季陶前来宁波,"声色俱厉",迫蒋介石赴粤,二人遂起冲突。蒋氏事后回思,"自愧更又自笑",于1月5日、20日迭致两函表达歉意。在后一函中,蒋介石提到孙中山待人有人所不及处,谓"孙先生待友,其善处在简直痛快,使人畏威感德";"粤中自成风气,孰有如孙先生之以诚待人者"。(中国第二历史档案馆编:《蒋介石年谱初稿》,第52页)

△ 西南海军"海容""海圻"等舰举行秘密会议,讨论索薪办法。

报道称,驻广州沙面之西南海军"海容""海圻"及通信、鱼雷各艇,因所欠十个月饷银迄无拨放消息,遂于20日在通信艇秘密开会,讨论索讨办法五项:"(一)各舰目兵欠饷,至迟不得再逾两星期,须拨发半数,军官佐欠饷不得逾一月;(二)此次所放之饷,不得扣留火食及杂费;(三)解除虎门戒严令;(四)林永谟嗣后不得任意更易海军长吏;(五)以上各件军政府如不允诺,即自由行动,不受西南节制。"

另有消息称,西南海军总司令汤廷光近因"海容""海圻"及各炮舰屡次向旗舰(即汤所驻之舰)索饷,并限一定时期,届时不发,大有发难之势,是以迭向军政府提出辞职书。"然孙、伍等现已允代调停,一面即筹巨款分期拨放各舰欠饷,以免再起冲突。惟汤之辞意甚坚,孙、伍等恐难挽回。"(《西南海军对军府索饷之要胁》,北京《晨报》1921年1月24日,"紧要新闻")

△ 报载童杭时等提出选举大总统决议案①。

选举总统,组织正式政府,两院议员倡议已久。报道称,日前童杭时、丁象谦、陈家鼎等八十余名议员,向参议院秘书厅提出选举总统案。议案内容如次:"慨自军府独裁制改为合议制后,遂令大政方针不能一致,内部纠纷因之丛集,贻祸几不堪收拾。今虽河山再造,军府重建,然惩前毖后,自宜速图补救,俾名正而言顺,言顺而事成,此选举总统为不可缓也。综其理由,约有数端:(一)由对外言,大总统代表全国,各国所公认也。今军府首领尚未正名称,是代表全国之资格我犹未敢自信,安望人之信我。故欲对外取得国际地位者,亟应

---

① 《申报》刊载该则消息时间是1月14日。

选举大总统。(二)由对内言,凡立国家,必有元首。今中国元首称为大总统,人民所公认也。若另立名词,必难了解,亦理所固然。故欲对内,适合国民视听者,亦应选举大总统。(三)由对敌言,北方则冯徐相继,居然自命中央。南方尚头绪纷繁,迄今莫资统驭,我自示弱于人,人自见侮于我。若谓彼系伪总统,不足轻重,试问真总统者安在? 故中国一日无正式总统,即徐一日得窃名位,无怪中外耳目为之混淆。是为对敌计,更应选举大总统。此外如一事权,专责成,诸事易于进行。以视一国三公,道谋筑室,徒滋纷扰者,其利害之相去,何可以道里计? 乃或谓选举大总统,应有法定人数,庸讵知国家处非常事变,势不得不以非常手续出之,以救法律之穷。盖守常经与应权变,势不同也。兹特提议,由国会非常会议选举大总统,赋与全权,负担责任,以建设真正民治国家,俾四万万同胞共享民族平等、民权发达、民生乐利之庥。中国幸甚。"上海《民国日报》刊出时指出:"查提案八十余人中,计省区二十有余,满蒙回藏议员均有在内,足征五族民意均属一致。"(《选举总统案正式提出》,上海《民国日报》1921 年 1 月 20日,"国内要闻")

　　△　报载孙中山谈牺牲为建设之前提。

　　报道称,孙中山近日措置,颇招各界物议,近日特向各界表示:"全国向以我个人为破坏家,然无重大牺牲,绝无若何之建设等语。嗣后我决拟贯彻不惜重大牺牲主旨进行,务请各界了解斯意。"(《军府之进行与桂省之备战·孙文之牺牲主义》,北京《晨报》1921 年 1 月 20 日,"紧要新闻")

　　△　报载唐继尧有意与粤保持距离。

　　报道称,唐继尧鉴于西南形势日非,实际上极难联合一致,而护法事业行将不为各界赞成,前途倘剩粤、滇自主,将来当有至大危险。"特定舍去广东不与联合,凡孙中山等联省计划及或改元帅府提议,云南概不干预,以免受人连累。惟滇省仍树护法旗帜,以示首义区域始终无变,北方纵有疏通之意,结果亦应中央与滇单独议和。"(《唐继尧有舍粤就北意》,天津《大公报》1921年1月20日,"北京特别要讯")

另一消息则称,唐继尧态度令人莫测,或云其为自身地位起见,确与滇人实行闭关主义;或云其现招募新兵预备图攻川省,并云其已表示愿与粤省携手,惟尚未正式允可。而现在滇省之刘显世据称已与唐订立军事密约,即唐助刘复得贵督,而刘则助唐攻击川省。(《西南形势之一斑》,天津《大公报》1921年1月20日,"紧要新闻")

△　北报转外报消息,述广东内部分裂态势。

英文《京津泰晤士报》称,"迭接广州来电,足征唐绍仪、伍廷芳与孙文感情愈形恶劣,不特孙唐伍之间极不相容,且陈炯明与孙文之间亦若水火。盖陈竭力主张裁减军额,以轻人民之负担,而孙则不惟不赞成其说,又且从事招募二师以巩固其地位。据其最近发表之意见谓,非使桂赣二省归附南方及肃清湘局后,则联盟之计划万难见诸实行;又云新政府之总统须有统辖海陆军之权。此种素谈徒惹起陈炯明一般人之反对而已。粤省人民对于陈氏极表示欢迎,金谓其确有维持该省秩序之能力,一切内政及商业均能措置裕如,且申明以后不再征取无理之捐税。不若其他各军领袖之徒藉军阀威势而专事剥削小民,又不若孙文等之徒事虚言而无实际也"。(《西南形势之一斑》,天津《大公报》1921年1月20日,"紧要新闻")

1月21日　军政府召开政务会议,汪精卫提议巩固民政基础。

报道称,本日,军政府召开政务会议,各首领及各团体代表悉行列席。特由汪精卫提议:"联省政府若欲积极进行,须先巩固民政基础,且须由粤省施行,以便推广他省。俟民政基础巩固,则一切进行转为容易。地方自治政策,实系立国要图,不可等闲视之。粤政府亦须促成此等政策发展,襄同办理,民心归附,各安夙业,何愁目的难达。"(《军府内部之暗潮与各方面·孙陈两派之暗斗》,北京《晨报》1921年1月24日,"紧要新闻")

△　蒋介石来函,纵论全局战略。

闻援桂战略既定,是日蒋介石自奉化来函,纵论全局战略及对桂作战。函谓:四川内讧,近在眉睫,实为"西南之好音"。吴佩孚军窥伺湘鄂,终为吾军发展障碍,当假定为"将来之目的敌"。然无论就时间、地势还是根本解决中国计,尤不可不急图四川。总体而论,"本军战略应以平桂为第一期,平蜀为第二期,而以进取长江为第三期"。故此次动员令,"对桂、对蜀宜相提并论,不致于平桂之后,战机再演停顿"。对桂作战,本军当分四部,以二部援桂,一部防湘,一部作总预备队。总帅名义,"非吾公自任不可,否则号令不行,进退不一",无以持其后者。(毛思诚编纂:《民国十五年以前之蒋介石先生》,第 117—119 页)

　　△ 报载军政府各总裁与陈炯明召开联席大会议,决议加强防备,应对赣、桂入窥。

报道称,军政府与总司令部昨接南雄方面急电,谓"赣兵已迫近南雄边界,时有哨兵出没。我军兵力单弱,恳飞电许司令迅派大军援应。又同日肇庆来电,谓桂军刻已越界挑战,速予增援;并谓林虎所部第二军现已压境,前方军队于 15 日接战小挫,18 日退三十里。刻子弹告罄,迅赐拨运"。军政府各总裁及陈总司令以桂赣同时入寇,遂于日前召开联席大会议,议决:"(一)南雄方面,除严电许崇智、包作霖迅驰防御外,由军府新招民军十二营作为后援,一切军需饷弹均归军府筹划;(二)肇庆、德庆两处统由司令部设法增援,并约调魏邦平旧部四营会合粤军迅驰救应;一面急电百色唐继虞、班香甫迅速由百色进攻,为分桂军兵力。"连日此间由西江来往轮渡,均谓前方战况剧烈,粤军颇见不利。

又有消息称,陈炯明设防各处粤军因无军饷,一律撤退,是以钦廉肇庆各方面桂军哨兵屡次乘虚进窥,彼此时起冲突。孙中山恐因此引起桂军进攻之心,特与陈炯明磋商,将粤北许崇智民军第一师团分防肇庆杨柳一带,将驻广州粤军第二师第七、八两团开赴信宜、廉江,协助该处防务,以免发生意外。(《广东形势果如此危急乎》,北京《晨报》1921 年 1 月 21 日,"紧要新闻")

△　报载孙中山提议仿民元成例,推举非常大总统。

报道称,日昨孙中山复提倡改为临时政府,依照元年成例,推举非常大总统。伍廷芳颇有赞成之意,尚拟切实向旧议员疏通同意。(《广东形势果如此危急乎·孙文运动非常总统》,北京《晨报》1921年1月21日,"紧要新闻")

△　报载孙中山离沪返粤前与徐树铮联络情况。

报道称,据新自上海来京某君云,徐树铮逃走以后,外间议论纷纷,莫衷一是,有谓径往日本者,有谓已往库伦者,有谓先至青岛后至大连者。"其实徐氏一出都门,即由日人保护径往上海,寓某国人家。随即与孙中山会面,寒暄数语,孙即要求徐氏提出三百万元,作为重整军府及召集国会等用费。徐氏闻此言,并无何等回答,沉吟半晌,即拂袖而去。孙中山无法,只有各自分散一途。徐不数日即偕某国人乘轮离沪,径往日本,而孙氏亦随后回粤。"(《粤桂两派各自分裂之近状·孙文向徐树铮要三百万》,北京《晨报》1921年1月21日,"紧要新闻")另有报道称,徐树铮密使陈汉(译音)于数日前来到广东,与孙中山、陈炯明及各方面会见数次后,即于18日北归。(《广东形势果如此危急乎·孙文运动非常总统》,北京《晨报》1921年1月21日,"紧要新闻")

△　报载孙中山、陈炯明关系日趋决裂。

报道称,近陈炯明曾派代表到京,向当局各要人切实申述其所抱政策及广东最近情势,大旨如下:"现陈氏对于军政府之重建,固极反对,而于旧国会在广州集会,亦所不悦。彼之主旨,即为广东自治。彼曾竭力设法将所有土匪编成军队予以解散,但现孙逸仙则重行召集而编制。查此项已经解散而重行招练之军队,其数约二万五千余人,而其中军装完毕者,计万六千人。在孙氏意以为陈氏之计划,若于彼党之野心有抵触阻碍者,则驱逐之,而以许崇智继其任。现许崇智军队在韶关者约有四千余人。至陈氏所有之军队则均驻在广州附近。陈氏对于此种现象,已逆知彼如不能驱除孙氏,则彼必为孙氏所驱,而其对于孙氏之左右,则谓较北京政府中人为尤劣。""按此种简要谈话,足证事变之发生,纯视今后广州之行动如何耳。若此次孙氏果为陈所逐者,则于陈氏之自治行动,大有所裨;而陈氏与吴佩孚、冯玉祥等或将因以联络,而共策其自治之进行也。"(《陈炯明驻京代表之谈话》,《香港华字日报》1921年1月21日,"中外纪闻")

又一消息,陈炯明"以孙中山拒绝其部下军队加入国防军,大不满意。许崇智部下民军一师,包作霖部下民军二旅,其平日训练,远不及陈氏军队,而竟编入国防军内。现陈炯明要求孙解释理由,否则,不承认许崇智、包作霖之军队为国防军。另关于选举总统问题,孙派议员日来筹划各种计策,以冀实行。但陈炯明暗中反对,致令迁延时日。然10日开非常会议,决议实行选举,因此,陈炯明反对,愈加明显,选举总统之策陷于困境。故近来孙文与陈炯明间将决裂之说,益见盛行。孙派中有力分子多采稳健态度,当不至蔑视陈炯明反对而实行选举,陈炯明亦绝不至以自己地位为孤注而反对孙派"。(《粤省孙、陈两派日趋决裂》,北京《晨报》1921年1月23日,"紧要新闻")并有消息称,"粤军总司令陈炯明因孙、伍等组织非常政府,编练国军,意将粤军划除,未曾列入一部。而许崇智之新军一师及包作霖之民军两混成旅完全编入,故陈氏颇抱不平。现向孙文等大起交涉,促其宣布理由及民军之成绩、攻粤时之劳绩,否则该军声明决不承认"。(《孙伍组织国军反响》,天津《益世报》1921年1月23日,"要闻一")

　　△　报载军政府对北态度。

报道称,北京政府昨从某方面接孙中山间接来电,谓"南方军府与北方政府政策不同,趋向迥异,最宜分疆自治,无论南方刻下发生何种问题,北方概应旁观,不得干涉"。并谓"广西与护法宗旨相背,粤军自应攻击,而湖南乱军亦应由联省军队收拾,北方政府不可越俎代谋"。又一消息称,联省政府开议,决定用积极主义对付北方,所列办法:第一,速定广西,驻军湖南;第二,加入闽陕浙同时北伐,俾定护法大计。(《粤桂两派各自分裂之近状·军府对北之态度》,北京《晨报》1921年1月21日,"紧要新闻")

另据报道,军政府近开会议研究北京政府提议要项,"以裁兵案务须先由北方试行,果有成绩,始可推广南方。而中央所言统一,尤属两面主张,而实际上难生效力。至于选举下届国会议员,筹划各种建设,均属违法,不独联省政府不能承认,尚应致电云南切实对北坚持反对"。(《西南不重北方之提议》,天津《大公报》1921 年 1 月 21 日,"北京特别要讯")

△　报载研究系造谣毒计。

报道称,研究系各主要分子因见三总裁回粤后,护法事业蒸蒸日上,遂大起恐慌。屡次设谋破坏,一再不成,其计愈出愈毒。"该系近见大多数国会议员主张改组正式政府,选举总统,于是破坏及抵制之阴谋愈急。一面大造谣言,谓某要人赞成维持现状,某要人反对选举孙总统,甚且谓陈总司令亦反对举总裁为总统。其最毒者,即为污蔑孙总裁卖琼岛于日人,其意欲以此破坏孙氏不得为总统也。至其抵制之法,则拟另组一党,拉出黎元洪作为党魁,将来起而代徐,必能得志。因黎之为人较徐淡泊,适合中国一般国民苟且偷安之心理,将来拥为总统,或得大多数之赞成。"(《研究系造谣毒计》,《新国民日报》1921 年 1 月 21 日,"护法要闻")

1 月 22 日　召开政务会议,提议增加赋税。

报道称,孙中山因财政困难,各军欠饷及联省政府各机关欠薪均无着落,特于 22 日政务会议召开时,提出开辟税源议案两项:"(甲)增加烟酒及奢侈品税三分之一,并将户捐及牲畜税所收,统归各军饷源;(乙)增加各项印花,实行婚书收费捐、茶捐及江岸之码头货物落地税,均增加一成,作为行政费。"(《军政府之穷困·孙文提议增加赋税》,北京《晨报》1921 年 1 月 27 日,"紧要新闻")

△　复函阮本畴,告西南形势。

旅美华侨同志阮本畴热心国事,时有捐助,在沪时承寄美金一千元。近又自沪转来信函,并附美金一百二十元。当即着财政部签发收据,复函时附寄。本日复函,对其屡屡资助,以济军用,表示感谢。

并告"现西南局面日形起色,北伐军北伐,闽事若顺,则会师武汉,直捣幽燕,亦意中事耳"。(中国国民党中央委员会党史委员会编订:《国父全集补编》,第 396 页)

△ 和田来电,促派代表赴日。

军政府重组后,孙中山颇欲获得日本等外力的援助,多次催促何天炯启程赴日。本日,日本友人和田来电,告"速派代表"。然周围诸人均以此次民党再兴,对内对外均须谨慎将事,刻下日本政府实有危害民党存心,故主张不能乱派代表,以启人轻侮之心。随即嘱何天炯电告日本方面:"接和田电,甚感,但派遣代表,须与各国一并发表,请转达。"是月 25 日,何天炯致函宫崎寅藏,略告此事经纬。(杨天石、[日]狭间直树:《何天炯与孙中山》,《历史研究》1987 年第 5 期)

△ 郭泰祺向外交团交涉关余。

是日,军政府代表郭泰祺就关余事特向外交团领袖公使致送公函,声明军政府所提拨付关余之理由及以后关余之直接征收,并谓:"目前南方赢得关余存于本京汇丰银行,北方亦不得动用。"(《粤省孙陈两派日趋决裂·孙文代表郭泰祺请领关余》,北京《晨报》1921 年 1 月 23 日,"紧要新闻")随后有报道称,郭泰祺日前往京与外交团交涉关余,现已抵上海。闻郭氏言外交团意见,"如军府将关余用之于振兴教育事业,尚有商量余地;若移为战争之用,则断不应允"。郭氏现逗留上海,静待军府之训令,以定行止。(《军府内部之纠纷》,北京《晨报》1921 年 1 月 31 日,"紧要新闻")

△ 宫崎寅藏撰文称孙中山是中国第一号有具体方案的领导人。

文章略谓:"在我所知道的范围之内的中国,具有能够适应时代的社会经纶者,实舍孙中山先生莫属。今日虽然有许多人在开口闭口社会主义、社会改造,但如果要他们拿出具体方案的话,则很可能没有一个人能够拿得出来。在这一点,孙中山先生毫无疑问地是其第一号人物。孙先生的人格学识,自不可与一夜之间成为改造论者流同日而语。南方志士和国会议员在其创业时代,放弃自我,将其一切交给孙先生,可以说是有先见之明。但如果事情不顺利,则全是孙先生一个人的责任,希望孙先生好自为之。"(段云章编著:《孙文与日本史事编年(增订本)》,第621页)

1月23日　广东各界举行公祭朱执信等大会,派马君武参加,并致送祭文。

是日,广东各界在省议会举行朱执信、邓子瑜及"江大"舰殉义诸先烈追悼会,派马君武参加。上午11时,伍廷芳、林森、褚辅成、陈炯明、徐谦、众国会议员、广东省议员、军政府各部官员、各司令统领及日本来宾共千数百人齐集,依序举行追悼仪式。其后各团体、各学校均陆续到祭,人数不下万人。是日会场布置极为严肃,中悬朱执信遗像,右悬邓子瑜遗像,左悬"江大"舰殉义首领李福游遗像。两旁满砌生花,内外悬挂挽联约万数千,其中由海外华侨寄回者亦有数百,"是可见中外人士对于朱邓李诸先烈之哀感"。(《广东追悼先烈大会》,上海《民国日报》1921年1月30日,"国内要闻")

与唐绍仪、伍廷芳、唐继尧四总裁联名致送祭朱执信文,中谓:"呜呼!执信而至是耶,一柱颓毁,万夫咨嗟。""奈何睚眦,忽生龃龉;虎门突兀,日黔风厉;枪急人呼,歼我良士;蚍蜉撼树,鬼蜮射影;斋志夭年,死宜不瞑。呜呼!生死患难,最感余心;倾河注海,有泪沾襟。呜呼执信,而今已矣,朱家亡侠,缓急谁恃?呜呼执信,身殒名称,生则为英,殁则为灵。"(《祭朱执信文》,《孙中山全集》第5卷,第456-457页)

△　褚辅成来访,谈议员接待。

是日,众议院副议长褚辅成来访,嘱"对于来粤议员格外优待,不能过事挑剔,务取来者不拒方针,以便早日凑足法定人数"。(《电讯》,天津《益世报》1921年1月25日)

△　致词祝贺菲律宾碧瑶爱国学校落成。

中国国民党菲律宾碧瑶支部同志,鉴国内教育之不昌,苦心筹集资金,历时两年,建立学校,定名"爱国学校"。闻听之下,欣然致词为

贺。祝词略谓：二十世纪之国民，一科学互竞之国民。惟我国年来
"神奸攘政，盗财垂罄；戎车屡警于通衢，弦诵斩然于四境"，"学风不
昌，文化阻塞，于以欲企图人材之蔚起，国势之振兴，亦夏戛乎难乎"！
菲律宾碧瑶支部同志毅然振起，兴办爱国学校，"盖将以作育吾国侨
菲之青年子弟，由非途轨进，而为他日研钻高深之学科，以与世竞，抑
以供献祖国也"。"则于其落成典礼也，能不致其最大之属望于未来
者耶？"（《菲律宾碧瑶爱国学校祝词》，《孙中山全集》第5卷，第458页）

1月24日　复函陈树人，告广东近况，指示与致公堂关系办法。

上年11月27日，陈树人自加拿大来函，拟介绍刘儒堃等归国襄
办粤事。日前并接加拿大满地可同志刘国钧来函，报告"致公堂中不
良分子常与吾党同志为难，亟宜设法融和，以免纷扰"。本日复函陈
树人，告近拟设立工商、农矿各局，以发展实业，正赖海外同志商界健
者返国相助。惟粤局初定，军饷急巨，禁赌裁捐，收入骤短，"因之建
设事业，每为经济所限，急速中不能实行，此种苦衷，尚希转达诸同
志"。又告刘国钧来函，称该函所请设法除患，"洵为当务之急"。请
转各部机关，"如致公堂同人明达之士想归附吾党者，能照入党手续，
可准其加入吾党，则逐渐归并，而该党同人自不能与吾党为敌矣"。
（《复陈树人函》，《孙中山全集》第5卷，第459页）

△　报载孙中山与陈炯明意见不合。

报道称，国会举行选举日期，业经拟定2月1日，"惟陈炯明极端
反对，曾邀集两院议员到署讨论，主张不宜轻率从事，并谓如依法律
办理，当为代筹经费。此时应由两院议长设法将在沪议员全体邀来，
以期完妥而免枝节"。但孙中山一派仍主进行，并有提前日期计划。
陈、孙双方因此益相凿枘。

另一消息，陈炯明、孙中山两氏轧轹早有所闻，"民党方面虽常为
打消，但详察广东内情，如陈已禁赌，而孙股肱第二军长许崇智则仍
在某地允其公开，广州城以外，陈氏威令不行。又陈方断行民军解
散，而许则盛行募集民军。又最近所组织中华新国民党，陈初已允诺

加入,而孙必欲令其捺印设誓。陈则谓此事有关人格,余既允许,毋需再捺印设誓;今若如是,必有疑于吾人,坚执不允。旋经孙洪伊、伍廷芳之调停,始稍谅解。但孙陈之间,意见感情终未融洽。据最近调查,目下陈、许两部兵力各有三万人,在势均力敌之间,设孙、陈一旦破裂,则广东政局将来,殊难逆睹"。(《军府内部之暗潮与各方面·孙陈两派之暗斗》,北京《晨报》1921年1月24日,"紧要新闻")

另有报道称,昨日下午前参议院议长张继等,因选举总统问题往晤陈炯明,磋商颇久,始兴辞出署。"忽友人过谈,称陈近因某问题顿萌退志,拟向军政府提出辞职书,并云此种消息非全属子虚,省会方面已有多属议员准备挽留。又谓闽籍国会议员昨全体往晤陈炯明,询对西南大局最近主张。陈谓西南现有两种办法:一是有希望的,如西南各省以实力互相联络,共图发展,西南前途,未可限量;一是绝望的、徒冒虚名、不顾实际,终致各省彼此分离,西南前途便无希望。现在大局尚在风雨飘摇中,望大家审度实情做去。"(平:《广州通信》,《申报》1921年1月25日,"国内要闻")

又有报道称,"孙派许崇智因急选总统问题与陈炯明竟致破裂。许陈冲突结果,许方有军需长一名被杀,且勒令许军卸除武装。然而另有消息称,最近陈炯明希望孙中山于援桂成功后选举总统,或于旧历年关后开非常会议以行选举,而孙中山尚未首肯。现因胡汉民等极力从事调停,其旧历年关开非常会议以行总统选举之议,两者意见有业已一致之说"。且闻孙中山劝告议员等,谓"陈炯明对于议会之态度,非如褚辅成所谈之趋于极端。予与陈炯明间之问题,可由予自处理之,幸勿误解"。(《选举非常总统声中之军府·孙陈之暗斗》,北京《晨报》1921年1月25日,"紧要新闻")

△　报载会审公堂判伍廷芳可以提取关余。

报道称,伍廷芳、章士钊争执关余一案,"现经租界会审公廨判决:关于去年4月间章士钊呈控伍廷芳所管款项二〔三?〕百六十万,比经令行禁止提取,现准将该令撤销。又章士钊代表军政府追款之权亦即取销,以被告声称章士钊并无代表军政府四总裁之权,且其余三总裁亦早已于去年10月间辞职,公廨堂判略谓:前以免致在租界争执起见,故饬令禁止提取该款。现伍廷芳既已不在上海,则此款断不能长此无中国政界之直接管理,伍氏声请将此款自由提取,当然可以照准"。(《军府内部之暗潮与各方面·会审公堂准伍氏提关余》,北京《晨报》1921年1月24日,"紧要新闻")

△ 报载唐继尧尚未明定宗旨。

报道称,刘显世虽至云南,广州各首领亦屡次与唐通电,严嘱勿背护法初旨,但唐态度仍无明了表示。"特召全省各界代表开特别大会议,列席人员极端赞成前次宣言滇守门罗主义,以广州虽有至大组织,终有广西从中隔断。滇粤难资握手,莫如自守,计为最良。"(《唐继尧尚未定出宗旨》,天津《大公报》1月24日,"北京特别要讯")

1月25日 军政府召集军事会议,与陈炯明发生争执。

报道称,陈炯明所提裁兵计划,孙中山、魏邦平、许崇智均表示反对。是日军政府召集军事会议时,陈炯明与胡汉民争执有数十分钟之久,陈愤愤离席。据闻魏邦平所部前次已被陈炯明裁去六营,现所余十营,陈又欲去其五,魏极为不平,将与许崇智联合向陈提出抗议,现已实行戒备。(《军府内部之纠纷》,北京《晨报》1921年1月31日,"紧要新闻")另有报道称,粤军第五军军长魏邦平,因受联桂之嫌,被陈炯明撤去军长职务。其所统第五军完全改编,第三支队改为广州保安队,第四团改为水上警察,驻信宜第四营改为粤边游击队,其余魏之义勇团立时解散,以免后患。(《孙文总统梦中之广州》,北京《晨报》1921年1月28日,"紧要新闻")

△ 军政府召开政务会议,讨论联省自治。

联省自治之说,素为孙中山所主张。军政府重新组织,政务会议曾提出讨论多次,因非常国会不日开会,故暂时搁置,以待国会公决。日前唐继尧来电,主张从速实行联省自治。电谓:政府组织当必本诸约法,若国会不能正式开会,则应以人民多数希望为依归。"现时全国人民所渴望者为联省自治,西南政府欲求建筑于人民信仰之上,为将来统一全国起见,亦当由自治各省,至少有五六省区团结联合,而造成联省政府为宜。且内固西南团体,外使各省有机加入,亦非联省政府不可。"期望"诸公体察人心,旷观环境,暂持慎密,先从事各省团结,俟联省基础已定,再图适宜改造"。(《唐莫赓最近之意见》,上海《民国日报》1921 年 2 月 1 日,"国内要闻")

是日召开政务会议,讨论唐继尧来电意见。众皆赞成从速实行联省自治之说。惟联省自治条例,仍须举定委员起草,然后再付讨论。故又增派胡汉民、谢持、吕志伊三人为起草委员。(《实行联省自治之先声》,上海《民国日报》1921 年 2 月 3 日,"国内要闻")

△　报载孙中山电请西南各省选派代表来粤筹商大局。

报道称,孙中山以各项组织均待筹划,西南各省对此事态度"殊觉冷静",预计前途终有涣散之虞。故决定再向滇黔川湘等省通电,请派代表来粤,俾将三种要项解决:(一)改组政府;(二)详议护法方针;(三)联合西南团体之办法。(《孙文电请各省派代表》,天津《大公报》1921 年 1 月 25 日,"北京特别要讯")

△　报载吴佩孚派员南来,为孙中山所拒。

报道称,吴佩孚亦派使赴粤,"由孙洪伊介绍,拟与军政府通款。然为孙中山所拒,不过仅与陈炯明接洽"。该报纸登载此消息时指出,"此乃日人方面之消息,其中是否含有挑拨作用,阅者当能辨之"。(《选举非常总统声中之军府·吴佩孚与军政府通款之谰言》,北京《晨报》1921 年 1 月 25 日,"紧要新闻")

△　外交团召开会议,议决不付军政府关余。

本日外交团开会,对于军政府外交总长伍廷芳要求拨付南方关余问题,详加讨论,结果一致主张拒绝。且拟答复军政府,广东税关不能归军政府管理。据报道,各国公使当即致电广东各国领事,嘱即拒以通告军政府。惟广东各国领事,究以领事团名义,抑单独通告军政府,尚未决定。(《军政府之穷困》,北京《晨报》1921 年 1 月 27 日,"紧要新闻")

另有消息称,军政府代表郭泰祺近来北京向外交团中各使,商请交付一分之关余于军政府,迄今毫无效果。郭现拟向外交团提出正式说帖,讨论此事。"按之外人意见,多不以孙文派取得此款为然,其所最赞成之办法在截留一切关余,存诸可以生利之处,俟中国有真正代表政府之时再行交出,然此说似不能实行。此外或主以关余分给有自治政府注意建设之各省,亦为一种办法,难者以为此足以启中国分裂之渐。然西南前之分拨关余,似已足为此事之先例矣。郭氏请拨关余之理由,因广东政府现在急需教育费用,并谓广东赌捐年有八百万元,陈炯明之禁赌足以为诚意改良地方政治之一证。郭氏又谓:军政府除用于建设之借款外,决无意借款,新银团如必俟中国和平统一然后接洽铁路借款,一时似难成何功效。倘改而与各省商量铁路事业,似于中国之建设大有裨益,此足以促成中国社会上之统一。其功效尤较政治上之统一为高。"(《粤军府收管海关之外论》,天津《大公报》1921年1月25日,"新闻紧要")

△　报载北京政府筹商对南方针。

报道称,北京政府屡接确报,"广州由孙中山秘密改图另组政府,云南由唐继尧发表劳农政策,上海由安福祸首决定扰乱长江,日昨特定积极实行防止办法数项:第一由外界入手,请勿对于民党首领承认,亦勿借款;第二于共产之传播严防;第三则电长江三督军妥为负责,以免危害"。(《防止西南之破坏手续》,天津《大公报》1921年1月25日,"北京特别要讯")另有报道称,现因西南各省趋向不定,各政客多向北京政府建议,"主张施用捭阖手段,先使各处合纵连横,然后俟有弊点,即由弱者入手,操持一切"。闻政府日昨会议,"决定除川桂外,余均持用至诚宗旨,待其自行呈请取消自主,赞成统一,决不施以诡谲政策"。(《政府以诚意对待西南》,天津《大公报》1921年1月25日,"北京特别要讯")

有消息称,北京政府昨接张作霖来电,条陈和滇对粤办法。大意略谓:"云南贫瘠,死守不易,而唐继尧前以护法为标帜,遂致无由下台,处于孤立地位,务请中央派员赴滇,前途必有效果。惟广州各首领分子复杂,意见分歧,既难以口舌奏功,应令桂军设法包围,待其自毙。"又一消息,北京政府24日接陆荣廷来电,谓"滇粤趋向,虽皆走入极端,但唐继尧独处一隅,料无巨大发展。宜稍予以权利,谋和目的当可达到。粤则各首领均有极大要求,纵允其请,亦难满足。与其三方对峙,不若和滇攻粤,以资大局平和"。(《选举非常总统声中之军府·张陆条陈对付西南办法》,北京《晨报》1921年1月25日,"紧要新闻")另一消息,日前岑春煊致电北京政府,云"川桂自主取消,西南已有多半结束。黔湘有意北附,待有良好时机,惟滇粤不易解决,请即决定出坚决政策。如云南仍则顾图川图黔,广州各首领推广势力,皆为不可理喻,而表面所言护法谋和尤属口不应心,务请早定方针;否则无论如何,滇粤亦难与北一致"。(《岑西林请定决断政策》,天津《大公报》1921年1月25日,"北京特别要讯")

1月26日　军政府召集非常会议,讨论改组进行手续。

本日,军政府召集非常会议。据报道,讨论的问题包括:一,非常政府组织法及军府改组手续;二,"联络湘滇,共同襄助提倡,以树护法之基础";三,"通告全国及照会各国,请其承认办法";四,"讨论此项用款,当由何项支拨"。(《军府内部之纠纷·军府改组之形势》,北京《晨报》1921年1月31日,"紧要新闻")

△　军政府召开政务会议,讨论唐继尧关于军府改制意见。

报道称,日前唐继尧对于选举总统一事,亦有反对之电到粤,内容措辞尚为委婉,仅云"目前南方基础未固,吾人惟一急务,须求内部之团结,然后再言改造。关于军府制度问题,应请出以审慎"等语。同时留滇议员汪彭年等亦纷纷来电,请勿操切从事。

本日政务会议召开时,将唐电提出讨论。结果复去一电,大意谓"军府现正研求联省自治制,妥为提出,务期应时势之要求,立强固之基础。与尊电所云先团结而后改造一节,用意相同。顾兹事体大,筹维讨论,不厌精详,卓见所及,仍希随时指示"。北报推断:"盖孙派至此已悟前途荆棘,未易进行,不得不见风使舵,以为转圜地步。"(《唐继尧反对孙派举总统》,北京《晨报》1921年2月1日,"紧要新闻")

　　唐继尧致电军府表示反对同时,将该电并分致湖南当局。是月30日,湖南省长林支宇复电表示赞同,略谓:"诚如公言,联自治各省而创造联省政府,则于事便于理顺,应时之要需,树全国之矜式,计顾莫善于是者。""湘省自治根本法,现正设处筹备,首在敦聘学者起草,依序顺进,期于三年有成,内而确定自治之基础,即外而图谋联省之实现。湘人本旨,与尊见适相符合,此后互相提携维系。"(《林支宇对滇唐鱼电表同情》,北京《晨报》1921年2月3日,"紧要新闻")

　　△　报载军政府召开会议,决议改组为非常政府。

　　报道称,孙中山、伍廷芳最近召集会议,决议下列四事:"(一)改组广东军政府,定名曰非常政府,并由政务会议组织非常内阁;(二)令驻在东京之孙文代表向日政府交涉,请其正式承认非常政府;(三)由民军中选出曾经训练之军人变成国防军两师;(四)派遣代表分赴滇黔川湘,请各该省首领扶助非常政府,并一致护法。"(《军府之变幻与陈陆之休战·军府将改为非常政府》,北京《晨报》1921年1月26日,"紧要新闻")又一消息,孙中山主张"将岑春煊时代非法授予之官职勋章一律撤销"。(《本社专电》,上海《民国日报》1921年1月26日)

　　△　报载陈炯明与陆荣廷订约休战。

　　报道称,陈炯明与陆荣廷副官长高其湘,近已缔定休战条约两项:"(一)粤桂军各守防地,彼此不侵越;(二)实行停战,如步哨发生冲突,双方长官应即禁止,免生误会。"(《军府之变幻与陈陆之休战·陈陆有订休战约说》,北京《晨报》1921年1月26日,"紧要新闻")

　　△　报载劳农政府代表抵粤。

　　报道称,劳农政府因企图联络西南宣传主义起见,特派代表鲁斯夫及罗米阔夫赴粤,与孙中山、伍廷芳等接洽。刻已行抵广州,由孙中山派副官王华民率护卫队三十余名,赴天字码头欢迎,以迎宾馆为招待所。该代表到后,次日即分谒军府各要人及粤军各高级军官。惟对于进行事件,则尚未正式讨论。(《军府之变幻与陈陆之休战·劳农政府代表抵粤情形》,北京《晨报》1921年1月26日,"紧要新闻")

△　报载赵恒惕、卢焘俱无意北归。

报道称,北京政府前因赵恒惕北归问题磋商多日,迄无成效,特派公府顾问梅馨中将前往长沙,担任疏通。梅馨已于24日由湘回京,25日即赴公府晋谒徐世昌,密谈甚久,详陈经过情形,谓"赵恒惕北归,一时难达到圆满目的"。徐听闻极为忧虑,拟再从他方设法联络。

另据消息,卢焘近处左右为难之势,从北从南,茫无把握。而唐继尧厉兵秣马,声言攻黔,于是卢氏部下有劝其与滇派携手者。惟卢不欲反颜事仇,颇思北向,终以湘省马首是瞻,故顷特派员至湘,与赵恒惕、林支宇接洽,或南或北,愿取一致行动。(《赵恒惕与卢焘俱无意北归》,北京《晨报》1921年1月26日,"紧要新闻")

1月27日　参加中国国民党交通部成立大会,发表演说。

本日,中国国民党交通部在广州召开成立大会,到者数百人,军政各要人均列席。出席会议并发表演说。首先批评民国成立虽已十年,但祸乱相寻,"实际未达共和境界",而要造就真正的民国,必须革命,"但欲革命成功,便须巩固基础;基础之巩固,就在主义之坚定与人心之固结。我党以三民主义为圭臬,备历艰阻逾二十年,基础固早卓立;但对于国家之改造与进步,尚须有卓绝之党人,负完全责任,运用机能,指导群众"。(《本社专电》,上海《民国日报》1921年1月29日)

△　卢焘等来电,恳促王文华回黔。(《王文华克日回黔》,上海《民国日报》1921年2月12日,"国内要闻")29日,李烈钧亦来电,谓护国护法两役,王伯群、王文华其功尤著,"现大局纠纷未已,既赖建树,黔省政治亦待刷新",恳促王文华早日返筛。(《李烈钧促王文华回黔》,上海《民国日报》1921年2月3日,"国内要闻")2月5日,王文华来电,告迭经电催,"虽极厌闻黔事,亦无辞以对。兹即准备行装,由粤滇回黔,为国

家为桑梓,敬听驱策,力疾从事"。(《王文华克日回黔》,上海《民国日报》1921年2月12日,"国内要闻")

　　△　报载广东政府财政窘迫。

　　报道称,旧历年关已迫,广东财政状态极形困难。闻今年内应支出之陆海军费约一百五十万元,民军及其他军队之解散费五十万元,行政费约百二十万元,支出合计达四百五十万元。而业经收入到手之款,只盐税六十万元,烟酒税二十万元,杂税二十五万元,厘金税三十万元,杂捐二十万元,由总商会所借百万元中之七十万元,统计二百二十五万元。此款既已收入在手,故可立即交付。惟不足额之二百二十五万元多系从来海军经费及行政经费之未支付者。现在军政府所持之方针,在以总商会借款之残额三十万元,由各地商会借款三十万元,沙田税约百万元,但此外国会尚须费用,广东各地人民久疲于地方官吏之课税,而商会果能如预期承借,尚属疑问。故财政当局现颇忧虑,近日虽拟商量外债,然亦非容易成立之事业。(《军政府之穷困·广东财政之窘状》,北京《晨报》1921年1月27日,"紧要新闻")

　　另据报道,孙、伍等改组非常政府,形式虽已宣告成立,非常内阁及各部司员亦已组织就绪,然内幕复杂,迄今毫无头绪。"日来陈炯明部下竟宣言非向政府索十六个月之欠饷,决难默尔而息,盖有两项理由:(一)改组政府所需经费已达七十余万之巨,舍急就缓,有意亏欠军饷,粤军全体决不承认;(二)粤北民军各项军费,均按月支拨,对于陈部亦应按期拨发,不得歧视。"(《军政府之穷困·兵士向军府索饷》,北京《晨报》1921年1月27日,"紧要新闻")

　　又一消息,粤军总司令陈炯明因驻扎要塞防线,各军屡次闹饷,长此以往,殊非所宜。故在总司令部召集军事会议,讨论预防办法:"(一)向军政府交涉,支发上月(12月)欠饷,其余续给;(二)关于前方闹饷各军由各路司令切实训导,令其稍安勿躁;(三)要求军政府规定各军饷银基金,或另订给养新章,而免再生意外。"(《孙陈分裂声中之军府·军政府忙于筹款》,北京《晨报》1921年1月30日,"紧要新闻")

1月28日　北京政府与日本换文，取消《中日军事协定》。（"中华民国"史事纪要编辑委员会编：《中华民国史事纪要（初稿）——一九二〇年一至六月》，第82—84页）

△　赴沙面访领事团，谈提取关余。

报道称，孙中山发行五百万公债，七十二行商会及南洋群岛华侨商会一律拒绝购售，并亦不作抵押品。本日赴沙面访领事团，希望提取关余，领事均未出见，颇懊丧而还。（《孙中山之自寻没趣》，天津《益世报》1921年2月2日，"要闻一"）

△　报载军政府颁发文告，说明没收海关用意。

文告略谓："近有人闻广州军政府拟没收海关之消息，发生无谓之恐慌。军政府欲在护法各省代有北京政府之地位，故有此举。无非欲使北京政府有所警惕，并促其施行有意识之革新，以期统一中国耳。军政府不愿稍妨碍外人执有中国债券者之利益，或干涉税关现有之管理。凡无理之反对，以阻挠军政府此种举动者，即扶助北京腐败政府，阻碍和平之前途。"（《南方与关税》，《申报》1921年1月28日，"太平洋路透电"）

△　报载刘显世主张旧国会移滇。

报道称，刘显世赴滇宣布就任总裁以来，现向唐继尧提议，以旧国会现在广州，并未得滇中各界同意；云南为首义地方，各界共仰，宜有国会，以资补助而图护法事业之发展。故极力主张将旧国会移滇。惟唐继尧因经费无着，尚未核决。（《刘显世主张旧国会移滇》，北京《晨报》1921年1月28日，"紧要新闻"）

1月29日　报载孙中山欲行武装选举。

报道称，"孙中山鉴于陈炯明、魏邦平等反对选举非常大总统，特邀许崇智调遣兵队，冀于旧国会开会时期预备出发，以备示威举动"。（《选举非常总统声中之军府·孙文欲行武装选举》，北京《晨报》1921年1月29日，"紧要新闻"）

△　报载非常国会讨论商借外债事宜。

报道称,广州非常国会因孙中山提出抵借外债,为办理广州各项善后及组织非常政府,故特召集非常会议,讨论进行办法,结果如下:"(一)所借外债以一千万为限,不得再行扩充;(二)借款抵押经会议表决后,再征求各界意见,免生纠葛;(三)借款之分配,为补发各军欠饷及组织非常政府之用,不得挪作他项开支;(四)关于回扣、息金两项,须经非常会议讨论后方为有效。"(《选举非常总统声中之军府·军府商借外债》,北京《晨报》1921 年 1 月 29 日,"紧要新闻")

△ 报载外交团对关余之态度。

报道称,广东政府因向外交团请提关余未成,拟扣留广东政府辖下关税,闻广东政府代表已正式向北京外交团声明,自本年 2 月 1 日起,实行扣留南方海关之关余,所扣之数,当全国关余总额 13.7%,因此为广东政府应得之部分,其余部分仍当交付外交团转给北京政府。"闻外交团接得此项消息后,如何对付,煞费踌躇,使署中人有谓应禁止外货输入广东军政府所辖区域,以杜绝税源者;有谓宜电广东海关关员,嘱其万勿交付,至不得已时可以无力抵抗者。然以上两说,实行时困难甚多。若外交团以兵力助关员抵抗,则酿起国际之交涉,又非外交团所愿见于今日者。故须如何应付,现在尚无办法。"又上海电云,据新闻报载香港电报,广东领事团对于军政府管理海关事件,现已回答,内称:"海关为各国借款之抵押品,非得债权者之同意,则不得擅行管理。"(《选举非常总统声中之军府·外交团对关余之态度》,北京《晨报》1921 年 1 月 29 日,"紧要新闻")

△ 报载军政府联络熊克武未成。

报道称,广州政府派员赴川联络熊克武,允诺熊氏担任四川总司令,遥领总裁。"闻已经由熊氏拒绝,且谓川省不容第三者插足,嗣后厥谋自治。"(《粤系联络熊克武未成》,天津《大公报》1921 年 1 月 29 日,"北京特别要讯")

1 月 30 日 出席中国国民党广东支部成立大会,阐述三民主义要旨。

中国国民党广东支部召开成立大会,莅临大会并发表演讲。演讲围绕作为国民党指导纲领的三民主义展开,略谓:"第一,民族主义非推翻满清族主权便了,须使各民族都平等。第二,民权主义须人民有普遍选举、立法、免官之权。第三,民生主义须趁此资本家、地主不多之际,行资产国有制,借机器以兴实业,普利一般人民,消灭阶级战争。"(《本社专电》,上海《民国日报》1921年2月1日)

上海《民国日报》发表社论指出:"孙中山先生二十年来提倡的三民主义,本来是新中国缺一不可的,但九年以来,竟没有一件事已经到达。""十年以来动乱的原因,可以说是三民主义没有实现的缘故。而今后真欲救国,亦仍非从三民主义努力不可。"(湘君:《三民主义》,上海《民国日报》1921年2月1日,"社论")

是月25日,任陈炯明为中国国民党广东支部长。随后又任命广东支部主要职员,其中谢良牧为总务科长,冯自由为党务科长,邓泽如为财政科长,谢英伯为宣传科长。所有职员于2月12日到职视事。(《广州国民党支部成立情形》,上海《民国日报》1921年2月21日)

△　军政府召开军事会议,提出援赣计划。

本日军政府召开军事会议,军界要人列席者极多。据报道,孙中山提出援赣计划三条:(一)以许崇智为援赣总司令,包作霖为援赣副司令。(二)拟抽拨陈部二十营为后援队,限阴历年底出发。(三)军饷由盐税项下拨用。陈炯明大起反对,谓"桂事正急,粤省兵力不敷分配,若再图赣,首尾难以兼顾,终有覆𫗧之虞,一时和者极众"。孙系大不谓然,并发出议论,略谓:"广西内讧,已成事实,目前实不暇窥粤。只提一旅之师以防其变足矣。赣省陈(光远)张(宗昌)冲突正予我以可乘之机,不于此时分兵攻取,以图开拓,则将来必处于孤立之地位。""一时议者纷纷,莫衷一是,卒由某总裁和解云:吾粤财政之窘已达极点,攻赣攻桂,均非其时,鄙见以暂维眼前之局势,而徐图联省自治之进行为依据。于是表示赞成者多数,该会遂无结果而散。"(《军府与领事团大起冲突·军府各首领之暗潮》,北京《晨报》1921年2月3日,

"紧要新闻")

△　报载孙中山、陈炯明矛盾冲突。

报道称,广州非常国会提议选举总统一事,已有不日实现之势。陈炯明对于此事反对甚力,孙、陈之军队恐不免于冲突。据可靠消息,"孙部许崇智军队现正向广州开拔。陈炯明为防止许崇智起见,特派袁镜明赴湘,密议湘粤联防办法。袁于 18 日抵湘,双方已有妥协办法。其第一要义,即系陈助赵拒李烈钧,赵为陈牵制许崇智"。又一消息,"粤军总司令陈炯明在军政联席会议上,提出裁兵减政各议案,当时因前方各统兵司令未能列席发表意见,故未付表决。而孙中山颇持异议,其理由:一,因南北统一未能实现,西南当留相当之兵力以为对付。二,因粤桂问题尚未解决,若骤然裁兵,将启桂觊觎之心"。(《孙陈分裂声中之军府·孙陈果将以兵戎相见耶》,北京《晨报》1921 年 1 月 30 日,"紧要新闻")

粤海关情报称:"西南各省选举一位正式总统的提案,是激进的护法领袖们极力赞同的最重要的议题之一。但是,由于西南诸省一些人士和某些护法领袖的反对,现在看来,该提案可能会流产。地方当局现在赞成这样的意见,即总统选举应推迟到对桂的军事行动取得完全胜利后才进行。"(广东省档案馆编译:《孙中山与广东——广东省档案馆库藏海关档案选译》,第 213 页)

△　报载孙中山分划军政府各要权。

报道称,孙中山鉴于广州各项均在初组建设,与执政首领所据地步不同,实际上颇有抵触之弊,特开紧要会议决定速将大权分划,俾使各有专责。所列入手之点:"第一先由粤军入手,令许崇智、陈炯明各担维持地方一半责任;第二由行政入手,将各首领担负职务定出;第三尚令各议员系分权,恐与护法宗旨不利。"(《孙文分划广东各要权》,天津《大公报》1921 年 1 月 30 日,"北京特别要讯")

△　报载军政府拟发行公债五百万元。

报道称,军政府近提议发行广东公债五百万元,以地方钱粮为担保品,年息八厘,九五实收,三年后每半年偿付一次,此议已通过。
"除由商会认募一百万元外,一等县配五万元,二等县配三万元,三等县配一万元,其盐署、海关、厘局暨骈指各机关军酌量分配,预限分三个月报解。其商会之一百万元,限夏历年内先缴五十万元,以供岁杪应用。"(《孙陈分裂声中之军府·军府忙于筹款》,北京《晨报》1921年1月30日,"紧要新闻")

1月31日　徐世昌令陆荣廷督办广西边防军务。(《本社专电》,上海《民国日报》1921年2月1日)

△　军政府召开政务会议,决定关余问题仍取外交正当手续,向外交团交涉。

是日,军政府召开政务会议,在讨论接受海关问题时,外交总长伍廷芳"以连日迭接外交团来电,磋商交付关余事件,虽未有确实交付之表示,然彼方既迭次电商,则此问题已渐呈好况,若将某使误解之理由一一剖解明白,则此目的不难达到。故主张仍从外交上正当之手续,向外交团交涉;如到某项时期而外交团仍不觉悟,然后实行接收"。众皆赞成。会议议决令外交部次长伍朝枢拟写文稿,通告外交团,解释误会,促其觉悟。军政府暂缓接收海关的消息传出后,广东各界人士以军政府收管海关虽审慎行事,但未免过于示弱,多主张政府应坚持原议,克期接管。多个社会团体还准备发表通电及派遣代表晋谒各总裁,敦促政府收回海关,维护国权。(《军府收管海关问题》,上海《民国日报》1921年2月11日,"国内要闻")

△　报载孙中山等召开特别会议,决定对外交界发表宣言。

报道称,孙中山等日昨召开特别会议,决定对于外交界发出宣言,声明以下各项:"第一,联省政府即日改组正式政府,非常大总统亦将选出,请外交界一致承认;第二,西南海关常关如不愿由南方接收,即应将关余拨给广东政府;第三,为北京政府借口夏历年关,滥借外款,西南决不承认,请嘱银行团暨洋行严词拒绝。"

另据报道,驻粤领事团迭电北京公使团报告,"广州中国各首领现有种种要求,均希望外交界早日承认。驻京公使接到是项电报,均极反对。昨已电复粤领事,略谓西南接收海关税问题,关系更变原约,由南方三五人私意改革,决难生效。至于关余一项,当此南北尚未统一,不便交付北方政府,尤难供给广州,作破坏统一之用。所有南方借款备战,亟应从根本上拒绝"。(《军府内部之纠纷·军府筹款与外交团》,北京《晨报》1921 年 1 月 31 日,"紧要新闻")

　　△　报载广东政府各要政进行状况。

　　报道称,广州刘某致电北京政府,报告三事:"(一)报告总统选举赞成者少,反对者众,中山决计软化,停止进行;(二)合议制之计划,唐继尧、赵恒惕均赞成,但言本省财力困窘,不得不向军政府乞将伯之助;(三)关余问题,上海公堂所判决之五十万,伍廷芳可以提用,但每月关余已经领事团于 26 日拒绝。孙中山本拟实行扣留关款,后经税务司声明,如此办理,予将请外国军舰前来保护,孙无办法。"(《孙文等在粤之状况》,天津《益世报》1921 年 1 月 31 日,"要闻一")

　　是月下旬　复函小山清次,就南方政情予以澄清。

　　是月 18 日,日本《朝日新闻》驻沪特派员小山清次来函,列举问题,请予回答,俾探明南方政情。该函提出的问题包括:"(一)阁下与唐少川、伍秩庸两总裁及陈总司令,对于军府将来不同之政见安在?(二)阁下对于联省制之意见若何?(三)闻本月 13 日开非常国会,15〔日〕举总统,何尚未行?(四)唐继尧是否反对总统制?(五)何省属新总统,是否广东、云南、贵州诸省?(六)军政府何时派代表至英、法各国?(七)阁下被选总统后,主义奚若,社会主义乎?波尔斯维克乎?抑行其他主义乎?"

　　接函后将所问交由军政府秘书厅代为函复。复函略谓:"(一)孙总裁与伍、陈诸公并无何等不同之意见,外间谣传,纯属无聊政敌所造。(二)孙总裁甚赞成联省制,此制并不与中央统制权相冲突。(三)选举总统系应时势之要求,但选举手续尚须讨论,不能求速,以草率了事。(四)唐联帅亦甚赞成选举总统。(五)总统是中华民国全国之总统,不仅是来示所云。(六)派遣代表至英、法各国,不久将决定之。(七)孙总裁之主义,久已传播中外,无俟赘述。此外尚有一事为足下告者,嗣后来函请勿书广东军政府,盖军政府乃中华民国之军政府,广东特其所在地也。"(《关于西南大局之释疑》,上海《民国日报》1921年1月30日,"国内要闻")

非常国会选举总统消息虽酝酿已久,但迟迟未行,有报纸分析原因称:"据调查其所以至此之原因,实由此事全出孙文个人主张,军府中唐、伍二总裁均不赞同,国会中议员不尽属孙派,其属唐氏一派者已暗中运动打销;且各议员中尤以中立一派占大多数,佥谓刻下岁费尚未支给,人皆不名一钱,即选出大总统。于彼亦了无关系。故在孙派小数人或视为极重要的问题,在此辈大多数的中立派则皆毫不措意,将该问题轻轻搁下,国会内部发生之阻力如此。而外界复有军警同袍社、各军界人物之反对,致选举之进行,又生一大打击,以故一时尚未有实现的机会也。"(《西南选举总统之无望》,《申报》1921年2月2日,"国内要闻")北京《晨报》也指出:"孙文在粤希望速能当选非常总统,国会中反对分子,已以附逆名义驱逐殆尽。但就最近电讯,同为赞成派中又分急举与缓举两派,运动争论激烈。现在此案仍无实现之方法。孙氏部下特请汪精卫来作调和,而因种种情势,缓举派之主张已渐占胜利。"(《军府内部之纠纷》,北京《晨报》1921年1月31日,"紧要新闻")

2月

2月1日　召开政务会议,讨论收回海关,议决数项办法。(《本社专电》,上海《民国日报》1921年2月3日)

2月2日　报载军政府会议讨论善后借款分配。

报道称,孙中山、陈炯明因广州各项善后用款迄无着落,故向日本资本家抵借三千五百万之巨款。刻下虽未能完全交付,决已垫借一千万元,是以日前特开紧急会议,讨论分配办法。"其规定草案,计军饷一千三百万元,自治费三百万元,组织非常政府费六百万元,添购枪械费七百余万元。其余四百余万元,则作为整顿吏治及他项善后用款。"(《军府又倡议联省自治·广州善后借款之分配》,北京《晨报》1921年2月2日,"紧要新闻")

△　报载军政府重倡联省自治。

报道称,非常国会总统选举案延期后,联省自治问题继起。曩日所任命戴季陶、卢信、郭泰祺等现俱不在粤,乃从新加入胡汉民、吕志伊、谢持三人与徐谦、伍朝枢等共为联省自治制度起草委员。据孙中山言,"各省先实行自治,待其就绪后,由各省委员选举,组织独裁制正式政府"。(《军府又倡议联省自治·选举总统案无形取消》,北京《晨报》1921年2月2日,"紧要新闻")

△　报载军政府拟收回官吏任免权。

报道称,军政府未重组前,西南各省司法、盐务各职,均由各该省长委任。军政府现为划清权限起见,拟实行收回此项任免官吏权。凡属司法者,由司法部呈请任命。属于盐务者,由财政部呈请任命,以期事权统一。(《军政府收回任免官吏权》,《新国民日报》1921年2月2日,"护法要闻")

△　报载广东提议禁止通用外币。

报道称,现粤省为推行广东省银行纸币起见,已将在该省流行外国纸币,提议禁止通用。如果此议实行,则商场各项交易均将以粤省纸币为本位。(《军府又倡议联省自治·广州政府将禁用外币》,北京《晨报》1921年2月2日,"紧要新闻")

2月3日　任命黄骚、容觐彤为军政府内政部技士。(《任命黄骚职务令》《任命容觐彤职务令》,《孙中山全集》第5卷,第461页)

△　报载各团体代表谒各总裁,"请求实行收管海关,勿示弱"。(《本社专电》,上海《民国日报》1921年2月3日)

△　报载孙中山与唐绍仪不洽。

报道称,孙中山、陈炯明两派之暗潮甚烈,而孙与唐绍仪两人意见亦不相容。"孙曾致书唐,促其屏除一切浮言,竭力从事于建设,惟语中似含有须遵从个人之指示之意。唐阅后大怒,竟不答复。此消息传至云南后,唐继尧因防止军府破裂起见,屡次电孙,极力调解,力言唐不可离粤,且云将来终须与北方谋和,需用唐氏之处正多。"(《军府与领事团大起冲突·军府各首领之暗潮》,北京《晨报》1921 年 2 月 3 日,"紧要新闻")

△　报载陈炯明召开军事会议,讨论闹饷、与许冲突及防御桂军等事宜。

报道称,粤军总司令陈炯明现因各军闹饷、许(崇智)包(作霖)进兵等事,特在司令部召集会议,讨论以下三事:"(一)前防各军欠饷,呈请军政府暂发一月整饷及半月伙食,指定由上月所收杂税项下支拨;(二)许崇智、包作霖向广州进兵,孙文毫不拦阻,并与三水、四会等处粤军防兵冲突,应设法禁止;(三)钦廉方面桂军屡次侵入,应调劲旅前往抵御。"(《军府与领事团大起冲突·军府各首领之暗潮》,北京《晨报》1921 年 2 月 3 日,"紧要新闻")另有报道,许崇智、包作霖军队虽经陈炯明屡次阻止,仍向省垣方面移动。"因此陈炯明一方面质询孙文,一方面调洪兆麟等兵分布黄沙等处以备不虞。孙陈间感情因此大伤。"(《外交团商议警告军政府·孙陈恶感日深》,北京《晨报》1921 年 2 月 4 日,"紧要新闻")

△　上海《民国日报》发表评论,批评有关南方关余问题谣言。

评论称:"关于广东方面的谣言,传播的也不知有多少次,却是谣言的命运最短,用不着辩驳,事实早已给人证明了。军政府收回海关,是一件极重大的事。'图始'之时,当然有些阻力,造谣者便居为奇货,甚至于说某领调兵二千到省,却不想想这二千兵从哪里调来,某领是否真敢悍然出此? 二千个兵不是可藏在什么地方的,我很愿《时事新报》函致该报驻粤记者,把这二千兵驻在什么地方详细披露出来。须知造谣也该有些常识呀!"(《造谣也该有些常识》,上海《民国日报》1921 年 2 月 3 日,"时评一")

2 月 4 日　卢焘来电,辟输诚北方传言。

日前报章多有卢焘向北京政府输诚,坐南面北传言。本日,卢焘来电,宣称:"此次代总师干,迭发通电,表示护法宗旨,始终不渝。"北京政府不由法律产生,为西南各省所否认,"黔省为护法团体之一,目的一日未达,即责任一日未终。正拟纠合义师,肃清国难,何至自损人格,附和巨奸"。(《军政府公报》光字第 19 号,1921 年 2 月 16 日,"公电")

△　报载军政府筹商对付北京政府牢笼黔湘政策。

报道称,孙中山现于联省政府召开会议,讨论反对北京政府牢笼黔湘两省,特定种种办法以资应付:"(一)使李烈钧务在重攻湘省,恫吓各界;(一)密令鄂西南军首领出发牵制北方;(一)商准许崇智抽调粤军攻赣,务令北军首尾不能相顾;(一)派员赴黔禁止卢焘将自主取消。"(《孙中山不愿黔湘北附》,天津《大公报》1921 年 2 月 4 日,"北京特别要讯")

△　报载桂系利用矛盾运动陈炯明。

报道称,桂军前敌总司令谭浩明因孙中山、陈炯明失和,暂时停止援桂宿谋,故欲乘此机会与陈通款曲,借资自固。"刻谭已派其戚邹贵民参谋赴粤,与陈接洽,并协定条件如次:(一)停止作战,严禁前方之冲突;(二)撤回增防,实行划界;(三)彼此交换利益条件,言归于好。"又北京政府接陆荣廷来电云:"陈炯明攻桂计划虽未取消,现经调人和解,陈氏已有条件商妥,即可握手。"(《外交团商议警告军政府·海陆之通款消息》,北京《晨报》1921 年 2 月 4 日,"紧要新闻")报道称,桂省筹备攻粤,增设防线日紧,是以各国领事恐再发生激烈战事,特分向粤军陈炯明、桂军陆荣廷实行忠告,"劝令双方修好,免再发生战事。惟双方条件由粤桂各要人规定,调人实不干涉。若双方均不容纳此项忠告,战事发生后,凡粤桂侨民生命财产须一律担保"。(《军府与领事团大起冲突·军府各首领之暗潮》,北京《晨报》1921 年 2 月 3 日,"紧要新闻")

△　报载北京外交部向有关部门分致公函,攻击孙中山欲实行

过激主义。

报道称,日昨北京政府外交部关于此事有公函一道分致各机关,内容大致谓:"刻闻孙文等在粤提倡民主主义,即系含有一种激派意味;并闻孙文本此主义,日内在粤修订工法、商法及工厂各法,预备脱稿宣布全国,以资实行提倡此种主义。又闻孙文与孙洪伊通同一气,连日孙洪伊等在沪与列宁方面人员开议数次,殊骇听闻。"(《外交团商议警告军政府·外交部所谓南方之勾结激派》,北京《晨报》1921 年 2 月 4 日,"紧要新闻")

△ 《字林西报》评论广东内部分裂。

评论称:"广东方面今虽废除赌博,且又计划投一百二十万元以便取缔风纪,惟形势殊属不佳。西南联省政府延期选举总统之消息,乃孙文屈服于陈炯明之表征。孙氏藉非常国会以为总统,非无机会,但恐二个月后殆完全失却其势力耳。然足以使吾人惊异者,孙氏日疏隔其旧同志,似此现象,恐不久又将见孙氏于上海法租界,而陈炯明完全管理广东。"(《孙陈决裂中之军政府·陈炯明已辞职》,北京《晨报》1921 年 2 月 6 日,"紧要新闻")

2 月 5 日 批准公布《中国国民党本部特设办事处规划》。(陈锡祺主编:《孙中山年谱长编》下册,第 1333 页)

△ 军政府募集联省政府公债。

报道称,广东军政府因支出军事、行政诸费为数甚巨,现拟发行联省政府公债以谋补充。"其额数为二千万元,利息为一分,期限为十年,实收为八十四,担保为广东地丁五年间收入,若不足则以粤桂铁路为第一担保品。此等条件虽颇优美,第广东中国银行界无承担能力,故欲侨外华人担任,行将派遣委员募集。一方又恐在内地各省之粤桂出身实业家反对此项公债,亦已派遣委员以图意思之疏通。"(《军政府之改组与各方面·军政府大募公债》,北京《晨报》1921 年 2 月 5 日,"紧要新闻")

2 月 6 日 蒋介石抵广州,前来晋谒。

　　上月 27 日,蒋介石离开奉化,取道上海前往广东。是日抵达广州,即前来晋谒。随后数日,又迭来面商。并晤谈陈炯明、许崇智、邓铿等粤军要人,商讨援桂作战计划及第二军前进及攻取地点。后因各方意见分歧,难以协调,复萌生去志。(毛思诚编纂:《民国十五年以前之蒋介石先生》,第 119 页)14 日经由香港,返回奉化。

　　△　命何天炯邀请宫崎寅藏访粤。

　　军政府运作及改组步履维艰,寻求外力援助,成为可能选项。本日,命何天炯邀请日本友人宫崎寅藏访问广东,面商有关问题。3 月 12 日,宫崎抵达广州。13 日,设宴欢迎,宫崎并在何天炯陪同下拜谒史坚如墓。14 日,何天炯送宫崎到香港。18 日,宫崎到达上海。20 日,何天炯致函宫崎及萱野长知,对宫崎广州此行的用意有所涉及。函谓:"先生此回来去之匆忙,中日人士诸多误解,甚有不胜惊讶者,真不堪一笑也。东亚之风云真迫切矣。此回吾党能否活动,全靠两先生之力,敬候好音。"

　　宫崎返日后,积极向有关方面开展活动,并迭次来函报告情况。7 月 8 日,何天炯致函感谢,函谓:"先生所示各函,鄙俱转达孙公,深以先生热诚宏愿,比之岁寒松柏,其人格尤苍健无匹云云,此诚吾党临风感激无已者也。"时值日轮"小川丸"运输枪械接济桂系一事被发现,广州各界掀起抗议和抵制日货运动,此事给孙中山对日政策造成重大打击。何天炯告诉宫崎:"唯此间自'小川丸'事件发〔生〕以来,对于贵国外交甚抱悲观。即如孙公对于东亚大局有伟大之计划者,亦云日本外交,不求其助,只希望不为我害,即大成功也。"(杨天石、〔日〕狭间直树:《何天炯与孙中山》,《历史研究》1987 年第 5 期)

　　△　报载孙中山、陈炯明在援桂问题上发生分歧。

　　报道称,孙中山因速选总统为商界、警界所反对,"计必先于军事上求其发展",故广东纷传本月 1 日孙已决定攻桂之策,任许崇智为第一路总指挥,陈炯明为第二路总指挥。31 日电汕头洪兆麟邀其回省,亦因商酌此事。"惟陈炯明不赞成此事,且有辞去省长表示,因有徐绍桢继任说。""广东财政非常穷绌,此亦不过孙文一派之鼓吹。粤桂之战,能免与否,现尚未可预断。"另据消息,孙中山近因陆荣廷节节进兵,实行备战,而与陈炯明因各军欠饷及改编问题又发生意见,遂于日前将粤北民军调往肇庆。惟陈炯明"因防孙起见,仍令在清远所驻之粤军扼守要隘,不使民军通过"。是以孙向陈质问把持要隘之理由,陈置若罔闻,以故双方仍在争执之中。(《孙陈决裂中之军政府·陈炯明已辞职》,北京《晨报》1921 年 2 月 6 日,"紧要新闻")

2 月 7 日 报载孙中山与陈炯明趋向各异。

报道称,陈炯明前在福建时,对于社会主义已稍稍提倡。此时入粤,又任陈独秀为教育委员长,付予办理教育全权,因此广东从前之社会主义家与新改变的社会主义家群聚于粤。近月来,各处演说,常公然提倡社会革命,且有数报用大字标明:"本报目的鼓吹社会革命"。此外尚有社会主义青年团等等,公然在各地散布共产主义传单,广东政府一律不加禁阻,因此唐绍仪、伍廷芳等遂不满意于陈。"而孙文对于社会主义表面上虽赞成,但他的注意点全在攻桂、攻赣、攻湘,欲以武力统一中国,实行段祺瑞主张。然陈炯明悉广东久遭兵燹,物力凋敝,急宜休养生息,主张先固内部,随图发展,对于孙氏这种四处侵伐的政策大为反对。因此攻桂之议不克实行,孙因此恨陈不置,急思去之。因实力不充,且以军府为合议制,不能独断独行,恐不足达其逐陈目的。乃一面扩充实力(如暗使许崇智截留北江纳税,暗收留应遣散的民军,并联络李魏),一面嗾使国会实行选举总统,俾大权在握,为所欲为。陈大反对,并令军警示意,国会乃有所慑。孙闻之大怒,乃于 22 日请陈到府,当面拍案大骂,陈亦掷椅而起,反唇相稽(此乃目击其事某旧国会议员告我者)。此一二日间政潮非常险恶,而军队已欠饷数月,又值阴历年关,已乘机跃跃欲动,况有此种政潮之大导火线。后张继等两方奔走,极力调和,陈始允准两个月后选举,张亦无可如何。"(《社会革命声中之广州》,北京《晨报》1921 年 2 月 7 日,"紧要新闻")

△ 报载唐继尧反对选举总统。

报道称,云南唐继尧有东电致孙中山,说明反对选举大总统理由,并谓"如果实行独裁,则滇省惟有宣布独立,自由行动",措辞极为强硬。又一消息,自孙中山等提议重组非常政府以来,滇督唐继尧曾来电大为反对,"并宣言如意在必行,个人决与诸公脱离关系,以免借护法之名而实行扰民,致使争选总统而起风潮也"。

又据报道,孙中山极力主张选举非常大总统,业将旧国会运动成熟,中途忽生纠葛,遽致停顿。"据闻就中虽由陈炯明作梗,而反对最力者实为云南唐继尧。中央昨得驻滇赵委员电告,唐氏反对理由约有两种:一因西南团体未固,选举将发生反动,自行携贰,故宜停止选举;一则唐亦希冀总统,不欲为孙文下,致竭力破坏选举。"另据报道,唐继尧自反对孙中山被选为大总统,其意见业已大明。"据闻近日来累与滇中各政客秘密集议,决定俟有相当机会,即可与北方讨论北归条件,俾可与川桂表进主示同义。其希望条件,据闻第一由中央接济其一千万元巨款,借可收束起义以来各项军队;第二中央须允彼为滇黔川巡阅使,借偿滇人素望;第三旧议员均须有相当位置,否则负隅自守,亦使中央无可如何。"(《唐继尧对南北之态度》,北京《晨报》1921年2月7日,"紧要新闻")

2月8日 云南兵变,唐继尧自昆明出走。

川滇战争结束后,西南局势逐步演化,随即发生顾品珍倒唐事件。滇军第一军军长顾品珍系唐继尧麾下得力战将,率领滇军转战川中期间,与唐矛盾日积月累。除具体用兵上的分歧,二者在思想主张上分歧明显。唐继尧向持扩张主义,企图借助护法旗号,武力统一川滇黔三省;顾品珍、邓泰中等则主张不问外事,闭省自治,注目云南自身发展。多重矛盾交互作用,加上熊克武等外力的煽惑,顾品珍决心打出倒唐大旗。

上月28日,云南靖国联军第八军叶荃部在宜良发生闹饷风潮,准备进攻昆明,唐派兵前往镇压,城防空虚。顾品珍乘机率部由宣威向省城疾进,唐即召开军事会议,筹谋应对。然杨蓁、邓泰中等已不愿再战,联衔请唐下野。唐继尧见大势已去,于本月7日宣布裁撤靖国军总司令部,并布置善后举措,"将民政交省长周钟岳主持,省垣治安委宪兵司令李天保、警务处长秦光弟担任,其余财政机关如省立银行、筹饷局、军需局所存款项均令妥为保存"。本日清晨,唐继尧率内眷、亲信及卫队百余人乘坐花车,沿滇越铁路离开昆明南下。当日,顾品珍率部进驻昆明,以滇军总司令身份掌控云南。(郑学溥等编著:《唐继尧传》,第121—128页)

据龚师曾回忆,唐继尧形势危殆时,曾派其经滇越铁路转赴广州,向孙中山求援,请将在粤滇军李根源部调回援滇。龚抵达越南海防时,适值旧历新年,海轮无班,等轮船复航到达广州面谒孙中山时,滇局已是尘埃落定。孙中山告诉龚说:"顾品珍于到达距昆明一日路程的大坂桥时,声称要唐下野,唐已于一九二一年二月七日率其堂弟唐继虞逃出昆明了。"(龚师曾述、姚肖廉记:《孙中山先生与唐继尧的关系》,《广东文史资料》第25辑,第255页)

△ 致函易白沙,邀其来穗。

是日致函易白沙,邀其前来广州,协助将"素所怀抱主义、政策,见之文章,勒为条教"。该函由胡汉民书写,亲笔签署。函谓:"《帝王春秋》从历史事实唤起知识阶级,以诛锄独夫民贼,可谓严于斧钺矣。承嘱签题,当即如教。羊、石①驱除山贼之后,百废未举。然废督、裁兵、禁赌,亦稍稍有向新之气象。兄能惠然来游,至所欢迓。汉民、仲甫、君武俱在此间,不患无侣。而弟甚欲得一能文者,与共昕夕,以素所怀抱主义、政策,见之文章,勒为条教,不审能助我否?"(上海市档案馆:《孙中山邀请易白沙赴粤函》,《历史档案》1984年第3期)在此前后,并另有函相召易白沙来粤。易均"未遽应"。(易培基述:《亡弟白沙事状》,易白沙原著、郭长庚、吴兴勇译:《历代帝王权术总览》,第4页)

―――――――――

① 羊指广州,石指石龙。

2月9日　军政府下令通缉岑春煊、温宗尧、杨永泰、莫荣新、陆荣廷等。(《国内专电》,《申报》1921年2月11日)

2月11日　关余交付军政府案因美国作梗而搁置。

关余交付军政府一案,使团此前"均已赞成",故有"不日交付之说"。本日,公使团再开会讨论,美公使因接国内来电,特表反对。其反对理由,系以"关余之支配权,操诸中国政府。现北京政府既反对将此款交与南方,则美国实无权干涉"。(《关余案美国作梗》,上海《民国日报》1921年2月22日,"国内要闻")

另据报道,美国国务院于2月11日接粤军政府来电,请求援助关于海关一案,措辞"非常歉抑"。美政府已于12日致电广东美领,嘱令转达军府,大意谓"美政府万难允准军政府此项要求,以阻碍中国之统一"。又据外交界消息,日昨外交团曾开会议,讨论交付南方关余问题,结果已协定暂予通融,量为交付,嗣因美国方面反对,故暂为中止。(《军政府之攻桂与各方面》,北京《晨报》1921年2月18日,"紧要新闻")

2月12日　致函南洋各埠华侨,勉合力赞助新中国建设事业。

粤桂战争,海外华侨踊跃捐输,有的甚且回国组织义勇队参战,为光复广东作出重要贡献。军政府重建后,海外华侨势必能够继续发挥积极作用。2月,军政府委任方瑞麟为南洋华侨宣慰员,遣其周游南洋各埠,将新政府进行计划通告于众。

本日函告南洋各埠华侨,追溯华侨历史功绩,介绍方瑞麟此行目的,希望华侨继续"合力赞助"新中国建设事业。该函在历数华侨创建民国及粤军回粤中的功绩后,谓:"诸君远适异邦,惓怀祖国,一举而光复汉室,再举即光复粤东。方之卜式输财助边,子文毁家纾难,殆或过之,今粤局底定矣。文与伍、唐、陈诸子誓本民治之精神,图根本之改造,举其荦荦大者,如禁赌、裁兵、废督军、撤镇道,已一一实现。其他兴革,亦将次第推行,以为各省模范。其诸不戾于吾辈革命救国之旨乎! 兹派方君瑞麟为南洋华侨宣慰员,以次周历各埠,举政府进行计划,宣告于众。当此民治思潮奔腾澎涨,改造主义世界同趋,吾国既为国际团体之一员,岂能违此公例? 将来新中国建设事业待举者至多,望诸君勿废前功,合力赞助,是文之所厚望也。"(《孙总裁慰问南洋华侨》,上海《民国日报》1921年2月12日,"国内要闻")

△ 报载徐树铮遣陈干来函,表示"愿共大事"。复函略谓:"执事南归至欢迎,宜先表示一种功绩,以坚西南信用。可将闽、陕、浙联之。"徐回函允可尽力。(《专电》,《申报》1921年2月12日)

△ 居正致函焦易堂,谓总统缓选缘援桂在即。

是日,居正致函焦易堂,邀其返国筹划鄂事,函涉军政府情形。略谓:"军政府自中山先生回粤,力图发展,然以种种关系,不免稍嫌迟钝,实际大半为财政问题。自新旧年关打过,财政渐有起色;军队整理,亦多就绪。故外间以选举总统之计划尚缓实行,遂构成孙陈不睦之谣,颇知孙陈关系者,都付之一噱。迟选之故,实以援桂在即,欲一意为军事上之准备。并以兹事体大,无妨再与各方面接洽,以得圆满赞成。并是否须先解决联省制度,确定根本,亦属重大问题,故金议主展缓两月实行,此外绝无故。昨日粤电竞存已决计亲出援桂,出动在即,桂省内变蜂起,料不久即可告成。"(《致焦易堂函》,罗福惠、萧怡编:《居正文集》上册,第384页)

2月13日 军政府召开政务会议,与陈炯明针锋相对。

是日召开政务会议,围绕总统选举问题,与陈炯明针锋相对。有报道称:"孙文仍主张选举总统,陈炯明确异常反对,且双方辩驳数次,词甚愤激。"(《军政府之攻桂·孙陈之龃龉》,北京《晨报》1921年2月21日,"紧要新闻")

△ 与日本记者谈云南局势、关税及援桂等问题。

云南政局变动消息传出后,外界极为关注。是日,日本东方通讯社驻广东通信员小林清次来访,探询关于云南局势意见。访谈间,分析唐继尧被推翻原因时称:"唐继尧之失足,因彼对于南北两方面向持首鼠两端之态度,只知以己之地位为本位,趋于私利,因此颇招一般人士之恶感与本省人民之离叛。此际突遭顾品珍等之反抗,遂至难以立足也。"并认为云南事件对西南内部不会造成重大影响,因"军政府向不信任唐氏,且该省人民与军政府理想符合,故必无重大之影响。若仅以顾品珍等应李根源等政学会派运动之结果,而遽加以判断,则未免失诸过早矣。顾氏与军政府以前虽无何等之谅解,但即使将来云南局面归顾氏支配,顾氏亦绝对不能与余对敌。是以川黔湘各省亦不致有重大之变化也"。

记者随后询及关税、援桂等问题,答谓:"军政府现在向外交团交涉,要求交付以前之关余,大约可望交付。至于讨伐广西问题,倘广西求和,则军政府亦愿允之。否则,只得武力解决耳。"(《日人电传孙总裁谈话》,上海《民国日报》1921 年 2 月 14 日,"国内要闻")

△　顾品珍召集军事会议,决定拥护军政府。

是日,顾品珍在昆明召开军事会议,各军事长官及省议会议长等二十余人列席。决议"对北方坚主护法,仍积极拥护军政府,设立军事参议会,采公开主义解决一切问题"。(《本社专电》,上海《民国日报》1920 年 2 月 16 日)

2 月 14 日　军政府召开政务会议,提议讨论应付滇事。

报道称,是日政务会议,孙中山"提议应付滇事,须设法羁縻顾品珍、赵又新等,免致北向。结果决定以顾为总司令,赵为副司令,即日电滇查照"。(《行踪不明之唐继尧与滇局》,北京《晨报》1921 年 2 月 18 日,"紧要新闻")

△　报载吕超谈总统选举诸问题。

前川军总司令吕超自沪来粤,接受上海《民国日报》记者访问,详谈总统选举、川事、援桂等问题意见。谈话略谓:"我此番出游,本欲遍观西南各省,但在沪上看见各报登载此间消息,颇多怀疑之点,故特先来观察实情。窃以为西南各省,急须谋精神上之团结,若貌合神离,结果必为奸人所乘。特将此意向孙、唐、伍三总裁,陈省长暨粤中各要人道及。及与各总裁、各要人谈话,亦觉彼此意见并无参商之处,因知前此在沪所闻,不过出于奸人挑拨作用耳。"

记者请其就西南局面发表意见,答谓:"民国建设,已及十载。民党实未尝一日执政,此后无论在何处得秉政权,似当实行废督裁兵,推行中山先生三民主义,藉瞻吾人建设之成绩。故西南各省应先切实推行自治,即组织省政府亦未尝不可,以重虚名,不如切实进行之为愈也。""然我首应正名,正名当即选举总统。即就国际交涉一项,因西南无正式总统,已吃亏不少,今后益不得不谋补救。或疑正式选举总统后,西南政府未必能充量发展,此话实错误之极。因为西南政府能否发展,全视西南全体国民能否信仰选出之总统。若都能信仰选出之总统,则总统自然有权威可以展其怀抱,此实不成问题。今日此间当局已一致援桂,选总统案亦不日提出,此实西南最可嘉之现象也。"(《吕超抵粤后之谈话》,上海《民国日报》1921年2月14日,"国内要闻")

△　报载部分议员拟提议推行实业计划。

报道称,孙中山所拟振兴全国实业计划,"中外人士咸视挽救中国时局唯一方法"。"现国会议员多人,以选举总统问题,须与发展西南之大政策同时实现,一时未便实行。故多欲将总裁所拟实业大计划先提出非常国会,以解决全国实业进行之方针。大抵此计划议决后,北方政府向银行团商借之实业借款,必受根本的致命伤,于西南大局为有利,将来全国实业之振兴,亦惟此是赖。"(《国会提议实业计画》,《新国民日报》1921年2月14日,"护法要闻")

△　报载多方反对总统选举。

报道称,"当孙中山回粤之始,因前次军府改组案实受议员诸君之骗,本拟暂时不要国会,故迭次关于发表宣言之通电,皆置国会于不闻不问。迨议员前往交涉,且声言留粤议员,皆属附逆,非悉数逮捕不可,其决绝可想;后经议员方面出其箍煲手段,极力疏通,并谓总统非由国会产生,必无以维系人心,留粤议员悉坐以附逆之罪,尤恐众叛亲离,不可收拾。中山意始稍转,议员得此好机会,遂决定以最辣手段,最短时间,一面将异派议员加以附逆头衔,尽以除名,使国会变为清一色之国会,一面速开非常会议,选举中山为非常总统。讵料陈派军人,竟要反对起来。爰假某处会议,提出二大问题:(一)南方选举总统,无异自树目标,一旦北方来攻,何以击之。(二)广东现时军实,是否充实,饷项是否丰饶;果有战争发生,究竟能支持几时。要求军府总裁及非常议员出席答复,以释群疑"。(《选举总统问题之经过情形》,《香港华字日报》1921 年 2 月 14 日,"粤省要闻")

　　另据报道,据政界某要人述选举总统,"各方面多不赞成,不过军界反对尤力。即以伍、唐两总裁而言,颇不以改组军府为然。因军府本为合议制,若举出总统,当然要实行独裁制,各人地位,自不得不受其影响。且伍、唐皆主张整理内部,逐渐发展,不赞成冒险政策"。(《选举总统问题之经过情形(四)》,《香港华字日报》1921 年 2 月 16 日,"粤省要闻")

　　2 月 15 日　孙科就任广州市长。

　　广东省长陈炯明以广州为全省首善之区,市政建设,刻不容缓;又以原市政公所范围过狭,事权不广,拟加改组。法制编纂会会员孙科,对各国市政深研有得,广州市暂行条例遂由其主稿。根据该条例,广东省会划归广州市,市政机关定名为广州市市政厅。随后陈炯明委任孙科为市长,孙科并荐请委任各部局长。本日,孙科宣告就任广州市长,广州市政厅正式成立。("中华民国"史事纪要编辑委员会编:《中华民国史事纪要(初稿)——一九二一年一至六月》,第 125 页)16 日,陈炯明印发广东市行政刷新布告,通告广州市民一体知照。(《广东市行政刷新布告》,上海《民国日报》1921 年 2 月 25 日,"国内要闻")

　　△　林直勉发表演说,促美国政府及民众支持军政府。

　　是日晚,中国国民党驻美总干事林直勉在 Cleveland 旅馆,演讲"今天的中国"。他告诉美国听众,"孙博士是中国国民党的首领,并且也是创造中华民国的第一个人。他常常说美国是领导世界入于民治的先锋"。现在在孙博士的领导下,"那合法的国会已经迁移到广州城里去了,依了大多数人民所赞成的临时约法,在中国的南方已经组织了一个合法的政府。在南方有了人民和海陆军的扶助,那个政府可以永久去护法,去压迫这些卖国党,并且去推倒他们的不法政府"。他呼吁作为中国"最有同情的朋友"的美国,不要去帮助那些卖国党,不要去承认北京不法的政府,新银团不要借款给不法政府。并告"关于这个问题,孙博士现在正在研究中国人民的公意。他将赖报纸和杂志对于美国人发表他的意见。我们很盼望你们的注意"。（《林直勉博士在美国之演说》,上海《民国日报》1921 年 2 月 24 日,"国内要闻"）

△　报载军政府欲承认劳农政府,向国内推行过激主义。

报道称,孙中山、唐继尧"近因西南形势摇动,护法主义不足号召,彼此通电协商,拟实行提倡过激主义以新耳目。其第一步系由粤军政府承认俄国过激政府;第二步将社会党学说印刷多份,散布全国;第三步即向北方推广,俾达最后目的。另一消息,孙中山入粤后,与劳农政府迭有信使往来。闻最近孙派旅粤俄人特罗克夫回俄,答拜列宁,并递孙文手书。特氏十一月由满洲经过赤塔,于一月抄安抵伊尔库次克"。（《西南政府欲利用劳农政府》,北京《晨报》1921 年 2 月 15 日,"紧要新闻"）另据报道,驻丹麦曹代办是月 15 日向北京政府来电报告,"此间喧传西南政府现派代表谢俊峰赴俄,与莫斯科政府会商要务。并据传闻,谢俊峰系奉孙中山命令,与列宁商订正式条约,要求接济财力武器"。（《攻桂中之军府·军府拟利用劳农政府》,北京《晨报》1921年 2 月 19 日,"紧要新闻"）

2 月 16 日　顾品珍来电,告"滇省军民安堵,秩序如常"。（《顾品珍电告滇省安堵》,上海《民国日报》1921 年 3 月 1 日,"国内要闻"）

2 月 17 日　与《字林西报》记者谈孙陈关系、广州税关及联段等问题。

《字林西报》驻北京记者解尔般脱,因京中盛传广州内部行将发生冲突,孙中山与陈炯明两派不睦,广州并有强迫占据海关之势,乃自京南来探访真相。行至上海,"此种谣诼仍盛",香港市面亦纷纷谈论海关问题。抵达广州,发现"极为平靖",颇感意外。

　　是日，在亚洲酒店接受解尔般脱采访。据解氏报道，"彼以彼所特具之微笑迎余，初言欢迎余来广州，继以极谦和之状，赞余平日写述中国事情，具有使人信服之力，是为中国恶弊之劲敌；又谓若余处此纪述事情之真相，则更为有益"。寒暄既毕，解氏探问孙陈关系，答谓："此间决无公然破裂之理，至于意见不同，确无可讳。惟吾人皆抛弃客气"，"遇事皆开诚讨论，和衷商榷，故能消弭意见。此种办法，今已确有成效。目下外间一切广州将有乱事之预言，皆以北京之谣言为根据耳"。

　　在回答广州税关将被占领之说提问时指出："绝无此事。税关为一种中国政府之服务机关。吾人并不承认北京，吾人乃中国之政府也。今对于关余问题，吾人依赖美国、英国及他国人民之正义观念，必有公平之判断。""吾人所赖者，即此正义观念耳。总之，吾人将不为任何鲁莽行动。"

　　对于外界流传极盛的联段问题，解释道："段氏向我保证，彼愿取消'二十一条要求'及由此发生之各协约。夫中国南北之分裂，即为此问题而起。段既宣言愿向日本提议此事，吾自愿与段谋和而共同行动。今使北京愿与吾人提携，解决此问题及宪法问题，则吾人亦可与北方媾和也。"

　　解尔般脱在报道此次采访时指出，"凡人与孙氏会面，最足使精神奋兴。不见孙氏时，恒觉彼之政治思想或计划，罕能见诸实行。迨一与见面，即不禁为其非常的人格之魔力所摄，觉其言行，实出于至诚"。（《字林报通信员披露广东真相》，上海《民国日报》1921年2月17日，"国内要闻"）

　　随后，陈炯明、唐绍仪、伍廷芳也接受了采访。陈炯明在采访中指出，"今日吾人已确信中国如再欲以君主政体或武力专制相统一，已断乎不能。袁世凯欲以帝制精神治此共和国既不可能，旋又思帝制自为，则竟身败名裂。段祺瑞及张勋蹈此覆辙。孙逸仙博士亦曾有一时欲以武力统一中国，亦未成功。然则今日苟尚有抱武力主义之个人或团体,决不当托以大权,似已彰彰明甚。今日欲恢复中国之和平,只有一法,即以一切权柄归诸人民。人民希望和平,苟彼等能合力表示意见,则和平实现矣"。(《字林报通信员披露广东真相(续)》,上海《民国日报》1921年2月17日,"国内要闻")

唐绍仪接受采访时,在粤省财政状况、关余等问题后,旋谈及孙中山的人格。略谓:"无论何人,欲与孙氏会谈一次即确知其性质,乃不可能。君或已见孙君二小时,但必须二十小时乃知之。在一短期会谈中,彼乃一外交家,彼将以其意见使君知之,但不令君去时,意见与之相左。其初见君时所谈者,或使君不喜,然最后则必甚和蔼,使人怡悦。总之,君必不能于二小时内深知其人,为吾人所知者,君若与彼同处二十小时者,即将不以彼为一极端主义者或一怪癖之人矣。"唐氏此种判断,记者"深以为然"。(《字林报续述广东真相》,上海《民国日报》1921年2月22日,"国内要闻")

△　军政府召集军事联席会议,讨论攻桂办法。

是日,军政府召集军事联席会议,议决攻桂各项办法。据报道,办法包括:"(一)攻桂计划,系由军政府核定,各军官长不得独断独行;(二)攻桂兵力,由粤军、民军混合组织,听从军政府支配;(三)各路军队,对于攻桂职务各有专责,不得互相推诿;(四)所需军火饷弹事前由政府筹拨,各军不得停止进行。"又北京政府接广州探员来电报告,孙中山、陈炯明现已着手援桂,"近日叠次会议讨论调集军队筹备军火各问题。拟将三水之粤军第九、十两团开赴广宁,以便向怀集进攻;高明、鹤山之粤军第三、四两支队集合肇庆;所有信宜、廉江各处粤军均开赴钦廉,以便攻击南宁;而粤北之民军日内亦由该处向广州调防"。(《军政府之攻桂·攻桂之进行》,北京《晨报》1921年2月21日,"紧要新闻")

△　改造广西临时军等来电,请速行援桂。

援桂之声喧腾众口,桂省内部多有响应者。是日,改造广西临时军主任班继超、靖桂军司令蒋振彪来电,告已"誓师田南,驱除逆酋",

请即"会猎昆仑,扫清余孽,共图改造,竟厥全功"。(《改造广西临时军通电》,上海《民国日报》1921年2月22日,"国内要闻")

△　徐世昌谈时局问题,冀早日与南方疏通隔阂。

本日徐世昌与府、院各要人谈话,略谓:"夏历年关已过,诸公及余极当抖擞精神,尽心国事。我国虽病于财政困难,本年即应从根本上清结,幸中央不久召集财政会议,财政问题即可冀以解决。惟余所最痛心疾首者,莫过于南北不统一是也。南方果有醒悟,诸公一本国家兴亡匹夫有责之旨,即应入手接收南方自主,对黔湘滇疏通隔阂,宜应早日实施。"(《徐东海大谈时局》,《香港华字日报》1921年2月28日,"中外要闻")

△　报载北京政府遏制南方借款方法。

报道称,北京政府以军政府方面动借外款,特拟定遏制办法:"(一)切实向各国使领声明,不可轻允南方提议借款及要求关余诸事;(二)函劝银行团不可单独向南方片面投资,否则中央不能承认;(三)通电西南省会商会教育会反对粤省首领借款,免致增加国民负担。"(《京政府遏制西南借款之办法》,《香港华字日报》1921年2月28日,"中外要闻")

2月18日　复函刘节初等,指示川省党务一致进行。

川中党务进行极为重要。前者曹笃(字叔实)返川时,曾委托筹备中国国民党四川省支部。曹抵成都后,来电报告筹备处成立及各科主任姓名,请加委任。又数月前,酉阳设立国民党机关,称为西秀黔彭支部。接报告后,令改为中国国民党四川支部西秀黔彭第一办事处,并委任负责人。日前,刘节初等来函,报告川中党务筹备及组织意见,谓川省支部现宜仍作筹备时间,且成、渝两处拟皆进行筹备。

本日复函,告"国内各省,每省只能设一支部,川省在筹备时代,亦当合全川同志谋党事之进行,断不可划分成、渝为二","似现在有分别区域各自为政之状,办法既乖,尤非党务前途佳象"。并告曹笃开展党务及酉阳机关成立情形,指出"开办之初,易涉歧异,年来同志中又因政治影响,略有异同;且于党事之进行,亦或有不甚明晰之处","全赖明达热心之士,委婉维护,以底于成"。嘱"请本此意,为各同志反复开陈,务令铲除畛域,一致进行,若网在纲,有条不紊,庶不愧为组织完善之政党"。(《复刘节初等函》,《孙中山全集》第 5 卷,第 464－465 页)

△　翠亨乡亲来访,合影留念。(余齐昭:《孙中山文史图片考释》,第133－134 页)

△　任命李禄超为内政部农务局秘书。(《任命李禄超职务令》,《孙中山全集》第 5 卷,第 466 页)

△　顾品珍来电,告时局主张。

本日,顾品珍来电,告勉任滇军总司令,此后"惟有尊重国法,服从民意,事事公开,合群策群力,以安桑梓"。冀"海内贤豪,互相提携,求安全国",共扫武人政治,"发扬民治精神,力谋解决时局适当之法,以遵国民之心理,以应世界潮流"。(《顾品珍通电护法》,上海《民国日报》1921 年 3 月 13 日,"国内要闻")

唐继尧被逐,云南政局更迭,如何将滇省继续保存于护法阵营,军政府极为重视。北京政府亦虎视眈眈,试图运动顾品珍北向。有报道称,军政府认为,唐继尧在川滇之失败,实以与顾品珍积不相能之故。顾品珍仍为护法分子。又一消息称,军政府以唐继尧出走,川滇黔局势必为之一变,拟用羁縻手段,任命顾品珍为云南总司令,叶荃、赵又新为副司令,并补选顾氏为军政府总裁。(《军政府之支柱与各方面·军府之笼络云南》,北京《晨报》1921 年 2 月 18 日,"紧要新闻")另据报道,北京政府派李根源携款百万赴滇运动,军政府亦派王乃昌等赴滇接洽。惟军政府与顾品珍接商条件颇为人所注目。大要如下:(一)军政府正式任命顾品珍为滇军总司令;(二)军政府拟联合各省改组联省政府,许顾品珍以某项重要之位置;(三)未改组以前许补选顾品珍为总裁;(四)收到关税余款后许拨给若干为滇军军费。(《军府与顾品珍接商之条件》,《香港华字日报》1921 年 2 月 23 日,"粤省要闻")

另据报道，唐继尧自被顾品珍驱走后，行踪极为诡秘。兹据北京政府所得密电，谓唐氏因接有孙中山密电相召，确已于 14 日由蒙自起程，向广州进发。前谓唐氏将往日本福冈养疴，尚非事实。又一消息，日前唐继尧抵海防一节，兹经探明实系唐继尧部下及其眷属行抵海防。日昨已经放洋东下。(《行踪不明之唐继尧与滇局》，北京《晨报》1921 年 2 月 18 日，"紧要新闻")

△ 粤军与桂军沈鸿英部在封川、开建接仗。

报道称，此次交战，"粤军伤亡官长三名，兵百余人；桂军毙二百余人，俘数十人，所有防地均被粤军所占"。同日肇庆方面，桂军钱旅右翼阵地为包作霖部攻陷，桂军后撤至狗耳山附近灵境，掘壕扼守防线。(《攻桂中之军政府·粤桂军之小战》，北京《晨报》1921 年 2 月 23 日，"紧要新闻")

△ 报载孙中山卫士队组成。

报道称，孙中山卫士队组织经已完备。日昨副官长何克夫特召集全队军士宣言成立，申明军纪并告诫各军士，略谓："日前孙总裁在国民党宣言有谓此次回粤，重修军府，无论将来如何，宁以一死，亦决不愿再作逃亡等语，今鄙人与诸君组织卫士队，系拥护吾党首领，应亦一决心，无论将来如何，立誓不逃亡，且宁死在首领未死之前，不可死在首领已死之后。"(《何克夫告诫卫士队》，《香港华字日报》1921 年 2 月 18 日，"粤闻")

△ 报载军政府交涉关余。

报道称，粤军政府送向外交团请求交付关余，并允由外交团派员检查，决不以之为战争之用，各国公使多有应允之意。"嗣由美使提议，按照先例必先经北京政府之承认，故外交团会议结果特正式照会我外交部请求答复。闻已提交阁议，均以为粤军府前存外国银行之关余，政府尚且诉以法律，力争争回，则此后欲以关余交付南方，当然严为拒绝；且此次孙、伍等重组军府，范围不出粤省，远非前军府比，尤无承认之理。日内拟即以此答复外交团。"又一消息，"广州各首领原谋积极接收海关,嗣外交界极力反对,某国已派军舰保护,故未能达其目的。遂改变方针,以振兴教育、实业为词,日向外人哀求。近日粤领事由某国运动,忽允拨付关余,已令军府开列用途,是以孙文提议将接收海关议案取消,即以领受关余为交换条件"。(《攻桂中之军政府·粤领事团果允拨关余耶》,北京《晨报》1921 年 2 月 23 日,"紧要新闻")

△　熊克武军向刘存厚军发起进攻,川战又起。("中华民国"史事纪要编辑委员会编:《中华民国史事纪要(初稿)——一九二一年一至六月》,第155—156 页)

2 月 19 日　宴请广东绅、商、善界知名人士,发表演说,主张组织工商政府。

是日晚,在军政府设宴,邀请广东绅、商、善界知名人士约一百八十余人。到者林泽丰、卢梓川、许苓西等百余人,其余徐绍桢、江孔殷、陈廉伯、潘佩如等均因事未到。席间发表演说,首次公开倡导组织工商政府。略谓:"现在俄国劳农政府极力趋向我国,万一我国军人趋向劳农主义,则我国商民均不愿意。我国今日亟须组织工商政府。惟组织工商政府,必须工商各界实力帮忙,非空言所能造到。廿年前,各人均称我为'孙大炮',卒亦推倒满清,成立民国,已阅十年,可知我并非大炮。凡造事只要毅力造去,必有成功之日。"(《省会提案汇略》,《香港华字日报》1921 年 2 月 21 日,"粤闻")

组织工商政府主张,立即引起反映省港商人心声的《香港华字日报》的重视。自同月 22 日起至 29 日止,该报分五天连续刊出题为《评孙中山之工商政府》的长篇评论,称:"此在热心社会主义之孙氏,不可谓非思想之一大变化。""是依社会主义,只有劳工神圣,原无所谓劳商神圣,于工商政府夫何有? 孙氏固热心社会主义者,今乃有所谓工商政府之主张,说者谓此即赤色化退化之特征。"评论继而从我国国情和苏俄现状,论述工商两界有可能互助,工商政府有可能实现。文章最后流露出对孙中山提出工商政府的用意有所怀疑:"或曰:孙中山之所谓工商政府,不过一种手段。然吾固言之矣,孙中山的工商政府之能否产生,与工商政府说之果为孙氏良心的主张与否,此为别一问题。惟工商调协之可能,则固征诸理论的、国情的而有可证明者也。"(渡江:《评孙中山之工商政府》,《香港华字日报》1921 年 2 月 22、23、25、26、29 日,"论说")

△　军政府召开军事会议,改定三路攻桂办法。

是日军政府召开军事会议,报道称,孙中山一派咸主张积极援桂,有兵分五路之提案。"其说帖中有所有全粤军队除留存一部分防匪外,其他之军队均集中肇庆,预定三个月内攻入桂境,并由马某说明攻桂之必要。略谓西南局势日趋险恶,川湘滇黔纵未附北,与军府实已离心,粤欲图存,非并力攻桂展拓地盘。而南攻湘鄂,西援滇黔,则朝露夕萎,吾辈将无立足。言次极尽欷歔感慨之致。列席者均为所动,遂决定以全粤之力攻桂,复改定三路办法:(一)粤北以许崇智为司令,出兵两师;(二)粤南以洪兆麟为司令,率兵一师一混成旅;(三)粤西以魏邦平为司令,率兵四十营、机关枪两连;并以孙文为攻桂总指挥,陈炯明为副指挥,分赴钦廉、肇庆前敌督战。并同日急电赵恒惕、李烈钧相机假道,直趋桂边,以为背城借一之举。"(《军府攻桂之筹划》,北京《晨报》1921 年 2 月 24 日,"紧要新闻")

△　报载孙中山、伍廷芳、陈炯明等会议,议定援桂各节。

报道称,孙中山自亚洲酒店迁于观音山后,伍廷芳、陈炯明等及各高级军官均往祝贺。经孙留宴,借开会议,讨论对桂问题。所议节要如下:"(一)由粤军民混合组织援桂军队,由许崇智指挥进行;(二)联合桂省柳象各处民军作为内应;(三)侦察陆荣廷之防务准备,以便实行破坏;(四)急电滇军先由百色进取,俾与粤军夹攻,铲除桂军后援;(五)一切对桂方针,均由军政府规定。"(《攻桂中之军府·粤军之攻桂》,北京《晨报》1921 年 2 月 19 日,"紧要新闻")

另有报道,关于攻桂问题,孙中山与陈炯明业已协定,攻桂军队以陈军为中坚,所有改编民军完全供运输及工程上之用。孙并允以陈为总司令,惟许崇智对于此节表示反对,现孙极力从中调停。又一消息,北京政府昨接驻港罗委员来电报告,孙中山对于援桂计划现已向粤军宣布,促其积极进行,其所规定办法:"(一)中路肇庆方面,由洪兆麟担任进攻;(二)右翼广宁方面,令包作霖担任防御攻击;(三)左翼钦廉方面,由李福林、魏邦平率第五、六两军积极进攻,夺取桂军在粤之根据地。"另据消息,目下广东兵数,计第一师邓铿部下九营,第二师洪兆麟部下十二营,第三师魏邦平部下十二营,第四师许崇智部下十二营,其他第一至第五五个独立旅团二十四营,第一路至第四路军队三十营,警备队及游击队四个支队二十营,预备队十二营,步兵六营,合计百四十一营。(《粤桂两军之作战计划》,北京《晨报》1921年2月20日)

△　报载唐绍仪拟重倡南北和议。

报道称,唐绍仪前力倡和议,因西南多方牵掣,未能进行。今则云南又生变化,北方因积极援库,亦愿内部速归统一。"唐昨与伍廷芳协商,拟即赴沪高倡和议论调,并邀伍氏襄助。伍已允许,唐不日起程。"(《攻桂中之军府·西南又欲藉和会图利》,北京《晨报》1921年2月19日,"紧要新闻")

2月20日　主祭粤军阵亡将士追悼会,致送挽联。

是日,军政府在广州东园门外举行粤军阵亡将士追悼会,各界数万人与会。祭坛中设灵位一座,高二尺,衔曰"阵亡诸烈士灵位"。其后悬挂白布五大幅,备列先烈衔名,凡两千余人。内计上级军官五十余人,以朱执信居首,并遍悬诸先烈遗像。上悬生花砌"山河带砺"四字横幅。主祭并送挽联:"杀敌致果,杀身成仁;为民请命,为国捐躯。"(《追悼粤军阵亡将士纪》,上海《民国日报》1921年2月28日,"国内要闻";《追悼粤军阵亡将士大会志》,《新国民日报》1921年3月4日,"广东要闻")

△　非常国会召开会议,讨论联省自治手续及国会经费。

是日,非常国会召开会议,筹备联省自治,规定议会岁费。据报道,首由于象谦发言,宣布联省自治手续及规程,并提议急电湘黔滇一体遵照实行,派代表来粤筹备一切。所关国会底款及岁费各项杂款问题,由万鸿图、李炳琨、丁骞等提议,应自盐余项下及印花、烟酒各项抽拨巨款作为国会基金。(《广州旧议员又开会议》,天津《大公报》1921年3月1日,"紧要新闻")

是月中旬 宴请美国代表士提反,反对北京政府单方面向外借款。

士提反为美国驻华银行代表。北京政府年来以粤汉铁路敷设权作抵,频频向银行团交涉实业借款,银行团考虑中国南北分立的复杂政情,遣士提反赴粤探询南方政府态度。士提反抵粤后,遍谒孙、伍、唐各总裁及陈炯明。

于珠江一叶画舫设宴款待,"宾主间畅谈极欢"。双方来往接洽间,虑及"军府之目的在于以西南统一全国,若赞成北庭之签押借款条约而藉以获得一部现款,实与军政府护法戡乱之宗旨大相违背",故态度坚定,明确指出:"借款条约须由西南军政府为主体方可同意,否则不能赞成。"士提反获知南方态度后表示:"此事容回京后再与银行团诸人商一善后,务使此项借款有利于南北两方实业之发展。"报道称:孙中山、陈炯明"以中美邦交日敦亲善,对于该代表之好意,极表示感谢"。(《士提反抵粤后之接洽》,上海《民国日报》1921年2月21日,"国内要闻")

△ 美国驻华使馆海军参赞赫根斯来访。

赫根斯此行旨在"视察粤省情形"。抵粤后,与伍廷芳、唐绍仪、陈炯明等军政府要人均有所接洽。赫氏"因见省中民治之进步,及当局治事之实际,为之称善不已"。(《士提反抵粤后之接洽》,上海《民国日报》1921年2月21日,"国内要闻")

2月21日 军政府召开临时会议,商讨筹款问题。

报道称,粤军自援桂问题扩大后,内部意见极为复杂。钦州、广州、肇庆、德庆请拨饷弹及告急文书日必数起,军政府穷于应付,陈炯明亦无法支持。遂于本日召开临时会议,唐绍仪、伍廷芳均未列席。孙中山主张向商会筹款,并将善后公债五百万元限令各县知事、各局署商家匀摊，着于十日内先缴半数，两个月内解省。商民均群起反对。

又一消息称，"孙中山近因粤北民军索饷甚急，军政府一文莫名，势将哗变。急电驻日代表林大琛，向东京正金银行筹款，商借日金一千万元，以广九、广三两路作抵，将有成意。北京政府接到此电，除复电切实调查详情具报，又拍致胡公使一电，令其就近侦察，如果属实，即向日政府交涉，阻止其事"。（《军政府财政之困穷》，北京《晨报》1921 年 2 月 26 日，"紧要新闻"）

△　致电慰问梅屋庄吉。

梅屋庄吉因被怀疑参与海关行贿案，遭横滨警察局拘捕。闻讯后即致长电表达慰问之意。军政府外交总长伍廷芳亦电致梅屋，嘱其保重身体。后来调查表明贿赂情事纯属子虚乌有，梅屋遂无罪释放。（俞辛焞、熊沛彪：《孙中山宋庆龄与梅屋庄吉夫妇》，第 96—97 页）

△　报载孙中山欲拒唐继尧、刘显世来粤。

报道称，北京政府接粤探来电，谓唐继尧、刘显世由云南逃出，已赴香港，不久联袂至广州，拟就总裁职务。乃孙中山曾开临时紧急会议，主张"拒绝唐、刘，嘱其暂在香港隐居。其理由谓广州缺乏之点在于实力，不在空名。查唐冀庚、刘如舟势穷来归，系在争取名誉，空心总裁将使中外各界认广州为逋逃渊薮，前途必失信用。况唐氏前次反对选举非常大总统，已无归粤诚意。刘则自失贵州，仅恃口舌奏功，故难容纳"。惟伍廷芳对此不表同情。（《西南现形记》，天津《大公报》1921 年 2 月 21 日，"紧要新闻"）又一消息，军政府因刘显世与贵州各总司令不一致，特欲非常国会提议取消刘氏总裁资格。（《西南最近之新局面与中央》，北京《晨报》1921 年 2 月 21 日，"紧要新闻"）

△　报载北京政府欲积极联滇。

报道称，北京政府现因唐继尧确已离滇，所有职权由顾品珍实行兼摄，欲乘此时机与之接洽，以为联滇初步。现已电令四川刘存厚速查顾之趋向，及对西南态度，并指示以下机宜："（一）联滇以条件妥洽为主;(二)所有滇省军队概不裁决;(三)关于法律上之各项问题详为声明;(四)宣布中央对滇之希望及力谋统一之苦衷。"(《西南最近之新局面与中央》,北京《晨报》1921 年 2 月 21 日,"紧要新闻")

另据报道,顾品珍自就职后,曾向省议会表明态度,略谓:"滇为护法之区,当中央合法政府未成立以前,自应与西南各省取同一态度。惟加入粤军府与否,此时实难决定。川湘两省以自决精神,维本省现状,政局尚无十分纷扰。滇省累岁穷兵,帑藏久竭,自以休养生息为第一着。鄙人甚望行川滇黔不相侵扰之政策,进而与西南各省共商国是。"(《西南最近之新局面与中央》,北京《晨报》1921 年 2 月 21 日,"紧要新闻")

又一消息,"此次顾品珍、叶荃推翻唐继尧,暗中实全由北京政府授意陆荣廷,陆派员赴滇与顾、叶接洽,刻下陆氏对于滇粤两方已完全成功"。日昨又由陆氏拍来要电一道,其内容系陈述顾氏近向北京政府提出之条件,包括:"中央任命顾氏为滇督,顾氏即拍发取消自主通电";"所有云南各军欠饷,统由中央担任一齐补发,并于取消自主时发放双饷一次";"中央一经决定后,即行派员与顾氏接洽,一切善后事项均照广西成案办理"。(《唐继尧去后之云南形势・顾品珍之北向》,北京《晨报》1921 年 2 月 22 日,"紧要新闻")

△ 报载北京政府运动粤海军北归。

报道称,北京政府收复粤海军问题,在年前因陈炯明、孙中山之梗阻,又兼欠饷不能补发,海军北还问题遂中途发生顿挫。"昨据海军界消息云,中央收复粤海军最近之情形,自去年蓝总司令到京,又与萨总长商议一度,中央曾一面令陈光远派一副官赴粤谒见陈炯明,请其协助海军北还问题,刻下陈氏方面意见已大为转圜。又令驻厦司令蒋拯派员赴粤,与海军各舰要人接洽,并与汤廷光为一度之详议,请汤氏担任海军北还事件,将来海疆防御使可令汤氏占有一席,故最近汤氏亦已在从中活动。至于各舰方面要人,均亦接洽大有头绪。闻各舰官长日前对于中央已提出三项条件,皆系关于发饷问题。

其三项如下:一,从前欠饷一律补发清楚;二,临开拔时一律放双饷一次;三,以后不得再行积欠。"(《军政府之攻桂·中央收复粤海军之进行》,北京《晨报》1921 年 2 月 21 日,"紧要新闻")

粤海关情报称,北方与驻此地的独立海军正在再次举行关于后者重新归附北方的谈判。"北方许诺的条件是:一,付清全部欠饷。二,当舰队真正离开了此地开赴北方时,发给双份薪俸。三,对目前海军舰队中的人事安排不作任何变动。然而考虑到虎门炮台已经加强了严密警戒,使舰队不可能离开广州港口。于是独立海军又提出了一个新的条件,其大意是,除非在北方与广东省之间恢复了和平,且他们这样做绝对安全时,他们才会离开此地开赴北方。"(广东省档案馆编译:《孙中山与广东——广东省档案馆库藏海关档案选译》,第 215 页)

另据报道,孙中山、陈炯明因海军各舰有离广北上喧传,"特令虎门司令准备一切,凡西南各舰无军政府执照者,不得放行。如有违抗,即开炮轰击。是以该处戒严甚为吃紧"。(《军府攻桂之筹划》,北京《晨报》1921 年 2 月 24 日,"紧要新闻")

2 月 22 日　报载法领事拜访孙中山协商钦廉驻军问题。

报道称,冯铭楷所部军队原有六营久驻钦廉地方,该地与法属安南相毗连,近因安南人有欲运动钦廉军,谋起革命者,迭为冯统领所制止,故深得法政府欢心。近以黄志桓与黄明堂军队同驻钦廉,时常冲突,因之安南地方亦受影响,特电驻沙面某领事向政府交涉。昨某领事晋谒陈总司令劝改调两黄军队,陈答谓:"此系军政府之主意,请转向相商。"该领事将此意见往谒孙中山,孙答谓:"此系我国内政,外人不得干涉。"某领事谓:"非干涉贵国内政,不过以个人情面请改调军队,如不能即作罢论,但此亦为两国治安计矣。"(《外人亦请调钦廉两黄军队》,《香港华字日报》1921 年 2 月 22 日,"粤省要闻")

△　报载孙中山拟组织护士队。

报道称,孙中山现拟组织护士队若干队,已派员分别挑选训练,并先设筹备一所,名为孙中山护士队筹备处。闻已择定三元宫为办事地点,即日着手编练。(《中山组织护士队》,《新国民日报》1921 年 2 月 22 日,"护法要闻")

△ 报载川、滇、黔议定联盟,对南北政府取一致行动。

报道称,闻顾品珍现已与四川将军熊克武、司令刘湘及贵州督军卢焘等议定条款数项:"由熊、刘、卢等援助彼为云南总司令,川滇黔三省各自为治,对南北政府取一致行动。"闻四川督军刘存厚不在此联盟之内。(《唐继尧去后之云南形势·川滇黔联盟之内容》,北京《晨报》1921 年 2 月 22 日,"紧要新闻")

2 月 23 日 军政府下攻桂动员令。

本日,军政府下达攻桂动员令,"分钦廉梧富贺五路进攻,军用品今日领给,十二区军队全行召集省城听调,熊军集中虎门"。当日粤桂两军在封川、德庆各处激烈鏖战,"德庆桂军小退,伤亡兵士极多"。(《于右任准备攻陕·滇黔政变后之孙文》,北京《晨报》1921 年 2 月 28 日,"紧要新闻")又一消息称,闻粤军由钦州、廉州方面,梧州方面,化县方面三路进军。至军用品当于 25 日发给。(《军政府决改为联省政府》,北京《晨报》1921 年 2 月 27 日,"紧要新闻")

△ 江亢虎抵达广州,随后多次晤面。

上年 9 月,江亢虎自美返国,在国内停留约八个月。期间,活动频繁,先后赴江西、陕西、河南、广东等省份游历讲学。12 月,曾函邀其南游。本日,江亢虎一行乘船抵达广州。(《汪张江联袂来粤》,《新国民日报》1921 年 3 月 9 日,"广东要闻")遣马君武往码头迎接。次日上午,江亢虎携夫人前来寓所拜访。会见后,设宴招待。江此行在广州停留十日,公开讲学五次。讲学之余,曾多次派车接其到府中会谈。晤谈中,介绍"三民主义""五权宪法",且亲自绘图予以解释;并强调今后对俄关系的重要性,询其能否代为联络苏俄。(汪佩伟:《江亢虎研究》,第 165—168 页)

△ 张继来谒,"备述北方及长江各省情形"。(《汪张江联袂来粤》,《新国民日报》1921 年 3 月 9 日,"广东要闻")

△　驻美华侨公会来电,促选举总统。(《本社专电》,上海《民国日报》1921 年 2 月 25 日)

△　报载孙中山向湘、滇、黔征求护法意见。

报道称,孙中山近因非常政府已成泡影,不能实行,现特通电湖南、云南、贵州各省,征集护法两项意见:"一为各省护法宗旨以何项为先,可否改组军政府为正式政府,实行组织护法机关;一为改编联军,由滇越湘黔联合办理,共成二十师之兵力,以便拥护军府。各省再另组织警备队,维持治安。"(《孙文征集两项意见》,天津《益世报》1921 年 2 月 23 日,"要闻一")

△　报载洪兆麟调和孙、陈援桂主张。

粤军援桂计划,孙中山、陈炯明两方各有主张,意见不能一致。报道称,第三军军长洪兆麟为排解双方争端起见,遂拟定三条办法:"(一)援桂军由民军、粤军混合组织,前敌勤务之支配由军政府分任;(二)援桂出发地点分粤北、粤西、粤南三路,各负进攻责任;(三)各军援桂时彼此协商进行,不得互有牵制。"(《攻桂中之军政府·军府分三路攻桂》,北京《晨报》1921 年 2 月 23 日,"紧要新闻")

2 月 24 日　军政府召开紧急会议,主张"再振精神"。

报道称,孙中山鉴于"南方大势已去",本日召开紧急会议,决定所持手续:"第一,速催王揖唐赴粤,磋商联络安福派祸首,扰乱长江;第二,详查西南各省统兵长官是否尚有护法意旨;第三,即令许崇智招募新军,以便最后向北出发,务达两方对峙形势。"(《于右任准备攻陕·滇黔政变后之孙文》,北京《晨报》1921 年 2 月 28 日,"紧要新闻")

△　报载军政府财政收入新旧对照。

据香港电,军政府财政收入至为繁赜,刻据财政厅调查入款旧有、新增两表,录之如下:(甲)1920 年以前情形:赌税一千一百四十万,盐税七百九十三万,地丁三百十万五千,厘金三百七十五万,烟酒二百五十七万,杂税五百十万。(乙)1920 年以后情形:公债二百万,盐税八百四十五万,地租五百七十八万,厘金三百七十五万,烟酒三百四十五万,杂税六百十五万。(《军府攻桂之筹划》,北京《晨报》1921年2月24日,"紧要新闻")

2月25日　在广州海陆军警同袍社春宴会上发表演说,指斥陈炯明反对选举总统之行为,号召军警赞助组织政府。

孙洪伊在非常国会首先动议选举总统,陈炯明遂唆使"军警同袍社"(该社正社长为魏邦平,副社长为洪兆麟)表示反对。又借口"选举总统应以约法上的'总统选举法'为依据",公然出面反对,昌言"'总统选举法'规定,两院议员须有三分之二以上出席,约五百八十人左右,才能进行总统的选举,而现在到广州的国会议员仅有二百二十余人,如果进行总统的选举,就是违法。护法者不能自身陷于违法的地步"。(陈锡祺主编:《孙中山年谱长编》下册,第1337页)

是日广州海陆军警同袍社在广州东园召开大会,出席并发表演说,对军人干预政治直言反对。略谓:"革命事业屡成屡败,今粤军返旆,取回广东,算系革命成功。广东虽系富饶,然大敌当前,不能安居。忆前南京独立时,有十余省响应,而卒归失败。今我粤护法三年,有六七省为助。现在四分五裂,当不能与前并论,且有桂省为敌,北廷为敌,其危险可知。当此紧急之时,应该以进为守,进攻桂省,然后可与北廷对抗,不得谓得粤便不图长进。粤军所以得由漳州而返粤者,因系彼富我贫,故我之士气壮,今则异是。而心腹之患不去,终非粤福,诸军官不能以得粤便可长享富贵也。

"鄙人此次回粤,陈总司令于汕头时、惠州时、石龙时,屡电催我回粤。我为革命,大家此次回广东,亦为革命。惟不能以此便算成功,若以此便算成功,则与吾大违意旨。与诸君意见不符,我亦可以离粤。如诸君以吾所言为是,则何以反对选举总统,恐吓议员不敢提议?在武人干涉政治,吾不为怪,惟不应做此半明半暗之手段,自相破坏。今日不能成立正式政府,则外人不能承认,便为土匪、私娼,人可得鸣鼓而攻之,安得不失败?若正式成立,则反是,且可以借款,或半年或一二年,则必可以收效。诸君虽干涉政治,亦不可作此无意识之举动。"(《孙文之牢骚语》,《香港华字日报》1921年2月28日,"粤闻";《孙总裁在"军警同袍社"演词补记》,上海《民国日报》1921年3月8日,"国内要闻")演说时长一个多小时。据记者观察,坐在台下的陈炯明闻听,"捻髭俯首,面红耳热,颇有难堪之态"。(莫世祥:《护法运动史》,第198页)

△　报载孙中山、陈炯明不和传闻。

报道称,孙中山、陈炯明因选举总统问题各有意见。闻孙对人谓:"彼政见已定,必求达目的,不肯因一人之阻力而去粤。"陈则对人谓:"我已呈请辞职,并非争气,如军府不满意,则兵权亦可解除。"孙闻此言,亦不甚注意。故现有传说谓:"日来政局将有大变化,惟表面上双方极融洽,并无意见。"(《粤省政局变化之风说》,《香港华字日报》1921年2月25日,"粤省要闻")

2月26日　遣何克夫代表出席程璧光铜像开幕礼。

是日,程璧光殉国三周年纪念日,程璧光铜像举行开幕礼。军政府事先于其殉难处海珠码头高搭亭阁一座,共分三层。中层供奉程氏遗像。亭之四面,每层均悬有生花大横幅"四海具瞻"。每横额之下,皆衬以生花联,联文为"百粤金汤维巩固""千秋铜像仰巍峨"。(《程璧光铜像开幕记》,上海《民国日报》1921年3月5日,"国内要闻")

与会者有伍廷芳、陈炯明、汤廷光、林森、褚辅成、胡汉民、汪精卫及黎元洪代表、国会同人、海陆军警、省内外各团体代表等数百人。遣何克夫代为出席。10时半,由伍廷芳、汤廷光、陈炯明主祭,伍、陈并发表演说。

程璧光铜像系作海军上将戎装,披剑矗立,栩栩如生,面朝东北。该像在法国定制,历时五月半,乃始告成。重量四千二百斤,高度十三尺六寸。像座碑文系汪精卫撰书,仿颜真卿笔法,共一百三十字。(《程璧光铜像开幕记盛》,上海《民国日报》1921年3月6日,"国内要闻")

△　与记者谈孙陈、中日关系。

是日,在广州接受日本东方通讯社特派员访问,就孙陈关系及中日关系等问题阐述看法。就与陈炯明的关系问题,答称:"中国各地及日本方面所得之孙陈不睦,乃某国(非日本)及反对党所散布之谣言。其实予与陈炯明多年患难之交,其关系有欲离而不能离。"

在谈到中日关系时,答谓:"近时日本国民渐次有了解中国之倾向,诚为可喜之现象。从来日本人抱过国家的观念,因有时暴露其排外的言行。吾人对于友邦冀一律亲善,故不鼓吹亲美排日等偏见。但由人文地理上之关系,中日两国比之他国有更须亲善之必要","刻下问题,在如何改善两国之国交,以保善邻之谊"。"依予所见,贵国对于中国当废去从来政略的卖恩的或利用的权谋术策,专图对华经济的提挈。由此观之,两国实业家之接近,实为国交改善之捷径。""关于此点,予促日本实业家早日觉悟,对华投资须以非侵略的、对等的,而以增进中国国民幸福的为要素。"(《孙文又转倡亲日论调》,北京《晨报》1921 年 3 月 1 日,"紧要新闻")

2 月 27 日　复函吴忠信,告张敬尧不宜来粤。

时吴忠信奉命在长江流域运动联络反直势力,日前来函询问张敬尧可否带兵来粤。本日复函指示:张"不宜到粤出兵,但须联络旧部,在长江一带等候,俟粤军出到长江时响应,而后由长江出发,以讨北京。如此乃能事半功倍也现在西南局势只要先扑灭广西游勇,则长江以南便可大定。粤军但须借道湖南,以会师武汉、南京而已。若张公到粤,恐反惹湖南之误会,以彼为复仇,必至不肯假道,则武汉未易到也"。(《复吴忠信函》,《孙中山全集》第 5 卷,第 469—470 页)

△　军政府召开军事会议,议决诸重要事项。

据香港电讯,是日军政府复开军事会议,"探其内容,约分四项:(一)援桂计划,除前方兵力按原案分五路进兵外,其粤北许部应加调六营,作为后援输送队;(二)军饷筹拨,公债募集需时,应由盐署及广东省银行暂行垫发五十万元;(三)滇黔方面近已宣布护法,惟加入军府一节未据声明,应再行疏通,并以联省制征求同意;(四)李烈钧所部应电商湘赵及黔卢酌量维持,勿过逼迫"。(《孙陈攻桂之进行》,北京《晨报》1921 年 3 月 1 日,"紧要新闻")

△　出席军政府在广州举行的追悼朱执信大会，亲撰挽文①。

是日，军政府在广州举行追悼朱执信大会，亲撰挽文，痛悼朱执信之逝。略谓："嗟天道之无知兮，哲人早摧。诚民国之不幸兮，失此旷世之逸才。""生物莫不有死兮，君之死则举世所共悲。山川变其颜色兮，日月失其光辉。君之死乃以身殉国兮，树永久之模范于将来。"（《挽朱执信文》，《孙中山全集》第 5 卷，第 457—458 页）

△　赵恒惕代表由沪抵粤，与军政府商讨粤湘联防办法。

报道称，日前陈炯明派参谋长袁奉明携亲笔手书赴湘，与赵恒惕、林支宇接洽关于湘粤联省事宜，袁流连长沙约两星期。顷赵、林已派亲信要员，衔命携亲笔信于本月 23 日一同与袁代表起行，由沪赴粤。（《赵恒惕联省计划之进行》，北京《晨报》1921 年 3 月 1 日）又据报道，本日袁参谋偕湘代表由沪抵港，联翩入省。"探闻军府与该代表已商定三项办法：（一）湘粤联防，无论任何一省侵入，均以两省实力抵御；（二）两省各以二旅兵力作为联防军队，驻扎于湘粤边境，协商剿匪事宜；（三）援桂计划应作另一问题，不在联防之内，但李烈钧军过境时，湘军不得阻挠。闻该办法已由湘代表电征赵、林同意，双方即日签约换文。"（《军政府攻桂与各方面·湘粤之联防》，北京《晨报》1921 年 3 月 2 日，"紧要新闻"）

△　报章披露联省政府大纲内容。

报道称，联省政府大纲如下：（一）合广东、四川、云南、贵州、湖南为联省；（二）各省置长官，兼任政务总裁；（三）省长由民选，联省政府加以任命；（四）各省限六个月实行自治，由内务部制定组织大纲；（五）设法院，由司法部任命法官；（六）从来送致北京者，此后送交联省政府；（七）各省政府由省议会监督；（八）各省应各守疆界，勿得侵犯他省；（九）各联省之军费、军器，由联省政府补助之；（十）欲发行公债而募借款时，须得联省政府许可；（十一）国会经费由各省分担。

---

①　《孙中山全集》第 5 卷断为 1921 年 1 月 23 日，应误。

(《军政府决改为联省政府》,北京《晨报》1921 年 2 月 27 日,"紧要新闻")

△ 报载国会议员万鸿图向孙中山质询筹借日款事宜。

报道称,国会议员万鸿图、李炳焜、丁象谦等因孙中山、许崇智向日本筹借五百万元,以粤海、岭南两区矿产作为抵押,特提出三项质问:"(一)当此财政困难、民生凋敝之时,因何借款增兵? (二)所抵押矿产是否得公民同意,将来有无波折? (三)广州所欠外债已难偿完,将来破产,何人负责?"(《军政府决改为联省政府》,北京《晨报》1921 年 2 月 27 日,"紧要新闻")

2 月 28 日 广东举行联合急募赈款大会劝募会,与唐绍仪、伍廷芳被推为干事长。(《联合急募赈款大会消息》,《申报》1921 年 3 月 3 日,"本埠新闻")

△ 委任叶独醒为宿雾中国国民党支部党务科主任,林不帝为宿雾中国国民党支部干事。(《给叶独醒委任状》《给林不帝委任状》,《孙中山全集》第 5 卷,第 470 页)

△ 报载军政府代表业已抵俄。

报道称,闻某驻外公使最近致北京政府一电,略谓:"西南政府特派代表谢俊峰近已行抵俄境,并密奉孙文命令要来莫斯科政府订结正式条约,及贷与财力、武器等项。请中央注意。"(《于右任准备攻陕·西南代表已抵俄》,北京《晨报》1921 年 2 月 28 日,"紧要新闻")

△ 报载孙中山派员与许崇智筹商援桂办法。

报道称,北京昨接驻粤委员电,谓孙中山援桂计划,自为陈炯明反对后,乃改变宗旨,派汪志荣赴韶州,与许崇智筹商进行办法。探其磋商大略,"拟由粤北组织援桂军之先锋及两翼攻击各军,而以粤军作为后援队;并令许崇智将开赴粤东之民军,从速调回,以便驻防韶州。其所需军饷,则暂由粤北垫办"。惟闻陈氏对于此项主张仍极端反对,日来双方争执甚力,能否如孙所愿,尚不可知。(《于右任准备攻陕·滇黔政变后之孙文》,北京《晨报》1921 年 2 月 28 日,"紧要新闻")

是月下旬 致函海外同志,告捐资兴建朱执信坟场暨建筑纪念图书馆。

函谓："前日朱君执信葬期，各地同志咸委托代表执绋会葬，并集款恤其遗族，足征吾党念友热忱，至为欣慰。现朱君葬事已毕，其坟场之建筑方法，亦经规划，预算需款约万元。现时未经筹足，仅先将冢内工程完竣，其坟面之布置，亟待兴工，需款至急。又前时各地同志原拟集款为朱君铸像，以留纪念。现在粤同人会议，以为与其铸像，不如建筑一纪念朱君之图书馆较佳。文亦以为然。现通知各地同志，筹集款项，以策进行。"请各处同志将建筑坟场款暨建筑纪念图书馆款，分别捐集，寄交廖仲恺代收。（《募款建朱执信图书馆》，上海《民国日报》1921年2月26日，"国内要闻"）

是月　致送祝词，贺中国国民党全美洲同志恳亲大会召开。

是月，中国国民党全美洲同志恳亲大会召开。与本部同人致送祝词，谓："芸芸众生，原属平等，合群互助，生存之本。强权竞张，公理斯泯，神种阶级，为进化梗。西方民族，猛起于前，争自由战，奋斗百年。东陆同胞，尚在倒悬，不有先觉，谁与救援。巍巍我党，顺天应人，大业富有，盛德日新。肇迹兴中，发祥美洲，东西南朔，声应气求。光复旧物，改建共和，鼎新之力，吾党独多。九载以还，丧乱频纪，吾党牺牲，不知凡几。百夫扶拾，自强不息，再合大群，同心戮力。多方多士，济济一堂，磁吸电感，斯道大光。苍苍青天，皎皎白日，烈烈赤云，洪潮四激。金山在望，共申盟誓，只进一辞，同人万岁。"（《中国国民党全美洲同志恳亲大会祝词》，《孙中山全集》第5卷，第471页）24日，恳亲大会来电，请求国会速选总统，成立政府，作为对内对外之中心。

△　居正来函，报告川湘鄂情势。

上月26日曾致函居正，询问川湘鄂近况。本月居正来函，报告各方情势。函谓：四川方面自熊克武与刘湘联合，冀倒刘存厚，刘势力日衰。惟熊、刘二人，终亦不能相容。至于我方运用，则"觉旧同志关系深者较易接近"。熊个人虽有叛党之嫌，其部下实多旧关系之人，不难挽回。至于刘湘与刘存厚，"非我族类，其心必异，是不可不预防"。湖北方面，黎元洪运动长江之说，容或有之，但恐难实现。现各督皆欲自霸，岂甘推戴失势之黎氏。至黎欲以赵恒惕、李烈钧两军取鄂，无论李不会单独行动，赵亦必不敢轻与王占元挑战，以自危地位。湖南方面，赵恒惕、林支宇北附既未实现，当此力难兼顾，羁縻固是办法，联络则似无谓。"盖彼已与民党成水火，纵我不以为仇，彼亦不自安。况谭派日围绕其侧，挑拨百端；今彼之不急与我绝者，亦犹我之不能讨彼，彼此均心心相照，虽竭力联络，其结果仍与羁縻等。"（《复总理报告川湘鄂局势书》，罗福惠、萧怡编：《居正文集》上册，第381—382页）

△ 张作霖代表来见。

直皖战争后，直系势力进一步扩充，与张作霖形成冲突之势。张遂试图借用皖系及军政府力量，与之相抗。是月，张作霖遣李梦庚等为代表赴粤，表达联络之意。3月初，派伍朝枢代表往奉。（罗刚编著：《中华民国国父实录》第5册，第3766页）

3月

3月1日 与伍廷芳、陈炯明谈话，讨论出兵援桂事宜。

对于出兵广西，军政府内部意见分歧。孙中山力主迅行攻击，而伍廷芳、陈炯明主张暂缓出击，择机待时。此次谈话指出："如果广东不先发制人，一旦广西军事方面准备成熟，战争爆发时广东就会受害非浅，因广东现在又多少有些处于孤立无援的境地，它应该先行开战，以赢得支持，而不应该坐等别人来攻。"（《与伍廷芳陈炯明的谈话》，陈旭麓、郝盛潮主编，王耿雄等编：《孙中山集外集》，第252页）

粤海关情报称，自从云南唐继尧倒台后（云南是护法事业强有力的拥护者，又是广东的盟友），广东大概又得单枪匹马了，因此省政府忙于安排本省的防卫。"本地领袖人物中的最激进分子孙逸仙博士主张采取攻势。他说，如果广东不先发制人，一旦广西军事方面准备成熟,挑起战争,广东就会遭受深重的灾难。由于目前广东或多或少地处于孤立无援的境地,它应该先行开战,以赢得支持,而不应该坐等别人来攻。然而,伍廷芳博士和陈炯明将军却没有那么激进,他们主张采取守势,除非时机有利于采取攻势。"(广东省档案馆编译:《孙中山与广东——广东省档案馆库藏海关档案选译》,第216页)

△　军政府召集会议,表示甘居黎元洪副座。

是日军政府召集会议,报道称,孙中山"确有甘居副座之表示"。会议列席者三十余人,以吕超、孙洪伊等主张拥戴黎元洪为总统态度最为坚决。其所持理由有二:"(一)黎出则可以使旧法统不致中断,以完年来护法之精神;(二)黎出则以联省自治之名号召各省,较孙文之信用为佳。散会后,除通电各省说明拥戴黎元洪理由外,并拟派人来津接洽。"又一消息,闻黎元洪阅各报所载前项消息后,即告左右,"如西南果有代表到津,切勿引见,以免难于答复"。(《军政府实行攻桂》,北京《晨报》1921年3月6日,"紧要新闻")

另据报道,据某要人云,黎元洪自下野后绝未与粤通讯,近日曾来往通电数次。程璧光铜像开幕,黎亦致电道贺,此亦向所仅见。其与西南日益接近,不为无因。"军府从前派孙洪伊赴沪,名为与劳农政府代表接洽,实则与八省联省自治有密切关系,欲联络八省督军组织联省政府。所以举黎元洪为总统者,无非为八省督军起见,借此以维系北方人心。然黎元洪虽举为总统,必不南下就任,而孙文则举为副总统,届时必以副总统代行大总统职权,则实权仍在孙氏。故孙氏亦乐于俯就。现在联省政府组织大纲及施行条例,确已饬令秘书厅长马君武及秘书徐苏中、李玉昭、伍朝枢、胡汉民等起草,不日即可提出政务会议通过。"(《南方拟举黎元洪为总统续闻说》,《香港华字日报》1921年3月2日,"粤省要闻")

△　印尼《天声日报》在巴达维亚创刊。

是日,印尼《天声日报》创刊。该报以提高华侨智识,宣传三民主义为宗旨。开办初期,发起人吴公辅往沪购置印刷机及字粒机件等,并前来晋谒,报告办报宗旨及计划。勖勉有加,又亲书"天声日报"四字作为报头。该报头一直沿用至太平洋战争爆发。(姚尔融:《抗战前英荷两属的华侨报馆史略》,李齐念主编:《广州文史资料存稿选编》第6辑《文化教育类》,第79页)

△　报载孙中山、陈炯明援桂计划在汪精卫等调处下渐归一致。

报道称,孙、陈援桂计划初尚歧异,现由汪精卫等民党要人调处,已归一致。"所商办法:中路(指肇庆)仍由粤军进攻,驻三水之第二、三两支队作为后援,以陈炯明充任中路司令。粤北由包作霖统率民军,向桂北进攻,以包作霖为右翼司令。粤南由洪兆麟统率第三军向钦廉攻入,以洪任为左翼司令。并以陈炯明为援桂总司令,许崇智副之。"(《孙陈攻桂之进行》,北京《晨报》1921年3月1日,"紧要新闻")

△　美国驻北京使馆武官认为陈炯明必定驱逐孙中山。

该武官前赴广州先后访问了孙中山、唐绍仪、陈炯明等南方政要,就近观察南方政情。在向上级的报告中对孙、陈关系等有所评估,内称:"孙的弱点是他个人想做中国总统的野心。他说他是非常反对日本的,这点我并不相信。他倡言要求取消'二十一条件',控告北京政府被日本所收买,要求其他各国政府对华取公正的政策,并叹息北京外交使团不了解广州军政府正义的目标。""无人否认孙是一个聪明人,但他是一个幻想者,而今日颇受危险的共产思想洗脑了!孙中山是一个智慧而有野心的人,为求达到个人目的,将不顾一切或牺牲他人。""孙中山现在竭力表示亲美,因此目前最大的危机是:美国人们不熟悉共产党的利害以及中国官吏的手法,可能会信以为真,而影响美国国内及在华的舆论,进而导致承认广州政府。现在广州的中国茶楼酒店里,很普遍的闲谈是孙派得到了日本的资助。根据孙中山过去的亲日态度,这谣传确有其可信之处。"

唐绍仪"极力反对孙中山当大总统……他认为极须阻止孙中山之激进。他知道日本人对海南岛已有彻底的调查,但他肯定日本人并未取得在该岛任何的特许权"。

陈炯明"是现任的广东省长,他是由闽南回师广东而取得政权。他不同意孙中山当大总统的梦想。他只想给广东一个忠实的政府。他靠着六万军队,想建立一个模范政府。他的第一个命令是禁绝赌博,因此每年损失了约二百万的赌饷……他声言要在广东的九十二县施行每县选其县长的政策。陈一再指出,如果广西人民要他驱逐陆荣廷,他愿出兵平桂,但平桂后,他主张由桂人治桂。虽然没有明讲,但人们相信,陈是希望孙中山及其同党能离开粤境。而且本武官相信,最后陈必逐孙离开广东。除非孙中山手下的主要官吏,能根本的改变其观点,本武官相信孙政府不会在广州久留的"。（段云章、沈晓敏编著：《孙文与陈炯明史事编年（增订本）》,第 348－349 页）

△　报载孙、陈两派争夺广州市政厅之内幕。

报道称,"孙中山系人物自选举总统说打消后,在粤几无站足地点。近顷无聊之极,乃并力于广州市政以与陈炯明争一日之短长。入春以来,新闻界所刊载无非广州市政之筹备问题。陈炯明对于改良市政,本为赞成之一员,惟因市长由孙太子（即孙科以作为孙中山之子,人皆以太子目之）充任,其下除一、二局长尚为知名人物外,余多毫无表见,徒恃挂名党籍以谋位置之人,故对于市政厅之举动非常反对,且其组织章程,俨在同一省会中而有两省长,尤予陈氏以难堪,乃以出自孙太子,不能明白反对,故有咨交省会条例之举,实为一种缓兵之计。惟孙系以陈氏既然正式反对,当然积极进行,使陈氏无行其延缓计划……而孙氏之合围手段,殆逼陈氏以不得不从。陈氏所恃以为对付者,只有省会之一途……但今日民意机关向无能力,而孙氏又视此举为不得已而思其次之一种潜植势力之计划。省会虽有缓办之议,恐亦难阻彼等进行耳"。（《广州市政厅之内幕》,天津《大公报》1921 年 3 月 1 日,"要闻二"）

△　报载军政府收回关余无望。

报道称,关余款项前由孙中山主张极力抗争,刻据军府外交当局人言,此款绝无收回之望。"盖从前此间对外抗争之大题目,以西南政府为词,自川湘黔三方面政象陡变,已启外人轻视。近自顾品珍返戈入滇,唐继尧出走,所谓西南政府者只余广东一省。以此关余巨款而供广东一省政争之用,外人断不允许。此时外人但向军府质问,究竟西南政府者实有若干省,军府中人亦恐无词以对。”故接收关余一事,决必无希望。(《关余无收回之望》,《香港华字日报》1921年3月1日,“粤省要闻”)

△ 报章分析组织联省政府因滇省事变及非常国会延未开会暂行搁浅。

报道称,军政府拟组织联省政府一案,经各总裁同意,派委胡汉民、伍朝枢等五人为起草委员,起草联省政府组织条例,业已脱稿,迄未提交会议讨论。闻联省政府组织搁浅原因,“一缘再近滇省发生政变,唐总裁解除职务,于联省局面略有影响;一缘非常会议延未开会,未能讨论此项组织法案。故现下稍行搁浅,不能遽行见诸事实”。(《西南又有选举黎元洪为总统说》,《香港华字日报》1921年3月1日,“粤省要闻”)

△ 报载苏俄在广东加强宣传。

报道称,据华北星报消息,“布党近在广东设立罗斯坦通信社分社,所发稿件大抵多系关于劳农政府之地位及列强各国对于劳农政府之态度。现布党之代表在广东者为阿莱克齐夫,拟在广东设立一华俄大学,以讲授社会政治学为主,并闻基金甚充足,俄国有名之讲师,来华者已有多人。阿莱克齐夫不久即将返俄”。(《军政府实行攻桂》,北京《晨报》1921年3月6日,“紧要新闻”)另有报道称,广州政府已由施群(译音)赴俄国,向劳农政府接洽。双方正式开议,订一条约,由劳农政府以款项及军需品供给广州政府。上海《民国日报》转载此则消息时指出,“北京政界传布此种消息,殆别有作用,明眼人不难窥见之也”。(《北京又说军政府联俄》,上海《民国日报》1921年3月7日,“国内要闻”)

3月2日 军政府召集临时军事会议,陈炯明列席,商讨援桂补充计划。

报道称,军政府以攻桂为西南政府命脉所系,陈炯明纵握全权,然非合力以图,仍恐前锋一挫,锐气全消,反张敌之气焰,特于本日复召集临时军事会议,并邀陈炯明列席。"议决除前定五路计划外,民军方面决以苏无涯为总司令,梁榘南为先锋,并派邓铿所部之机关枪炮队各一连,协助民军,向钦廉进发,同时与德庆、封川洪兆麟所部一致进攻,以分桂军兵力。所有作战计划均归陈炯明指挥。"3 日粤军司令部下民军动员令,即令出发,各队散给一月饷项并子弹二百箱。(《军政府实行攻桂》,北京《晨报》1921 年 3 月 6 日,"紧要新闻")

　　△　报载军政府财政日近枯竭,力谋整顿。

报道称,军政府近以财政枯竭,力思整顿厘税,以裕收入,特令财政厅及分金库将 9 年度以前与 9 年度以后岁收,分别造册呈报,以凭核办。当经该厅会同分金库库长详查前后岁收确数呈报,计分两项。(甲)9 年度以前之状况:(一)赌税一千一百四十万元;(二)地丁三百十五万元;(三)烟酒二百五十七万元;(四)盐税七百九十三万元;(五)厘金五百十万元。合计为三千〇十五万元毫洋。(乙)9 年度以后之状况:(一)公债二千万元;(二)地租五百七十八万元;(三)烟酒三百四十五万元;(四)盐税八百四十五万元;(五)厘金二百七十五万元;(六)杂税六百十五万元。合计为四千六百五十八万元毫洋。两者比较,9 年后实较 9 年前增收毫洋一千六百四十三万元。但前之赌税收入为进款大宗,后之公债收入递年尚须摊还本息,其实尚短收三百五十七万元。(《军政府攻桂与各方面·粤省财政之近状》,北京《晨报》1921 年 3 月 2 日,"紧要新闻")

　　△　《香港华字日报》刊文,分析西南局面变动之速实因军阀业已破产。

文章称,"霹雳一声,湘川滇黔皆相继发生剧烈之政潮,西南大局至此又倏起变化。盖西南六省向属于护法省区,今则桂已北归,而湘川滇黔之内部又呈分裂。虽其附北附南,似尚乏明了之表示,然无论若何，所谓自治，所谓中立，要不外以自身利害为前提。其必不敢悍然逆多数人希望和平之心理，而有事于无谓战争则一，是广东已陷于孤立，对北作战之军府，实际上已不成问题，则其影响于西南局面为何如也，盖尝论之。西南变化之所以若是其速，固由于武人势力之更迭，然同是武人，未必此盛而彼衰，尤未必昔勇而今怯，而何以当其一败涂地时，竟若山崩海倒之不可思议也若是。此无他，军阀破产而已。军阀何以破产，由于国民之厌乱者半，由于国民之自觉者亦半。盖当此新潮澎湃时代，非发展民治，无以应时势之需求，非推翻万恶的军阀，又必无以发展民治，我国民已人人有此觉悟也。即以吾粤而论，所谓选举总统，所谓出兵援桂，虽尚日激刺于吾人之耳鼓，然吾闻陈炯明告字林西报访员之言曰：昔袁世凯欲以武力统一中国而失败，段祺瑞欲以武力统一中国而又失败，孙逸仙博士亦尝一度欲以武力统一，然亦终不可能。故今日根本图治，只有将政权归还人民，由人民实行自治。又曰：粤省兵力，只求自卫，非欲侵略他省，则其态度何若，已可想见。说者谓陈已受北方运动，确否吾不敢知，吾尤不欲以此等龌龊事轻量当世伟人。惟粤人治粤主义，何以得多数人同情？各路民军大解散后，何以不致别生波折？（此次粤军回粤，各路民军原不能谓为无功，其所以自愿解散者，则舆论之力也）陈炯明讵真昧昧？夫西南局面之变化既此，陈炯明态度之表示复如彼，则所谓选举总统云云，所谓出兵援桂云云，亦适成其为夜长梦多之呓语而已。在主张援桂者，宁不曰我不攻桂，桂且攻我，实则今后之中国，只有国民自身问题，决不容复有少数头目的地盘问题。我人其亦努力以求民治之发展焉可也。"（笑：《西南局面之变化》，《香港华字日报》1921年3月2日，"论说"）

3月3日　报载军政府应对滇省变局。

报道称，唐继尧出走，西南形势当然发生变化。"军政府接到消息后经开临时会议一次。孙系中人以选举大总统之议为唐氏一电打销，久怀愤恨，故对于唐氏此次失败认为不足惜。惟对于顾品珍则极欲收入西南军府范围,以固势力。除一面发出电令任顾为滇军总司令,并奖励数语以始终护法相勉外,并派王某、李某二人刻日赴滇与顾接洽,以免其为北廷利用。惟闻李根源近已携有巨款赴滇运动,孙系乃欲以空言接洽恐难有济。"(《粤军府与旧国会》,天津《大公报》1921年3月3日,"要闻二")

△　报载北京政府派员赴粤,运动实行统一。

报道称,北京政府鉴广东已处孤立无援地步,认为此为图粤之大好时机,故一面暗助桂军以兵力迫粤,一面仍派员南下运动取消统一。所派专使张某系梁士诒亲信,现已抵粤。所带统一条件如下:"一,统一后由中央任命陈炯明为粤军总司令兼省长;二,统一后粤省于名义上须尊重中央政府;三,粤省官吏由陈炯明保荐,呈请中央任命;四,粤局暂由陈炯明支配,三年内不得更动;五,由中央一次过发给军饷二百万元;六,西南应得之关余尽行拨充粤省善后经费,以一年为限。""此项条件已盛传于省地,惟陈炯明行事向知尊重党义,若如该条件所言,不知置孙中山于何地,故此项条件北廷虽有是议,而可决其无成。"(《粤军府与旧国会》,天津《大公报》1921年3月3日,"要闻二")

3月4日　致电唐继尧,邀其来粤。

上月8日,唐继尧一行离开昆明,当日抵阿迷。随即来电,略述事变经过及此行去向。电谓:抵阿迷后因铁路坍塌,暂赴蒙自休息。修竣后仍即前进,"乘槎浮海,作世界之漫游;解甲归田,遂当年之初服。惟盼诸君子共维秩序,义安人民"。(《唐继尧去滇情形追记》,上海《民国日报》1921年3月12日,"国内要闻")翌日抵蒙自。小住两日后继续南行,经老街前往越南河内。26日,唐继尧复来电,称解除滇军总司令、三省联军总司令等职,仍负军政府总裁责任。(《专电二》,《申报》1921年2月26日)

是日,与唐绍仪、伍廷芳联名电唐,告"此间政务诸待协商,望即命驾来粤,共图进行"。6日,唐自海防启程,取道香港前来广州。

(《唐蓂赓由海防赴香港》,上海《民国日报》1921 年 3 月 8 日,"外电")对唐继
尧在初期彷徨后接受军政府邀请,有报道指出,唐离滇后,其部下尚
有两师分驻蒙自、河口、开化、广南、阿迷各属,实力远在顾品珍、叶荃
之上,"徒以不欲糜烂桑梓,遂按兵不举,专为助粤援桂之预备。近以
顾、叶不和,所部开战,每日各派员到越南河内谒唐求助。唐以两人
皆属旧将,不便有所偏袒,乃决意来粤谒军府各总裁,共商大计"。
(《唐继尧抵粤之先声》,《申报》1921 年 3 月 13 日,"国内要闻二")

　　△　报载军政府召集各省代表合议重要事项。

　　报道称,西南各省代表已于 25 日先后到粤,连日召开会议,所议
重要事项有三:一为财政问题,一为黔滇维持及攻桂问题,一为重组
军府问题。并谓"除西南各代表外,尚有其他省份之代表四人,即浙
江代表钱弼藩、福建代表林志琛、湖南代表谢国栋、陕西代表郑璿
先"。(《攻桂声中之军政府》,北京《晨报》1921 年 3 月 4 日,"紧要新闻")

　　△　报载孙中山向旧金山华侨募款。

　　报道称,据外人消息,孙中山等近遣派党员,分赴各国运动。旅
美旧金山地方华侨捐款,业经召集华侨大会,讨论协助国民党在广州
建设一强有力政府,并谓为中央政府。(《攻桂声中之军政府》,北京《晨
报》1921 年 3 月 4 日,"紧要新闻")

　　△　报章攻击孙中山欲于谣言中得总统。

　　报道称,孙中山派近在广州盛传武昌组织第三政府之说,且谓唐
绍仪派缪嘉寿、郭同、易次乾赴湖南,陈炯明派曹履中赴某方,俱与此
阴谋有关系。如不组织正式政府,实行选举总统,则广东将陷于孤立
危机。并在其机关通信社,以《设立第三政府之运动与南方护法政府
之危机》为题,发表一支离怪诞通稿,略谓"直隶派、研究系、政学会三
派与王占元、吴佩孚联络,着手第一期之运动,即将湖北、河南、江西
设置地盘,合北方三省而组织第三政府于武昌。第二期则联络浙江、
福建、陕西与安徽。第三期则由政学会之策士分途运动云南、四川、
湖南、广东、广西加入。最后则以联省自治之名联结各省。此乃进行

中之阴谋"。"该通信社之意,盖欲借此种谣言,暗促军政府及陈炯明协力一致,并促南方选举总统,成立正式政府。该通信稿且大非难吴佩孚,谓吴氏欲借国民大会推举曹锟为副总统,自为直隶督军。又吴氏现与交通、研究两派及南方某阴谋派私通结果,有联合六省在武昌第三政府之说,实大堪注意者也等语。见此通稿者,皆笑孙中山总统梦,已做到穷急无聊地步。"(《孙文欲于谣言中得总统》,北京《晨报》1921年3月4日,"紧要新闻")

△ 报载军政府召集财政会议,讨论筹集军饷办法。

报道称,孙中山因粤北许崇智、包作霖索讨欠饷,急如星火,特在军政府召集财政会议,讨论筹饷办法。当时议定:"(一)增加烟酒税,抽取军饷;(二)催提关余,向外交团要求最后之办法;(三)暂由商会借款四百万,以粤北地丁作为抵押,以维现状;(四)凡关他项开支,暂行停止发放,一概拨作军饷,以便开拨援桂军。"(《攻桂声中之军政府》,北京《晨报》1921年3月4日,"紧要新闻")另有报道,军政府近日迭次召集财政会议,孙中山所提办法,"一由广州各银行垫款二百万,以九年公债作为抵押,专供行政经费分配;一由日本某银行及他资本家筹借八百万,此项除拨放欠饷外,所余即充援桂军费"。又一消息指,"粤军府财政困难达于极点,关余提取既成空谈,公债发行又不济急,因有查封附逆财产,借供军实之举动。实行以来,商民遭累者约达二三百家之多,兹有张镜湖等三百余人自香港联电中央陈诉受害情形,请通电粤中各界勿得售买此项产业,以便将来援例发还"。(《军政府实行攻桂》,北京《晨报》1921年3月6日,"紧要新闻")

△ 报章载文分析军政府现状。

文章称,现时广东军政府原为孙中山、伍廷芳、唐绍仪、唐继尧、刘显世五总裁所组织。孙、伍、唐常驻,唐继尧则派代表王伯群出席,刘显世则派代表李世荣出席,此为军政府之格局。乃近日滇事发生,唐继尧出走,已有电到粤辞总裁职。其代表王伯群则早已告假他适。刘显世又为黔人公同指责取消其总裁职,其代表李世荣尚在半途,即中道而返，不敢到粤。故就现状而论，唐继尧、刘显世二总裁皆成问题，其支持局面只孙、唐、伍三人而已。"谓之为合议制，除三粤人而外并无他省代表；欲改为独裁制，而总统之选举又未能实行。故一般政客对于现时局面煞费苦心，但望对于别省有新发展方有活泼之机，否则绝非长久之策。"(《粤省军政府之现状》，天津《大公报》1921年3月4日，"要闻二")

△　报载香港法院即将开庭审理关余存款。

报道称，香港方面复发生问题，"缘港政府去年曾命令港银行禁止提取伍廷芳所存之关余二百万元。刻孙文、唐绍仪、唐继尧复联名呈请港司法衙门，请将前案原告以彼三人承顶所提理由亦颇充分，业经司法衙门准与审理。现在双方均延律师预备开庭审理"。(《攻桂声中之军政府》，北京《晨报》1921年3月4日，"紧要新闻")

△　报载某要人谓援桂无切实筹划。

报道称，援桂呼声日高一日，大有积极进行之势。访员因于昨日特向某方详探。据某要人谈话告："援桂为孙文所主张，此固人所共知，然其所与计划一切者，无非秘书厅中马君武、徐苏中诸人。以如此重大军事竟付诸此等白面书生之手，危险孰甚。即如陆军部、海军部、参谋部亦未得与闻其中大计划。所谓援桂之筹备，亦并非统筹全局，决定具体之办法。今已声言出发，然询以前线布置若何，某处应调兵若干，某处应设兵站，所需子弹粮饷几何，尚无切实把握。故援桂不成事实则已，如果成为事实，其成败利钝姑不具论，即调遣呼应亦恐不能灵动。"(《某要人之援桂谈》，《香港华字日报》1921年3月4日，"粤省要闻")

△　报载章太炎建议三条陈，调和孙、陈矛盾。

报道称，上海民党要人章太炎近鉴广州孙中山、陈炯明因争执意见，特对粤条陈数项："(一)从速调解粤军、民军双方意见，不得再起争执；(二)联省制当积极进行，以因护法之势力；(三)关于民军、粤军援桂之分配，当和衷共济，不得发生意见。"(《章太炎对粤条陈内容》，天津《大公报》1921年3月4日,"紧要新闻")

3月5日　召开临时紧要会议,提议组织北伐司令部。

本日,召开临时紧要会议,据报道,"提议先在广州组织北发总司令部,以许崇智为总指挥,魏邦平副之,孙自任大元帅。此外在西南各省均设分部,俾便随时提倡北上。孙仍积极主张以琼岛租与外人,得款五千万元,拨十分之三为北发机关开办费,以十分之七作为事实出动费"。(《孙文组织北发司令部》,天津《大公报》1921年3月9日,"紧要新闻")

△　蒋介石来函,主张缓选总统。

是日,蒋介石自宁波来函,谓近日缠绵病榻,然对本党进行计划,仍日夕贯注全神,未尝须臾或忘。目前所切忧,有一不忍言而又不能不言者,厥为选举总统问题。"惟现在为期伊迩,根基尚虚,桂逆既未铲除,西南难望统一,议员又未足数,国会尚未正式,则选举总统一节,鄙见以俯顺各方舆论,从缓进行为是。"并谓前在粤时,曾同许崇智细加研究,许言"对党惟有服从,于此固无异议。然以事实上之利害关系而言,平桂之后,首举大元帅,再选总统,则凡百进行,较为稳当"。

来函指出,孙中山主张早选,注重外交及对抗北京政府为最大关键。回忆民党历史,"无一次不失败于注重外交者"。民党标榜显著,外人目中则无不视民党为劳农制化身,无论为美为法,一顾及其本国政策,鲜有不反对与阻梗者。故"本党惟有团结内部,放弃外交,以苏俄自强自立为师法",则"内部巩固,实力充足,自有发展之余地"。将来桂逆一平,或顺长江而下,或自西北而进,直捣黄龙,统一中国,固非难事。若以选举总统,党见随以歧异,内部因之不一,西南局势亦顿形涣散,仍重蹈民国7年覆辙。

来函并对孙、陈关系有所建言,谓:"先生之于竞存,只可望其宗旨相同,不越范围,若望其旦危授命。尊党攘敌,则非其人,请先生善诱之而已。"(蒋中正:《蒋主席书信集》,第26—28页)

△　报载孙中山勤勉公事。

报道称，孙中山近因军政府公务日益繁剧，若非督率办理，诚恐有误事机，故连日来事必躬亲，几无暇晷，一切应酬亦甚简单。昨日对请谒来宾分别挡见，因特条谕副官处，略谓："嗣后来宾须先用函说明来见原由，候有复函约见，然后携同复函来见，否则概不传见。"（《孙总裁之勤劳》，《新国民日报》1921 年 3 月 5 日，"护法要闻"）

△　报载孙中山主张速选总统。

报道称，顷闻选举总统之说近复渐唱渐高，因孙中山尚力持原议，并有限于三星期选举之说。汪精卫闻悉，特来进谒，力言未合时机。孙中山大愤，骂其助人抑己。汪遂默然而退。（《孙文仍主速举总统》，《香港华字日报》1921 年 3 月 5 日，"粤省要闻"）

△　报载唐绍仪返乡系筹办地方自治。

报道称，军府总裁唐绍仪前日由省乘轮回香山原籍，外间不知原因，颇多揣测。兹续闻唐氏此次旋乡，系徇绅商之请，回香山筹办自治进行事项（唐被选为自治筹备处长），并回唐家湾视察家务，三数日间即行返省。因本月 26 号为程璧光铜像开幕之辰，唐氏必须返省参与开幕礼。（《唐总裁回籍原因》，《新国民日报》1921 年 3 月 5 日，"护法要闻"）

△　报载军政府内部关于出兵广西的两派意见。

报道称，"一派以西南现势，川、滇既失，湘、黔态度不明，鄂西形势又失，桂敌逼处西陲，军府在粤，实陷于四面楚歌之地，正宜急乘北方有取消中日军事协定机会重开和议，争回立足地点。此说闻伍廷芳、唐绍仪、陈炯明均表同情。惟孙系则主张乘此桂省民军蜂起，已渐入于兵连祸结之境，速行出发援桂。如得手则进而援黔援滇，则西南尚可自固，而留省之桂省政客如马君武、王乃昌等亦复附和其说"。（《纪粤中最近政局》，长沙《大公报》1921 年 3 月 5 日，"中外新闻"）

△　《香港华字日报》刊发论说，认为援桂或议论多而事实少。

文章称，"最近援桂消息，不曰军队已出发，则曰陈炯明决自督师,一若排山倒海之战云,已发现于桂粤间也者。惟吾人从事实上观察:(一)孙中山此次回粤,力图发展,当然主张援桂。第多数人之意见,大都注重休养,以为一摘再摘之广东,非俟元气稍稍恢复,决不宜轻举妄动;且西南现势,川湘滇黔,皆有暂不加入南北战团之表示,广东实已陷于孤立地位,时机尤未成熟,故舆论方面,对于援桂一事皆持冷静态度。(二)陈炯明治粤政策,首在保境安民。观其积极遣散民军,及禁止招兵之严厉,已足见一斑。日前上海《字林西报》访员询陈以军事行动,陈曰:粤省军队只以自卫为目的,并不含有侵略意味。则其对桂态度何若,又宁俟费词。盖不主张急进而主张缓进,不注重空想而注重事实,此实陈炯明治粤之唯一方针,亦其与孙中山意见不同之一点。(三)援桂之先决问题厥为财政,今以吾粤论,公产已卖无可卖,外债已借无可借,顷五百万公债之募集,虽已决由各属摊派,然当此公私交困时代,能否实行,仍属未可或知之数,则军费筹备之困难可知。矧关余收回,现尚如泥牛入海,渺无消息……有此三种原因,故日来援桂之声浪虽高,然自我观之,仍恐议论多而事实则少。或者留粤之广西人志在回桂,自讨奋勇,故造成此种实者虚之虚者实之之现象……吾终觉其距双方接战时期尚远耳”。(渡:《援桂》,《香港华字日报》1921年3月5日,“论说”)

3月6日　在中国国民党广州特设办事处演讲,阐述三民主义。

中国国民党“因本部方图西北及长江各省之大发展,未便移粤,故特设本部办事处于广州”。是日午后2时,国民党特设办事处召开成立会,到者约五百人。该会所设于东堤二马路广西会馆。先由主席张继介绍开会理由,继则由孙中山演说三民主义真旨。(《国民党本部办事处成立》,《新国民日报》1921年3月17日,“广东要闻”)

在长约两小时的在演讲中,略谓:中国国民党是主张三民主义、五权宪法的革命党。民族主义还没有完全达到目的,目前中国“只可称个半独立国罢了。这是什么原故呢? 就是吾党之错误。自光复之后,就有世袭底官僚,顽固底旧党,复辟底宗社党,凑合一起,叫做五族共和。岂知根本错误就在这个地方"。因此"本党尚须在民族主义上做功夫，务使满、蒙、回、藏同化于我汉族，成一大民族主义的国家"。"即拿汉族来做个中心，使之同化于我，并且为其他民族加入我们组织建国底机会。仿美利坚民族底规模，将汉族改为中华民族，组成一个完全底民族国家，与美国同为东西半球二大民族主义的国家。"

在谈到民权主义时，指出："那代议制不是真正民权，直接民权才是真正民权。美、法、英虽主张民权主义，仍不是直接民权。兄弟底民权主义，系采瑞士底民权主义，即直接底民权主义……直接民权凡四种：一选举权，一复决权，一创制权，一罢官权。此为具体底民权，乃真正底民权主义。"而民生主义归结起来是解决土地和资本两大问题：解决土地问题的办法是"平均地权"；解决资本问题的办法是借用"外资从事建设生利事业，开辟市场，兴建工厂，建筑铁路，修治运用，开发矿产，举凡一切天然物产皆归公有，各种新事业之利润悉归公家。总之，外资非不可借，借外资应办生利的事，不可做消耗的事"。最后指出凡事尚要依赖我们党人努力去做，三民主义操练精熟，其次就要积极实行五权宪法。三民主义和五权宪法，即是本党底精神，从此由广东发扬传播到全国。（《在中国国民党本部特设驻粤办事处的演说》，《孙中山全集》第 5 卷，第 472—481 页）

△　在军政府西花厅召集茶话会，讨论取消林、陆总裁手续。

本日，因林葆怿、陆荣廷等仍以军政府总裁名义，向广州各方面及海军各舰宣言，排斥民党，干预政治，特于军政府西花厅内召开茶话会，讨论取消林、陆总裁名义手续。据报道，所表决办法，一由军政府发布命令，实行取消林、陆总裁名义；一由军政府名义，宣布二氏罪状。（《孙文竭力运动选举总统》，北京《晨报》1921 年 3 月 10 日，"紧要新闻"）

△　设宴款待归国华侨。

是日晚，在军政府大厅设宴款待新近归国的华侨，应邀赴宴者有来自南洋、越南、澳洲的华侨邓泽如、黄馥生、张振民等数十人。陈炯明、汪精卫、胡汉民、廖仲恺、冯自由、钟荣光、谢良牧、谢英伯等作陪。席间,与众来宾"畅谈发展实业之各种方法"。(《孙总裁欢宴华侨》,《新国民日报》1920年3月16日,"广东要闻")

△　广州召开公开大会,讨论收回关余及选举总统问题。

是日,广州召开公开大会,讨论关余问题,到者数百人。演说者主张,如外交团再不理会,则诉诸提取外国银行存款、不买外货等方式加以抵制;"但此举无正式政府不能实行,故今急当举总统,组织政府"。大会通过决议案,关余无论如何必须提取,并呈请军政府与国会选举总统。(《收回关余之国民运动》,上海《民国日报》1921年3月9日,"外电")

3月7日　参加军政府援桂会议,讨论进行手续及筹饷办法。

因各方呼吁从速援桂,早定两广大局,本日军政府召开援桂会议,讨论进行手续及筹饷办法。会间,提出筹款、规定开拔费分配、各路统兵长官等问题。陈炯明提出援军分配、作战计划、出发时期及布防手续三要项。许崇智代表穆华堂提出两项,分别为粤北民军援桂时编制及统率权限划分。(《军政府之援桂大会议》,天津《大公报》1921年3月10日,"紧要新闻")

△　居正来函,请优崇邓慕周。

澳洲中国国民党驻沪总代表邓慕周,去冬在沪病故。近由其弟运送灵柩,返回故乡肇庆归葬。本日,居正来函,告冯为澳洲"雪梨党务之人,厥功甚大,今归骨故乡,似应有所优崇,以酬既往,而励将来",请酌为饬办。并请于归葬时,略派军队护送,以免匪徒袭扰。(《为邓慕周归葬事上总理书》,罗福惠、萧怡编:《居正文集》上册,第399页)

△　报章刊文,分析非常国会选举总统之起落。

文章称:"孙唐伍一到粤垣,即将岑西林倒帐之军政府全盘顶受,重张旗鼓,表面上异常堂皇,但唐则留恋家乡,时时回里;伍则只管签押,不知其他;而孙遂攫得西林旧日独断总裁之地位,因之总统梦愈加增高,一般旧国会议员又为之极力运动,在当时已有'总统必选举'

且'选举必孙文'之概。孰知非常国会,因审查议员问题一场捣乱,而此事受一打击;嗣又继之以湖南四川贵州云南之变,以致一个十月怀足之非常总统,弄到临盆难产。此就表面观察,虽不明广东内情之人,亦能知之。其实内幕之中,尚有一有力者作梗其间,其人为何,则广东省长兼总司令陈炯明是。何以故,陈握广东最高政权,可进可退,于愿已足,微特不须乎非常总统,即恢复军府,已属多事。因军府之设,直接则损害其政权,间接则阻碍其南北媾相之地步。陈前通电,表示广东不再设军府之意见,而卒不能阻孙等之来者,许崇智之力耳。许以陈背前约,不得省长,乃屯兵北江,只身赴沪说孙,且愿以兵力为后盾恢复军府,孙等始毅然来粤。陈虽不欲,奈己之衔头由孙而来,要不能公然反对,惟有师桂系陈、莫以老姨太待岑西林之故智,以敷衍之。不料陈已忍痛难堪,孙反愈加高兴,今日征西,明日讨北,闹个不休,实则枵腹从公,若无盐运司邹鲁每月九万元之供给,军府已不能举爨。在陈方面尤为难者,北方招安之使,首以解散军府为条件,明知万难履行,不得已而思其次,则打销选举非常总统以敷衍之。打销之法固非甚难,不过不发一言,消极对付,使不见诸事实而已。故自军府恢复迄今,政务会议陈未到过一次,亦未派代表出席者此也。他如请议员春宴,照例必演说数语,发表政见,此次无之,一若今夕只可谈风月者,其意可知。而一般军官,则在外发无责任之议论,佥谓选举总统,尚非其时;加以各省之变,环境改观,而轰烈烈一座军政府,顿呈清静之象。日来已多买书籍,使府中员司于办公时间不可远离,且享此读书乐之至味。而非常国会议员,亦有月二百元之薪俸好支,如是而已。"(清:《广东通信》,《申报》1921年3月7日,"国内要闻")

△ 美籍记者安德生(Roy Anderson)致函美驻华公使,请以关余助陈炯明而非孙中山。

函谓:"我以为北京对陈氏与广东省政府并无敌意。但对广州的军政府则极为恐惧。我们若果承认陈氏所领导的广东省政府为事实上的政府,令北京与其合作,而对孙中山的军政府置之不理,我觉得这是一个可行的良策。陈炯明是现在中国最伟大的领袖之一。广东也许是目前最亲美的中国省份……现在广州的军政府所要求拨还的海关余款,本为在广东所抽来的关税,实应为发展本省之用。假如我们主动发起把部分的关余,交还给广东省,则我们可增强陈炯明的力量。陈氏的目的在发展广东,并不愿意去征服别省,他目前处于极困窘之境地。他想恢复广东元气的计划,正为孙中山与军政府的官吏们所阻碍。他不但需款,而且缺乏我们同情的认可。如果列强能先得北京政府的同意,直接拨还部分关余与广东省政府,这是最好的办法。我昨天向你献议此事,是我个人在南方观察后的结论。我相信护助像陈炯明的中国官吏,对中美两国都有利。我个人对孙中山和与他共事之人,并无恶感。但我坚信他们这一批人,自身缺乏为一国领导者所需要的权力和知识。如果我们能将此事向中国政府试探一下,并与现任内阁的几位主要人物做些私人的联络,我相信我们会发觉这内阁将愿意公平的对待陈炯明。"(段云章、沈晓敏编著:《孙文与陈炯明史事编年(增订本)》,第352—353页)

△　报载伍廷芳不赞成总统选举。

报道称,此次倡选举总统之说,已有积极进行刻不容缓之势,而反对者亦持积极态度,因此风潮日渐汹涌。"闻伍总裁之意不甚赞成,诚恐因此发生绝大之意见。在伍氏不忍睹此景象,有暂时离粤趋避之说。"(《选举总统之暗潮》,《香港华字日报》1921年3月7日,"粤省要闻")

3月8日　报载军政府派员赴天津,迎接黎元洪南下。"闻黎拟不得已时,即出洋远避。"(《天津电》,《申报》1921年3月8日,"专电")另一消息,"黎元洪近因粤政府有举伊为大总统说,又杜门谢客,并拟游历外国以避嫌疑"。(《本报特电》,《香港华字日报》1921年3月8日)

△　港报刊文,攻击孙中山运动选举手段"无微不至"。

报道称,军府某要人积极进行选举总统,限期三星期内选出。"其运动手段,无微不至。即昨日请愿收回关余大会,究其实际,则亦请愿选举大总统而已。查是日开会,到者以工人为多,大约有千余人。"(《原来为选举总统起见》,《香港华字日报》1921 年 3 月 8 日,"粤闻")

△ 报载王揖唐、徐树铮对广东军政府颇为不满。

报道称,"粤军此次回粤,实食孙、段提携之赐,盖段派对于粤军曾与以实力上之援助。当时由虎门台官吴某经手者只现款一项已自不少……但段派既助孙派驱逐桂军,亦自有其互助的条件。讵粤军返粤后军府重组,孙中山虽力主援桂,然关于援助段派的政策不特未尝见诸实行,且徐树铮本拟南来,而孙派则要索其先助以三百万巨款,始有商榷余地,徐树铮益形愤慨。顷闻王揖唐、徐树铮联同致函军府某要人,略谓公等回粤后究竟干得甚么来,试问实逼处此之广东,是否能常为公等之安乐窝?公等之获得此安乐窝,又是否单纯出于公等之自力云云,则其满腹牢骚可知也"。(《王揖唐徐树铮大发牢骚》,《香港华字日报》1921 年 3 月 8 日,"粤省要闻")

△ 报载唐继尧决计离国出洋。

报道称,唐继尧自逃出昆明后,孙中山曾竭力运动其来粤一行。"惟唐鉴于孙在广东非绝对有势力者,到粤亦无结果,已决计径往日本游历,眷属亦偕行,且有秘书董泽随行。董曾留学日本及美国,近日新与唐之胞妹约婚者,故唐倚为腹心。一俟游历日本后,即顺道赴美国游览,并拟由纽约乘轮渡欧洲,以广眼界,故至速亦须半载,始能归国。"(《唐继尧决计去国》,北京《晨报》1921 年 3 月 8 日,"紧要新闻")

3 月 9 日 唐继尧抵达广州。

是日早间 8 时,唐继尧乘河内轮由海防抵达香港,随行者有云南警卫军司令郑开文、卫成司令部参谋长陈维展、国会议员汪彭年、张瑞萱等四十余人。当船停泊时,军政府各方面代表胡汉民、汪精卫、张继、冯自由、吕超、邹鲁、褚辅成等数百人到船迎迓。又有香港百余工团代表,以乐队欢迎。上午 11 时,胡汉民、邹鲁等代表军政府及省长设宴安乐园,款待唐继尧及其随员。午后 1 时,宾主一行同赴九龙搭乘专车前往广州。广九铁路沿线均密布军队,各举枪示敬。(《欢迎唐总裁纪盛》,《新国民日报》1921年3月17日,"护法要闻")下午4点50分,专车行抵大沙头站。孙中山与伍廷芳、唐绍仪、陈炯明、林森、孙科、军府各部总次长等到车站迎接。唐氏下车后,与孙中山一同乘车径赴军府。随后,各总裁设宴为唐洗尘。席间"畅谈时势,甚为融洽",唐"备述离滇后在途风景及在滇经过情形甚详"。唐之寓所由军府择定亚洲酒店三楼。(《到粤后之唐继尧》,天津《大公报》1921年3月19日,"紧要新闻")

△ 报载顾品珍宣布时局倾向。

报道称,顾品珍曾召各界首领集议,陆荣廷屡次来电,均系力催滇省早日取决应付大局办法,并云"广州各首领势成水火,实际上自走东西,殊难援助何方面,云南断无再与孙伍唐诸首领握手必要"。而瞻观环境形势,黔川湘既图自治,滇亦亟应依附邻境倾向,亦办自治,对于北京政府未便速定方针。(《顾品珍宣布时局倾向》,天津《大公报》1921年3月9日,"紧要新闻")

另据报道,顾品珍由陆荣廷向北京政府提出之条件,现已修改。"闻第一,顾欲北京政府举为云南总司令及省长;第二,不设云南、贵州、四川巡阅使;第三,北京政府须支出一百万元为云南善后之用;第四,云南军队所分发军饷由北京政府支给一半。如北京政府承认以上条件,则顾立即通电宣布服从北京政府,取消云南独立。"与此同时,顾品珍对于广州孙中山、陈炯明等邀请加入联省政府,提出条件如下:"(一)取消唐继尧总裁职;(二)云南军队之军费应即从速交还;(三)军械、子弹及云南军队一切军用品,应由广州军府供给;(四)顾氏部下应与以相当报酬;(五)唐继尧所发出债券,应由广州政府收回。"(《顾品珍向南北政府提出之条件》,北京《晨报》1921年3月11日,"紧要新闻")

△ 报载南北互争关余。

报道称,北京政府8日接驻粤林委员电告:"各首领力争关余事宜,自粤领事将滇黔湘电报出示于伍廷芳以后,孙文知接收西南各省全体关余必无效果。盖顾品珍、卢焘、赵恒惕亦对粤领事团通电表示南方各自为谋,如有单独出用全体名义者,均归无效。是以各首领拟仍先征滇黔川湘护法意见,倘有答复,即可根据斯点,再图最后之进行。”“又据外交界消息,北京政府最近之要求外交团拨付南方关余。兹将所致外交团照会揭示如下:关税余款,每月南方应得者为一成三分三厘。自去年4月以来,即归外交团保留,迄去年年底已达二百五十万两。中国于去年10月底颁布统一令后,南北业已统一,惟此项关余依然归外交团保留,于理殊有未合。故谨请将此项关余二百五十万两,迅予交付北京政府,北京政府即以此款拨四十万两修浚广东河道,七十万两充驻外公使及领事馆经费,百四十万两偿还内国公债。”(《军政府攻桂与争关余·南北互争关余》,北京《晨报》1921年3月9日,“紧要新闻”)

　　△　报载南方欲以关余抵借外债。

　　报道称,某方面昨接粤电,谓“孙文现向沙面某银行商借五百万元,以关余作抵。彼此议定草约,行将签字。但某银行因恐外交团诘责,尚在犹豫之中,能否成立,殊难预断”。(《军政府攻桂与争关余·南方欲以关余抵借外债》,北京《晨报》1921年3月9日)

　　△　北方报纸攻击孙中山与徐树铮联手纷扰南北。

　　报道称,孙中山已与徐树铮协商,“孙氏专扰西南各省,安福派煽惑土匪在长江一带起事,而徐则联络谢米诺夫勾串俄旧党,与蒙匪握手,实行大蒙古政策”。日来彼此通电与某国借款,近闻有新定一军务借款之说。(《军政府攻桂与争关余·孙文与徐树铮分扰南北》,北京《晨报》1921年3月9日,“紧要新闻”)

　　3月10日　唐继尧来访,谈护法大计。

　　是日上午,唐继尧前来军政府拜访各总裁。据报道,当唐与各总裁会晤时,各人向其咨询护法大计,唐一一详答。略谓:“此次虽只身来粤,而滇省方面实力仍未丧失。盖现时滇局虽由顾品珍支持,但顾氏威望不足以服众,故刻下滇省大致仍须候彼之意旨,乃敢执行。且现在桂边之滇军仍然拥戴于己,绝未受他方面之笼络。"各要人又以外界风传唐"拟作汗漫游"相询,唐矢口否认,表示始终以护法为己任。(《粤讯纪要》,天津《大公报》1921年3月20日,"要闻二")午后,唐又往省署拜访陈炯明,"二人纵谈要政意见,甚为融洽"。当晚陈氏设宴款待。

△　报称士兵开枪袭击陈炯明。

报道称,是日军政府召开例会,某军官长之护兵"突向陈炯明开枪射击,连发数响,幸未命中。当即将凶手在场捕获"。此外洪兆麟所驻行营,近亦发生暗杀。"洪氏受有重伤,确有性命之虞。惟以事关军政,现尚严守秘密。"报道认为,"两次暗杀案,均与粤局含有至大关系。现在广州城内,业已宣布戒严,风声所至,大有草木皆兵之势"。(《北京所传粤局将有变化说》,《申报》1921年3月17日,"国内要闻")另据报道,日昨北京政府接香港李委员来电报告,谓洪兆麟被人暗杀未成一案,凶手虽供为陈炯光、魏邦平、邓铿所使,"然据粤省要人传出消息,确系孙某等唆使"。(《陆荣廷派使联络陈炯明》,北京《晨报》1921年3月22日,"紧要新闻")又有消息称,粤省内部暗潮极烈,各将领之党派愈出愈奇。自洪兆麟暗杀案发生后,连日总司令部颁加紧戒严令。永汉门、大南门、西关大北门各处均有党人秘密机关,军署方面与省署已四出侦探,相继捕获,各报馆亦不敢登载此等消息。并闻陈、魏、洪、李、许、包各军不日将行决裂。孙中山之观音山行署亦加派护兵,实行巡哨。(《川粤将有变化矣》,天津《大公报》1921年3月22日,"要闻二")

△　报载某国会议员谈孙中山总统选举计划。

报道称,据接近孙系某国会议员云,孙中山之意,"拟于三星期内开选举会,并预定举黎元洪为大总统,以熊克武副之,唐绍仪为内阁。其所持理由:(一)以黎为总统,系赓续前此正式政府之未满期间,名义较顺。无论就职与否,均虚位以待;(二)以熊克武为副,借以羁縻川滇黔三省,以绝其北向之心;(三)以唐绍仪为内阁,欲借以要求外交承认,与北京政府或对等地位,可以攫取西南关余及继承其他一切之权利。惟陈炯明及其他各省代表,均坚持反对态度"。(《孙文竭力运动选举总统》,北京《晨报》1921 年 3 月 10 日,"紧要新闻")

　　△　报载孙中山无意与北京政府议和。

　　报道称,北京政府接广州来电,"各首领日前有仍开和议之议,其事主持甚力者首为唐绍仪,然现在斯种声浪渐低。查其原因,实因孙氏与各首领趋向相左,唐氏确无再担任之意,各首领深悉孙文极愿组织政府,与北方对抗,俾作孤注一掷"。(《孙文竭力运动选举总统》,北京《晨报》1921 年 3 月 10 日,"紧要新闻")

　　3 月 11 日　于军政府设宴欢迎唐继尧,致欢迎词。

　　是日晚,与伍廷芳、唐绍仪在军政府设宴,欢迎唐继尧,到者百余人。晚宴开始,致欢迎词,分别从个人、西南、中华民国等三个角度,论述了唐继尧离滇来粤不为失败,"实则其大成功"之理由。略谓:"一,今之言愿牺牲权利而实纤芥必争者多矣。唐公当此变乱,有尽足反攻之兵力而不用,悄然引身以退,是真能以牺牲权利为天下倡者,此个人之成功一也。唐公何为不反攻乎?盖以为继三省者,苟能率由旧章,则己之地位虽失,而护法之主义尚在,何苦以争护法之故,使人民受祸耶!故唐公之地位虽去,而息事宁人之道德益彰,此个人之成功二也。二,西南有两势力,滇、广正而桂、陆邪。唐公十年以来,除帝制、护约法、拒苟和,大节凛然不变,为我人素所钦仰。然昔日治滇,未尝亲列中枢,而商大计。今军政府中,乃得唐公来规划一切,此西南之成功也。三,唐公现存之兵力,足以对外发展,且治军多年,诸多利赖。昔为云南独有之唐公,今后则为中华民国共有之唐公,此中华民国之大成功也。"唐继尧表示:"权利可以牺牲,主义不可牺牲。此后愿随诸公之后,贯彻护法戡乱之宗旨。"宴会至当晚 10 时半始散。(《唐总裁之应酬忙》,《新国民日报》1921 年 3 月 28 日,"护法要闻";《军府欢迎唐蓂赓记》,上海《民国日报》1921 年 3 月 19 日,"国内要闻")

　　△　军政府召开政务会议,唐继尧列席。

　　据报载,唐"对各项议案均未发言,察其态度似无久居之意。惟孙文等拟乘唐氏在粤机会,将在政务议席提出选举总统,组织联省政府,编练国防军暨收回关余四案,以期完全通过。现正在积极活动中"。(《高州独立后之粤局》,北京《晨报》1921年3月16日)本日粤海关情报称:"自唐继尧将军到达广州以后,他似乎不积极参与政治。但是,其他总裁们却真诚希望他留在这里,重新担任总裁的职务。因为他的辞职,将意味着军政府的解体。因为军政府不够必要的法定人数,不能履行政府职能。唐还没有对自己的去留问题作出抉择。"(广东省档案馆编译:《孙中山与广东——广东省档案馆库藏海关档案选译》,第217页)

　　△　报载陆荣廷疏通滇、黔附北。

　　报道称,北京政府自顾品珍驱逐唐继尧后,以为时机已至,曾积极进行接洽,务令顾氏北附,以收统一之实。"广西陆荣廷因此事特电到京,力言顾氏确有北附之意,怂恿政府从速进行。"另据消息,顾品珍、卢焘对于北京政府虽尚无明确表示,但对于广州军政府亦未尝假以辞色。"闻顾、卢二氏闻陆荣廷感情颇佳,前日陆曾密电中央谓可担任疏通,惟于条件之磋商尚有待斟酌之点。中央特于敬日复陆一电,内容首谓滇黔先后政变……次谓执事慨然以疏通滇黔为己任,正合中央意旨,无任欣慰。末谓但求统一之局早日观成,苟可曲从,无不乐从,希转达滇黔双方。"(《陆荣廷疏通滇黔附北》,《香港华字日报》1921年3月11日,"中外要闻")

　　△　报载军政府拟定与劳农政府接洽办法。

　　报道称,军政府现以扩张势力,与各方面积极接洽起见,业将与劳农政府接洽办法规定数项:"(一)两政府以感情作用实行联合,彼此不得互相猜疑;(二)关于劳农政策,相宜者广州军政府亦采取施行;(三)双方接洽取同一手续;(四)双方应规定之条件及接洽手续再另讨论,分别实行。"(《军政府与劳农之接洽》,天津《大公报》1921年3月11日,"紧要新闻")

　　3月12日　出席国会参众两院举行的欢迎唐继尧宴会。

　　是日,非常国会参众两院假西堤亚洲酒店设宴欢迎唐继尧,与伍廷芳、陈炯明及各部长等三百余人出席。席间，参议院长林森致欢迎词，略云："外间一般人只知唐总裁对于民国之事功，而不知唐总裁为主张实行民治之首倡者。废督裁兵，皆自唐总裁始。可见知有公而不知有私，知有国家、社会、公众之幸福，而不知有个人之权利……余与同人甚望有权力者能效唐总裁实行民治，幸勿顾全个人地位，使我民治不能实现。并唐总裁此次来粤，为西南为国家负起责任，实为国会同人之希望。"续由众议院副议长褚辅成致辞，略谓："唐总裁护国护法，劳苦功高……唐总裁今次来粤，国会同人极表欢迎，更希望唐总裁与诸位总裁协商大计，必把北京非法政府推到，而后实行民治。否则，民治之障害未除，结果仍为破坏。"唐继尧起立答词，略云："此次仓卒来粤，承诸公不弃，予以欢迎……此次事变之起，第一因南北议和所致，各方面以种种条件索余签字，余为尊重法律，不忍苟且言和，所以拒绝签字，而谋和者从此以别种手段煽动军队。第二，事变之后本可以下令讨伐，继思滇中将士或系同学或系故交，且云南转战经年，若以炮火相见，一则糜烂地方，二则有伤私交，于心实于不安。乃决计离去省城，暂到蒙自，后看滇中秩序尚称平靖。余以果于公安无害，当于民治无损，即假道安南赴港……今日来粤，自此之后，无论如何艰苦，当与诸公相始终。至于如何进行，一俟稍为休息，即当共同协商。"宾主尽欢而散。(《广州通信》，天津《益世报》1921年3月24日，"要闻二")

　　△　与宫崎寅藏、萱野长知谈话，告亲美派名目为日本当局所强加。

　　是年初，日本有报纸评论孙中山在搞"赤化"和亲美活动。本日，宫崎寅赞、萱野长知一行抵广州后来访，谈话即围绕此展开。谈话中指出："世界在变化，不过中国国民始终还是中国国民，随着时代的变化，虽然也可以看出思想多少有些进步，但其实质仍是中国的。如果我中国国民对我们的主张有几分了解，我将喜出望外：多年来我们所主张的三民主义，我认为它没有更改的必要，并期待此一主义得以贯彻实行。至于说什么亲美之类的话，现在在彼此之间也再无说明的必要了。若有人还有疑问的话，那么，与其问我，不如去问日本当局好些。因为欲以亲美派、亲英派等名目强加予我者，不过出于日本当局的一厢情愿罢了。"（《与宫崎滔天萱野长知的谈话》，《孙中山全集》第 5 卷，第 482 页）

△　军政府召集会议，讨论联省制问题。

本日在军政府召集联省制会议，讨论进行办法。据报道，所议结果："（一）西南联省制由粤军提倡实行，各项规则及联省制度由代表会议表决；（二）联省手续，可不分界限，各省赞同者均可加入；（三）分派代表赴闽赣浙鄂实行接洽进行联省制度。"（《桂粤冲突中之军政府》，北京《晨报》1921 年 3 月 19 日，"紧要新闻"）

△　报载孙中山遣孙洪伊向陈炯明疏通总统选举。

报道称，孙中山之总统说虽一再为陈炯明所反对，"但在孙洪伊等及孙派之粤系议员，为岁费问题仍极力运动"。唐、伍诸人虽亦表示反对，然并无何等实力，孙中山以是并不注意。现在"又令孙洪伊向陈炯明疏通，但陈炯明与孙文意见甚深，其疏通之结果当无效力"。（《军府之攻桂与选总统》，北京《晨报》1921 年 3 月 12 日，"紧要新闻"）

△　报载攻桂之议又形停顿。

报道称，广州军政府刻下对于攻桂之议复形停顿。"盖陈炯明部下之粤军及许崇智部下之民军，皆不愿作攻桂先锋队，并要求颁发给前三月之军费，否则决不出战。军府无款应付，因之攻桂之议不能不暂时停顿。陈炯明对于攻桂军队颇抱悲观，惟许崇智则仍敦促孙文及广州军事当局早日出兵攻桂。"（《军府之攻桂与选总统》，北京《晨报》1921 年 3 月 12 日，"紧要新闻"）

△　报载军政府派员联络闽赣。

报道称，军政府近拟与闽督李厚基、赣督陈光远积极联络加入护法，"所有一切条件以容纳陈、李之要求为依归。现派代表李天民、林作宾分赴闽赣与之磋商。惟陈光远方面因某项问题一时未允，李厚基亦然"。(《军府之攻桂与选总统》,北京《晨报》1921 年 3 月 12 日,"紧要新闻")

3 月 13 日 陈炯明致电桂省军官,历数桂系四大罪状,奉劝桂省脱离北京政府,恢复自主。

对于该电,《香港华字日报》分析认为,陈炯明忽有忠告桂省军官之电,又将电稿遍送各报登载。"外间传说谓陈炯明近与中央和议告绝,故欲游说桂省,一并脱离中央。又因孙文每疑其与中央通款,亦借此以为表白等语。惟昨向某方探得消息,则谓陈炯明非与中央和议告绝,实为一种促成和议之委曲手段。此次和议为北京某同乡居间调处,此固人所共知,而某与陈炯明关系之深,亦为人所共知。某欲借统一之功,出而组阁,为张作霖所阻,故欲借陈炯明以为助力。陈炯明已提出意见,谓和议条件虽已妥洽,尚待时机,方能实行。但条件中,如允给军费善后费及许可之各种权利,必须握有实权,负有责任,而又为粤所信仰者,方能担保。某为南方素所信仰之人,若出而组阁,则不特粤省可以立刻取消自主,即西南各省亦当归附云。此种计划,正在积极进行。陈炯明特发电忠告桂当道者,实欲使中央有所觉悟,而早就范围,正所以促成统一。"(《陈炯明忠告桂省军官之作用》,《香港华字日报》1921 年 3 月 17 日,"粤省要闻")

△ 报载孙中山向行政会议提交数条陈。

报道称,孙中山因唐继尧刻在广州,特向行政会议提交多项政治条陈,包括:"(一)西南发展计划,(二)提取关余,(三)选举总统,(四)改组西南省统一政府,(五)编练国军。"(《孙中山之行政条陈》,《申报》1921 年 3 月 13 日,"太平洋路透电")

△ 报载孙中山推广共产主义。

报道称,孙中山提倡共产主义已非一日,"果愿与民更始与否虽不得知,但孙氏口头上宣言则谓决非与个人谋利。现得俄新党首领阿莱克齐夫之助,决定凡西南各学校均添斯种功课,故大学校长推为汪精卫。日昨复集各界有名人物开会讨论,孙氏演说力破资本的保守学理极详,希望各方面辅助,谓图强目的在此一端"。(《孙文又推广共产主义》,天津《大公报》1921年3月13日,"紧要新闻")

3月14日　报载外报关于孙中山的评论。

巴拿马报纸 *La Estrella de Panama* 以"一个很好的政治家"为题,对孙中山进行介绍与评论。文章谓:"在中国近世史里头最触目的,就是中华民国第一任总统孙逸仙博士的名字。"

"差不多那个民国的政治家和首领却是侥幸的人,对于他们的国家的政治没有一定的目的,只要有益于他们的私利,就要去改变他们的意见和政策。但是孙博士是一个例外者。"

"他的一生是为一种思想所支配,就是一心要想建设并且维持一个中华民国,依了宪法去治理中国,使中国能够发展,使人民能够得着最好的利益。他没有什么害怕,没有什么屈服,勇往直前去实现他的理想;在他生存的时候,他总是不变方针的。"

"那些有权的并且独裁的,宁使中国灭亡,不愿抛弃他们自己的私利的军人们,却反对他。但是他仍旧很坚定的研究他的政策,要为全中国得着真的德谟克拉西的利益。他为了要建设一个有法律有秩序并且能够保卫中国,使他不受外国的侵蚀的政府而奋斗。这样一个政府才可以得着国内国外的人的信用,并且可以为了中国和文明的世界的利益,去发展中国的大财源。"

"他是一个纯洁的思想家,他很敏捷地断定,所谓日本对于中国的'二十一条件'、日本和北京政府所订的军事协约和其他的秘密条约,都不经国会批准并且没有宪法上的效力,不但是中国永久争斗和扰乱,并且是很有碍世界和平的。他的意见,以为在实际上把中国卖给日本的种种密约和军事协约没有废掉以前,在中国没有得着一个合法的政府,像一个独立的国度足以处置他自己的问题以前,中国是总不能太平总不能有秩序的。"(《一个很好的政治家》,上海《民国日报》1921年3月14日,"代论")

△　上海《民国日报》批沪报造谣惑众。

文章称,近来上海各报所载香港专电,常百出其技以造谣,有时竟轶出常识之外,几无辩正之价值。今姑举最近之一端言之。"如谓'孙陈不睦,陈炯明已将其眷属迁回惠州,搬运箱笼甚多。广东不久将有大变'。此项消息骤观之,似亦足以动人,稍一细想,即知其轶出常识之外矣。试问广州与惠州交通孰便? 陈竞存果虑粤局有变,而欲置其眷属于安全之地,则必须迁至香港或澳门,否则宁留居广州。因香港一水可通,即至时机危急,仍可安然出走也。若惠州则交通之便利远不及广州,且粤局即有变,陈亦岂能复回惠州死守耶? 顷阅粤报,乃知陈竞存近曾送其太夫人旋乡,而造谣者加以装点,遂至目为'广东将有大变'之证。可恨亦复可笑。"(《粤局谣言之一个反证》,上海《民国日报》1921 年 3 月 14 日,"国内要闻")

3 月 15 日　与陈炯明在军政会议上就援桂问题发生冲突。

报道称,本日军政会议上,孙中山与陈炯明就援桂问题大起冲突,彼此当场互相揭指。"陈氏主张粤省军力不敷分布,对于征桂,须取守势。孙氏则将政府如何派李鼎新、林葆怿与陈氏密订条件、陈氏如何派员与陆荣廷等勾结密谋等事一一揭穿,指陈氏为附逆私通,为西南大憝元恶。陈亦指孙谓只能虚言,毫无实际,只知挑拨,自私自利,盗窃国法。其后经孙洪伊、吴景濂等人劝解调和,始行散会。"(《广东孙陈大决裂志》,《盛京时报》1921 年 3 月 26 日)

△　报评军政府内部两大问题。

文章称,一,"军府从前之派孙洪伊赴沪,名为与俄国劳农政府代表接洽,实则与八省联省自治有密切关系,欲联合八省督军组织联省政府,是以举黎元洪为总统,藉以维系北方人心。然黎虽被选,但彼必不南下就职,而孙文乃以副总统资格代行大总统职权,则实权仍在孙氏。故孙氏亦乐于俯就。目前经饬令秘书厅长马君武及秘书徐苏中、李玉昭、伍朝枢、胡汉民五人为联省政府组织大纲及施行细则起草委员,从速脱稿,俾提交政务会议讨论"。二,"关于攻桂消息。近闻孙氏以桂军自回桂后,对于军队之种种布置、筹款之分头进行,揣其意无非欲卷土重来。今以滇省内变,后顾无忧,其谋粤更急。故粤省宜先发制人,立下攻桂动员令,以进为守,否则稍纵即逝……惟兵权尽在陈氏之手,故拟组织华侨救国军十八支队,刻下已四出召募。据称准于来月初成军,但不知其饷械从何拨给。盖陈既始终不赞同,且厉行裁兵,断不肯为之筹拨也。最近复有一种传说,谓日来政局或将有大变化。孙、陈意见既处于极端反对地位,孙苟一旦实行其选举总统及出兵攻桂等计划,陈将以去就力争,曾对人言:'我已呈请辞职,并非争气;如军府不满意,则并兵权亦可解除。'"(《再纪粤政府两大问题》,长沙《大公报》1921年3月15日,"中外新闻")

△　报载孙、陈援桂计划因筹饷问题无形停顿。

报道称,孙、陈援桂计划因筹饷问题颇遭各界反对,而军政府亦因军饷及开拔费无从支拨,于援桂进行渐形停顿。肇庆、廉江及粤北各处防务业经无形废弛,日来梧州桂军以有隙可乘,大有跃跃欲试即行进攻之概。(《粤局将有大变化之传说》,北京《晨报》1921年3月15日,"紧要新闻")

△　报载章炳麟、孙洪伊、胡汉民相继呈请军政府实行联邦制。

报道称,军政府接章炳麟、孙洪伊、胡汉民相继呈请西南施行联邦制度,并以联省自治之入手宗旨,"所陈理由系谓大局不定,其争议根基多缘南方政府未能迎合社会心理,提倡最新潮流,专袭北方军阀变相,或采独裁制度,不能尽得各界欢迎"。请即施行联邦办法,另组正式政府,并准联省自治,前途决可与北京政府相抗衡。"闻孙中山不表赞成,系恐实际分散。"(《章孙胡大倡联邦制度》,天津《大公报》1921年3月15日,"紧要新闻")

3月16日　王文华在沪遇刺。

王文华(1888—1921),字电轮,贵州兴义人。早年受革命思想影响,参与反清秘密活动。辛亥革命后,在黔军中地位日高,跻身领导阶层,并率部参与护国战争。护法军兴,于是年8月就任黔军总司令。后率部入川,对抗北军,鏖战经年。1920年10月,为熊克武所败,离渝来沪。旋奉命前往浙江,劝说卢永祥共同讨伐直系。是日下午5时,在上海一品香饭店门前为袁祖铭收买的流氓刺杀身死。1940年3月,国民政府追赠王文华为陆军上将。(熊宗仁:《王文华》,中国社会科学院近代研究所中华民国史研究室编:《中华民国史资料丛稿·人物传记》第17辑,第66—70页)

王文华被刺引发黔局暗潮涌动。据报道:"黔自王文华被刺之电到达后,王氏旧部之第十三团、第二十四团,与驻扎黔滇边之第二旅各将领及士兵均极愤怒,疑卢焘所为,连日各界函电往还,大有跃跃欲动之势。卢司令已分饬省城各军实行戒严,而耆老党一般之人物,亦拟与少年党决一血战。并闻刘显世所部之某军,亦将与王部暗合,并分电黔中某部请援。日内黔中形势极形不稳。"(《王文华被刺后之黔局》,北京《晨报》1921年3月22日,"紧要新闻")

△ 报载孙中山自任陆海军大权。

报道称,孙中山现因陈炯明把持全粤军权,关于军事上一切行动均不得自由,"特以总裁名义兼摄陆海军统率职权,且规定军事上之数项条例:(一)全粤各军之分配及增募、裁并各事项由统率处规定;(二)关于各军作战计划及总司令、总指挥由统率处任命;(三)海军舰队之调遣及各舰军官之任命亦由统率处规定;(四)分配全省军队,担任各区防务"。(《孙文自任陆海军大权》,天津《大公报》1921年3月16日,"紧要新闻")

△ 陈炯明与日本记者谈施政方针等问题,否认与孙中山不和。

日本《大阪朝日新闻》驻粤特派员太田氏,因观察新广东之新设施而来到广东。是日,于省长公署访问陈炯明。访谈中,陈就施政方针、教育、财政、援桂等问题,全面阐述了意见。略谓:施政方针,以"民治主义为改革之基础,应由省自治而进于县自治,县知事应为民选";"教育亦采自治主义。由汪兆铭、吴稚辉〔晖〕、戴季陶等主持,从事改革"。财政方面,"现振兴诸种事业,虽需借款,惟今日本、美国皆不借款,不得不竭力奋斗矣"。对于广西则谓:"予于15日报上曾发表意见。倘广西恢复自治,以广西人治广西之精神,扩张民治,则两广将成一家,岂有相见战场之理。广东对于广西暂不出以攻击,只谋自卫而已,因是有军队之调动。予赴高州之说全属子虚,民党之广西改造同志会现谋放逐陆荣廷,而援助孙中山。"对于外界极为关注的与孙中山"内讧"问题,表示:"予与孙中山绝无轧轹之事。盖孙氏行事超乎时流,水平线以下之人无不非难孙氏者。予则畏敬孙氏一如往日,此种误解,不可不明辨也。联省政府:赞成省分为云南、湖南、贵州,一时尚不能实现,现正从事疏通。至总统选举一事,应由国会方面决定,予无成见。"(《陈炯明与日记者谈话》,上海《民国日报》1921 年 3 月 24 日,"国内要闻")

△　报载军政府禁止部分港报入境。

报道称,据香港《士蔑西报》载,"粤政府禁止本港华人各报入口,只余附和政府两家不禁。因各报攻击粤军官、军队庇赌受贿,贩运私盐鸦片,各军官由日本运摩托电力机器,在大本营私铸银毫,每日制毫数百元"。(《高州独立后之粤局》,北京《晨报》1921 年 3 月 16 日,"紧要新闻")

△　粤海关情报称,刘显世总裁的私人代表李世荣已抵达广州。但是,"由于当地人反对刘总裁,李世荣暂时没有出席政务会议"。(广东省档案馆编译:《孙中山与广东——广东省档案馆库藏海关档案选译》,第217 页)

3 月 17 日　报载孙中山、陈炯明借名募兵。

报道称,北京政府昨接驻港探员来电报告,"李福林近与陈炯明实行联合,竟在广州招募水上警察七营,藉名弹压珠江沿岸,实际上确系扩充兵力,严防民党种种举动。是以孙文特电粤北许崇智,令其在该处增募新兵,截留钱粮,筹备抵抗。惟双方表面上尚称融合,日内不致发生冲突"。(《孙陈借名募兵》,天津《大公报》1921 年 3 月 17 日,"紧要新闻")

△　报载陈光远倾向南方。

报道称，"江西督军陈光远近来对于西南护法宗旨深表同情，故自陈总司令统率粤军返旆后，即互通声气，着手联防，连月密电往还磋商计划，现已渐有头绪。将来粤军实行某种举动，彼亦决意中立，断不相阻。且定于月中双方派员开一军事会议，解决各项条件，其会议系在大庾岭附近选择适中地点。陈赣督已派出参谋李德铭为代表，陈总司令则拟派旅长吴某前往接洽，日内即可束装就道"。(《陈光远加入南方》，《新国民日报》1921 年 3 月 17 日，"护法要闻")

3 月 18 日　报载陈炯明派代表赴浙与卢永祥接洽。

报道称，浙江本完全处于北京政府统治之下，"自浙督卢永祥通电反对中央新选举之后，陈炯明曾与之来往电文数次。前日复致电上海蒋某，请其就近代表赴浙与之疏通一切。其原电略云：卢浙督近颇有向西南之意，此时若有得力之人，前往疏通，必能收效。我公素为卢督所重，请勉为一行，何日起程，先电复函后详"。(《陈炯明派代表赴浙》，《香港华字日报》1921 年 3 月 18 日，"粤省要闻")

3 月 19 日　女儿孙婉与美国留学博士戴恩赛在澳门结婚。"孙市长哲生于前数日始行赴澳，料理一切，念一日即已返省。孙总裁父子因取简朴主义，故事前绝未告诸亲友，事后知者亦极少。是可见孙总裁俭德之可风矣。"(《孙总裁嫁女之俭朴》，上海《民国日报》1921 年 3 月 28 日，"国内要闻")

△　报载褚辅成谈总统选举分歧仅缓急之别。

报道称，非常国会副议长褚辅成谓："刻在广东之众议员二百三十名，参议员九十名。近来外间风传益友社方面之议员有反对选举总统之说项，此系误传。虽主旨赞成，然时间尚早，俟南方根据规定后再为选举。不过有缓急之分，非有对人关系或政党的关系。"(《译电》，天津《大公报》1921 年 3 月 19 日)

△　粤海关情报称，海内外多有迅举总统之呼声。

该情报称："旅居美国和南洋的华商多次打电报给军政府，敦促后者迅速选举一位西南省份的正式总统，组织正式政府。同时，据报道,军政府最近收到了云南、贵州和四川的信件,内称他们将继续忠于军政府及尊重国会的决议。当地的大多数领袖认为,这是护法形势向前发展的一个好征兆。他们强烈要求政府将总统的选举付诸行动,而且应该安排在下个月内进行。"(广东省档案馆编译:《孙中山与广东——广东省档案馆库藏海关档案选译》,第218页)

3月20日　在广东省教育会演讲《五权宪法》。

是日由中国国民党发出入场券,公请国会议员、省议员及各界人士赴会。至12时,"会场已极拥塞,楼上楼下绝无余隙,门外尚有十百人不得入"。下午1时,会议开始,首由广东教育会长汪精卫述开会理由,次由孙中山演讲五权宪法,略谓:"各国宪法只分三权,没有五权。五权宪法是兄弟所创。"为什么要创立五权宪法呢? 那是觉得美国的三权宪法"不完备底地方很多,而且流弊亦不少",故改创五权宪法加以"补救"。"我们要想把中国弄成一个庄严华丽底国家,我们有什么法子可以使他实现呢? 我想亦有法子,而且并不为难,只要实行五权宪法就是了。""五权宪法,分立法、司法、行政、弹劾、考试五权,各个独立。从前君主底时代有句俗话叫'造反',造反就是将上头的反到下头,或是将下头的反到上头。在从前底时候,造反是一件很了不得的事情。这五权宪法,就是上下反一反,将君权去了,并将君权中的行政、立法、司法三权提出,作三个独立底权。行政设一执行政务底大总统,立法就是国会,司法就是裁判官,与弹劾、考试同是一样独立的。以后国家用人行政,凡是我们的公仆都要经过考试,不能随便乱用的。"并指出:前天曾在"省议会将五权宪法大旨讲过,甚望省议会诸君议决通过,要求在广州的国会制定五权宪法,作个治国的根本法"。(《五权宪法之大演讲》,《新国民日报》1921年4月1日,"护法要闻")

△　粤桂两军于德庆马墟交战,"两军互有伤亡,现正准备剧战"。(《粤桂战争中之陈陆》,北京《晨报》1921年3月25日,"紧要新闻")

△　报载军政府"请香港华商领袖组织一顾问会,襄助军政府办

理民政及财政各事。华商现正考虑此议"。(《军府请香港华商襄助》,上海《民国日报》1921 年 3 月 20 日,"外电")

　　△　报载赵恒惕与军政府联络。

　　报道称,赵恒惕自林支宇出走以来,与孙中山来湘代表刘勋接洽颇殷,"对于湘粤联合种种手续,其最要者则为联省之进行及联军之办法。又于加入援桂团体,亦有具体讨论。复派代表顾某日内赴粤,接洽一切"。(《赵恒惕最近之态度》,北京《晨报》1921 年 3 月 20 日,"紧要新闻")

　　△　报载徐树铮联络西南,图谋北攻。

　　报道称,徐树铮日来密遣心腹陈某赴广州,与孙、陈接洽,筹备北攻各事项。徐所提出条件包括:"(一)供给军政府援桂大宗饷银及代拨军费;(二)援桂成功后组织北伐军,实行武力统一;(三)粤军加入安系军官数十名,以资援助;(四)要请军政府予以重要位置及军权。"(《徐树铮又联络西南》,天津《益世报》1921 年 3 月 20 日,"要闻一")

　　是月中旬　唐继尧赴港暂息,临行前留书辞行。

　　函谓:"连日快聆教言,顿慰频年积慕,更荷礼遇有加,所以爱勖提携者,至为肫诚。感佩之思,深铭五内。继尧以此次由滇到港,沿途车船劳顿,已累夕不获成眠。入粤以来,脑病复作,精神异常疲惫。又因敝眷及随从人员,现均暂寓在港,诸待安置,不能不到港一行。稍事拼挡,藉图休息数日,再为随时来粤,共商大计。兹虽匆匆启碇,不及走辞,所恃素承知爱,且此后与公相处之日正长,谅不责其疏慢也。"(《唐冥〔蓂〕赓赴港暂息》,上海《民国日报》1921 年 3 月 24 日,"紧要新闻")

　　3 月 21 日　报载孙中山仍"一力主张"选举总统。

　　报道称,选举总统之说沉寂已久,日来又稍稍提及,传闻仍系孙中山一力主张,伍、唐均不谓然。汪精卫亦对孙言,谓"选举总统,尚非其时"。孙则谓"毋乃自视太卑"。"在孙之意,即欲于三星期内实行,未审有无把握。"(清:《广东通信》,《申报》1921 年 3 月 21 日,"国内要闻二")

△　报载陈炯明实无督师援桂之意。

报道称,日前有陈炯明督师援桂之说。有知其内容者谓陈并无督师之意,"不过借此为应付某派之一种手段耳"。"现在省城四围所驻之军队,某派实占多数,陈氏之军队多驻石龙、惠湖一带。借出师之名将某派军队调往前线,而以自己之军队调回省城。"(《陈炯明出师援桂之推测谈》,《香港华字日报》1921年3月21日,"粤闻")

△　报载顾品珍对南北始终不表明态度。

报道称,滇省自顾品珍接任总司令后,对南对北均无加入之表示。最近北京政府亦曾直接间接向顾疏通,兹接复讯,谓"滇省现时决从整理内部着手,对于南北暂不表示态度,且已援照川湘先例宣布实行自治,一时殊未易说其北归。但就现势观之,亦不至加入军政府"。闻北政府得此报告,对于滇事决定暂取冷观态度,俟有可乘之机,再行从事接洽。又据广东方面消息,孙中山欲将顾品珍收为己用,"自接顾氏就任总司令通告后,即经复电,嘱其遴派代表来粤常驻,并运动滇籍议员发电,请顾氏宣布护法宗旨。嗣因久不得复,复派议员吕志伊携带巨款赴滇运动顾氏,务求其发表始终护法宣言为主。如顾氏不受运动,则运动其他军队将顾推倒,以期达到目的。乃日前接吕来电,谓进行不甚得手,孙因此又加派议员张光焯前往协同办理。张氏奉命后,即于本月11日出发"。另据消息,顾品珍于巧日(18日)又发出通电一件,内容略谓:"唐联帅解职,各界以滇军总司令相属,固辞不获,惟有勉任艰巨,以待贤能。特念共和国家,最重民意,凡有设施,当以众议为依归,其应如何铲除武人政治,导扬民治精神,以谋解决时局之处,品珍不敏,愿乞明教。"(《顾品珍始终不表示态度》,北京《晨报》1921年3月21日,"紧要新闻")

3月22日　往北校场阅兵。

军政府重组后,对自编军队即非常重视,将其视作有力政府之保障。第一路司令黄大伟所部军队编练完备后,于本日亲往北校场举行阅兵式。张继、何克夫等多人随往。检阅全军完竣,传语嘉奖,始行回府。(平:《广州通信》,《申报》1921 年 3 月 29 日,"国内要闻")

△　报载唐继尧谈将暂留香港。

唐继尧自广东返回香港后,其动向颇为外界所关注。据报道,唐最近曾对人谓:"余最初之预定,本拟即赴日本,稍事休养,然后再赴欧美游历。后以孙、唐、伍三总裁恳切之慰留,难以辞绝,故一时未能出发。究竟出处如何,目下尚未决定,但于此一二月之内,仍将逗留香港。"(《唐继尧暂留香港》,北京《晨报》1921 年 3 月 22 日,"紧要新闻")

△　报载陆荣廷派使联络陈炯明。

粤军总司令陈炯明自与孙中山讨论援桂后,意见愈演愈深。据北报报道:"孙文日来竟将粤北许崇智之民军,调防广州,故陈氏对于孙之此次行动尤不满意。陆荣廷遂乘机密遣秘书某,径赴广州筹商息战联合方法,陈遂表示欢迎,与之接洽。"(《陆荣廷派使联络陈炯明》,北京《晨报》1921 年 3 月 22 日,"紧要新闻")

△　报载军政府运动鄂省进展。

报道称,军政府因联省自治之事,曾派袁作霖赴湘、鄂等省联络。闻袁作霖昨由鄂电请回粤,略谓:"前由湘会同四代表赴鄂,曾蒙王督召集会议一次,对于联省自治允从长商议。作霖阳日离鄂,先此电闻,余容详报。"(《袁作霖电告对于联省之意见》,《新国民日报》1921 年 3 月 22 日,"护法要闻")

△　报揭陆荣廷收买滇省计划。

报道称,陆荣廷日前以滇局骤起变化,曾遣其参谋张某取道入滇,面谒顾品珍,磋商滇桂联防计划。并谓"滇军欠饷,可代向北庭设法交付,但以滇省现驻军队为限"。计张氏可抵昆明,顾氏之能否为其利用,殆视粤省出师援桂之迟早为断。如粤局久不发展,则难免为其所利用。又据消息,陆氏以桂省矿产抵押一千万元之议,刻仍在进行中。此事果成事实,"则将五百万现金拨回北庭,换领国库券,而预备二百万收买顾氏,作为国库之正当支销。已将此项支配办法电呈北庭,徐氏得此五百万现金之权利,或不致如前拒绝也"。(《陆荣廷收买滇省之计划》,《新国民日报》1921 年 3 月 22 日,"护法要闻")

　　△　报载西南欲举黎元洪为总统真相。

　　道路传闻西南欲举黎元洪为总统,港报分析指"其中黑幕重重":"自各报登载黎元洪与某外人谈话之后,外间多以为异。京政府且因此派员向黎元洪询问,及黎元洪通电声明,前日并致一长函来粤诘问郭某,然后黑幕始为之揭破。有知其内容者云,此事系始终均由郭某一人拨弄于其间。缘郭某曾充黎元洪秘书,孙某即利用郭某(泰祺——引者注)以运动黎元洪,又特派郭某携同某外人谒见黎元洪。二人谈话问答,均由郭翻译,各报登载多变更语气,使人误以为黎元洪趋向西南。"(《西南欲举黎元洪为总统之真相》,《香港华字日报》1921 年 3 月 22 日,"粤省要闻")

　　3 月 23 日　军政府召开紧急军事会议,部署攻桂。

　　粤桂两军之驻扎边境者,本各守防线,相机待发。据北报报道,"闻军府于皓日接云浮急电,哿日接封川急电,同日又接肇庆急电,均飞报桂军潜入我境,危迫万分,请即拨援。"当日军政府召开紧急军事会议,陈炯明暨所部军官均列席。"议决派邓铿抽调十二营赴肇庆,魏邦平调六营往云浮,洪兆麟率一旅赴封川,均限敬日出发。并转电许崇智迅饬包作霖督师,由怀集方面进攻桂军右路,以分梧州兵力。所有各路将领均归陈炯明指挥。"(《粤桂战争中之陈陆》,北京《晨报》1921 年 3 月 25 日,"紧要新闻")

　　△　军政府召集临时会议,商讨筹饷办法。

　　报道称,军政府 23 日据前敌探报,桂军林虎自封川取肇庆,马济自信宜取高雷,沈鸿英自灵山取钦廉,大军压境,原有兵额不敷分配,请迅拨援,并汇大宗饷项,以资激励军心。又同日据粤北司令许崇智亦来电请拨军饷二十万元,以资要需。军政府当即召集临时会议,廖仲恺因赴港未列席,遂议决由盐税项下先拨五十万元,并定三项办法如下:"(一)由财政厅通电各知事,每县限十日内将地丁什税尽数报解,其未收者应设法筹垫;(二)分向商会善堂筹借三十万元;(三)港商借款,应派员继续接洽。"(《粤军攻桂之近讯·孙文敛款》,北京《晨报》1921 年 3 月 27 日,"紧要新闻")

△ 报载孙中山派代表与王占元接洽。

报道称,孙中山因六省联盟已有初步接洽,于个人所倡之联省制,将来或难免不受此种联盟影响。故自上星期二之政务会议后,"即派汪燮臣代表赴鄂,与王占元实行接洽,筹商粤省加入筹备联省手续,并声明愿将前订联省办法一律取消,另由各省代表会议讨论规定。然王鄂督对于孙氏能否表示欢迎,实难预卜"。(《孙文派代表接洽王督》,天津《大公报》1921 年 3 月 23 日,"紧要新闻")

△ 报载各驻华公使决议将西南关余仍交北京政府。

报道称,各公使因粤局紊乱,恐将西南关余付粤后别生波折,故决议仍付北京政府,免再纠缠。"其用途以四十万治珠江,七十万作驻外公使经费,二十万防疫,余则拨作整理内债基金。"(《本报特电》,《香港华字日报》1921 年 3 月 23 日)

△ 报载唐继尧似倾向孙中山。

报道称,广州各界情形至为分歧,军政各要人互相倾轧,不久或将发生内讧。"原因虽属复杂,大要则为孙文派争权,仍愿先举非常总统以及援桂两问题。然自唐继尧到广,深悉斯种风潮不易解合,军府会议唐氏并不出席,现又至港,但曾邀孙同往会议,足见唐有倾向孙氏之形式。"(《唐继尧赴港邀孙会议》,天津《大公报》1921 年 3 月 23 日,"紧要新闻")

3 月 24 日 赴黄埔检阅海军陆战队,并发表演说。

是日,先乘船至天字码头上岸,往黄埔公园游览,随后上船赴黄埔陆军学堂。阅操时有一小时的浅近演说,"极简明真挚"。略谓:"军队的灵魂是主义。有主义的军队,是人民和国家的保障。举例如法国,他们将平等、自由、博爱做主义,三色的国旗便是表示出这三种主义来的。法国有了这种军队,所以能革命成功。军界同胞也应像法国般,勉为有主义的军队才行。"(叶楚伧:《孙总裁阅兵记》,上海《民国日报》1921 年 4 月 5 日,"国内要闻")

△ 非常国会召开联席会议,解除陆荣廷、林葆怿总裁职务。

粤海关情报称,在是日召开的非常国会联席会议上,"议员们决定解除陆荣廷和林葆怿的军政府总裁职务,以显示两广取消独立是未经授权的,而北京政府统一政令是毫无道理的。会议接着转而讨论海关余款问题,该问题是由出席谈判的军政府代表伍朝枢提出来的"。(广东省档案馆编译:《孙中山与广东——广东省档案馆库藏海关档案选译》,第 218 页)

△ 报载陈炯明无意援桂。

报道称,陈炯明于本月 19 日致电谭浩明,请其将粤边桂军撤回,已足证明桂军确有进迫粤境之事。据军界某要人谓:"陈炯明此电且已表示其绝无援桂之意。盖孙文日以出师援桂为言,今桂军明明侵入廉江县属之石角墟,此外与石角相连之限田,樱湖,车畓等处,尚有桂军千余分驻。以地方官守土之责而言,亦当以兵力将其驱逐出境。安有从容致电请其撤退之理。乃观陈炯明电中措辞谓粤桂接壤,所有边境驻军自应各守边防,毋相侵犯,以符保境息民之旨等语。是则陈炯明志在保境息民,可以想见,而其对于援桂之意见若何,亦已昭然若揭。"(《陈炯明无意援桂之一证》,《香港华字日报》1921 年 3 月 24 日,"粤省要闻")

△ 报载军政府请唐继尧选派代表列席军政府会议。

报道称,孙中山前日派廖仲恺赴港请唐继尧来省,唐已婉却。闻孙又拟再派员赴港,"如唐氏果不愿亲自来省,则请其派一代表到省列席会议。现虽已派出随员参谋长陈荫山等十一人随时到军政府接洽,仍请于十一人中指定一人"。(《请唐继尧派代表出席》,《香港华字日报》1921 年 3 月 24 日,"粤省要闻")

3 月 25 日 报载孙中山派员密查陈炯明。

报道称,孙中山以陈炯明对桂态度和平,无意援桂,"疑与桂通,派员密查陈举动"。(《香港电》,《申报》1921年3月25日,"专电二")另有报道称,"孙系闻陈炯明秘密联陆,极为愤恨。此次桂军侵入粤境,对于军事计划表面虽与陈氏周旋,暗实密令各路民军阴行监视,并将许部劲旅雄镇韶关,以防不测"。又据广西方面消息,谓"陈炯明绝无西攻之意,此间曾于号日接陈来电,主张各守边防,勿相侵犯,以符保境息民之旨"。(《粤桂战争中之陈陆》,北京《晨报》1921年3月25日,"紧要新闻")

△　报载孙中山、伍廷芳交涉关余被拒。

报道称,北京政府接驻粤林委员来电,谓孙中山、伍廷芳因援桂军饷无处筹备,特向外交团方面声明援桂目的及将来统一西南各计划,以期早明真象,将关余提交。"并宣言如再不拨,各路军队因索饷致生意外,个人均不负责。惟外交团方面因西南解体已无提取关余资格,故完全拒绝。"(《孙伍交涉关余之无效》,天津《大公报》1921年3月25日,"紧要新闻")

△　报载顾品珍电邀川黔办理自治。

报道称,顾品珍鉴于西南各省皆有脱离广州之势,而省内民众则多趁机提倡自决,倘违斯意,前途恐有危险。"日昨已经致电四川熊克武、刘湘,贵州卢焘、任可澄,磋商由川滇黔办理最高级自治。惟此项手续繁多,请速派员来滇,并嘱川黔暂时勿与北方另谋接洽。"(《顾品珍邀川黔办自治》,天津《大公报》1921年3月25日,"紧要新闻")

3月26日　报载军政府仅孙中山独力撑持。

报刊载文分析军政府内部近况,谓唐继尧滞留香港,"且近日唐绍仪则时返乡关;伍廷芳则讲究卫生,于政务多不措意;仅有孙中山独力支持而所筹划,又多力与愿违。即如孙中山之惟一主张,在于援桂,而事实上竟办不到。桂人则已有图粤之谋矣……盖保境息民四字,实陈炯明之本心,如桂人不为已甚,则陈决不出兵。孙中山虽力主援桂,亦徒托空言。职是之故,外间所传孙陈不睦之谣言,人多信之,其实则孙必倚重陈,陈亦决不叛孙,惟实权仍由陈操之。此则军府现在之情形也"。(平:《广州通信》,《申报》1921年3月26日,"国内要闻")

　　△　《香港华字日报》攻击孙中山运动总统选举。

　　文章称,"选举总统为孙文回粤后之揽权政策,但久未能见诸事实,故因此中军界有人反对,即军府中意见亦未得一致,以故未能达其目的。顷闻其内部经已确商就绪,唐伍诸总裁亦已勉强答应,国会议员亦已有同意者,故对于选举事大致经已妥协,只人民方面与军界之有大力者尚未疏通。故对于人民方面则极力收买民心,一方面运动海外华侨通电要求即选总统,一方面笼络善团以结其欢心,如开复西濠、维持中行纸币等种种手段均欲藉以迎合人民心理。又复允任许崇智为省长,运动一部分反对之军官,务使某要人为所屈服,无反对能力。其运动可谓不遗余力"。(《运动选举总统之不遗余力》,《香港华字日报》1921年3月26日,"粤省要闻")

　　△　报载郭泰祺运动八省联省自治内情。

　　报道称,据某方消息,近日欲运动八省联省自治系郭泰祺主持。"郭泰祺前此之傀偏黎元洪变更其与祈尔德谈话之语气,亦无非为八省联省自治起见,欲使八省督军知黎元洪确有与西南来往,以此而坚其信用。郭泰祺现时之留寓上海,表面上名为办理关余案件,实则为联络八省。运动之费闻前后已汇款至二十二万元之巨,但自黎元洪通电辩正之后,已将黑幕揭破,即联省自治问题亦已受一绝大打击。"(《运动联省自治近闻》,《香港华字日报》1921年3月26日,"粤省要闻")

　　3月27日　军政府召开军事会议,议决撤换陈炯明省长职。

　　报道称,闻孙中山愤陈炯明通桂,是日召开军事会议,本议援桂,得多数赞成后即趁势提换省长,谓"欲援桂,非换不可",历举陈与谭通电及陈态度为证。邓铿等虽列席,无从讳辩,换省长议卒决。"如无障碍,日内将发表。"(《专电一》,《申报》1921年3月30日)

　　另据报道,孙中山与陈炯明意见日深,"孙迫陈辞去省长职,陈谓非有军政府命令不能照办。孙在军府会议席上提出免陈辞,伍廷芳、唐绍仪不赞成。昨军官会议,提议请陈任西征之务,许崇智继陈为省长,多数赞成。陈为势所迫,将自行交代,惟陈派军官极力反对,恐不免发生战事"。(《孙陈将不免以兵戎相见》,北京《晨报》1921 年 3 月 27 日,"紧要新闻")

　　△　报载顾品珍来电,主张军政府采单一制,"孙派极乐观"。(《专电二》,《申报》1921 年 3 月 27 日)

　　3 月 28 日　与黄璧魂、唐允恭等谈话,指示应唤起大多数妇女的觉悟。

　　为争取女子参政权,女界联合会与广东省议会矛盾激化,酿成风潮。女界代表到军政府请愿,要求孙中山主持公道。是日,接待黄璧魂、唐允恭、伍智梅、邓蕙芳等代表,谈话间指出:"我自然愿主持公道的,但这不是说一句公道话的事。宪法规定着主权在全国人民,女子也自然应该有选举权和被选举权的。你们只有这些人去争是无效的,要唤起大多数妇女的觉悟来才行。假使现在有五百万妇女签名要求,会怕省议会不允吗? 他们便不允,你们难道自己不能取得选举权和被选举权吗?"(《妇女要求选举权风潮》,上海《民国日报》1921 年 4 月 4 日,"国内要闻")随后,各代表继赴省长公署晤见陈炯明,陈"允予女子以投票诸权"。然据《香港华字日报》报道,代表面陈时,陈以揶揄之言谓:"女子选举权界汝亦得,惟县长被选举权则不能界,因系妇人有生理上之关系,对于行政事务每因而停顿。"各代表退出后声言:"孙、陈皆赞成。"(《妇女大闹省会续志》,《香港华字日报》1921 年 3 月 31 日,"粤省要闻")

　　在获得孙中山、陈炯明的支持后,女界代表千余人于次日开会集议达成男女平权方法。会场气氛激昂,壁间悬挂"男女平权""还我选举权""孙中山陈炯明万岁"等条幅。会后排队游行,先后至省议会、省长公署、军政府办公处,向同情选举运动之官员表示感谢。(《广东之女权潮》,《申报》1921 年 3 月 31 日,"太平洋路透电")

　　△　报揭阴谋派收买议员内幕。

报道称,"国会几经挫折,始得复回广州,重开会议,实西南发展之好机会也。乃迁延两月,除开过三数次联合会审查审计及议员请假等案外,对于一切大计划毫无顾及,殊失此番返粤之初旨。查其所议窒碍原因,实系议员中有已受毁法派之运动,潜行来粤,或在沪遥为指挥,希图拆军府之台,而遂其包办政权之目的者,故发生如此结果。据各方面调查,该派初拟运动向日反对护法之议员尽数来粤,先取得会议席上之多数,而后抗阻真护法议员之主张。嗣为审查议员资格委员会所限制,是以改变方针,以招致已来粤之议员返沪为宗旨。该派深知议员中年来奔走穷乏不堪,多以金钱为前提,故瞒请北庭发交现款,以为罗致议员之利器。北庭以现款奇绌,再三筹措,始允拨出国库券若干万元,定每人发给二百元。该派得款后,乃一面派员来粤,坐办此事;一面托留沪议员,致函此间(指广州)之有私人交情者,请其离粤。现在粤议员多有接到此项函告,但多鄙弃之,且以二百元之国库券所得不过百元有奇(国库券约值六成),比较吃亏在七八十元之谱,故多不愿往。间亦有赴沪赚取此款,然后返粤省。川流不息,大有泊泊其来之势,然真护法派则毫未为其所摇惑也"。

(《阴谋派收买议员之内幕》,《新国民日报》1921年3月28日,"护法要闻")

3月29日　电催蒋介石来粤,筹划援桂。

电谓:"西征关系重要,一切须在事前筹划,兄来更速进行,幸即趣装。"4月4日,蒋介石复电,告以暂缓来粤。电谓:"动员无期,来亦何益,且反多阻碍,暂为缓行。"(毛思诚编纂:《民国十五年以前之蒋介石先生》,第123页)同日,蒋又电陈炯明,促请抓紧时机,速清桂孽。电曰:"默察时局,蒙乱日亟,复辟在即;伪政府财政陷于绝地;奉直战衅,箭在弦上,凡此种种,皆足制北方死命。桂孽如不速清,本军无起而乘之之机势。"(中国第二历史档案馆编:《蒋介石年谱初稿》,第63页)

△　与叶楚伧谈话,指出政府应做国家生产的经纪人,政治上设施全部交由人民。

谈话略谓:世界与中国均面临着两种危险。其一,政府垄断全部政权,结果争权夺利,闹成四分五裂,"国家元气与个人野心同尽"。其二,社会分成"无数阶级","不平等的现象,一天显着一天,结果便发生出社会经济的革命来"。进而指出,要免除这两种危险,就应该将政府与人民的不正常关系"颠倒"过来:"本来人民是由政府管的,以后便由他自己管去。本来是人民自养养政府的,以后却由政府来养他。以前人民所填筑的经济制度,由政府来改造;政府所垄断的政权,全部加诸人民。再明白些说,政府是应该做个国家生产的经纪人,政治上设施,全由人民自己办去。"(《西南底一件大事》,上海《民国日报》1921 年 4 月 7 日,"国内要闻")

△　陈炯明谈话,反对攻桂。

据报道,陈炯明在谈话中表示:"予欲实行省人自治,目下休养民力,整理百事,实无暇顾及其他。广西新人物努力驱逐军阀,冀举民治之实,予对之固表同情。惟援助此等人物大举讨伐广西,匪特有使人误解为侵略之虞,且不免有与省人自治之理念相矛盾,故广西军如侵入广东时,则为正当防卫,虽不辞战,然由我进而开战端,则决无此意也。"(《陈炯明派反对攻桂》,北京《晨报》1921 年 4 月 1 日,"紧要新闻")

△　报载某政客转述陈炯明关于时局的态度。

报道称,某政客对于粤局向主张积极发展。记者以近日谣传甚盛,不曰陈炯明如何反对孙中山,则曰陈炯明如何被孙派胁迫。昨日往晤,因以相询。据其答称:"陈炯明之反对孙中山,不是反对孙中山个人,系反对孙中山政策。如选举总统一事,陈反对尤力。近国会以时局不死不活,拟将选举提前办理。陈竟向某议员阻止。略谓我(陈自称)不忍见孙先生失败,故不赞成速选总统,因现下时机未熟,如广东选出总统,北方必借口来打,是真自树目标,使人攻击。粤省基础尚未巩固,一有战事,实至危险。我辈与孙先生不知历几许险阻艰难,始有今日,何苦冒险? 若是癸丑一役,我本不欲轻于一掷,徒以党议关系,不得不尔,至今思之,犹有余痛。故我对于大局,决持审慎态度。我已派员联络湘鄂各省实行联邦,将来联邦政府成立,总统一席,仍属孙先生,不过稍缓时日而已。诸君果爱孙先生,请将选举总统一事,暂缓举行;否则设有意外,我不能负此重责等语。其态度如何,足见一斑,外间传闻,故不尽无因也。"

记者又询以陈炯明之主张,答谓:"此等主张当然无研究价值。谓选出总统,北方即要来攻,试闻北方何有势力。我们设不能从速选举总统组织政府,外人且以土匪看待,又讵有发展余地。此其理本至明白,陈宁不知之,其所以一再反对者,外间传其与北方某系接近。观其致谭浩明一电,及谭接电后即行退兵,实不无疑点。现孙先生定有最后办法,经于日昨召集各军界要人会议,决定一面出兵援桂,一面选举总统,双方并进,无论如何,不能复缓。如陈仍持反对态度,则以许军长崇智任省长兼粤军总司令,先解决内部问题,以免横生阻力。总之,至万不得已时,孙先生为贯彻其主张计,虽实行决裂,亦所不惜。刻下彼此已愈迫愈紧,从种种方面观察,似已乏转圜之希望。须知丈夫作事,不进则退,绝无中立之理,我个人意见,实亦如是。"

记者并询及陈炯明督师援桂传言,答曰:"近日外间虽有谓陈将督师,交马育航,陈达生代拆代行,藉此暂避风潮,以退为进等语,实则此不过一种缓兵之计。全粤财政机关及兵工厂,皆在省垣,弃去根据而高谈作战,讵非笑话。此等谣传不足信也。"(《某政客口述陈炯明态度》,《香港华字日报》1921年3月29日,"粤省要闻")

另据粤海关情报称:据香港《循环日报》报道,在最近关于重新打开西濠的问题后面,隐藏着"极大的政治阴谋"。《循环日报》暗示,"某个政治派别(即孙逸仙那一派)正在试图利用这次争端,推翻省长陈炯明,代之以孙科或另一孙逸仙的忠实支持者。可以说,陈炯明省长最近是用十分强硬的语气,拒绝了商人们关于重新打开西濠的要求。市长孙科企图通过重新提出这个问题,使公众舆论转而反对省长。在他的一次演说中,孙对商人们深表同情,并说他将带头支持他们的活动。事实上,孙不过是试图取得民众的支持并因此逐渐把陈炯明从其现任职位上撵下台。但是,工程师们却是反对重新打开西濠的。他们认为,在西濠加盖修筑一条马路,不仅是无害的,而且是有益的,它有助于加速运输事业的发展"。(广东省档案馆编译:《孙中山与广东——广东省档案馆库藏海关档案选译》,第 273 页)

△ 报载美国新政府倾向南方政府。

报道称,昨有某方面接纽约来电,略谓"美国新任总统,对于西南政局甚为注意,尝与此间熟悉中国政情之人谈话,极希望西南军府力加发展,而尤希望组织正式政府,赋予改造中华民国全国之大权,以完成共和国体"。故一般人士之推测,"如旧国会能刻日将军府改组,必得美国之助力,不特关余无问题,即一切对内对外方针,亦易于着手也"。(《美政府对西南之好意》,《新国民日报》1921 年 3 月 29 日,"护法要闻")

3 月 30 日　刘铸伯在密函中谈及时局及孙、陈关系。

刘铸伯时任香港华籍高等立法议员。在广州拜访孙中山、陈炯明等人后,于是日密函香港邮政局长路斯氏转达香港总督,谈及国内时局及孙、陈关系等。略谓:"关于中国南北政府统一问题,北京内阁总理派来的两位秘密代表现已在广州。北京愿意正式委任陈氏为广东省长与粤军总司令,并允代付清所欠军队之薪饷,条件是陈必须与孙中山脱离关系。但是没有商人和人民的支持,陈是无法接纳北京的建议的。在孙中山方面,他正积极的进行选举自己为总统,又想把陈炯明的军政府陆军总长职给唐继尧,广东省长职给许崇智,而只留下粤军总司令一职给陈,并要他带五万军队去攻打广西。简言之,陈就失掉了他现有治粤的政权。这计划自然令到陈与陈的部属感到愤恨。虽然他们未敢公开表达出来。"

关于此事,香港总督于 5 月 17 日密函报告英国伦敦外交部大臣。略谓:"不久前,华籍高等立法议员刘铸伯企图在广州和香港筹款,组织一商人公会以资助陈炯明。唯一条件为陈须答应和北京政府合作,并与孙中山完全脱离关系。但是陈炯明以后对此事未做任何行动。结果令孙中山成功的选举自己为总统。孙马上四处发函向香港人筹款。本政府的负责官员即发出一告示,警告香港人不准借款与孙中山及其政府。"(陈定炎编:《陈竞存(炯明)先生年谱》,第 323—324 页)

有报道指,刘铸伯背景复杂,在广东政局中实有所图谋。该报道称,港商刘铸伯等近拟厚集巨资,将粤省一切财权独行操纵,此事已在酝酿中。"某日在刘宅会议,列席者多人,桂系杨梅宾、谭□廷两人亦参与其间,并愿担任筹措一百万元以为之助。则若辈此举有利于粤省与否,尚属疑问。探闻其进行计划,先以金钱将助与民党接近之某氏,取得省长一席为入手办法。日昨经派人与某氏商量,但某氏自信有此希望,故冷淡置之。"(《刘铸伯与桂系之关系》,《新国民日报》1921 年 4 月 26 日,"广东要闻")

△　报载孙、陈冲突及孙中山"死力运动"选举总统。

报道称,据香港某西报载,广州政局迅速发展,不久将有冲突。"孙中山拟另设南方共和国,自为总统,已谕令省中华商分电各处,赞成斯举。闻孙宣言与粤相终始,虽牺牲生命亦不离。南方近日有兵士张贴正式示文,为孙氏所组织之新军招募新兵。此项兵士为陈炯明拘获七人,后由军政府索回,革除兵籍,但招兵示文今又出现,闻张贴示文者,续被拘去数人。"(《广东之时局》,《申报》1921 年 3 月 30 日,"太平洋路透电")

另据报道,孙中山"死力运动"举总统,对人言:"此次费无数力,始得回粤,如不举总统,西南无发展望。我今次回粤,具破釜沉舟,与粤存亡之志。"(《专电二》,《申报》1921 年 3 月 30 日)

△　报载孙中山与唐继尧相约,"促返省界陆长职,使陈率军驻肇,以许崇智继省长"。(《专电二》,《申报》1921 年 3 月 30 日)

△　报载陈炯明拟定期誓师援桂。

报道称,顷闻陈炯明因近日之政局风云紧急,诚恐有变,"故决意以防桂名义督师出发,拟定期于 4 月 5 日誓师。闻系以李福林军队为前锋,陈觉民、钟景棠为后援"。(《陈炯明督师出发之传闻》,《香港华字日报》1921 年 3 月 30 日，"粤省要闻"）

△　《神户新闻》刊宫崎寅藏谈《最近广东情况》。

宫崎寅藏返抵东京，所撰《最近广东情况》一文于是日在《神户新闻》刊出。该文略谓："香港、广东从来就是排日中心地，然而已听不到排日之声，而且已出现非常亲日的倾向，这是这次旅行中最感愉快的事。现内阁对华外交美其名曰不干涉主义，实际上是毫无积极政策的放任自流主义。不过也正是这种主义，导致了这种令人欣喜的现象。由此可得出结论：只要进一步确定对华外交政策，并以诚意处之，那么如日华亲善等事实在是极易实现的；由此，还能使人一目了然地看到：像寺内内阁的援段政策以及大隈内阁时代'二十一条事件'那种拙劣的外交，实际上毁了两国间的外交关系。"（段云章编著：《孙文与日本史事编年（增订本）》，第 624—625 页）

△　粤海关情报称陈炯明致电谭浩明，辟援桂传言。

该情报称："陈炯明致电广西督军谭浩明，陈解释说，广东当局方面无意组织任何反对广西的远征，而在广西所听到的关于这方面的传说都是不真实的，毫无根据的。陈还说，广东当局并未把所听到的关于广西的敌意的传说当作一件大事来对待。他要求谭浩明也对所听到的谣传采取相同的态度，并撤退目前正驻扎在广东边界的桂军，避免发生误会。陈趁机赞扬了谭督军过去曾反对北方政府，并要求谭重新忠于护法事业。陈的这封电报，是对广西督军最近所发来的信件的答复。"（广东省档案馆编译：《孙中山与广东——广东省档案馆库藏海关档案选译》，第 273—274 页）

3 月 31 日　与唐继尧面谈，沟通意见。

30 日，唐继尧由港返穗。是日邀其赴启秀楼，"密谈数点钟之久，将各种重要问题向其疏通，并征求其意见"。（《选举总统将提出会议》，《香港华字日报》1921 年 4 月 4 日，"粤省要闻"）《香港华字日报》分析唐继尧返粤并参与政务会议的原因时称："闻唐此次之所以回省者，系伍廷芳、唐绍仪两人亲为劝驾。因系孙文决拟于日内即提出实行选举总统,而唐伍不欲改合议制为独裁制,故再三劝请唐 (继尧) 氏返粤,欲合力保存此合议制之军政府。"(《唐继尧回省之原因》,《香港华字日报》1921 年 4 月 5 日,"粤省要闻")

△　军政府召开政务会议,任命顾品珍、卢焘为滇军、黔军总司令。

是日军政府召开政务会议,唐继尧出席。会上通过了两项重要的人事任命,顾品珍、卢焘分别被任命为滇军总司令和黔军总司令。政务总裁刘显世的私人代表李世荣也出席了这次会议。(广东省档案馆编译:《孙中山与广东——广东省档案馆库藏海关档案选译》,第 218—219 页)

△　报载唐继尧将赴日本流言。

报道称,唐继尧到粤后,对于各方面种种进行多不满意。"日前政务会议出席时,所提攻桂意见,又被陈系政客所反对,甚为不平。故匆匆返港清理个人私事,以备由港再赴日本考察政治。并闻唐氏此次所带之款甚巨,恐孙文与之捐募作为军饷,故须积极离粤。"(《唐继尧将赴日本》,北京《晨报》1921 年 3 月 31 日,"紧要新闻")

是月　会见苏俄代表阿列格谢夫,探讨相互合作及发动革命运动等问题。(陈锡祺主编:《孙中山年谱长编》下册,第 1342—1343 页)

是年春　为《国民党恳亲大会纪念册》作序,阐解"民族、民权之极诣"①。

《国民党恳亲大会纪念册》为澳洲雪梨国民党恳亲大会出版的纪念册,受邀作序。序文指出,与辛亥革命时期相比,"民族、民权之极诣已是更进一步,当为吾党同志所注意"。民族主义应分消极、积极两种:"消极的性近于自卫与抵抗","积极的则发扬光大之谓也"。辛亥革命,仅及光复,属消极的民族主义;"吾党今所有事者,为积极的民族主义"。此种积极的民族主义,对内则消泯五族的界限,"举汉、满等名称尽废之,努力于文化及精神的调洽,建设一大中华民族",

---

①　该序所作具体时间不明。3 月 19 日,上海《民国日报》以《代论》为题刊出。

"使成为世界上有能力、有声誉的民族"；对外则本正义公道之精神，扶助弱小，"使彼脱离强权，加入于自由民族，同受人类之平等待遇"。就民权主义而论，辛亥革命所得，仅共和之空名；民之无权，与尚未革命时相等。当今之世，直接民权已成潮流。为使直接民权有"实质可按"，选举权、罢官权、复决权、创制权等四权为吾人在所必争。民生主义等同于"各国今日活泼进行之社会主义"。民生问题须与民族、民权同时解决，解决之方则在以平均地权解决土地问题，以国家吸收外资解决资本问题。序文在简赅阐述孙中山在三民主义理论上的新进展后，指出："本党所树之主义，固已明显可知矣。然欲求一一实现，断非少数人所能，是必使全国人民皆同情于吾党之主义，为吾后援而后可。欲得全国人民之同情，则又非赖同志之努力宣传不为功。吾海外之同志乎！其坚持此主义，以成后日之功哉！"(《孙中山先生〈国民党恳亲大会纪念册〉序》，上海《民国日报》1921 年 3 月 19 日，"代论")

4 月

4 月 1 日　英国驻北京公使向外交部大臣报告，孙中山"联邦国"理念正得到西南各省支持。

报告称："虽然孙中山在广东省外并无势力，但是这几个月来，把中国变为'联邦国'的理念，渐得到各方的支持。目前主要的支持者有：广东，云南，贵州，四川和湖南五省。这个理念很可能给中国的一些难题得一解答。"(陈定炎编：《陈竞存(炯明)先生年谱》，第 326 页)

△　报载陈炯明密与林葆怿联络，已显北归动机。

报道称，广州各首领互生意见以来，最要者为陈炯明，已与孙中山无形中脱离关系。观于援桂宗旨不能实现，足可觇见一斑。"近日陈氏又缘孙中山派其公子管理市政，渐渐侵及政权，粤省行将全部实力吸入孙氏掌握。陈已密与林葆怿联合，拟即先行密电中央表示北归。请即预筹条件与之磋商。"（《陈炯明北归已有动机》，天津《大公报》1921 年 4 月 1 日，"紧要新闻"）

4 月 2 日　致函康德黎，请协助在英发行《中国的国际开发》①一书。

是日致函康德黎，附寄甫经出版的近著《中国的国际开发》一书，请代向柯尔逊爵士（Lord Carzon）求序，并与詹金斯（Jenkins）接洽在英发行事宜。函谓："伦敦有一个叫詹金斯的发行人，似为一位企业人才。他曾多次来信，希望发行我的任何文学著作，因我当时尚无英文写作，故未曾回信。先生可否代我访问这个发行人，并且与他安排此书的发行？我愿将英文本版权，给予接纳此书之任何商人；如果无人接纳，则请函示，并告知需要若干出版费用，以便我将稿件寄给你。"（《致康德黎函》，《孙中山全集》第 5 卷，第 485 页）

6 月 22 日，康德黎来函，告该书在英国近期发行颇有困难。柯尔逊另有函至，对受邀为该书作序亦表困难。8 月 12 日，复函康德黎，针对柯氏来函中的疑虑指出："余请其为该书作序，确非为我党之利害，而对他有所利用之意念。余深信，如果希望中国及全世界民众，能早日运用中国无数之资源而不再延误，则余书中所拟之发展方针，实为正确之途径。余希望国际政策之制定者，或对此巨大政策有影响力之人士，能同意此种观点，藉以产生必要之推动力量，传播余之构想，以利计划实施与完成。余之所以希望寇松爵士向英国大众介绍此书，此乃唯一之原因。"（《复康德黎函》，《孙中山全集》第 5 卷，第 586－587 页）

△　报载孙中山以外人名义电促西南长官援救军政府。

报道称，孙中山"现因西南各省多与鄂督联合，实际上已舍去军府，改取特别趋势；加以财政困难，罗掘无效，除与各驻领商邀港地华商领袖，在广州组织顾问会外，又用外人名义电西南各长官，嘱出相

---

①　《中国的国际开发》即《实业计划》。

当实力援救军府,否则护法政策废于半途"。(《专电》,《申报》1921 年 4 月 2 日)

△　报载孙中山另设税捐局征税。

报道称,孙中山因军政府行政费不足分配,民军欠饷亦无归宿,特在军政府召集会议,讨论办法。首由其提议,实行扩充各项货税所收之款,充作两项用费。"嗣因各货加税,尚未数月,若再增加,难免不遭商民反对。故又发起另设税捐局,扩充货捐,以资挹注。"(《孙文又扩充税捐局》,天津《益世报》1921 年 4 月 2 日,"要闻一")

△　报载陈炯明联桂消息纷歧杂出。

有报道称:陈炯明现征求陆荣廷关于统一问题之意见,众意国民党不得外人之扶助,关余事尤为显见。故其在粤之势力,终必破坏。"陈炯明主张粤省应仿桂省所为,无论陈实行何策,必不利于孙派。陈在目前未敢遽即逐孙,因许崇智忠于孙也。陈现联络许氏,许系奉人(原文如此——引者注),有兵两师,或将加入于势力较强之一方面。"(《南方近事记》,《申报》1921 年 4 月 2 日,"太平洋路透电")又载:陈炯明现与陆荣廷接洽,询其对于南北实行统一之意见。"陈氏之意以为,国民党既不能得外交团精神上之助援,而关余问题又复停顿,则其在粤之势力终必归破裂。至于或与蜀滇黔携手以谋自治之发展,或俟时而动以归附中央,陈氏尚迟疑未决。陆荣廷则劝其效法广西,勿附自治诸省之骥尾,二者皆与孙党不利。"(《广东政府之变化》,天津《大公报》1921 年 4 月 3 日,"紧要新闻")另据消息,陆荣廷致电北京政府,谓"陈炯明确已宣言将与孙文实行脱离关系,故乘此时机与陈接洽,所规定手续:(一)与陈先由局部联合,停止其援桂作战计划;(二)俟陈表示意见后再规定各项条件;(三)与陈单独联合后再向孙文方面疏通,一致进行,取消自主。惟于粤军善后应若何办理,请电示以便遵照办理"。(《陆荣廷电陈联粤实况》,天津《大公报》1921 年 4 月 7 日,"紧要新闻")陈炯明"特派洪某赴桂,与陆荣廷实行联合,打消援桂之进行。陈提出四条件:(一)双方局部接洽后,桂军不得与粤兴起衅,致伤感情;(二)粤军援桂所受损失,应由桂省筹拨半数;(三)桂省须与粤省政治取同一之进行;(四)民军再有援桂举动,应由粤军停止其进行"。(《军人政客之行动汇志》,天津《益世报》1921 年 4 月 8 日,"要闻二")

另有报道,陈炯明否认联陆,但反对攻桂。该报道称:"连日孙派集议者数次,佥以许崇智长粤,并以韶关之精锐军开拨来省,以资拱卫。胡汉民、汪精卫均极力反对,最后以邹鲁继任……探闻陈氏颇不满于许,已特令所部调惠州一带,以为将来根据……近陈炯明否认联陆之说,并声言:余之所以不亟亟下动员令者,只以饷械无着,乘北方万事纷扰之状,正予我十年训众之机会。桂不袭我,则我何必冒险为之。今中山由小误会之故,欲同党自残,则大好之广东城,将行猜疑而引狼入室。余为护法前途计,为粤人自己计,不得不剖白,非有所惮于中山也。"(《孙陈冲突之近讯》,北京《晨报》1921 年 4 月 2 日,"紧要新闻")

△　报载吴景濂百病丛生,拖延南下。

军政府重建后,吴景濂仍滞留上海,拒绝南下,一面通过褚辅成、罗家衡、白逾桓等益友社成员了解广州内部情况,一面以健康为词,反复续假。报道称,日昨吴景濂来函,以眼患未愈,又患胃气疼痛,再续假半月。来函称自己"形容枯瘦,精神亦疲倦异常,顾念护法前途,尤形焦躁,屡欲力疾南下,实所不能,不得已止只得再续假半月"。该报道指出:"此为吴议长第四请假之函,倘假期满后,如胃病仍未全愈,或又发生别种病情,甚矣吾国政客之多病也。"(《吴景濂百病丛生》,《新国民日报》1921 年 4 月 2 日,"护法要闻")

4 月 3 日　邀陈廉伯等商人、善董数人来军政府,"筹商广东财政事宜",请予协助。(《孙文与商董筹商财政》,《香港华字日报》1921 年 4 月 5 日,"粤省要闻")

△　报载陈炯明表态不反对总统选举。

报道称,陈炯明仅对总统选举问题发表意见,略谓:"我本是老同盟会分子,极愿孙先生统一。今众意既以选举总统为必要,我决不反

对。"(《本社专电》,上海《民国日报》1921年4月3日)

4月4日　在广东省财政厅举行宴会,招待国会议员,并发表演说。

是日下午6时,假座广东省财政厅,设宴招待国会议员。在座者有陈炯明、张继、胡汉民、汪精卫、冯自由及各部总、次长。宴会间,即席发表演说。略谓:"今日请诸君来,有一句最紧要的话与诸君商量。甚么事情? 即西南关余,北京公使团交给北京伪政府是也。西南关余为数不过二百四十万两银子,倒亦不大要紧。所要紧者,只数年关余由兄弟交涉结果,经广州税务司从中调停办理,交给护法政府,实为国际上承认西南政府为交战团体之表现。今日驻京各国公使议决将关余交回北京伪政府,是明明取消已经承认我之西南交战团体,亦不啻对西南宣告死刑。国际上既已取消前次承认,诸公想想,我们护法关系人不皆成了土匪? 兄弟每念及此,中心如焚,应急谋救济方法,以为对付。其方法为何? 即快快选举总统,组织正式政府。非因此,对外无交涉之可言。兄弟此次回广东,是抱革命目的而来,不是负护法责任而来,因断护法必先革命,但革命之大计仍须由国会主张。现在不是利害问题,乃是生死关头。兄弟问诸君,处此危急之日,救与不救,亦当早日解决。否则,我只有一走,另干我的事业。诸君更要知革命大事,必须大众奋斗,始克奏奇功,断非一二人所能胜任。望诸君努力前进,救兹大难。如诸君决要革命救国,兄弟愿同生死、共患难。如诸君不愿意革命救国,则惟有大家分离。"

此番演讲,与会听众反响不一。部分人在随后的发言中,对现状及某些议员反对选举总统的态度表示强烈不满,但有部分人并不认同孙中山的主张。该演说的下半部分,其实是公开宣布将"革命"作为"护法"的目的和途径。对于孙中山重开革命之议,隶属益友社的国会议员吕复随后发言,公开反驳。谓:"护法为西南独有的。若云革命,中华民国之国民人人皆能革命,则将来革命,国体愈闹愈多,将来恐更不可收拾。若云护法,吕复自当服从;若云革命,则不知以革命为手段,抑以革命为目的。若以为手段,吕复亦当赞成;但以为目的,则尚须商量。"(《唐孙大宴国会议员》,《香港华字日报》1921 年 4 月 8 日,"粤闻")

△　报载孙中山反对设立财政委员会计划。

报道称,陈炯明拟邀集省港殷商正绅设立财政委员会。陈氏此举原为整理粤省财政起见,即为注重粤省内治之要点。"惟某要人以为此举若成,于彼之务外逞武之计划更为不便,因是大为反对。连日广州某某等报对于陈氏所欲招致之人肆为攻击,指为与桂系接近。有知其用意者谓,此即该系反对陈氏计划之表示。而孙陈意见不合更无可掩饰。"(《孙陈意见不合之一端》,《香港华字日报》1921 年 4 月 4 日,"粤省要闻")

△　报载军政府与苏俄政府联络。

报道称,北京政府接香港来电,谓"孙文近与俄代表阿莱克齐夫迭次协商西南联省政府与劳农接近计划。据闻除互相承认外,现又再进,实行第二步握手。大要系孙文又愿藉用俄力改称共和国,并由俄新政府借款,俟西南实行共产主义,将人民财产平均,余款再为偿还。刻已得有把握,广州日内当有变化"。(《军府与劳农又接近矣》,天津《大公报》1921 年 4 月 4 日,"紧要新闻")另据报道,"此间孙中山与劳农政府驻广州代表柯勒休氏(Alexiev)所磋议之一切问题,进行颇为顺手。现孙中山依汪兆铭之提议,已派代表赴劳农俄国。并闻劳农政府与广州联省政府将彼此正式承认。又柯勒休氏不久即离广州,遣返俄国,以便详细蹉议一切。待蹉议完全停当后,可望双方订立条约"。"又据外交团方面传出消息,军政府与劳农政府订结同盟条约,其内容大要如下:(一)中华民国军政府与莫斯科劳农政府各自尊重其主权;(二)互相恢复商业状态,以期发展经济;(三)中华民国军政府认为有必要时得于其管辖区域内,及其余各省宣传共产主义;(四)劳农政府对于中华民国政府,应与以财政、军事上之援助;(五)双方国民互受最惠国之待遇。"(《军政府将与劳农政府订约》,北京《晨报》1921

年4月5日,"紧要新闻")

4月5日 致电蒋介石、张静江等,告速来广州筹商大计。

是日,致电蒋介石、张静江、戴季陶、胡汉民、廖仲恺,告:"昨开大会,以外交紧急,不可无政府应付,已决议设立建国政府,并通过克日北伐案。万端待理,务恳诸兄速来商筹大计。精卫如可分身,亦望一临,无任企盼。"(毛思诚编纂:《民国十五年以前之蒋介石先生》,第124页)

△ 军政府政务会议召开,讨论孙中山提出的《组织正式政府案》。

据报载,政务会议讨论此案时,素来极少发言的唐绍仪认为,"时机未至,力持反对"。辩论至久,无果而散。唐继尧"亦以时机未至为言"。国会方面,如众院副议长褚辅成、议员白逾桓等,"以为保全西南、保全中山计,不应如此躁进,主张从缓"。(《广州选举总统实现》,《申报》1921年4月9日,"国内要闻二")

△ 报载反对选举总统之议员遭围殴。

报道称,前星期国会议员中之主张选举派开宴会于财政厅内,筹议种种进行,当经决定于8日实行开会选举孙中山任总统,9日即就职,布置已妥当。但其中反对选举一派议员则仍极力为反对进行之运动。于5日晚,齐集东堤新世界(即东园)之西餐部宴集,到会议员约有一百余人之多。"此辈议员对于选举案均表绝对不赞同意思,但进行手腕则取缓和,主张时机未熟,选举总统应缓举行,冀以此和缓其事。正商议间,而忽有一大帮所谓某某敢死队者,闯入新世界内,意图将此辈反对派议员殴打。时新世界主人暨国会议员已察知此辈来意,均各大惧。所谓某某敢死队者,俱各便服怀手枪二杆,声势汹汹,唯时已入夜分,群情惶骇。旋有宪兵多人,到来宣布谓如有敢在新世界捣乱者,决行拿办。该某某敢死队人等始住逐渐相率退出,惟仍四散伏坐于新世界场外之四周,而各议员仍未敢遽出。迄10时后,始相将出门,讵至新世界门外之旷地,即前追悼粤军之盖棚处,各敢死队一声暗号,即将此辈国会议员围殴。各议员分路奔逃,有逃出者,有被殴微伤者或重伤者,不一而足。其中伤势最重者则以参议院议员白逾桓为最。白湖北人,旋由新世界电邀永汉马路西医生黄敬业驰至救护,即将白氏舁往东门外某医院治疗。此场恶剧,亦缘选举总统一案演成,以武力屈服议员,非达到选举总统目的不可,此亦足以见孙文总统瘾之大也。"(《竟欲以武力压服反对选举总统之议员》,《香港华字日报》1921 年 4 月 8 日,"粤省要闻")

《香港华字日报》并指责,孙派为选举总统,组织锄奸团:"此次选举总统,固藉华侨电报以为鼓吹。近日复以华侨名义,组织锄奸团,昨已发表宣言,谓选举总统实为应付时局的必要,如有意图破坏者,即是北方奸细,决以强硬对付云云。此与北方武人年前之包围国会等手段,又何以异。"(《锄奸团与选举总统》,《香港华字日报》1921 年 4 月 9 日,"粤省要闻")

4 月 6 日　在军政府宴请国会议员,并发表演说。

演说略谓:"外交团将关余税金交付北京政府,是不啻于宣告西南死刑,等吾人如土匪。今之救济方法,非速选总统,昭示中外,不足与北方抗而成同志大业。余此次回粤,所抱革命目的綦为伟大,将来祈求历史上之无上光荣。"席间,有议员(据记者打探,为褚辅成)起而反驳,谓:"闻人咸谓革命愈烈,则国体愈纷乱,现在西南自身、粤省内部均呈不稳固之现象,反对者固不止一二人,若拂群众之意而孤行之,必无好结果。"言辞激烈,力斥其非,答谓:"余从事革命三十年,向来之态度均抱一往直前之概,不必顾虑周围之事势如何,以自馁其志。清之覆,袁之倒,发难者初不过一省,卒获成功。同志等倘并力以行,安见其倨我于前者不复恭我于后耶?"(《广东选举总统之前后详情》,长沙《大公报》1921 年 4 月 19 日,"中外新闻")

△　美国驻广州领事向国内报告南方选举总统问题。

内称:"南方政府似快有剧变。现有三派人士,对选举总统总是各持不同意见。以孙中山为首的一派,主张召集在粤的旧国会议员,开非常会议,选举总统。据这派人士所说,在粤的旧议员现已有三百七十八人。另一派人士包括省长陈炯明在内，也赞成选举总统，但认为必须等到合足法定人数(四百九十二人)的国会，才能选出合法的总统。第三派人士，其观点我相信亦为唐绍仪所支持，但他未敢公开宣布，这派人士认为选举总统的时机，根本尚未成熟。看情形，第一派人士的意见恐将占上风。"(段云章、沈晓敏编著:《孙文与陈炯明史事编年(增订本)》，第 369 页)

4 月 7 日　国会非常会议召开，议决《中华民国政府组织大纲》，选举非常大总统。

是日，国会参、众两院非常会议在广州举行，通过周震鳞等人提出的《中华民国政府组织大纲》。大纲首冠绪言，次列条文。绪言谓:"选举大总统，付托以讨乱及建设之全权，谋社会改革，民国统一，永久和平。"大纲凡七条:(一)大总统依本大纲行使职权;(二)大总统由非常国会选出，以得投票总数过半数者为当选;(三)总统总揽政务，发布命令，统率海陆军，任免文武官吏;(四)大总统对外代表中华民国;(五)设各部，掌部务，由总统任免;(六)本大纲自宣布日施行;(七)本大纲施行之日军政府组织大纲废止。(《广州选举总统实现》，《申报》1921 年 4 月 9 日，"国内要闻二")

丁骞继而动议，谓现在时机日迫，组织大纲既经通过，请即日照大纲规定选举总统。继则丁象谦发言，略与前同。林森遂将动议付诸表决，全体赞成。林将大纲宣布后，即发票选举。田桐动议用记名投票，众赞成。由主席林森指定凌钺等数人为监票员。出席议员共二百二十二名，投票结果:孙中山得二百十八票，陈炯明三票，废票一①。孙中山当选为中华民国大总统。当晚，各行政机关及民党支部均悬旗庆祝。(《专电二》，《申报》1921 年 4 月 9 日;平:《广州通信》，《申报》1921 年 4 月 15 日，"国内要闻")

---

①　据北报报道，到粤议员共三百二十人，尚有百人缺席未到，"褚辅成以下之反对议员全部未出席"。(《广州选举总统详情》，天津《益世报》1921 年 4 月 11 日，"要闻一";《译电》，天津《大公报》1921 年 4 月 10 日)

国会非常会议选出总统后,当即致军政府公文两道:一为恳请孙中山即日就总统职,并组织正式政府;一为请即撤销总裁制度,所有由前时国会选出之各总裁一律解职。与此同时,林森、褚辅成等议员逾百人联赴军府,入谒孙中山,报告是日国会选举情形及国会全体推重之意,请孙中山即日宣告就总统职,并组织正式政府。(《广州选举总统后之余闻》,《香港华字日报》1921 年 4 月 9 日,"粤省要闻")当日,国会非常会议发表宣言,说明成立正式政府,选举孙中山为大总统的原委。宣言谓:"外交迫切,内乱迭起,北京政府,已自承认非法,取消其伪政府资格。中华民国对内对外,皆不可不成立正式政府。特于本日在广州开国会非常会议,议决中华民国政府组织大纲,并依大纲第二条文,大总统由国会非常会议选举之,以得过投票总数之半者为当选。于本日举出孙文为中华民国大总统。特此奉闻。"(邹鲁:《中国国民党史稿》第 3 篇,第 1091 页)孙中山当选总统,也意味着必须承担更大的责任。获知自己当选后,在与某同志的谈话中,他说:"从此成立正式政府,国家前途有望,惟吾辈苦矣。"(《本社专电》,上海《民国日报》1921 年 4 月 9 日)

关于此次孙中山在粤组织正式政府的原因及波折,据胡汉民忆称:"当陈炯明率粤军回粤时,国父在上海,曾用全付的力量帮助他。但陈到了石龙,他就不想请国父回粤了。却因为当时赶走岑春煊一班人,陈自己又不敢独立,名义上非恢复总裁制不可。于是他发电报,请国父及伍廷芳、唐绍仪诸人,在上海办事。国父不允,即与伍、唐回到广州;后来唐继尧也就到了。国父以为事权不统一,诸事不能进行,主张将总裁制改为元首制,陈炯明就竭力反对。因为他怕国父一做了总统,必定就要举兵北伐;举兵北伐,他就要失掉北洋军阀的欢心,这是他反对的原因。当时唐绍仪对于改总裁制为元首制的态度,是模棱两可。但伍廷芳却竭力赞成,结果非常国会在广州举行选举,元首制实现。国父当选为总统后,唐继尧首先跑到香港;后又得到陈炯明的资助,转回云南去了。"(蒋永敬:《民国胡展堂先生汉民年谱》,

第 254 页）

《香港华字日报》分析称选举总统与粤局关系甚大:"(一)从法律上观察。依大总统选举法规定之总统选举,当属诸由国会议员组织之总统选举会,且须有选举人三分之二以上之出席,始能发生效力。其所以限制如此之严者,诚以由参众两院议员合组之选举会,原所以代表国民行使其最高的创制权,而总统选举,又属国家大事,故不容出以儿戏,尤不许野心家得以操纵于其间,其郑重视之宜也。今因留粤议员,不足法定人数,不能以法定程序开会,乃欲以非常国会选举总统……抑所谓非常国会,诉诸约法,约法不公认,诉诸国会法,国会法尤不公认。质言之,则非法机关而已……今所谓护法者亦非法,且骂北京政府为非法政府。今所谓护法政府者且争此非法政府的招牌,此而可行,继自今始,无论何人,第能收买百余只猪仔议员,即可称孤道寡,窃总统徽号以自娱。(二)从事实上观察。孙派主张速选总统之唯一理由,则对内对外皆可借此发展而已。西南之能否发展,此为实力问题,并非总统有无问题……以对外言,孙氏谓去岁外交团以关余交付西南,即为承认南方为交战团体之证明,今关余交付北方,对于南方直以土匪看,此皆南方未选出正式总统之故云云。

"试问去岁外交团允以关余交付之南方,是否亦已选出总统……何以外人昔不以土匪看待,而今则以土匪看待……从团结内部着手,以谋西南实力之巩固,徒欲高揭所谓大总统大元帅之招牌,集大权于一人,以实行其理想的武断政策。吾知所谓总统选举之日,即为军府瓦解之时,是又岂西南之不幸而已。今日南北皆无统一能力,亦既夫人而知,故多数人心理,皆希望西南各省实行自治,俟各省自治完成而后,乃由各自治省联合组织联省的正式政府,而总统之选举,即于是时举行。孙氏素为人望所归,可以当选于今日,何尝不可以当选于将来……在孙氏主观,虽自信无他,然一人智而万夫愚,影响所及,川湘滇黔等省,固将益坚其附北之决心。"(《选举总统与粤局》,《香港华字日报》1921 年 4 月 5、8 日,"论说")

本日粤海关情报称:"在广州的二百九十多名议员中,已有二百六十人签名赞成举行这次选举。事态迅速发展的原因如下:一,选举总统将会改善西南各省的处境。二,在同外国谈判时,利用总统名义,可以阻止北方取得优越于南方的有利地位。据说,美国国务卿在致本地一位领导人的电报中曾声称,如果西南各省选出总统,美国将首先承认西南各省同北方的交战地位。三,贵州和云南当局已经表示继续效忠于护法事业,愿意服从军政府的命令。四,这次选举还将大大有助于西南各省争取关税余款的斗争。"(广东省档案馆编译:《孙中山与广东——广东省档案馆库藏海关档案选译》,第220页)

孙中山组织正式政府,当选大总统,外界反对声浪颇大。护法国会众议院议长吴景濂在沪发表谈话,谓:"余为护法之人,曩与孙中山同时到粤,同以护法为职志,数年以来,未尝更改。孙中山有所举动,如果合法,吾人当然赞成;若在护法区域内发生违法之事,则期期以为不可。即如选举总统,有历届遵行之《大总统选举法》在。依照该法,组织总统选举会,则吾人对于当选人赞否为别一问题,而对于选举之事不能发生异议。今广州竟于《临时约法》《总统选举法》以外,别构所谓《中华民国政府组织大纲》,据以选举总统,完全法外行动。此种行动,若依革命手段出之,如南京第一次选举之故事,吾人亦无可非议。乃竟用国会议员名义,负此法外行动之责任,殊非吾人所敢赞同,西南各省恐承认者绝少也。"(《广州选举总统之吴景濂谈话》,《申报》1921年4月9日,"本埠新闻")

白坚武也颇有微词,认为"世不能望治则求乱,乱极斯亦复治之会。今南北当局大半皆酿乱之徒也,吾人惟望其速倒现局,再另张第二幕耳"。(中国社会科学院近代史研究所编,杜春和、耿来金整理:《白坚武日记》第1册,第307页)长期关注中国政情的宗方小太郎则直言抨击,批评"此次选举真是无谋之极,置环境民心依违于不顾,在实现一意孤行的孙文式理想。一言以蔽之是作孤立标榜的自亡告白"。(李吉奎:《孙中山与宗方小太郎》,《龙田学思琐言——孙中山研究丛稿新编》,第182页)

4月8日　梅屋庄吉来电,祝贺当选总统。

梅屋庄吉阅报后获悉孙中山当选总统,异常兴奋,来电表示祝贺。随后又与夫人德子来函致贺,略谓:"阁下当选为总统,这不仅是贵国而且也是世界之幸。值此,我俩表示衷心祝贺。"(段云章编著:《孙文与日本史事编年》,第591页)

△　陈炯明来访,商议组织正式政府甚久,出而语人曰:"今日乃有民意之总统,国家前途有望。"(《本社专电》,上海《民国日报》1921年4月10日)

△　报载各方面主张选举总统。

报道称,近日各方面对此问题趋向一致,而军府各总裁及陈炯明等皆有非速组织正式政府,无以解决此混沌时局之决心。据陈炯明对某参议员言:"此种混沌时局,非以快刀斩乱麻之法解决不可,如国会议员有选举总统之决心,则当从速进行。否则夜长梦多,终无了局,殊非西南前途之福。"唐继尧对于选举总统一事亦极表同情。日前有反对派纷纷赴港谒唐,谓"国会将举总统,请其切勿来粤"。唐不为所动,毅然来粤,与孙中山共商进行大计。此外云南顾品珍来电,已有赞成单一制之表示。湖南赵恒惕则以西南无发展之实施,渐有倾向吴佩孚之态度。若西南举出总统,实行援桂,则赵向外之心当然消灭。"故从各方面推察,速选总统,组织正式政府一事,实为目前撑持危局之唯一方法,国会议员之大多数已有觉悟,将于两星期内实行选举。"(《各方面主张选送〔举〕总统》,上海《民国日报》1921年4月8日,"国内要闻")

4月9日　宫崎寅藏著文,称誉孙中山获选为踏上实行之第一步。

该文谓:"我接获孙中山先生当选大总统的电报,这虽然是预期的事实,但却是军政府的一个进步,是孙先生踏上实行的第一步,更是南方派发展的前兆,殊值得庆祝。""非常国会给予孙先生以几乎全部的独裁权,可以说是聪明的果断。因为在欲实现新理想主义于今日中国,并完成统一全国的伟大事业之际,如果想完全以国会的决议来实现这些事体的话,将使国会成为学术研究机构,以国家为实验台,从而增加更多的纠纷而后已。""而且,我觉得他们以孙先生为独裁的大总统,洵得其人。在整个中国大陆,除他而外,实在找不到第二个人出来担任适应时局的大总统。无论在学问见识、抱负经纶以至人格,都没有人能够出其右者。""世人或许有人批评孙先生是理想家或空论家,但他的三民主义却远比列宁的共产主义稳健而可行。它可说是一种社会政策。我深信他的主张将受中国人欢迎无疑。……""孙先生及其一派的主张,二十余年如一日,从未有所渝。而其未能成为实行的题目(对象),乃是由于他们的主张与中国国民的思想悬殊太大所致。但在今日,这两者的思想已经接近了。时代令他们迈进了实行的时期。今后他们如果失败,那就不是时代的罪过,而是他们自己的罪过。""不久以前,我曾在广州目睹孙先生及其同志们的奋斗情形,相信天下事可期其成。今日接获以绝对多数推选孙先生为大总统的电报,真是欢喜若狂。但我仍有一点忧虑,忧虑日本人是否仍以孙先生为理想家、空论家而不屑一顾。如果真的弃而不顾,将不仅是日本的不幸,也是亚洲的一大不幸。"(段云章编著:《孙文与日本史事编年(增订本)》,第626—627页)

△　港报分析认为选举总统全在对付陈炯明。

文章称,"吾以为所谓总统选出后之粤局,必将与我粤人良心上之所希望绝对背驰。何以故?以所谓总统故明明为广州总统也。质言之,所谓总统之目标在广州,所谓总统之战略在广州,其全副精神,是完全为对付陈炯明而发……彼盖以为今日为彼党之劲敌者,不在北方之徐世昌,尤不在广西之陆荣廷,而在实迫处此、不主激进而主缓进之陈炯明。非先去陈及绝对无复发展之余地,然去陈固未易言也,一方面既难得军府内部之一致,一方面又虑因此而惹起舆论之攻击。惟挟所谓大总统的名义以临之,大权在握,独断独行,反对党魁事小,违抗元首则事大。在陈固不能俯首听命,即万一或有反动,

然大元帅有统率全国海陆军之权,而所谓援桂军、所谓锄奸团,与夫
粤军第二军全部及驻粤之滇赣等军,又皆准备有素,往年藉炮轰督署
以教训莫荣新之手段,尤可用以教训陈炯明,如是而陈炯明不得不跑
矣……然吾不知历千辛万苦始有今日之陈炯明,肯拱手而让诸他人
否耳"。(《选举总统与粤局(三)》,《香港华字日报》1921 年 4 月 9 日,"论说")

　　△　赵恒惕致电唐绍仪、伍廷芳、唐继尧及陈炯明,反对选举
总统。

　　电谓:"查国会自再集广州以来,法定人数不足,无可讳饰。大总
统选举,原有成宪可循,今以非法手续率予变更,既启纷扰,尤损尊
严。况此种恶例一开,尤而效之,祸伊胡底,此事于联省自治前途,障
碍实多,惕已切电参众两院,声明否认,并电孙公劝其严词谢绝,毋允
轻就。"(《公电》,《申报》1921 年 4 月 12 日)据报道,赵恒惕来电后,孙中山
深以为患,连日筹议应付计划,已决议派周震鳞等赴湘再向赵恒惕极
力疏通。"如赵始终坚持,则设法运动赵之部下倒赵,并饬现驻乐昌
李明扬之赣军、洪江李烈钧之滇军以为外应,以期先将湘省收归统
辖。至于滇黔川等省亦分别派人前往疏通。"(《选出孙文后之粤局》,天
津《大公报》1921 年 4 月 25 日,"要闻二")4 月 16 日粤海关情报称:"湖南
领袖赵恒惕将军正在鼓动贵州、云南和四川等省采取更大规模的反
对行动。孙逸仙总统则试图策动赵恒惕的下属军官举行哗变,推翻
赵恒惕的统治。如有必要,他还会命令驻守湘黔边境的李烈钧在预
期的哗变发生之时进攻赵恒惕。"(广东省档案馆编译:《孙中山与广
东——广东省档案馆库藏海关档案选译》,第 223 页)

　　4 月 10 日　报章刊文,指新政府前途未为乐观。

　　文章称,"虽然所谓总统者,决非为一省总统或一派总统也。西
南诸省自岑军政府星散以后,大唱闭关自治之说,现在广州政府实际
上犹不如岑春煊时代,尚能为西南名义上之共主。今兹总统选出政
府重组,耳目虽为之一新,然高唱孟罗主义之川湘黔滇诸省,果能一
变其态度而为广州政府构成之一员乎? 粤之陈炯明一派,素以不赞

成总统选举著称,即此次选举会中反对党议员之缺席者,亦不在少数,今后果能牺牲其成见,而各党各派之间意思一致,以助新政府发展乎? 凡此内部之团结,实为先决问题。吾不知广州新总统与新总统之一派,其把握果何如也?"(庸:《广州选举总统》,《申报》1921 年 4 月 10 日,"杂评一")

△ 报载孙中山、许崇智召集援桂会议。

报道称,孙中山、许崇智日来以陈炯明已实行宣言停止援桂,而于护法前途有莫大关系,特在观音山召集会议,讨论由民军积极援桂方针。所商筹办法:"(一)集合粤北民军,均开赴广州附近及肇庆钦廉各处防线,而便调遣抵御桂军;(二)粤军是否会同援桂,听其自由;(三)取消陈炯明援桂总司令名义,由许崇智接替。"(《孙许召集援桂会议》,天津《益世报》1921 年 4 月 10 日,"要闻一")

4 月 11 日 陈炯明来电,祝贺当选总统。

电谓:"国民非常议会以投票最多,选出我公为中华民国大总统,闻信之下,欢忭莫名。我公手建民国,肇造共和,全国人民,夙深景仰,今兹当选,实惬人心。谨为我国前途贺。"(《各方面电贺孙总统(十二)》,上海《民国日报》1921 年 4 月 21 日,"国内要闻")在此前后,陈炯明并前来军政府当面致贺。随后又与伍廷芳接谈。据伍氏透露,陈炯明"是一致赞助孙中山的。可见顾全大局的人,就是未举总统的时候,稍持异议,到了举了总统出来,只有服从多数的了"。(《伍廷芳论选总统》,《香港华字日报》1921 年 4 月 13 日,"粤闻")

△ 刘湘通电,反对选举总统。

电谓:"此次广州选举总统,抛开约法,另定组织大纲八条,法律无此根据,且未得西南各省之同意。川省在事实上不能承认。纵曰联省自治,亦应以省为基础,联省巩固始组政府,历级而升,方无虞动摇。川省急于自治之谋,实不愿戴此自坏护法之政府。"(《刘湘亦反对广州总统》,长沙《大公报》1921 年 4 月 20 日,"中外新闻")

报载是日北京方面消息,谓据自广州返京之某外员称:"唐绍仪对于选举南方总统之举,殊不满意,已宣布拟离广州。陈炯明之意,选孙尚非其时。孙能否为粤省之主治者,大约后十日内之重要发展将决定之"。(《南方选举总统余闻》,《申报》1921 年 4 月 12 日,"太平洋路透电")另有报道称,孙中山、唐绍仪二人意见原来不甚融洽,"自国会实行选举总统,唐绍仪即极力反对。现总统业已选出,唐因此有不日离粤赴沪之说"。(《广州总统选出后之唐绍仪》,北京《晨报》1921 年 4 月 12 日,"紧要新闻")

△ 粤海关情报推测新政府人选。

该情报称:"虽然孙逸仙已经被这里的国会推选为总统,但是他至今尚未确定就职日期。其原因有二:首先,国会还未拟好证明他已当选的文件;其次,总统的印鉴也未刻好。但是,孙逸仙是准备担任这项职务的,可能十天以后正式就职。按照孙逸仙的计划,政府各部将维持现状,下列人员会继续留任,他们是:海军总长汤廷光,陆军总长陈炯明,内务总长唐绍仪,交通总长王伯群,参谋总长蒋尊簋,财政总长伍廷芳。总理人选将在伍廷芳和唐绍仪两人中挑选。但是,人民对上述事情似乎并不关心,甚至多少还有点悲观。此间报纸报道,总裁唐继尧已决心不再参与政治,几天后他将返回广州,辞去军政府总裁一职,以后他将前往香港或澳门休养,以便摆脱政治和战争的烦扰。"(广东省档案馆编译:《孙中山与广东——广东省档案馆库藏海关档案选译》,第 221 页)

△ 港报揭陈炯明赞同选举总统。

报道称,"孙氏之谋得总统,酝酿已久,此次忽成为事实,闻亦系金钱魔力之作用。国会议员领款最少者亦有千元多,或至三五千,总共费去不下二三十万元。陈炯明对国会举总统事,向来反对。据国民党人传说,此次举总统亦已取得陈氏同意,陈以接收关余事失败,亦认定非选举总统不可,故表示赞同。此民党人一方面之词,不足信据。查 6 号选出总统后,是晚孙氏即派胡汉民、汪精卫往谒陈氏,表明选举总统,只系对外问题,广东内部一切,仍由足下(指陈)主持,决不过问亦决不干涉等语。陈氏如何答复,事秘莫详。迄8号,驻省各军界要人,闻有多人签名反对,拟联请孙氏勿就职,打消此事。旋为陈炯明所闻,陈以事经实现,无所用其反对,特劝令各军官勿出此举动,故军界一方面之反对,进行暂时亦归寝息矣。"(《选举总统后之陈炯明》,《香港华字日报》1921年4月11日,"粤省要闻")

4月12日　粤海关情报称:"孙逸仙博士最近会见记者时表示,在行将组织的政府中,他不想在现有各部之外再增设新部,直到全国统一之后。另一方面,他甚至会撤销一切无用的部。据悉,交通部即属于被撤销之列。"(广东省档案馆编译:《孙中山与广东——广东省档案馆库藏海关档案选译》,第221页)

△　报载广州新政府联席委员会讨论内阁办法。

报道称,广州选举总统后,新政府之人物正在讨论内阁办法,先组一联席委员会,"列席人员如下:孙中山、伍廷芳、唐绍仪、唐继尧、张继、胡汉民、孙洪伊、李朗如、马骧、黄惠龙、谢持、但焘、冯自由、曹叔宝、刘公潜、伍朝枢、朱念组、林子峰、李烈钧(蒋尊篡代)、戴任、陈炯明、程潜、钟鼎基、龚振鹏、胡兆鹏、汤廷光、林永谟、郑祖诒、李国堂、廖仲恺、彭光莹、杨子毅、徐谦、吕志伊、翁彼得、王伯群、李宗璜、唐允枢、欧阳梗、马君武、谢英伯、林云、徐苏中、陈群、林仙吏、连声海、伍大光、陈逸川、李禄超、韦玉、朱履和、伍学濂、黄仕强、何克夫、童序鹏、黄之屏、赵超"。(《粤新政府之题名录》,天津《益世报》1921年4月12日,"要闻一")

4月13日　举行茶话会招待国会议员,并发表演说。

是日下午2时,假座财政厅举行茶话会款待国会议员,到者二百余人。席间即席演说,略谓:"总统已经选出,正式政府即日成立。中华民国之希望,实自今当渐现光明。但吾从此须同负艰重之责任,乃克有济。今日中华民国之干净土,只此广东一省,其他尚难预卜。""云南、贵州两省,可望与吾人一致进行,四川局面未定,湖南态度不明,广西更为肘腋之敌,是原有西南之六省,今尚不能保全,更何望如元年之盛况。""现今第一要点，在巩固此革命党策源地之广东。策源地巩固，然后方能再图发展。现在广东局面，实赖省长、总司令陈竞存君之维持，以陈君之才力维持全粤，绰有余裕。"又谓：正式政府成立后，中央政府与粤地方政府权限须妥慎划分，最要紧者则在财政。"现今广东一省中之度支，已非常困难，何堪以中央政府之巨大供应？当粤军返粤时，即有人不愿军政府国会返粤。盖惧骤加财政上之担负也。及后军政府及国会返粤，粤当局努力供应，亦已感筋疲力尽之苦矣。"故"唯有竭力撙节，以安粤当局之心"。演说结尾指出："全国人民希望真正共和者，有如饥渴。兄弟深愿同诸君各竭其力，造成真正共和，以为全国四万万人趋向。"并表示自己"必鞠躬尽瘁，不顾成败利钝，以赴建设真正共和之途而已"。(《在广州招待国会议员茶会的演说》，《孙中山全集》第5卷，第516—519页)演说完毕，林森、凌钺等相继发言。林森答词略谓："国会举我公为总统，实以中国已成无政府之国，非此不足以维系法统与人心。故愿以全权付托我公，尽力发挥。"(《本社专电》，上海《民国日报》1921年4月16日)。

有论者指出：观孙中山所言，"颇亦自知此次之就任总统甚为艰难，然竟不避艰难而就之者，不知其中究有何把握也。在总统未举以前，报纸陈述，动曰孙陈不和，其不和原因则曰关于总统问题；并谓总统一举出，陈将如何反对，军队将如何反抗。言之凿凿。惟今则总统举出矣，陈不特无所表示，且近日亦已有正式贺电发出，军队戢然，绝无动静，则广东一省内部未必有特别举动，如事前外间之所料者，可以了然"。(平：《广州通信》，《申报》1921年4月21日，"国内要闻")

△　粤海关情报称新政府组织正紧锣密鼓进行。

该情报称，"西南政府总统就职仪式可能在本月20日举行。官方正大张旗鼓地筹备这次庆典。孙逸仙博士每天都同伍廷芳、陈炯明等人磋商新政府的组织问题。现在的军政府属下的八个部将改为四至五个部。外交、内务、财政、参谋等四个部将维持原样。陆军部和海军部合并成一个部，名为军务部。交通部和司法部则并入内务部。伍廷芳将出任外交总长,伍朝枢为外交次长;唐绍仪将任财政总长,廖仲恺为财政次长;陈炯明将任内务总长,谢持为内务次长;唐继尧将任参谋总长。军务部的人选尚未确定。内务部下面可能设立两个局,即交通局和司法局。"(广东省档案馆编译:《孙中山与广东——广东省档案馆库藏海关档案选译》,第 221—222 页)

　　△　据是日香港电,孙中山定于 20 日就任总统,粤军全体将校祝贺孙中山当选。(《本社专电》,上海《民国日报》1921 年 4 月 14 日)据外电同日电讯,"陈炯明及其他军事当道已签定致孙中山之贺文,允以军队赞助新总统"。(《一片欢贺孙总统声》,上海《民国日报》1921 年 4 月 14 日,"外电")

　　△　报载孙中山拟由广东省银行发行毫票一千万,以解决财政困难。(《孙文之筹款策划》,《香港华字日报》1921 年 4 月 13 日,"粤省要闻")

　　△　报载陈系军官反对总统选举,孙系积极疏通。

　　报道称:自总统选出后,即闻各处军官有反对者。"日前驻肇叶举所部全体军官七十余人,即日签名联同发电,并即封民船数十艘,预备返省,卒由处长叶举劝止;并即亲自回省见陈炯明,请示机宜,经于前日抵省矣。又闻现在省城之军官如陈某、钟某、翁某、罗某、邓某、魏某等皆不满意于选举总统之事,而第二军之谢某亦与同意。闻洪兆麟亦即日返省云。刻由胡汉民、汪精卫二人出任疏通各军官,谓对于陈氏之地位绝不更动,地方行政绝不干涉,并与军官签名立誓。"(《汪胡代孙文疏通军界》,《香港华字日报》1921 年 4 月 13 日,"粤省要闻")

　　△　报载陈炯明反对唐继尧在粤招兵。

　　报道称,唐继尧欲在广东招兵二师,饷械自筹,暂以西江为驻扎地,愿助粤军攻桂。俟攻桂之后,请粤军助其回滇。"孙中山已允此议,惟陈炯明谓等于梦呓,若办成,徒令粤省受累,故极力反对。陈、唐之间,因此已生恶感。"(《陈炯明反对唐继尧在粤招兵》,北京《晨报》1921 年 4 月 13 日,"紧要新闻")另有报道,唐继尧在粤招兵,饷械均不成问题,"成军之后,即担任出发援桂,因此孙文极端赞成,且有任唐继尧为援桂总司令之说。援桂成功,即由桂入滇,以恢复唐继尧原有之势力。此次援桂视为西南发展之第□步,亦即视为西南生死之关头,决定以权力赴之"。(《唐继尧将以全力争回滇省势力》,《香港华字日报》1921年4月13日,"粤省要闻")

4月14日 报载许崇智建议编练护国军。

报道称,许崇智现向孙中山建议,"将粤北全体民军改编为护国军,专任拥护西南政府,维持全粤治安。粤军仍以陆军名义分防各区,及担任对敌作战。且将应编之军队规定数项:护国军五师两旅(民军)、国防军三师(粤军)、游击队二十营(粤军)。惟此项主张,因改编时所需军费过巨,一时尚难进行,然孙中山已表示赞成"。(《许崇智建议改编国军》,天津《大公报》1921年4月14日,"紧要新闻")

△ 粤海关情报称:"选举总统前夕离开广州的军政府总裁唐继尧和唐绍仪,不顾孙逸仙的一再恳请,至今尚未回穗。据悉:唐绍仪对这次选举持反对态度,他打算到上海去。在最近的一次谈话中,伍廷芳总裁也暗示说,他本人亦反对这次选举,但鉴于选举已是既成事实,为了避免内部纠纷,他不愿提出异议。陈炯明总司令的态度跟这位老资格政治家相同。他本来也是反对这次选举的。据说,军界领导人中,多数也持反对意见,他们担心孙逸仙会调动陈炯明总司令的职务。总统的两位追随者正设法弄出一个妥协方案,预料军界的领导人将会与总统方面达成协议,因为他们的领袖已默许他们这样做。"(广东省档案馆编译:《孙中山与广东——广东省档案馆库藏海关档案选译》,第222页)

4月14日至15日 在省重要军官于总司令部召开军事会议,力请孙中山暂缓就职。

据报道,众军官"金谓日前虽愿签字承认不反对孙文就职,但今连接各省来电反对,于西南大局影响极大,故不能不要联名请求劝告暂缓就职,遂即邀请胡汉民、汪精卫二人代达各军官意见后,又晋谒陈总令,力请孙中山不可遽行就职;若劝告不从,则全体一致驱逐国会云。陈氏经将此意转达孙文,现孙已允暂缓就职矣"。(《军官请汪胡劝孙勿遽就职》,《香港华字日报》1921年4月18日,"粤闻")

4月15日 复电国会议员,表示当按国民付托护法建成强国政府。

电谓:"所有设施,当依人民之授权及国会之付托,以为准绳,务期振法治精神,成强国政府。"(《孙总统复各界贺电》,上海《民国日报》1921年4月26日,"本埠新闻")

△ 致函周善培,期望段祺瑞复出,全权接收北方治安。

函谓:"近叩仲元,方知前途甚盼南中消息,且冀藉素所推重者为道达一二,此真幸事。先生关心粤局,或不嫌其琐渎,兹别草书奉寄,敬祈费神转达。海内纠纷,国势益危,弟不自量,惟欲为'共和'二字积极负责。知我罪我,听之天下。顾独居深念,以为君前途不出,则大局终难救平。辄欲以此时发表意见,促城北退让,而请前途以全权接收,维持北部治安,略如克强故事。惟与此间同人磋议,有谓时机过速,且未得前途同意,不知于其地位,有无妨碍? 故暂未果行。然弟以此事为必要,望一定之。"(《致周善培函》,《孙中山全集》第5卷,第520页)

△ 派员赴唐家湾促唐绍仪返省。

总统选出后,唐绍仪态度暧昧,"久未表示"。是日遣员赴唐家湾促唐来省。次日复派汪精卫前往,邀唐来省合力组织新政府。18日,汪由唐家湾返回。据其转述唐绍仪意见:"余于总统未选出前,颇以为行之过早。今既由国会以多数选出,余亦当然赞成。故闻孙公当选,即首先派人持余名刺前往道贺。至于财政总长一职,现政务甚简,余不愿担任。余只愿任一高等顾问,与胡君汉民相同而已。到孙公就职时,余必来省相助。"(平:《广州通信》,《申报》1921年4月24日,"国内要闻")

△ 面晤魏邦平,与众军官辩论总统问题。

报道称,孙中山本定期20日就职。因后选接各省反对电,各军官联名邀请陈炯明出而劝告,故此暂缓就职。"在孙氏之意,不畏各省之反对,而军官反对,则未尝不介意。现闻其暂缓十天,再行疏通军官之意见,先从个人入手。"15 日晚,孙中山亲往东山渔庐面晤魏邦平,与魏谈话,亦论及此事。以魏为第三师师长兼公安局长,其势力不薄,而魏又"有胆略、有肩膀"之人,若果得魏氏赞成,诚足无虑。"闻魏氏亦无甚意思表示。讵为钟某等军官十余人探悉孙文走访魏邦平,知系因总统问题,遂联同赴渔庐,看其情形如何。讵至时,魏、孙正在讨论,各军官乃发言力驳孙文,讨论数时之久,遂无结果而散。"(《各军官反对孙文就总统职续闻》,《香港华字日报》1921 年 4 月 19 日,"粤省要闻")

△　报载孙中山当选后之主张。

报道称,据驻粤林委员来电,孙中山被选为大总统后,现已将进行手续定出三项:"(一)速组正式内阁,其人员应由各成员互拟,俾由旧国会通过尊重内阁同意权;(二)孙氏应执行陆海军大元帅职权,力谋北伐之事;(三)所有西南各省之联合,均应由各首领以私人名义疏通进行。"(《孙中山被选后之态度》,天津《大公报》1921 年 4 月 15 日,"紧要新闻")

△　报载孙中山疏通各方承认。

报道称,孙中山现时所最为注意者,一为请求外交团承认,一为联结湘滇黔团体。"外交方面以某种权利为承认之交换条件,经向外交团接洽,尚未得有答复。湘滇黔等省则派员前往疏通,除具正式公函外,另有私函分致各该省要人。函中措词大意则谓:欲求外人之承认,当先求内部之固结;果能固结,外人自无所借口,关余一款必能照交,即以之分拨各省。"(《孙文派员疏通湘滇黔各省》,《香港华字日报》1921 年 4 月 15 日,"粤省要闻")

△　报载陈炯明力阻部属反对孙中山。

报道称,据军界可靠消息,"日前国会选出孙中山任总统后,肇阳善后主任叶举暨各路司令、处长均来城开大会议,一致主张反对选举总统,并力请陈炯明克日复高雷或钦廉各处督师。拟定陈一离城,各司令即各宣布独立,反抗孙氏。陈晤各军官探息此种意见后,即力加劝阻,以此时务要共顾大局相劝勉。各军官以所部由漳州相从回粤,老兵返粤后至今仍只发伙食,现大局未宁,忽又选出大总统来,军界中大多持异议。陈仍力为阻止。刻陈已劝谕各军官,允将所部由漳返粤各老兵欠饷,一律尽于日内清发,仍饬各回本任,勿生事端。风潮始渐平息"。(《军界反对选举总统续闻》,《香港华字日报》1921 年 4 月 15 日,"粤省要闻")

△　报载北京政府严限西南战事。

报道称,北京政府以大局虽未吻合,但西南停战已久,无论何方面亦不得再有局部战事,及甲省与乙省互起冲突。日昨特定再施三种办法:"(一)托在野政客调停粤桂各系要人,不得互相派兵,只宜各守汛地;(二)陕西陈于争战,由中央电令停止,否则宣布罪状,用剿匪办法攻击;(三)电广州各首领禁止再行图赣。"(《政府严限西南之战事》,天津《大公报》1921 年 4 月 15 日,"紧要新闻")

4 月 16 日　报载孙中山意欲摹仿苏俄。

报道称,接香港函电,孙中山昨向各首领宣言,谓"个人此次被选为非常大总统,所具目的第一系重对俄"。报章分析,"盖西南应付世界潮流,有积极实行共产主义之必要。既承俄新政府首先联合滇粤,足知俄人重视南方人格。故望各界襄助,赶组正式政府,预备摹仿俄势。俟有成绩,再行改称劳农"。(《孙文被选后对俄态度》,天津《大公报》1921 年 4 月 16 日,"紧要新闻")

△　报载孙中山筹备改组正式政府办法。

报道称,孙中山日来联合许崇智、胡汉民、汪精卫等筹备进行改组正式政府办法,业已就绪。其所定之手续约分三项:"(一)招集旧国会全部分议员,迅速齐集开会,以为对外之招牌;(二)由民军分子改编为护法队,共编十师以上之兵力,反对者即以武力从事;(三)发行三期有利公债一千万,军用票五百万,作为军政各费之基金。"(《非常总统之进行与反对声》,北京《晨报》1921年4月16日,"紧要新闻")

△　报载孙中山派员赴各国运动承认。

报道称,孙中山业已着手运动各国承认广东政府,特派何永贞赴英、戴恩赛赴美、汪精卫赴法、张继赴日,各向该国运动。并已内定派何天炯为驻日本代表。"外传孙之此种运动,含有重大之交换条件云。政府方面据报之后,即于前日以密电分令驻外各公使,嘱其转告驻在国政府,以广东选举总统,完全违背我国约法,务请友邦注意及之。"(《非常总统之进行与反对声》,北京《晨报》1921年4月16日,"紧要新闻")

△　报载日本举行全国运动会,孙中山赠送大银杯四具。(《本社专电》,上海《民国日报》1921年4月16日)

△　报揭唐继尧借端募兵原因。

报道称,唐继尧自来粤后,心目中仍以回滇为前提。"现以孙文既经被选,关于援桂问题,唐氏又用个人名义向孙建议,且条陈在广州再募新兵两师,亲自统率,协助援桂。唐之主张确为孙陈窥破,欲藉此项募兵,恢复个人势力,再图回滇,是以各方面因款无着,已实行拒绝。"(《唐继尧借端募兵原因》,天津《大公报》1921年4月16日,"紧要新闻")另据报道,孙中山拟以军权委唐继尧,实行攻桂,并令统率赵德裕所部滇军、李明扬所部赣军,合力攻桂。一俟得胜之后,即以此兵力拥唐回滇。现复将李根源旧部医愈病兵编收,暗中进行一切。关于此行援桂经费,闻协议结果,决定由次之数项每月筹齐一百万元:(一)海外国民党募集之款项;(二)盐税余款中之一部;(三)广东造币厂由铸造银币所得利益之一部;(四)广东善后公债中分拨若干。(《非常总统之进行与反对声》,北京《晨报》1921年4月16日,"紧要新闻")

4月17日　饬匠将军政府匾额卸落,改挂总统府。(《军府匾额改总统府》,《新国民日报》1921年4月26日,"护法要闻")

4月18日　军政府召开联席会议。

报道称,军政府本日召开联席会议,列席者有伍廷芳、胡汉民、张开儒、郑开文、陈炯明、廖仲恺、魏邦平、李福林、马骥、汪精卫及各省代表、粤滇军团长以上各军官约五十人。首由孙中山声明,略谓:"西南选举总统,组织正式政府,原为国会诸君之硕划伟谋,亦即全国人民求治之真意。惟各省潮流所趋,咸以联省自治为巩固立国之基础,今川湘滇黔正在力求民治,粤亦不能独异,自应以组织联省自治政府为先着。但联省政府究用合议制,抑用总裁制,非征求各省同意,未便冒昧从事。此文之所以急于就职一层,颇费踌躇也。迩者,美洲华侨、南洋各埠华侨陆续归国,而同志者又敦促就职,足征万众一心,恢我大业。文不敏,丁此生死关头,自不敢有所畏葸,而苟安旦夕。惟就职后,无论如何,援桂之师,断不可不发。发而中,则进而谋湘谋滇谋黔;发而不中,则以一死而殉之。"言次泪下,以是座中咸感奋,遂决定如下四款:"(一)决定于5月1日为总统就任之期,即于是日誓师出发;(二)援桂军分五路,均系为国军。第一路陈炯明,第二路唐继尧,第三路许崇智,第四路魏邦平,第五路洪兆麟;(三)通电各省,声明联省制。总统专办外交,不涉内政;(四)急电粤边前敌第八区叶举、九区胡汉卿、十区陈觉民、十一区黄志桓速备战。"(《广州政府之形形色色》,北京《晨报》1921年4月24日,"紧要新闻")

另据报道,是日政务会议,孙中山将组织联省自治政府议案提出讨论,经已通过,随即分电湘滇黔川各省,略谓:"近日各省多已宣言地方自治,此实为目前救国切要之图。然各自为治,亦不可无首领以为之统率,现拟将军府改组联省自治政府,亦系为联结各省,提倡自治起见,对于各省用人行政并不干涉,于地方自治绝无防碍,所举总统不过为对外负责,幸勿误会。应请速派代表来粤,共谋建设,以策进行。"(《孙文又提议联省自治》,《香港华字日报》1921年4月19日,"粤省要闻")

△　于省教育会召集工界,演说民生主义。

略谓:"应恢复工人人格,增进工界幸福"。演说完毕,全场齐呼孙总统万岁。(《本社专电》,上海《民国日报》1921年4月19日)

△　电嘱蒋介石来粤。

是日,致电蒋介石,促其速即来粤,协助援桂事宜。电谓:"军事紧急,昨已下动员令。汝为病新愈,非兄来计划助理一切不可,接电速来。"蒋得电后复函,谓准于10日内启程赴粤。遂于5月10日[①]由奉化南下,越旬日抵广州。随即来晤,并与陈炯明、许崇智筹定平桂方略,代拟作战命令。然5月24日又以母病为由,旋即遄返奉化。(毛思诚编纂:《民国十五年以前之蒋介石先生》第3册,第124—125页)

　　△　陈炯明召集军事会议,商讨援桂及总统等问题。

　　是日,陈炯明在省公署召集军官会议,"闻其会议结果,对于援桂问题仍取防守主义,惟作战计划不能不预备。拟分两路进军,(一)由肇庆,(二)由高雷。肇庆方面以魏李两军进取,高雷方面以陈觉民、陈炯光、钟景棠三军进取,蒙自方面请唐继尧电唐继虞出师,向桂省进攻。至总统问题,陈省长劝令各军官暂持静观态度,未可轻率反对,以免内部纷扰,致启敌人轻视。就职与否,随其自由。各军官亦已表示服从"。(《陈炯明对桂用兵之意见》,《香港华字日报》1921年4月22日,"粤省要闻")

　　另据报道,陈炯明在总司令部召集在省各军官开大会议。陈起立演说云:"余(陈自称)返粤时,外间即纷传余将行征桂,其实广西无论用兵力得来,余固不愿,就令把广西送给来,余亦不要。但我本无图桂之心,而今日陈炳焜反有图我之意。我辈用兵力得回广东,军人荣誉增进至今日田地,若一旦被人反攻入来,亦我军人名誉之玷。此层还要大众筹商。各军官均力言如桂军来攻,决当一致死力对付。""如各位奋志杀敌甚好,但要一致听候号令,先行固守防地,勿轻于先自启衅。"(《陈炯明对桂用兵之意见》,《香港华字日报》1921年4月22日,"粤省要闻")

　　△　报载湘省反对总统选举,广东内部稳健派主张孙中山暂缓就职。

　　报道称,湘籍国会议员覃振、李执中、周震鳞联名致电湖南各界,

---

　　①　另一说5月9日。

请一致承认孙中山为总统。"不料该电去后,昨日忽接湘电,谓此间反对非常会议选举孙文为总统之风潮异常剧烈,称此举为违反约法,破坏西南护法之大局,现将由赵恒惕发起联合川滇黔等省,在长沙组织联省自治政府云云。孙闻之大为焦急,立即召集党人开临时紧急会议,所议若何,尚未探悉。惟闻稳健一派则主张总统暂缓就职,以免上台容易下台难;而激烈一派则主张立刻就职,谓总统正式就职之后大局已定,即可将各方面攻击之风潮打消。现尚在相持中也。"(《广东总统之就职与军事》,《申报》1921年4月26日,"国内要闻")

△ 粤海关情报称,总统就职因故推延。

该情报称,由于种种原因,西南各省总统就职仪式将延期举行。"首先,现行的军政府需要安排结束事宜,据认为,在这之前建立新政府是不明智的。其次,新政府的组织方案尚未最后确定。某些人士建议,新政府的组织应力求精简;另一些人则主张现在的军政府各部应该原封不动。此外,各部的人选也没有确定。再者,孙逸仙正等待唐绍仪和唐继尧返回广州,征询他们的意见。现在两唐都不在广州。还有,就职仪式的各项活动尚未完全安排好。"(《广东省档案馆编译:孙中山与广东——广东省档案馆库藏海关档案选译》,第223页)

4月19日 复电陈炯明,期望相助为理。

陈炯明本反对选举总统,然选举已成事实,14日,陈炯明以自己暨粤军全体官兵的名义来电致贺。本日复电,略谓:"来电诵悉。贺词藻饰,感愧交并。猥承国民授权、议员公选,义无返顾,责不容辞。兄与文夙具同心,誓戡国难,此后建设,倚畀尤殷。所以振民治之精神,奠邦基于盘石者,诸待相助为理,愿与同观厥成。尚希传语各将士,代宣此意,并慰勤劳。"(《复陈炯明电》,《孙中山全集》第5卷,第521页)

△ 报载孙中山与日本领事之谈话。

报道称,非常会议举出总统后,外间盛传日本已允首先承认。兹闻前日日本领事赴军府进谒孙中山,见面时虽循例道贺,但声明此系属于朋友交情私人资格,并非代表国家。及与之谈及承认一事,该领事答谓:"近日迭接敝国电报消息,敝国政府本来确有承认之情,后因贵国驻使极力阻止,谓:如果遽行承认,是显将中国分裂,益陷时局于纠纷,此后更难收拾;于各国固有不利,亦非各国希望中国和平之盛意。又谓:南方所举总统,北京政府及北方各省固然反对,即称为护法团体之湘省亦属反对,甚至总统所在地之广州长官及一部分之军人亦无不反对,内部尚且如此,若外国遽然承认,反致启人之疑或受他方之诘责。总之,务请先求内部一致,则外人自必承认。"(《某领与孙文之谈话》,《香港华字日报》1921年4月19日,"粤省要闻")

　　△　报载《字林西报》社论,对孙中山寄予厚望。

　　社论略谓:"吾人今日所居之国,非复为一中华民国,而为两中华民国,我外人其知之乎?孙逸仙博士之被举为南方共和国总统,若非世界纷乱如今日,则其事之重大,尽足引起全世界人人注意。顾我居留中国之外人对于此事不甚注意,犹可言也。而中国人对于关系彼等自身及国家极切之事,亦复淡然视之,果何如耶?殆以为孙逸仙博士不过以总统头衔自娱,而中国人富于互相吸引之团结力,终究能全国结合而统于一□,故南政府之设置不必顾虑耶?一部分华字报决谓新总统拟有力征经营之大计划,将结一南方联省政府,脱离北方,而以彼所认为有才之人物管理一切。夫使此说果确,其结果不免造成破坏之局,亦未必果能成功。试观袁世凯梦想为帝,卒致生命不保。凡抱征服野心之人,往往陷入绝境,其例甚夥。中山为一理想家,然其理想之虚玄,未必如他人所言之甚。数年前中山方为逋人,今居然统治一省。此省之土地与人口,均不亚于意大利国,侔亦可以踌躇满意矣。今广东正颁行种种伟大之改革,新总统如果能从此途进行,其负荷正复重大。昔拿破仑编订法典,欧洲到今受其赐,而其战争之功,则使法兰西得光荣,亦使法兰西受危殆。故为领袖者,宜励行改革法律,教育人民,奖励工业,发展商务,此其有功于国,万倍于以兵力取胜,宜受国民之讴歌崇拜而无愧。近自广州来者佥谓,该处在新民政管理之□,市政上者有可惊之变化。向之狭巷曲路,现多改为一宽衢。其迫市房之收进,手续至为简易,所予之赔偿绝少,足使上海工部局之公共工程处闻而生妒。凡此足证中国一民治省份中之施行专制权力,其效绝大。孙总裁其将利用此大机会以造成广东为一模范省乎? 果尔则于统一中国之事业,其功效将百倍于施行武功也。"(《西报对孙总裁之希望》,上海《民国日报》1921年4月19日,"国内要闻")

△　报载总统选举后民党活动,以防意外。

报道称,广州民党方面自孙中山被选为大总统后,除反对派之议员均旁观不理外,"其他方面,民党颇甚活动。许崇智业将粤北民军陆续调至广州一师团,预防意外。各处所驻粤军,一律调赴肇庆钦廉防务,免使桂军乘隙进窥,再生其他枝节"。(《孙文被选后民党状况》,天津《大公报》1921年4月19日,"紧要新闻")

△　报载伍廷芳与记者谈话,主张一致服从孙中山。

上海《民国日报》转载港报报道,日前记者以组织正式政府问题访问伍廷芳。记者问:"现在我们中华民国有了大总统了,这是可喜可贺的事。"伍随声应道:"我前几天写了一封信给国会,劝他们议员不要闹意见,大家须一致的顾全大局,因人凡为事各有各的道理。譬如甲从这面看来是有理的,乙从那面看也是有理,我们要从上头看下来那才看得清楚呢。我从前对于举总统的事,本来赞成要从缓办,但是既然国会多数举了出来,我们只有一致服从。况且孙中山先生二十五年来为革命受了许多痛苦,在前清的时候他亡命在海外,他的志气依然不改,还要在华侨里面鼓吹革命。好容易才有民国,这民国既是他手创造的,他当然爱民国爱自由;而且孙中山先生无论在何处演说,都是主张民治,可见他绝对不是专制人。不过他有时说话,也有一两句激烈的,但是我们总要原谅他,万不可因为小小事情就要同他闹意见。你看我这样大的年纪有什么贪恋的吗? 我早想不干了。不过我是骑虎难下,我要把老虎打死了我才下得来;若是现在负气的去了,那便是使北方笑骂我们,更有那岑春煊笑骂我们,以为我们又来拆台了。所以我劝大家总要顾全大局,不要闹意见,就是孙中山做总统,他有他的学问,他有他的抱负,我们是很赞成的。若是我们不赞成,难道是要投降徐世昌不成吗?昨天陈竞存来军政府与孙中山先生道喜,其后来我这里说:他是一致赞助孙中山先生的。可见顾全大局的人,就是未举总统的时候稍持异议,到了举了总统出来,只有服从多数的了。"(《伍老博士之重要谈话》,上海《民国日报》1921年4月19日,"国内要闻")

△ 报载孙中山欲笼络西南各省。

报道称,孙中山鉴于西南各省对于选举西南大总统未表赞成,现与伍廷芳、唐绍仪、唐继尧及各有力人物协商施用牢笼手段。"除派员赴滇黔川湘疏通意见外,俟正式政府成立,提前承借巨款,接济地方军政各费,并授顾品珍、卢焘、熊克武、赵恒惕勋一位,其部下官吏分别等级,均有相当勋赏。"(《孙文之牢笼西南各省》,天津《大公报》1921年4月19日,"紧要新闻")

△ 报载唐继尧调处孙陈矛盾颇见成效。

报道称,孙中山、陈炯明意见近日仍未融洽,故诸事进行无不掣肘。"唐继尧鉴于此等现象决非佳兆,特假观音山招集各界要人讨论调停办法。嗣因许崇智代表刘副官宣布陈之罪状,被汪精卫等劝阻始息。盖此项调停确有至大效果,日来陈氏对于改组政府一节决不从中阻挠,亦不破坏,惟所要求分别取消民军一节尚难进行。"(《唐继尧调处孙陈意见》,天津《大公报》1921年4月19日,"紧要新闻")

△ 报载孙中山因各方反对就职未有定期。

报道称,广州国会选出总统后,各方面认为时机尚早,劝孙中山勿遽行就任。15日陈炯明及其部下秘密会议,议决劝孙中山勿即日就职。领事团方面为同样之劝告,而伍廷芳、唐绍仪等则表示消极态度。"因此孙氏就任杳邈无期。"(《西南总统之反对声》,北京《晨报》1921年4月19日,"紧要新闻")

△ 报载军政府会议议决重要事项多项。

报道称,军政府自7日后连日均有会议,孙中山提出下列三案,均经多数通过。"(一)赌饷。自5月1日始开赌禁,并由财政部直接招商承办,公家予以保护。承饷每年以一千五百万元为率。(二)加税。凡粤省所有税厘均加增附税5%,地丁钱粮附加军饷每亩四毫,年计六百万元左右。(三)练兵。计全粤以十师计算,其分配如左:(甲)滇军招足二师,归唐继尧统带。雷州赵德裕所部及海疆军为一师,李烈钧为一师。(乙)粤军招足四师,由陈炯明统率。以魏邦平为一师,李福林为一师,洪兆麟为一师,陈炯光为一师。(丙)国军招足四师,隶属军务部,由许崇智统率。以包作霖为一师,徐绍桢为一师,黄建为一师,苏无涯为一师。"(《西南总统之反对声》,北京《晨报》1921年4月19日,"紧要新闻")

4月20日 非常国会召开会议,通过国会宣言。

总统虽已选出,但外界反对声浪不减,特别是军界人物频繁接触,力谋反对。有见及此,是日非常国会召开会议,分析当前形势,通过国会宣言,指出:"民国之事,惟热心民国者方足与议,非遗孽废僚所能为役。今根据大纲,选举总统,倘有犯顺效逆,当与众弃之。"(中国社会科学院近代史研究所中华民国史组编:《中华民国史资料丛稿·大事记》第7辑,第37页)

△ 美领事向国内报告,认为陈炯明会支持孙中山。

报告称:"我相信陈炯明对孙中山个人有信心,相信他会实行民主政治。故我相信陈愿意给孙一个公平试验的机会,但并不是陈会放弃自己的权力。像所有的强人一样,陈氏有自信心,而且是一个实际的爱国者。我相信他会支持孙,除非他认为孙的政策,将有不利于广东之时。这里同情于南方政府的中外人士,一致都认为南方政府如能贯彻其主张,全力去改造广东,扶助人民的经济发展,则不就这政府将抱有希望,顺其自然的变为全国性政府真实的继承者。"(段云章、沈晓敏编著:《孙文与陈炯明史事编年(增订本)》,第380页)

是月中旬 复电李烈钧,勉拨乱反正。

电称:"兄本文患难之交,久资臂助,拨乱反正,尤期共勉。"(《本馆专电》,上海《民国日报》1921 年 4 月 22 日)

4 月 21 日　复电上海全国各界联合会,感谢电贺当选大总统。

是月 19 日,上海全国各界联合会电贺获选总统。本日复电表示感谢,并告"惟既由公选,义不容辞,敬当依国民之授权与议会之付托,黾勉厉行。贵会为各界代表,尚希时锡嘉言,藉资考镜,远瞻淞沪,不尽神驰"。(《孙总统复各界贺电》,上海《民国日报》1921 年 4 月 26 日,"本埠新闻")

△　报载军政府迭开会议,讨论总统就职、攻桂、省长诸问题。

报道称,孙中山自当选非常总统后,迭次在军政府召集各种要人会议,其议决事项有三:"(一)总统就职问题,拟改期于 5 月 1 日正式就职;(一)攻桂问题,令许崇智、唐继尧分路进兵;(一)省长问题,拟任命胡汉民为广东省长。以上三项皆系议决重要案件。其他尚有开番摊、许女子参政、解散第二届省议会等。"(《孙文劝诱各省加入组织政府》,北京《晨报》1921 年 4 月 21 日,"紧要新闻")

△　报载孙中山向政务会议建议采用联邦制。

报道称,孙中山昨以议案提交政务会议,建议采用联邦制,谓各省之自治,为今日急务,且宜各举一领袖。"孙并建议将军政府改为各省自治联合会,以总统为会长,总统有权办理外交,而不得干预内政诸事。孙称彼已以此举通告各省矣。"(《南方近事记》,《申报》1921 年 4 月 21 日,"太平洋路透电")

△　报载孙中山决定 28 日就总统职。(《本馆专电》,上海《民国日报》1921 年 4 月 21 日)

△　报载南方选举总统全因着眼于外交需要。

报道称,孙中山对于总统之选举所以如是亟亟者,盖亦如伍廷芳所言骑虎难下而已。据与军府接近者云,"总统之选举,全因北方之所谓统一,外人渐有促成之势;至相争不决之关余,南方历经交涉,外人皆不承认,故今日惟有速举总统,使外人知北方之非真统一,然后事可着手。故今日第一着为选总统,第二着为争关余,此两事当顺序进行者也"。(平:《广州通信》,《申报》1921 年 4 月 21 日,"国内要闻")

△ 报载非常国会因选举总统发生分裂,部分议员准备离粤。

报道称,此次总统选举,国会中不主张者亦颇有人。众议院副议长褚辅成,向来为会中最负责任之人,"此次对于选举总统非常反对,所议既不行,今已决意离粤。虽经伍廷芳函劝其顾全大局,而褚尚未取消前意。又白逾桓、狄楼海亦因反对选举,在东园议员俱乐部被殴至重伤。闻狄氏伤势甚重,恐有性命之虞也"。(平:《广州通信》,《申报》1921 年 4 月 21 日,"国内要闻")

又据粤海关情报:"近来有五十多位国会议员离穗。有的因为反对政府,有的是因为总统选举已经结束,他们现在留在广州已无事可做。薪金减少也是促使国会议员离穗的重要原因。他们的薪俸由原来的四百元减到二百元,后又从二百元减至一百元。"(广东档案馆编译:《孙中山与广东——广东省档案馆库藏海关档案选译》,第 229 页)

△ 报载援桂手续已定三种办法。

报道称,据广州电,孙中山援桂手续现已规定三种办法:"(一)粤军进攻时将粤北民军分防各区,筹备作为后援,并担任游击勤务;(二)所需援桂军饷由各区分配捐募,一面与外交团交涉提用关余;(三)援桂兵力:前敌八师、后援三师,广州、三水、四会等处以水上警察维持秩序。"(《孙文援桂之三种筹备》,天津《大公报》1921 年 4 月 21 日,"紧要新闻")

△ 报载卢焘对军政府取法熊克武。

报道称,卢焘鉴于孙中山被选为大总统,个人以贵州距粤过远,无直接之关系。其宗旨虽在随同六省联防,不赞成孙为非常大总统,但亦不公然表示反对。现与黔系各有力人物会议决定"取法熊克武,暂以自治为标榜"。(《卢焘对粤取法熊克武》,天津《大公报》1921 年 4 月 21 日,"紧要新闻")

△ 报载军政府政务会议因唐绍仪、唐继尧离省而暂停。

报道称,军政府政务会议向系星期一、三、五等日开议,惟闻近日因唐绍仪、唐继尧两总裁不在省之故,致前星期五之政务会议及本星期一、三之政务会议均暂停止,不能开会。"现孙中山以政府改组在即,一切政务亟待取决进行,特决定再行电促两唐即日旋省,商榷办法,俾免要政延滞。"(《政务会议之搁浅》,《香港华字日报》1921 年 4 月 21 日,"粤闻")

4 月 22 日 军政府秘书厅奉孙中山令发布布告,通告总统选举及就职事宜。

是日,军政府秘书厅奉孙中山谕,布告广州参众两院、各总裁、陈总司令及省长、省议会、各省总司令、省长、省议会、各团体、各报馆知照。布告曰:"准国会非常会议议决中华民国组织大纲,并依大纲第二条,选出孙文为中华民国大总统。兹定于 5 月 5 日在广州就职,应由秘书厅先行通告。"(《孙大总统定期就职》,上海《民国日报》1921 年 4 月 30 日,"国内要闻")

△ 报载孙中山组织总统府拟行"减政主义"。

报道称,此次军政府改组总统府,决行减政主义。现闻孙中山连日与伍廷芳、陈炯明、汪精卫、胡汉民诸人商议组织军政府制度。大约拟将旧政府八部,改为四部或五部。外交、内政、财政、参谋仍旧,海陆军合并为军务部,交通、司法归并于内政部。"至于各部总次长,伍廷芳长外交,伍朝枢次长仍旧;唐绍仪长财政,廖仲恺次长仍旧;参谋部长唐继尧,次长未定;内政部长陈炯明,次长谢持;军务部次长未定;徐谦将调充大理院长。内政部或增设交通、司法两局。"现已派要员分赴香港、香山两处,邀请二唐即日返省,组织新政府。(《总统府组织近闻》,《新国民日报》1921 年 4 月 22 日,"护法要闻")

△ 报载孙中山向华侨筹款。

报道称,孙中山被举为总统后,各种建设需款甚殷,故昨日特请华侨代表到府商议,请为筹借巨款。"闻暹罗华侨某现时正在运动孙文,请与暹罗政府订定通商条约,派遣领事。孙即利用此时机以运动借款。闻华侨中亦有允代筹款者,惟声明筹得多少未敢决定。"(《孙文又向华侨筹款》,《香港华字日报》1921 年 4 月 22 日,"粤省要闻")另有报道,孙中山设宴款待海外华侨代表,即席演说,解释广州政府财政困难情形,请华侨供给借款一千万元。"华侨代表未加允可。"(《南方近事记》,《申报》1921 年 4 月 25 日,"太平洋路透电")

4 月 23 日　在广州粤军第一、二师恳亲会发表演说,指出必须用革命精神来改造民国。

粤军第一、二师是从漳州回来的部队,平日分驻广东各处,难得聚首。是日,粤军第一、二师排长以上军官在广州东园举行恳亲会,与陈炯明应邀出席,并发表即席演说。演说略谓:"专制国家,人民是君主的奴隶;共和国家,人民是国家的主人,官吏是人民的公仆。民国成立十年,那些公仆太坏了,把中国搅得不成样子,以后不用革命精神来改造民国,再没有别〔的希〕望的。革命主义,是在前清末年便布满了国中的。革命的目的,第一步是将清朝推倒……革命党当时拼命救国,各省牺牲了性命的不知多少。广东更多,黄花岗上的烈士都是因革命牺牲了的。他们慷慨起义的正气,凡是有良心的人那一个不感动。渐渐的那些军人,都感动着对革命党表示同情了。武昌起义,中国本可从此治安,却因那些官僚余孽假意赞助共和,像袁世凯等其实都是中华民国的叛徒。广东的龙济光,便是诸君所知道的。这些人没有除,接着像张作霖、曹锟等都来把军队当作私有的,来捣乱中华民国了。诸君,你们应该自己问着自己,当兵是为己的,还是为国的? 若认做是为己的,这条路走错了……那么,当兵究竟为谁呢? 应该为国。陈总司令这次带粤军回粤,绝对不是为己的,是为国的……你们要努力贯彻主义,才不负陈总司令。你们固然辛苦过了,然革命还没成功,你们应该帮助陈总司〔令〕,再辛苦二三年,收革命的全功。"

陈炯明演讲略谓:"自回粤以来,因财政困难,不能充分发饷。各军皆能体当局整理地方之苦心,绝无怨言,这是一件极可欣慰的事。

出军饷的是人民，人民要果不能安居乐业，便断没能力来供给饷项。所以安谧地方，保护工商业，是当今的要着。大家若都能助当局保护地方，人民自然乐输，这是一件。第二，现在大总统已选出了，正式政府不日成立了。我们做军人的，应该服从大总统的命令，拥护正式政府。"（叶楚伦：《孙总统与军界之大欢洽》，上海《民国日报》1921 年 5 月 1 日，"国内要闻"）

　　△　报载孙中山与国会议员谈设法解决国会经费。

　　报道称，某国会议员昨晤孙中山，孙告以"西南护法命脉厥在国会，刻下国会各员经费无着，余甚为抱歉。然余此次到粤城，即首先拟议争回关余，奈以正式政府未成立，未得外人公认，故收回无望。现余不日就职，正式政府指日成立，余誓当将关余设法收回，务令国会经费有着。望转邀留沪各议员早日返粤，共同护法"。（《实款未给口惠先颁》，《香港华字日报》1921 年 4 月 23 日，"粤省要闻"）

　　△　报载陈炯明谋以省议会名义反对孙中山就任。

　　报道称，陈炯明所部各军官对于孙中山就总统职，反抗甚烈，曾两次继续开会讨论对待方法，并迫索由闽回粤旧欠军饷。陈为维持秩序起见，极力设法劝阻，"但先授意省议会议长钟声，用省议会名义反对孙文之就任"。（《非常总统瘾中之磨阻力》，北京《晨报》1921 年 4 月 23 日，"紧要新闻"）

　　△　报载赵恒惕拟定应对广东政府办法。

　　报道称，孙中山用种种方法对湘疏通，据闻赵恒惕对此已开特别会议，决定对粤宗旨数项："（一）孙文劝再派代表赴广州，拟定不派；（二）再由商会、教育、工商各界详细说明目下西南只宜自治，不应先有总统之理由；（三）迅速联合滇黔通电反对。"（《非常总统瘾中之磨阻力》，北京《晨报》1921 年 4 月 23 日，"紧要新闻"）

　　△　报载徐世昌、靳云鹏闻南方选出总统后，连日召集阁员会议，"均以各地方早与北京脱离，财政又异常支绌，中央无法对待，但外交方面不能不尽力挽救，拟向外交团争辩"。（《选电》，《新国民日报》

1921年4月23日）

4月24日　在欢宴海、陆军军官及警官会上发表演说，指出军人事业惟有革命。

是日下午6时，假广东省财政厅大楼宴集在粤陆海军警营级以上军官，到场者达五百人。即席发表演说，谓："诸君此次由漳州返粤，身经百战，以卫民国。兄弟谨举杯为诸君慰劳！诸君为军人，对于兵家胜败，原属寻常之事，但人人皆望胜利，皆望成功。今有一最好之方法，足以有胜无败者，此方法为何？即革命是矣……革命之义，实为世界之潮流，顺之者昌，逆之者亡。而实行之者，则不得不有赖于军人。"今希望于诸君者，"即为大家齐心协力，以赞成革命，以实行革命……广东为革命之策源地，诸君但能合力以维持本省之治安，使地方太平，人民乐利，则各省必相率归附，而成革命之大业"。（叶楚伧：《孙总统与军界之大欢洽》，上海《民国日报》1921年5月1日，"国内要闻"）汪精卫演说略谓："自民国来，忠于民国者只有南京政府，余皆为反对者所治理，安望改良？今信孙、陈皆忠于民国，必能发展，建立真正民国。"陈炯明因病未与会。（《国内专电二》，《申报》1921年4月27日）

△　留法勤工俭学学生来电，吁派大使赴法保护学生。

留法勤工俭学学生逾千人，前为驻法公使陈箓以北京政府命令，勒令归国及强作苦工。陈恐学生不服命令，竟以印刷品分送法国各学校，污蔑学生多半系工人及过激党，致使各学校竞相驱逐。是日，留法勤工俭学学生致电广东政府及全国各界，批评广东政府以护法自居，却将护法省区学生委于北政府管辖蹂躏之下，恳请"立派大使、领事来法保护一切，一免侨民、学子流离之苦，二使我合法政府声震海外，则外交既获胜利，内情自多向顺，扫除北庭，指顾间事"。（《留法勤工学生之呼吁》，上海《民国日报》1921年5月5日，"国内要闻"）

△　报载孙中山就职未有确期，原因系"孙陈不和"。

文章称，陈炯明对于总统之选举，向以为时机未至，而孙中山则主张急进。"虽前日亦有陈之贺电揭载报纸，然全属敷衍之辞，不过处此情势,不能公然表示不承认,不能不有面子之举也。其实幕内尚有许多曲折。今日党中要人,尚忙碌奔走,从事于疏通。据与某方面接近者云:陈炯明外面极温和,绝无反对之状态,惟其部下军界驻在远地者,已有反对之声。"(平:《广州通信》,《申报》1921年4月24日,"国内要闻")

△　报载孙中山召集改订税务会议,讨论增加征收办法。

报道称,孙中山现因各军欠饷及援桂军费无从筹备,特召集改订税务会议,讨论增加征收各办法,规定之手续:"(一)地丁附捐一律增加一成,所得税款作为各军欠饷;(二)各厘卡杂税就各地情形酌加,作为援桂军费,惟关于正课收入不在此限;(三)各县烟酒收入均加二成,作为援桂补助费。"(《广州政府之形形色色》,北京《晨报》1921年4月24日,"紧要新闻")

△　报载孙中山拟于就职时颁布大赦减刑等命令。

报道称,孙中山拟乘大总统就职之时,颁布大赦减刑等命令。"惟大赦须经国会通过,日来已与各要人详商办法,务期如期实行。并须建设一工厂,使出狱人皆有艺业糊口,以免冻馁或流而为盗。"(《广州政府之形形色色》,北京《晨报》1921年4月24日,"紧要新闻")

△　报载北京政府运动预制唐继尧。

报道称,北京政府因唐继尧现在广州,赞助孙中山,恐与统一大局又添多少波折。日昨特由府院决定,"仍由应先行设法疏通云南顾品珍,及在滇之唐系政客以免藕断丝连,再有结合;并电在野有名人物,劝唐来京或至上海,以便政府派员与之接洽。此外复使王占元电嘱联防各省长官,劝唐勿为孙中山所惑"。(《广州政府之形形色色》,北京《晨报》1921年4月24日,"紧要新闻")

4月25日　报载总统就职延期因总统印章赶铸不及。

报道称,孙大总统当选后,以一切典礼筹备未竣,故就职日期迄未确定。前据府中筹备员布告一切典礼等事,可于20日以前筹备妥善,故欲决定本月20日为任典之期,同时并通告国会及各省政府、海外华侨、各团体举行典礼。现因大总统印章赶铸不及,故原拟 20 日又须更改,至于更改何日尚未能确定。闻多数人主张于 5 月 1 日劳动节就职。(《大总统之就职日期》,《新国民日报》1921 年 4 月 25 日,"护法要闻")

△ 报载西南海军宣言反对海、陆军并为一部。

报道称,西南海军全体为反对海、陆军并为一部,发出宣言云:"阅 4 月 13 日广州各报载有总统府组织一节,内有海、陆军合并为军务部云云。查环球各国自海禁开后,全资海军为立国之基,我国沿海绵亘数千里,对内对外非有海军无以自存。只以频年大局未定,致未能力筹扩充,引为缺憾……现国会非常会议选出孙中山先生为中华民国大总统,兵民一致推戴,我海军亦同声欢忭,尤冀对于海军实力发展,用奠国基。诚如报章所述,海陆军合并之举义取消,转不如军府时代,且反蹈亡清之覆辙。此事当出自传闻,断非事实,即使果有是议,我海军绝对不能赞成也。"(《选出孙文后之粤局》,天津《大公报》1921 年 4 月 25 日,"要闻二")

4 月 26 日 报载孙中山欲行借款及减政,以缓解财政困难。

报道称,孙中山特与各界首领提议,嗣后西南进行各项要政紧要之点,厥在缺乏款项。现在外交团既不肯拨付关余,又不愿承借政军各费,足可制以南方死命。"但据个人趋向,则拟先向俄劳农政府借款,复于国内发行公债,一面施行减政主义,庶几可□延长命运。已得各界赞成。"(《孙大炮表示进行宗旨》,天津《大公报》1921 年 4 月 26 日,"紧要新闻")另据报道,孙中山从事于减政,谓非将各大小机关行政经费实行撙节,无以动军心而济国用。于是与陈炯明省长及各重要人物商议,"从 5 月 1 日起,凡总统府各部与粤中军民各机关职员及国会、省会议员,在发展期内,其俸薪在五十元以下者,十足支给;六十至九十元者,得支五十元;一百元以上者,五成拆支;属官津贴一律五成折支。闻各机关人士对此大有味同鸡肋,好教食舍两难"。国会议员颇能谅解广东政府为难,前在广西会馆开两院干事会,亦以粤省财政确至水尽山穷之地步,拟提议国会休会,减轻粤省的负担。讨论多时,金以"孙总裁现实行减政主义,我们是应当赞成的,但是休会一层万不可有,因政府虽经成立,而大局尚还未靖,所待解决的事项很多,若遽休会,反不能补助进行。当此时期,不如主张减费,与政府同受甘苦"。(《粤省财政僵梳中之救济计划》,北京《晨报》1921 年 5 月 26 日,"紧要新闻")

　　△　报载孙中山就职后施政计划。

　　报道称,孙中山就任总统,不日实现,"闻其就任后进行计划:(一)撤换省长,代以胡汉民或许崇智,以握广东政治上实权;(二)弛禁番摊,借得赌饷,以供军费;(三)维持中国银行纸币,以固信用,而为增发张本;(四)许女子以参政,实行男女平权;(五)驱逐陈独秀以平士气;(六)恢复西濠原状,以迎合市民心理;(七)解散第二届省议会,以免陈炯明借为声援。陈炯明对于此项计划早有所闻,故亦步步为营,着着防备。陈氏之意,极不愿抛弃其固有之地盘,以求发展于未可必胜之援桂。昨特电召各路善后处长回城,讨论此事。闻将以各军官名义,提出严重之抗议"。(《广州传来之孙文最近态度》,北京《晨报》1921 年 4 月 26 日,"紧要新闻")

　　△　报载驻粤滇、赣、海军渐呈各自为谋之势。

　　报道称,滇军、赣军、海军各因其所据之地位,渐呈不稳之象。(一)滇军。据军务部中人云,"驻粤滇军前虽有添招两师之议,然唐继尧以饷由己出,终恐难以为继,且前驻广州之滇军迄今仍在雷州一带驻扎,目下伙食接济尚时有不敷,将来更虞竭蹶。闻已电致顾品珍,请其派员来粤收束,欢接回滇,以免流离异地"。(二)赣军。"自日前赣军发生小风潮后,少数无聊政客从中阴谋公推邓文辉为赣军指挥官,以为统一赣军之先导。嗣因李烈钧来电划分彭程万与邓文辉之权责,彭赋性忠厚,以邓文辉亦赣人,既能出而负责,似不便斤斤较量,徒伤同乡感情。此次援桂计划有命蒋尊簋为滇赣联军总指挥之说,然未见正式任命,邓以先发制人之敏捷手段,遂发起结合少数赣人在大市街本寓开会讨论抵制方法,并闻已派人赴港,与某要人磋商,尚未成议。审此则内部既已纠纷,一时似难用命。"(三)海军。"除属于粤省之一二巡舰供运输外,其他之战斗舰因反对海军合并军务部,亦不甘用命。""准此而观,则孙氏素所倚重之三军,已有各自为谋之势。欲望其效死疆场,其可得乎?"(《广州传来之孙文最近态度》,北京《晨报》1921年4月26日,"紧要新闻")

△　报载唐继尧谈话,称尊重国会选举孙中山为大总统。

报道称,近日记者探访唐继尧,就有关问题征询意见。记者首询"有无返省之意",答谓:"兄弟由省返港已有两星期,盖因脑病复作,而家事又未布置妥当,故返省尚未有定期。"记者再问"最近所抱之宗旨",唐答:"兄弟乃军人也,对于军事当负全完之责任。至政治如何设施,自有政治家负责,此乃鄙人素抱之宗旨也。"继又问及对国会选举孙中山为大总统有何意见,唐表示:"既然由国会大多数举出,鄙人应当尊重国会之意见,且成事不说决不反对。"(《访员与唐继尧一席谈》,《香港华字日报》1921年4月26日,"香港新闻")

△　报载北京政府无意宣布孙中山罪状。

报道称,南方选出总统后,北京政府迭接地方大员函电,要求"表决意旨,宣布明令,庶使各方面闻风振起","此外京内外要人颇有宣布孙文罪状,以便通缉逮捕"。北京当轴以此项办法,"不惟毫无效力,抑且徒失威信,拟仍责成广西设法联络其他方面,使粤省瓦解,则孙文即可就获"。(《广州传来之孙文最近态度》,北京《晨报》1921年4月26日,"紧要新闻")

4月27日　复电李选廷,告竭忠任事。

云南省第六混成旅旅长李选廷来电,祝贺当选大总统。本日复电谓:"远劳电贺,无任感愧。根本大计,自以正式政府为重,既荷公选,愿竭棉力,拨乱反正,幸共勖之。"(《致李选廷电》,《孙中山全集》第5卷,第526页)

△　报载许崇智向外界表明拥孙理由。

报道称,粤北民军总司令许崇智因孙中山被选总统后各方面诸多反对,实于前途诸多滞碍,故特以总司令名义向广州军政绅民各界表示拥护孙中山,所据理由共分三项:"(一)西南现以统系不一,护法各省均自为谋,理当速选总统,以期早日统一;(二)北省屡因西南无统治机关,诸皆藐视,遂向各方面挑拨感情,致使意见横生;(三)军政府确无维持西南能力,早应改组,整顿各项进行。"(《许崇智拥护孙文确讯》,天津《大公报》1921 年 4 月 27 日,"紧要新闻")

△ 陆荣廷等通电,攻击孙中山当选总统。

是日,桂系将领陆荣廷、谭浩明、陈炳焜、李静诚联名通电全国,对孙中山获选大总统竭尽攻击污蔑。电谓:"比者孙文在粤举动悖谬,号召少数私党,违法自举为伪总统,欺蔑国民,背叛国法,一至于此。迹其行事,阳为爱国,阴便私图,以文乱法,则利用政客;以武乱政,则利用匪徒;不顾大局,不恤民生,而播弄天下以为快。此次重组军府,袭名护法,已属不成问题。其唯一政策,专在招集土匪,苛派军糈,以致全省骚然,朝不虑夕。其尤甚者,与俄过激党订立私约,推行劳农政策,以坏国基;复不惜多派党徒,四出煽扰,昌言废德仇孝以致彝伦,鼓吹共产公妻以乱秩序,祸国祸民,莫此为甚。今乃公然揭去面具,妄窃尊称,以国民为可欺,视国法如乌有。"恳请北京政府"大总统立施英断,宣布明令,大申讨伐。各省军民领袖诸公,敌忾同仇,共歼丑类。各省舆论机关主持公义,一致声讨"。(《公电》,《申报》1921 年 5 月 2 日)

4 月 28 日 签发委任状,任敖文珍为满地可中国国民党分部党务科主任。(《给敖文珍委任状》,《孙中山全集》第 5 卷,第 526 页)

△ 报载孙中山筹备就任。

报道称,孙中山对于筹备就任、改革各项官制,积极进行,不遗余力。日来所已着手者如下:(一)设立典礼司,筹备就任时典礼。(二)草订总统府官制。(三)由粤北民军中挑选壮丁五营,编为总统府宪兵,以资护卫。并设总指挥使一人,侍从武官十数人。(四)讨论就任时通知各国及要求其承认之手续。(五)就任时拟大举阅兵典礼,以壮声势。(六)就任时拟发布宣言书一道,叙述不能不就任非常总统之苦衷,并劝告西南各省一致护法,勿变初志。(《鼙鼓声中之非常总统梦》,北京《晨报》1921年4月28日,"紧要新闻")

△　报载留京旧国会议员议定赴粤。

报道称,"前国会留京议员现已议定南下赴粤,加入国会非常会议。此辈志在认孙中山南方总统之选举为合法也。闻孙允许留京议员加入广州国会,所需川资由上海议员俱乐部供给。自前国会解散后,留京议员以经济调查委员之名义坐领政府薪俸,近曾劝政府取消各省之选举,以期恢复其前有之地盘,但政府不从其言,故拟赴粤以图报复"。(《留京旧议员有赴粤说》,《申报》1921年4月28日,"国内要闻")

4月29日　报载孙中山谈陈炳焜移师梧州,勿惊惧误会。

报道称,陈炳焜日来纷纷调集大兵分驻梧州一带,刻下梧埠各粤商皆已纷纷停止办货,并多半迁徙。旅桂内地各粤商亦多怀忧虑。此间亦纷调重兵严阵以待。惟孙中山日昨接晤某粤绅,孙云:"陈炳焜向与陆(荣廷)、谭(浩明)有多少意见。此次陈之屯驻重兵梧州,并非全是不怀好意,或当有特殊举动为吾党助,各人现时不必多所惊惧误会。须知陈往时赤手空拳,尚有意与吾党提携,今手握重兵,又与陆、谭不惬,其将来有何举动自可推想而得。"(《伟人之自慰语》,《香港华字日报》1921年4月29日,"粤省要闻")

△　报载孙中山就职因劳动节而改期。

报道称,昨军府某要人谈孙中山此次原定5月1号就总统职,嗣又忽改为5号。"缘孙以5月1号为劳动节,若在此日就职,反令外界生疑孙是过激派一流人,故改为5号就职。"(《孙文改期五号就职之别一原因》,《香港华字日报》1921年4月29日,"粤省要闻")

△　报载杨永泰谒徐世昌,谈抵制孙中山意见。

报道称,北京政府及曹、张、王三使对于孙中山当选非常大总统均持反对主义。"闻前广东省长杨永泰于 28 日晋谒总统，面陈粤省财政收支情形，及设法抵制孙中山之最要意见，均邀总统嘉纳；并留杨氏暂行驻京，以便随时借重筹划，应付粤事。"（《专电》，天津《大公报》1921 年 4 月 29 日）

△　报载外交团正式照会北京政府外交部，声明"已令粤领抗议孙文，不承认其为大总统"。（《专电》，天津《大公报》1921 年 4 月 29 日）

△　报载孙中山主张派伍朝枢赴欧运动承认。

报道称，孙中山急于求外界承认。"现已决定再派伍朝枢赴欧，运动列强共认孙为中华民国非常总统，其所组非常政府为北方对等之交战团体机关。俾俟何守贞、汪精卫至英法美意时，事前得有先容余地，俾由外交上抵制中央政府。惟伍氏不愿担此责任。"（《孙文主张小伍赴欧》，天津《大公报》1921 年 4 月 29 日，"紧要新闻"）

△　报载援桂军队编制完备。

报道称，北京政府接广州探员来电报告，粤军总司令陈炯明、副司令许崇智援桂军队现已编制完备，并由总司令部召开援桂会议，决定："（一）陈炯光统率第一军由肇庆进攻德庆、封川，直攻梧州；（二）包作霖统率第二军由粤北直取怀集；（三）洪兆麟统率第三军由信宜攻取陆川、博白；（四）关国雄统率第四军由廉江直取灵山；（五）熊略统率第五军布防钦廉，魏邦平统率水上警察布防珠江沿岸。"（《陈炯明五路援桂实况》，天津《大公报》1921 年 4 月 29 日，"紧要新闻"）

4 月 30 日　报载孙中山崇尚俭德，拒受馈赠。

报道称，孙中山当选为大总统后，各方要人戚友纷纷致贺，函电交驰，而亲行踵府道喜者，连日来仍络绎不绝，热闹非常。且有一般政客僚属乘此机缘，出其巴结手段，馈送珍贵礼物，种种式式，为数亦伙。"惟孙总统对于此等举动极不谓然，盖其生平不慕奢华，尝谓西关富户，素尚虚仪，年中互赠礼物之资，足供中等人家粮食所用。若以无用化为有用，拨助教育经费，则可多办义务学校，使各贫民实受裨益，较胜百倍云。故此亦持此主张，特谕军府号房，凡有亲友僚属赠送礼物,一概璧还,不许收受,以符崇俭之旨。"(《孙总统崇尚俭德》,《新国民日报》1921年4月30日,"护法要闻")

是月　接受苏俄记者访问,发表对时局意见。

是日,苏俄远东社驻广州记者斯托扬诺维奇和俄罗斯通讯社—远东社北京分社社长霍多罗夫等一行来访,就当前形势、今后任务及与陈炯明关系等问题回答了记者的提问。

记者首询舆论对此次选举态度不一,有的甚至预言会引发内战。答谓:报界分为两大阵营,毫不奇怪。"我们很清楚自身的力量,也知道我们要干什么。大家一致选举我为总统,国会要求我出任总统,我只能服从。""所有进步势力都支持我们,全体人民站在我们一边","我们近期的任务是建立一个由中国优秀知识分子组成的、首先能够把整个华南统一起来的政府。"在详细分析广东周边形势及国内局势后,并进一步明确指出:"如你们所见,我们的任务非常明确,这就是为统一中国而斗争和同日本作战。全中国人民都支持我们这样做。"记者又问及外界普遍关注的与陈炯明的分歧问题,答称:"在共事中,时时处处都会出现一些看法上的分歧,或者这只是由于人与人的天性不同而已。我们之间也经常产生一些分歧,然而只有我们共同的敌人才会幻想我们分裂,以期削弱我们,并由此得出我们分裂了的结论。因为我同陈将军有着共同的任务,每当我们产生分歧时,将军总是服从我这个政府首脑的。"(《在广州与苏俄记者的谈话》,《孙中山全集》第5卷,第527—530页)

4月至5月　张西曼来访,建议向苏俄学习并建立联系。

张西曼从苏俄返回中国,并前来广州拜访。言谈间他表示衷心拥护孙中山领导的革命事业,但对孙中山过去的革命方法提出了批评,认为正是由于"利用会党、新军等薄弱基础为革命手段",致使革命事业屡遭失败。他介绍了俄国各方面的经验,尤其是发动群众的经验,积极建议"向俄国革命学习和两大革命政权相互承认与援助"。(李玉贞:《孙中山与共产国际》,第93—94页)

5月

5月1日　致函章太炎,冀南来匡扶。

函谓:"文回粤以来,事变迭生,倏经三月。兹者粤局略定,西南联络,尚待进行,民生憔悴,如何苏息,千端未竟,岂一手一足之烈所能为计? 急愿贤哲南来,匡我未逮,欲言千万,伫盼巾车有日前途,并希电告,俾饬人迎候,手颂起居不悉。"(《致章太炎函》,《孙中山全集》第5卷,第530页)然章太炎"闻孙公就选,以为非法",并"以联省自治不可反对为献"。(汤志钧编:《章太炎年谱长编》下册,第612页)

△　报载天津会议讨论征粤计划。

报道称,天津会议现正讨论征粤计划。"闻张作霖择定龙济光为征粤领袖,其计划尚未切实拟定,但闻分两路进兵,一趋江西萍乡而往汕头,一赴福建漳长而入潮州,现已商诸赣省陈督军及闽省李督军。如陈炯明不拥护孙中山,则征粤目的业已达到,军队即将北旋。"(《天津会议与南方》,《申报》1921年5月1日,"太平洋路透电")

△　报载广东财政罗掘俱穷。

报道称,广东财政月来已完全陷入绝境。据最近报告情形,列举如下:一,钱粮。"去岁陈炯明入粤,勒令各县知事预垫军饷,大县三万,中县二万,小县一万。此未来之款已先期垫解,以后逐月收入自不能禁其不垫还。此刻正在归垫时期,各县遂无分文报解,而三月以后即届淡征,且值农忙,更绝对无可收入。"二,厘税。"月前开投厘税各厂,收入现款约百余万,当以清发去年欠饷,完全用罄。"三,捐务。"承捐商人均于投承时,除缴按预饷三个月外,另按捐项大小提缴现款若干,商人血本所关,自当亟求归垫。省会某议员投承烟丝捐,各议员因省会岁费无着,请其将此项捐款截留。某议员谓提缴之款尚无归着,何能截留? 可见捐务一宗,刻下亦无余款。"四,公债。"五百万公债为数巨甚,且经议会通过,但因陈氏蹂躏议会之故,经议会议长林正煊宣告会务中断,所有议案概作无效,则此种公债,法律上已失根据。又经林议长通过反对,劝粤中人民切勿销售,粤中股户无不视此为畏途,安肯浪掷金钱换此废票?况年来民穷财尽,讵易办到?自开办至今,仅销去二十余万,且多有未缴者。"五,关余。"此宗巨款如果侥幸到手,不特援桂军费有着,且可购置军械,增加暴力。讵料沪上关余,业已判交中央指定用途,无从取得。香港关余又复败诉,已成绝望。"六,变产。"去岁借附桂助逆之名乱封产业,以为可得大宗巨款,讵料被害人电诉中央,业由农商部通告香港华商总会、广州总会等,转告各资本家勿误投承,免日后纠葛,致受损害等语。粤人对于孙陈早已不肯轻信,况有部电保障,谁肯以血汗之资财换此无定之产业乎。故月来开投封产,虽一再减价,亦无人过问。"七,官产。"原有官产早经开投者十之八九,为筹款计,不得不加悬重赏,奖励举报。惟无赖游民希图奖金,举报十宗,不得一实,人民已备受骚扰。"八,纸币。"筹款计划在在棘手,惟有纸币一宗可以自由滥发。现广东省银行纸币虽云兑现,实则兑现其名,强迫人民使用其实。据查近日所谓兑现之法,不外多方限制,缩短兑换时间,每日兑出现银最多不过三数千。既云兑现,即可滥出无度,强令人民十足通行。一旦再启战祸,行内现款可以一手攫去,市面千数百万不换纸币则将全成废纸。此等阴谋异常惨酷,惟粤人备尝民国元二年苦痛,类皆引为前车,预为防范。"九,劣币。"现由某买办借款百万,以造币厂为交换品,以鼓铸六个月为限。既属营业性质,自难禁人将本求利,但成本巨而时期迫,加以重重黑幕,将安取偿,成色如何,实不堪问。粤人虽暂处暴力范围之下,然危及财产生命,自当有正当防卫办法,劣币之计,亦不易售。"十,借贷。"从前财厅每遇紧急需用时,辄向各银号借贷小款,或短期归还,或指定的款归垫,此种办法虽非可恃,足备缓急。乃陈氏入粤,所有财厅从前借入各银号之款概予否认,此等暴举决无理由,惟广州银号却因此得一教训,现时陈廖缕求借,然无复应者。""以上十端,足见粤局财政情形已完全陷入绝地。"(《罗掘俱穷之粤省财政》,北京《晨报》1921年5月1日,"紧要新闻")

5月2日　报载孙中山筹谋款项。

报道称,孙中山就任在即,援桂之师亦不久出发,需款甚巨。"昨召省立银行行长程天斗入府密议,拟发纸币一千万元。程氏谓目下纸币银铺无一敢代理者,朝发夕换,商民尚不见信;苟滥发巨数,又无现金准备,必蹈元二年之覆辙。"顷又商诸台山富商张某,"请担任即筹现款八百万,但张要以市长一席为交换条件。孙氏之意,刻尚未定"。(《广东之就职与援桂》,天津《大公报》1921年5月2日,"要闻二")

5月3日　曹锟、张作霖致电北京政府,"催颁讨伐孙文令"。(《国内专电》,《申报》1921年5月5日)

5月4日　五总裁联名通电,宣布军政府即日取消,大总统翌日就职。

是日,与唐绍仪、伍廷芳、唐继尧、刘显世联名通电,告"中华民国大总统已定于5月5日就职,正式政府成立,军政府即应于是日取消,所有军政府政务总裁职务自应解除"。(《军政府通告取消》,上海《民国日报》1921年5月11日,"国内要闻")

△　粤海关情报称,孙中山拟任胡汉民为广东省长。

情报称,广东省长行将易人的说法再次广为流传。据说,孙中山打算就任总统以后便调动陈炯明的职务,其借口是行政和军事有必要分家。陈炯明本人也愿意亲自率部讨伐广西,并希望把省长一职交给公路局长陈达生。但是,孙中山"却打算任命曾当过广东省长的胡汉民担任此职"。"尽管广东省议会所在地就是孙逸仙当选为总统的地方,广东省议会却没有给孙逸仙致电或写信对其当选表示祝贺。此事严重伤害了双方的感情。据说,省议会强烈反对这次选举,认为此次选举损害了广东的利益。"(广东省档案馆编译:《孙中山与广东——广东省档案馆库藏海关档案选译》,第226页)另一消息指,孙中山就职后,"将立即颁布以下训令:一,讨伐广西;二,授权成立财政委员会;三,以筹措讨伐广西的军费为由允许开赌。"（广东省档案馆编译：《孙中山与广东——广东省档案馆库藏海关档案选译》，第226-227页）

5月5日　就任中华民国政府非常大总统，发表就职宣言。

是日上午8时，国会参议院议长林森赴总统府授以当选大总统证书。9时30分，在国会礼场由议长林森主持举行授印典礼。宣誓完毕，议长授以大总统印绶，并致词谓："改辙易轨，为求治常经，达变通权，尤匡时急务。同人等鉴于军政府之组织，权责不专，遇事瞻顾，至大乱未平，而国本先涣，乃谋彻底之改造。制定中华民国组织大纲，选公为大总统，畀以戡乱建设之全权，期早统一民国，再造共和；妥协邦交，完成法治；谋社会幸福，蕲永久和平。民国前途，胥公是赖。公其宣达民意，尊重民权，黾勉仔肩，以无负国民重托，斯则同人者所以代表民国而殷殷深致其属望者也。今者受职伊始，谨致中华民国大总统印绶，俾公发号施令，资为符信，公其勉旃！"（陈锡祺主编：《孙中山年谱长编》下册，第1352页）

随后发表就职宣言，谓："文受国会付托之重，膺中华民国大总统之选，兹当就职，谨布所怀，以告国人。前清末季，文既愤异族之专政，国权之日落，乃以民族、民权、民生三民主义提倡革命，赖国人之力，满清覆亡。文喜共和造成，战争可息，慨然辞总统职，以政权让袁世凯，而自尽力于铁路事业。不谓知人不明，民国遂从此多事，帝制议起，舆论哗然；虽洪宪旋覆，而余孽尚存。军阀专擅，道德坠地，政治日窳，四分五裂，不可收拾，以至于今。文既为致力于创造民国之人，国会代表民意，复责文以戡乱图治。大义所在，其何敢辞……际兹拨乱返治之始，事业万端。所望全国人才，各尽所能，协力合作，共谋国家文化之进步。文誓竭志尽诚以救民国，破除障碍，促成统一，巩固共和基础。凡我国人，幸共鉴之。"（《孙大总统就职记》，上海《民国日报》1921年5月12日，"国内要闻"）旋至北校场检阅军队。

上海《民国日报》评论指出："孙大总统就职了，从此中华民国确定了新基础。从前风雨飘摇的样子，一定可以成立一个卓立不拔的国家。因为孙大总统是有'主义''目标''手段',而且是矢志不移的,手段是敏捷果决的。那末有了这种人出任艰巨,大家再以肫诚的能力去扶助他,中华民国的新基础和建设事业,不是很有希望么?努力! 建设!"(《中华民国的新基础》,上海《民国日报》1921年5月6日,"时评一")

△　发表对外宣言,要求友邦承认广东政府为中华民国唯一政府。

宣言略谓:"四年以来,爱国之士讨伐军阀及卖国贼,无非为护法主义及国家生存计。此不能名为南北之争,实共和主义与军阀主义宣战,爱国者与祸国者宣战而已。"自1917年6月,北京已无合法政府存在,国家生命如此危险。广州"国会为全国各省各区唯一之合法代表机关,因是组织政府,举文为中华民国大总统"。"是以文之第一职务,在统一民国各省、各区,署诸进步的、修明的政府管理之下。列强及其人民依条约、契约及成例,正当取得之合法权利,当尊重之。"并呼吁:"1913年国会组织之民国政府,曾经友邦之承认;本政府亦为此国会组织者,应请各友邦援此先例,承认为中华民国惟一之政府。"(《大总统对外宣言译文》,上海《民国日报》1921年5月12日,"国内要闻")

△　令伍廷芳长外交、唐绍仪长财政、李烈钧长参谋、陈炯明长内陆、汤廷光长海军。又令徐谦长大理院、徐绍桢为总统府参军长、马君武为秘书长、伍朝枢为外交部次长、廖仲恺为财政部次长、程潜为陆军部次长、林永谟为海军部次长、蒋尊篪为参谋部次长。(《国内专电二》,《申报》1921年5月8日)

△　致电徐世昌,促"即日引退,以谢国人"。

是日,致电北京政府总统徐世昌,促其即日引退。该电指出,徐不过"承平时一俗吏","以君之才,立于专制君主之朝,为一臣仆,犹不能有所展布,况于任中华民国之重乎? 世界之民主政治,既非君所尝闻;中国之何以实行民主政治,又非君所能解,贸贸然受此重任,而侈然不以为意,其为害于国家,夫何足怪? 夫中国今日政治之窳败,由于骄兵悍将、贪官污吏之肆无忌惮,此人人之所知者也。此骄兵悍将、贪官污吏,实袁世凯所翼而长之;至于今日,君则依其肘腋而仰其鼻息"。并告:"此后之中华民国,置于国民全体之怀抱;建设中华民国之责任,荷于国民全体之仔肩。于选任公仆之际,以为民主政治,惟忠于民主政治之人始能知其所以然而为之不贰,故遂以文承其令。"敦促徐世昌"即日引退,以谢国人,则国人必谅君之既往,且善君之能改过也"。(《致徐世昌电》,《孙中山全集》第5卷,第534—535页)

　　△　致函美国总统哈定,希望美国承认并支持新政府。

　　是日,致函美国总统哈定(Warren G. Harding)称:中国的南北战争系军阀主义与共产主义、祸国者与爱国者之间的战争,而非地域之战。中国人民咸认美国是民主之母与自由正义的拥护者。值此中国危急存亡之秋,民主之胜利与否,端视美国对华之政策而定,故而盼望美国重申门户开放宣言之精神,维护中国独立自主的地位,予新政府承认及支持。此函由马素于6月16日带往美国,面交美国国务院,然国务院未能转达,亦未作任何反应。(罗家伦主编,黄季陆、秦孝仪增订:《国父年谱(增订本)》下册,第915—916页)

　　△　复函阮本畴,告可投资南京附近。

　　3月,阮本畴来函,汇报集资开垦事宜。是日复函谓:"集资开垦一节,实为我国发达之基础。尊处既已集定有数十万资金,则投资于长江流域南京附近之处为宜。因该处荒地甚多,价钱极贱,而地质亦极肥美,亦属平原,畜牧种植均属相宜,每亩地价不过数元,有廿万本钱可以开垦数万亩之地,较之新宁地胜之多矣。若真有志经营,此间可代设法相察土地,择适当之处,请商妥携款回国面议一切可也。"(《复阮本畴函》,郝盛潮主编、王耿雄等编:《孙中山集外集补编》,第264页)

　　△　中国国民党旅沪党员集会庆祝孙中山就总统职。

　　是日下午2时,中国国民党旅沪党员在法租界莫利爱路29号举行庆祝大会,贺者先后共到千余人,戴季陶、杨庶堪、柏文蔚、吕超、卢师谛、曹亚伯、邵力子、管鹏等均出席。会议由戴季陶主持,并颂祝词,词谓:"我中华民国之国基,肇于以三民主义为信条之革命,而三民主义实我大总统孙中山先生之所主倡。三十年来,我先生以此主义教国人,期全国人民咸明斯义,协力同心,创成空前之文化,示世界各先进国以更善美之模范。时机既熟,乃有辛亥八月十九日武昌革命之成功,而中华民国始呱呱堕地。讵国基未固,权奸迭起,叛逆之徒,数窃政柄,徒存民国之空名,而人民反受专制之实祸。数年以来。我先生夙夜忧勤,努力奋斗,树护法之旗,继革命之业,人心既归,众志兹定,于是国会一致信任,举我先生为中华民国大总统。合全国国民拥护共和之诚,以提西南数省百折不回之实力,继三十年革命未竟之重任,创全世界空前未有之宏业,从此国民之付托得人,文化之建设有道,三民主义成功之日,即世界和平实现之时。兹值我先生就任大总统之辰,在沪同志谨以充分之诚意,祝三民主义万岁,中华民国万岁,大总统孙中山先生万岁。"

随后,杨庶堪、管鹏、曹亚伯、邵力子、钟荣光、柏文蔚等陆续演讲。会后,由戴季陶、杨庶堪领衔,向孙中山发去贺电一通,电谓:"我公就职,民国今日乃有政府,企盼即以民族、民权、民生三主义,建设民有、民治、民享之制度,使五五纪念遂为国家改进、世界承平之新纪元,乐莫大焉。"(《庆祝孙大总统就职》,上海《民国日报》1921年5月6日,"本埠新闻")

△ 陈炯明通电驳斥陆荣廷感电。

上月27日,陆荣廷发表通电,对广东横加指责,诬蔑广东政府"与过激党立约,推行公妻、共产主义"。是日,陈炯明通电驳斥,指责"陆等蓄谋扰粤,久未得逞,近更欲淆感观听,有所利用。以桂人之生命财产,供其牺牲。以他省之豪俊士夫为其傀儡。此其阴险恶毒,有非常理所能喻者"。"炯明以为解决大局永久之纠纷,宜听诸国民之公意,而各省自治,巩固共和,实为当前之急务。一身既有守土之责,惟知保卫地方治安,竭其能力。若侵略野心横来干犯,则捍御外侮,当与三千万人同之,亦不敢信海内之遂无公论也。"报纸分析陈炯明如此措词之原因时指出,"因系于2日接湘南来电,为赵恒惕、卢焘、顾品珍、李厚基、卢永祥、熊克武等联名所发,分致孙(中山)陈(炯明)及陆(荣廷)陈(炳焜)等电文,词意忠告孙文勿就总统职,忠告陆陈勿首先开衅,否则不能坐视,仍主联省主义。故陈日来特再电驳陆陈,以表明己之态度"。(《陈炯明自表态度》,《香港华字日报》1921年5月9日,"粤省要闻")

5月6日　设总统府于广州观音山(今越秀山)南麓,组织政府。

就任大总统之后,席不暇暖,日常工作极为忙碌。据时任总统府卫士的宓熙所见:"在总统府大门附近设有一会客室,每天来会见中山先生的士、农、工、商各界的男女客人相当多,都是在这个会客室里接见。有客人来会见时,首先由传达室用电话通知中山先生的侍从副官,副官转报后,中山先生立即下山来会见。中山先生对来访的客人,一向是随来随见,从不以公务繁忙或别的什么原因把客人拒之于门外,并且是一视同仁,先来先见,后来后见。经常有当地农民在田里干完活之后,赤脚荷锄到总统府来,口称:'老总,我要见大元帅。'对所有这样的劳动人民,中山先生都亲切予以接见,从不使来访者失望","有一天上午,在我担任守卫的两个小时内,中山先生就接见了十二位客人"。(宓熙:《替孙中山先生当卫士时的回忆》,《浙江辛亥回忆录》第4辑《孙中山与浙江》,第145—146页)

△　亲往黄花岗祭奠七十二烈士。

是日为黄花岗七十二烈士殉国十周年纪念日,亲往黄花岗七十二烈士墓祭奠,并宣读祭文。广州各团体、机关、学校亦派代表参加。祭文谓:"中华民国十年五月六日,为黄花岗七十二烈士殉国十周〔年〕之期,大总统孙谨以清酌庶馐致祭于烈士之灵曰:呜呼!青山之泪,碧血之灵,一日之变,千秋之心。昔者胡虏,入此室处,操杖以兴,为我与汝。为虫未僵,为牛虽瘠,贼臣助之,乃延残息。时维义师,斩木揭旗,鸥鹗厉吻,可枝可依。镇南泥封,黄冈云重,三十三季,落花如梦。爰及咨诹,爰修戈矛,有事天下,宜取其酋。巉巉百粤,如虎之穴,表里山河,可以立国。孰为吾俦,九州之尤,夺门而入,破釜沉舟。穷巷血浴,大堤肉薄,七十二人,成此一局。呜呼哀哉!白骨嶙峋,或践以登,十年之内,狸鼠成村。呜呼哀哉!昔尝相语,生死与俱,念我中年,或先于汝。今来汝前,墓草芊芊,兴复之责,乃集我肩。大盗善终,小盗以起,孰整师干,以狝以薙。是非失据,理义不扬,孰为文章,以纪以纲。呜呼!白马潮来,生增易逝,黄花春老,应许重开。尚飨。"(《孙总统祭黄花岗烈士》,上海《民国日报》1921 年 5 月 17 日,"国内要闻")

△ 香港政府禁止商民为广东政府筹款。

香港政府贴出告示,谓"今有人为孙中山劝募款项,所募者并非公债,将来或将取销作废。孙中山建设之政府财政窘困,旦夕有破产之虞,故不能希望其能偿付任何债款"。(《南方近事纪》,《申报》1921 年 5 月 9 日,"太平洋路透电")另有报道称,"香港华民政务司出示禁止华人为孙文筹捐款项,言外表示绝不承认之意。粤省需财,恃华侨为后盾,而华侨回国及财款之输汇,均恃香港为集中。民党中人以港官态度如此,恐与其进行计划有所阻碍,故力谋对待港政府之策"。(《粤省援桂声中之财政问题》,北京《晨报》1921 年 5 月 19 日,"紧要新闻")

△ 粤海关情报称西北数省督军不反对总统选举。

该情报称,"据说,孙逸仙总统收到了西北数省发来的电报,电报说,张作霖和曹锟在天津会议上决定通电全国,谴责南方的总统选举。这数省督军希望总统注意,如果张、曹等人的电报上有他们的名字,那是违背他们本人的意愿的;他们在电报上签名,纯粹是出于照顾张作霖和曹锟的面子,请孙逸仙不要放在心上,因为事实上他们并不反对这次选举"。(广东省档案馆编译:《孙中山与广东——广东省档案馆库藏海关档案选译》,第 227 页)

5 月 7 日 任命陈炯明为广东省长兼粤军总司令、顾品珍为滇军总司令、卢焘为黔军总司令、赵恒惕为湘军总司令,掌管各该省军务。林永谟兼署海军总司令。(《国内专电二》,《申报》1921 年 5 月 11 日)

△　港报称孙中山意欲开赌筹款，但遭陈炯明反对。

该报道称，孙中山就职后有刻即下令援桂及开赌筹款之说。刻闻陈炯明对于开赌一事，极意反对，并对军官言："生平嫉赌如仇，断不忍以数百万金钱而害及广东全省人民，且明令具在，亦不能任其死灰复燃。若果真要开赌，汝等可于各县行之。省垣一隅，吾在职一日，例禁一日，不能堕吾威信也。"（《陈炯明不肯赞成开赌》，《香港华字日报》1921 年 5 月 7 日，"粤闻"）

△　报载驻粤领事不欲承认广东新总统。

报道称，顷与沙面某领事署人晤谈，据云："各领事对于孙文之态度，视前之对军政府无少异。盖从前之军政府尚系联合数省而成，今乃只得广东一省；外交团对从前之军政府既不予以承认，则对于现在之大总统亦当然不能予以承认。"（《外交团对于粤政府之态度》，《香港华字日报》1921 年 5 月 7 日，"粤闻"）

5 月 9 日　新政府召集第一次国务会议。

报道称，孙中山虽已就职总统，然是否组织联省政府，是否设置国务总理，尚无头绪。是日上午 9 时召集第一次会议，其地点仍在从前政务会议之处。"名为国务会议，但未有总理，故无人主席，秩序亦未规定。照国务会议定章，须任国务之各部长方能列席，乃是日列席者除陆军部长兼内政部长陈炯明、财政次长代理部务廖仲恺、大理院长见理司法部长徐谦、秘书长马君武之外，尚有胡汉民、汪精卫、陈群等亦列席。"（《孙文形式上之国务会议》，《香港华字日报》1921 年 5 月 12 日，"粤省要闻"）

△　报载陈炯明因恐生怨谤辞陆军、内政部长职。

报道称，陈炯明以不能身兼数职，特于昨日呈请辞去陆军、内政两部长。"顷查此事，陈非绝对固辞，不过表面上之文章。因恐身兼四职为人嫉视，恐生怨谤，故不能不上此辞呈。其实陈手握兵符，并掌行政，断不能另委部长。"（《陈炯明辞部长职之别因》，《香港华字日报》1921 年 5 月 12 日，"粤省要闻"）

5 月 10 日　华盛顿、纽约等埠华侨数千人举行游街大会,庆祝孙中山就职,并由飞机撒下孙总统照片。晚上又举行提灯会。(《本馆专电》,上海《民国日报》1921 年 5 月 12 日)

△　粤海关情报称因筹款困难,广东财政厅长人选难产。

该情报称,"虽然马育航已被任命为广东省财政厅长,但是他不愿意接受该职,原因是担心自己没有能力筹措应急款项。因此,政府转请现盐运使邹鲁出任该职,邹鲁亦不接受任命,其他数人也一样。看来,大家都明白,财政厅长面临着不可克服的困难,因此谁也不愿躬身一试"。(广东省档案馆编译:《孙中山与广东——广东省档案馆库藏海关档案选译》,第 347 页)

5 月 11 日　签署大总统令,司法行政事务着归大理院暂管。(《命司法行政暂归大理院长兼管令》,《孙中山全集》第 5 卷,第 536 页)

△　报载孙中山"促西南大学速成立,以便失学青年有归"。(《本馆专电》,上海《民国日报》1921 年 5 月 11 日)

△　报揭赵恒惕冒名通电反对选举总统。

报道称,"国会选举大总统之电随之而至,赵乃召集各要人商量对付方法,众多犹疑两可。赵初不敢作主,仅私用教育会、商会、农会、工会四团名义发一通电,声明三不可行之理由。四团体次日见报载此电,甚为诧骇,则致函各报更正,声明此电敝会绝未与闻,不仅有溺职守,且滋疑窦。赵极为狼狈,乃派副官致歉始已。即此可见湘省各界之不满于赵炎午,及其倾向孙大总统之一斑矣"。(《赵恒惕冒名通电之出丑》,《新国民日报》1921 年 5 月 11 日,"护法要闻")

△　报载伍廷芳父子或不能久安于粤。

报道称,"闻孙文未就职之前,确欲以副座一席饵唐继尧,又欲以总理一席饵唐绍仪,而两唐均婉词辞却。后又力请伍廷芳出而组阁,欲藉此以收人望,伍廷芳亦不允担任。近日孙文更恐伍廷芳有去粤之意,故表面上对于伍氏极为殷勤。惟向来各事均由其子伍朝枢代办,伍朝枢从前在府中尚有一部份之势力,此次孙文回粤再组军府,伍朝枢势力尽失。今总务厅亦已裁撤,伍朝枢仅存一外交部次长,然现时各国尚未承认,实无外交可言。据政界中人言,伍氏父子恐终不能久安于粤"。(《伍老博士之消极态度》,《香港华字日报》1921年5月11日,"粤闻")

5月13日　命陈炯明奖励议恤各军将士。

命令谓:"我诸将乃整旅回粤,伐暴救民,血战连月,所向克捷。是时留粤各军,同声响应,遂致岭海克复,岑、莫宵遁。本大总统念各军将士久经战役,勋劳卓著,非有报功之典,无以彰崇善之公。着陆军部将此次战事出力之人员汇齐呈报,按照官阶分别升授。其死难各官佐士兵,暴骨郊外,尤堪怜悯,着该部一体查明从优予议恤。"(《命陈炯明奖励议恤各军将士令》,《孙中山全集》第5卷,第536页)

5月14日　报载孙中山谈话,称粤桂尚未开战。

报道称,日昨有某界社团入谒,询以粤桂边事近情。孙中山谓:"外间传说两军业已开仗,此乃外间谣传,殊不足信。现时粤军只严守防线,此间并未有下攻击命令,桂军亦并未进攻肇地,现在安然无事。望出告大众。"(《孙文谓粤桂军尚未开仗》,《香港华字日报》1921年5月14日,"粤省要闻")

△　北报攻击孙中山与徐树铮联络。

报道称,"安福祸首徐树铮自脱网后伏于沪滨,本拟赴库与活佛勾结,嗣经上海军警长官查悉,未能潜逃。现又秘派心腹分赴广州,要求孙文北攻,愿助大宗饷械,并嘱各党羽分赴鲁豫等省,联合土匪运动军队骚扰各处"。(《徐树铮欲利用孙文与土匪》,北京《晨报》1921年5月14日,"紧要新闻")

5月15日　前军政府驻美代表马素往访美国外务部,当局接待甚为优礼,语马君曰:"余素为崇拜孙博士之一人,今兹出任元首,实中华民国之幸。凡有所商榷,当无不极力赞助,幸为转达。"报道称:"美京人士自闻孙大总统当选后,各界舆论均极表欢迎,以为中华民国得东方华盛顿为之主宰,此后中美两国国民的感情当益臻亲密。"

(《美国表示赞助孙总统》,上海《民国日报》1921年5月22日,"国内要闻")

△ 报载"唐绍仪久不出,孙派廖乘兵舰亲往劝驾"。(《专电》,《申报》1921年5月15日)

5月16日 颁布《总统府财政委员会组织大纲》《总统府秘书处官制》《总统府参军处官制》。(《新政府公布各官制》,上海《民国日报》1921年5月26日,"国内要闻")

△ 《香港华字日报》载文,评孙中山就职宣誓为"消极的联省自治"。

文章称,"昨与某君作时局谈,某君谓彼个人,几于无事不消极。余笑曰:近日南北阔人,何尝不消极。例如孙文就职宣誓,表示由联省自治,促成统一,即其一端"。"选举总统原以援桂为目的,今不曰援桂,而曰联省自治,其讳言也;抑真改弦易辙,以求琴瑟之调也,此其消极一也。即以联省自治而论,亦当先有省,然后有联省,先有省自治,然后有联省自治。譬犹美国联邦,先有十三州独立自治,制定州宪法,召集州议会,组织州政府,俟各州内部巩固,然后由各州派选代表,开宪法会议(即费城会议),产生联邦宪法,建设联邦政府,以确立美利坚联邦国之基础,始有成效之可言。今省自治尚未完成,遽先成立所谓联省政府,选举所谓联省政府之元首,以临乎其上,行远而不自迩,登高而不自卑。虽曰圣天子有百灵扶助,然诉诸进行手续,不有省,何有联。(各省自治未成立而遽欲有所联,亦不过联割据之武人而已。求治而去治益远,终无当也。)吾终恐其画虎不成也。岂真所谓能如是亦足耶?固不妨付诸妄言妄听之例,以徐观其后耶。此其消极二也。不宁唯是,总统就职宣誓,与宣布大政方针不同。今所谓誓词,独斤斤以联省自治为言。岂舍此即无发表联省自治大计划之机会,抑所谓联治自治大计划,必以誓词的形式发表之,始足使各省武人倾两耳以听也。则谓为消极亦宜。"(《消极的联省自治》,《香港华字日报》1921年5月16日,"论说")

5月18日 顾品珍代表叶荃、黄毓成持顾氏相片、贺函入谒。

(《专电》,《申报》1921年5月20日)

△　报载传闻粤军另组共社对抗许崇智。

报道称,闻军界消息,"第一与第二军之军官行动不甚一致,自组织陆海军警同袍社后感情本已渐洽,近又以第二军许崇智等军官因某项问题复生意见,现翁式亮、梁鸿楷、魏邦平等另组织一共社,秘不宣布,签名加入者已有廿余人。闻专系与许部对峙而设"。(《军界另组共社之传闻》,《香港华字日报》1921年5月18日,"粤省要闻")

5月19日　滇军将领胡若愚等来电,贺复膺总统。(《滇军将领拥护孙总统》,上海《民国日报》1921年6月12日,"国内要闻")

△　报载陈炯明电请八省奉劝广西自治。

报道称,顷闻陈炯明昨密电熊克武、赵恒惕、顾品珍、卢焘、王占元、李厚基、齐燮元、陈光远等八人,"赞成联省制,实行自治。请联同再促桂省勿侵粤省,速定省法,加入同盟,与西南一致行动"。(《电请八省劝桂省自治》,《香港华字日报》1921年5月19日,"粤省要闻")

△　报载援桂令因陈炯明掣肘而暂行搁置。

报道称,孙中山自就总统之后,其援桂命令经已拟就,本可即日发表。"然迟迟不能发表之故,因系陈炯明屡次宣言坚持防守之策而兵权在陈掌握中,遂将该命令暂行搁置。"(《援桂令之搁置原因》,《香港华字日报》1921年5月19日,"粤闻")

△　报载广东传闻复弛赌禁。

报道称,"又闻日来省中开复赌禁之说甚盛,有谓某赌商已缴饷五十万到省立银行者,外间喧传,皆言之凿凿。访之某政界要人,亦云赌禁已决定复弛,事实发表,当不在远。但陈炯明为倡议禁赌之人,由陈禁之,由陈弛之,出尔反尔,未免增人讪笑。故于此不能不另要想出一个办法来,俾自己好下得去。刻下粤库奇绌,军政两费均不敷极巨,而援桂出师,在在需费,已觉穷于应付,倘战端一开,更难支持。此时千疮百孔,罗掘俱穷,既无别法可以生财,则惟有弛赌禁以救现状,故弛赌禁问题即从此决定。即财政厅长易人一事,亦与此问题大有关联。马育航现委充厅长,大抵马到任后,陈炯明即宣布亲行督师出发,由马育航兼代省长,代拆代行。陈之果真出发与否,事不可知,不过借此来做题目,以便暂卸去省长职务,不负复弛赌禁之责。马接代省长任后,即以军饷无着,暂弛赌禁为词,开复一切大小赌博,如山铺票、番摊均一切规复,并有加开彩票之说。"(《粤省援桂声中之财政问题》,北京《晨报》1921 年 5 月 19 日,"紧要新闻")

5 月 20 日 美国驻广州领事向国内报告,桂军已占领北海以北之廉州和灵山,认为"粤桂两省在财力上是无法打仗的。两省人民都不愿意战争。广东的领袖们,除了孙中山之外,也不要战争"。(陈定炎主编:《陈竞存(炯明)先生年谱》,第 348 页)

△ 上海《民国日报》刊文,评论孙中山施政趋向。

文章称:"孙先生被举做总统后,不免有少数人认为这位革命〔家〕一登台,定要用武,要用武时先要用钱,从此大动干戈,广东人的担负越发重了。不知孙先生这次出来担任革新事业,是决意下细针密缝的功夫的。孙先生自从推倒清室后到现在,原专注意在细针密缝的建设事业上。这十年以来,孙先生的计划是伟大的,方法是细密的,一般犯近视眼病的,把计划误看作方法,哗哗嗓嗓地说他是个理想家,这实在是冤枉煞了他……现在孙先生所担任的,既然是改新中国的大事业,自然所定的计划,断不是袜线般的计划。那些犯近视眼病的只见过袜线,便把大匠的工作讥笑起来,并且连他那细针密缝的功夫都忘了,这又与疯子何异呢!

"孙先生这次要用细针密缝的工夫来实现革新中国的计划,大概有下述几条可以介绍给国人:一,他断然采勤俭两字约束中央政府的职员,少用钱多做事是他在财政厅席上(4 月 14 日)宣布的信约。二,他确实已经将中央政府与广东政府的权限划得明明白白,尤注意的是财政上的划分。他曾对国会议员说:'广东是革命策源地,我们要用革命手段来革新中国,须先使广东稳固;要广东稳固,最要维持广东财政的秩序,我们少用一钱,便是替广东多留一分元气,多培广东元气一分,便是多加一份革新中国的实力。'像这种深入显出的负责任的宣言,尽够披露他尊重地方财政的诚意了。

"他这次上台,以地方政权完全委托陈竞存,是希望陈君得自由施出全智全能来整理广东,形成个省自治模范的。他那就职宣言里说:'各省自订省宪法,自选省长,中央分权与各省,各省分权与各县。'这句话,显然可以证明他是个保育和提倡联省自治的。那些造谣生事说他不赞成联省自治的,到此也该闭口了。"(《四个月里的广东观察谈》,上海《民国日报》1921年5月20日,"专载")

△　报载香港英文各报,"多反对港政府前所行为,谓有妨国民好感"。"港政府近又改变态度,对新政府表示好意,将以前所出告示一概撕毁。"(《本社专电》,上海《民国日报》1921年5月20日)

5月22日　"因唐病乡居",再派廖仲恺偕医往问。(《专电》,《申报》1921年5月24日)

5月23日　国务会议议决陈炯明仍兼内政、陆军两部部长。

报道称,陈炯明辞退内政、陆军两部部长兼职一事,经孙中山极力挽留,始允再任一月。"惟现时政府管辖范围实际上只有广东一省,所谓内政者不外广东一省之事,所谓陆军者其军权亦操陈炯明之手。倘两部总长遽任别人,于办事上诸多隔阂。"本日召开国务会议,将此问题提出讨论,已决议两部部长名义上仍由陈炯明兼任,惟委次长以代理部务。当即委吕志伊为内政次长,程潜为陆军次长,以后国务会议即由两次长代表列席。从此内政、陆军两部长不另委别人。(《陈炯明辞内陆两部长近闻》,《香港华字日报》1921年5月25日,"粤省要闻")

△　报载吴景濂运动旧国会议员离粤。

报道称,众议院议长吴景濂昨有密函致在粤国会议员,谓:"北京新国会已经期满,重召旧国会在京继续开会,暂假上海某处为通讯机关,招待一切。现在将足法定人数,务希即临。"闻此次主持此事为王家襄、吴景濂、褚辅成等数人,"其所召集者为原日之议员,于粤新补者不列数内,而此次举孙文为总统者更被拒绝。其开会后即追认徐世昌为大总统,警告孙文即日取销其总统,否则下讨伐令。现在吴等运动已将成熟,议员报到者有□百余人,故在粤之议员闻之多有离粤者。计调查连日离粤之议员约有六十余人"。(《国议员离粤原因又一说》,《香港华字日报》1921年5月23日,"粤省要闻")

5月24日　任命吕志伊为广州政府内务部次长。(《任命吕志伊职务令》,《孙中山全集》第5卷,第541页)。

△　报载北京政府运动驻粤海军攻粤。

报道称,自李鼎新接任北京政府海军总长后,对于驻粤海军极为注意。"前经饬令林葆怿、魏子浩等派员赴粤,向海军运动,请其助桂攻粤,先据虎门鱼珠各炮台,以握粤省之咽喉,而为桂省响应。并开列条件,先行给款若干,事成后再给款若干。复订定各舰队北归后之安置方法,但未悉海军果受其运动。"(《北方运动海军攻粤》,《香港华字日报》1921年5月24日,"粤省要闻")

5月25日　革除总统府秘书陈群、查光佛、徐苏中职,马君武继续执行总统府秘书长职务。

马君武任总统府秘书长后,秘书中有陈群、查光佛、徐苏中均是孙中山居沪时的私人秘书,他们以老革命党人自居,对总统府中的人事动辄加以干涉。据吴宗慈《护法计程》,吴任政务会议秘书时,陈群等亦加反对,孙中山曾予以痛斥。改任参谋部秘书长后,伍廷芳推荐伍大光继任政务会议秘书时,陈群等人拟反对而未果。总统府成立后,总务厅裁撤,该厅秘书朱履和系伍朝枢连襟,由伍推荐给马君武任秘书。又有林仙史者,系邹鲁组织义务军时之秘书长,军政府时已供职秘书厅,政府改组后当然续任。陈群等谓此三人均非老革命党,不可任用,为马君武拒绝。陈群遂纠同党欲将伍、朱、林三人殴逐。马君武不堪忍受,向孙中山上函辞职,略谓:"君武等昔日在日本东京集合同志欢迎先生组织同盟会时,陈群等人尚不知在何处吃奶,今乃以老革命党自居,并排挤他人;且中华民国之总统,正宜开放门户,延揽人才,万不宜采取狭隘排斥之手段以自杀。"随后即避吴宗慈家游方城以消遣。孙中山连日遣胡汉民、居正、田桐至其家,均不遇。23日晚终由居正于吴宗慈家觅得,乃同赴总统府,孙中山慰藉有加,并斥责陈、查、徐三人,"令其即日出府,否则令宪兵捕之。于是君武辞无可辞矣"。(吴宗慈:《护法计程(续)》,黄季陆主编:《革命文献》第51辑,第508—509页)

△ 令胡汉民、徐谦、伍朝枢、吕志伊、覃振为法制委员。(《国内专电》,《申报》1921 年 6 月 4 日)

△ 报载广东政府签订抵借日款合同。

报道称,上海交涉员向北京政府报告:"孙文派遣代表戴某来沪与日商太平公司订借军械借款八百万元,以全粤矿山开采权为交换条件。双方已于本月 19 日签定合同,请予向日使声明等语。政府接据来电。除由外部向驻京日使声明无效外,昨并致电驻日胡公使,令向日政府严重交涉,设法取消。"(《孙文抵借日款合同已签定》,北京《晨报》1921 年 5 月 25 日,"紧要新闻")

5 月 26 日　接见全国各界联合会代表周霁光。

全国各界联合会代表周霁光抵达广州后,分别谒见孙中山、陈炯明等要人。是日午时,周前来趋谒,首由秘书长马君武接待,略谈片刻,亲自出见。周即呈会函,并述该会获读总统就职宣言,甚为欣慰,惟远居沪滨,消息隔膜,不得真相,特派代表来粤,晋谒台阶,叩询大政方针。并希望尊重民意,以国利民福为前提。答称:"余为革命之人,向尊重民意。辛亥革命,虽告成功,惜未彻底,以致历年祸乱相寻,民不聊生,殊为愧恨。所以此次革命主义,超乎法律民情之上。虽谬膺总统之选,实亦贯彻革命主义,行使革命职权,以救垂亡之中国。希望贵会作同一革命之进行,俾革命之主张得以完全达到之,则中国幸甚,国民幸甚。"(《新政府得真民意援助》,上海《民国日报》1921 年 6 月 2 日,"国内新闻")

△ 报载粤军黄大伟部与桂军接战。

报道称,粤桂军现确已发生战事,系由黄大伟所部军队与桂军首先开仗。自此消息到后,总司令部连日筹拨前敌各军饷械益忙,魏邦平决准今日往肇。又前数日旅长关国雄返省,现亦奉陈炯明面饬克日驰返防地。(《粤桂军已发生战事》,《香港华字日报》1921年5月26日,"粤省要闻")

△ 报载商人拒绝充任财政委员会委员。

孙中山当选总统后即计划设立一个财政委员会,由广州、香港和侨居海外各地的富商担任委员会委员。(广东省档案馆编译:《孙中山与广东——广东省档案馆库藏海关档案选译》,第347页)报道称,孙中山所组设之财政委员会昨经成立,顷再委派总商会内特别会董雷荫孙、姚钧石等十人为该会委员。"惟雷、姚诸人以商业牵系,且才力短绌,未遑兼顾,昨已联名去函告辞矣。"(《商人不愿充孙文之财政委员》,《香港华字日报》1921年5月26日,"粤省要闻")

△ 粤海关情报称孙中山批准创办全国性的国民银行。

该情报称,孙中山"已任命梁长海为这家银行的总裁和发起人。孙总统的主要目的是,发行钞票,从而取得统一全国的经费。首批发行的钞票总额为一千万元,跟着再发行五千万元。钞票的面额分别为一元、五元、十元、二十元和一百元。这种钞票不久即将发行"。(广东省档案馆编译:《孙中山与广东——广东省档案馆库藏海关档案选译》,第350—351页)

5月27日 令伍廷芳兼财政总长。(《专电二》,《申报》1921年5月29日)

5月28日 命陈炯明率粤军精锐出驻肇庆,以趋梧州。又命许崇智由北江入桂夹击,李烈钧率滇、赣军分由黔、湘出击,谷正伦率黔军,齐向桂林,并约湘军同时攻入。准备分路讨伐陆荣廷,一举而下桂贼老巢。(毛思诚编纂:《民国十五年以前之蒋介石先生》,第126页)

5月29日 报载南方政府借款行将签字。

报道称,北京政府接广州林探员密电,称"孙文以广州非常政府成立时期需用款项极巨，曾以粤海扬南各矿作抵，承借某国五百万元，由伍廷芳经手交涉。资本家提出条件颇苛，并要请由广州催促滇黔川湘承认西南总统，始允办理。迭经伍氏辩白，该四省无反对事实，已定日内签字付款。"（《孙伍借款行将签字》，天津《益世报》1921年5月29日，"要闻一"）

5月31日 报指国会议员或因反对孙中山或因生活困难纷纷离粤。

报道称，国会自以非常会议选出孙中山为大总统后，仅开过两次会议。"而两次会议，又只为合并两院秘书厅及选举6、7、8、9四年审计委员，俱为内部之事，于对外大计划，绝无建议提案。一若既经选举，大功告成，负责有人，可卸仔肩者。近且议员纷纷告假离粤，几达百数，此后开会更难。查议员离粤原因，实有两端：其一为反对孙文而去者，其一为生活困难而去者。"

"自粤军反旆，军政府中兴，国会议员遂联袂由渝来粤，而众院议长吴景濂独徘徊沪上，始则借口居沪策应一切，继则屡以病辞。此间频传吴受曾彦运动，设法使已到粤之议员离粤。近顷吴确与其他之旧议员有所接洽，其为反对孙政府态度已明。又副议长褚辅成，于选举总统之前曾竭力反对，总统举出后旋借事赴港，一去不返。唐继尧之居港不返省，闻亦系褚氏游说之效。两议长既有反对孙政府之举动，则今日议员之去粤，其必受人运动以谋破坏也无疑，此议员多去粤之第一原因也。"

"孙文之得被举为总统也，本以正式政府成立后，争回关税余款，用以支给国会经费为饵。乃总统既选出，外交团无意承认，关余无收回希望，孙文更实行减政主义，以大义笼络各议员，谓政府财政困乏，欲图发展，非减政不可。议员既热心选出总统于前，当亦热心赞助于后，必能体谅政府之穷。且不远千里而来，全为大局起见，断非介意金钱者。于是议员之薪水本为四百者，曾减为二百，今则再由二百而减为一百。诸议员挥霍性成，区区百元，实不敷用度，安得不望望焉去之。此议员多去粤之第二原因也。"

"孙派对于此等议员极力施以攻击,即就其两次开会而论,亦全为对付吴褚起见。盖自褚辅成离粤后,秘书厅职务本由褚氏函请参院议长林森兼顾,乃孙派议员以众院秘书厅人员全为吴褚私人,欲并去之。乃以节省经费为言,于14日开非常会议,议决将两院秘书厅合并,另组一非常会议秘书厅。即推举凌钺、茅祖权、张知竞、秦楷、丁骞五人为清理委员。自今以后,非常会议遂为永久的矣。17日又开会议,则因国会自南下以来,中经6、7、8、9四年,一切用款都未经过审计手续,欲于此时审查,觅出破绽,以加罪于吴褚。当即举定王试功等十一人为审计委员,从事审查。"(《旧国会议员之风流云散》,北京《晨报》1921年5月31日,"紧要新闻")

是月 遣李志伟赴越南宣慰,向华侨说明时局真相。

新政府组建后,因道路阻隔,传闻异辞,华侨中颇有不明真相者。本月特派李志伟为宣慰员,前往越南,并致函越南堤岸地区侨领赵桃之,说明情况。函谓:"就职以来,凡所措施,咸以发展民治为前提,保护侨胞为职志。兹以海天遥隔,想念为劳,道路讹传,事实未谙。特派李君志伟为宣慰员,亲诣台端,宣布时局真相,代达慰问恳诚。"望其"指陈利病,俾作针车,庶竟前功,毋坠初志"。(《致赵桃之函》,《孙中山全集》第5卷,第543页)

△ 签发委任状,任何儒群为中国国民党庇能支部总务科干事。(《给何儒群委任状》,《孙中山全集》第5卷,第544页)

△ 特派陈安仁赴澳洲宣传主义。(《委派陈安仁执行任务令》,《孙中山全集》第5卷,第544页)

△ 李烈钧来函,贺膺选总统。

李烈钧遣参议余维谦赍函来粤,祝贺当选,请示机宜。函谓:"我大总统手创共和,功垂民国,扶持正义,始终不渝,树立宏猷,诸臻完善,凡在国民,罔不爱戴。此间军民称庆,士庶欢腾。"并表示:"谨当整饬各部,用效驰驱,从此排除障碍,促导祥和,惟我大总统实利赖之。"(《李协和派代表莅粤》,上海《民国日报》1921年6月3日,"要闻")

6月

6月1日　报载广东与西南诸省沟通联省自治条件。

报道称,孙中山趁此机会,从事招致川滇黔湘等省,以冀联合一气。近来派遣代表往各该省陈说者,彼来此往,络绎不绝。闻近日接洽已有头绪,再经信使一度之往来,条件上之磋商即可妥协,则将来之西南局势又非前日可比。又据日人方面消息,湖南云贵当局近提出组织联省政府之意见于广州政府,其条件:"(一)以湘蜀粤滇黔五省组织联省自治政府,颁布自治制度,实行自治;(二)联省自治政府为合议制,置总裁若干名,各总裁之权限皆平等;(三)凡加入于联省自治政府之各省,负攻守同盟之义务;(四)至将来护法统一政府成立,不召集国会,但由同盟各省出代表若干,以组织元老院及参政院;(五)同盟各省对于中央政府之收入,作为联省自治政府之公费。"广州政府对于上述条件提出对案如次:"(一)蜀湘滇黔四省先须正式承认孙文政府;(二)联省自治政府之所在地必为广东;(三)以孙文为联省自治政府之临时总统;(四)临时总统对于国际得代表联省自治,别由同盟各省选出总裁若干名,辅助临时总统。""观上述条件,则广东与湘川滇黔四省意见虽尚有出入,而大体上之联络已较前此为接近。所谓四省北归之说,恐益无望实现。"(《川湘滇黔今后之倾向》,《申报》1921年6月1日,"国内要闻")

△　报载唐绍仪电告孙中山"病已愈。俟精神复原,即回省"。(《本社专电》,上海《民国日报》1921年6月1日)

6月3日　签署总统令,准免总统府参军处副官李章达辞职,又任毛邦燕为总统府参军处副官。(《孙大总统命令》,上海《民国日报》1921年6月18日,"国内要闻")

6月4日 签署总统令,特派孙科督办广东治河事宜。(《孙大总统命令》,上海《民国日报》1921年6月18日,"国内要闻")

△ 报载孙中山派员疏通赵恒惕无效。

报道称,孙中山前因湘省赵恒惕对于个人非常总统迄未承认,仍向各方面运动反对,特派副官齐天民赴湘晤赵,竭力疏通。"乃赵恒惕竟以全湘军官为名运动反对,决言与个人无关。齐代表又向湘军各高级军官劝慰,亦未生效,即于感日回粤。惟孙对于赵之此种行动甚为注意。"(《孙文疏通赵恒惕无效》,天津《大公报》1921年6月4日,"紧要新闻")

△ 报载卢焘自治方策。

报道称,北京政府屡托贵州任可澄劝说卢焘,日昨接任氏复电,谓"卢因刘显世旧部军队起事,对于滇系极端生疑,而于川湘宗旨无恒亦难满意,现特自标政见,谓藉用武装维持自治。其办法先在各边设防,不准外力侵入,对于南北均不附和"。(《卢焘自治与他省不同》,天津《大公报》1921年6月4日)

6月5日 报载孙中山委任财政委员会杨西岩"监督禁止粮食出口"。(《本社专电》,上海《民国日报》1921年6月5日,"紧要新闻")

6月6日 命吴宗慈与陈炯明商免邓文辉旅长职。

赣军旅长邓文辉所属两梯团长李明扬、赖世璜呈请将邓免职,赖并致电陈炯明,与邓"断绝关系"。时邓因赴赣与陈光远接洽,参谋部长李烈钧拟使彭程万指挥赣军,而邓之赴赣与陈接洽,实出陈炯明之意。是日,参谋部次长蒋尊簋就此事前来请示,乃命该部秘书长吴宗慈与陈炯明相商,陈主暂缓,因"邓现奉命赴赣与陈光远接洽,此间与桂省即有战事,故不得不与赣陈取联络,以免前后牵顾。今邓赴赣未回,遽免其职,似太悤然,俟邓回粤再行调差,当可办到"。陈复大发牢骚,对客军及中央政府表示不满,谓"粤军十万,内部安静,从无问题。客军寥寥数千,常有风潮,令人闻之头痛。将来打进广西后,广东即持关门主义,不管客军之事"。并言:"中央政府之组织,足以扰乱地方，今惟有联省自治，各省办各省的事。如今之中山政府，实不敢赞成，然事已成矣，只有不与之钱，以免妄费。总之广东之钱只能办广东事，如盐款等或谓系中央之款，不知既系广东人担负，即为广东人之钱，无所谓中央也。"（吴宗慈：《护法计程（续）》，黄季陆主编：《革命文献》第 51 辑，第 517—518 页）

△　签署总统令，派但焘为法制委员会编纂员。（《孙大总统命令》，上海《民国日报》1921 年 6 月 18 日，"国内要闻"）

△　陈炯明召开全体军官特别会议，研商援桂事宜。

报道称，陈炯明现在筹备攻桂甚急，特于本日在粤军总司令部召开全体军官特别会议，研究防守粤省要区，进攻桂军地点之方针。"惟陈氏当众声明，个人既无北归之意，更不能受孙文调遣。"（《粤桂战机之日迫》，天津《大公报》1921 年 6 月 9 日，"要闻二"）

6 月 7 日　致电北京八校教员，欢迎全体移穗。

是年 3 月，北京大学、北京高等工业学校、北京高等师范学校等国立八校教职员，因数月薪水无着，决定实行总罢工。4 月，因索薪无果，八校教职员宣布总辞职。5 月又二次总辞职，进一步向北京政府施压。本月 3 日，马叙伦、李大钊等八校教职员及学生随教育部次长马邻翼赴总统府请愿。徐世昌、靳云鹏不但坐视不理，不予接待，反而纵容守卫殴逐请愿师生。事件发生后，舆论哗然，全国学界及社会各界纷纷通电，谴责北京政府所为，同情索薪教职员工。是日，广东政府以总统府秘书处名义致电北京国立八校辞职教员，谓："闻伪政府摧残教育，致大学专门各校同时停止，实深愤慨。在北京政府之下，必无教育发展之希望。所有各校辞职教员全体可移至广州，共商进行。"（《本社专电》，上海《民国日报》1921 年 6 月 8 日；《新政府欢迎北京教育界》，上海《民国日报》1921 年 6 月 13 日，"国内要闻"）

△　报载广东政府外交遇挫。

报道称，孙中山鉴于粤领事及香港外界对于广州政府多不满意，值此新业创立百端待理之际，务须先得外界襄助。"现又委托伍廷芳以外交兼财政总长名义,前往香港疏通华民及政务司意见;并请嗣后关余勿拨北方,以便用此抵押借款。惟伍氏颇有难色,恐被外界拒绝。"另据消息,"北京政府向列强请求不承认孙文及南方政府之议已发生效果,盖广东各总领事禀承各该政府之命,除北京政府外决不承认其他之政府矣"。"此事更可于发行护照一端证之。当中国学生、商人请求总领事馆签名出洋护照时,领事答称广东政府发给之护照碍难签行,并嘱其按例请求北京颁发。观此则列强不承认孙氏,已见诸事实矣。"(《广州之外交失败》,天津《大公报》1921年6月7日,"紧要新闻")

6月8日　接受工人访问,表示支持工人行动。

报道称,连日广州各工厂要求加薪,罢工风潮亦正在酝酿之中。昨有工党多人进谒孙中山,孙当即接见,并对各工党宣言:"余(孙自称,下同)对诸君行动必为力助。须知余之任总统,实系工人总统,并非军人总统。盖余固因得工人之拥戴而获此职,并非得军人之拥戴而获此职。"(《孙文力助工人之宣言》,《香港华字日报》1921年6月9日,"粤省要闻")

6月10日　与胡汉民、马君武、廖仲恺等乘军舰赴肇庆,游览鼎湖山。

是日,偕胡汉民、马君武、廖仲恺、胡毅生、魏邦平、郭泰祺、伍于簪、梁长海诸人,同乘军舰赴肇庆,共作鼎湖山之游。至12日早始下山,乘江汉兵轮至三水河口,约8时余抵三水车站。10时许抵石围塘。11时左右即坐广通轮往天字码头上岸。此次前往肇庆、三水,并未有护兵随侍。上海《民国日报》评论道:"诚不愧为民国一平民总统也。"(《孙大总统由鼎湖返省》,上海《民国日报》1921年6月20日,"国内要闻")

△　报载孙洪伊、汪精卫、吴稚晖通电西南提倡联邦制。

报道称,孙洪伊、汪精卫、吴稚晖联名通电,分致西南各界,提倡联邦制度。"所持理由系以国内乱机四伏,非由联邦自治无以图存,更难救民出诸水火。惟主张以湖南为发源地点,联邦首领仍推孙文,请由各处承认。"(《孙汪吴通电提倡联邦》,天津《大公报》1921年6月10日,"紧要新闻")另据消息,"广州各首领现与川湘滇黔在野政客往来甚密,大致均愿一破沉闷形势,由根本上改革一切。日昨曾由汪兆铭、孙洪伊、胡汉民提议在香港组织机关,派员往四省运动改行西南各省联邦"。(《西南各省进行联邦》,天津《大公报》1921年6月13日,"紧要新闻")

6月11日　广州政府请求美、法援助关余问题。

报道称,本日孙中山以军政府名义致电美国政府,对于关余之事,要求美国援助。"兹闻美政府于18日致电广州美领团,转达军府,谓美国政府万难允准军府此项要求,以免阻碍中国统一。"又一消息,驻法公使陈箓17日致电北京政府,略谓:"粤军府前向驻粤法领事要求援助收管海关,当由法领事致电政府请示。闻法外部以事涉国际,各国既未允接管,法政府亦未便独异。当即电复驻粤法领事,嘱其与各国取一致行动。"(《粤政府要求关余又被美法拒绝》,北京《晨报》1921年6月23日,"紧要新闻")

6月13日　签署总统令,任命钟鼎基、龚振鸥、胡兆鹏为陆军部司长,王祺振、曹懋为陆军部秘书。(《孙大总统命令》,上海《民国日报》1921年6月21日,"国内要闻")又签发简任状,任命管鹏为总统府谘议。(《给管鹏简任状》,《孙中山全集》第5卷,第545页)

△　陆荣廷下总攻击令,兵分三路进犯广东。

是日,陆荣廷下达总攻击令,命陈炳焜出西江进攻郁南、罗定,由申葆藩等袭高廉,沈鸿英犯北江,分三路侵粤。杨永泰亦在高州运动军队背叛。初时桂军攻势甚锐,北江等处警报频传。(邹鲁:《中国国民党史稿》第3篇,第1095页)因寇氛甚急,立命陈炯明、许崇智、李烈钧分途扼守。

△　报载陈炯明、李福林建议行特别捐筹援桂军饷。

报道称,孙中山、陈炯明因援桂军队无从指拨,特征求各军长官进行办法,嗣由李福林、陈炯明倡行三种特别捐:"(一)为助饷国民捐,不动产在两千圆以上者,概捐 1% 充作军饷;(一)为征兵捐,凡家丁无人应募或不愿入伍者,任意捐助大宗现款作为入伍捐;(一)为实行房产婚姻捐。由此计算,每月可达一千余万元之巨。然以上各捐,各界公民现已集合讨论反对之方法。"(《广州最近实行之苛捐》,天津《大公报》1921 年 6 月 13 日,"紧要新闻")

△　报载北京政府国务院密电,指苏俄助广东在黑龙江招兵。

报道称,北京政府国务院密电各埠军警机关,谓:"近据探员密报,以孙某现与莫斯科政府商允,互相协助,一面由该政府接济军火,并代招募军队,一面代为传播过激主义。业由黑龙江地方满装军械两船,并将所招该处之华兵二万余,派员押送前往粤东,以备辅助孙某,听候调遣,报请核办等情。事关妨碍政局,自当严密防范。一面饬令各关津密为稽查,凡有轮船到埠,务须详细检查,以杜私运而弭乱源。除分令津沪各海关监督遵办外,即便饬属妥慎严防。"(《请看北政府之怪谣言》,上海《民国日报》1921 年 6 月 13 日,"本埠新闻")

上海《民国日报》登载消息之余,并刊文驳斥。文章指出,"北京政府希图破坏广东的谣言,造得太没有价值了⋯⋯他们也没有把地图看一看,莫斯科政府哪里便能到黑龙江去招兵,又哪里便能把军械军队运输到广东?硬要替广东装一个过激头衔,又可怜没有造谣的本领,三言两语,早露出破绽来了。自从日人定了过激派三字的名目,传到我们中国以后,北京政府便当他唯一害人的利器,不论工商学界,一概可以随便指他是过激派。北京政府的信用本来完全丧失了,并不在造谣一项,但连次造一类的谣言,更足引起国人憎恶之念,北京政府格外自拆自拆其台罢了。"(《谣言》,上海《民国日报》1921 年 6 月 13 日,"时评三")

6 月 14 日　签署总统令,任命曹笃、刘咏阊、胡毅、邓荫南、吴涤宣、欧阳梗、唐元枢、查光佛为总统府谘议;任命何畏、何成濬、顾忠琛、伍毓珊、杜武库、萧炳章、金维系、李绮庵、方震、宋镇华、顾人宜、管鹏、毕少珊、江炳灵、李化民、萧翼鲲、方振武、周正群、林祖涵、赖德嘉为总统府谘议。(《孙大总统命令》,上海《民国日报》1921年6月21日,"国内要闻")

6月15日　召开联席会议,商决联省政府事宜。

报道称,孙中山鉴于自治潮流之所趋,决定将广州政府改为联省政府。除于日前向川、湘、滇、黔各代表宣布联省意见外,并于是日召集旧国会议员四五十人及胡汉民、伍廷芳、汪精卫、孙洪伊等开联席会议,决定如下之六款:"(一)由国会议决改组联省政府,即日通电全国。(二)以加入省之省份决定总裁之额数。(三)非常总统应俟总裁选出后向国会辞职。(四)联省政府之组织法由各省代表会议决定后,交由国会追认。(五)联省政府之地点由各代表会议公决之。(六)联省政府之成立期假定为8月1日。"此外并议派议员多人,分往川湘滇黔闽浙六省接洽。一面复推出林某、马某、吴某为通电起草员。又闻"唐继尧近日在港颇形活动。真日得某方电讯,柳州已被其弟唐继虞占领。唐氏即夕派员赴省,力促孙陈并力攻桂,故有元日之总攻击令。闻唐氏确于寒夕微服来省,对于联省制颇有所主张,此次会议唐亦列席"。(《卢永祥倡自治之虚声与实际》,北京《晨报》1921年6月19日,"紧要新闻")

△　与廖仲恺自肇庆返回广州,称"西潦湖急,俟势稍杀,即进兵西上"。(《专电二》,《申报》1921年6月17日)

6月16日　粤军与桂军陈炳焜部战于灵山,粤军大胜。(毛思诚编纂:《民国十五年以前之蒋介石先生》,第130页)

△　致电蒋介石,悼其母病逝。

是月14日,蒋母王太夫人于浙江奉化病卒,闻讯后致电蒋介石悼唁。电谓:"闻太夫人仙逝,哀悼之至。兹委陈祖焘代表致祭,并询孝履。"(《哀悼蒋母王太夫人》,上海《民国日报》1921年6月30日,"国内要闻")

△　报载广东政府向外借款。

报道称,"孙文与日本彬木商行进行之五百万借款,确于灰日签字。孙文、陈炯明、许崇智即在广州集议讨论分配该款用途,所定办法:各军欠饷一百二十五万元,援桂开拔费、战费一百五十八万元,拨付石井兵工厂五十万元,所余之款由三人分受,尚无指出用途"。(《孙陈许分配大借款》,天津《大公报》1921 年 6 月 16 日,"紧要新闻")另据消息,北京政府接广州电讯云,日来西南除广西与广东于极端反对地位,其余他省又有结合形式。孙中山"现召特别会议,以卢永祥倡言联省自治,实为抵制北方良好时机,决议藉此向四国银行团承借善后巨款。遽闻伍廷芳担任入手,用联省自治政府名义进行"。(《将由西南借善后巨款》,天津《大公报》1921 年 6 月 16 日,"紧要新闻")

△ 报载岑春煊通电,主张用"最后宗旨"对待广东政府。

电谓:"南方宣布取消军府自主,中央颁令统一选举,均为立谋和平根本。各方面或难全表同意,亦属党派关系应有阶级,惟疏通无效之点厥在粤军攻桂与反对选举两事,请用最后宗旨对待,不可稍事因循。纵以武力解决,亦当尽得中外各界原谅。"(《岑春煊又发表意见》,天津《大公报》1921 年 6 月 16 日,"紧要新闻")

6 月 17 日 签发委任状,任命杨纯美为中国国民党万隆分部副部长。(《给杨纯美委任状》,《孙中山全集》第 5 卷,第 547 页)

△ 报载广东政府在美活动谋获承认。

报道称,北京政府驻美公使施肇基近来电报告,谓:"孙文部下在美甚为活动,意在取得美国对于广州政府之承认,并欲筹集借款,以资维持。"(《王占元联络西南一场空》,天津《大公报》1921 年 6 月 17 日,"紧要新闻")

△ 报载王占元联络西南计划破产。

报道称,"某某机关报尚传武昌会议仍未破裂,西南代表还在鄂垣筹商北附之方略,且谓王氏电称,四百万元如数拨给,西南各省不难北向。然政府据香港确实探访,则湘川滇黔均代表撤回,并与王氏断绝一切关系。盖因孙文曾派代表游说各省不宜北归,并与以优待之条件,使之赞助浙江自治政府之计划,故黔军得粤滇之助已开始攻桂,于是桂军长官为自全计,亦宣布赞助浙省自治政府之议矣"。

（《王占元联络西南一场空》，天津《大公报》1921年6月17日，"紧要新闻"）

6月19日　报载孙中山拟亲赴西江誓师。

报道称，孙中山自下令对桂实施总攻击后，"以陈炯明观望不前，拟亲赴西江誓师，以示鼓励。现已将全粤宣布戒烟，而广西方面亦将梧州划为戒严区域，并禁止轮船私自出入"。（《粤桂两军之作战计划》，北京《晨报》1921年6月19日，"紧要新闻"）

6月20日　签署总统令，公布《总统府各处司官制通则》，修正总统府直属机关官制。

《总统府各处司官制通则》共四条，规定总统府设置：（一）秘书处；（二）参军处；（三）庶务司；（四）会计司。各处、司各置长官一人，承大总统之命管理各处、司事务，并监督所属职员。该通则自公布日施行。（《孙大总统命令》，上海《民国日报》1921年6月26日，"国内要闻"）

△　陈炯明出发赴肇，督师讨桂。

是日下午，陈炯明启程赴肇督师，随行有部卒数千，飞机四架。省署委古应芬代拆代行，司令部由邓铿暂代。许崇智也同日赴肇。据前方报告，14、15日，桂军分犯灵山、廉江、连山等县，均被粤军击退。闻桂省民军与陈炳焜所部战于怀集。（《专电》，《申报》1921年6月22日）

△　粤海关情报称："尽管广东善后公债发行至今已逾数月，售出的公债还不足五百万元公债总额的十分之二。当局又发布了一道命令，要求各县县长至少要完成下达给他们之定额的十分之八。不能完成任务者要记过、罢官，并且不得重新起用。"（广东省档案馆编译：《孙中山与广东——广东省档案馆库藏海关档案选译》，第352页）

6月21日　致电谷正伦、胡若愚，嘉勉有加。

是日，令总统府秘书处致电镇远谷正伦、晃州胡若愚，电谓："贵军奉令出师，扶植桂人自决，深堪嘉慰。望即猛进柳、桂，肃清邕、浔，助成改造之荣。"（《滇黔军大举援桂》，上海《民国日报》1921年7月17日，"国内要闻"）

△　报载孙中山派胡汉民挽留马育航。

报道称,财政厅长马育航近因省库财政困难,无法应付,特分呈孙中山及陈炯明请准予辞职,退让贤路,俾卸仔肩。"闻孙氏已批令不准所请,昨并派委胡汉民前往财厅代表挽留,勖以现下大局未宁,财厅长一职关系重要,万难遽易生手,故不准其辞。"(《孙文派胡汉民挽留马育航》,《香港华字日报》1921年6月21日,"粤闻")

△　是日,粤军攻占坳仔。22日,占怀集,并占芙蓉、铺门等墟。23日,占鸡指山,乘夜进占戎墟、河布、大坡山等。(《国内专电》,《申报》1921年6月26日)

6月22日　报载广州政府运动俄、美承认。

报道称,孙中山近日暗派专员赴俄、美运动承认一节,兹闻驻莫斯科中国使馆案卷保管专员陈克平近电致外交部,告孙中山"近派代表吴芳来俄运动,交互承认"。驻美施肇基公使昨亦有电抵京,原电谓:"据探孙文代表林卓群于本月14日晋谒美国国务卿,当派书记官长莫斯里逊代见,寒暄后林即要求美国承认粤政府,莫氏允为转达美政府。旋于15日由国务部致函林代表,内称现在各国均以西南政府为中国统一之障碍,且现未强固,美政府只认有力之政府为中国政府,北京政府比较的当较粤政府为优,故美国政府碍难承认粤政府,至为抱歉。"(《粤政府运动美俄承认之所闻》,北京《晨报》1921年6月22日,"紧要新闻")

△　报载十省将组织联省政府,孙中山有望出任委员长。

报道称,川、湘、滇、黔、鄂、浙、闽、赣八省联合自治,现已将成为联省政府。不久联省政府将由八省进十省,"盖桂省议员亦顺应潮流,倡言自治,而粤省亦经派有代表与联省接洽。项闻联省趋势先行联省会议,推出委员长,然后组织联省政府。其胚胎已成,大约一二月总可实现,而该委员长一席,以孙文呼声最高,而粤省之总统府亦须拆台"。(《联省政府出现之先声》,《香港华字日报》1921年6月22日,"粤省要闻")

△　英文报纸《南洋海峡泰晤士报》刊文称赞孙中山。

文章称："近合法国会选出孙逸仙博士为大总统一事，颇可谓为中国内乱枯寂史中之一段佳话。虽局外人有以或种揣测发为讥讪之论，谓此不过演成未来惨剧之导线者。然实际上袁世凯既取消洪宪，则孙逸仙博士统治西南各省，以续共和命运，乃系中华民国历史上一最重要之事实。孙逸仙博士乃主张统一中国之人，现已不得已允为西南首领，以图改造中国，规复国内之秩序。吾人当认现时之南北分立，乃为达到将来统一惟一之途径，不然，人必以为将演成各省争雄之局面矣。"（《英报赞美孙总统论调》，上海《民国日报》1921 年 6 月 22 日，"国内要闻"）

6 月 23 日　粤军攻占怀集。

是日，粤军第七旅谢文炳部由宝塔山与敌接战，剧战竟日，敌势不支，晚 10 时完全克复怀集。敌军向梁村、贺县方向逃窜。翌日，谢文炳来电，报告克复怀集情形。（《粤军所向克捷》，上海《民国日报》1921 年 7 月 3 日，"国内要闻"）

△　致电蒋介石，促来粤助战。

蒋介石以母王太夫人病卒，退居奉化守丧。本日致电蒋，促其来粤助战。电谓："竞存、汝为，已赴前敌，军事吃紧，望即来粤，墨绖从戎。"（毛思诚编纂：《民国十五年以前之蒋介石先生》，第 130 页）与此同时，杨庶堪、胡汉民、汪精卫、田桐、张人杰、邵元冲等函电交驰，促蒋夺情出山，来粤协助。田桐在函中谓："总统以府中司马需人，亘思宿将，常与诸同志谈及我兄，欲援古人金革夺情之义，趣台斾南来，共襄大举。"邵元冲亦谓："近闻桂孽次第扫清，孙先生方有事于中原，倚赖于兄者甚深。一俟丧务就绪，万望仍往佐理。现在可靠同志，只有此数人，吾人务宜谅先生办事之困难，而切实负责也。"（中国第二历史档案馆编：《蒋介石年谱初稿》，第 68—69 页）

△　颁布政府《各部官制通则》《修正总统府财政委员会条例》《总统府秘书处官制》，发布命令裁撤内务部土地、农务、商务局，交通

行政事务,着归内务部兼管。(《孙大总统命令》,上海《民国日报》1921 年 6 月 29 日,"国内要闻")

△ 刘震寰来函,报告已与陆荣廷脱离关系,并进兵梧州。

刘为旧革命党人,时充桂军游击队统领,率部驻扎在苍梧县境内。粤军西征发动时,刘即暗与通款。及粤军各路进展顺利,遂于 23 日发出通电,指斥陆荣廷取消自主,投降北廷,穷兵黩武,侵犯邻省,宣布与陆荣廷脱离关系。25 日,刘震寰率所部步兵四营、机关枪一营进攻梧州,桂军震动,刘炳焜被迫于当晚退出梧州。本日来函,报告反正情况。函谓:"寰已于漾日宣布与陆逆脱离关系,现已进兵扑攻梧城。承邹运使交来钧座毫银三千元,已奉到,此后一切,仍悉源源接济。寰部一切,并托邹公就近面陈,请示办理。"(《广州特约通信》,上海《民国日报》1921 年 7 月 2 日,"国内要闻")

△ 李烈钧来电,报告滇军已发动援桂。

是日,李烈钧致电孙中山、唐继尧及陈炯明、蒋尊簋,告"滇军奉大总统、联帅命令援桂,扶植桂人自治,已开始运动,即分途攻入桂境,直捣腹地"。(《李协和率师援桂》,上海《民国日报》1921 年 7 月 5 日,"国内要闻")

△ 邓文烈来电,告攻占诗洞墟。

广西国民军独立第一支队司令邓文烈来电,称所部于 22 日会同粤军第二军第十八团,由赤田入怀集诗洞墟,"在佛子岭遇敌军千余,鏖战数十分钟,毙敌十余名,生擒数名,敌势不支,向诗洞后方退却。我军即进驻诗洞墟"。(《粤军所向克捷》,上海《民国日报》1921 年 7 月 3 日,"国内要闻")

6 月 24 日 上海百代公司邀请中西报界人士十余人,在公司栈房观演于广东拍摄的《孙文就职》之电光影片。"该公司现已决定将该片制妥,在上海及各地开演。"(《百代公司试演电光影片》,《申报》1921 年 6 月 25 日,"本埠新闻")

6 月 25 日 粤军克复容县。

24 日,粤军攻破容县戎墟,桂军马济等部退守县城,但以险要失陷,兵无斗志。是日,粤军进攻容县,桂军纷乱,无心恋战,乃开北门遁走。粤军整队入城,通告占领容县。(《粤军所向克捷》,上海《民国日报》1921 年 7 月 3 日,"国内要闻")

△　颁布《侨工事务局暂行条例》《财政部官制》(《大总统命令》《财政部官制》,上海《民国日报》1921 年 7 月 2、4 日,"国内要闻")

△　签发大总统令,着内务次长吕志伊代理部务,陆军次长程潜代理部务。(《大总统命令》,上海《民国日报》1921 年 7 月 2 日,"国内要闻")

△　胡若愚来电,报告已率先锋军向桂林进攻。(《滇黔军大举援桂》,上海《民国日报》1921 年 7 月 17 日,"国内要闻")

6 月 26 日　粤军克复广西梧州。

是月中旬,陆荣廷下令桂军大举攻粤,相继占领灵山、廉江等地。在此背景下,陈炯明决定执行孙中山的西征战略,指挥粤军分路攻桂:以叶举为中路总指挥,沿西江南岸攻取梧州,试图切断桂军的两翼联系,直捣广西腹地;以许崇智为右翼指挥,出四会、广宁,一面策应中路,一面兼取桂林;以黄大伟为左翼指挥,率部袭取高雷。22日,中路粤军在广东内河舰队和飞行队的支援下包围梧州。翌日,桂军师长刘震寰通电宣布与陆荣廷解除关系,率部协同粤军进攻梧州。驻防梧州的桂军将领韦荣昌无心恋战,率部逃往浔州。本日上午,粤军占领梧州,广西门户洞开。随即陈炯明来电告捷。(莫世祥:《护法运动史》,第 206-207 页;《占领梧州通电》,段云章、倪俊明编:《陈炯明集》下卷,第 643 页)当日,广州各界举行援桂大巡行,参与人数殆三万有余,"其盛况几与总统就职时相颉颃"。入晚,广州商民获粤军攻下梧州确报,"商民欢舞,举市若狂,西关、长堤、双门底各繁盛街道均燃放火鞭,互相庆慰,至夜半未息"。(《广州特约通信》,上海《民国日报》1921 年 7 月 2 日,"国内要闻")27 日,陈炯明入驻梧州,设司令部于梧州。(中国人民政治协商会议全国委员会、中国人民政治协商会议广东省委员会、中国人民政治协商会议广州市委员会文史资料研究委员会编:《孙中

山三次在广东建立政权》，第151—161页）

粤军攻下梧州，广西震动，一时间民军蜂起，桂系军阀统治岌岌可危。有报道指出，梧州被攻克后，广西"有苏无涯所部之国民军、王和顺组织之自治军、班香甫之同志军，名目不一，而同以驱除陆谭为职志"。"我军攻于外，民军扰于内，陆陈之亡，可立而待矣。"（《广州特约通信》，上海《民国日报》1921年7月2日，"国内要闻"）

△ 在财政厅观看广州各界援桂大巡行。

是日，广州各界人士举行讨贼援桂大游行，与各要人均到财政厅参观。上午11时，游行队伍在东门马路聚集，各学校及工团、社团等加入者约七百余个，总人数不下三万人。12时出发，前行者为第一师军乐队及军队，次为各校男女学生，各持"诛灭桂贼""铲除军阀""为人道战""众志成城""救民水火"等种种旗帜，迎风飘展。再次为各工团、社团，最后为香港各工团，人数约六七百人，各配肩章，大书义勇决死队名目，颇有临阵决死之概。游行队伍行经财政厅前，皆鞠躬向大总统致敬。每一队经过时，均齐呼大总统万岁，声震遐迩。援桂大巡行历一时半始毕。（《广州各界援桂大巡行》，上海《民国日报》1921年7月3日，"国内要闻"）

△ 王占元攻击孙中山派在武汉"造谣煽惑"。

是日，湖北督军王占元语某外报记者，谓："有安福、孙文、吴光新三派联合在武汉造谣煽惑，迫令余走，但余决部下尽变，亦不离省。"（《国内专电》，《申报》1921年6月28日）

6月27日 命陈炯明荡平陆荣廷、陈炳焜等，并慰劳前敌各军。

命令谓："前据粤军总司令陈炯明呈称，桂匪魁首陆荣廷、陈炳焜等，率领匪徒，连日犯我连山、廉江、灵山诸县。兹又据报告我军出师抵御，已于26日攻克梧州。广西人民苦盗害久矣。本大总统希望桂人自决，对于诸匪魁久事容忍；讵陆荣廷、陈炳焜等盗性不改，复欲向粤省施其劫掠故技。粤省出师自卫，势非得已。今梧州已克，仰粤军总司令陈炯明督率将士，本吊民伐罪之意，为犁庭扫穴之图，荡平群盗,扶植广西人民,使得完全自治。义军所至,宣布斯意,咸使闻知。今方盛夏炎热,诸将士为捍卫疆土、讨伐盗贼之故,奋勇战斗,备极劳苦,本大总统实深系念,仰该总司令一体传意嘉慰。"(《大总统下令荡平群盗》,上海《民国日报》1921 年 7 月 6 日,"国内要闻")

△　签署大总统令:"总统府参军长徐绍桢呈请任命叶显为副官。应照准。"(《大总统命令》,上海《民国日报》1921 年 7 月 5 日,"国内要闻")

△　蒋尊簋、吴宗慈来见,请拨司令部经费。

援桂发动,司令部开支剧增。本日,参谋部次长蒋尊簋来谒,请拨经费。午后吴宗慈为蒋所遣复来观音山商洽。谈话间告:"今日接马素来电,谓国书已递,近由美上议院海军股议员提出质问书,请总统将国书交两院议,此与承认问题极有关。"翌日,令拨经费一千伍百元。(吴宗慈:《护法计程(续)》,黄季陆主编:《革命文献》第 51 辑,第 527 页)

6 月 28 日　任柏文蔚为总统府顾问。(罗家伦主编,黄季陆、秦孝仪增订:《国父年谱(增订本)》下册,第 921 页)

△　驻粤美领事来谒。(《日本近事记》,《申报》1921 年 6 月 30 日,"太平洋路透电")

是日午间,驻粤美领事白化尔士首次正式来谒,并以总统相称,宾主畅谈中美两国邦交问题,"美领事并表示不承认北京政府"。后美领事复到外交部造访伍廷芳、伍朝枢。吴宗慈在日记中记录此事,并结合昨日孙中山所告马素来电,认为"是美政府对我国之外交方针确将改变,美既承认我南方政府,斯固明示反对北方政府。所以如此者,则以北方为日本利用,作日本傀儡。然则太平洋之战争,为期将不远欤?"(吴宗慈:《护法计程(续)》,黄季陆主编:《革命文献》第 51 辑,第 528 页;《日本近事记》,《申报》1921 年 6 月 30 日,"太平洋路透电")

6 月 29 日　接待卢永祥代表。

报道称,浙督卢永祥自发表豪电后,陈炯明即复电赞许,各省亦相继表示赞成。顷闻卢永祥特派代表石少川来粤谒见陈炯明,以冀联络进行。经于前夕搭佛山夜船来省,陈炯明在行营闻讯,即电派李国凤代表欢迎。孙中山亦派林直勉,居正等数人迎迓。29 日晚,孙中山特设盛筵为之洗尘。"现闻石代表以陈总司令出驻梧州,未能请示机宜。拟以明日(1 日)偕黄莫京(强)及李国凤两君赴梧,俾面聆陈总司令之意旨,以便回浙复印命。"(《浙督代表抵粤》,《香港华字日报》1921 年 7 月 2 日,"粤闻")另一消息,卢永祥因北京政府对于浙江制宪及倡办省治各问题实多误会,"特派代表石小〔少〕川至粤与孙文接洽,妥协后即来京报告浙省进行省治目的,及与孙文携手之必要;且将彼此协助办理真正统一手续,均责成石代表向中央陈述。并闻卢氏此项电告,中央已于日昨(7 日)接到矣"。(《卢督代表将由粤来京》,天津《大公报》1921 年 7 月 8 日,"紧要新闻")

　　△　宴请绅商。(《本社专电》,上海《民国日报》1921 年 7 月 2 日)

　　△　谷正伦来电,通报即日驰赴前线,督师攻桂。(《滇黔军大举援桂》,上海《民国日报》1921 年 7 月 17 日,"国内要闻")

　　6 月 30 日　在广东省第五次教育大会闭幕式上发表演说,阐述教育家谈政治的重要性。

　　是月 21 日至 30 日,广东第五次全省教育大会在广州举行。本日,举行闭幕式,应邀到会演讲。演讲中指出:"诸君乃教育家,须知教育者,乃引导人群进化者也。然能令人群进化最速者果何力乎?则政治的力量是也。政治是促人群进化之唯一工具,故教育家当为政治的教育家。"继针对教育界"以不谈政治为高"的流行观念,直接斥为谬说,并分析其成因及流弊,批评民国 10 年一事无成,教育家与政治相疏离实难辞其咎。进而指出,教育进步当以政治为基础,"教育随政治为转移,欲于十年内令中国教育进世界第一地位,必政治已先达世界第一地位方可"。演讲临近尾声,复谆谆告诫:"教育家须记提倡政治,实行改良政治。使四万万国民同心协力改良政治,诸君当负责任! 又须知国强不能预知,只实行做去便得;若必想知清楚然后做,天下断无此理者。""中国今日不必人民去求知,但望其有一种十年可强中国之信仰足矣,有强中国之志足矣。教育家宜提倡民志,则政治自易改良，政治良好，则教育不成问题矣。能达俄国今日教育情状亦不难者，唯总要诸君教育家不忘政治！"（《在广东省第五次教育大会闭幕式的演说》，《孙中山全集》第 5 卷，第 562—568 页）

是月下旬　对广州中等以上学校师生发表演说，阐解立志救国。

广东第五次全省教育大会召开期间，广东省教育会组织举行广州市中等以上学校教职员、学生宣传大会，应邀赴会演讲。演讲围绕青年学生立志救国问题展开。首先指出，今后学生交际宜定一普通称谓，造成一种风气，使人人仿效。而英语 Comrade，俗语"伙计"一词，"不惟有平等之意义，兼有亲切意义，用此称谓，不特可以表示平等，且足以表示同胞真意。"继谈及学生立志救国问题，指出青年学生于求学期间，应立志救国，应对民国"生一种觉悟，见一种责任"，否则不惟自身没有希望，中华民国亦将前途暗淡。演讲又详解作为救国之方的三民主义，并昭告青年学生，中国革命，民族、民权、民生三大问题"一次彻底解决"，"其责任固在政府，亦在人民，更在众'伙计'肩上"！"若犹以不言政治相诿，窃恐社会主义之横决，一发而不可救。故将来国家因改革频仍，戕伐过甚，沦于万劫不复之地位，其责固在'伙计'。因民生主义昌明，人民衣食得所，成为庄严璀灿世界第一之国家，其责任仍在众'伙计'也。"（《在广东省第五次教育大会上的演说》，《孙中山全集》第 5 卷，第 556—562 页）

7 月

7 月 1 日　粤军关国雄部攻占信都。（《军事要闻汇志》，《香港华字日报》1921 年 7 月 4 日，"粤闻"）

△　总统府侦缉队成立。

是日，总统府侦缉队组织成立，委任侦缉员四十人。（《军事要闻汇志》，《香港华字日报》1921 年 7 月 5 日，"粤闻"）

△ 靳云鹏谈粤桂战局,暂不视孙中山为敌方。

是日下午5时,北京某报记者往访国务总理靳云鹏,探询时局意见。在谈到当下南方正在进行的粤桂战争时,靳谓:粤桂战事与时局颇有关系。"广西梧州之失陷殆已证明。然互乘其虚高雷钦廉方面之战况,桂军得利亦属实情,且反对孙文之声浪颇为增涨。若论此次战争与全局之关系,亦必视其如何之结果而定。果孙文能完全击败广西,时局应生重大之变化。今则未达此种程度,且形势尚未判明,恐需数月方能解决。中央亦暂作旁观,更不视孙文为一敌体。外间所传明令讨伐之说,余以为似非必要者,至今尚未有所决定也。"(《靳翼青之时局谈》,《香港华字日报》1921年7月8日,"中外要闻")

7月2日 于总统府宴请各界,翌日又宴请留学生。(《本社专电》,上海《民国日报》1921年7月5日)

△ 粤海关情报称:"为筹措款项应付军需,财政部打算征收1922年及1923年税款,并以税收作保向个人及商号借款。"(广东省档案馆编译:《孙中山与广东——广东省档案馆库藏海关档案选译》,第352页)

7月3日 复函廖仲恺、胡汉民,告《外交政策》一书大意。

廖仲恺、胡汉民来函询问《外交政策》一书撰写情况,本日复函告:"《外交政策》一册,乃《国家建设》全书之一。"并详录该书目次,俾廖、胡知其梗概。从目录可知,本书拟分二十四节,包括"外交政策概论"、日本、美国、英国、俄国、德国、法国、意大利、奥国及其他国家外交政策之研究,以及"中国外交失败史""中国外交失败之原因""主张开国民会议,实行本党对外政策,以挽救中国外交失败""外交政策与三民主义之关系""外交政策与五权宪法之关系""外交政策与国防计划之关系""主张扩张军备,实行国防计划大建设""图谋国家独立之方法""将来之对外政策"等内容。并告该书撰写"思想与线路","一言以蔽之,求恢复我国以前之一切丧失土地和主权,和恢复人民自由平等"。然由于入桂督师,军务倥偬,该著述计划未能实现。(《复廖仲恺胡汉民函》,《孙中山全集》第5卷,第569页)

7月4日 赣军克阳山,沈鸿英退连山,粤军三路入桂。

是日,赖世璜电告阳山克复,沈鸿英退至连山,现尚在追击中。因梧州既下,粤军分三路入桂,魏邦平率师西攻藤县,以出浔州,另出偏师由广东罗定西攻岑溪县,取道容县、北流,以攻郁林,断桂军入寇高、雷军队之后路。据报,岑溪已于6月28日占领,直趋容县、北流,故高、雷之敌军已退驻信宜县。又一路则由梧州北趋,于本月1日占领信都墟,该墟距贺县十二里,故贺县指日可下。贺县既得,则沈鸿英入寇北江之兵将无归路,故沈鸿英不得不仓皇撤退。(吴宗慈:《护法计程(续)》,黄季陆主编:《革命文献》第51辑,第529—530页)

△ 龚得胜来电,恳示机宜。

黔军总司令卢焘任龚得胜为广西右江招抚使,着驰往该处办理招抚事宜。本日,龚得胜来电,请随时指示机宜,俾遵循有自。(《粤军援桂战讯(十六)》,上海《民国日报》1921年7月19日,"国内要闻")

7月5日 据北京政府密探报告:孙中山"以非常政府名义,向日本太平公司订立军械借款,总额千二百万元,以广九路及河源矿产作抵"。(《专电一》,《申报》1921年7月5日)

7月6日 陈炯明通电就任粤、湘、滇、赣、黔五省征桂联军总司令。(《广东文史资料》第43辑《广东军阀史大事记》,第151页)

△ 指示悬赏缉拿杨永泰、李根源。

驻广东雷州讨贼滇军指挥官赵德裕为其部下蔡子怡、王连璧等所迫,弃职避于澳门,随遣其秘书长刘某来司令部报告,称"蔡、王已受杨永泰、李根源之运动,叛粤附桂,但其部下仅少数受蒙惑,未能全体一致"。参谋部拟派员赴雷州补救,因旅费无着,蒋尊篹遣吴宗慈前来请示,当即指示:"先悬赏拿杨永泰,无论生死,有能擒获者赏二万元,李根源则悬赏一万元;滇军部队谁能收拾者,即任谁为相当之职。"(吴宗慈:《护法计程(续)》,黄季陆主编:《革命文献》第51辑,第530页)

7月7日 复电黄大伟、钟景棠、胡汉卿,勉乘胜追击。

本月5日,粤军黄大伟等部向驻守高州城内外的敌军发起猛攻,激战竟日,敌败溃逃逸。下午5时,粤军进占高州。随后黄大伟、钟景棠、胡汉卿联名致电孙中山及陈炯明,报告克复高州情形。(《粤军援桂战讯(十一)》,上海《民国日报》1921年7月15日,"国内要闻")同日,钟景棠另有来电,告攻克高州捷报。(《广州特约通信》,上海《民国日报》1921年7月24日)

是日复电黄、钟、胡,略谓:"该司令等合力分路进攻高州城,毙敌无算,智勇兼备,良深嘉慰。急宜乘胜追击,肃清群盗,会师邕管,以竟全功,是所厚望。"(《粤军援桂战讯(十二)》,上海《民国日报》1921年7月16日,"国内要闻")

△　复电邓铿、吴忠信、赖世璜,勉奋迅图攻。

是月5日,粤赣联军攻克阳山,邓铿、吴忠信、赖世璜致电孙中山、陈炯明等告捷,电谓:"我军连日与敌激战,敌势不支,节节退败,克日克复阳山。微日午被敌千余人反攻,我军分途绕击,断其归路,遂毙敌数百,俘虏千人,夺获水机关枪四杆,枪支辎重无算。阳山一股之敌完全扑灭,我军尚在前进中,约明日可抵连县。"同日,赖世璜另致电孙中山、陈炯明、许崇智报告军情。(《粤军援桂战讯(十一)》,上海《民国日报》1921年7月15日,"国内要闻")

本日复电邓、吴、赖,嘉勉有加。电谓:"阳山既克,敌军全灭,连县之复,自在指顾。该总指挥等智勇兼优,深堪嘉慰,务益励将士,奋迅图攻,靖我边疆,廓清邕管,是所厚望。"(《粤军援桂战讯(十二)》,上海《民国日报》1921年7月16日,"国内要闻")

△　报载《大陆报》社论,认为粤人援桂并非谋求控制邻省。

文章称,"此次粤与桂战,则并无占领桂省之意。据本报广州通信员言,粤人之不欲于政治上控制其邻省,有许多理由,最要者为中山一派人正在力图造成共和制度及地方自治制,而桂人之中不乏赞助粤派之运动者,此辈亦极欲改良本省之政治。孙中山已允许助桂人实行自治,并通令现在桂境之粤军将领不得干涉地方政务。粤人在桂之民治运动,将受湘滇黔等西南省份人民之严密注视。如彼等满意,则不但表面承认广州之护法政府,且将诚心协助之,以共图推翻北京政府也"。(《新政府援桂之正义》,上海《民国日报》1921年7月7日。"国内要闻")

△　报载杨永泰、张锦芳等运动颠覆广东政府。

报道称,杨永泰、张锦芳、古日光、李耀汉、龙济光、徐勤、刘志陆等近日在港力谋活动,欲驱逐孙中山、陈炯明,藉以取得地盘。"杨永泰系受中央任命,抵港之后日与粤议员划策,现已任命林正煊、温翀远等为总司令及各路司令。惟因所任命之人均非军人,故各派不与联络。李耀汉、龙济光等则各谋活动。徐勤已派邱渭南攻陷□州,现正向高州进兵。刘志陆以前系潮梅镇守使,现已在东江潮梅一带招集旧部,并与各地民党联络,一面在香港、厦门等处购置军械,现均陆续运入潮梅;一面与徐勤、张锦芳、古日光等提携进行,不日□□□潮梅或东江发难。彼时陈必腹背受敌,粤事实未易知。""又闻徐勤近派其子来京运动旅京粤人群起反对孙陈,以为后援。现正在进行中。"(《粤中之谋攻孙陈者》,天津《大公报》1921年7月7日,"要闻二")

△　报载檀香山报界因孙中山任总统掀起骂战。

文章称:"近日中山在南方被选总统,自由新报发起庆祝会。而反对派之报则曰:中山在粤闭户称孤,关门道寡;再则曰中山祸粤。而国党则斥之为妖言邪说,谓其丧心病狂。国是未定,各是其是,各非其非。"(朽木:《檀岛旅行记》,《申报》1921年7月7日,"游记")

7月8日　赣军攻占连县。

是日,李明扬来电,报告攻入连县,大败桂军,俘虏甚多。(吴宗慈:《护法计程(续)》,黄季陆主编:《革命文献》第51辑,第531页)

△　致函廖仲恺,告写作《国防计划》一书命意及设想。

函谓:"当革命破坏告成之际,建设发端之始,予乃不禁兴高彩烈,欲以予生平之抱负,与积年研究之所得,定为《建国计划》(即是《三民主义》《五权宪法》《国防计划》《革命方略》等),举而行之,以求一跃而登中国于富强之地焉。不期当时之党人以予之理想太高,遂格而不行。至今民国建元,十年于兹,中国犹未富强如列强者,皆是不实行予之救国计划而已。""予鉴察世界大势及本国国情,而中国欲为世界一等大强国,及免重受各国兵力侵略,则须努力实行扩张军备建设也。若国民与政府一心一德实行之,则中国富强,如反掌之易也。"是以,"予近日拟著一书(《国防计划》——引者注),以为宣传,使我国全体国民了解予之救国计划也"。该函并将该书目录详为开列。(《致廖仲恺函》,《孙中山全集》第5卷,第570—572页)后因政事繁忙,席不暇暖,著书计划未能实现。

△　颁布陆军部官制令。

是日签署大总统令,公布《陆军部官制》。该官制共九条,对陆军部设官,陆军总长、次长、秘书、副官、司长、科长、科员、书记等各官职掌作了明确的规定。其中规定:"陆军总长承大总统之命,管理陆军之政,统辖陆军军人和军属。""陆军次长辅助陆军总长,整理本部事务。"此官制自公布日起施行。(《孙大总统命令》,上海《民国日报》1921年7月14日,"国内要闻")

△　宴请绅商,筹集军饷。(《专电二》,《申报》1921年7月10日)

△　何天炯致函宫崎寅藏,陈述孙中山及部分中国革命党人对日本的看法。

函称:"先生所示各函,鄙俱转达孙公,深以先生热诚宏愿,比之岁寒松柏,其人格尤苍健无匹云云,此诚吾党所临风感激无已者也。唯此间自'小川丸'事件发〔生〕以来,对于贵国外交甚抱悲观。即如孙公对于东亚大局有伟大计划者,亦云日本外求,不求其助,只希望不为我害,即大成功也云云。真彼我民党一绝大遗憾之事耳,请先生注意之。"(段云章编著:《孙文与日本史事编年(增订本)》,第629页)

△　汤子模来函,表达效命疆场之愿。

是日,汤子模自川军第二军第一纵队司令部来函,谓:"征桂声浪,遍传全国。模荒陬伏处,髀肉复生,仰盼风雨,屡欲请缨自效。适值青阳师长,远游入蜀,备闻大局状况,天下事大可为。自觉苟偷食息,殊愧平息抱负。拟与协和相依,不惮千里跋涉,为公效命于疆场。先请青公赴粤,代为请命,厉兵秣马,翘首以待。如有教令,即可遄发。"(《汤子模请大总统北伐》,上海《民国日报》1921年9月1日,"国内要闻")

7月9日　赣军克复连山,夺获辎械甚多,北江桂军残敌肃清。(吴宗慈:《护法计程(续)》,黄季陆主编:《革命文献》第51辑,第531页)

△　孙洪伊前来辞行。

孙洪伊来粤已逾半载,"近日决意离粤,赴沪担任发展西南大局之职任"。本日来访辞行,随后分谒各要人。12日,孙乘坐广九车赴港,转道往沪。(《孙洪伊亦离粤》,《香港华字日报》1921年7月13日,"粤闻")

7月10日　沈鸿英来电,宣布倒戈讨陆。

是月9日,桂军右翼总司令沈鸿英被本部司令黄自高、沈荣光等推举为"救桂军总司令"。本日,沈鸿英在贺县通电各方,批评陆荣廷"输诚中央,取消自主","未审同情,大拂民意,致使桂中志士咸怀改造之心,粤东同人群倡援桂之议,犹复执迷不悟,激起战衅"。敦促陆"俯念民艰,容纳众议,即日退职,废除督军,桂省之事由桂自行公决"。并表示,即日起"就救桂军司令之职,脱离陆氏命令,与粤军一致进行"。(《沈鸿英倒戈讨陆电》,上海《民国日报》1921年7月24日,"公电")翌日,沈鸿英复以救桂军总司令名义来电,恳"迅电陈总司令,传饬粤军与英部停战修好,并令原向怀信粤军一面调赴邕江,为扫穴擒渠之计,俾英得克日率领所部平定桂、柳两江,会师邕州,共奠桂局"。(《沈鸿英倒戈讨陆》,上海《民国日报》1921年7月21日,"国内要闻")

△　报指孙中山欲以南方各矿抵借巨款。

报道称,孙中山鉴于粤桂战事紧急,在在需款,特与各首领迭次开议讨论办法,以各处反对借款固属美意,惟无米为炊,难达和平目的。"主张专借一宗巨款,以南方各矿作为抵押。俟联省政府成立,各省均出自治款项,再将各矿赎回。广州政军费各省公推,日内即行通电各处。"(《孙文对于借款之主张》,天津《大公报》1921年7月10日,"紧要新闻")

7月11日　签署大总统令,照准任命吴兆枚、陈恭署总检察厅检察长;任命何蔚、冯演秀、潘元谅、王敬信、卢镇澜、刘通署大理院推事;任命曹受坤署广州地方审判厅厅长,陆嗣曾署广州地方检察厅检察长,张易畴署澄海地方审判厅厅长。(《大总统命令》,上海《民国日报》1921年7月26日,"国内要闻")

△　据是日北京电,孙中山使者魏某在石牌胡同被逮捕送宪兵司令部。(《国内专电》,《申报》1921年7月12日)后经查明,魏某为京绥铁路员工,其与孙中山通信"系通候性质",遂无罪释放。(《国内专电》,《申报》1921年9月6日)使者之说,纯属子虚乌有。

7月12日　讨桂军完全占领广西藤县,"俘虏甚夥,敌向平南溃退"。(《专电二》,《申报》1921年7月15日)

△　签署总统令,任命刘湘为川军总司令兼四川省长。(《大总统命令》,上海《民国日报》1921年7月18日,"国内要闻")

7月13日　复电陈炯明,赞指挥若定,大功可待。

是月12日,陈炯明来电报告粤军占藤县。本日复电,慰勉有加。略谓:"我军占领藤县,军威足撼浔江,鼓行而西,必可势如破竹。该总司令指挥若定,将率三军,扫穴擒渠,大功可待。他日拨乱反治,该总司令所造于民国者大矣。前敌各将士咸能用命,迭克名城,浃旬以来,备极劳苦。本大总统喜捷书之叠至,思士卒之辛勤,冒暑远征,实深系念,着该总司令嘉慰。"(《复陈炯明电》,《香港华字日报》1921年7月16日,"粤闻")

△　召吴宗慈商调停李国柱、徐亦生案。

是月11日晚,赣军李明扬部参谋长徐亦生由前敌回省报告军情,在省火车站被总统府参军李国柱逮捕押入总统府。蒋尊簋闻讯,即派员赴府向参军处索回。询其被捕原因,据云李国柱在赣军后方要地坪石招抚土匪,为赣军所阻,李乃衔恨报复。徐随即用公文呈报司令部,再转呈总统,请治李擅自逮捕之罪。

本日,召吴宗慈至观音山商调停李、徐冲突之案。参军长徐绍桢、周震鳞、覃振亦奉命调停。在各方调处下,李、徐终"弃嫌言好"。(吴宗慈:《护法计程(续)》,黄季陆主编:《革命文献》第51辑,第533页)

△ 杨益谦、朱培德出师进攻桂林。

日前,李烈钧来电,派胡若愚为先遣军,本日又任命杨益谦为滇黔赣联军第二路总指挥,朱培德为第二路总司令,由湘向桂林进发。(吴宗慈:《护法计程(续)》,黄季陆主编:《革命文献》第51辑,第533页)

7月14日 致电李烈钧,相机处置沈鸿英。

是日,面谕蒋尊簋致电李烈钧,告"沈鸿英现已势蹙归降,惟其人反复无常,万难深信。现其军队已开往桂林、柳州、庆远一带,若滇黔军到达桂、柳、庆时,尽可相机处置"。并指示:"滇黔军第一步于桂、柳、庆地方,必须先到,占为根据;若时间延滞,被他人先入据者,则我可令其退防,如不遵办,虽以武力处分有所不惜。现李师广(明扬)、赖肇周(世璜)赣军两梯团已饬其开赴富川、恭城,期与胡若愚、李友勋、谷正伦等部队取联络。"(吴宗慈:《护法计程(续)》,黄季陆主编:《革命文献》第51辑,第534页)

△ 签署总统令,照准暂缓施行《民律》。

命令谓:"据大理院长徐谦呈称,民律已届施行期,惟审察社会现制及各地风俗习惯,尚有应行修正之处,拟请暂缓施行等语。民律着延期施行,仍交该院长审拟办法,呈候核夺。"(《大总统命令》,上海《民国日报》1921年7月21日,"国内要闻")

7月15日 颁布《内务部官制》《内务部矿务局官制》,明确规定其官员设置及职责范围。(《大总统命令》,上海《民国日报》1921年7月29、30日,"国内要闻")

△ 于观音山宴请菲律宾参议院议长蔡崇(松)一行。

席间,蔡氏表示:"新中国前途极有希望。"(《南方近事记》,《申报》1921年7月17日,"太平洋路透电";《本社专电》,上海《民国日报》1921年7月16日)蔡氏抵沪后语人曰:"曾在广州晤见孙中山,深觉其对美之友谊"。(《菲列滨国民党领袖之谈话》,《申报》1921 年 7 与 21 日,"本埠新闻")

△ 报载孙中山拟以全粤矿产为抵押举借外债,以作军用。

报道称,"粤军各路所需军火,多由日本大仓、平川两商行包运供给。前日又有日人押解大批军火在香港上岸,向广州起运。计有步枪二千支,子弹八百箱,炸弹一百二十箱,手枪十余箱,山炮八尊云"。另据消息,"闻孙文刻下正考虑欲借外债五万万元,以全粤矿产作抵。该项借款,将作为攻击广西之用。闻关于此项之磋议,经已开始"。(《粤桂两军决胜时期将至》,北京《晨报》1921 年 7 月 15 日,"紧要新闻")

7 月 16 日 粤军攻占广西浔州。陈炯明决定翌日赴浔,督师向贵县前进。(《专电二》,《申报》1921 年 7 月 19 日)广西护军使陈炳焜通电解除职务,声称所有军事归督军谭浩明办理。陆荣廷致电北京政府辞职,靳云鹏复电慰留。(陈锡祺主编:《孙中山年谱长编》下册,第 1366 页)

△ 桂系军官秦步衢、陈智伟在桂林反正,并于是日来电,报告已就任桂林桂军司令职。(《本社专电》,上海《民国日报》1921 年 7 月 21 日)

7 月 18 日 复电陈炯明,特加奖劳,并着宣慰前敌诸将士。

7 月 14、15、16 日,迭接前线告捷电,于是日复电陈炯明,电谓:"据寒、铣电称,我军寒日克平南,铣日占浔州。又据删电称,刘师长震寰真日克昭平,元日占平乐等情。查浔州克,则南宁可立下;平乐克,则桂林不待攻,援桂之功,已收过半。此次我军乘胜克捷,固由前敌将士奋勇可嘉,尤见该总司令善任知人,算无遗策。肃清之日,即在须臾,倾盼捷音,特加奖劳,并着宣慰前敌诸将士为要。"(《孙文又有电》,《香港华字日报》1921 年 7 月 21 日,"粤闻")

△ 援桂湘军司令谢国光来电,报告已占领全州。(《本社专电》,上海《民国日报》1921 年 7 月 21 日)

△ 陈炯明召开会议,讨论治桂人选。

是日,陈炯明在行营召开会议。部分桂人以南宁现虽未下,而桂林已经占领,主张恢复桂林省治。多数意见推举刘震寰担任桂军总司令，而省长一职，有主张沈鸿英者。孙中山"以沈鸿英初附，未可重用"，故拟委马君武。"一俟再征各方同意，即由总统正式任命。"（《孙文未欲重用沈鸿英》，《香港华字日报》1921年7月21日，"粤省要闻"）

7月19日　何天炯来谒，报告宫崎寅藏与日本资本家洽谈情况。

宫崎寅藏一直希望何天炯尽早访日，与资本家直接洽谈，但何则由于经济困难，迟迟其行。是日，何天炯致函宫崎告："目下小弟之境遇，有种种之障碍（以经济为绝大之原因，惭愧惭愧），实未能即日东行，虽中山公亦无如此问题何耳。"他希望宫崎偕日本企业家到广东游历调查，亲自来看看"此间之真象"。并透露日本台湾总督府参事官池田正与广东财政厅接洽，愿出"民间资本"三千万元作为开发海南岛事业之用。同函，何提出海南岛开发、广州大沙头商场以及土敏土厂改良等三项事业供宫崎考虑。

是日，何天炯接宫崎7月10日函，即持函来见。读后非常高兴，就何的东行任务明确指示："汝东行之事，余无日不希望早日实现之者，唯此番正式政府成立，汝须以代表政府之名义往，方为郑重。因此，汝之任务，固不在实业，尤不在借款。汝之任务，在宣传新政府光明正大之宗旨于日本朝野上下，告于今后贵政府不可对于东方有侵略及包办之野心。非独不可有此野心之进行，即如从前'二十一条'之不当要挟，亦须一律取消。如此，则彼我两国，方有经济提携及种种亲善之可言。若一部分之小小实业问题，固无须政府特派代表以为之。且日本若不改变侵略政策，则小小实业亦不易成功，虽或能进行于初，其后亦必有困难之日。且以目下之情形而论，若政府贸易与日本生特别之关系，则政府必受人民之攻击，或宣告死刑焉。盖以段祺瑞之强，其倒毙即在向敌人乞款以杀同胞，此皆可为殷鉴之事。"因鉴赴日经费困难，并询何天炯谓："你此次东行，至少须有一万元才能出发，刻下总统府财政颇为困难，你外间有无友人或商人可以借贷？若有，可由政府出名，或担保。"何在信中对宫崎称："鄙人闻孙公之言,乃有三种感触:一,甚佩孙公之言;二,甚怜孙公之遇;三,甚惜今之人藉公为私,公款不用于公事。想先生亦有此感慨耳。"

　　两天后,何天炯再致宫崎一函,仍敦促陪同日本资本家南来。当时,广西戡定在即。函谓:"弟意广西问题,总可早日解决,因此资本家之热度必又增高一番。故弟意先生处如有确实可靠之资本家,则总以促其早日南来为是。然非与先生同来,则弟等亦颇难相信。"对何天炯的嘱托,宫崎曾努力进行,并且找到了一位愿意投资的资本家。8月5日,何天炯复宫崎函告:"昨日接奉手示,当经转呈孙先生阅悉,深感先生热心毅力。此刻极盼先生携该有力者欣然来粤。"(杨天石、[日]狭间直树:《何天炯与孙中山》,《历史研究》1987年第5期)

　　7月20日　派廖仲恺、何香凝赴梧州劳军。(陈锡祺主编:《孙中山年谱长编》下册,第1368页)

　　7月21日　粤军攻占贵县。桂军将领秦步衢在桂林宣布独立,陆荣廷通电辞职,谭浩明逃窜。(吴宗慈:《护法计程(续)》,黄季陆主编:《革命文献》第51辑,第535页)

　　△　李烈钧来电,报告援桂进展。

　　电谓:"烈钧奉命援桂,仰承意旨,毅力直前,未敢稍懈。先发各军,现已分取龙胜、宜山前进,与粤军遥为声应。桂将若能自觉,亦曾详受方针,相与周旋。然会师原出良心,务求真正自治,责任所关,讵敢或忽,实有巧电,当经明察。"(《粤军援桂战讯(二十三)》,上海《民国日报》1921年8月1日,"国内要闻")

　　7月22日　报载北京政府因桂事失败,决定改变对南方针,"先联湘、川,次及滇、黔,至平粤用陈炯明,并倚重海军"。(《专电二》,《申报》1921年7月22日)

　　7月23日　中国共产党成立。

　　△　谷正伦来电,报告即将督饬所部攻取柳州。

　　是日,援桂黔军司令官谷正伦自独山来电,报告所部援桂进展,并告"伦亦准于散日驰赴前线,督饬各军攻取柳州,歼灭绿林,以救桂民于水火"。(《粤军援桂战讯(二十三)》,上海《民国日报》1921年8月1日,"国内要闻")

　　△　桂省公民来电,请速任命省长。

随着陆荣廷、谭浩明逃往龙州,广西局势逐渐明朗,桂系垮台指日可待。连日来,桂省人民纷纷电请任命省长。是日,周抚辰等九人自梧州来电,谓:"陆逆已逃,余孽未尽,现多伪称自治,希图盘据。恳迅颁明令,派遣大员主持要政,以安民心。"与此同时,又接广东高师广西同学会来电,语意相同。对于桂人之请,孙中山认为"此时桂贼仍未肃清,此事须俟军事大定,然后可以任命"。(《粤军援桂战讯(二十三)》,上海《民国日报》1921年8月1日,"国内要闻")

　　△　广东各界欢庆粤军攻占南宁。

报道称,自攻南宁消息传到广州后,即日由总司令部、省长公署通饬省中各军政界机关于23日放假停止办公一天,同伸庆祝,以故是日各机关均一律悬挂国旗。(《粤军已入南宁之□》,《香港华字日报》1921年7月25日,"粤省要闻")南宁失守、陆荣廷出走安南的消息传到北京后,内阁总理靳云鹏引咎辞职,但为徐世昌坚留。

7月24日　复电顾品珍,勉益当努力国事。

是月9日,云南总司令顾品珍来电,报告滇军援桂事宜。本日复电谓:"宣言援桂,伐罪救民,当豺狼在邑之秋,励风雨同舟之志,再三循诵,大义凛然。""桂局已完全解决,惟环视全国,各人日夕所企望之拨乱反治,尚非一蹴能所及,则国策进行,益当努力。"(《复顾品珍电》,《孙中山全集》第5卷,第578—579页)

　　△　刘湘来函,遣王芷塘来见。

上月12日,刘湘被任命为川军总司令兼四川省长。接获任命后,派王芷塘携函来见,请示方略。函谓:"国事长此纠纷,后患不可纪极,安内攘外,必须兼顾并筹,用示以身许国之义,并纾钧座西顾之忧。只以内部意见一时尚未排除,茹兹痛苦,难以言宣,钧座明烛万里,当在洞见。兹具管见数条,特派王君芷塘兼程恭觐钧座,面陈一切,谨乞示遵。"(《刘总司上大总统书》,上海《民国日报》1921年9月1日)8月,刘湘代表抵粤。报道称,该代表面见孙中山,"请示北伐方略"。(《本社专电》,上海《民国日报》1921年8月25日)

7月25日 总统府召开国务会议,决定筹备完竣即下达讨伐北廷命令。

关于新政府发展大计早经决定,只因时机未到暂时搁而未论。7月随着广西问题行将解决,且迭接各方报告,均谓长江形势发生大变化,故认为时机已至,在25日召开的国务会议上特将进行计划提出讨论,各部总次长极表赞同。会议决定"分令各省一致准备,一俟筹备妥当,即向北庭下讨伐命令。孙大总统亦将亲自督师,由湘直出武汉";并令秘书厅起草讨伐令稿。(《新政府决定发展大计》,上海《民国日报》1921年8月5日,"国内要闻")

7月26日 命令财政部拨款援救贵州灾民。

命令称:"前据全黔义赈会会长、贵州总司令卢焘等电称:黔省上年蝗旱之后,继以水灾,禾稼无收,生民荡析。入春以来,冰雹间作,全省八十一县,被灾者已达半数,灾区广至三千余里,饥民多至三百余万等语。兹复据黔籍国会议员张光辉暨旅粤云贵同乡会联陈前情,本大总统披阅之余,殊深悯恻,着财政部迅即拨款二万元交该总司令妥为散放,毋任流离失所;并由各省长官广为劝募赈款,以遂灾黎。"(《大总统命令》,上海《民国日报》1921年8月1日,"国内要闻")

7月27日 援鄂战争开始。

湖北是直系军阀所辖要区,两湖巡阅使王占元据武汉期间专事聚敛,引发湖北人民反对浪潮。自省宪运动鼓动后,湖北人士欲乘机驱逐王占元,实现鄂人治鄂。在李书城、蒋作宾、孔庚、夏斗寅等策划下,湖北人士在湘省宣布湖北自治临时约法,举蒋作宾为省总监,孔庚领自治军,夏斗寅为自治军前驱。湘军第一师师长宋鹤庚任援鄂总指挥,统一、二两师,由岳州进攻湖北,开始援鄂战争。在援鄂军的步步紧逼下,8 月 7 日王占元电请辞职,旋即由武昌北逃。9 日,北京政府任命吴佩孚为两湖巡阅使、萧耀南为湖北督军、孙传芳为长江上游总司令。吴佩孚自洛阳率军南下大败湘军。9 月 1 日湘鄂停战议和。(陈锡祺主编:《孙中山年谱长编》下册,第 1369 页)

北报推测湘军援鄂,系受广东政府策动:"湘军援鄂,倡自宜武兵变之后,但是时湘省内部不靖,程潜旧部和李烈钧辈都在虎视眈眈,伺衅而动;加以桂粤战争,胜负尚未大分,湘省处于不南不北的地位,举动不能不慎。而饷械缺乏尤为湘省不易用兵的一大原因。现在陆桂出走,粤军告捷,湘省若再态度不明,必召粤军的攻击。而鄂人蒋作宾又极力调解程潜、李烈钧的意见,不掣湘省援鄂之肘。湘省又藉联防名义,得了鄂王现款五十万元,枪弹百万发。因是种种,所以决然发难,而背后则纯系受命于粤政府。""据闻孙文已颁下命令,任蒋作宾为鄂省总监,孔庚为省务院长,何雪竹为军务院长,另颁印信。"(《湘军攻鄂之经过与现在》,北京《晨报》1921 年 7 月 28 日,"紧要新闻")

上海《民国日报》亦称:"湘省将领此次出兵攻鄂之举,早于两月前密受合法政府当局之训令,有所经营。各将领对于孙大总统无不热诚翊戴,日前经派代表数次来粤请示机宜,孙大总统咸推心置腹,授以各种之进行方略。最近粤军援桂一役,出师仅逾一月,而全局底定,湘军各将领金以西南政府积极发展之时机已到,一面由岳州出兵向鄂省进攻,一面飞电孙大总统求助。25 日总统府国务会议,已饬秘书厅起草讨伐令稿,一俟军事准备至某种程度时即可颁布。闻参陆两部亦已商定出师计划,已分电滇黔川湘四省当局及李部长协和,令克日动员协同会师武汉。"(《新政府决定发展大计》,上海《民国日报》1921 年 8 月 5 日,"国内要闻")

△　任总统府秘书长马君武为广西省长,总统府秘书长由谢持继任。

因迭接桂省各方面来电,请求委任广西省长,遂与陈炯明协商,特任马君武充任。马为广西桂林人,且系民党要人,留学日德诸国多年,学识宏富,颇能担任艰巨。当该任命未发表前,桂籍众议员蒙民伟勾结广西省议会及各团体,欲借主张民选为名,使议会举己承乏,然后呈请总统任命。又暗联韦荣昌,使以兵力为己后盾,而欲保举韦为总司令。然广西省议会及韦荣昌因与陆荣廷关系,久为人民唾弃,蒙氏阴谋随告破产。(《本社专电》,上海《民国日报》1921 年 7 月 29 日;《广州特约通信》,上海《民国日报》1921 年 8 月 8 日,"国内要闻")

　　△　命令陈炯明全权办理桂省军事善后事宜。(《本社专电》,上海《民国日报》1921 年 7 月 30 日)

　　△　报载是日广州电,孙中山派员赴港,邀请唐继尧回省。(《本社专电》,上海《民国日报》1921 年 7 月 28 日)

7 月 28 日　报载孙中山召集会议,讨论参加太平洋会议办法。

报道称,孙中山鉴于太平洋会议(华盛顿会议)事关紧要,且于国体位置前途有密切关系,特在观音山召集会议,讨论加入办法。惟因各国尚未承认西南非常政府,是以定出两种办法:"(一)派代表分赴各国疏通承认,并与美国接洽加入太平洋会议;(二)另派代表来京与中央商榷,中国代表南北各一,共同加入会议,协商进行,免有向隅之叹。"(《南北加入太平洋会议》,天津《大公报》1921 年 7 月 28 日,"紧要新闻")

　　△　报载孙中山将自任海陆军大元帅。

报道称,据总统府消息,孙中山"将任海陆军大元帅,亲督两粤之师入湘,于长江一带发展势力。将以李烈钧充任桂军总司令,整饬军旅,与粤军总司令陈炯明随同帅节入湘。与湘滇黔三省会师,先攻湖北,力图进取"。(《孙文将自任陆军大元帅》,《香港华字日报》1921 年 7 月 28 日,"粤闻")

　　△　赵恒惕来电,解释与四川会师援鄂理由。(《本社专电》,上海《民国日报》1921 年 8 月 4 日)

　　△　报载孙中山命粤、滇、黔、川、湘五省会师长江。粤军分三路北上,孙中山自领一路出韶关,绕湘攻鄂。"闻闽、赣皆有谅解。"(《本社专电》,上海《民国日报》1921 年 7 月 29 日)

△　报载谭延闿对孙中山"有极诚恳的表示，愿拥护以图统一"。

（《本社专电》，上海《民国日报》1921 年 7 月 29 日）

7 月 30 日　复电洪兆麟，奖其勋劳，勉扫余敌。

是月 25 日，洪兆麟来电报告藤县克复情形。本日复电，勉励有加，略谓："该师长攻克藤县，俘获甚多，勇将旌旗，足寒贼胆，深堪嘉劳。惟大盗既去，余孽尚存，宜乘破竹之威，尽扫负隅之寇，是所厚望。"（《复洪兆麟电》，《香港华字日报》1921 年 8 月 3 日，"粤闻"）

△　复电刘震寰，勉尽扫余寇。

是月 26 日，刘震寰来电报捷，本日复电谓："宥电既捷，荔浦、修仁、蒙山、恭城四县又次第克复。该师长驰骋疆场，迭奏奇功，深堪嘉劳。惟大盗既去，余孽尚多，宜乘破竹之威，尽扫负隅之寇，是所厚望。"（《复刘震寰电》，《香港华字日报》1921 年 8 月 3 日，"粤闻"）

是月　表彰易白沙，以妥英灵。

是年春，先后两函相召易白沙来粤，但易未为"遽应"。四月末，蛰居湖南家中的易白沙，听闻北京政府"屡以统一之命诓中外，又以学潮、殴戮及师儒"，忧愤难平，驰赴北京。"短衣束裤，怀小铳，日徘徊新华门，顾景喑嘘，不得逞。"（易培基述：《亡弟白沙事状》，易白沙原著、郭长庚、吴兴勇译：《历代帝王权术总览》，第 4 页）遂转赴广东，前来进谒，"自陈欲往北京运动国民大会倒徐（世昌），中山先生因其体弱，矣劝其暂留广州著文，不必他往"。（上海市档案馆：《陈独秀等为易白沙蹈海致易培基函》，《历史档案》1984 年第 3 期）胡汉民等人也意见相同。报国心切的易白沙颇受打击，大感失望，于端午节当日乘船赴其仰慕的明朝大儒陈白沙的故里广东陈村，效法屈原，蹈海而死。身后留有遗书，其中一封于投海当日写给张继，函谓："白沙病后身弱，对于学问上事业上不能有所进取，故欲为消极之牺牲，以求杀贼而死。其事不为先生所赞许，则白沙侧身天地，不过一蠹，有何生存之价值。今已蹈海而死，葬身鱼腹。若不幸犹浮此臭皮囊于水上,请进言当过,以三寸之棺葬于海滨,不欲归骨长沙也。"(《易白沙遗书补记》,长沙《大公报》1921 年 9 月 28 日)易白沙死后,孙中山发出表彰令,中谓:"易君白沙,志切报国,蹈海而死,遗蜕渺然。前曾派员寻求遗尸,久未能得。在死者之自杀,固以形骸为赘瘤;而国家扬烈表忠,务有以妥英灵,而资激劝。万一遗尸难获,即拟葬其衣冠,建亭树碑,永留纪念,俾与梅花孤冢同,足起后人凭吊之思。"(上海市档案馆:《陈独秀等为易白沙蹈海致易培基函》,《历史档案》1984 年第 3 期)

是月底次月初　小幡酉吉发表关于中国现势之谈话。

日本驻华公使小幡酉吉于 7 月 30 日由东京启程回任,途中与人详谈中国时势。在谈到南方政局时,略谓:"现在中国南方之扰乱,最堪注目者,厥为湖南总司令赵恒惕是否与广东之孙文、陈炯明有联络。苟有联络,于时局之推移,实有莫不关系,而广东政府之势力亦将伸张于扬子江沿岸,握湘鄂大权,而称霸于中国。若武汉落粤派之手,其势力必将支配中国之中央,而制北京政府之死命。尚有一事不可不注意者,即此次广东及湖北事变之里面,是否有安福系在中操纵耳。果安福与此有关,则南方势力亦必愈大,盖安福系背后有段祺瑞、徐树铮,从而浙督卢永祥、闽督李厚基亦必与之提携活动也。果如是,则安福系或有卷土重来之日,亦未可料。而所谓理想派与实力派之互相联络,政局亦将因而一变也。"(《小幡回任中之对华谈》,《申报》1921 年 8 月 7 日,"国内要闻")

8 月

8 月 1 日　签署总统令,照准免除赵德裕职,通缉蒋超青等。

陆军次长、代理部务程潜呈称:"驻粤滇军此次奉令戍雷〔州〕,受逆党杨永泰、李根源等辈金〔钱〕运动,迎逆入雷,改称安抚军,实行叛乱。该军指挥官赵德裕,毫无察觉,本难辞咎,惟心迹尚有可原,拟请从宽解其现职。至该逆军参谋长蒋超青等,甘心附逆,现均在逃,应请将原有官职一律褫夺,并恳明令通缉,尽法惩治。"接呈后照准,并签发总统令,谓:"该滇军指挥官、陆军少将赵德裕已属治军不严,姑念该指挥官当粤军回粤之际,曾与桂贼脱离关系,尚明大义,从宽治处,着即免去现职。该逆军参谋长蒋超青、梯团长陆军少将蒋炳寰、代理梯团长陆军少校王连璧、支队长徐栋、周振彪等,胆敢叛乱,甘心助逆,现经畏法潜逃,实属罪无可逭,均着一并褫夺原有官职;并仰各省文武地方长官,通令所属,一体严密缉拿,务获归案究办,以儆叛逆而肃军纪。"(《大总统命令》,上海《民国日报》1921年8月16日,"国内要闻")

△　总统府召开国务会议,决定派遣代表出席太平洋会议,并由外交部要求太平洋沿岸各国均参加会议。(《本社专电》,上海《民国日报》1921年8月3日)

△　报载陈炯明不愿担任广西善后督办。

报道称,广西省长已委任马君武,惟总司令一职迟迟尚未发表,因此外间不免生出种种谣言。昨据公府某要人所说,谓"桂省全局尚未底定,将来收束更觉烦难,必须陈炯明一手始终办理,万难卸责于人。非威望素著如陈,恐亦未易镇慑。孙文初时拟加陈以两广巡阅使之职,使其兼办桂省军事,又拟使其兼任桂省总司令,陈皆力辞。兹拟仿广东善后处长之意,特设广西善后处,办理善后事宜,即委陈为善后处督办,已致电征取同意。不料陈总司令复电谓,善后之事自可由省长专办,不必另设机关"。(《陈炯明不愿任广西善后督办》,《香港华字日报》1921年8月1日,"粤省要闻")

△　报载孙中山因援桂战事大借外债。

报道称,孙中山自粤桂开战以来屡借外债,综计大小各项已有五千余万元。"嗣与太平公司接近,复又迭借小款,仍以为未足。现又与某国商定军界借款两千万元,一半购械,一半交付现款,以广东各矿作抵。惟商会方面尚在极力反对。"(《孙文大借外款之探报》,天津《大公报》1921年8月1日,"紧要新闻")

8月2日　粤军克复广西柳州。谷正伦、李友勋均来电告捷。
(《攻克柳州桂林之经过》,上海《民国日报》1921年8月20日,"国内要闻")

8月3日　非常国会召开会议,讨论太平洋会议派遣代表问题。
(《本社专电》,上海《民国日报》1921年8月5日)

△　马君武启程赴南宁履省长任。4日,抵梧州。在各界欢迎
会演说后,即偕胡汉民、汪精卫、居正赴浔州,与陈炯明会晤,商讨出
师北伐。(《本社专电》,上海《民国日报》1921年8月4日;《本社专电》,上海
《民国日报》1921年8月9日)

8月4日　粤军占领南宁,陆荣廷等逃往龙州。

据报载,陈炯明入驻南宁后,积极着手广西善后事宜,拟定的计
划包括:"(一)调查各区桂军,分别裁并改编为护法军,受广州政府节
制;(二)恢复各处秩序,调查灾况,实行赈济。(三)划分桂省军区,暂
由粤军分防;(四)招集各界会议,讨论自治及组织自治筹备会。"(《粤
桂战后之近闻》,天津《大公报》1921年8月5日,"要闻二")

△　在公府勤政堂召集民党要人开重要会议。

报道称,本日孙中山在总统府勤政堂召集民党各要人,举行重要
秘密会议,议定:(一)接济湘军饷械,积极攻鄂;(二)筹备北伐手续,
先从赣省入手;(三)责令石井兵工厂加班赶造械弹,以资应用。(《孙
文得寸进尺之北伐计划》,北京《晨报》1921年8月6日,"紧要新闻")

△　蒋尊簋来谒,阻其赴桂。

李烈钧日前多次致电蒋尊簋,促其迅赴前方指挥。本日,蒋尊簋
来谒,报告即将出发前线,告以"桂林下后再商"。(吴宗慈:《护法计程
(续)》,黄季陆主编:《革命文献》第51辑,第539页)

△　签署总统令,照准免去张华澜内务部秘书职,任命俞河汉为
内务部秘书。(《大总统命令》,上海《民国日报》1921年8月16日,"国内要
闻")

△　复函叶恭绰,告收款处理方式。

叶恭绰日前来函，报告新宁铁路事宜。本日复函告，"关于新宁铁路之事，如有转圜，当可了之。惟所得只十万，当悉付之兵站。如能多得，则以一半接济四川石青阳，以一半交学熀还债可也"。（《复叶恭绰函》，《孙中山全集》第5卷，第582页）

△ 报载黔军总司令卢焘来电，主张根本解决桂局，并愿进兵援桂。（《本社专电》，上海《民国日报》1921年8月4日）

△ 报载广东政府决议不设桂军总司令。

报道称，"广东政府以各省设总司令，乃为节制本省义军起见，并非必要地方官可比。今广西军队除一部反正外，余已败溃无遗，故决议不设总司令，以省手续"。（《本社专电》，上海《民国日报》1921年8月4日）

广西大部为粤军占领后，该省善后问题提上议事日程。除广西省长外，桂军总司令一职亦颇为外界关注。外界喧传，许崇智、魏邦平、刘震寰三人为最有力的候选者。因许在粤军中声望仅亚于陈炯明；魏此次充任总指挥，战功卓著；刘则首先举义响应，克复苍梧，实为功首。然孙中山、陈炯明以为广西实行民治，当使军队归陆军部直辖，不应设置总司令，增加军人干政之权。故决定仿照粤省办法，分设善后各区，办理士兵收束，而军队则归陆军部管辖。（《广州特约通信》，上海《民国日报》1921年8月8日，"国内要闻"）

对于不设桂军总司令，上海《民国日报》发表评论指出：广西的兵，现已被打得落花流水，完全没有设置总司令一职的必要。广东政府这样做，"将民治的广西纯粹实现了，这是一件很可以做模范的事"。或许外界有人疑心不设总司令，粤军怕要借此控制广西，其实，"等不到广西无兵，粤军早开出桂境，干别的正事去了"。（《不任命桂军总司令》，上海《民国日报》1921年8月6日，"言论"）

8月5日 致函咸马里夫人，冀来华帮助妇女从事实业工作。

5月14日，咸马里夫人来函，本日复函谓："此刻谅你已获悉我们在将广西军阀逐出广西的斗争中所取得的重大成就，也就是说，广西省也在我们的控制之下了。我们正在争取更大的进展。我们打算进军北方,以逐走所有的大督军与亲日派。当然,和往常一样,英国政府正在我们前进的道路上设置种种障碍,以致使我们的一切重大成就化为泡影。美国友好人士詹姆斯·乔克曼正在这里,并担任广州粤军航空队的队长。"并告:"我们盼望你能来这里,并帮助我国妇女从事实业工作。"(《致咸马里夫人函》,《孙中山全集》第5卷,第583—584页)

　　△　致电蒋介石,促赴南宁相助。

　　电谓:"西寇击破易,收拾难,须多一月,始得凯旋。我军经入邕宁,明后日余当驰往巡察,速来相助。"(《致蒋中正电》,《孙中山全集》第5卷,第585页)10日,蒋介石启程赴粤,道经沪上,滞留旬余,遇大风雨,"因念母柩在堂,恐被水淹",复返故里。9月3日,方应所召,启程前往南宁。(毛思诚编纂:《民国十五年以前之蒋介石先生》,第131—134页)

　　△　报载广东政府宣言否认王正廷为南方参加太平洋会议人选。

　　近日《字林西报》载颜惠庆谈话,谓:"太平洋会议以王正廷出席,必可满南方之意。"广东政府以王正廷乃附北之人,与南无关,恐外报为此谈话所惑,故特发表宣言,否认颜氏所称"满意"之语。(《本社专电》,上海《民国日报》1921年8月5日)

　　8月6日　报载军政府北伐计划。

　　报道称,据赣南电局传来谍报,略谓:"孙文现因桂局略定,拟即以攻桂得胜之师,援湘攻鄂,会师武汉。业经分电滇黔川湘四省一体进兵,并拟定三路进攻之计划:(一)孙氏自统一军由粤入湘;(二)以李烈钧为总指挥,率领所部滇军由桂林入湘;(三)令许崇智率领所部三旅,由庾岭攻赣。"又载:"香港4日电讯,孙文现决定大举北伐,特委唐继尧为北伐总司令,设总司令部于岳州,并派李烈钧、许崇智分攻闽赣,程潜进攻鄂省。又据陈光远江(3日)电,驻南雄粤军由大庾岭进窥赣边。"(《孙文得寸进尺之北伐计划》,北京《晨报》1921年8月6日,

"紧要新闻"）

8月7日　陈炯明率粤军入南宁①。

是日，陈炯明率领粤军进入南宁。随即派胡汉民、居正赴南宁，与陈炯明商讨北伐事宜。陈虚与委蛇。10 日，胡汉民致函蒋介石，邀其与戴季陶来邕一行，共劝陈炯明赞同北伐。同时陈炯明亦函电交驰，邀蒋前来。9 月 13 日，时在奉化故居守母丧的蒋介石经上海来到广州，17 日抵达南宁。蒋介石与陈炯明晤谈情形，胡汉民后有追述："孙先生既做了总统以后，到了几个月，就派陈炯明去征伐广西。从西江出兵至南宁，所有作战计划，皆由蒋介石同志为他定好。攻克南宁之后，他电请介石赴南宁……介石接了陈炯明的电约，就到南宁去看他。不料介石一见了他，他就表示反对北伐，并且说：'民国 2 年，展堂一定要出兵反对袁世凯，实在害了我；如果那时不反袁，广东由我干到现在，岂不什么都好了吗？'"（蒋永敬：《民国胡展堂先生汉民年谱》，第 258—259 页）蒋介石闻听其言，"殊不可耐，含怒出"，即搭船返穗。途次，"惋叹不置"，致函陈炯明相责。（毛思诚编纂：《民国十五年以前之蒋介石先生》，第 135 页）

8月8日　据称孙中山拟向华侨募集一千万北伐资金。

据粤海关情报，"为了获取北伐资金，孙总统拟向海外华侨募集一千万元。海外华侨热心支持南方新政府，都乐意捐助。现已收到许多华侨发来的电报，祝贺粤军在广西的大捷，要求总统迅速率师北伐"。（广东省档案馆编译：《孙中山与广东——广东省档案馆库藏海关档案选译》，第 353 页）

△　报载孙中山对桂下达剿匪令。

报道称，孙中山"鉴桂军统兵长官不肯缴械投降，且在四乡勾串土匪到处抢掠，而被击散之荣字军更以不规则战术时有反攻粤军情事，特在军警同袍联欢社开会表决，加派武装警察五千名赴桂，随同

---

①　有报道称，粤军于 5 日攻入南宁。（《粤军入南宁详志》，《香港华字日报》1921 年 8 月 11 日，"粤省要闻"）

粤军在各处剿匪。一面下令陈炯明迅速剿匪,凡击散之桂军均划土匪。并有详图派员送交陈炯明,俾易肃清"。(《孙文对桂下剿匪明令》,天津《大公报》1921年8月8日,"紧要新闻")

△　陈炯明在广西省议会发表演说,倡言自治。

略谓:"粤军此次原为扶植广西自治而来,并无别意……今者桂局将次底定,闻贵省有开会制定省宪之议,兄弟甚为赞成,以为解决现下纠纷,除省自为治外,并无别法……今陆、陈已去,障碍已除,粤军扶助桂人自治目的已达,此外无他求。诸公为人民代表,所望坚心毅力,迅将省宪制成,民治前途,庶其有豸。广西、广东同一珠江流域,彼此互助,共进文明,余之志也。至于十年以来,变乱相寻,推厥原因,由当初不能采用联邦制,致使中央集权,教育实业无由发展。今各省日言自治,而自治仍不能实现。须知自治起点,先由各区始;各区能自治,而县无不治;各县能自治,而省无不治;各省能自治,而国无不治。自治一事,盖非常空谈可以致也。惟是现在南宁方面最重要之问题,厥为维持纸币、收束军队两事。一俟办有头绪,粤军便当东归。"(《陈竞存在桂议会演说》,上海《民国日报》1921年8月27日,"国内要闻")

8月9日　签发简任状,任命王用宾为总统府谘议。(《给王用宾简任状》,《孙中山全集》第5卷,第585页)

8月10日　参议院院长林森召开特别会议,讨论湘鄂问题。

报道称,非常国会参议员田桐暨参众议员四十余名,动议由参议院院长于本日召集特别会议,讨论湘鄂问题。"辩论许久,仍由大多数通过,请孙文迅速颁布命令,饬两广及湖南军队讨伐北京非法政府。然能得孙之同意与否,现尚未可知也。"另据消息,"旧国会业经议决南军北伐,然广州某当局与外人谈话,乃自谓北伐之议恐难实行,故旧国会此举不过为反对北方之一种新闻政策,以影响于中央政府在将来太平洋会议之地位耳"。(《广州国会之北伐声》,天津《大公报》1921年8月15日,"紧要问题")

△　蒋作宾来电,否认北京政府命令,誓攻武汉。(《本社专电》,上海《民国日报》1921 年 8 月 14 日)

△　报载《京津泰晤士报》认为陈炯明、吴佩孚联手,中国则可统一。

报道称,英文《京津泰晤士报》刊文指出:"吴佩孚将湖北收入掌握之中,虽为张作霖所不喜,但东三省人口不及湖北之半,张之军队号称十万三千,而吴氏合并直豫鲁四省,共有军队三十八万。况民心复怨张而归吴,胜败之数,明如观火。张之态度既不足虑,且于中国有最大之关系之太平洋会议,横于眼前,故在今日吴佩孚能与陈炯明相握手,则中国之统一当可实现,而两者之政见亦无互相扞格之虞。"(《鄂战之外人观察》,《申报》1921 年 8 月 10 日,"国内要闻")

8 月 11 日　马君武就任广西省长。(马君武著、文明国编:《马君武自述》,第 183 页)

△　非常国会召开会议,凌钺提出大总统出席太平洋会议建议案。

是日,非常国会在广东省议会召开非常会议,议事日程包括凌钺提出的大总统出席太平洋会议建议案、田维纲等提出的咨请政府讨伐北廷建议案以及反对北廷向法国借款案。凌案因故搁置未议。众议佥以田案系属正大主张,但攸关政府军事计划,宜先征求政府意见,对于此事应先准备,方可将该案通过。卒议决将田案暂行搁置,推举林森往谒孙中山,探询意见后,再定期开会讨论。(《国会开会重要议案记》,上海《民国日报》1921 年 8 月 19 日,"国内要闻")

△　报载广东政府与莫斯科签订密约。

报道称,广东政府与莫斯科劳农政府订密约已行签字之说,屡有所闻。探其内容,系谓:"莫斯科政府与中华民国联省政府互尊重其主权,恢复通商关系。广东政府许过激主义之传播。俄国政府允与广东政府以经济上必要之援助。"(《广东·粤政府与过激派》,天津《大公报》1921 年 8 月 11 日,"各地新闻")

8月12日　国会非常会议通过北伐请愿案。

是日,广州国会非常会议召开大会,讨论通过田铭章等五十余名议员提出的北伐请愿案,咨请政府明令出师讨伐,以谋国家统一。该案通过后,多名鄂湘籍国会议员前来晋谒,以鄂湘战事关系西南大局,询问何以至今尚未出师援鄂,答以桂省军事尚未收束。

不过据"深悉此中内容"之某要人观察,未即出师,实因种种困难:"孙文虽有会师武汉之计划,然此次鄂湘战事,系由赵恒惕主动,会同川军进行,并非受孙文之指挥。川湘滇黔已经订有一种盟约,如果援鄂得手,即在长沙另组联省自治政府,不置首领,只由各联省遣派代表,会议各事,以多数取决,反对总统之独裁制,与孙文之主旨大异。倘此时径行派兵入湘,反起湘人之嫌疑,故对于鄂湘事不得不暂取放弃主义,俟察看情形,再行设法联络,以期融洽。"(《广东出师武汉策之阻力》,《申报》1921年8月17日,"国内要闻")"因此出师武汉尚须有待,而先从闽赣两省发展,勒令李厚基、陈光远宣布自治,与北庭脱离关系,以表明与西南一致行动,否则先将闽赣收入范围。"(《孙文尚未出师攻鄂之内幕》,《香港华字日报》1921年8月13日,"粤省要闻")

△　复函康德黎夫人,告当竭力香港童工问题。

6月26日、7月4日,康德黎夫人两次来函,略述近况,并请关注香港儿童奴工问题。本日复函告:"香港之儿童奴工问题,余当竭力以赴。当初我国如能依照十年前之理想向前迈进,则香港之反动分子,不致于受中国奴工猖獗之影响,而不顾法纪,在香港维持此种邪恶势力。但望不久之将来,能够有效加以彻底铲除。"(《复康德黎夫人函》,《孙中山全集》第5卷,第585—586页)

△　报载是日伦敦电,谓旧金山 *Universal Chronicle* 报载华盛顿消息,称"孙中山、伍廷芳拟代表中国出席太平洋会议,但哈定总统不允未持有美国所承认政府证书之代表参与会议,并谓顾维钧前在巴黎和会,克尽厥职,北京政府定派顾为美京大会专使、前国务卿蓝辛评论中国代表人才,谓:顾维钧学识既佳,经验亦富,且善词令。前

在巴黎和会提出山东问题,言论警动"。(《国外专电》,《申报》1921 年 8 月 15 日)

8 月 13 日　致电谷正伦,勉其劳绩。

电称:"该部众连日剧战,占领柳州,追击溃众,并夺获器械无算,足见该司令调度有方,深堪嘉慰。仍盼协同滇军肃清余盗,毋使妨害进规中原大计,是为至要。诸将士溽暑遄征,并着传谕勉劳。"(《粤军剿抚残寇纪》,上海《民国日报》1921 年 8 月 23 日,"国内要闻")

△　致电李友勋,嘉勉有加。

电谓:"该司令统率有方,将士用命,得以占领柳州,良深欣慰。仰即督饬所部与黔军将士,协谋合力,扫除余孽,使进规中原促成统一,是所厚望。蒋、马二支队长及诸将士冒暑遄征,并着传谕嘉奖。"(《粤军剿抚残寇纪》,上海《民国日报》1921 年 8 月 23 日,"国内要闻")

△　致电赖世璜,嘉勉劳绩。

电称:"该第三支队占领阳朔,所向有功,足见该梯团长调度有方,殊堪嘉尚。仰迅与各军协谋合力,进规桂林。诸将士溽暑遄征,并着传谕勉劳。"(《粤军剿抚残寇纪》,上海《民国日报》1921 年 8 月 23 日)

8 月 14 日　派徐绍桢赴浙,与浙督卢永祥"会商政治军事问题"。(《粤中近事》,《申报》1921 年 8 月 16 日,"太平洋路透电")

△　中华民国留日学生总会来电,主张南北会商任命太平洋会议代表。

太平洋会议于中国关系极大,社会各界颇关注中国代表选任问题。本日,中华民国留日学生总会来电,指出"内治问题,纵未能即时为正当之解决,然对外则不可出于纷歧,自速危亡之祸"。恳请南北"务当破除畛域党派之私,勿执成见,勿排异己,先由各团体推举众望所归之人,南北当局会商任命,庶可代表全国国民之公意"。(《留日学生对太平洋会意见》,《申报》1921 年 8 月 26 日,"国内要闻")

△　报载广东政府限制北京政府向外借款。

报道称,粤省要人由孙中山、伍廷芳集议,以北京政府财政永久困难,尚可力谋吻合,一经充足,军阀即思对南作战。"现与陈炯明暨民党各要人电商,除再向各国声明凡北方由各矿、铁路、烟酒、印花、盐余、公债等项作抵借款,无论藉名何项实业,款之巨细,均不得承借外,复设法破坏本国资本家向中央投资,如不听从,将来西南决不承认。"(《粤首领限制北方借款》,天津《大公报》1921年8月14日,"紧要新闻")

8月15日 致电各省军政长官,请派员来粤出席联省政府代表会议。

援桂战事初定,国家统一及建设问题提上议事日程,爰定9月1日在粤召开联省政府代表会议。本日致电各省军政长官,痛言民国十载,叛乱相寻,指出:"今为根本解决计,非扫除群逆,无以开刷新之机:非实行联省,不克树统一之基。文受民委托,职责所在,讵容诿卸。爰定于9月1日,开联省政府代表会议,应请迅派代表来粤会议,务期发扬民治之精神,涤除专制之余孽,排息纷纭而谋建设,海内贤达,谅表同情。"(《致各省军政长官电》,《孙中山全集》第5卷,第587—588页)

△ 贵州省议会来电,望慎拣贤能参与太平洋会议。

来电指出,太平洋会议"关系于吾国前途者尤深"。切望"当机立断,慎拣贤能,参与会议。俾得雍容于樽叠之间,措国家磐石之固"。(《黔议会请政府派代表》,上海《民国日报》1921年9月2日,"国内要闻")

△ 报载北京政府"托某博士转征孙文、伍廷芳太平洋会意见,并请不分畛域,共救危亡"。(《国内专电一》,《申报》1921年8月15日)

8月16日 命令陈炯明、马君武办理广西军政事宜。

命令重申上月28日命陈炯明全权办理桂省军事善后事宜令,并厘清事权,谓:"现在各路义军云集,关于肃清余孽,绥靖地方等一应事宜,应由各该统兵长官随时商承该总长办理,以一事权。其民政事宜,应由省长负责,整理地方,驻在军队不得干预,以涤旧染之污,而布更新之始。庶不负义师吊民伐罪、扶植桂人自治之本旨。"(《大总统命令》,上海《民国日报》1921年8月24日,"国内要闻")

△　韦荣昌、黄培桂等来电，报告广西全省裁兵委员会成立。

广西全境大体底定后，陈炯明开始着手善后事宜，组织成立全省善后处，并附设裁兵委员会。裁兵委员会于本月15日成立，由韦荣昌、黄培桂出任主席，在陈炯明的领导下负责全省裁兵事宜。是日广西全省裁兵委员会全体委员由韦、黄领衔，联名来电，报告该会成立情形。（《实行裁遣广西兵》，上海《民国日报》1921年9月5日，"国内要闻"）

△　报载外界传言，广州将由水陆两路取道汉口北伐。

报道称，"国民党现纷赴桂湘鄂浙，闻以上四省已有或将有重要政治发展。孙中山副官徐绍桢刻在浙省与卢督会商国事，仅得少数人之赞助。其同志数人现已赴沪，显图助徐经营一种新运动。广州领袖反对组织第三政府之议，此即不愿在汉口或长沙召集国民会议，联合脱离北京政府之数省组织联邦政府也。广州政府现正准备由水陆取道汉口北伐，此间当局刻正盛传此说"。（《广东之新计画》，《申报》1921年8月23日，"太平洋路透电"）

△　广东政府召集会议，讨论北伐问题。

报道称，"该会意见，咸赞成招致吴佩孚加入西南各省。盖一般人咸以吴氏为北方惟一之军事领袖，且吴氏曾通电赞成自治，并曾厚加兵力。苟一旦吴氏来归，则其有助于南方政府，诚属不可限量，是以该提议卒被提出，而得大会之通过。"又载："孙文招集两次会议，讨论北伐事项，颇为各军阀各国会议员所赞同。现特通电川滇黔一致出兵会师进攻，并魏邦平所统第四军、许崇智之民军第三、四两支队、陈炯光第二预备队，共计两万二千余人，一律编为北伐军，所需饷械即由最近成立之某借款提用二百万，并联合侨商请其捐募助饷北伐。俟得赵恒惕电复后，当即积极进行。"（《粤军北伐之计划》，北京《晨报》1921年8月20日，"紧要新闻"）对于联吴问题，另有报道称：此次会议"多数主张联络吴佩孚，其理由以北方厥有吴之一人倡言民治，头脑虽旧，究之稍顾民意，即可利用吴为自治先进。并云北伐即为对鄂，似宜粤军至湘，即与吴谋握手，使其反戈对付中央，事半功倍。孙已

承认届时照此进行"。(《湘鄂决裂后之战局》,天津《大公报》1921 年 8 月 20
日,"紧要新闻")

△　报载广东政府援鄂尚无定期。

报道称,孙中山编定福军十二营为先锋队出发援鄂,刻下并由李
福林另编驳壳队一营为孙氏卫队,但此项军队出发尚未有定期。"因
孙意拟编足援鄂军队百营,惟现在粤军多数开拔援桂,非俟桂局定后
不能抽调,故须候陈总司令由桂班师回粤,商决抽调部队办法,始能
实行开拔。"(《孙文援鄂尚无定期》,《香港华字日报》1921 年 8 月 16 日,"粤省
要闻")

△　报载孙中山倡军民分治,欲将广东省长委诸胡汉民。

报道称,自粤军回粤后,当时省长一席孙中山有与胡汉民之意,
然因人民趋向陈炯明,故孙氏之意亦因而变更。"今孙以陈出发远
征,劳苦功高,其位置当出于省长之上。欲乘此机任陈为粤桂联省总
司令,又拟任为两广巡阅使。即提倡军民分治之说,使省长实职得移
于胡氏。"(《军民分治之提倡》,《香港华字日报》1921 年 8 月 16 日,"粤省要
闻")

△　报载广东政府对内、对外主张。

报道称,南方政府成立后,其始仅为广东独立政府,自攻克广西
后形势又稍变动,川滇黔湘已一致联合,拟乘机有所发展。"兹将当
局最近之主张分记如下:(一)对内方面,拟以联省自治为统一之先
导,以排除军阀为联治之基本。现桂局渐次大定,湘军援鄂之师亦已
发动,南方遂有出师长江之议。前日孙文特派胡汉民、汪精卫、居觉
生三人赴桂,与陈炯明筹商进行大计,而滇黔湘陕四总司令及某某省
督军亦均来电表示赞成。大约俟胡、汪、居回粤即可大举北伐,会师
武汉。至于军饷问题,则已有统一筹饷局之组织,预定在海外华侨方
面集款一千万元,专为出师统一全国之用。连日孙氏方面已得南北
美洲、南洋各岛等处华侨来电,多主张出师;粤中将领亦莫不跃跃欲
试,自告奋勇,请当局速下讨伐令。即陈炯明向主保境息民,然自援

桂功成亦知大势可以发展,拟俟桂局肃清便移师北向。在民党激烈
分子固以此举为不可再缓,即在稳健派亦以时局混沌已甚,非有一次
决裂,不足求正当之解决,认为时机已熟。故南方之主战现已趋于一
致,而渐入积极筹备中矣。(二)对外方面,南方当局以未经列国承
认,故对外不生效力,近民党各要人□运动各友邦承认。日前孙文派
叶夏声赴日即为此事,并拟对美国所有要求。盖以日美两国与中国
关系较深,必能熟察我国内情,首先表示其态度也。至现时所急起直
追以谋对付者,厥为太平洋会议问题。此问题为中国生死存亡所关,
其重要固不待论,而遣派代表列席之方法尤不可不郑重考虑。当局
之意以为北廷无代表全国资格,此次列席会议应由南方政府派出。
惟以事实论,北廷为各国所承认,又非南方口舌所能争者,届时两方
代表争执,授东邻以攻击之柄,藉口于我国之不统一而取消与会之权
利,亦不可不虑。故日前旧会议员高振霄提出讨论,多数人士属意伍
廷芳,伍亦允担任。现时所研究者为如何派出之方法,少数议员主张
由南方政府正式遣派,而一般有经验之外交家则不谓然,仍主张与北
廷会派代表,俾得保存国体也。"(《南方之对内对外主张》,天津《大公报》
1921年8月16日,"要闻二")

　　8月17日　致电陈炯明,奖励粤军入驻南宁。

　　是月7日,陈炯明自南宁来电,报告粤军入驻邕垣。是日致电嘉
奖,略谓:"欣闻执事于当日入驻邕垣,旌旗所指,氛祲全消,皆由执事
刚柔兼裕,仁智兼施,故能兵不血刃,收复省会。渠魁宵遁,悍将输
忱,数旬之间,砥定桂省。现在各路义师,星罗棋布,不可无中枢以总
其成。"并告"已明令各该统兵长官,遇有关于地方军事事宜,悉商承
该总长办理,以一事权而肃纲纪"。(《大总统奖勉陈总司令》,上海《民国
日报》1921年8月26日,"国内要闻")

　　△　致书海外同志,望担任募捐。

　　书谓:"文奔走国事迄数十年,困心衡虑,奠我邦家。今西南再
造,响应自治之声弥漫宇内。吾辈当如何自勉,以求偿厥素愿,慰我

国民？顾自治非可托诸空言，必挟实力以坚其盾。今前敌杀贼，义不反顾，虽断胆裂身，犹冒锋突进。文每轸念其劳，彼则曰：男儿爱国，当如是也。我父老兄弟姊妹之寄居海外者，其志斯言。文终日焦劳，冀我海外同志念前敌之艰苦，祖国之阽危，勃然有作，踊跃输将。兹中央筹饷会由发起人等公举干事十人，主持会务，广设劝捐员，一面于国内分别募捐，一面函托海外同志担任募捐之事，内外合力，共襄进行。夫国家兴亡，匹夫有责。今日四百兆同胞重任，付托于我同志，则共同尽力，以解其倒悬。致民国于福利者，即我同志之责也，我同志其力图之。"（《孙文出电汇录》，《香港华字日报》1921 年 8 月 20 日，"粤闻"）

　　△　致电李友勋，告知广西善后事宜权属。

　　电谓："刻下桂境义师云集，关于地方善后事宜，不可无中枢以总其成。前经界陆军总长陈炯明以办理广西军事善后事宜全权，该司令即饬所部以原官名义，维持地方秩序。嗣后遇有军事善后事宜，应即商承陈总长主持。其地方民政即商由马省长办理，以明系统，而免纷歧，庶不负义师胜残除暴、扶植桂人自治之本旨。"（《大总统训勉李友勋》，上海《民国日报》1921 年 8 月 25 日，"国内要闻"）

　　△　粤海关情报称："孙总统拟组织十个师的兵力，准备北伐。滇赣军总司令李烈钧将军则组织五个师并亲自指挥。另外，广西将组织一个师，广东和湖南各组织两个师，陈炯明将任这五个师的总司令。准备工作定于 9 月份结束，10 月份开始北伐。"（广东省档案馆编译：《孙中山与广东——广东省档案馆库藏海关档案选译》，第 277 页）

8 月 18 日　报载是日广州电，马君武呈请孙中山通缉前桂伪省长李静诚。（《本社专电》，上海《民国日报》1921 年 8 月 19 日）

　　△　陈炯明通电赞成卢永祥在沪集会之议。

　　电谓："民国建立，于今十载，变乱相寻，迄无宁岁……揆厥原因，良由大法不立，国基未固，至使强徒政客各肆其奸，言国是者或侈谈集权，或倡言统一，徒饰外观，终无实际。循是以往，国将不国。敬读卢督军通电,先定省宪,以树民治之基;进议国宪,以图统一之效。宏谋伟略,诚为今日救国良方,至为钦佩。继读卢总司令号电,同声相应,足征仁者所见,异地同符。拟招各省区代表集沪开议,协议大法,付诸国民公议。是得民和真谛,足以建吾国永久和平之基……即请子嘉督军领衔通电全国,定期在沪开会,届时当派代表出席,敬随诸公之后。"(《陈炯明赞成在沪开会电》,《申报》1921年8月26日,"国内要闻")

陈炯明公开赞同卢永祥联省自治之议,在南方政府内部引起轩然大波。国会议员萧辉锦、凌钺、张凤九等专门提出质问。议长林森自见报章登载该电后,"异常忧虑",担心此事如处置不当,"恐引起极大之风浪"。孙中山则连日在公府"召集重要人物开秘密会议",讨论应付陈炯明巧电之事。据闻古应芬近期赴桂,也与此事有关,"拟请陈总司令再将联省自治详为解释,以释群疑"。(《陈炯明巧电发表后之暗潮》,《申报》1921年9月8日,"国内要闻")"议长林森设法疏通遏止,仍然无效,昨经咨达孙文,惟是孙文对于援鄂问题较为重要,且不忍于此时候使内部发生风潮,为外人小觑。日前虽曾以一时之气示意议员提议质问,后经各方面劝息,故现时将此质问暂行搁浅不理。"(《孙文对于议员质问陈炯明之态度》,《香港华字日报》1921年9月6日,"粤省要闻")

另据报道,"陈炯明发出赞成联省自治巧电,国会议员提出质问后,此事孙文因援鄂紧急,遂暂将此议搁浅,以免发生政潮。惟陈氏方面,极为愤怒,谓如此局面尚不竭力维护,反生内哄,余将解职家居侍母,暮年尚觉得人生之乐,若在职一日,决不变吾初旨随若辈糊闹"。(《陈炯明对于议员质问之愤慨》《香港华字日报》1921年9月9日,"粤省要闻")有消息称,陈炯明发出巧电后并有后续动作:"复派邓伯伟赴浙,与卢永祥磋商办法,确有积极进行之势。现闻林森、胡汉民等出面调停,拟请陈炯明将邓伯伟撤回,另发通电辩明前次巧电乃系一种空洞之政见,并非实行,藉此以为两方转圜之地步。"(《拟请陈炯明撤回赴浙代表》,《香港华字日报》1921年9月6日,"粤省要闻")

《香港华字日报》就此发表长篇评论,指出:"广州非常国会对于陈炯明赞成联省自治之巧日通电,已提出非常质问,而美洲华侨联合会且指为通敌附逆,呈请查办。此等非常举动,实与广州非常变化,大局非常发展,有非常密切的关系。吾民对于联省自治,既表示非常之赞成,自不能不应非常之要求,本非常之眼光,下非常之观察,以与我四万万非常亲爱的同胞,解决此非常问题,期有以救此非常危险的中国……吾人向持不党主义,对于南北政府,向无丝毫偏袒,凡兹所陈,皆其诉诸良心所不得不言……就现已发表之事实而论,孙陈政见确有异同,宁复足讳,即此足见本报平昔关于此等事件之评论之记载,皆有根据,有来历。彼挟持党见者即日日攻击我,诟骂我。然权利可以牺牲,政见必不可牺牲,无论如何,事实终有爆发之一日,今后时局变幻,其有待于我人之平心观察者正多……夫广州国会何以质问陈炯明,且何以特别注意于陈炯明巧日之通电,质言之,则反对联省自治而已。然联省自治果当反对乎? 陈炯明果绝对无发表联省自治主张之可能乎? 主张联省自治果为大逆不道乎……中国非实行联邦分治必不可以谋国基之巩固,此其理已为有识者所同认。国民党向主张联邦,岂今日多数国民赞成联省自治之时,转主张中央集权? 岂徐世昌尚不敢逆联省自治之潮流(徐之倾向自治虽非诚意,但其不敢下令讨湘,未始非慑于联省自治潮流之不可侮),而日日要讨徐世昌者转惟我独专而始快? 且联省自治实为今后必经之阶级,无论何人,皆不能背反多数国民之所趋……南北政府,自主观方面言之,固皆所谓正式政府,而自吾民观之,南骂北为虏,北骂南为贼,譬诸村妇角口,皆属羌无故实。(因双方皆无法律根据),各是其是,亦各非其非,国人久已置诸不议不论之条,代之以联省自治政府,不惟纠纷可以立解,且联邦政府之组织若何,正式总统之选举若何,皆为国民之自择,南北阔人果为国民所属望,则总统一席,仍可当选……即曰为救国计,然救国非一人事,我救国,我不能禁人之救国,我尤不能禁人之谓我非救国。诉诸民意，宁非至公……联省自治之定义，章太炎（炳麟）早已详言之。质言之，则以本省人办本省事，非以外省人办本省事。尤非以本省官压制本省人……常议员之意，以为陈炯明是广州政府之陆军总长，对于国家大计，当秉承孙大总统，不当自出主张，否则为通敌，为附逆，为违背护法宗旨。质言之，则恐陈氏主张联省自治，另设联省政府，则广州政府，自不得不拆台，非常议员之饭碗，自不得不打破，故以此劫持之而已……事关救国大计，陈炯明爱孙大总统，陈炯明尤爱中华民国。古者将在外君命有所不受，何况今当共和时代，自不能以形式拘之。况孙段携手，而卢永祥则为段系，孙就职宣誓，亦谓顺自治潮流，促进统一。而联省则为自治统一分途并进之梯阶。故无论赞成浙卢联省自治主张，既精神上与孙氏不背，即在南言南，亦决不能谓为通敌附逆。抑联邦制之实行，国民党主张之，亦即孙文主张之。

"辛亥一役，京政府实力未充，致为袁世凯所劫持，不及推行联邦制，以巩固地方分权之基础，遂使中央集权之流毒至今。（十年来对内之战争，皆为地方分权与中央集权之争。）论者今犹惜之。今果联省自治终有实出之一日，在孙文正可藉此弥当年之缺憾，第求于大局有补，原无功名利禄之可争，而又何憾焉。夫当广州运动选举总统之始，陈炯明有表示反对矣。其言曰：不赞成速选总统。正所以爱孙氏（见当时报载）。是岂真有不满于孙氏耶？盖陈以为粤局甫定，川湘滇黔各省之意见何若，尤未可或知。今遽贸贸然挟此不足法定人数姑名为非常会议之百十非常议员，遂举出所谓中华民国之大总统。谓北方违法，而我竟亦违法，谓北方强奸民意，而我竟亦强奸民意，对内对外，是否足以新一时之耳目，而使之梯山航海以来归，又宁待费词。与其欲速不达，诚无宁稍缓须臾。俟西南联省自治之局成，然后选举之为愈耳。

"由今观之，欲做则竟做，在广州空气包围中，诚无人敢说一不字，然做全国总统不得，做西南总统仍不得，天下事惟其实不惟其名，出尽九牛二虎之力,仅得一广州总统头衔……非常议员只顾上台,只知吃饭,不知吃饭之难,致陷孙氏于不上不下之地位,此非当日不赞成速选总统之陈炯明所最痛心者欤?! 其所以主张联省自治者,正所以救其失也。"(《非常国会大骚动》,《香港华字日报》1921 年 8 月 30 日、8 月 31 日、9 月 1 日,"论说")

8 月 19 日　报载孙中山连日召开会议,讨论对北方针。

报道称,孙中山日来迭次在总统府召集军政要人及各党首领会议,讨论对北方针,表决者现已实行宣布,共计五种要项:(一)湘鄂和议决裂,即进行粤军援鄂方针,在武汉会师;(二)联合川滇黔预组北伐队,粤军任为先锋;(三)催促李烈钧会同许崇智、包作霖积极援赣;(四)联合长江青红帮及苏鲁豫土匪分扰长江各省;(五)宣布北省军阀政策摧残民意之罪状。

另据消息,孙中山在府中花石厅召集之北伐会议,多数赞成表决者先由国会提出讨论,通过后即宣布北京政府近年拥兵借债纵任军阀各大罪状,分派代表赴川、湘、滇、黔联络后即一致分攻屡与北政府之各省,并规定在武汉会师,直捣燕京。所定计划异常周密,现正分别联络护法各军联合进攻。"孙文鉴于湘鄂和议,内有实行自治,组织联省政府之提议,深恐将来有人另举领袖,个人反致失职,故藉口积极北伐,连开特别会议,表决速檄西南各省均派自治军,随同粤军北进,先在湖南齐集。孙则有负前敌督战责任,宗旨在无论与北方和战,结果均可自居南北首席位置。"(《孙文将宣布北伐》,天津《大公报》1921 年 8 月 19 日,"紧要新闻")

△　发布命令裁撤南宁等六道道尹。

命令谓:"广西省南宁、苍梧、桂林、柳江、田南、镇南六道道尹缺,着一并裁撤。"(《大总统命令》,上海《民国日报》1921 年 8 月 26 日,"国内要闻")

△　任命吕一夔为广西财政厅长,任命杨愿公为广西政务厅长。(《大总统命令》,上海《民国日报》1921 年 8 月 26 日,"国内要闻")

　　△　报载北京政府应对广东政府北伐方法。

　　报道称,徐世昌鉴于湘、鄂事仍无疏通希望,而闽、赣近又告急,特嘱靳云鹏速电曹锟、张作霖,征求应援对付西南办法,并指定对南主张三项:"(一)至不得已时单独与赵恒惕接洽,驱逐湘鄂民军,与湘实行联合;(二)急电李、陈两督速筹防御,并责成苏皖向闽赣接援;(三)以北省全力抵御孙文之北伐筹备,免生意外。"(《孙文将宣布北伐》,天津《大公报》1921年8月19日,"紧要新闻")

　　△　报载某要人谈广东政府力谋援鄂,实欲操南方议和全权。

　　报道称,孙中山决定亲自督师入湘援鄂,近日积极筹备,颇为忙碌。"昨据深悉内容之某要人传出一种消息,所谓援鄂者实系另有作用。现时鄂湘战事料可停止,无出师之必要,更无援助之可言;且闻赵恒惕曾电贺吴佩孚、萧耀南之就任,赵吴之预有密约,已啧啧人言,吴氏现通电苏皖闽浙赣湘川滇等省各派代表在汉口开国民会议,只剔出粤桂两省,故粤桂并无接到此项通电。其中原因极为复杂。湘滇川本有组织第三政府之议,不欲受制于孙氏,诚恐粤省得列席此次会议,则牛耳必为粤所执。在吴氏方面,亦以为孙氏希望过奢,所提议之条件必难妥洽,决定先与湘滇川等省联络,以孤粤之势。然后第二步乃进而与粤言和,庶几易于就范。孙氏深悉各方密谋,不得不藉名援鄂以谋活动,故此次援鄂谓为真正预备作战,毋宁谓为欲操纵西南议和全权,故先张声势。其中内幕闻系如此。"(《孙文援鄂之作用》,《香港华字日报》1921年8月19日,"粤省要闻")

　　△　报载援桂之销费。

　　报道称,此次粤省用兵桂省,幸未两月而底定。顷据某军界要人言,谓"自此间筹备征桂以后迄于今日,共用去军费凡五百万元有奇。所有军队,因此次桂事而调动与于战役者数达三百营,其随征入桂者则数达二百营左右"。(《援桂之销费》,《香港华字日报》1921年8月19日,"粤省要闻")

　　△　蒋作宾来电,恳速师救援。

报道称,是日湖北蒋作宾电请陈炯明、许崇智出兵攻援。同日孙中山亦接蒋氏密电,深知湖北形势非出师援救不可。"惟是匆促不能出师,即电陈炯明刻日回粤,磋商大计。"(《蒋作宾请出兵援鄂》,《香港华字日报》1921年8月25日,"粤省要闻")陈炯明随即电复孙中山,略谓:"桂事尚未完全解决,不能即行,援鄂大举,未易妄动,容后徐图。至返粤之期,现尚未能确定。"孙中山接该电后,"异常焦急,一面仍电促回粤,一面召集开政务会议,讨论出师之事"。(《孙文急于援桂之情形》,《香港华字日报》1921年8月27日,"粤省要闻")因湘鄂战事与西南大局极有关系,陈炯明显然也颇为关注。"日昨有电到省总司令部,饬令如接到有湘鄂战事电报,应即转电行营察照,勿得延误。"(《陈炯明注意湘鄂战事》,《香港华字日报》1921年8月27日,"粤省要闻")

8月20日　吴佩孚就广东政府拟派兵攻鄂等问题发表谈话。

是日,《大陆报》记者访问正筹备汉口军事会议的吴佩孚,就湘鄂局势、太平洋会议等问题探询意见。在谈到"孙中山拟派兵七万四千来鄂"时,吴佩孚谓:"孙拟进兵武汉,诚为野心计划,但须知吴某在此。"(《外报纪吴佩孚之言动》,《申报》1921年8月24日,"国内要闻")

△　报载是日北京电,北京政府与俄议约停顿,系因"检出孙文与劳农约:(一)孙文军至必要时,准由莫斯科接济经费;(二)西南联省政府允许宣传共产主义于各地"。19日下午5时,俄方代表阿格辽夫访刘镜人,言:"此非远东自身行为,该项文书不过参考用。若华无意议约,则赤塔决与日本先开谈判。"(《专电》,《申报》1921年8月22日)

△　粤海关情报称:"省长陈炯明已通电各省,强烈支持浙江督军的建议,在上海召开各省代表会议,讨论全国和平统一的办法,并草拟一部宪法。与此同时赵恒惕总司令也提出一项建议,希望在汉口召开一个类似的会议,除了讨论全国恢复和平的办法外,还要讨论建立联合政府问题。赵的建议得到云南、四川、贵州和其他省份的支持。但是,赵的真正意图是建立有别于南北政权的第三个政府。孙

总统已就此派出代表到西南各省,告诫各省不要采取这种愚蠢行动。"(广东省档案馆编译:《孙中山与广东——广东省档案馆库藏海关档案选译》,第277页)

8月22日　报载孙中山将于10月间移节长沙。

报道称,据广东公府中人所宣传云,孙中山移节长沙之议,行将实现。"滇、赣、湘、粤、桂,第一期共出兵十师,设军长五,联军司令二。大约以参谋部长李烈钧所部滇军,及现时分驻粤桂之护法赣军三梯团暨赣军五支队,联设一总司令,以李部长充任。粤桂湘三省联设一总司令,或即以陈炯明充任。闻滇赣共组五师,桂一师,湘、粤各二师。又湘军二师,系指孙中山日前派赴湘南招抚之湘军各队而言。其长沙赵总司令所部,将来如何划拨,尚未拟定。前奉派赴湘之廖沈两招抚使,现在编成湘军已达一师有奇,其未足之数营,刻由沈使驻扎宜章招募。并派旅长张镇塈在粤省乐昌等处边界招回旧部,限八月内完全成立两师。所有一切饷械,俱由孙中山设法接济。9月为实行准备时期,预计孙赴湘之期,当在10月间也。"(《孙中山之移节长沙说》,《申报》1921年8月22日,"国内要闻")

8月23日　蒋作宾来电,报告22日占汀泗桥,吴佩孚大败。(《本社专电》,上海《民国日报》1921年8月26日)

8月24日　报载广东政府遣金永炎赴湘与赵恒惕沟通援鄂。

报道称,昨日公府某要人传出消息,"近因援鄂之事表面上虽似积极,然不过一种虚张声势,实则湘粤间尚未有若何联系。湘鄂开战情形固未报告来粤,而赵恒惕始终亦未请求出师援助。今出师入湘是否不被拒绝,尚须征取赵恒惕意见,堪膺此项任务者,此间颇难其人。因思金永炎于从前军政府时代岑春煊曾委其署理秘书厅长,当时赵恒惕任湘军师长,曾以某事托金永炎代为疏通,以后时有来往,彼此感情甚深,故特邀金永炎由桂来粤,派其赴湘,与赵恒惕有所商榷。必须俟金永炎回复后,方能决定援鄂之进行"。(《孙文援鄂之筹划》,《香港华字日报》1921年8月24日,"粤省要闻")

8月25日 召开国务会议,商讨派代表参加太平洋会议等问题。

是日,在总统府主持有各部总、次长出席的国务会议,首议派遣代表出席太平洋会议问题。席间发言指出:"南方合法正式政府实代表全国之政府,故遣派太平洋会议代表,应完全由我正式政府主持。北方非法政府并无可以派出代表之权。纵使由彼非法政府私自派遣,我正式政府绝对不能承认,所议决之条件,即绝对不能发生效力。应即向美国政府将此理由郑重声明。"列席者均赞成。遂命秘书厅致电驻华盛顿代表,令通告美国政府;并由外交部咨请太平洋会议有关各国外交官知照。广东政府对于此番交涉实有所期待,因"我国正式政府虽尚未经列国明文承认,而美国朝野早察知我国民心里所向,久已表示好意。北廷既经全国联合会之通电否认,而侨美华人屡向华盛顿政府指斥,北廷无代表全国之资格,今又得我政府此番表示,哈总统必能斟酌审慎,而尊重吾人之意见"。(《新政府决遣派太平洋代表》,上海《民国日报》1921年9月2日,"广州特约通信")据报道,广东政府内部对于发表宣言一事存有异议,"稳健派以此种宣言恐对外无甚效力,不如不发表为愈"。(《太平洋会代表与西南》,《申报》1921年8月31日,"国内要闻")

△ 报载孙中山拟借债展筑长堤马路。

报道称,"孙文拟填筑珠江展筑长堤马路,并举行大借款二千万元一事,顷查此项办法确经决定,并与美商订有成议,此间政府初拟即将此项计划,向美商借入巨款,为展筑费用。美商以中国政府向来所指称种种实业借款,俱系有名无实(借款到手,即移作别用),未能遽允。现孙科以关余一项,业经外人允交回一百万元为治河费,拟先行提回此款,为入手填筑之用。并拟向外人交涉,再提取关余二百万,共三百万元,先将由西濠口至大沙头二沙头海面,先筑一堤坝,以表示填海筑路之实现。现美商议定,如粤政府果能办到筑定堤坝时期,即可签约交给借款。粤政府方面,即以此项新计划为抵押,所有新筑堤面地段,即作为抵押品。项闻此举拟俟陈炯明回省一度之协商后,即可实行"。(《广东之最近局势观》,《申报》1921 年 8 月 25 日,"国内要闻")

△ 报载桂省总司令一职争夺激烈。

报道称,"桂军总司令一职,争逐者大不乏人,如许崇智、魏邦平、洪兆麟、熊略等,各皆有此想望。至洪、魏部下在永淳冲突,亦以此故。项闻桂省总司令一职,陈炯明昨已有电来粤,保荐第二师长洪兆麟升任。孙文本不以为然,然亦不能不加给委任,日内当可发表。闻陈炯明之所以保荐洪兆麟,此中亦有原因。盖马君武既任命为广西省长,则总司令一席自不能不归之于陈氏部下,而洪则为陈氏之心腹,且为最崛强之人,故委之以军权也。又据某君云:第三师长魏邦平,此次援桂,立功最伟。魏日昨返省,决意急流勇退,拟俟桂局底定班师回省,即行辞职,往外洋游历。某日魏与李福林晤面,陈述此旨,李为动容,亦慨然有退休志,颇有愿与魏偕行游历各国之意。观此种种消息,则内部之间恐尚有意见也"。(《广东之最近局势观》,《申报》1921年 8 月 25 日,"国内要闻")

8 月 27 日 广东各界举行援桂成功祝捷巡游,与陈炯明接受祝捷大会祝词。

是晚 7 时,广东各界举行援桂成功祝捷巡游,参加者有百余团体。游行者或手持灯笼或国旗牌灯等,上书"援桂成功""庆祝凯旋""粤桂一家""扶植自治"等字样。(《援桂成功之祝捷大会》,上海《民国日报》1921 年 9 月 5 日,"国内要闻")

8 月 28 日 复函齐契林,陈述中国近情及通商问题。

上年 10 月 31 日,苏俄外交人民委员齐契林自莫斯科来函,此信于本年 8 月 14 日才辗转收到。

是日复函齐契林告:"这是我从您或苏俄某一位那里所收到的第一封信而且是唯一的一封信。"随后又简要介绍了辛亥革命以来中国政局的变动,指出:"在与日本切身利益有关的一切重大政策问题上,北京实际上是东京底工具。莫斯科在自己与北京的一切正式关系上应当好好地估计到这个情况",只有待南方革命力量推翻北京政府时,"苏俄才可以期望与中国恢复友好的关系"。"在这个期间,我希望与您及莫斯科的其他友人获得私人的接触。我们常常注意你们的事业,特别是你们苏维埃底组织,你们军队和教育底组织。我希望知道您和其他友人在这些事情方面,特别是在教育方面所能告诉我的一切。"(《复苏俄外交人民委员齐契林书》,《孙中山全集》第5卷,第591—593页)

△　报载孙中山代表陈某在美发表宣言,谓:"哈定总统将许南政府派代表参与华盛顿会议。"(《总统代表在美宣言》,上海《民国日报》1921年8月28日,"外电")

△　报载南方政府关于太平洋会议之筹备。

报道称,"美国总统哈定所发起之太平洋会议,特以商榷军备缩小问题,与解决远东国际事件,其关系我国前途,实视巴黎和会更为重大"。"我新政府方面,对此问题自不宜默尔而息。前国会议员中有人提议请孙总统亲自赴会,其理由以为该会议中各国代表都系第一流人物,或为元首,或为首相,吾国非得负世界重望之人出席,不足以示隆重而博信用。其用意不可谓不善,但现值援桂事蕆,方从事北伐以谋统一,孙总统运筹中枢,断难分身远出,此说殆已不成问题。惟伍部长老而爱国,清望久孚,必能不负人民之付托,故此席以伍为最宜。据伍自己意思,以为如果国会及孙总统必以此相委,彼亦愿服从大众意见,勉为一行。是将来结果遣派代表,必请此老出马,可无疑义。然此不过内部商榷问题,新政府今尚未得各国承认,纵决定代表人选,能否为美国所欢迎,颇难乐观。国会议员中虽有少数主张不必俟他国之承认或欢迎,可径先行派人前往赴会者,但外交上有经验之人则极不赞成,所以孙总统前次咨复国会非常会议,亦仅云此事政府早已虑及,已饬外交部妥为筹备,诚恐轻率将事,反有威信失坠之虞,不得不事先审慎也。闻现外交部拟派人向华盛顿政府疏通,求其同意。美国虽未公然承认我政府,其驻粤总领事前曾公式谒见总统,彼国康格雷州曾有承认西南政府之运动,是其朝野对我颇有好意,将来纵未能将伪廷抹煞,或于派遣代表事件,能有相当方法,未可知也"。(《广州特约通信》,上海《民国日报》1921年8月28日,"国内要闻")

8月29日　发布布告,否认北京政府所发10年公债。

本月22日,总统府召开国务会议,决定下令声明北廷所发10年公债,未经正式国会通过,将来国家不负偿还义务。(《本社专电》,上海《民国日报》1921年8月24日)是日布告发布,曰:"自民国6年国会被非法解散以后,伪廷所发各种公债,迭经国会及前军政府声明否认在案。乃伪总统徐世昌日暮途穷,倒行逆施,竟敢以伪令发行民国10年公债,逼迫各地商会认销。查徐世昌伪总统资格,自伪国会解散,已不复存在,早为中外所共弃。似此弁髦国法,横征暴敛,言之殊深痛恨。近年水旱频仍,干戈未息,田野荒芜,庐舍荡析,民生憔悴,亦已极矣!嗟此喘息未定之孑遗,何堪再受不道之搭克?兹特布告国人,须知伪廷徐世昌命令所发行之民国10年公债,及其余一切之公债,未经合法国会通过者,均属无效。将来统一之后,政府不负偿还之责。中外人士其一致拒绝,勿得受愚购认,或代为募集,致干法纪而受损失,以副本总统轸念民生、整饬纲纪之至意。"(《孙文否认北廷十年公债的布告》,《香港华字日报》1921年8月31日,"粤闻")

8月31日　报载是日广州电,总统府接驻美代表马素电,美国国务卿告:"美曾电北京,太平洋会议中国代表必南北兼派。北政府回电称,南方唐绍仪可充代表。"总统府现发出通告,声明对于太平洋会议代表,"并未与北廷有一字商量"。(《本社专电》,上海《民国日报》1921年9月2日)

对于广东政府的通告,上海《民国日报》分析认为,这项声明表面似笼统,实则含有两种重要的意义。其一,"中国只有一个政府,北庭既失了法律上地位和民众的信仰,新政府依据正义,断不能承认中国还有一个和自己敌体的机关。所以新政府成立以来,无论对内对外,从没有和北庭有一字商量过"。其二,"新政府对外的惟一抱负是争回主权,对内的惟一抱负是顺应民意。新政府知道人民的对外抱负是自己一样的,又知道人民虽有争回主权的抱负,却还没完全认清争回主权的路径;所以只希望人民觉悟,不愿向北庭有一字无聊的商量"。(楚伦:《新政府对太平洋会议的态度》,上海《民国日报》1921年9月3日,"言论")

△　粤海关情报称:"据广东报道,安福系首领徐树铮积极参与目前湖南和直系军队的战斗。他援助湖南当局,目的在于引发直系与西南各省之间的大战,并借此机会对直系首领强加于他的耻辱报仇雪恨。据说他已和孙总统以及张作霖达成协议,准备联合打垮直系。此间领袖们尽管愿意援助湘军,但他们的目的首先是除掉湘军总司令赵恒惕。赵在每件事情上都要两面手法,因此他们不信任他。"(广东省档案馆编译:《孙中山与广东——广东省档案馆库藏海关档案选译》,第239页)

是月　就遣太平洋会议代表及派代表赴各国办理外交事,咨复国会非常会议。

上月27日,国会非常会议召开,讨论通过高振霄等提出的咨请政府速派太平洋会议代表议决案,及丁骞提出的请政府派代表分赴英、美、法、日各国办理外交之临时动议。随后,非常国会备文咨达政府。政府随即咨复非常国会,就遣太平洋会议代表事答复曰:"查此事政府早已虑及,现正在筹备进行中。准咨前因,除饬外交部妥为筹备外,相应咨复贵会议查照。"对派代表赴各国办理外交,回复称:"政府本早在筹备之中。准咨前因,除饬外交部审度情形,相机进行外,相应咨复贵会议查照。"(《新政府外交之进行》,上海《民国日报》1921年8月17日,"国内要闻")

9月

9月1日　致函马君武，介绍陈楚楠赴桂考察。

陈楚楠近拟赴桂考察农业，本日致函广西省长马君武，为之作介。函谓："陈楚楠兄，南洋老同志也，今来桂省考察农业，如有适合，当从事经营此业，到时请为指导一切为荷。"（《致马君武函》，《孙中山全集》第5卷，第595页）

9月2日　李烈钧来电，报告于1日抵广西长安，并"拟暂住长安，整理一切，静待后命"。（《李协和师次长安》，上海《民国日报》1921年9月19日，"国内要闻"）

9月3日　于总统府宴请援桂凯旋军官，奖援桂之功，勉北伐之业①。

是日晚，在总统府宴请援桂凯旋的粤军将领，内河航队、飞机队以及此次预备出发北伐的官兵代表，约计二百余人。发表演说，略谓：要使中国国民人人皆得安全，"即当于平桂之后，再做一番功夫，以统一中国。中国既统一，则四万万同胞可以得享真正之安宁幸福"。"夫统一中国，非出兵北伐不为功。两湖既促成出兵，则今日之机局，正如天造地设。总之，北伐之举，吾等不得不行。粤处偏安，只能苟且图存，而非久安长治，能出兵则可以统一中国。现两粤人民虽得自由幸福之乐，然我国尚有多数同胞，犹在水深火热之中也。此次出兵，实天与人归，粤军前既自信北兵易打，桂贼难平；则此次北伐较西征容易，可断然矣。"（《在广州宴请北伐军将领时的演说》，《孙中山全集》第5卷，第597—599页）随后林森、伍廷芳、徐谦次第发言。伍谓："吴佩孚前在湘时，取军政府四十万往战北军；今又取北京政府八十万来湘

---

①　《孙中山全集》据《广东群报》断为9月6日，而上海《民国日报》、天津《大公报》均记为9月3日。

打南军,实系反复无常之小人,还讲什么国民会议！现在吴假面具已经揭破,愿国人勿再被其诱惑。新政府政治极其文明,北方则尚在黑暗之中,渴望南军早日北伐,扫除障碍,建设新中国。"徐谦指出:"诸将领须信仰服从孙总统,乃有成功。"周震鳞、刘成禺并详述两湖情况。(《广东要人之论调》,天津《大公报》1921年9月9日,"紧要新闻")

△　广西桂林各界联合会来电,主张北伐。

电谓:"当吾省军事结束之际,值中原多难之秋,湘鄂战事弥漫于长岳,自治潮流震荡于长江,北方军阀倒行逆施,犹恃其武力征服西南,此而可忍,孰不可忍,正宜乘此时机,力图进取,援湘攻赣,分道出师,移援桂各路之义军,为北伐前驱之劲旅。务望我大总统主持,迅颁明令,各友军同时并进,共扫妖氛。"(《一片主张北伐声》,上海《民国日报》1921年9月25日,"国内要闻")

△　旅粤湘人来电,恳请援湘。

湘军援鄂遭遇顿挫,吴佩孚占据岳州,进窥长沙,湖南岌岌可危。本日,旅粤湘人、湘军后援会李执中等来电,认为吴佩孚南犯,"其终极目的实不仅在湖南一隅,而在西南全体",吁恳"我大总统暨诸公统筹全局,迅予出师援助,扫除寇氛","底定中原,完成统一"。(《旅粤湘人吁恳援助》,上海《民国日报》1921年9月13日,"国内要闻")

△　报载孙中山连日召开会议,集议援鄂诸事。

报道称,孙中山连日于总统府召集府内重要人物会议,闻其会议各事:"(一)援鄂之筹备;(二)对于陈炯明之巧电赞成卢永祥联省自治及国议员之质问;(三)北廷派太平洋之代表如何对付等事。"(《孙文之秘密会议》,《香港华字日报》1921年9月3日,"粤省要闻")

9月5日　就出席太平洋会议代表资格问题发表宣言。

为调整远东和太平洋地区的利益格局,美国总统哈定于上月11日向中、日、英、法等国发出太平洋会议正式邀请函。16日,北京政府外交部复电"深表同意",并着手拟定参加会议的代表人选。

是日用英文发表告列强宣言,揭露日本侵华政策,指斥为日本所羁勒的北京政府无代表中国参加太平洋会议的资格。宣言谓:"余为正式总统之中华民国政府,苟非脱出'二十一条'中日秘密条约及日本利益,而由徐世昌政府缔结或让与其他让步政策之羁绊,太平洋及远东问题,可断言决不能解决;至其他问题,抑又其末矣。夫如前记之威吓政策之遂行,乃举中国富源署诸日本支配之下,中国而欲脱此羁绊,必由不受他国拘束之。广东正式政府送代表与会议,徐世昌及其政府已十分为日本所束羁,十分与日本妥协。彼为与'二十一条'协约关系而误交涉,及丧失国权之内阁国务总理,彼与彼之政府缔结1918年之中日密约,及其他非法交涉,以中国之富源伴日本之侵略政策,而提供开发,彼为违反宪法而组织之国会所选出之总统,其国会又因彼而为非法国会,至昨秋遂不能不被解散矣。广东政府因为绝对不受外国拘束之正式政府,故苟非广东政府派遣之代表列席会议,则关于中国之决议,一切无效。"(《孙总统为太平洋会议事告列强宣言》,上海《民国日报》1921年9月9日,"国内要闻")

△　致函美国国务院,告仅南方合法政府有权代表中国出席太平洋会议。

函谓:"南方合法政府,为代表中华民国之全国政府,故派遣太平洋会议代表,应由合法正式政府派出。北方非法政府,并无可以派遣代表之权;如由非法政府派遣代表,所议决条件,在中华民国绝对不能发生效力。"(《致美国国务院函》,《孙中山全集》第5卷,第596页)

对马素在美活动以及美国政府的反应,有报道称,"9月11日,马氏已将孙中山及伍廷芳致美外部原文,转呈美外交部长许士氏。该书正式忠告美国,谓南中国与北中国之关系完全断绝,如南中国不能派遣代表参与大会,将来太平洋会议议决之事,南中国断不承认;又谓如中国依然在'二十一条款'限制之下,如各密约不取销,如徐世昌借款之交换条件不完全取销,则太平洋及远东问题实无解决之余地云云。美国接受此文后,美外部对马素言:近日英美各报对南中国时局多有了解,美政府对于南北各派代表,现仍观察近日中国内部变迁情形如何为断。前美外部长兰辛则极力向马素劝告,南方宜派伍朝枢来美,即不愿同北方代表列席,亦可作该会监察人。施肇基得美外部此种消息,乃极意联络马素。美国《纽约时报》9月25号发出宣言,声明美国宜延请孙逸仙政府派出代表列席太平洋会议,因南方较北京为合法政府云云。美外部因纽约此种每日销售数百万纸之大报宣言,如此对南已渐渐特别注意矣"。(《马素在美国之活动》,《申报》1921年10月31日,"国内要闻")

　　△　于总统府召开北伐会议,并发表演说。

　　是日,在总统府召开会议,讨论北伐问题。参加会议的有伍廷芳、林森、徐谦、其他民党要员及陆海军将校约二百人。会间讲话指出:"粤桂战争虽已平静,然今又有其他强敌出现,如吴佩孚此次现率大军侵入湖南,欲威胁广东是也。故非击破北方之军队,则真正之平和、真正之统一断不可期。北军果何足恐耶,彼等内讧甚烈,较之两广交战前之广西军,其组织与实力俱形薄弱也。"伍廷芳在讲话中指出:"广东政府严守前言,由陆等夺来之广西已归之广西人民之手矣。故各省省民现均信用广东政府,今吴佩孚愿入广东,以威胁告方。彼二年前曾受广东政府军费四十万元,而与北方军队交战,今又受北京政府八十万元之供给,而与南方军队交战,故击碎此种动物,乃诸君之任务也。"此外尚有多人痛论北伐及诛讨吴佩孚之必要。"又朱信伦(译音)以次三十六名之议员,向广东政府提出北伐建议案,其内容如左:(一)广西军事业经收束告竣,宜令战胜军队前进武汉会师;(二)徐世昌组织之非法政府,近乘南方无暇北伐之时,竟与法国借款三亿法郎,且更欲与日本缔结借款,非速下讨伐令不可。"(《广东北伐会议之狂热》,北京《晨报》1921年9月9日,"紧要新闻")

　　△　报载顾品珍赞成北伐。

　　报道称,顾品珍日昨晚间赴曲靖,召集各路统兵长官会议,讨论与粤组织联军办法。"第三军长黄斌主张先派代表赴粤,加入联军会议,一方面在滇抽编劲旅,开赴粤境,与川滇各军会合进行。众咸赞成，拟于日内即派代表赴粤磋商一切。"又据广州方面快讯，滇军总司令顾品珍氏，近已复电孙中山，赞成北伐，并谓"已将毛俊成第一师、范克武第二混成旅及刘训功第二支队，均编为北伐联军，便粤政府调动时，即可同时出发"。惟要求粤政府接济大宗饷械。（《顾品珍赞成孙文北伐》，北京《晨报》1921年9月5日，"紧要新闻"）

△　报载孙中山与陈炯明对湘鄂战事意见各异。

报道称，孙中山之意，以湘鄂战事已动，不此之图，必贻后悔。欲陈炯明以得胜之师回驻苍梧，率兵入湘援鄂，使其向外发展势力。"而陈氏则殊不以此举为然，陈之计划，主张桂局结束后，稍事休息，以便沉静观变；一方面联络北方之吴佩孚及滇黔川湘赣浙桂粤，呵成一气，组织联省政府，俟势力团结，徐图中原。进可以战，退亦不碍自治之局。若必不得已而用兵，亦主向浙赣发动，不欲与吴佩孚为敌。盖吴为北方之健者，若能团结一致，则联省统一庶几可望成立。无如孙派野心勃勃，遂派胡汉民、汪精卫等联翩赴陈之行营游说。不意陈氏不但不赞成，且尤反对孙文率师入湘，视为破坏西南联省之大敌。旬日来粤之不能出兵和入湘援鄂，实因孙陈意见之乖离也。"（《孙陈意见之乖离》，长沙《大公报》1921年9月5日，"中外新闻"）

9月6日　签署大总统令，特派周震鳞为湖南劳军使。（《委派周震鳞职务令》，《孙中山全集》第5卷，第599页）

△　报载孙中山决定出师援鄂。

报道称，顷据总统府传出消息谓，孙中山连日召集重要人员会议，解决援鄂问题，决定出发。现已积极筹备其出发军队。（《孙文出师援鄂再记》，《香港华字日报》1921年9月6日，"粤省要闻"）

9月7日　致电潘正道，嘉奖仗义兴师。

上月21日，鄂军西路潘正道总司令来电，报告率领部队来投情形。本日命陆军部复电嘉奖，谓："该总司令仗义兴师，略地得城，深堪嘉慰。该部将士，为国勤劳，着一体传谕奖勉。"（《嘉奖潘正道电》，《孙中山全集》第5卷，第599页）

△　报载孙中山召集军事会议,讨论接援赵恒惕办法。

报道称,孙中山因湘省赵恒惕迭次来电,请粤政府出兵接济后路,遂在观音山召集军事会议,讨论接援办法。"孙主张俟粤滇黔联军完全开至湘省,即亲赴湘南视察军情,俾与各路司令共商北攻方针。孙之此种宣言已于冬日分电西南各省首领声明一切。"(《广州军事会议之结果》,天津《大公报》1921 年 9 月 7 日,"紧要新闻")

△　报载陈炯明与孙中山因联省自治裂痕愈显。

报道称,"陈炯明巧电赞成卢永祥联省自治,开国民会议于上海,以解决大法诸问题,遂惹起某方面国会议员、美洲华侨等极力反对。顷闻陈自发出巧电后,即密电潮桥运副邓百伟赴南宁,授以机宜,为陈之代表,前赴浙江与卢永祥接洽,并携带现在拟议中之黄毅省自治法草案,以备参考。赴浙后并转往湖南,与赵恒惕会商。业于十日前秘密由南宁赴港而去。其后为孙中山所知,即密派胡某、汪某赴邕向陈氏质问此事。时邓代表已出发多时矣,陈亦置两人质问于不理。汪、胡返粤报告,遂演出国会议提质问之手段。顷凌钺等又复提议开会查办书矣。而陈之联省主张久已确定,若双方坚持,将来必有决裂之一日也"。(《时局变化之西南观》,《申报》1921 年 9 月 7 日,"国内要闻二")

△　报载北京政府阻止广东政府向外借款。

报道称,近日孙中山以北伐无款,曾向某国接借外债。北京政府为阻止起见,日昨特由外交部用正式公函迭致驻京公使团,略谓:"近闻广州政府近又向友邦订借大宗债款,以粤省路矿为抵押,并承认自由开采矿产等因。兹特备函声明,在中国未统一以前,凡以粤省之路矿等项产业为抵押品募借债款,未经中央政府承认者,概作无效。"(《政府向外交团阻止孙文借款》,北京《晨报》1921 年 8 月 21 日,"紧要新闻")

△　粤海关情报称,孙中山主张出兵湖南,监视赵恒惕。

该情报称,"陈炯明总司令离穗期间代理其职的邓铿将军,与数名其他重要官员已离穗前往南宁。据说,他们的使命是就陈总司令在对待召开一次'公民会议'以解决全国性问题的态度上和他达成谅解。同时,他们将征询陈总司令对组织北伐的意见。孙总统对湘军总司令赵恒惕与北方吴佩孚将军达成协议感到有点不安,强烈赞成在这关键时刻派兵去湖南,以便监督赵恒惕总司令的行动。由于这件事需要陈总司令的合作,故派上述代表前去与之磋商。"（广东省档案馆编译:《孙中山与广东——广东省档案馆库藏海关档案选译》,第278页）

9 月 9 日　非常国会通电,反对庐山国是会议。

是月 2 日,张绍曾秉承吴佩孚意旨,通电主张在庐山召开包括"国民会议"和"国军会议"的国是会议,并拟办法草案十四条,期望国人有以促成,以"解已往之纷争,消目前之战乱,开建设之程序"。该电发出后,直系军阀吴佩孚、陈光远、萧耀南、齐燮元、孙传芳、杜锡珪及赵恒惕相继通电响应。吴佩孚积极运动各省赞成,应者廖廖。与此同时,各界纷纷通电,质疑会议背景,护法议员杭辛斋等谴责国是会议不过是吴佩孚"欺骗全国,实谋割据,以扩地盘"的工具。是日,非常国会通电全国,反对庐山国是会议召开。（陈锡祺主编:《孙中山年谱长编》下册,第 1377 页;广东省哲学社会科学研究所历史研究室等编:《孙中山年谱》,第 281 页）

△　粤海关情报称:"孙逸仙总统实际上正着手组织北伐。他已派一名军官去湖南会见湘军,同时,把大量粤军集结在北江上游的韶关,准备进入广西或湖南,然后再从那里挥戈北上。飞行队也已作好准备。一旦获得陈炯明总司令予以合作的保证,北伐就开始。"（广东省档案馆编译:《孙中山与广东——广东省档案馆库藏海关档案选译》,第 278 页）

△　报载孙中山在太平洋讨论会开幕会发表演说。

报道称,汪精卫被推为广州太平洋讨论会主席。该会日前开幕,孙中山躬与其盛,并申言:"时值今日,吾人亟宜肃清内政,否则华盛顿会议决难与帝国争胜,保守国权,不为外人所侵略矣。"（《孙文最近之演说》,天津《大公报》1921 年 9 月 9 日）

△　谷正伦来电,促请出师北伐。

桂局告定后,援桂联军第四路司令谷正伦对北进武汉极为迫切,是日来电,认为建功鄂汉,"既固南方锁钥,又扼北地咽喉,小之定半壁之局,大之树统治之基",恳请大总统"吓然雷震,训令立颁,俾各友军翕尔云从,义旗并举"。(《谷正伦再请出师北伐》,上海《民国日报》1921年9月23日,"国内要闻")11日,谷正伦再次来电,敬祈指日出师。电谓:"现值湘中警耗频来,藐兹北虏,竟敢撤毁藩篱,窥伺门户。大局所关,万难坐视,事机紧迫,万难延缓。正伦待命亟,愤慨填膺。钧座统筹兼顾,已操胜算。敬乞提倡大义,俾得指日出师。"(《援桂黔军北伐之迫切》,上海《民国日报》1921年9月21日,"国内要闻")

9月10日 报载孙中山派宫雁臣等赴奉、吉、黑三省,"勾结胡匪,并联络韩党,密图起事"。并派有代表到大连,"由某国人介绍见张作霖"。(《国内专电》,《申报》1921年9月10日)

是月上旬 与蒋梦麟谈话,告太平洋会议是巴黎和会之变相,南方政府将不遣代表出席。

上海总商会等团体推举北京大学代理校长蒋梦麟赴广州,就太平洋会议问题征询南方政府意见。蒋梦麟抵粤后备受各界欢迎,接见时谈话指出:"此次太平洋会议乃从前巴黎和平会议之变相。巴黎和平会议,不过将日、英两国秘密对山东问题条约,借该会议决,变为各国公认之约。此次太平洋会议,因日、英结盟,为坎拿大利亚、新西兰、非洲各属地所反对,又借太平洋会议为名,避开各属地反对联盟之约。对于中国所议事件,某二国(英、日——引者注)早有商量,虽由太平洋会议公开,然某二国对于中国仍有其他之内幕,总之,不利于中国而已。如北京派遣代表,某二国最为欢迎,将使其卖国签约之人,再作第二次卖国。苟南方此时加入中国代表,将来各国议决中国之事,谓南方亦有代表在场,而北方代表设承认所议,则南方代表更难独任反对。况请帖乃邀北方代表者,即南方加入,亦不过为北方之附庸。不如南方不出代表,只否认北方代表无代表中国之资格,将来对该会所议中国事项否认有效,或可与中国以平反议案之机。而某某两国之秘密续盟,庶不致明目张胆,以中国为鱼肉也。"翌日,在总统府宴请蒋梦麟,双方交谈约五时之久,反复讨论,蒋"决以国民外交资格赴美,监督北方代表之行动",并定于 26 日启程赴沪。(《总统与蒋梦麟之谈话》,上海《民国日报》1921 年 10 月 3 日,"国内要闻")

9 月 11 日　致函李盛铎,望共赴国难。

李盛铎令其侄李守冰等来穗晋谒,具述"吴佩孚欺世盗名,残民肆虐,非廓清之不足以拨乱而反之正","直系军阀拥兵数万,纵横数省,非夹击之断难收廓清之效",建议"接洽北方之能击吴佩孚者"。本日复函,对其派李守冰将命南来,忧国之忱,深表倾佩,并谓:"文奔走数十年,只知有国,不计其私。今执事为国谋至忠,为策略至审,而又不以文为不德,属望有加。文虽不敏,敢不敬听。今即以此事奉托从者,希以个人与前途疏通志意。夫人之爱国,谁不如我?倘得前途相与开诚,共赴国家之急,则有功于国,名必归之。否则,孟子所谓'交征利而国危',想亦非执事之所乐许者也。"(《致李盛铎函》,《孙中山全集》第 5 卷,第 601 页)

9 月 12 日　召开国务会议,听取汪精卫、胡汉民报告南宁之行情况。

据报道,会上汪精卫、胡汉民报告,陈炯明"反对出兵入湘,非常坚决。如不见谅,惟有引兵回粤,辞职回里,不闻政事"。会议继议及吴佩孚主持召开的庐山会议,认为与广东政府"根本冲突"。决议通电反对,声明"无论庐山会议、联省会议,所有议决之事,凡与西南有关涉者,绝对不能发生效力"。(《孙陈各抱主张之粤闻》,长沙《大公报》1921 年 9 月 27 日,"中外新闻")

△　马素来电,报告美方关于太平洋会议中国代表之意见。

是日,马素自美国首都华盛顿来电,据报道,电文大意:"美国国务卿见广州孙中山先生用英文宣布西南政府对于太平洋会议之意见,否认北京政府派遣代表,其谓北京政府徐世昌既属非法政府与总统,何能代表民意?且以卖国之人而与承买之国会议,更为否认。美国对此两说极为动容。又如旅美各地华侨团体业已联名呈文于华盛顿政府,誓不承认北京所派诸代表等,而能代表中国民意;并声明如美国接受北京所派诸代表,华侨等必力抗,不许登岸。特先呈明请美国政府确查中国真正民意之所在。华盛顿政府接到以上诸电文,极费踌躇,日前已有半公式之谈话。关于太平洋会议中国派遣代表问题讨论良久,最后金谓:如至无可解决之时,只好南北政府同下请帖请各派代表,或由南北政府互商派遣代表,否则美国不能正式接受。"(《太平洋会议代表问题》,天津《大公报》1921年9月25日,"要闻二")

△ 签署大总统令,照准任命黄心持为广西矿务处处长。(《大总统命令》,上海《民国日报》1921年9月19日,"国内要闻")

△ 彭程万来电,恳立行北伐。

是月9日,谷正伦来电,呼吁北伐,本日赣军总司令彭程万来电响应。电谓:"刻下桂乱虽经敉平,国基未臻巩固,允宜乘此时机,早定大计。谷司令所陈各节,深为中肯,极表同情。伏恳大总统俯顺群情,立颁讨伐之令,各友军一致赞助,共兴仁义之师。"(《一片主张北伐声》,上海《民国日报》1921年9月25日,"国内要闻")

9月13日 蒋介石来谒,商谈北伐事宜。

前与杨庶堪、许崇智、胡汉民屡次函电催蒋介石来粤,共商北伐大计。是月3日,蒋自沪启程,本日抵达广州,随后前来晋谒,并偕财政部次长廖仲恺往访许崇智,商讨出师北伐日期。17日,蒋抵南宁,晤陈炯明,"听其言,殊不可耐,含怒出"。即搭船返穗,复来晋谒,报告广西情势。并与汪精卫、胡汉民、邓铿等在许崇智寓所开会密议,决定第二军取道湖南及出发日期。继乃过港,滞留数月后返沪。(毛思诚编纂:《民国十五年以前之蒋介石先生》,第134—135页)

△ 派邱赞宣等与李烈钧接洽。

是日,遣派邱赞宣、萧炳章至广西长安与李烈钧接洽,同行者尚有彭程万、方纯等。(吴宗慈:《护法计程(续)》,黄季陆主编:《革命文献》第51辑,第554页)

△ 与时功玖、汪哕鸾谈话,表示北伐讨贼正积极筹备。

鄂省人士因不堪吴佩孚统治，特由湖北省议会推派国会议员时功玖、汪唠鸾赴粤，请求军政府出师北伐。是日接待时、汪二人，表示："北伐讨贼一举，为西南各省夙昔所主张，现正积极筹备进行。"（《鄂公团派代表莅粤·请求出师援鄂》，上海《民国日报》1921年9月23日，"国内要闻"）

△　李烈钧来电，赞成亲征。

李烈钧悉总统准备亲征消息后，本日来电予以赞成，并表示："幸隶旌旄，敢辞艰险，廿年怀抱，循省□然。奉令远征，谨饬三军整肃待命，驰骤中原，固日冀贤哲提撕也。"又告："去夏遵命南驱，经历川、黔、桂，各军之精神，与地方民情之景况，略有所见。拟就观察所及，电达余参议为我大总统敬陈之。"（《李协和赞成总统亲征》，上海《民国日报》1921年10月6日，"国内要闻"）

△　卢焘来函，请力争选派代表参加太平洋会议。

函谓："此次美总统开太平洋会议，谋远东永久之和平，其关系于我国之前途甚重且巨。北廷毁法卖国，媚敌营私，对于外交，屡次失败，只知违反公意断送主权而已。前此亡国条约，皆其所订，若再任此种政府派代表与会，欲其保全时局挽回国权，是犹背道而驰。不特无益，为害实甚。黔省前次通电，宣言反对，职是之由。近读林议长江日通电，有美总统训令公使等，调查北廷派出代表是否为各省民意所公认等语。足见外人尊重我国民意，至深可敬。惟北伪政府既非依法产生，自非民意所托，无论其派出何人，根本上既不顺国民之属望，即无以副友邦之雅意。非由我西南合法政府派代表列席，则此后关于中国一切议案，我西南各省誓死不能承认。诸公爱国，谅倍于焘，务望急起力追，主张一致。并望我合法政府、国会再接再厉，据理力争，必达到目的而后止。"（《黔省反对北廷派代表》，上海《民国日报》1921年9月24日，"国内要闻"）

△　报载某要人谈话，谓中国问题或因太平洋会议而解决。

报道称，"顷据某要人谈话，谓中国时局于11月10日以前，可望解决。因为太平洋会议所迫促,故不能不速谋统一以为对外。缘此次太平洋会议实专为解决中国问题。此次我国派出代表,如尚分南北两面,恐更无发言之资格,自不能不速谋统一。现在吴佩孚之庐山会议,卢永祥之联省自治均为解决时局之大会,而南北对峙,将恐不能联合。故有第三者之外交国民后援会居间融和,先决时局,然后对外。我国前途,现操之于三大会之手。故孙文亦不能不派人与会,徐谦之所以加入外交后援会,其要因即在于是。但就粤政府内局论,自国会议员反对陈炯明赞成联省自治而后,近日仍力谋打销陈氏此等主张。孙陈两人对此等政见,已相水火,欲速谋统一,恐非口舌所能为力"。(《某要人之统一谈》,《香港华字日报》1921年9月13日,"粤省要闻")

9月14日　以大总统名义发出布告,否认北京政府滥发国库券。

广东政府查悉自去年以来,徐世昌政府秘密滥发国库券,以供给军费、行政费,不但破坏国家财政,而且增重人民负担。是日,以大总统名义发出布告,向中外郑重声明:"伪廷徐世昌命令伪财政部所发行之国库券,纯系徐世昌及其党羽非法增加国库券负担之行为,概属无效。将来政府统一之后,不负清理偿还之责。中外人民,务各转相劝告,一致拒绝,勿得收受行使,自招损失,以副本大总统轸念民生维护国库之至意。"(《大总统布告》,上海《民国日报》1921年9月21日,"国内要闻")

△　吴佩孚对记者发表谈话,言及与陈炯明联合事。

是日,吴佩孚在前往宜昌途中对《字林西报》记者发表简短谈话。在谈到湘事时,吴谓:"拟扶助赵恒惕,如湘省当局能自维持,以拒政治上阴谋家,则不愿侵入湘省。此次南方战事,并非欲争湖南或湖北之自治,但系政治作用上之袭攻湖北耳。反对最力者为安福部与孙中山一派。"记者观察,据吴氏意见,"陈炯明与吴佩孚联合一层,在事实上非不可能。如陈赞成将国家问题提交公民大会解决,则尤可欢迎"。(《西报记吴佩孚之谈话》,《申报》1921年9月17日,"国内要闻")

9 月 15 日　召集会议，讨论北伐问题。

报道称，本日在观音山召开重要会议，凡粤省高级统兵长官及军警同袍社首领、各党领袖、西南各省代表列席，共有六七十人。所议某种借款三千万元签字问题、拨款责成石井兵工厂加工赶造炮械问题、滇黔川粤桂湘续派联军问题均已核定。惟须再发通电征集前方将领意见，始定出发日期。（《孙文召开代表大会议》，天津《大公报》1921 年 9 月 19 日，"紧要新闻"）

△　复电顾品珍，告不日北伐，嘱迅速前进。

是月 9 日，云南省总司令顾品珍来电询问湘鄂战事。本日复电指出："湘军援鄂，事前不与我谋。至于失地丧师，危及我西南屏蔽。""政府出师北伐，久有成算，际兹形势骤变，尤为刻不容缓。惟吴佩孚欺世盗名，国中人士在昔鲜不为其惑；今虽揭去假面而已拥重兵，非合西南全力攻之，虑未易收统一之效。"并告："此间已积极准备，不日即可移师湘境，相机分路进攻。川军沿江东下之师，已占宜昌上游各地。邓泰中司令志在国家，勇敢善战；执事既令其移师北伐，改道出湘，希电令迅速前进，共同作战。"（《致顾品珍电》，《孙中山全集》第 5 卷，第 603 页）

△　签署大总统令，准予林罗氏、周汉声、罗锡康分别减刑。

大理院长兼管司法行政事务徐谦，呈请将林罗氏、周汉声、罗锡康分别减刑。是日，签署大总统令，谓"依照约法第四十条，准予林罗氏减处四等有期徒刑一年，周汉声减处四等有期徒刑一年，罗锡康减处五等有期徒刑六个月。余准如所拟办理"。（《大总统命令》，上海《民国日报》1921 年 9 月 24 日，"国内要闻"）

△　何天炯致函宫崎寅藏，称广东政府对日态度冷淡，

函谓："粤政府虽日渐发达强固，而对于日本外交则甚为冷淡。受欺诈迫害之结果，无论若何之外交，能者恐亦不能疏通此鸿沟也。"

（段云章编著：《孙文与日本史事编年（增订本）》，第 632 页）

9 月 16 日　报载孙中山召集秘密会议，讨论陈炯明不赞成出兵

援鄂问题。

报道称,顷闻孙中山昨日召集总统府各重要人物秘密会议,系解决陈炯明不赞成援鄂出兵问题。讨论历三点余钟之久,仍未解决。"因系与孙文宗旨大相径庭,顺之则于己有不利,逆之则于己有极大阻力。盖两粤之实权操诸陈炯明之手,陈氏作事果断,欲行则行,故孙大有左右两难之意。"(《孙文之重要会议》,《香港华字日报》1921 年 9 月 16 日,"粤省要闻")另据消息,现以湘省赵恒惕与吴佩孚言和,无形中已投降北廷,湘鄂形势现又一变。故"政府对于援鄂问题须再默察情形,始能解决,故暂从缓议"。(《湘赵附北与粤军援鄂之关系》,《香港华字日报》1921 年 9 月 16 日,"粤省要闻")

9 月 18 日　与美国记者金斯莱谈太平洋会议及远东局势。

是日,美国记者金斯莱来访,在广州总统府办事室接见,操极娴熟英语回答所提问题。19 日,芝加哥《辑表报》将金氏来电刊出。谈话围绕着太平洋会议及中美日三国关系展开,略谓:"余希冀美政府洞悉中国之真相,照目前情形,则美京裁兵会议难冀有佳结果。""美国欲避除战祸,只有一法,即为及今以口舌与日本力争。如美国今不协助中国,抵拒日本,则美国将来必至与日本开战。今我政府已不啻与日本宣战。如美国承认我政府,反抗'念一条件',取消《迎胜石井条约》[①],则可免战祸。因日本今必不敢轻启战祸,即万一欲战,则不两月必败。惟如美国今弃去时机,毫无挽救,则五年之后,日本俨有中国,移殖其数百万盈余人口至中国,控有中国北部所有富源,届时欲图封锁日本,难乎其难矣。"谈话结束复郑重指出:"中国南部人民,今力争美人所主张之开放门户主义,美人或不知此事实。惟美人欲助中国南方政府,今须从速,否则无及。因美国如不早助中国南方政府,南方政府或竟不能待美国之赞助,而为日本侵略压力所推倒

----

①　即《蓝辛石井协定》。1917 年 11 月 2 日,日本外务大臣石井菊次郎与美国国务卿蓝辛就分割在华殖民权益所达成的协定。

也。"(《美报记孙总统之谈话》,上海《民国日报》1921年11月21日,"国内要闻")

9月19日　报载陈炯明与吴佩孚携手传闻。

报道称,据汉口方面消息,吴佩孚不承认张绍曾起草庐山召集会议之说,为此间有力方面所否认。惟吴见各方面反对甚力,不欲急遽召集之。一俟其在长江地盘巩固之后,彼将有详细的计划发表。"现有种种充分理由可确信吴佩孚与陈炯明不日将有联合一致,不承认南北双政府之举。吴之幕客以民国以来,省议会向为省立法机关,劝吴以召集国民会议之事属之省议会。"(《吴陈携手之沪讯》,《香港华字日报》1921年9月19日,"中外要闻")

另据报道,吴佩孚近派员谒陈炯明商酌会议,据此则吴佩孚确有与陈携手之意。然据报告,张作霖亦曾派员往陈处,拟破坏二人之联络。"但据私人报告,则吴陈媾和必将实现。设法破坏此举者,为国民党及进步党诸政客。盖陈吴一携手,则国民党在广东之势力及进步党在长江一带之势力,将尽丧失。至渴望大局之和平者,则极愿陈吴之携手。盖二人之势力,分则弱,合则足以保中国任何地方无战事之频仍。"(《吴陈携手之沪讯》,《香港华字日报》1921年9月23日,"中外要闻")

△　报载唐继尧筹备出师助孙中山北伐。

报道称,旅港之唐继尧昨日特派其副官来粤,将江沧白、李宗广两少将招往港寓,会商西南出兵计划,并布置滇军出长江路程。江现充广州政府参军,李为参议,均系唐之旧部军官。"闻会商之下,唐冀赓愿以私人资格,助孙中山计划军事上一切出兵布置,并愿令在桂所有滇军二万余人归广州政府调遣,以供北伐之用。同时唐复□江、李二人代向孙中山前提出三项建议:其一系关于编制军队者,唐主张先将各方调齐计划统一,然后再分途出兵;其二系关于军队接济问题;其三系关于出兵目的、终止地点问题⋯⋯现江、李业已回粤,将唐之意见详陈孙中山矣。又唐复向中山申明,此后请中山以唐某亲口或某某所言为凭,凡政客等从中挑拨之语不必听信,此辈皆成事不足败事有余。"(《唐继尧筹备出兵》,天津《大公报》1921年9月19日,"粤闻纪要")

9月20日　签署大总统令,重申禁种、禁吸、禁运鸦片。

是日签署大总统令,重申严禁鸦片令,谓:"鸦片一物,贻害人群,甚于洪水猛兽。查禁种、禁吸、禁运,载在条约,列之刑章,久已雷厉风行。各省烟苗,亦经早报肃清。诚恐无知之徒,日久玩生,于穷乡僻壤之间,有妄行偷种之事。本大总统为杜渐防微起见,兹特重申诰诫,着地方文武高级长官,督饬所属,严密查禁,务使尽绝根株,毋得始勤终懈。人民亦当凛遵禁令,毋贪小利,自陷法网。用副本大总统廓清毒卉、保育人民之至意。"(《大总统命令》,上海《民国日报》1921年9月29日,"国内要闻")

△　命令财政部拨款赈灾。

本年,迭接贵州总司令卢焘、川籍国会议员王安富等、陕西总司令于右任、湖南醴陵兵灾善后所刘泽湘等,先后报告各该省受灾情形,悯恻殊深,于是日签署大总统令,命财政部再行拨给贵州灾区一万元,拨给四川酉阳、秀川、黔江、彭水四县灾区二万元,陕西三原一带灾区七千元,湖南醴陵灾区五千五百元,广西兵灾区域一万元。所有赈灾款项"交由各该省长官遴派公正官绅,妥为散放,毋任流离失所,以副本大总统救灾恤难之至意"。(《大总统命令》,上海《民国日报》1921年9月29日,"国内要闻")

△　签署大总统令,任命王伯群为贵州省长。王未到任以前,着贵州总司令卢焘兼署。(《大总统命令》,上海《民国日报》1921年9月29日,"国内要闻")

△　港报刊文,详细分析孙中山、陈炯明交恶近情。

文章称,"陈炯明自始为主张联省自治之人。回粤之初,即经已向闽、赣、湘、滇、黔各省互为联络,信使往来。援桂出师,正因其取消自主,降服北廷破坏联省之局,其对于非常国会之选举孙任总统,绝不表示赞成,亦以其与联省自治之进行,大有妨碍故也。而自其援桂得手及湘鄂初启战端之际,对此政策尤为猛进。当其移驻桂平时,川滇军代表不惜间关走集,共商进止(前此胡、汪诸人随马君武赴桂,即系暗中监视陈与川、滇代表之举动)。未几,陈又派潮桥运副邓伯伟代表赴杭与卢永祥商议,旋又转赴湘省,皆与联省之进行有关。而赞成卢永祥主张之巧电,即于此时发出。孙文一见此电大为愤怒,翌日即开政务会议,将此电提出讨论,均认此为陈总司令反对现在政府之一种表示。而孙尤愤其电首列衔,绝无大总统字样,指为目无政府,即欲下令诘责。经胡汉民、汪精卫诸人调解,以陈现方督师在桂,此电系省署发出,陈氏或未过目,应俟查明核办,始暂置缓议。于是省署诸人亦恐发生风潮,翌日即托某机关通讯社发表消息,谓此电系报酬卢永祥扣留'小川丸'军械之一种手段,且系省署中人径行发出,陈氏并不知情云云。究之此为一种饰词,岂能动孙派之听?而陈氏自入南宁后,经孙派迭次催促赞助援鄂,皆不置答;催其回粤主持大计,亦复日延一日。滇赣联军及粤军第二军许部之屯驻桂林,自为入湘之预备,讵陈氏近且以收束军队为名,派魏邦平率部赴桂林,大有监视诸军行动之意。孙派至此以为陈氏对于援鄂问题不徒反对,而且加以阻挠,实属忍无可忍,若不予以打击,则彼等终无发展之一日。于是决定对付之手段,先为文字之声讨,次为事权之裁抑,如不受命,则拒其回粤,因此兴兵亦所不惜。决定之后,遂为第一级之对付,即上述两院议员之质问,美洲华侨之声讨是也(此次古政务厅长赴桂,正为此事)。联省政府成立,非常国会当然取消,故议员方面认此为致命伤,自不虞其不出力。而众议员凌钺又最激烈,遂首先提起警告议长书。至质问书系参院方面由江西议员萧辉锦提出……华侨方面自去年孙文随粤军回粤,华侨亦挟其党籍,纷纷回归争谋位置,而陈氏以此辈经商有余,服官不足,则大为裁抑,不甚录用,故华侨已深恨之。及总统府开,大设各局所,此辈乃得一啖饭地。今若联省政府成立,孙总统府取消,亦不啻毁烂其饭碗,有此机会,遂不惜尽情一泄,故其声讨陈氏之言,尤为淋漓尽致。而在孙氏亦利用华侨团体以做起一般之舆论,使陈氏有所慑服,逆料此等文章发表后,陈氏亦必有辞职之表示。粤军总司令一职他人自不敢垂涎,而广东省长一席,则大有人觊觎。胡汉民之奔走孙、陈两方,力以调人自命,其功固不可没,其继任亦甚合理。结果陈氏或不能仍前之兼任,所谓裁抑事权者,此之谓矣。惟闻陈氏月初曾对人言,此次攻桂功成,彼班师即径回海丰原籍,绝不来省,将总司令、省长两职一并告辞云。又闻一辈人说,陈氏实渴望其桂粤联军总司令一职之实现,而以洪兆麟任桂军总司令,邓铿任粤军总司令,省长一职则以财厅马育航继任。此说若真,则前所谓辞职云云,殆热极人故作冷语耳。然无论谁说为真,而粤局自此必有一番变动,则为不可避之事”。(《孙陈发生恶感之确证》,《香港华字日报》1921 年 9 月 20 日,“中外要闻”)

△　粤海关情报指,广东方面否认陈炯明与吴佩孚联手传闻。

该情报称,“最近流传陈炯明已与北方的吴佩孚将军达成一项秘密谅解。但此消息被此间官方机构广州新闻局所否认。据说陈将军否认任何此类的暗示。他憎恨将他与吴佩孚这样一个军阀联系在一起的任何想法”。(广东省档案馆编译:《孙中山与广东——广东省档案馆库藏海关档案选译》,第 279 页)

另据报道,吴佩孚与陈炯明互相联络之说,日前外间宣传甚盛,但 21 日《字林西报》则根据粤政府宣传局来函,完全否认其说。陈炯明驻沪代表邓君亦云并无此事。《字林西报》所刊粤政府宣传局来函,略云:“本月 12 日贵报所载吴佩孚与陈炯明携手之说,本局知其完全非确。陈总司令对于此说并已否认,且陈总司令对于吴氏决堤溺毙良民、淹没民田之举颇引为憾事;又吴氏此等残忍行为,实为中国近代史上所罕见。”陈氏代表邓君之谈话云:“吴陈携手,系绝对不可能之事实。陈总司令为人,对于自己之主义无论如何向不肯轻易牺牲。省自治主义盖即陈氏所抱之主义,但吴佩孚近日在鄂之举动,实无一不与省自治主义相反,然则陈又何能与彼联络。且余系广东代表团,始终并未与吴氏或吴之代表接洽,则此说之果否确实自不待言矣。"(《孙陈否认与吴联络》,天津《大公报》1921年9月25日,"要闻二")

9月21日　在观音山召集军事会议,讨论改编军队北伐事宜。

是日,在观音山召集军事会议,表决将封川陈炯光第二支队、清远民军第三、五各梯团、郁南粤军第二军、罗定关国雄第五、六两旅,一律调赴广州,编练北伐队,共计两万余人。俟滇黔联军开至粤边后,即共同向湘省前进,一致北伐。(《粤孙之北伐热》,天津《大公报》1921年9月25日,"紧要新闻")

△　报载胡汉民述陈炯明北伐意见。

报道称,西南各省人士对于出师北伐之义举,多已认为千载一时之机会,各军民长官均已致电孙中山,请愿克日出师,以进取中原。惟陈炯明态度消极,据胡汉民所述陈最近之谈话云:"余此次对于出师讨贼,早已下大决〔心〕。不独余一人为然,即粤军全体将士亦莫不皆然。所当第一注意者,为脚之问题,而非心之问题。大家之脚一齐出发,即大功告成,而丑虏可灭。故现时所筹备,即是大家之脚如何一起行动之方法。"观此可知陈炯明对于北伐之真实态度。又据胡汉民所谈,"陈总司令为人,与梁启超迥然绝异。梁启超是宣而不战,陈是战而不宣。观诸去年讨桂回粤之役,始终并无对贼宣战之文字,是其一例。此次对于北伐之行动,亦可以此况之"。(《陈总司令北伐之决心》,上海《民国日报》1921年9月21日,"国内要闻")

△　魏邦平谈北伐,谓陈炯明之态度系非贪功冒险。

是日,魏邦平自武宣返回广州,谈及援桂及北伐事宜颇详,略谓:"至孙中山提倡北伐,陈总司令非不赞成,但非一朝一夕所能办到。缘此次援桂所用军饷、军械已属精疲力竭,且援桂与北伐又大不相同,盖桂省山林险阻,兵少亦可截击。两湖多平地,一望可见,自非有多数大兵恐不足以操胜算。又桂省接济尚易,兵舰既可直到……若欲北伐,非预筹大帮饷械不可……可知陈总司令胸有成竹,似非贪功冒险者比,尤斤斤以整顿桂省为要务。诚恐一旦远征,万一死灰复燃,势必不能兼顾,讵非一举而两失。陈总司令之审慎,观此可见一斑。"(《魏邦平之北伐谈》,《香港华字日报》1921 年 9 月 24 日,"粤省要闻")

△ 何天炯致函宫崎寅藏,具述国民党内部腐败、不统一以及山田纯三郎派与萱野长知派在南方竞争状况。在谈到日本资本家来粤活动问题时,函谓:"盖今日之大问题,在中日间之恶感未除,粤政府为维持人心计,决不敢公然向日本生若何之关系。反之,日本资本家则必向安全有担保处然后投资,此为不能沟通一事之大原因也。"并请宫崎将有志于开发广东的日本资本家介绍前来。(段云章编著:《孙文与日本史事编年(增订本)》,第 633—634 页)

9 月 22 日　召开国务会议,提议铸造印玺。

是日上午,总统府召开国务会议,与各部总、次长均出席。会上,提议铸造"中华民国玺"和"中华民国陆海〔军〕大元帅印",以昭信守。与会者均表赞同,会议通过,令由秘书厅饬交秘书连声海遵照妥办。据闻,"中华民国玺"为国交上对外使用,"中华民国陆海〔军〕大元帅印"为大元帅北伐亲征之用;前印用玉,后印用白铜。(《国务会议通过两要案》,上海《民国日报》1921 年 10 月 1 日,"国内要闻")

△ 王伯群来电,表示勉膺艰巨,因他事羁绊,稍缓自沪赴黔。(《王伯群上孙总统电》,上海《民国日报》1921 年 9 月 24 日,"本埠新闻")

9 月 23 日　报载湖南各公团促行宪法会来电,拒绝广东出兵湖南。

电谓:"国事蜩螗,于今为烈,追原祸始,实由民权旁落,军阀枭张所致。湘民猛省,本自决精神,谋根本解决,节制宪法,力图自治,现审查告终,并援法美先例,将一部提前实行联省制宪,此其权舆……此次湘宪对于客军过境,制限极严,倘有毁法横行,即是湘民之敌。若云统一国家,自当谋之全民,岂可诉诸武力。我公醉心共和,国民久仰,谅无拂民之举,以作祸湘之图,事关民治,全国具瞻。除电请吴师退出湘境外,特此电陈,诸希亮察。"(《香港华字日报》1921 年 9 月 23日,"中外要闻")

9月25日　报载广东政府迭开会议,讨论内政、外交问题。

报道称,广东政府刻已连次召集紧急会议,表决应付外交。因各国终不承认西南为交战团体,应改为反对北方借款及派员参预华府会议,以资破坏。对内改为先攻江西,再攻福建,暂将湘事搁起,听其自然之进行。(《粤孙之北伐热》,天津《大公报》1921年9月25日,"紧要新闻")

△　报揭广东政府北伐计划未见实行内情。

报道称,孙中山北伐计划早经确定,然迟之又久,未见实行。兹从各方面调查,知其原因有三:"(一)因桂省军事尚未收束完竣,驻桂各军暂难出发。(二)孙文前派蒋尊簋赴桂,即欲与李烈钧面商会师方略,乃李因某项计划稽延行踪,致未得互为妥商,不便单独进行。(三)湘赵援鄂,事前绝不为之磋商,而开战以来亦并未将情形报告。及湘直和议决裂,湘军不支,蒋作宾虽迭电乞援,而湘赵则寂然,只发一请求赞助援鄂之普通电。是湘赵未尝表示态度,故孙文自难遽然出师。基此种种原因,而北伐之师所以至今犹未出发也。"(《粤军北伐之筹备忙》,北京《晨报》1921年9月25日,"紧要新闻")

△　报载广东政府北伐筹备正积极进行。

报道称,湘军失败后,孙中山因北京政府阴谋武力统一之野心更行显露,西南断难再事姑息,以增来日之困难,故近日不能不赶快筹备出兵,以为对待。而陈炯明以迭接蒋作宾告急电报,亦由南宁拍电前来,催促政府速定出兵方针,并谓"时机已急,政府速宜于胡汉民、汪精卫二人中择派一人乘飞船来邕,商洽先发队进兵计划"。"自陈电到后,政府筹备出兵愈形忙迫,连日叠开军事会议,兵工厂亦奉命加工制造。闻孙文之意,拟在二十日内将内事布置妥协后即行发兵。至北伐将领,孙业已选定。即将李烈钧所部军队编为第一军,以李烈钧为第一军总司令;以许崇智所部编为第二军,以许崇智为第二军总司令;以黄大伟军充先锋队或大元帅卫队;现在广西之黔军谷正伦等三旅则改编为黔军北伐队。孙自己以海陆军大元帅名义亲出督师。

惟桂事尚未完全平定,陈炯明未便即离邕防,故仍命其暂行留守桂境,以固后路。广州方面,则于邓铿、洪兆麟二人中选一人为留守。下野诸将领中自愿投效者颇众,如李福林、陈德春、杨坤如等。唐继尧亦派人向孙表示愿助孙氏出兵长江之意见,并声言继尧与先生面谈之言,或代表李伯英之语方为确实,其他各政客所传之说请勿听信,以免遭人播弄。"(《粤军北伐之筹备忙》,北京《晨报》1921 年 9 月 25 日,"紧要新闻")

　　△　报载广东政府北伐经费或来自华侨。

　　报道称,"闻以此次北伐军费有筹妥之说,但款之来源一时尚难详细探悉。以广东现处民穷财尽之际,负担此巨费殊非易易。近日海外华侨陈耀垣、邓泽如、林直勉等所组织之中央筹饷会,专为北伐而设。现在节节进行,颇有成绩可观,或者孙文即以此为北伐军费之来源,未可知也。"(《粤军北伐之筹备忙》,北京《晨报》1921 年 9 月 25 日,"紧要新闻")

　　9 月 26 日　在总统府召开重要会议,讨论北伐问题。

　　是日上午 10 时,召集各要人讨论北伐问题,"决定亲自率师出发,并令许崇智所部先行集中某处,北伐明令亦已拟就"。(《孙文又决定率师北伐》,《香港华字日报》1921 年 9 月 27 日,"粤省要闻")粤海关情报也记:"会议决定孙总统亲自率师北伐。会后已发出几份急电,不久也将发布北伐公告。"(广东省档案馆编译:《孙中山与广东——广东省档案馆库藏海关档案选译》,第 242 页)

　　△　签署总统令,任命麦英俊为外交部特派广西交涉员。并任命麦英俊为梧州关监督。(《大总统命令》,上海《民国日报》1921 年 10 月 4 日,"国内要闻")

　　9 月 27 日　签署总统令,准免总统府参军李国柱辞去本职。任命路孝忱为总统府参军。(《大总统命令》,上海《民国日报》1921 年 10 月 4 日,"国内要闻")

　　9 月 28 日　张绍曾来电,望勿趋极端。

电谓："比以连年兵祸，民不聊生。华府会议，迫在眉睫，国际共管之说，既久肆为啧言。国是未定之时，宁可不决诸公意？窃不自度量，妄拟国是会议，冀策群力，共挽沦胥。计自冬电发后，颇荷海内多数同情，讨论赞成，函电纷至。我公首创共和，群伦冠冕，爱民忧国之心久已昭示天下，计必有以絜而指导之。乃经历浃旬，稽奉德音，意者虑会议别有作用及结果之不良耶。夫果别有作用，应设法以阻止之；结果不良，应多方以倡导之。凡在国民，同负此责，先觉如公，宁忍放弃。且我公素重民权，斥绌武力，而于国民〔是〕会议声中默尔而悉〔息〕，毋乃与初衷相反。乃者道路传闻，报纸纪载，竟有会师武汉之说。悠悠之口，亦何足据。果如所传，计亦太左。项城、合肥，往者何如？纵公自信有其能力，讵知外患已深，已无施展之余地与岁月耶。噫！中华共和，我公创之，尤望与国民共完成之。倘务趋极端，于国是会议不能容纳，国家前途更不堪设想矣。"（《汉口来电》，上海《民国日报》1921 年 9 月 30 日，"公电"）

△ 报载各方催派代表赴美，孙中山颇持反对。

报道称，广州官民一致催促广东政府派遣南方代表赴美，藉以维护粤省在太平洋会议之利益。即广东政府中人亦多主张从速派遣代表前往，庶华盛顿开会得以与闻，并力劝孙中山不宜延缓。"然孙则颇持反对，盖谓已有马素在美，即足以办理南方一切之交涉，无庸复派非正式之代表前往也。"（《粤人催派代表》，天津《大公报》1921 年 9 月 28 日，"紧要新闻"）

9 月 29 日 北京政府出席太平洋会议代表团第一批代表及随员七十人，当晚自北京乘火车沿津浦路南下，转道上海赴美。10 月 11 日，抵达上海，4 日登轮启程。（《中国之太平洋会议代表》，《申报》1921 年 9 月 30 日，"太平洋路透电"；《南京快信》，《申报》1921 年 10 月 1 日，"国内要闻"；《太平洋会议代表出发记》，《申报》1921 年 10 月 5 日，"本埠新闻"）

△ 报载是日广州电，川、滇、黔均有电催广东政府出兵北伐，且谓："不澄清中原，虽统一西南，于国何补。"（《本社专电》，上海《民国日

报》1921年9月30日)

9月30日　粤军攻占龙州，广西全境底定。

25日，粤军攻入桂系据守的最后据点龙州，马济逃往越南河内。部分桂军退入城中制高点五里岭顽抗。粤军数次进攻，均被击退。（《龙州桂军之败退消息》，《香港华字日报》1921年10月1日，"粤省要闻"）是日，城中桂军被肃清，广西全境底定。据粤军第三师师长魏邦平对人谈，陆荣廷亦在河内，并对外放言："如再被迫决死，在河内断不他去。"（《魏邦平之陆荣廷行踪谈》，《香港华字日报》1921年10月1日，"粤省要闻"）同日，陈炳焜经由汉口抵达北京，并向北京政府接洽，"拟请接济军饷，联络吴佩孚攻粤"。（《香港华字日报》1921年10月1日，"本报特电"）

△　致电顾品珍，嘱将该部有关北伐计划速告。

本月22日，云南省总司令顾品珍来电，"主张及时准备北伐"，并报告准备情况。是日复电，对其"荩筹硕画，良深欣佩"。并谓："此次出师，兵力务求厚集。邓司令所部兵数及编制□□如何？何日由何地开拔，并希速告。至赴湘路程，以取道义兴沿黔桂边境直出桂林，由全州入湘与诸军会合，较为利便。仍希就尊处军队开拔地点，酌定路程，见复为妥。"（《致顾品珍电》，《孙中山全集》第5卷，第612页）

△　委任苏福为中国国民党麻厘柏板支部正部长。（《给苏福委任状》，《孙中山全集》第5卷，第612页）

△　报载是日广州电，孙中山接香山公会来电，谓："香人愿死守，请与葡严重交涉。"（《本社专电》，上海《民国日报》1921年10月1日）

是月　致电海外同志，批准组织中央筹饷会。

电谓："文不避艰险，手创民国，迄于今日，已阅十年。无如祸变相寻，而真正之共和犹未实现，早夜以思，怒焉如捣。兹者正式政府成立，文复受国民之付托，戡乱建设，责于一身，自当再接再厉，澄清宇内，以免国政之蜩螗，解人民之困累。今桂贼就歼，西南奠定，正宜移师北指，扫荡群魔。顾六师一发，饷糈宜充，百政待兴，费用尤巨。热心之士特组织中央筹饷会，筹集义捐，以济国家之急，业经政府批准。

凡我国人,务宜合力共进,踊跃捐输,以助成统一,毋令全功亏于一篑也。海天遥隔,无任厚望。"(《致海外同志电》,《孙中山全集》第5卷,第613页)

　　△　德国副领事威廉·瓦格纳(Wilhelm Wagner)前来拜访,探寻与广东政府建立关系的可能性。

　　是日,北京德国公使馆派副领事瓦格纳来广州重设领事馆。瓦格纳抵粤后前来拜访。谈话中,对瓦格纳提出了希望德国对中国从以下几方面进行援助的要求:"我们全体爱国人士十分期望开发中国无限的资源,德意志民族是唯一能给予我国政府援助的民族。美国因为在自己领土上有着广大的活动空间,所以无法给与中国援助。因此我们期待德国对我国的政治、经济生活等领域进行广泛的援助。德意志的知性已经从很多方面得到证实,德意志具有巨大的组织力量。我们打算将财政、行政、经济、教育以及军事等许多事业委诸德国。我的改革方案的一部分已经写成《实业计划》(*International Development of China*)。我把这本书寄给了许多国家。我相信德意志的进取精神和伟大的意志。"谈话结束时表示:"……我希望你们来到中国,来援助我的革命事业。"([日]田岛信雄:《孙中山与德国——兼论"中德苏联盟"的构想》,《南京大学学报》2009年第3期)

　　此后,孙中山及其代表与德方代表谈判,要求德国承认广东政府,双方签订贸易协定,派遣军事及民政顾问,洽谈成立中、德、俄三国同盟以及中、德加强合作各项问题。"孙中山认为德国对华无侵略野心,是一个壳子新来的合作伙伴,在广东应该为德国人的才能建立一座百年不倒的纪念碑。"(罗梅君:《1945年以前的德国和联邦德国关于孙中山的述评和研究》,孙中山研究学会编:《回顾与展望——国内外孙中山研究述评》,第704页)

10月

10月1日　复函章太炎,嘱筹度国是,发为说论,力助北伐。

上月 13 日，章太炎来函，胪述长江方面政治、军事形势及北伐出师方略。本日复函，告："文现对全局为必胜可见之计划，一俟筹备就绪，即亲赴行间，使天下晓然于正统政府无偏安之意。"并指出："上海自民国以来，隐然为政治运动之枢纽；而言论机关林立，消息敏捷，主持清议，易于为功。先生昔在清季，提倡驱胡，灌输学说，于国中青年学子，每一言出，海内翕然宗之，光复之功，不在禹下。此时大军出发在即，务望先生筹度国是，发为说论，以正谊之力，遏止伪廷卖国狭民之行动，他日收效之宏，当不让辛亥，而民国，食先生之功于无既矣。"（《复章太炎函》，《孙中山全集》第 5 卷，第 613—614 页）

△　广州执信学校开学，亲临致词。

朱执信殉难后，为纪念其功勋，指派廖仲恺、胡汉民、孙科等筹建纪念学校。廖仲恺、胡汉民、汪精卫、孙科、何香凝等组成校董会，推选曾醒任校长（曾时在上海，由廖奉恩暂代）。学校筹建期间，除捐款一万银元外，又派员前往美洲募款。

是日，执信学校正式开学，偕宋庆龄莅临开学典礼，并发表演说。略谓："朱执信是一位革命的实行家，又是文学家。中华民国有今日，有赖于他以毅力感化党人，感化国民。不论那个战争，他都参加了，而且亲冒矢石，不避艰险。他对文学也深有研究，一生著作都有精辟的见解。他不仅文武兼备，而且勇于实践，是中国著名的革命家。在粤军重返广东之役，他为了救国救乡，不幸以身殉国。今天创办学校的目的，是为了纪念执信先生，希望后人继承执信先生之志。学习执信先生的毅勇果敢精神，刻苦求学，创造社会，创造一个庄严璀璨的中华民国。"（莫丽婷：《倡办执信学校》，《广州文史资料》第 50 辑《孙中山在广州》，第 81 页）

△　报载孙中山限日肃清广西。

报道称，孙中山鉴于广西乱事又起，所有驻桂之粤军不能弹压，遂致牵掣北伐政策难行，"现与各首领协商已致电陈炯明，主张限两星期将桂省各处乱军肃清。其所列手续：（一）由魏邦平用靖乱名义在武鸣、龙州两处清乡;(二)由黄大伟会同罗绍雄、陈炯光、熊略各路迎击广西散兵;(三)应悬极优赏格,严缉陆裕光、马济、韦荣昌,俾由根本上除患"。(《孙文限日先肃清广西》,天津《大公报》1921年10月1日,"紧要新闻")

△　报载孙中山令盐库克日解款。

报道称,日来盐库需款万急,因奉孙中山令,克日解款二十万应支。连日盐运使邹鲁设法张罗,然筹足此数,尚需数日。(《孙文令盐库克日解款》,《香港华字日报》1921年10月1日,"粤省要闻")

10月2日　报载北伐军次第赶编,孙中山将亲往衡州。

报道称,"新政府北伐一举,内部早已大定,所以迟迟者,军费问题尚未解决。孙总统主张先下一部分动员令,陈总司令主张应妥加考虑,连日磋商此事,咸以援湘不可缓,陈炯明总司令亦以为然。故出兵一举,当可见诸实行。李烈钧所部已编制就绪,前卫已从桂林出运,预计5号后可抵永州。其他陈许各部,亦在次第赶编。洪兆麟之精锐军队,亦已开始由武鸣移动待发。俟一切布置完备,全军出动后,孙总统将自赴衡州一行。至于前派周震鳞入湘芳军,湘省军队已表同情,闻挡驾者系赵炎午所指使"。(《北伐军着手赶编》,上海《民国日报》1921年10月2日,"国内要闻")

△　报载外间传闻,孙中山与张作霖携手。

报道称,顷近外间喧传张作霖已与粤系携手,颇引起一般人士之注意。"说者谓,张作霖惕于吴佩孚在长江流域之势力日益扩大,业已派员与孙中山代表在沪有所接洽,双方关系已日臻密切。据政界中人云,张作霖无论召集何种会议于津门,无非欲孤吴佩孚政治军事上之势。因吴氏素以善战闻,而张则已有虚声,其所持之政策端赖在会议席上与他党联络,资为奥援。盖斗智而不斗力者。"(《奉张与粤系携手》,天津《大公报》1921年10月2日,"紧要新闻")

10月3日　陈炯明自龙州凯旋南宁。派邹鲁赴南宁,催促陈炯明回粤,以商定出师北伐事。(《上海快信摘要》,长沙《大公报》1921年10

月11日,"快信")委任洪兆麟为北伐前敌一路司令,许崇智为前敌二路司令,李烈钧为前敌三路司令。(《上海快信摘要》,长沙《大公报》1921年10月11日,"快信")

△ 与韩国专使申圭植谈话,表示北伐成功当全力援助韩国独立。

1919年,韩国爆发了史无前例的三一运动,韩国独立运动推进到新的阶段。受国内形势的激励,4月10日,韩国独立人士在上海法租界召开会议,组织临时议政院。13日,大韩民国临时政府在上海正式宣告成立。临时政府成立后,为了打开生存和发展的局面,积极开展外交活动。(石建国:《中国境内韩国反日独立复国运动研究》,第46—53页)1921年10月,临时政府特派代理国务总理兼外务总长申圭植为专使,携带国书南下访问,并请承认及援助韩国独立运动。

是日,申圭植在胡汉民的陪同下前来总统官邸请见。专使随从秘书闵石麟记录了总统官邸形貌及初见孙中山情形:"邸在观音山腰部,自山下总统府至官邸,远可半里,筑有回廊,迂徐转折,曲尽其妙,而工程精致,尤属典丽。""廊尽得一楼,玲珑可喜。楼外林木葱茏,花草宜人。绿荫嘉树,清幽之至。登楼闲眺,珠江风物,毕览无余。市廛红尘,悉入眼底,景色之佳,甲于全市。胡公遥指此曰:'此即大总统官邸也。'语未毕,余已见一老叟屹立于石阶上,年过五旬,中等身材,平顶头,蓄短须,着米色中山服,神采奕奕,精神饱满,一种博大宽厚气象,自令人心折。一望即知为孙大总统。"

宾主寒暄后,申圭植奉呈韩国临时政府所拟之互惠条约。条约共五款,内容包括:"一,大韩民国临时政府承认护法政府为大中华正统政府,并尊重其元首及国权;二,请大中华民国护法政府承认大韩民国临时政府;三,请准予收容韩国学生于中华民国军校;四,请借款五百万。五,请准予租借地带,以资养成韩国独立军。"阅毕答谓:"中韩两国,同文同种,本系兄弟之邦,素有悠远的历史关系,辅车相倚,唇齿相依,不可须臾分离,正如西方之英美。对于韩国复国运动,中国应有援助义务,自不待言。""然目前北伐尚未成功,国家尚未统一,仅以广东一省力量,实难援助韩国复国运动,故关于贵政府第四条、第五条之要求,目前尚无能为力,至少在北伐占领武汉后,始可以办到。又关于第二条承认韩国临时政府一节,原则上毫无问题,对于流亡中国而继续艰苦奋斗之贵临时政府,我护法政府自应予以深切同情,而加以承认。""再关于贵国政府第三条之要求,亦毫无问题。我等原极希望韩国子弟多多受军事教育,俾培养韩国军事人材,此事余决照办,通令各军校尽量收容贵国子弟可也。至于借地练军,作革命根据地一事,余认为北方最适宜。然目前政府(护法政府)力量,尚不能达到华北,徒托空言,亦无益耳。""总之,一切实力援助,须待北伐计划完成以后,届时当以全力援助韩国复国运动也。"

稍后数日,广州举行正式接见韩国专使仪式。接受申圭植所呈国书,并致答词,略谓:"中韩素为兄弟之邦,有传统的深厚友谊。今蒙贵国临时政府派遣首任专使来访我护法政府,至感荣幸。从此两国外交关系已启,将永保善邻友好之道。"([韩]闵石麟:《中国护法政府承认韩国临时政府始末实纪》,罗家伦主编:《革命文献》第7辑,第129—133页)

△ 报载孙中山、伍廷芳拒绝伍朝枢列席太平洋会议。

报道称,前北京外交部参事、现任广东政府外交次长伍朝枢接北京外交部来电,请其充中国列席11月11日太平洋及远东会代表,但因伍廷芳及孙中山之训令,已置之不理。顷有人与孙中山晤谈,其言颇足以表明广州政府对于北京及华盛顿会议之态度,略谓:"吾人素以北京政府为非法之机关,故欲吾人派遣代表与北京军阀之代表共同列席华盛顿国际会议,实不成为问题。设华盛顿政府暨其他各国,坚不承认广州政府为代表中国民意唯一合法政府,则吾人将终不派遣代表赴美,将来关于中国之利益纵有所议决,然对于吾国决不生若何之效果。"故外间舆论多谓南北合派代表,决难成为事实。北京总统即加伍朝枢以任命,孙、伍二氏亦断难听其与北代表为伍。(《粤孙对外之态度》,天津《大公报》1921年10月3日,"紧要新闻")

10月4日 致电陈炯明,嘉奖援桂将士。

全桂底定,援桂功成,是日致电陈炯明,嘉奖全体援桂将士。电谓:"自南宁收复,陆、谭诸贼相率奔窜,政府宽大为怀,但令缴械,不予穷追。讵意该贼等冥顽性成,负固龙州,冀图抗命,致将士久劳征战,人民频苦烽烟,每念边陲,辄为叹息,兹幸犁庭扫穴,克奏肤功,既嘉诸将士之勇敢善战,尤佩兄之决策定计,调度有方也。仍希督饬前方将士,乘胜廓扫余孽,期绝根株而竟全功为盼。"(《大总统嘉奖援桂将领》,上海《民国日报》1921年10月12日,"国内要闻")

△ 致电黄大伟,嘉奖攻克龙州。

是月1日,黄大伟来电,报告克复龙州情形。本电复电,谓:"陆、谭抗命,负固龙州,冀燃死灰,再祸南服。迭经该司令节节进剿,血战匝旬,卒得捣其巢穴,克奏肤功,足征果敢善战,调度得宜。捷报传来,毋任嘉慰。廓清余孽,在指顾间,是所厚望。"(《大总统嘉奖援桂将领》,上海《民国日报》1921年10月12日,"国内要闻")

△ 任命张继为中国国民党北京执行部部长。(罗家伦主编,黄季陆、秦孝仪增订:《国父年谱(增订本)》下册,第928页)

△ 顾品珍来电,谓"吴军越俎入鄂,不顾民命,滇虽瘠远,已振旅出发。请主座急合西南大兵,克期救鄂亲征"。(《本社专电》,上海《民国日报》1921年10月14日)

△ 报载湖北各地频繁查获南方机关及党人。

报道称,孙中山联合安福派在鄂组织国民第一军,总机关设在汉口法界望平里五十六号,另设分机关于武昌、汉阳及各属,党徒多至三四千人。"上月俭晚,警处探访队陈某,诱汉机关要人至华界大郭家巷,拿住总司令张某……副司令方某,又参谋、副官各二人。在总机关秘抄得白布徽章、委任状密电多种。陷、东两日,连在法界长清里、华界云锦里破获机关两处,获党人十二人。东晚押解过江。闻其枪械藏在蕲春县某处,即派员往搜。萧拟将党首数人从严惩办,余悉免议。"(《国内专电》,《申报》1921年10月4日)经过连日审讯,方刚正、张养浩、方亚初三人于10月4日被执行枪决。(《鄂省枪毙党人纪》,《申报》1921年10月9日,"国内要闻二")

△　报载赵恒惕密派代表往劝陈炯明勿助孙中山北伐。

报道称,湘省自闻广东方面有假道北伐之说,深虑陷入漩涡,赵恒惕曾密派前财政厅长杨丙前往南宁,劝陈炯明毋助孙中山出兵,致妨湘省自治。昨杨氏已自南宁电复,谓"陈氏抱定联省自治主义,断不至假援鄂之名,行攻湘之实";又谓"孙氏以陈氏不肯赞助之故,已将援鄂之意打消"。(《湘省现局与裁兵问题》,《申报》1921年10月4日,"国内要闻")

△　报载张作霖密派代表来粤。

报道称,张作霖所派之代表张永昌,由奉至鄂至沪,复由沪来粤,并由梁某为之从中撮合。"闻其所定计划,拟联合奉系、旧交通系与及西南用狮子搏兔之力,合全力以谋倒直。"故此次西南出师,外有饷械,某方均可担任资助接济。(《张作霖密派代表来粤》,《香港华字日报》1921年10月4日,"粤省要闻")

10月5日　北伐军连日纷乘粤汉路火车开往湖南。

报道称,"连日粤汉路火车运载军队北上赴韶者甚多。闻孙文对于援湘北伐意见颇为坚决,现孙氏派出之湖南劳军使周震鳞系湘籍国会议员,经于日昨赴韶。周以湘军总司令赵恒惕与吴佩孚接头议和,其部下有一部分人有倒戈意,周已密与该部分军官分头接洽。据民党中人言,则谓此事周震鳞办理颇称得手,苟粤军一行入湘,各地与周勾通之湘军即当起而响应,足以驱赵而不难"。(《援湘兵纷纷北上》,《香港华字日报》1921年10月5日,"粤省要闻")另据报道,孙中山前因湘鄂战事,鄂军失败本拟即派湘籍旧国会议员周震鳞入湘慰劳军队,嗣为湘军将领所阻,未能成行。"近以粤军北伐业经国务会议通过,湘省为北伐要道,势为粤军所必争,决议派洪兆麟将周震鳞护送入湘,与鲁涤平、宋鹤庚等协议反攻岳州计划。赵恒惕氏虽与吴佩孚氏联络,奈为左右所胁迫,行动不能自由,连日汉口盛传湘军倒赵攻岳消息,殆即受周氏入湘之影响。"(《赵恒惕不能维持之湘局》,北京《晨报》1921年10月5日,"紧要新闻")

又一报道,"湘省自被直军战败,粤军攻湘之声即洋洋盈耳,周震鳞为湖南劳军使之任命,亦于此时发表。当时湘省极为恐慌,遂一面派前任财政厅长杨丙前往南宁,与陈炯明联合;一面纷电周氏,阻其来湘。兹据某方消息,周氏劳军使之发表,实为孙赵携手之发端,当时湘中尚未深悉此种情形,不免误会,故有电阻周氏来省之举也。当湘直战事激烈之际,周氏适在沪滨,外间对于湘省颇多称许。至周氏对赵自其骈杀李仲麟、易象等七人后,即极不以赵为然,至此以赵能尽力攻直,遂亦易听移视,以为湘省援鄂既非敷衍,自应加以赞助。返粤之后,因进言于孙中山,请量为援救。孙方允许,而素与赵氏不洽之某派,即起而反对之。彼此互相争论,经数次之开会,卒以主张以善意助湘者居多数。周氏爰再请于中山,而劳军使之名遂以发表。迨湘中去电阻止,某系又多少攻击,周无如之何,遂一面以真相托人告之湘赵,一面于25日由粤旋湘。赵氏既悉其内容,遂特派高审厅长李汉丞率卫队一连,遵陆前往郴州欢迎。其所以派李氏前往者,因周李同为旧国会议员,素多美感,俾以私人之感情劝周氏将部队留驻粤境,以免此间各界怀疑。闻李氏已于28日首途,大约至宜章县属之砰石,即可彼此会晤矣"。(《孙赵携手之湘讯》,《申报》1921年10月6日,"国内要闻")

△ 发布宽免罪犯与清理庶狱命令。

命令谓:"民国成立,于兹十稔,内乱频仍,迄未有定,国贼之诛,固不容逭。惟本政府之吊民伐罪,所诛者乃全国之公敌耳。兹逢国庆,允宜与众更始,以昭宽大。除背叛民国罪在不赦外,其余附和北方伪政府之人,凡愿自拔来归,有悔过之诚者,悉予宽免。其有一长足录,苟操守可信,均可量予录用。弃恶从善,作新国民,本大总统有厚望焉。"

又令:"本届国庆,应即清理监狱,以普惠泽。查军事犯多有羁押未决者,如无充分之证据,应即释放;其已决者,除所犯重大外,得原情减刑。又受行政处分,在县知事公署羁押,或前因现已废止之治安警察法被惩治者,均着一律释放。此外在司法审判中羁押者,自应按照法律及新公布之条例或命令办理。惟查看守所羁押人犯太滥,凡民事被告人,除民事诉讼关系不变外,应一律释放。其刑事被告人,凡证据不充分,或系应处五等有期徒刑以下之刑者,除刑事诉讼仍依法进行外,应一律释出候审。其在监狱中执行刑罚之罪犯,择其情有可原者,量予减刑,或依法假释。其余现在判决确定之罪犯,应依法励行缓刑。以上清理庶狱办法,着军事民政及司法行政各长官,分别迅速办理,并具报。"（《大总统命令》,上海《民国日报》1921年10月14日,"国内要闻"）

10月6日 与廖衡酌谈话,对英国殖民当局摧残马来亚华侨教育事业表示关切。

马来亚华侨廖衡酌受委派返国,甫抵粤省,即接星洲来电,谓英人无理,强将三州府华侨教育总会封闭,又拘捕槟榔屿教员九人;催其恳请粤省政府及各界社团,速向英人交涉,以救华侨。9月23日,廖赴省公署,说明详情,促请立即向沙面英领事交涉。是日,廖赴总统府面陈前情,听闻极为愤慨,略谓:"（英国殖民当局）摧残侨民教育,无异摧残我国内教育,此等悖绝人理之事,我政府誓与华侨同其祸福。可传谕侨众,谨守文明,据理力争,不为强暴所屈。现本总统已切谕外交部筹划交涉手续,政府力所能及者,必尽力以赴之。"（《新政府挽救华侨教育》,上海《民国日报》1921年10月10日,"国内要闻";《广州特约通信》,上海《民国日报》1921年10月13日,"国内要闻";《廖衡酌谒见孙文》,天津《益世报》1921年10月14日）

△ 报章刊文,西人谓非陈炯明、吴佩孚携手,不能救中国。

文章称,昨有西人著论谓:为中国改良计,北京政府固在斥去之列,广东政府亦不能存。西人于南方推崇陈炯明,于北方推崇吴佩孚,谓"中国今日,非得人物如陈吴者互相携手,不能救中国"。此其观察是否不误,当证以此后陈吴之行为。若就今日而论,则除南北两方有力之优秀分子互相提携外,实无他法,非即谓彼两人也。(老圃:《北伐声》,《申报》1921 年 10 月 6 日,"时评")

10 月 7 日 决心出师北伐,声称"胜则以行营为总统府,不胜亦不返粤"。电催陈炯明接济北伐军饷械,"指斥陈炯明派员与吴佩孚接洽"。"陈愤欲辞职。"(《上海快信摘要》,长沙《大公报》1921 年 10 月 14 日,"快信")

△ 报载邹鲁赴桂晤陈炯明内幕。

报道称,盐运使邹鲁此次赴桂,多有谓系奉陈炯明电召赴南宁,有要务磋商,并筹商盐政计划者。"其实彼之赴桂原因,系受孙文使命,并偕同胡汉民前往密商出师援鄂,要求粤政府接济饷械事。且闻多方挟迫,陈氏因而愤然,两次电致马育航,决欲去职。顷闻邹鲁亦以此事电陈孙文,仍当主张缓进以免决裂。"(《邹鲁赴桂之内幕》,《香港华字日报》1921 年 10 月 7 日,"粤省要闻")另据报道,孙中山接电后,特召总统府各要人秘密会议,"讨论应付陈炯明之意见"。(《孙文之秘密会议》,《香港华字日报》1921 年 10 月 10 日,"粤省要闻")

△ 报载孙中山对太平洋会议之态度。

报道称,刻有在广州担任要职之某君,新近归沪谈广州内幕,谓:"孙中山对于华府会议,非常注重。其意欲抵制北方代表不许出席。邀美国政府承认南方政府,至吾国是否得有代表列席,则非所问。于余(归客自谓)个人观察,此种利用外交以为内争武器之政策,对自身为不智,对国家为不忠。因刻下不欲吾国有代表列席华府会议者为东邻某国唯一之愿望。盖吾国既无代表,则彼国代表在议席上可以恣所欲言。且完全代表东亚之地位,可以立时取得也。"(《沪报载广东归客谈》,《香港华字日报》1921 年 10 月 7 日,"中外要闻")

10 月 8 日 向国会非常会议提出北伐案。

因两粤底定,欲乘时出师北伐,乃向国会提出北伐案,经国会开非常会议议决通过。遂与陈炯明商出师军事计划,陈反对,"乃令陈

先返广州,主持后方接济"。(毛思诚编纂:《民国十五年以前之蒋介石先生》,第135页)

　△　委任柏文蔚为长江上游招讨使。(罗家伦主编,黄季陆、秦孝仪增订:《国父年谱(增订本)》下册,第929页)

10月9日　报载广东内部在北伐问题上意见分歧。

报道称,陈炯明对于北伐有下列之主张:"(一)因龙州战事消费许多枪弹,必须若干时日始克补充完足。(二)各军队久事战争,须令其休养。(三)军费不足之际,宜暂待时期。"而孙中山则力主北伐,其理由如下:"一,枪械子弹由桂军所虏获者为数已不少,再益以广东兵工厂之赶造,则尽能补充完足。二,宜乘战胜之勇气一举而定中原。三,军费可用别种方法筹集。"报道并指:"惟一般人均以为北伐殊难实行,盖着手实行讨伐广西之时,尚不免种种掣肘,今欲建北伐之大事业,势难成立。惟急进派因讨伐广西之功,遂皆怂恿大举北伐,而渐进派之意见则仍主张与从前讨伐广西执同一之手段,当兹吴佩孚受牵制四川军之际,多主张先从湖南民党驱逐首鼠两端之赵恒惕,将长沙收归民党之手与广东军联成一气,然后再进兵湖南,始为得策。现在许崇智、陈炯明、胡汉民等亦赞成此说。"

另一消息,孙中山北伐手续决意以粤军作为先锋,川军作为中路,滇黔联军任为后路,预定八师五混成旅。集合地点一在湘南衡州,一在鄂南公安、石首,一在粤北南雄。各军出发时,由本省就近北攻,俟将预定会师地点克复时,再图分路进行。所需子弹,已由日本彬一商行里到广州之第二批军火分配拨发。(《孙文大倡北伐同党不附和》,北京《晨报》1921年10月9日,"紧要新闻")

　△　报载顾品珍因固位而力倡北伐。

报道称,近日顾品珍甚倡北伐之议,前曾与卢焘联电广东政府,请命援鄂。不知滇省内容者,以为顾氏果具有若何野心,然一按诸实际,不过出于巩固自身地位而已。"缘滇省自唐继尧退后,表面情形似甚统一,然内部各有党见,滇省军人原分两派,一派为叶荃、罗佩

金、黄毓成，一派即赵又新与顾品珍。顾自推倒唐继尧后，遂去叶等
兵权。"然"叶等虽为顾之威力所劫，但报复之心未尝或忘，且彼等部
下军队仍为彼等所操纵，以此顾深忌之。近见广东政府倡言北伐，乃
欲藉此命叶等援鄂，便其离滇，以免心腹之患"。（《顾品珍亦为固位倡
北伐》，北京《晨报》1921 年 10 月 9 日，"紧要新闻"）

10 月 10 日　参加各种活动，庆祝中华民国国庆。

是日为中华民国十周年国庆。上午 9 时，国会议员、文武官员暨
各界代表齐集总统府大礼堂，前来致贺。随后亲赴北校场阅兵，伍廷
芳、伍朝枢父子随同参阅。阅兵式由梁鸿楷指挥，受阅部队为第一师
第一旅及炮兵团，演习分列式，"步伐纯熟，整齐严肃"。当检阅时，有
飞机二架翱翔空中，散布庆祝传单。某飞机师疾呼："民国万岁！大
总统万岁！"地面隐闻。阅毕，转往黄花岗致祭，续赴牛王庙陆军忠烈
祠致祭。祭毕，复回财政厅举行茶会，到者有国会议员、高级文武官
员共六七百人。因是时大街爆竹声如雷，故未演讲。另据报道，是日
孙中山"大犒三军，粤桂防军，一致受赏"。（《国庆纪念日之广州》，上海
《民国日报》1921 年 10 月 17 日，"国内要闻"；《广东北伐军有定期出动说》，北京
《晨报》1921 年 10 月 14 日，"紧要新闻"）

△　为《实业计划》中文本作序。

该序首叙撰著原委，进而指出："将来各国欲恢复其战前经济之
原状，尤非发展中国之富源，以补救各国之穷困不可也。然则中国富
源之发展，已成为今日世界人类之至大问题，不独为中国之利害而已
也。惟发展之权，操之在我则存，操之在人则亡，此后中国存亡之关
键，则在此实业发展之一事也。吾欲操此发展之权，则非有此知识不
可。吾国人欲有此知识，则当读此书，尤当熟读此书。从此触类旁
通，举一反三，以推求众理。"并谓："此书为实业计划之大方针，为国
家经济之大政策而已。至其实施之细密计划，必当再经一度专门名
家之调查，科学实验之审定，乃可从事。故所举之计划，当有种种之
变更改良，读者幸毋以此书为一成不易之论，庶乎可。"（《建国方略之

二实业计划（物质建设）自序》,《孙中山全集》第 6 卷,第 248—249 页)

△　报载西报称陈炯明、吴佩孚若能联合诚中国之幸。

文章称,字林报载巴克斯特君通讯:"孙文派之广州政府,近又作北伐计划。陈炯明氏对于此项计划,并不赞同。陈氏主旨在于刷新广东省政,以为他省模范,全无侵略他省之意。陈之领兵入桂,纯由北政府命令桂陆(荣廷)攻粤,有以激成之。不然无论孙文向之如何敦促,陈亦未必入桂也。现孙文派因对桂之全胜,力主进兵湘赣,而赞成孙之计划者,则有赣之李烈钧、湘之程潜、闽之许崇智。皆久苦失位,亟欲恢复地盘权势者也。按本记者之意见论之,北京政府不去,中国必难见根本上之改良;广州政府不去,中国亦决难见利民福国之改革。若吴佩孚、陈炯明之辈能联合一气,并力反对国内营私之政团,诚为中国一大幸事。"(《西报纪南北政府与其将领》,《香港华字日报》1921 年 10 月 10 日,"中外要闻")

△　香港美总领事向美国务院报告孙中山向美商秘密借款。

略谓:"香港政府华务主任罗斯给我密讯,说美国商人巴彼德(Babbitt)与孙中山订立一千五百万元借款的契约。又说日本驻港总领事曾谒他三次,报告此事之进展,日领事似极为此事所惊扰。罗斯认为孙陈快将决裂。孙将利用此借款为其北伐之军费。"(陈定炎编:《陈竞存(炯明)先生年谱》,第 407 页)

是月初　汪精卫与记者谈孙中山、陈炯明关系。

上月 26 日,汪精卫与蒋梦麟自广州启程,于 28 日由香港搭船前往上海。10 月 2 日前后抵达上海。(《全国教商联系谈话会记》,《申报》1921 年 10 月 2 日,"国内要闻")有报纸报道,汪精卫此次任务,"表面上虽系因教育会议之事,实则对于孙文之出师及发展西南之计划均有密切关系。而尤为注意者,则向长江某某两督军疏通意见"。(《汪精卫起程赴上海》,《香港华字日报》1921 年 10 月 1 日,"粤闻")6 日,国闻通信社记者就时局问题采访汪精卫,在谈到孙、陈关系时,汪谓:"孙中山、陈炯明意见不协之说,传之者甚众,实则革命党人本为有主义之结合,抱同一之目的,而其实行之方策则所见不必尽同,意见之参差事实上在所难免,且亦理所宜有。若至讨论得一结局,则大众合力进行,无复出入。孙陈之间,实际如此。当孙中山先生就任总统时,陈炯明君确劝其少缓,同时劝阻者固不止陈君一人,而中山之所以必就者,盖北方逼之使然。方岑、陆取销军政府,西南已无中枢机关,总裁制复不可复用,乃惟有就任总统以与北方抗,此势使之然也。陈君嗣后谅解及此,亦表示赞成,自后则无复何等意见不合之大问题矣。陈君亦知外间有孙陈不协之流言,深抱不安。前曾有日本人往访,以是为询,陈君云:'余为中山党员,焉有党员而反对党魁者? 有斯言者,是侮余也。'陈之对孙,关系若是。此吾可代为负责宣布者也。"(《汪精卫先生谈话纪一》,上海《民国日报》1921 年 10 月 5 日,"本埠新闻")

10 月 11 日 召开国务会议,面托伍廷芳担任大总统职权。

因桂省军事已告结束,粤滇黔赣各军均集合广西,爰拟亲赴梧州、南宁、桂林、龙州、柳州等处,巡视各省军队,并带同参军、副官多名,分赴各地,传谕慰劳。且以西南各省亟待发展,因是特移大本营于桂边,以便相机进取。日前李烈钧师次柳州,日内即有桂林之行,故更欲先期莅桂,以期与陈炯明、李烈钧会商进行大计。惟出巡后,须择人委托以大总统职权,故于本日召开国务会议,面请伍廷芳担任。伍氏欣然同意。即命谢秘书长,咨照国会非常会议,告以大总统于 13 日上午出席国会,布告出巡原因,并定期 15 日首途赴桂。"闻国会议员以孙此次出巡,即为北伐之先声,拟即日提议讨伐案,并以北伐名义过于宽泛,当仍以援鄂为名。一俟议决,即咨请政府下令也。"(平:《孙中山出巡桂边》,《申报》1921 年 10 月 20 日,"国内要闻")

10 月 12 日 报载与美国记者辛默谈国内形势。

据报道,近日美国著名记者辛默曾至广州访问,就时局有关问题探询意见。访谈间指出:"各国如能任中国之自然,不加干涉,则中国情形必日有佳象。"辛默问,所指各国者,是否包括美国? 谓答:"余意中所述者乃日本耳。日本之意,盖无不欲在中国扩充其势力,彼拟以施诸高丽人之手段，复施诸吾人，将中国改成日本之殖民地。惟日本此种政策，幸尤非日本臣民均所赞同，乃系彼军阀中之野心家主张而已。"

当辛默问到对北京政府的态度时，告："北京政府系无能力之政府……至彼总统，亦非合法总统。缘合法组织之国会，今乃在广州集会，并另选一人为总统矣。"

在回答南北和谈和统一问题时指出："吾人无时不筹备与北方谋和，惟吾人之谋和条件，须将日本之'二十一条'撤回日本。""南北统一之后，吾人当根据于地方自治政府之基，而建一中央政府。中央政府所操之权，则以不能归属于地方政府之权为限。"

最后在谈到外国对中国的援助时强调："外国若能与中国协力，自为中国人所欢迎。惟外力之来，须出于正当之道。此等援力，当不在所谓任其自然之范围内也。吾如今当筑铁道、修驿路，改善公共事业……希望银行借款，系非借给军阀耳。"（《总统与美记者之谈话》，上海《民国日报》1921 年 10 月 12 日，"国内要闻"）

10 月 13 日　出席国会非常会议，报告财政及准备出巡广西北伐状况。

是日上午 10 时，为出巡桂省事出席国会非常会议，议员出席者百数十人。因议长林森先期通告是日开秘密会议，故一律禁止旁听。当莅临议场时，各议员群起致敬，全场欢声雷动。随由林森陈述总统此次出席与时局发展之关系，众皆为之动容。遂由孙中山报告就任大总统后财政状况及今后财政发展方针。继则说明出巡桂省原因，指出："由于今日已迫于必须根本改造共和之大业，不许永在广东，太平洋会议列国不承认南方代表，南方生存必须进为积极之行动。"演讲完毕，满场鼓掌，表示赞成。（平：《孙中山出巡桂边》，《申报》1921 年 10 月 20 日，"国内要闻"；《上海快信摘要》，长沙《大公报》1921 年 10 月 20、21 日，"快信"）

△　廖仲恺来访，劝阻偕夫人宋庆龄出巡广西。

孙中山有偕夫人宋庆龄同行广西之意,因当时风气未开,廖仲恺担心此举或影响北伐军士气。本日来访,试图劝阻。廖仲恺说:"中西习尚,本不相同,欧洲军队常带有妇女参与其中,不为惊奇。若中国军队,绝对不容许妇人参与其中,以妇人在军中影响士气,先生首次北伐出师,对此似宜慎重考虑。"听闻后反驳谓:"韩世忠大破金兀术于黄天荡,赖夫人梁红玉击鼓助战,可知中国军队并非不许妇人参与其中,亦不见得影响士气。至于妇人在军中兵气不扬的一类理论,乃腐儒见解,毫无根据。"廖坚持己见,进一步说明道理:"梁红玉击鼓助战,为历史上罕见之事,故播为美谈。今日习惯上仍以妇女不随军为原则。盖在甘苦之情形下,常会使士兵发生一种不良反感,不可不加考虑也。"认为廖仲恺言之有理,便接受了他的建议。(陈锡祺主编:《孙中山年谱长编》下册,第1386—1387页)

△　饬派参军处副官黄梦熊、邝石、梁汝平等先行出发,分赴南宁、桂林接洽,预备一切。黄等于即日启程西上。(平:《孙中山出巡桂边》,《申报》1921年10月20日,"国内要闻")

△　签署总统令:"代理总统府参军长林修梅,呈请将副官莫鲁、李寅中免去本职,应照准。"(《大总统命令》,上海《民国日报》1921年10月23日。"国内要闻")

△　报载是日大陆报电讯,谓孙中山现准亲自统帅大军三万人北伐,业定于16、17日启行。"其目的在吴佩孚军队驱出武汉,藉使鄂人得有重建省政府及民选省长之机遇。孙部军队之半,已在湘边,其余亦将由湘东向岳州开拔。陈炯明不能与孙同行,孙之参谋长系李烈钧及其余各重要军官。"(《扬师北伐之外讯》,上海《民国日报》1921年10月15日,"国内要闻")

△　报载孙中山因急筹北伐军费向日人借款。

报道称,孙中山因急筹北伐军费,"特向日本松本、西田两大资本家押借现款一千万元,以未动工之广九支路及印花税作为抵押,九五交款,月息一分五厘,期限十年。并允许该资本家在粤省内地各种优先权。广东各界已群起反对"。(《孙文又向日人大借款》,北京《晨报》1921年 10 月 13 日,"紧要新闻")

△　报载北伐令因经费无着而尚未下达。

报道称,孙中山对于北伐一事主张甚力,"闻日来所以迟迟尚未成行者,只因款项一层尚无着落。孙要求由粤库筹拨四百万为北伐军费,曾致电与陈炯明商酌,陈已复电答允,但陈意主张军队出发后筹付,孙则要求未出发前先交二百万。刻因粤军西征,粤库支出不下千万,已支绌万分,一时自属不能筹此巨款,以故孙意难决,而尚未敢毅然下北伐令"。另据报道,闻孙中山与陈炯明因出师问题意见不同。孙中山以出师一事决在必行,倘陈炯明必不允担任后方饷械之接济,则"惟有实行将其更动"。自国庆日之后,此种风气已日紧一日,各方面要人恐其二人因此决裂,于大局进行必多阻碍,故胡汉民、邹鲁等又复极力从中调停。(《北伐令尚未遽下之原因》,《香港华字日报》1921 年 10 月 13 日,"粤省要闻")

10 月 14 日　报载是日香港电,谓"广州谣传,孙中山已命拨款四百万元,以充北伐军经费。北伐军将于日内出发。孙中山离粤时,由伍廷芳任代理总统"。(《南方北伐记》,《申报》1921 年 10 月 15 日,"太平洋路透电")

△　报载是日广州电,山西督军阎锡山代表晋谒孙中山,"宣言晋省拥戴新政府"。(《本社专电》,上海《民国日报》1921 年 10 月 15 日)

△　报载陈炯明辞职归里说。

报道称,"陈炯明于日前汪、胡赴桂时,曾预言广西军事平定,即行返海丰原籍,休息林泉,所有军民政务一律辞退,决不返省……并以外间传言,有以马氏继任省长之说,因并嘱马氏一同辞职,以避贤路。省长一职,则荐胡汉民自代"。"查此次陈氏隐退之原因,实因此间孙派力主出师北伐,近已成箭在弦上不得不发之势,惟于将来北伐军饷械所出则一筹莫展,只日向陈氏催促要钱。陈氏之意,以为两粤当大局初定之时,理宜休养生息,不忍劳民动众,故极力赞成浙督卢永祥联省自治组织联省政府,以期早日统一。讵意此策竟为孙系诸人所反对,陈氏以己志不行,又格于党义,不能禁阻,因此进退维谷,顿萌退志。"(《粤军北伐与陈辞职说》,《申报》1921 年 10 月 14 日,"国内要闻")

　　△　报载北京政府援助桂系实刺激广东政府北伐。

报道称,广东着手北伐,令六师兵力动员之说,现已喧传本地。况陈炯明派虽非积极主张北伐,"然最近北京政府所采之方针,依然有援助陆荣廷挽回势力之形迹,如陈炳焜现在北京极力运动,马济亦在汉口乞吴佩孚等之援助,沈鸿英又率兵五千驻屯湖南,实皆足以威胁广东,刺激粤政府着手北伐者也"。(《广东北伐军有定期出动说》,北京《晨报》1921 年 10 月 14 日,"紧要新闻")

　　△　报载陈炯明拒绝吴佩孚派员联络。

报道称,日前吴佩孚致电陈炯明,"表示愿与联络,并谓将派代表到粤,会商国是"。陈曰:"彼势穷蹙,乃来诱我。"遂置不理。(《广东北伐军有定期出动说》,北京《晨报》1921 年 10 月 14 日,"紧要新闻")

　　10 月 15 日　乘军舰出巡广西,准备取道湖南北伐。

是日下午 5 时,由财政厅赴天字码头,搭乘"宝璧"炮舰前往梧州,出巡广西,准备取道湖南北伐。出巡随员有胡汉民、陈少白、陈群、邓家彦、焦易堂、胡毅生及总统府参军、秘书等五十余人。北伐军三万人亦于是日开拔。各界欢送者"人如山海","学生万余,第一、二师兵八千,各界人民数千。两旁排列,长五里余"。伍廷芳送登"宝璧"舰,出发前,孙中山立舰正中对众演说,略谓:"此次出巡赴桂,慰劳军人,份所应尔。为我国前途计,希望此时实行发展,谅大众亦表同情。今蒙欢送,惟有铭感于心。"众皆欢呼万岁。(蒋永敬:《民国胡展堂先生汉民年谱》,第 259 页;《本社专电》,上海《民国日报》1921 年 10 月 17 日;平:《广州通信》,《申报》1921 年 10 月 23 日,"国内要闻")

对于孙中山督师北伐,有报纸分析指出:"孙中山督师北伐之说,酝酿已久。惟陈炯明之意,主张缓进,所以迟迟未能成行,此外间孙陈不洽之说所由来也。然孙之力主急进者亦自有故。近日川滇黔各军总司令屡请下令讨伐,若不出师,恐失众望;且各埠华侨屡电敦促,湘鄂呼吁力竭声嘶,孙既以此为义不容辞;又以吴军南下,湘人屈服于前,川军失败于后,不再起而抵抗,西南将何以立足？如果南方政府愿苟安为广东政府,则偏安一隅未为不可,今既认为正式政府,且认为革命政府,断不能熟视无睹,此所以与陈之政见不同也;且孙久与皖系联络,近则奉系亦有信使往还,南方如与直军开战,奉军决不助直,加遗一矢。然则以西南全力与直军角逐,胜负可以预卜,则出师讨伐何必自馁,此孙所自以为有把握者也。若陈之不欲出兵,固由厌倦军事,然陈既服从于南方政府之下,则孙之动作,不能极端反对,故陈亦惟有听其命令而已。惟陈不再督师,则已下决心,孙故欲亲自一行。"(平:《孙中山出巡桂边》,《申报》1921年10月20日,"国内要闻")

　　有报道称:"此次孙中山赴桂,名为出巡,而实征湘,其主张非常坚决。所有府中启秀楼之眷属与一切家私行李,先于13日向福军借得第九号轮船运送赴港,尝对人云:此行如获胜利,则会师武汉,将以南方统一北方;倘或失败,亦不复回粤。故总统职务表面上虽云暂交与伍廷芳代理,实则只系办理例行公事,若重大要件,仍由大本营主持。向来府中办事得力人员,除秘书长谢持暂留粤外,其余均随同出发。"(平:《广州通信》,《申报》1921年10月23日,"国内要闻")

　　10月22日粤海关情报称:"据说,孙总统广西之行除了要与陈炯明和李烈钧商讨北伐事宜外,还有其他两个原因:第一,市政府所签订的一千五百万元贷款协议要陈炯明亲自签字后才能生效。总统携该协议去广西,要求陈在协议上签字,以便能够支取各期分期付给的款项。第二,不久将更换本省省长。陈炯明很想任命现财政厅长马育航接替他的职务。然而,孙总统却挑选了第二军军长许崇智和前广东省省长胡汉民。因为陈强烈反对在军队任职的人担任省长,所以,依总统的意见,胡汉民是最合适的人选。为此,总统在发布特任令之前去广西征求陈的意见。"(广东省档案馆编译:《孙中山与广

东——广东省档案馆库藏海关档案选译》,第 280 页)

△　报载孙中山派有五百余人,在苏联境内联络华工,"现组华工大会已成,纯系自产目的,内有劳农助款"。(《专电一》,《申报》1921年 10 月 15 日)

△　林修梅在粤病逝,追赠上将。

林修梅(1880—1921),字浴凡,湖南安福(今临澧)人。1917 年护法时,与刘建藩同起义师,宣布衡永独立。1920 年 6 月,任湘西靖国军总司令,年底被聘为广州军政府顾问。1921 年总统府成立,被聘为代理参军长,已定随孙中山出巡广西,忽患牙疾,误于庸医,数日而逝。"国会议决予以国葬崇典,政府亦赠以上将,用报起义丰功。"(吴宗慈:《护法计程(续)》,黄季陆主编:《革命文献》第 51 辑,第 565 页)

10 月 16 日　抵肇庆,稍作停留,即启碇西行。

是日下午 6 时,一行抵达肇庆,受到当地各界的热烈欢迎。及停泊时,中国国民党高要分部长刘觉非偕多人来见,乃"斤斤垂询党务之发展如何,地方之政治良否,人民之心理趋向",刘一一详答。随后即行旌匆匆,启碇西上。(《大总统抵肇庆情形》,上海《民国日报》1921 年 10 月 25 日,"国内要闻")

△　报载于右任并未与广东政府脱离关系。

报道称,外间喧传陕北于右任取消靖国军名义,与粤政府脱离关系,殊属非是。"于之驻粤代表刘式之仍在广州,与孙文接洽北伐手续,并图扰陕。于已通电广州各方面表示态度,详述护法宗旨。胡景翼亦在三原一带整顿各处靖国军,静待援陕,与联军取一致态度。"(《于右任与粤未断关系》,天津《大公报》1921 年 10 月 16 日,"紧要新闻")

10 月 17 日　抵达梧州,发表训词。

15 日乘"宝璧"舰自广州出发后,16 日上午 8 时抵达三水河口,下午 6 时许抵肇庆。略停顿两时左右,复启碇航行,于 17 日上午 10 时抵达梧州。是日,梧州各界齐集西门码头,鹄立两旁迎候。孙中山身着灰布西式衣,自船登岸,观者为之塞途。

　　下午 3 时,梧州各界齐集省立第二中学会场举行欢迎大会。到者团体约六十余,人数七八千。孙中山因有紧要公务,未能亲临,遣派代表胡汉民、邓家彦出席。会议开始,大会主席宣布开会理由,略谓:"孙大总统为吾中华民国开国元勋,革命巨子……此次出师北伐,吾人须知非孙大总统一人之事,实吾全国人民之事;亦非孙大总统谋其自身及少数人权利之发展,乃谋全国人民共和民治之发展。"随后由胡汉民代表孙中山发表训词。"其措词痛快淋漓,拍掌之声,不断于耳。"(《梧州欢迎大总统盛况》,上海《民国日报》1921 年 10 月 26 日,"国内要闻")

　　训词略云:"大总统治国方针,抱三民主义。自民国元年革命成功,洁身引退,其平日所持种种政策,原望继其后者,次第见诸实行,乃迟至今日,未见丝毫成绩,直使民国十年间,徒有共和之名,并无民治之实。一般官僚军阀,日以争权夺利为务,事事倒行逆施,压抑人民,摧残教育,盗卖国产,种种不良政治,弥漫国中。此种官僚军阀,实为民治上之最大碍物,吾人应共同深恶而痛绝之。大总统生平志愿,不以革命功成自居,而以发扬民治自任,对于此种万恶军阀,腐败官僚,以为非扫除净尽不可。故此次出巡桂省,督师北伐,即欲本其平日志愿,以求达到此目的者也。""援桂成功之后,凡广西一切政治,悉应还诸广西人民,使得实行自治。"甚望广西人民"人人有民治之思想,出而负责,出而力行,务须达到毋求他人扶助地步,真正民治之精神方能贯注,真正共和之幸福始能久享"。(《总统抵梧时之训词》,上海《民国日报》1921 年 10 月 27 日,"国内要闻")

　　△ 改编北伐军,许崇智部为第一军,李烈钧部为第二军,李福林部为第三军。许崇智部集结广西昭平,李烈钧部集结桂林。李福林部于 15 日奉孙中山手谕,着即率部集结韶关候命。(《上海快信摘要》,长沙《大公报》1921 年 10 月 24 日,"快信")

　　△ 报载蒋作宾抵粤,晋谒孙中山,"嘱先赴长沙"。(《本社专电》,上海《民国日报》1921 年 10 月 17 日)

△　报载孙中山积极筹备北伐，北京政府准备应以南征。

报道称，孙中山已将粤省北攻军队组织就绪，计十师四混成旅。其在桂湘之粤军概行出发，前线确已抵衡州。并以前筹之军饷一千万元不敷尚巨，又向某外商磋商短期借款五百万，以粤省烟酒税作抵押。湘军亦允出兵四师又三混成旅，除宋鹤庚、鲁涤平、陈嘉祐、吴剑学、林修梅、谢国光、蔡钜猷等程系谭系军官自告奋勇外，即赵派唯一之健将叶开鑫亦表示服从。有定于14日开赴常德，转由湘西出动，夹攻施宜说。其川中军队，除在前线之五万八千人外，尚拟加编六大混成旅。各省联军实力不下三十余万人，将来实行开仗，必为其前所未有之大战。而北京政府总统及总理对于孙中山北伐计划甚为注意，日昨迭接驻港探报，略谓："孙中山为实行北伐计，拟先出巡梧州、柳州、南宁、桂林等处，检阅军队，与李烈钧、陈炯明等面商北伐事宜。将在省设立总司令部，举兵三万进攻岳州。"当即密电吴佩孚、萧耀南、陈光远、李厚基加意防范，并由参陆处召集军务会议，"决定孙文出兵如成事实，即下明令南征，所有行军计划，均以大元帅命令行之"。预计将来北京政府须出兵十四师及二十五混成旅之兵力，以与孙中山决一雌雄。惟以财政关系，此项军队分为三期出发，现已电致曹张吴三使查照办理。（《中央南征与西南北伐齐忙》，北京《晨报》1921年10月17日，"紧要新闻"）

10月19日　由梧州向南宁进发。

17日抵梧州后，当晚即电陈炯明，告以行期。旋得陈炯明复电，略谓："左江一带，盗贼充斥，非有大军护送不可。而上水船抵南宁又较迟，且路有危险，不如请在梧州稍候三四日，炯明当乘日夜下水船，亲来梧州商就一切。"（《复孙中山电》，段云章、倪俊明编：《陈炯明集》下卷，第693页）随即复电告："广西各大城镇均宜亲到演说，加以抚慰。沿途已由许（崇智）军派兵一团护送，可无意外之虞。"

是日晨，乘浅水兵舰离梧州前往南宁，同行者有陈少白、胡汉民及其他参军、副官。（《孙中山由梧州赴邕之经过》，长沙《大公报》1921年11

月16日,"中外新闻")是夜抵藤县。翌日及早行船,抵暮至桂平。(陈少白遗著:《桂游鳞爪录》,《建国月刊》第12卷第6期,1935年6月)再电"约陈炯明至浔商各事"。(《上海快信摘要》,长沙《大公报》1921年10月27日,"快信")21日因事筹备,逗留一日,乘暇前往西山一游。(陈少白遗著:《桂游鳞爪录》,《建国月刊》第12卷第6期,1935年6月;姜南英:《孙中山先生抵桂平》,广西壮族自治区政协文史资料委员会编:《孙中山先生在广西》,第64页)

行抵桂平,正值陆荣廷、陈炳焜旧部刘达庆、刘炳宇等军由武宣进占贵县属境,桂平至贵县间航道一度梗阻。后由陈炯明饬翁式亮旅分兵驱退二刘所部,巡轮才得以续行西上。

陈炯明拒召,不来桂平。因冬令亢旱,河道涸浅,改乘电轮往南宁。21日由浔出发,夜宿贵县,翌日道经横县泊大码头一宵。当日下午3时,县知事施献钧偕绅士陈寿民等数人上轮觐见,垂询地方民间疾苦甚详,施知事一一奉答。(陈寿民:《记孙中山入桂经过横县》,广西壮族自治区政协文史资料委员会编:《孙中山先生在广西》,第46页)23日晚抵蒲庙墟。因夜黑滩多,虽去南宁甚近,终不果行,遂泊于是。(罗家伦主编,黄季陆、秦孝仪增订:《国父年谱(增订本)》下册,第929页)

据北报报道,陈炯明探知孙中山一行已经启程,因偕广西省长马君武及其他文武官吏,乘浅水电轮至中途迎迓。适轮过永淳,两方错过。陈氏电轮下驶后,探知孙舟已过,乃急转轮上驶,赶抵永淳城,始得会面。孙、陈晤面后,陈言:"本拟月半还粤,后因桂军散兵流为盗匪,非将善后事宜全行办妥,无以对桂人。今将南宁善后事宜全交刘师长震寰,刘为桂人,易将逃亡为匪之兵招回编制,免散往各县,使桂省人民长久受害。现刘在柳州一带已将散兵招抚,一候刘到即行回粤。"随即拿出陈光远、吴佩孚来电两通给孙中山过目,并云:"前有电招蒋作宾来,想已与接谈。孔庚在南宁已将湘直战争情形详细讨论。迭接来电,出巡桂省,预备援鄂,炯明极端赞成,所不同者时日迟速问题耳。今广西善后已办妥,炯明当为前驱,共图中原事业。"孙中山遂将此行内容与陈细商,陈对于大局揭出办法大纲四条,分别关于中国全局、西南大局、两广方面、广东内政。"孙对于陈所拟办法极以为然。"继而双方讨论出兵计划,陈炯明主张大军分三路:"以四川刘湘所统各军为右翼,以李烈钧为滇黔赣总司令为左翼,以粤军为中路。以大元帅大本营为全局总司令部。"孙中山"亦以此种办法为最适当"。陈又谓:"此次出兵与援桂返粤不同,我辈宜抱定救民恤邻宗旨,总宜以民治为目的。所过地方不得放纵军队,自委官吏,抽收税项,方足为长江人民所悦服。用人宜选地方有学望者。大军未出,地方组织条例宜完善纂就,以便临时应用。"孙中山答谓:"在广东总统府已将此项条例预备纲要,然亦不能拘泥,宜视地方腴苦文野而因时制宜,终以不背地方民治主义为要。"(《孙文由梧赴南宁之经过》,天津《大公报》1921 年 11 月 12 日,"紧要新闻")

△ 港报刊文,评论北伐及南伐。

文章称,"广州国会已通过北伐案,孙文已实行出巡。说者谓孙抵浔州(一说桂林)后,即召集李烈钧、陈炯明会议出师,是曰北伐。谓以南伐北也。当直军攻下岳州,靳云鹏主张进攻长沙,下令讨伐,旋以内部冲突中止。今奉直同以对粤为目标,而长江各省亦有联防之议,事势所趋,恐亦终不免于一战,是曰南伐。谓以北伐南也。究其实,南北云者皆一般阔人之所谓南北,而非我四万万国民之所谓南北。自我国民观之,以财力言则南穷北极,以兵力言则南蹙北疲。昔汉高谓项羽曰:天下汹汹,皆为我两人。僧纲丐头,即甚尊严,国民已掩两目不愿见。不闻自反,只知互伐,则亦自伐而已"。(《南伐与北伐》,《香港华字日报》1921 年 10 月 19 日,"时评")

是月上中旬 与来访的罗基菲勒茶叙。(《南方近事记》,《申报》1921 年 10 月 13 日,"太平洋路透电")

是月中旬 致函邓宝珊,勉坚持初志。

陕西靖国军自起义以来,血战经年,中外共仰。近闻靖国军副总司令兼总指挥胡景翼接受直系军阀改编,出任陕西陆军宣一师师长,本日致函邓宝珊指出："立生忽受奸人蒙蔽,召集少数无赖之徒,托名国民大会,变更靖国军名义,以堂堂护法之师,受伪廷督军之改编,不特败坏纪纲,为西南各省所不容,即于其个人节操亦有大亏。如执迷不悟,恐此后身家之安全亦不能,郭司令附伪督被杀,即其前身之鉴。闻于总司令及靖国各统兵长官咸明大义,誓不附和,为之欣慰。尚望足下坚持初志,百折不挠。"并告"现在正式政府已决定出师援鄂,文克日出巡以作士气","肃清武汉,为期不远。陕靖国诸君万不可稍自暴弃,功亏一篑"。(《致邓宝珊函》,《孙中山全集》第5卷,第619－620页)

△　复电蔡钜猷,嘉勉其讨贼救亡之志。

上月23日,李烈钧转呈常德镇守使蔡钜猷来电,略谓："钜猷分在固守边陲,而扶植民治拥护民治之心,未能稍懈",并恳请广东政府"主持正义,顺应人心",援助鄂人自治。本月12日接电后,随即复电嘉勉。电谓："此次湘省援助鄂人自治,为敌所乘,在吴逆虽能取快于一时,然民治潮流终莫能御。政府决举西南全力克日北征,分道出兵,会师武汉。湘军向以英武闻于世,何难一战而洗曹沫之羞?来电所陈,不忘在莒,尤表示其拥护政府之诚意。当尝胆卧薪之日,正惩前毖后之机。讨贼救亡,政府所望于湘军者甚厚也。"(《大总统奖勉蔡钜猷》,上海《民国日报》1921年10月18日,"国内要闻")

△　纽约华侨集会,要求美国政府同意南方政府代表出席华盛顿会议。

是月15日左右,纽约华侨数千人在城厅公园集会。与会者经过公决,声明"广州孙文政府为中国之合法政府",并请美方允许南方政府代表列席华会。孙中山的代表马素也有演说。集会结束,整队游行。游行者高举横幅,上书"北京黩武""广州民治""美国爱正谊""请予中国以机会""请予二万万华人以在华府之发言权"等。并有飞机散发传单助兴。会后有电致美国务卿休士,恳其注意以孙中山为总统的中国南方政府另派代表参与太平洋会议之必要,"北京政府违法腐败,且为日本所束缚,不能代表中国之真正利益,不可为中国全体发言。苟不另请南华遗派代表,则中国之参与会议直同儿戏"。(《华侨在美之游行运动》,《申报》1921年10月25日,"世界路透电")

10月21日 偕胡汉民等登临桂平县城西郊的西山,并撰联称颂。

西山位于桂平县城西郊,地势险峻,环境清幽。抵桂平后,偕胡汉民、陈少白等登临揽胜,撰联记述。联曰:"苍梧偏东,桂林偏北,惟此地前列平原,后横峻岭。左黔右郁,会交二十四江河,灵气集中枢,人挺英才天设险;乳泉有亭,吏隐有洞,最妙处茶称老树,柳纪半青。文阁慈岩,掩映一十八罗汉,游踪来绝顶,眼底层塔足凌云。"(《题桂平西山联》,陈旭麓、郝盛潮主编,王耿雄等编:《孙中山集外集》,第639页)

△ 报载孙中山"派陈树藩为陕西联军总司令,陈尚未允"。(《国内专电二》,《申报》1921年10月21日)

△ 粤海关情报称:"全省各地的粤军都接到开赴北方的命令,并着实作了一番准备。士兵们正急忙前往各指定集合地点待命。据说,仅广东一省就将派出二十万将士准备参加北伐。这个数字不包括李烈钧的部队,以及云南、贵州和其它西南省份调派的部队。"(广东省档案馆编译:《孙中山与广东——广东省档案馆库藏海关档案选译》,第245页)

10月23日 陈炯明致电广东省署,辟与吴佩孚携手传言。

数月以来,孙陈交恶、陈吴携手之说甚嚣尘上。10月,吴佩孚派鄂籍军官黄申节前往梧州,与陈炯明沟通,于是"陈吴提携之谣益盛",连西方报纸也有所登载。广东政府驻华盛顿代表马素因是于是月20日致电陈炯明,请其辟谣。23日,陈致电广东省署,略谓:"西报登载粤事,概属谣言,不符事实,及涉离间者,均应代辩。至吴佩孚携手之说,更属谣言。吴如肯皈依民意,驱逐徐酋,吾人何妨与之携手,惜吴非其人也。广东省署得电后,即转达马素。"(《辟吴陈携手说》,《申报》1921年10月31日,"广州通信")

△ 报载孙中山北伐计划。

报道称,孙中山确已行抵南宁,广西省长马君武、善后会办刘震寰、粤军总司令陈炯明均在邕垣与孙会晤。"闻孙北伐计划,除前计划之五路外,并拟命许崇智为攻鄂军总司令,率李福林、洪兆麟、黄大伟各军进取长沙,会同湘军攻夺岳州。李烈钧为攻赣军总司令,率李友勋、胡若愚、李明扬、赖世璜、伍毓瑞、朱培德、杨益谦各军进取赣袁,攻夺南昌。俟岳州、南昌得手,然后会同滇黔川湘粤陕各军会师武汉。陈炯明担任后方接济,并有襄助大元帅指挥各军之权。大本营暂设桂林,俟各军完全出动时,即移设衡山。"(《联军北伐声中湘赣之危急》,北京《晨报》1921 年 10 月 23 日,"紧要新闻")

10 月 24 日 抵南宁,与陈炯明商讨北伐问题。

23 日,所乘巡轮抵达南宁下游十余里的蒲庙。陈炯明与广西省长马君武先到此处迎候。同日午夜至次日凌晨,广明号从蒲庙驶抵南宁码头停泊。25 日早上,南宁市各机关、团体、学校、军警、各界人士、南宁市民数千人,挤至南宁商埠码头处欢迎。9 时许,与随员一同上岸,步行入粤军总司令行营。此时奏响军曲,欢迎群众高举彩旗,频频举帽还礼,"容色欢悦"。10 时左右,由行营乘轿前往先行预备的行台,沿途欢迎群众簇拥随行。抵行台后,在行台门前站立,待各界人士、人民群众通过后,才进内休息。此行台原为两广巡阅使陆荣廷官邸。(杨月凤:《孙中山的南宁之行拾遗(之二)》,广西壮族自治区政协文史资料委员会编:《孙中山先生在广西》,第 52 页)

获悉孙中山将临南宁,邕城各界人士十分振奋,组织了"欢迎孙大总统北伐莅邕筹备会",广西省府所在地邕宁县知事梁烈亚为筹备会主任,马君武被推为大会名誉主席。孙中山抵达南宁后,筹备会本拟安排原陆荣廷公馆居住,但为其拒绝,并指出:"陆荣廷是军阀,是骑在民众头上的敌人,如果我到那里居住,民众就认为我和他们没有区别。所以,我还是回到电船休息好。"

在南宁期间,工作十分繁忙,白天在原陆荣廷公馆接见各界人士,商谈国家政治、军事大事,夜间很晚才到船上(船泊商埠附近)休息。数天来,与陈炯明连续会谈,反复向陈说明出师北伐、统一全国的重要意义,表示自己的坚定态度:"决心讨贼,义无反顾。北伐不能,亦不回戈而南。"要求陈调动粤军四十营参加北伐,由广东供应军需。陈炯明心怀叵测,始终不明确表态,只含糊说:"唯力是视。"随后又召见马君武、邓家彦、杨愿公、梁烈亚等四人。据记载,马君武汇报广西情况,谓:"陈炯明入桂后,借口休整军队,不采取措施彻底消灭桂系军阀残余势力,并纵容部下破坏军纪,为害百姓,激起公愤。在此种情况下,要实现改造广西的计划,困难很多。"闻听之下并不表示意外或气馁,坚定地说:"因为有困难才革命,困难存在,革命不止。我们现在有困难,将来也有困难,所以我们一生都要革命。"又交代马君武、梁烈亚等要征集北伐预备队,人数应在五千以上;另外,可在平乐、柳州、梧州等地组建自己的队伍;要彻底清除陆荣廷余党。但不要杀人,要用政治教育使其改邪归正。(巫永辉、方孙振:《孙中山的南宁之行拾遗》,广西壮族自治区政治文史资料委员会编:《孙中山先生在广西》,第49—50页)

△ 报载孙、陈北伐矛盾缘由。

报道称,自孙中山赴梧、浔召集军事会议,北京当局即为粤军发动实行北伐,旋得广州探员电称陈炯明反对北伐,拒绝担任联军总司令,并与李烈钧大起意见,又认为孙中山虚张声势,终难成为事实。然西南政府对于北伐一节内幕中之蛛丝马迹,实难索寻。"据桂系某军官云,最初孙中山提倡北伐,陈炯明始终未曾表示意见。10月2日之广州联军会议,陈既未能莅会,亦未委派代表。及北攻议案表决后,陈在南宁遂直接反对,声明不能满意。孙中山特派吴永善赴邕向陈疏通,竟托病拒绝,又未接见,是以孙陈意见由此丛生。"此为北伐停顿绝大原因。孙中山遂借名赴桂巡防,视察陈之行动。北京政府得此消息后,故筹备抵御粤军又见疏缓耳。"孙陈发生意见非自今日始,嗣经陈炯明掠得桂省地盘时,曾以私人名义与直系各要人秘密接洽,而惯出风头之吴佩孚即乘机与陈结合,并以粤军决不北侵、直军不提倡援桂为双方交换条件。是以孙文此次北伐，陈以履行条件起见，特宣言在桂粤军多数疲困，饷械缺乏，不能出发，请暂从缓。李烈钧在桂探悉陈之此项用意，遂秘密电知孙文请为预防。惟因陈握重兵，亦莫可如何，只有疏通而已。又据陆荣廷之驻京某办事员云，陈炯明联直排孙已非一日，盖因时机未熟，又须粉饰表面，掩护粤省民党方面耳目，是以不得不与吴氏表示疏远而便秘密进行一切。桂省各界现已喧传孙文北伐之日，即为陈炯明得占势力之时；南北交绥不过数日，陈必提出和议与吴接洽，而孙文派必受倾轧矣。此种北伐之暗幕，孙文虽未明了，如民党要人汪精卫、胡汉民等早已洞悉一切，日来汪胡沪滨之游，不问北伐之事，可谓明哲保身目光远大者矣。"（《北京特约通信》，天津《大公报》1921年10月24日，"紧要新闻"）

10月25日　任命钟秀南为中央兵站总监，梁长海为供给部驻粤监督，伍于簪为供给部行营监督。（《任命钟秀南等职务令》，《孙中山全集》第5卷，第622页）

△　报载孙中山北伐计划。

报道称，孙中山此次出师，其进行方针如何，一般社会所急欲知晓。兹据消息，出兵计划拟分两路进行："（一）以许崇智、李福林、洪兆麟、黄大伟进长沙，会同驻湘民党份子之军队，直捣岳州，与川滇黔军会师武汉。（一）以李烈钧滇黔赣军进江西，以图长江。入湘之师，以许部为第一路，李部为第二路，黄部为第三路，洪部为第四路。李烈钧则以现有之师，完全取道湘边入赣。至海陆军大元帅大本营，则暂驻衡山，居中策应。盖讨吴援鄂，本为军事上之必要，武汉为兵家所必争，以西南全力环而攻之，胜算可决。然不先下赣，则有后顾之忧，不能不双方并进。"故此次孙中山之出兵北伐，自谓计图万全，并非轻于一掷。（平：《广州通信》，《申报》1921年10月25日，"国内要闻二"）

△　报载邓铿拒绝交械。

报道称，当孙中山筹备出巡时，曾令陈策速招卫队三营，并委以手谕，着赴总司令部领枪五百支，配足子弹随同赴桂。结果卒被禁止不得向各属招兵。枪械交涉，邓铿初谓现无械存，双方几至决裂，始允给予三十支。孙中山"深滋不悦，但亦无奈之何"。(《孙文赴桂原因别报》，《香港华字日报》1921 年 10 月 25 日，"粤省要闻")

△　报载关国雄谈北伐经费困难。

报道称，许崇智所部粤军独立旅旅长关国雄于 22 日由梧州返抵广州。闻关因患脚症返粤就医，左足现浮肿至腿下。有叩关以此次孙中山经编许部四旅北伐，何以尚暇返粤者。"关称出发需给饷项，及开拔各费，如无款支领，亦不能成行。"(《关国雄之北伐谈》，《香港华字日报》1921 年 10 月 25 日，"粤省要闻")

△　报载归国华侨宣言组织讨北决死团，追随孙中山北伐。

随着南方北伐空气愈加浓烈，部分华侨发出宣言，"召各埠之健儿，集旧日之同志"，组织华侨讨北决死团，"实行讨北"。该团士兵拟全由华侨充任，饷械经费亦由华侨承担，志在"为孙先生效命，更愿为国杀贼"，"上以纾国家之难，下以解人民之忧"。(《华侨组织北伐军》，上海《民国日报》1921 年 10 月 25 日，"国内要闻")

10 月 26 日　在南宁发表演讲，号召驱除强盗，防止强盗治桂再现。

是日，南宁各界欢迎总统莅临大会隆重举行，会场设于广西省议会议事厅。到会群众数千人，周围邕宁县和上林县的群众代表也专程赶来参加。会场举办舞狮、舞龙、台色出游(化装戏剧人物)等多种活动，热闹非凡。

会上，发表题为《广西善后方针》的演讲。演讲中一针见血指出："广西十年来为强盗所据，故虽推倒满清，人民犹未得到共和幸福。""强盗与民国不能并容。今既驱之，即当绝其根株，勿许再有第二次强盗治桂出现。"讲到这里，提议"到外面操场上集合，然后再讲"。集合后，指着到会的劳苦大众说："看看吧，各位穿的衣服都这样破烂，多数还没有鞋穿着，原因是什么呢?"整个演讲历时三小时，会场上万众欢腾，不时高呼"大总统万岁"! 会后，又与各界人士一起照相留念，右边有马君武、胡汉民、邓家彦、杨愿公,左边有陈炯明、盘珠祁、梁烈亚、韦一新等。(亚永辉、方孙振:《孙中山的南宁之行拾遗》,广西壮族自治区政治文史资料委员会编:《孙中山先生在广西》,第50—51页;《在广西南宁的演说》,《孙中山全集》第5卷,第622—624页;苏向群:《孙中山到南宁》,广西壮族自治区政治文史资料委员会编:《孙中山先生在广西》,第54页)与会者旋即议决请愿五事,并作成请愿书,于同日集队赴大总统行台递交。时正在午餐,闻报即出辕门接见。(杨月凤:《孙中山的南宁之行拾遗(之二)》,广西壮族自治区政治文史资料委员会编:《孙中山先生在广西》,第52—53页)

△　报载孙中山预印银纸,充北伐军用。

报道称,"孙文在粤省时曾决定设办一中华民国银行,委定谭〔梁〕长海为行长,并经向十三行华商印务局定制纸币,计分一元、五元、十元、一百元多种。该项纸币现在印刷中,纸币形式面印红色纹中刊有孙文像,两旁印椰树等花纹,有谭〔梁〕长海名字及小印。闻不日当可印竣。第一帮印刷共四千万元,将来即拨充北伐军用,在战地一带行使"。(《预印银纸充北伐军用》,《香港华字日报》1921年10月26日,"粤省要闻")

10月28日　报载北京政府对孙中山北伐之态度。

报道称,靳云鹏对于广州出兵之说,抱不理会态度,以为南人不尽赞成此举。"靳不主张对南宣战,但拟布告全国:孙中山实负国家分裂之责。至于湘蜀方面,靳责成吴佩孚与之媾和,并请徐总统派员赴蜀,疏通刘湘倾向北方。"(《大陆报之中日杂讯》,《申报》1921年10月28日,"国内要闻")

10月29日　从南宁安抵梧州。

是月26日夜,自南宁登舟,27日晨在胡汉民等人随同下乘电轮离南宁东返梧州。船行甚速,27日晚九时抵横州,29日下午安抵梧州。大本营随后留梧半月。(陈少白遗著:《桂游鳞爪录》,《建国月刊》第12卷第6期,1935年6月;《上海快信摘要》,长沙《大公报》1921年11月12日,"快信")总统府收悉返梧行程后,即通知第二批随员吕超、石青阳、卢师谛、安健、林祖密、李绮庵等数十人,于28日下午1时搭乘广三铁路火车赴三水,改搭轮船赴梧州。参军长徐绍桢、吴铁城亦偕行。(《孙文与陈炯明之行动》,天津《大公报》1921年11月6日)粤海关情报称:孙中山乘坐"广亚"号汽船行经贵县时,"船后半部与一艘名叫'电力'号的商船相撞,结果'广亚'号船上的所有餐具都摔坏了。总统护卫艇见到这个情况后,准备向那艘商船开火,但幸运的是孙总统制止了这一行动。"(广东省档案馆编译:《孙中山与广东——广东省档案馆库藏海关档案选译》,第247页)

留梧期间曾对梧州国民党员演讲,谓:"吾党现名为中国国民党,实即昔日之中华革命党。中华革命党即由同盟会与国民党递嬗而成。我党为何而立? 诚以中国数百年来,为满洲人征服,且数千年来,向为专制政体之国家。所以就要成立这个革命党,以推行三民主义和改良国家的政治……现在民国已经成立十年,试问十年来,革命事业曾做了几件? 实则革命主义未行,革命目的亦未达到。究其缘故,因中国人思想幼稚,见革命初次成功之时,轰轰烈烈,咸以为革命宗旨甚易达到。"并谓:"现在梧州之革命党方始成立,到会诸君亦不过一二百人,究有何法可以制服几百万人? 机关枪、过山炮都不可能,惟革命主义为可能耳! 我们党员若能大家宣传革命主义,未知者使知之,已知者使详知之,人人皆知此主义,人人皆为革命党,则广西即永远为革命党地盘。倘若不能将此革命真理悉力宣传,将来陆、谭、马、莫诸强盗乘机卷土重来,则广西几百万人民,就永远为其奴隶,即民治永远无发展之日了。"(《在梧州对国民党员的演说》,《孙中山全集》第5卷,第627—630页)

△　许崇智扶病赴桂林,李福林从广州抵梧州。(《上海快信摘要》,长沙《大公报》1921年11月8日)

△　报载是日北京电,据探报,孙中山"派韩人三十余人,分赴京、津、保定、武汉各处,密探军情"。(《专电》,《申报》1921年10月30日)

10月30日　汪精卫、邓铿、廖仲恺、伍朝枢今晨从广州出发来

梧，商讨要事，并迎候陈炯明。（《本社专电》，上海《民国日报》1921 年 10 月 31 日）

△　致函唐继尧，邀其前来梧州，共商北伐大计。

是日命汪精卫、伍朝枢赍函往赴香港，面谒唐继尧，邀其来晤。函谓："文临发广州，曾遣邓君孟硕奉上一书，想达清鉴。迩来溯江而上，巡视南宁，复回梧州，数日之后，便赴桂林。慨自民国 6 年以来，北伐大计，荏苒未就。今桂孽已靖，正西南一致北定中原之时，公以一身系天下安危，数月以来，已从容休养，局部小事，亦无足撄怀。切盼命驾来梧，统筹全局，庶各方面可收一致进行之效。"

汪、伍奉命抵港后，随即赴跑马地拜见唐继尧，详述孙中山意见，邀唐到梧会商北伐进行大计。唐答称："余亦甚欲日内赴梧与诸公面会。余对于戡乱讨贼一事，向取一致的态度，但内部中如有人通敌，则亦为腹心之患，余不能不统筹并顾。总之，余惟大总统之马首是瞻，余之所部对于北伐，必愿作前驱。"汪、伍以唐态度明了，于 11 月 2 日由港返穗，并致电孙中山复命。（《汪伍两代表谒唐蓂赓》，上海《民国日报》1921 年 11 月 11 日，"国内要闻"）

△　报载广东某重要人士关于南方政局的谈话。

据报道，该人士在广东曾任"重要职务"，与孙中山、陈炯明"日相周旋"。谈话略谓："（一）外传孙中山与陈竞存相水火，此言殊不确，以彼两人之宗旨根本相同，即偶有意见，亦不过因手段上未能一致。如北政府欲利用其不同之意见，使之自相冲突，以收渔人之利，实为不可能之事；（二）孙中山在广东，确有一部分人对之不甚满意，但信仰其学识与才调之人仍属不少，即滇黔川湘诸省亦大致赞同，至海外华侨对中山更表示极端之信仰；（三）从前军政府时代，粤省财政极形支绌。近因日渐整理，尚可敷衍，惟北伐经费未有十分把握……（七）报载中山与奉张有一种结合，此语殊不确。现在广州当局惟一之宗旨，仍在联合川湘滇黔之一点，期于联合，之后再图发展。即外传于闽浙接洽之说，亦尚在若即若离中也。"（一士：《广州归客之南方政局谈》,《申报》1921 年 10 月 30 日,"国内要闻")

　　△　复电李烈钧,告即将出发桂林。

　　参谋部长李烈钧及各军将领迭自桂林来电,欢迎前赴桂林。本日复电告:"竞存日内进梧,俟与一晤,即行出发。"(中国国民党中央委员会党史委员会编订:《国父全集》第 3 册,第 796 页)

　　△　报载孙中山抵桂后军事会议地点迭变内情。

　　报道称,有由邕返省之某军官言:"陈总司令对于北伐之态度,迄尚未能明了。月前湘鄂事起,孙屡有电致陈,约其分兵援湘。及龙州既下,孙更以为言,并派胡汉民、汪精卫入邕,与陈商议。陈谓:粤省财力兵力均须休养,桂省筹办善后亦极棘手,其中大部分事仍须仰赖吾粤相助为理,此时似尚无出兵北伐之余力。惟孙意颇坚决,前月以来,迭电催促陈氏返粤,盖欲陈返后与之面商北伐也。陈虽将龙州攻下,而返粤仍遥遥无期。孙以陈不来,乃借出巡桂省为词,约陈相会于梧州。讵孙抵梧,而陈仍未至,孙不得已乃由梧而浔而邕,往晤陈氏。据闻陈在邕对人言:孙见我不外邀我协饷协械派兵三事,但以现在粤情观察,如何再做得去。"另一消息也称:"孙此次欲解决援湘问题,初拟在桂林召集会议,后又决定在浔州,今有转往南宁之说。据某要人言:会议地点之迭次变更,皆为陈炯明一人之故。若在别处会议,陈未必能如期赴会,故孙不得已而亲赴南宁。"不过据《大陆报》所得 29 日香港电谓:"此间所得消息,孙中山已在广西与陈炯明商北伐事。闻陈对于孙之计划大半赞同,孙请陈出兵四十营归孙统辖,但陈现尚未回答。孙已付钞票四百万元,供北伐经费。陈将本月 30 日赴广州,以便集议。"(《孙中山抵浔后之消息》,《申报》1921 年 10 月 31 日,"国内要闻")

　　是月　马林在上海会见张继,建议中国国民党选派代表参加远东劳动人民代表大会,并表示希望与国民党建立联系。张继邀请马林于 12 月去桂林与孙中山会面。(杨云若:《共产国际和中国革命关系纪事(1919—1943)》,第 12 页)

11月

11月1日　复电李烈钧,肯定其处理滇军"措置如法"。

李烈钧令将杨益谦滇黔赣联军第二路总指挥之职撤去,委朱培德为滇军总司令。(吴宗慈:《护法计程(续)》,黄季陆主编:《革命文献》第51辑,第558、564页)随即将上情电呈,是日复电谓:"杨部擅自开动,别事企图,内启友军之疑,外授敌人以隙,实属不顾大局。执事曲突徙薪,措置如法,获免燎原,具征智珠在握,毋任钦佩。益之①大节凛然,有谋有勇,不愧干城之选,领袖滇军,定能胜任愉快。胡、王旅长以次,悉庆得人,均应照委,以资倚畀,委任状随寄。"(《陆海军大元帅大本营公报》第1号,1921年1月30日)11月4日,正式委任朱培德为滇军总司令。(《上海快信摘要》,长沙《大公报》1921年11月11日,"快信")

协助唐继尧分裂滇军,显为陈炯明破坏北伐计划之一部。唐在致亲信张伯群电中谓:"孙(中山)已不见容于陈(炯明)。""竞存选派其亲信要人来港,密商实行助我办法。如我军移动有阻,决以全力援助,并确实担任饷项。其内情:一惧孙、李(烈钧)得势,颇为不安;一欲滇军离桂,事权统一。虽亦自身利害有使然,而此时刻与我莫大之利。已派要员,星夜密赴南宁,与陈接洽,接收款项。孙无实力,我确复得陈援,殊不足虑。万一孙等阻碍,不妨从权办理。"致胡若愚电称:"自孙(中山)强作总统,群情解体。西南六省,实际早已分裂。竞存方面,暗潮尤烈。孙之在粤,实已不能立足:出师之议,竞存首先反对,先派人来密商,实行助我回滇办法,劝我勿受其愚。是所谓北伐策源地之两粤,已先不能发一兵矣!"(陈锡祺主编:《孙中山年谱长编》下册,第1393页)

---

①　即朱培德。

△ 命令李福林率部赶赴韶州。

令谓:"本大总统克日出巡,仰该司令统率所部,开赴韶州集中,听候命令。除分令陆军部、粤军总司令查照外,为此令仰即便遵照。"(《命李福林率部赴韶关令》,《孙中山全集》第5卷,第624-625页)

△ 报载是日北京消息,张作霖致电北京政府,略谓:"孙文勾结韩人,在俄暗设机关,扰我边境,希图牵制三省兵力,以为南方用兵活动之计。"(《专电》,《申报》1921年11月3日)

11月2日 报载"陈炯明为固圉计,谓无余力赞助北伐,由孙自行发展,所部有愿随孙者听"。(《专电》,《申报》1921年11月2日)

△ 报载北京政府预制孙中山对外借款。

报道称,孙中山与某国等以全粤路矿押借大宗现款,特恐日后发生纠葛,除通电粤省各界速予破坏外,现向驻京某某两国公使提出声明,请其停止与孙中山接洽,嗣后统一关于西南借款概不承认。"一方即将孙文进行手续及其欺诈手段详为揭出,俾免堕其术中。"(《预防孙文接洽大借款》,天津《大公报》1921年11月2日,"紧要新闻")

△ 粤海关情报称直系欲利用桂系破坏孙中山北伐计划。

该情报称,据《七十二行商报》报道:"直系打算利用桂系领导人沈鸿英的部队切断湖南与广东之间的联系,以此作为对付孙总统出师北伐的对策。目前沈部驻扎在湖南衡州。同时,湘军两个旅将派驻广西,协同桂军进攻广东,而被打败的桂军将领也企图集结其残部,重新在广西作战,目的是击败粤军,重树桂系昔日之权势。为了切断贵州与四川之间的联系,驻鄂西的直军和鄂军将同时进军湖北施南,防止这两个省和云南起来援粤。"(广东省档案馆编译:《孙中山与广东——广东省档案馆库藏海关档案选译》,第246页)

11月3日 云南省议会等来电,反对唐继尧回滇。

唐继尧阳示赞同北伐,暗行回滇之策,云南各方颇为焦虑。是日,云南省议会、三迤总会、商会、农会及社会各界联名来电,恳请劝止唐继尧返滇。电谓:"大总统北伐令下,滇省早已准备出兵,克日集中待发。""不谓唐氏图滇心切,竟欲趁此时亟谋返滇。一面煽惑驻桂滇军三路回滇,一面勾结土匪吴学济扰乱滇省内部,以作内外夹攻之计。"此说果成事实,不惟滇省生灵涂炭,于北伐事业障碍实多。恳请"消遏祸萌,力维大局";"唐氏果有此议,尚乞力加劝告,以公谊为重,私利为轻,勿事内争,一致向外发展,俾滇省内顾无忧,得以克日出师,专力北伐"。6日,顾品珍来电,同申此意,并表示:"除饬属一体严密防范外,仍拟出兵三混成旅,藉效驰驱,以贯彻护法之初衷。"

（《滇省反对滇军返滇电》,《香港华字日报》1921年11月17日,"粤闻"）

　　粤海关情报称:据南宁来电,陈炯明于今天（11月3日）启程返穗,本月6日左右到达这里。孙中山留在梧州,等待他的到达。"据说,陈炯明依然反对出师北伐。他认为,广东在对桂连续作战后需要休息,而且桂省局势尚未完全安定,不容广东当局着手讨伐北方军阀。此外,他生怕由于交通工具不好,粤军一旦向北挺进,得不到很好的接济。尽管他反对北伐,孙总统仍下定决心进行冒险,并发布了动员令。"（广东省档案馆编译:《孙中山与广东——广东省档案馆库藏海关档案选译》,第282页）

　　11月4日　报载陈炯明坚持以先固两粤为主旨,反对兴师北伐。

　　报道称,"此次孙文决心举兵北伐,惟陈炯明始终均不表示赞成。当龙州未下,湘鄂战事吃紧之际,孙曾迭电致陈磋商分兵北伐。嗣又派胡汉民、汪精卫赴邕与陈面商。陈亦始终力持不可。孙以陈态度不改,颇为愤恨,平时每对人言:'不解竞存至今尚不听我说话。去年在漳州时,我屡主张伊率兵攻粤。伊偏说力量不足,不能举兵。卒之后来一举兵,便告成功。我的说话,曾有半点差错否?及至今年,我屡次促他发兵援桂,伊又屡次设词托故,多所迁延。今援桂之师又告成功,我的说话,又曾有半点差错否?今我说此时正系北伐一绝好机会,竞存意见又是不能与我一致,真所不解。'……闻陈始终所抱意见,均以先固两粤局面为主旨。就现在论,桂省内地,散军伏莽未靖,粤军劳苦,正宜休息。且粤省攻桂一役,支出数百万,库储已空,财力更有不及。至以天时论,则隆冬瞬届,南人北伐,实际上不能当此苦寒。有此种种原因,故对孙文意见始终仍持反对"。(《陈炯明对于出师北伐之异议》,《香港华字日报》1921年11月4日,"粤省要闻")

11月5日　廖仲恺在粤筹款六百万元,并将兵灾救济会及慰劳存款十余万元提出,一并汇梧州交孙中山应急。(《上海快信摘要》,长沙《大公报》1921年11月11日,"快信";《廖仲恺筹款汇梧之忙迫》,《香港华字日报》1921年11月5日,"粤省要闻")

△　报载是日香港消息:"陈炯明主先固两广,蚕食赣湘,使吴佩孚无事可做,将以索饷而减少北军战斗力。孙文则不然,曰成亦今日,败亦今日。李烈钧部下待弹,而石井厂所造,每日仅八百余发,不敷分配,正在设法购办。但桂军旧枪不能用六五弹,故无法可购,梧州会议原决定一军入湘,一军入赣,现改定以重兵入赣,以一部入湘,即以李烈钧为牵制部队。"(《国内专电》,《申报》1921年11月6日)

△　报章披露孙中山北伐计划。

报道称,孙中山出兵北伐,闻之孙派人言,早经预定大计划。"徐绍桢日前之赴上海,实与此项计划有绝大关系,盖徐之任务在联络张作霖。目下北方曹张冲突,已成不可讳之事实。此间粤兵一出,张即伺机举兵入关,合力倒曹。此间并早与浙江卢永祥、福建李厚基先有联络,卢、李均倾向南方,但现时则不遽发表。日前卢、李均派有代表来粤,即为二人通西南之铁证。刻下卢、李意见,决俟孙文举兵破湘,直出长江抵鄂,就武昌建设总统府后,即正式发表联电服从西南,与北方徐、靳完全脱离关系。孙文久蓄意出兵,顾以饷无着落为虑。乃连月经营与美国某商成立机器大借款,现经已磋定就手,并已过付七百万。孙挟此巨款,当然有用武之地,故决定出兵北伐。一面分电李烈钧出师湖南,由此间协助饷项,助其援赣。江西军界中亦多有倾向李氏者,赣事可决得手。孙则率许崇智所部及李福林所部由粤桂两路入湘,以由桂一路为主力军。湘中将领对赵恒惕此次行动久不满意,南军到湘倒赵易帅,当无别项问题。预料抵长沙后,方有战事发生,然后悉湘粤之士合力以攻岳州,与吴佩孚决一死斗。尔时奉军入关,以牵制其后,曹吴首尾不顾,失败可决。西南发展之大机会,可于是役决之。此系西南决定北伐之大计划。孙氏之独抱北伐决心实基于此。如孙氏抵武昌设总统府后,浙卢闽李响应,当合力以迫胁江苏齐燮元,苏省将不战自屈。尔时再将武昌总统府迁往南京,再会合奉军以扫清中原,成统一之事业。事定即以张作霖任副总统,段祺瑞出任国务总理。"(《孙派党人所述孙文北伐大计划》,《香港华字日报》1921 年 11 月 5 日,"粤省要闻")

　　△　报载陈炯明急于班师回粤原因。

　　报道称,陈炯明班师回粤屡次展期,顷闻广西匪氛仍复如前,所谓地方肃清者,实为表面之词。而陈之所以急于回粤者,因系有别种原因。"盖孙文既经出发,内部防守须经一番更调。若一但主持无人恐滋扰乱。昨据总部来电,谓陈确于 3 日离南宁,6 日即可抵梧州,7日返省,当不致有再三延缓也。"(《陈炯明急于返粤之原因》,《香港华字日报》1921 年 11 月 5 日,"粤省要闻")

　　11 月 6 日　汪精卫等速行来梧,高级军官会议因陈炯明返粤而流产。

　　是日,汪精卫、廖仲恺、伍朝枢、邹鲁、古应芬等因陈炯明已抵梧州,急速来梧。拟即召开高级军官会议,会商北伐大计。然陈抵梧后显有抵制北伐之用心,以"粤内部无人主持,恐滋扰"为由,7 日匆匆返粤,致使高级军官会议无法开成。(《上海快信摘要》,长沙《大公报》1921 年 11 月 13、15 日,"快信")

　　△　委任丁惟汾为中国国民党山东主盟人。(罗家伦主编,黄季陆、秦孝仪增订:《国父年谱(增订本)》下册,第 934 页)

　　△　致电蒋介石,请即来助。电谓:"余拟于十五日与汝为往桂林。请节哀,速来臂助一切。"(毛思诚编纂:《民国十五年以前之蒋介石先生》,第 135 页)

　　△　唐继尧来函,表达援助北伐之意。

　　自遣使函催后,唐继尧已决意日内赴梧会商事宜。11月3日晚,唐特邀所部及同乡商议,对会师北伐一事均一致赞成,但赴梧行期仍未确定。6日,唐复函表达竭尽绵薄、共襄北伐之意。函谓:"日前驾发羊城,曾托邓孟硕兄奉上一缄,计邀鉴察。顷者精卫、梯云两君来港,奉读惠书,敬悉行次梧江,统筹国是;并承殷殷下问,询及愚蒙,翘企旌麾,弥深感佩。北敌祸国有年矣,此贼不讨,国难终无已时。当兹湘师摧败,正气销沉,尤非大张挞伐,不足以申公义而救危亡。今我公奋运枢机,躬亲戎旅,尧虽久绝世缘,敢不竭其棉薄,以效壤流之助。现在大计既定,举后方之巩固,兵力之配编,械弹之补充,饷糈之筹措,在在均关重要。盖必先有切实之预备,乃能收底定之全功。"并告特派陈维庚、李永和"趋谒崇墀,面承训诲"。(《唐蓂赓不日赴梧会议》,上海《民国日报》1921年11与16日,"国内要闻")

　　△　报载是日广州电,伍廷芳因组建疯人院事赴香山,并访唐绍仪,邀其返省。唐谓:"我对政府始终维护,前未携眷赴沪,即防奸人造谣。惟财部刻事简,无须亲到,俟事繁必到。倘政府正式派华府代表,愿即奉命。"(《本社专电》,上海《民国日报》1921年11月7日)

　　11月7日　列宁致函齐契林,指示应与孙中山建立联系。

　　11月6日,齐契林致信列宁,送呈孙中山8月28日来函。信曰:"送上孙逸仙的信,其中有对您的问候。他称您是他的朋友,您本人同他认识吗?您从扬松的密电中可以看出,我们在北京设立代表机构后就可以同广州政府进行往来。在此以前,我们认为不便给孙逸仙写信。去年我们给他写信时情况不同,因为当时同北京的谈判尚未开始。"是日,列宁回函齐契林,中谓:"我不认识他,我们互相也从未通过信。我认为,应尽量热情些,要常写信并尽量秘密进行,要派我们的人去广州。"(《契切林给列宁的信》《列宁给契切林的便函》,中共中央党史研究室第一研究部:《联共(布)、共产国际与中国国民革命运动(1920—1925)》,第66、67页)

　　在明确了对孙中山及广州政府的方针后,是年12月7日,齐契林致电苏俄驻华特命全权代表、使团长派克斯,指示应谨慎地与广州政府进行接触。电谓:"同广州政府的接触,应基于对中国民主民族解放运动的同情,要谨慎从事,以不致影响我们对北京的政策。您能否不让北京知道将我的信转给孙逸仙? 他本人会不会发表这封信? 同他秘密进行书信往来会是很有好处的,但一旦为人所知,我担心会不会妨碍我们在北京的工作。"(《契切林给派克斯的电报》,中共中央党史研究室第一研究部:《联共(布)、共产国际与中国国民革命运动(1920—1925)》,第 69 页)

△　陈炯明与美国商务参赞谈南方政府政策、北伐及孙陈关系等重要问题。

美国驻北京公使馆商务参赞亚诺(Julean Arnold)在广州访问陈炯明,陈回答了他提出的问题。略谓:"(一)南方政府包括广东、广西、贵州、云南、四川和湖南六省。其他如福建、浙江、江西、山西和陕西可算是中立的省份。如果南京与北方的督军团发生战争,这些中立省,尤其是前二者将会加入南方的战线。(二)南方政府的政策是绝对而无可保留余地的维护临时约法下的立宪政府。它的计划是去清除武人专政,建立自治省,进而组织联省政府。这计划已在南方政府所控制下的省份中推行。(三)至于吴佩孚对南方的态度,我尚未十分明了。数月前,吴曾公开对南方表示同情。但他最近在湖北的行动,恐怕会使他变为军人独裁者,而违背湖北人民的意志。我们正在进行谈判中(大概是经过基督将军冯玉祥为中间人),将可确定吴对南方的态度和与其合作的可能性。南方认为并不需要召集庐山会议。中国已有的临时约法和已选出的国会,足为建立全国立宪政府的根基。假如谈判的结果,证明吴佩孚对南方并不同情,南方将以武力援助湖北人民,扫除吴的军治。(四)至于北伐,南方的目的是要逐渐的去消除各省的军人专政。然后让这些省份和南方政府结为联盟,进而组织一个真正代表民意的立宪政府。"当问及有何需向美国公使雪曼转达时,陈谓:"(一)外间所传孙陈不睦之事,全是敌人所造出的谣言。他和孙中山的政见完全一致,个人关系亦融洽无间。(二)他并不反对外国政府借款给南方或北方的中国政府,只要是为发展工业所用,而不是作为军费或政府行政费之用。他是欢迎美国资本能到南方投资发展工业。(三)对于南方政府未被邀请遣派代表参加华盛顿和平会议,陈氏深感遗憾……希望美国政府……为中国支持正义。(四)陈氏希望雪曼公使不日能到广州一行……了解南方在中国建立一个代表民意的立宪政府之企图。"(段云章、沈晓敏编著:《孙文与陈炯明史事编年(增订本)》,第429—430页)

△ 报载孙中山、唐继尧、顾品珍关于云南问题之博弈。

报道称,"云南排斥顾品珍迎归唐继尧之运动,固基于顾品珍之不满人望,而政学会系某策士欲谋防害西南北伐之方针,煽动云南之舆论,闻亦不为无因。唐继尧派其部下多数心腹回云南,宣传顾品珍对于南北两政府取骑墙的态度,以冀放逐顾氏。而顾品珍向广东政府亦矢忠诚,且将唐继尧为自己的野心,欲令云南大起波澜之事情,告诸孙文。而孙文由西南各省团结一致实行北伐之见地,雅不欲于此际云南发生内讧,故此次对于唐继尧要求其赞成北伐之计划,勿拘泥于局部的小问题,速来梧州与其共协商大局问题,已于前月30日命令汪精卫、伍朝枢两人赍此等书函前赴香港要求唐氏首肯。汪、伍两人亲自忠告唐氏,惟据唐氏答称:自己对于北伐固大表赞成,惟若西南内部有暗通敌人者,此为腹心之大患,自己即不能坐视云云。是不啻暗示排斥顾品珍之决心矣"。(《孙文不赞成唐继尧图滇运动》,北京《晨报》1921年11月7日,"紧要新闻")

△ 吴佩孚请刘显世等运动西南实力派,勿助孙中山北伐。

是日晚,吴佩孚在署举行宴会,出席者有刘显世、胡瑛、张钫、郭昌明、张绍曾等。席间,吴请各位"疏通西南有实力者,勿加入孙文北伐军,赞成庐议,早建统一政府"。(《国内专电》,《申报》1921年11月10日)

△ 粤海关情报称:"孙总统到达梧州后,在那里召开了几次会

议，讨论筹备北伐问题。会议通过了一些重要决议，其中之一是指令南方政府财政次长廖仲恺筹款六百万元以应急需。据说，几天前廖给梧州汇款二十万元。这笔款是出征军人慰劳会募捐来的。会议决定要在桂林设立北伐军大本营。""孙总统打电报给李福林，催促他把部队集结于韶州待命。""有人从西江回来，带来下述的消息：孙总统从南宁回来后，拟于6日左右俟陈炯明总司令抵达时，在梧州召开军事会议，解决所有与北伐大计有关的各种问题。他还希望原云南督军唐继尧参加即将召开的会议，并派汪精卫和伍朝枢前往香港请唐亲自出席。唐说，他很乐意来梧州，但没有确定出发的日期。要是唐果真能前来梧州，那么，李烈钧也会亲自从平乐前来出席会议，会议时间就会因此延长，否则，会议将会在一两天后结束。"（广东省档案馆编译：《孙中山与广东——广东省档案馆库藏海关档案选译》，第247页）

　　△　报载陈光远代表夏同龢来粤。

　　报道称，江西督军陈光远因粤军援赣，呼声甚高，大为惶恐，拟派代表向陈炯明疏通，以夏同龢与陈有师生之谊（陈在法政学校肄业时，夏为监督），特托以全权派其代表来粤。"昨5号晨已由日本某轮船抵港，即日乘夜船上省。某塾师询以此行之任务，夏缄口不言。惟观其风尘仆仆，知此行非昨昔之暇豫可比。证诸李烈钧提师入赣之前讯，信非风说矣。"（《江西代表夏同龢过港》，《香港华字日报》1921年11月7日，"香港新闻"）

　　11月8日　视察梧州长洲，了解民情，提出展拓市区建议。

　　长洲为一长条形小屿，距梧埠仅数里许，该屿面积不大，但农民种植桑蚕颇有成绩，为梧关课税收入之大宗。是日11时，乘轮前往视察，"向农民殷殷垂询一切，各农民以大总统于军事倥偬之际，仍系念人民生计，相与感激不置"。下午4时始返梧州大本营。

　　当日还顺道至蜈蚣岭登高远眺，提出展拓梧城市区建议。梧州城当西江抚河之汇，转帆辐辏，交通四达。惟市区本段，紧靠大山，地面既起伏不平，区域又异常狭窄，市区展拓困难重重。是日登顶蜈蚣岭,察见梧城河西三角嘴一带,大有展拓余地,遂提议将抚河末流改道,由蜈蚣岭之西开挖南北向新河,导抚河汇入西江,原抚河末流填平,使梧城同三角嘴连成一片,从而为梧城扩展提供了广阔的空间。(《大总统关念民生》,上海《民国日报》1921年11月19日,"国内要闻")

11月9日　陈炯明在广东省议会发表演说。

是月7日,陈炯明返抵广州。当晚,各高级军官在省署设宴为陈洗尘。陈"以此次援桂军官士兵奋勇效劳,除现留驻桂省之军队就地给奖外,其返粤军队饬财政厅马育航即解十万元发给各营队,以资奖励"。(《陈炯明凯旋日情形续志》,《香港华字日报》1921年11月9日,"粤省要闻")本日又应广东省议会之邀,就援桂发表演说,略谓:"自漳回粤,力求自治,两粤一家,诅陆等野心扰我边陲,幸将士用命,不三月桂局大定。既达提携目的,一切地方重要事业还诸桂人,马省长且富学识,必能实力发展。"(《专电》,《申报》1921年11月11日)

△　粤海关情报称:"自赵恒惕总司令逃走后,湖南政局发生了巨大变化,孙总统对此感到忧虑,提议在梧州召开一次紧急会议。关于北伐问题,南方两派军事团体发表了不同的意见:一派坚决主张一周内出师北伐的进攻方针;另一派却主张等待时机的保守方针。虽然孙总统赞成前一个方针,但是这个问题还要与陈炯明总司令商量后才能作出决定。"(广东省档案馆编译:《孙中山与广东——广东省档案馆库藏海关档案选译》,第283页)

△　报载某要人谈北伐非切实准备未易实现。

报道称,顷粤军凯旋,各方要人齐集广州,某要人应邀谈北伐感想,谓:"广州政府为发展计,自不得不北伐,我辈站在广州政府方面的人,自不得不赞成。但北伐有真的,有假的。假的且勿论。如西南各省同时出兵,做到'一致对北'四字,则北伐当然是真的。然西南六省,滇、黔势穷力竭,湘赵态度绝不明了,川军号二十万,亦不过一部份加入。此际擘头一问题,即援桂、滇、黔、赣各军,能否悉数驱使出发而已。盖北伐第一要打吴佩孚,第二要打张作霖。非出兵十万不可。粤省全省军队约共八万人。然现广西军除沈鸿英一部逃往湘境外，其余散兵流寇之啸聚于深山大泽中者，尚不下三四万人（桂军号十万，此次缴械仅得万余杆，即此可以推知）若辈穷无所归，倡为亡省谬说，以期达到其报服目的。现各地散军，仍蠢蠢欲动，吾意留守广西至少须三万人。广东与闽、赣湘毗连，防闽、防赣、防湘，约需万余人。所余四万人，以之分布八十余县，恐尚不足，何有于北伐?! 故非就现在桂省之滇、黔、赣各军，再招民军以补充之不可。然于此仍有二大难题：一为钱的问题，现粤省借款一曰实业借款，一曰市政借款。实业借款二千万，计划在开黄埔商埠，据最近消息，恐难办到。市政借款一千五百万，虽尚在磋商中，究亦缓不济急，万事具备，只欠东风，此其一。一为械的问题，以十万人计，平均每人每日只开枪一响，亦需子弹十万粒，方足一日之用。全恃广州兵工厂接济，非加工铸弹一年或半年以上，杯水车薪，曷克有济，此其二。此二大难题未能解决，北伐云云，以愚观之，非切实准备，尚恐未易实现也。"（《关于时局之重要谈话》，《香港华字日报》1921年11月9日，"粤省要闻"）

△　张绍曾谈庐山会议，称陈炯明亦表赞成。

报道称，是日张绍曾乘江新轮赴沪。午间与某君谈各方对庐山会议之反响，谓："陕、甘、晋、陇、鲁、豫、皖、直、苏、赣、湘、鄂、东三省及三特别区均赞成庐议，南方除孙文外，陈炯明亦表示赞成。"又谓："沪商教联合组织之国是会议与庐议精神一致，余拟即往沪津京疏通一切，以促庐议早日开幕。"（《专电》，《申报》1921年11月11日）

11月10日　报章分析北伐讨伐令因陈炯明、唐继尧犹未下达。

文章称，"孙之北伐，决心已久，而讨伐令所以犹未下者，一因陈炯明之意，以兹事体大，必须郑重取决，且以粤军转战千里，宜稍休养，军费所需浩大，接济亦难，故不愿仓猝从事；二因日来喧传唐蓂赓有回滇之说，此实某系议员欲藉唐力以居间取利。彼辈以西南积极出师，倘一经发展则更无容足之地，遂一面运动滇人反对顾品珍，一面怂恿唐氏返滇，以分西南北伐之兵力。唐氏以郁郁居此，颇为所动。倘成事实,则西南发生内讧,何暇外竞。故须设法疏通,打消此议。基此两原因,北伐之师犹未动员也。现孙对于陈之意见,已允粤军除许部外,暂留守后方,以为策应。日前李福林赴梧谒孙,孙询北伐军队已否编妥,李对称:陈总司令之意,恐于接济上或有未周。孙好言勉励之,李誓以死报,遂决定出发。至滇军方面,近以孙亲自督师,亦经来电表示一致态度……观此则彼政客运动滇军之谋,未必能成事实也。此两问题既经解决,故孙日间即赶赴南宁誓师,而各军亦一律出发"。(平:《广州通信》,《申报》1921 年 11 月 10 日,"国内要闻")

　　△　自粤抵沪某政客谈北伐问题。略谓:"西南各省内部对于孙文北伐之意见渐趋一致,即军费一节,孙文赴桂前已收到美国借款之垫款,故军饷可以无忧。又旅粤云贵两省人士请于孙文,以唐继尧为副元帅或北伐联军总司令,以巩固唐氏将来之地步。孙文以无副元帅制乃任唐氏为北伐联军总司令,使统制在桂滇军之一师团,并节制全部北伐军。孙则以大元帅总揽一切事务,一俟准备完毕,即向湖南方面出动。"(《译电》,天津《大公报》1921 年 11 月 12 日)

11 月 11 日　发表对太平洋会议宣言,对北京政府代表中国参会不予承认。

　　因太平洋会议开会在即,于是日由梧州北伐军大本营发表宣言,公开宣示南方政府对此次会议的态度。宣言略谓:"华盛顿会行〔议〕之苟能得当,自足解决世界问题,防免世界再见大战。至就中国之参列此会议而言,本政府不允以日本所支配之北京代表中国,因之该会议关于中国之决议案,实与本政府之地位不能相容。本政府当拒绝,不予承认。"(《上海快信摘要》,长沙《大公报》1921 年 11 月 18 日,"快信")

　　△　陈炯明在广州国会发表演说,称以一省之力北伐非易。

　　本日,陈炯明应邀赴国会发表演说,略谓:"此次援桂得以成功,完全以公理战胜强盗……惟今日陆荣廷虽去,而环顾全国如陆荣廷者尚大不乏人,故吾等为尊重公理计,倘不能将全国武人如陆荣廷者举而扫除之,实不足以达吾人多年护法戡乱之目的,则吾人今后之责任固重且大也。然兄弟虽有此志,但以广东一省之力而抵抗全国武人,殊非易事,故非赖全国各省人士无南无北,共同合力以临之不可……尚望诸君各负责任,宣传公理与各省,使人民皆晓然于军阀之罪恶,则义师一出,扫除不法武人如摧枯拉朽。"(《国会欢迎陈总司令》,上海《民国日报》1921年11月19日)

△　粤海关情报称:"从官方得悉,陈总司令自粤桂战争胜利后,一直想休战六个月,这得到粤军第二路军司令洪兆麟的积极支持。陈还计划在本省实行军、政分离。他只致力于训练军队,而省长职务将由现任财政厅长马育航(惠州人)接任,马的职务或由兵战总监钟秀南(潮州人)或盐运使邹鲁(梅县人)接任。""根据陈总司令随从人员的报告,拟议中的梧州会议没有召开。这个会议是孙逸仙先生提议的,因陈回粤途中路过那里未停留,因而没有召开。"(广东省档案馆编译:《孙中山与广东——广东省档案馆库藏海关档案选译》,第283-284页)

11月12日　远东人民代表大会开幕。

是日,太平洋会议在美国华盛顿开幕。为对抗此次会议,确保苏俄在远东的利益,将帝国主义势力从这一地区彻底驱赶出去,由苏俄和共产国际组织的远东人民代表大会同日在莫斯科开幕。参加这次会议的有中国、朝鲜、爪哇、日本、菲律宾等国代表。中国代表中有两位身份引人瞩目,一是中国共产党代表张国焘,另一位是张秋白,携带了"中国国民党总理孙文"的委任状。由于孙中山对美国一直抱有期望,在此次大会的第一次会议上,季诺维也夫在所作题为《世界形势和华盛顿会议的总结》报告时,对孙中山及南方政府的亲美倾向进行了长时间的批评。他指出:"在中国南方革命活动的活跃分子中,在孙中山的拥护者中,在国民党的领导人中,都有一些对美国寄予希望的人。他们寄希望于美国的资本主义,以为革命中国的民主与进步,只能受益于美国资本主义。我希望华盛顿会议将使中国南方比较有远见的领导人,中国革命者和一切为民族的真正觉醒而奋斗的人坚信:美国资本家绝对不是他们的朋友,而是最凶恶的敌人,是一

些向来用民主自由的口号和最臭名昭著的虚伪以欺骗其受害者的人。"(李玉贞:《孙中山与共产国际》,第105—110页)

　　△　许崇智因病不能亲自督师北伐,委任蒋介石代理军长职务。(《上海快信摘要》,长沙《大公报》1921年11月18日,"快信")

　　△　报载北京方面消息,谓"奉天方面有某日人介绍于粤,孙文已有谅解,谓正可利用其势力以倒直系。惟陈炯明则反对,谓吾等做事惟徇主义,不能引不兼容之势力,转滋后患"。(《国内专电》,《申报》1921年11月12日)

　　△　报载吴佩孚派代表与陈炯明联络,为陈所拒。

　　报道称,吴佩孚派员到粤,图联络陈炯明。某顾问为之介绍于陈。该员言:"吴、陈联合,始能共制复辟派势力。"陈答:"养成复辟势力者,即君等所拥护之人,君子宜务本。"使者惭而返汉。(《国内专电》,《申报》1921年11月12日)

　　△　粤海关情报称:江西督军陈光远致电北京政府,告孙中山"已在湘南调集粤军六个师,准备攻打长沙和岳州。孙还在南雄调动另外三个师准备攻打江西。第一旅已到粤赣边界,第八旅也将很快抵达"。该情报又依据官方报道称:"李烈钧部的先头部队已达到湖南边境,并派出代表赴江西,打算说服各界人士变江西为自治省。李的代表与江西省议会商量过,议长想来广州会见孙总统,希望对这个问题能作出决定。由于孙不在广州,议长决定直接前往桂林与孙、李讨论上述问题。待这个问题解决后,就发出通电,宣告江西要实行自治,同时,欢迎李烈钧回故土就任省长。"(广东档案馆编译:《孙中山与广东——广东省档案馆库藏海关档案选译》,第248页)

　　11月13日　因决定15日离梧州赶赴桂林。伍廷芳、汪精卫、林永谟、徐绍桢及政府各机关要人、国会议员等一行于12日乘坐专轮赶赴梧州,准备送行。(《上海快信摘要》,长沙《大公报》1921年11月19、20日,"快信";广东省档案馆编译:《孙中山与广东——广东省档案馆库藏海关档案选译》,第249页)

11月14日 就北伐军事作出部署。

据粤海关情报:孙中山决定明天(15日)离开梧州赴桂林。"他已命令北伐军从六个方面进攻北方。看来,其兵力相当强大。关于兵力分布情况如下:一,许崇智的部队,共一万六千人;二,李福林的部队,共八千人;三,黄大伟的部队,共七千人;四,黔军六千人;五,滇军(驻鄂湘),共二万二千人;六,川军(驻鄂湘),共四万人。全部加起来约有雄师十万。此外,已指令孙总统的随从人员回梧州待命;如果他们目前不在的话,要设法在14日前赶回,以免掉队。"(广东省档案馆编译:《孙中山与广东——广东省档案馆库藏海关档案选译》,第248页)

△ 曹锟驻京委员刘福贵拘去陆军部员王炳麟,解往保定,谓"王系孙文密探"。(《国内专电》,《申报》1921年11月16日)

△ 报载孙中山致电马素运动华侨。

报道称,孙中山倡言北伐,业将各种手续完全布置妥善,目下再施第二步破坏北方国际信用一事,密电驻美代表马素运动华侨。"缘日来留美学生已有一二部分为北方代表劝持□允用稳健态度,专察如何提案。故改嘱华商陆续向美当道请愿加入南方代表,否则宣布我国与俄同例,被人处置,何事国内均不承认。"(《关于北伐之所闻》,天津《大公报》1921年11月14日,"紧要新闻")

11月15日前 与美国《大陆报》记者谈北伐问题。

美国《大陆报》记者来梧州访问,就北伐问题探询意见。记者首询"是否实行北伐",答谓:"吾人并不攻伐中国之北方,乃欲与日本战耳!因北方之人民,赞同吾人之主张,吾人今只谋推倒被日本使用之华人耳。"记者又问,吴佩孚是否为"北伐之中梗",答告:"吴如战,吾人可败之。今滇、黔与两广,均主北伐。南方首领中,只少数人不赞同……陕西亦然,陕人与首领,均愿吾人之出兵。由此可见,吴佩孚已四面受敌。况吴拥兵太多,并无充分之财力加以养之,只在商人和银行方面索勒而已。如此行为徒失人民之信用,民众将反对之。吴如不量力而用兵必败。"接着话题转移至外界纷传的孙陈分歧问题,指出:"陈与余同事十六年,陈极主民治,终身以造成一共和之中国为目的,况今陈为南政府之官,必依从政府之命令,如不奉命,可易人继之。"又谓:"外间之传说不确,陈必依从政府命令。"(《与美报记者的谈话》,《孙中山全集》第5卷,第626—627页)

11月15日　离梧州前往桂林。

是日,率员离开梧州前往桂林。由于冬令水浅,轮船不宜行驶,随从各员及拱卫军所乘,皆为民船,总计至百艘之多。当日凌晨3时,众随员乘坐帆船率先开拔。6时30分,许崇智乘船抵达梧州,随即入驻总统行营。下午1时,登上电轮。梧州各界往送者极众,揭帽一一为礼。下午4时30分,船队行抵到水,即在此稍留。(《总统由梧起节之详报》,上海《民国日报》1921年11月23日,"国内要闻")17日粤海关情报称:"孙总统离开梧州前电令李福林于18日率部自韶关入湘,而驻桂林的其他部队也要同时动员起来。"(广东省档案馆编译:《孙中山与广东——广东省档案馆库藏海关档案选译》,第249页)

△　陈炯明对记者发表时局意见。

陈炯明接受东方日报社记者访问,发表对时局意见。略谓:"就粤现状论,援梧〔桂〕后须整理,北伐尚非其时⋯⋯中山部下皆从北伐,余无所知。粤省自身欲完成自治","今后政治自当察民意趋向以从事"。(《上海快信摘要》,长沙《大公报》1921年11月22日,"快信")

另据报道,日昨东方日报社记者以陈炯明经已凯旋,前往请见,承示关于时局问题之意见详,谓:"现因孙中山出巡相关联,致有北伐之喧传。实则此事,只系出巡而已。就广东之现象而观,援桂战后,须有整理。余之所见以为北伐云者尚非其时机也。外间所传,谓张作霖派代表前来吾处,为无稽之言。但吴佩孚派代表来粤则为事实。李厚基与北方联络之说,亦属谣言。北伐实行与否,及其时机与方法,事关军机,不便说明。虽属传报,孙中山部下众皆从事北伐之计划,惟余并无所知。至于两广之内政问题:对于广西一如援桂初时之宣言,将使广西人之广西实现。由是思之,粤省惟居辅助之地位促成邻省之自治。粤省之自身,则欲根据已定之方针,完成自治制度,尽力发展各种事业者也。太平洋会议应付之方针,不外尊重正式政府宣言之旨趣,徐待列强之醒觉而已。原首相之凶变为不胜哀悼者。日本于对内对外多事之秋,失去良好之政治家,当有多大之损失。虽以未明行凶之动机,不能加以批评,惟如世上之所传,当为思想上及由于国民不满于生活上之施设而致之者,是则此后欲为政治家之诸人,皆当熟查民心之趋向,而于从事毫无遗漏之施设有所必要者也。现在中日两国国民之感情,亦已渐趋于融洽,更为希望进一步尊重多数国民之意思而澈底的确定对华方针也。"(陈定炎编:《陈竞存(炯明)先生年谱》,第430—431页)

△ 致电广州国会非常会议,对该会通电反对北京政府滥发国库券表示赞许。

是月7日,广州国会非常会议议决讨伐徐世昌、吴佩孚及否认北廷所发国库券案。(《本社专电》,上海《民国日报》1921年11月9日)翌日并通电全国,反对北京政府滥发国库券。本日复电称许,略谓:"伪廷滥发国库券,抵押国内外银行借款,增人民之负担,紊全国之金融,饱私人之贪囊,长军阀之凶焰。贵会议代表人民公意,通电反对,钦佩无极。本大总统月前探悉此事,已于9月14日布告否认,并由秘书各处录电省矣。"(《总统由梧出发之行迳》,上海《民国日报》1921年11月27日,"要闻")

△ 广州非常国会召开特别会议,讨论北伐问题。最终议决"正式致函孙总统,敦促他在一定时间内发布动员令"。"约有四十名议员在决议上签名。"(广东省档案馆编译:《孙中山与广东——广东省档案馆库藏海关档案选译》,第249页)

11月16日 由到水起程,继续沿漓江北上。

是日早发,惟自此以后,因水浅不克再用电轮,皆改乘民船。所乘座船为前桂林抚河水警巡船,中有一舱,能容起立,仅容三榻,与胡汉民、陈少白同舟,稍显迫仄。是日行四十里,因随行军队有陆行者

"不任远行"，故止宿高允。翌日因船数过多，行时秩序颇形紊乱，遂重新编组，午前10时始行，秩序果比前为佳。午后2时30分抵下杭，为一小滩，水势颇急，5时宿芳竹。（陈少白遗著：《桂游鳞爪录》，《建国月刊》第12卷第6期，1935年6月）

△　李福林偕参谋、秘书等一百二十余人，共乘粤汉铁路机车进发韶关，送行者百余人。翌日，李福林军约六千余人，全部抵达韶关。（《上海快信摘要》，长沙《大公报》1921年11月23、25日，"快信"）

△　苏俄《消息报》发表文章，赞扬孙中山是"中国的激进分子"，指出当孙中山代表中国的资产阶级反对世界帝国主义时，吴佩孚却投入世界反动分子和中国反革命的怀抱。（《消息报》1921年11月16日；陈锡祺主编：《孙中山年谱长编》下册，第1396页）

11月17日　报载孙中山与唐继尧代表之谈话。

报道称，孙中山曾派汪精卫、伍朝枢赴港邀请唐继尧出席梧州会议，唐继尧派代表二人到梧州谒见孙中山，询以北伐军准备至何程度以及陈炯明、李烈钧是否同来梧州参加会议诸问题。孙中山谓："现军队之派定出发者有许崇智全部，而黄大伟、李福林所部亦可望出发。至会议一节，陈炯明已无商量之余地，李烈钧则惟命是听，不成问题。若冀公肯出而赞助，则以我两人之力，自信可以统一中国。若夫军队之多寡，可勿庸过虑，但抱革命精神去做，自不难迎刃而解。"但唐继尧认为："此次北伐绝非寻常革命可比，总须有一致之决心、相当之准备，方允出而任事，而轻举妄动则不愿为。"（《孙中山对唐蓂赓代表之谈话》，《香港华字日报》1921年11月17日，"粤闻"）另据报道，日前孙中山在梧电约唐继尧赴梧会议，唐托故不行，只派代表二人赴会。"该代表等返港后，唐知孙北伐尚无实力，而孙文以大本营参谋长相属，乃急行致出力辞。"（《唐继尧不允就大本营参谋长》，《香港华字日报》1921年11月24日，"粤省要闻"）

11月18日　咨请广州非常国会，议决为林修梅举行国葬。

上月15日，总统府代理参军长林修梅因病不治。当日签署总统令，命陆军次长程潜前往致祭，由财政部拨给丧费两千元，并由陆军部经理丧务。应得恤典，着陆军部从优拟议。（《大总统命令》，上海《民国日报》1921 年 10 月 23 日，"国内要闻"）25 日，广东政府国务会议批准林修梅升上将及立像案。（《专电》，《申报》1921 年 10 月 27 日）是日，咨请非常国会为林修梅举行国葬。咨文谓："代理总统府参军长、参议、陆军中将林修梅，于本年 10 月 15 日在职病故。6 年护法之初，该故代参军长与刘镇守使建藩，首举义旗于衡阳，西南诸省，相继响应，国家命脉，赖以不绝。本大总统就任后，令其代理参军长，方冀长资倚畀，共济幽艰，不图遽以疾殒。其首义殊勋，理宜崇报。查刘故镇守使建藩，业经国会议决，举行国葬典礼在案。该故代参军长，系与刘故镇守使同有殊勋于国家，自应依国葬法举行国葬典礼，以昭崇德报功之意。"（《总统咨请国葬林修梅》，上海《民国日报》1921 年 12 月 1 日，"要闻"）24 日，非常国会通过林修梅国葬案。（《国会通过国葬林鲁》，上海《民国日报》1921 年 12 月 2 日，"要闻"）

12 月 12 日，以大总统名义公布林修梅、鲁子材国葬令，谓："故代理总统府参军长、总统府参议、陆军中将林修梅，于 6 年护法之役，首建义旗，有功民国，经咨由国会非常会议议决，准予依照国葬法，举行国葬典礼。""准国会非常会议咨，故滇军旅长鲁子材，为国殉难，经会议议决，准予依照国葬法举行国葬典礼。"（《大总统命令》，上海《民国日报》1921 年 12 月 12 日，"要闻"）

△ 报载陈炯明谈北伐，主张训成劲旅，留以有待。

报道称，孙中山自出巡桂边后，日言出师北伐，其实未有明文，盖因陈炯明力为阻止。顷闻日前陈在省会受欢迎时，曾于议长室与议员谈话，略云："北廷日言南征，中山预备北伐，其声浪之高，俨成事实。然双方但皆纸上谈兵，作市虎惊人之计耳。其实北之南征，固未有饷有械，而南之北伐，亦未有饷有械，焉能出师对抗，故鄙人历次劝止，此为绝大之原因。而中山之意，无论如何困难，亦须出发，使北廷有所顾忌。惟是鄙人意见，仍当暂时留军广西，训成劲旅，留以有待，

并非反对其北伐,不过系时机上究未以为适合耳。"又据政界某君云:
"陈总司令自援桂成功后,极欲休兵数月,洪师长兆麟极赞成其议,并
有休兵六月之说。近自返粤后,更拟实行军民分治,陈总司令专意练
兵,省长一席将由马育航继任,所遗财政厅长一职,则以钟秀南为最
有希望。"(《陈炯明之北伐谈》,《申报》1921年11月18日,"国内要闻")

　　另据报道,有某议员往谒陈炯明,询以粤军北伐事宜。陈答言:
"此间实无举兵北伐之议,报章所载皆属子虚,盼转告外间各人勿遽
轻信。"查孙出发赴桂纯为北伐而去,而陈独否认其事,则两人意见之
冲突可窥一斑。"惟另有一说谓:陈之不赞成北伐,虽非绝对无因,然
与其谓陈不赞成北伐,毋宁谓陈只赞成自家北伐。盖陈实一大野心
家,生平从不作第二人想。此次由漳回粤,由粤援桂,皆自出主张,绝
不以他人之进退为进退。即此可以推知陈亦世人所称时髦军阀之
一。质言之,谓陈炯明不赞成北伐,必非陈之真知己也。"(《西南出师
之粤讯》,天津《大公报》1921年11月30日,"要闻二")

　　又据罗翼群忆述:"广西局面既定,陈炯明命叶举指挥留桂粤军
携同马君武绥靖广西,陈随即回广州,我亦随同回粤,陈炯明受粤中
各界之盛大欢迎,颇有志得意满之态,曾先后作鼎湖、罗浮之游,以示
整暇,我均随行。我与邓仲元参谋长在中山先生与陈炯明之间多所
斡旋,此时中山先生原意拟请陈炯明统率粤军大部精锐担任北伐军
中路总司令,而酌留若干部队巩固两广后方,但炯明对北伐态度消
极,以军队须休整、省政百端待理为辞,诸多推挡。实则陈此时在其
左右谋臣马育航、金章、陈达生、陈觉民等怂恿下已与滇唐(继尧)湘
赵(恒惕)勾结,口头上大谈'保境安民''联省自治',并积极搞其所谓
民选县长,标榜要以广东为'模范省'。此种主张均与中山先生之北
伐统一建国之大计大相径庭。中山先生见陈政治态度如此,虽极不
满,但为维持党内团结,仍对陈有所迁就,以陈无意前进,乃只好以后
方接济重任相托,对于粤军方面仅要求陈酌拨一部队伍参加北伐。
陈炯明虽表面接受任务,实则阳奉阴违。参谋长邓仲元虽力劝陈支

持北伐大计，但陈仍一意孤行，其所作所为，日益脱离中山先生之政治路线，甚至有些事情如秘密联络北方及各省军阀，均不令邓知。"
（罗翼群：《记孙中山南下护法后十年间粤局之演变（1917—1926）》，《广东文史资料》第25辑，第127—128页）

　　△　报载孙中山联俄制奉传闻。

　　报道称，"最近有一甚可注意之消息，即孙文闻奉省军队行将大举入关，南下迎击，特密派许多党人潜行北上，联结俄党，扰乱辽东各地，以牵制奉省军队，使多内顾之忧，自卫不暇，不能更出余力分兵南下。直系军队略陕未定，收鄂未竟，川湘两省军队时有反攻之势，直军御彼防此，疲于奔命，已无余力挥戈南指。而后粤省当局乃可从容出师，以成北伐之举。此种消息在数日前张使即据密探报告，略谓：广东孙文为谋北伐之便利，现由某处派来死党十余名，以张、赵两人为首领，已于本月2日乘安奉车到奉，在日本附属地内某客栈居住，年岁均约三十左右，衣服华丽，口操南音，出入皆乘马车或汽车，暗携手枪炸弹，预备扰乱，请饬军警严加防范云云。嗣复接国务院电，略谓：粤东孙文兴师北犯，据驻粤专员报告，孙文现派韩人三十余名潜伏京奉津保武汉各地侦察军情，并有十数人分途北上，勾结俄国，联络外蒙，鼓励活佛，再行宣告独立，出兵南犯，进袭东省。请贵使严密侦防云云。张使接电后除命军警加意防范外，同时分电吉黑察热绥五省区一体防备"。（《孙文联俄攻奉之传说》，天津《大公报》1921年11月18日，"要闻二"）

　　11月21日　抵昭平，发表演说。

　　是月18日晨5时，自芳竹启行，沿途多小滩，行程颇慢，5时半抵简告。上滩可泊船，因水流湍急，且滩路颇长，直至7时始登上滩。是夜参军处发出通告，因水急船队堕落滩下者颇多，明早须俟完全上滩，始准开船；又因道途不靖，只准日行十余里。当日微雨，吹南风，天气不寒。

　　19日午前10时，船队动程，经白沙，午后3时许抵良风。再经行约两小时,为著名之大滩,江岸有小墟,为三五小店,杂聚而成。

20日晨7时,一行继续出发,半时许至古店,为猪皮滩。据舟人告,此为漓江最大之滩,延长数里,滩面颇宽。午后1时许,船至五将,见有小艇,上有黑旗,以远镜视之,上有"民团"二字,又有耆老二人,穿蓝布长褂,岸上有鞭炮声,忽断忽续,见有"欢迎"二大字榜于屋外。2时前,抵新涌滩下东岸,有县兵两排,并有鸣鞭炮者,知事吴恭先乘小舟至,登船欢迎,称"昨夜已行良风滩上,因夜深未便登舟,今早由良风先回至此相候"。

是日,晨曦未出,船队闻号开动,二十余里平坦无滩,8时许抵唐吊。此为大滩之一,分上下唐吊两滩,相去数里,下滩方过,未久又到上滩,直至11时过尽,即见昭平城。去城二里许,尚须过一马滩,如登岸则瞬息可至,船行尚须二时余,遂登岸而行。知事吴恭先已先回城,城中准备甚周。(陈少白遗著:《桂游鳞爪录》,《建国月刊》第12卷第6期,1935年6月)

抵昭平后,先至行台休憩,旋至大堂演说,听众以男女校学生为主。演说略谓:"此次北伐,经过昭平,得与诸君相见,不胜欣幸。"并谓:民国应"为全国国民所公有:民国之政治,为国民所共理:民国之权利,为国民所共享,此方为真正之民国"。然"广西全省为陆荣廷个人之私产,广西政权被陆荣廷一群盗党所攘夺,一切利益为盗党所独享"。"数月前,本大总统主张助广西人民,顺天下民意,令粤军总司令陈炯明驱除盗党陆荣廷辈,将广西还之广西国民之手。今后之广西,为广西人民所有矣。盼望诸君既为广西之主人,更当尽主人之责。而今日当先尽之责,莫若开辟道路。如果道路开辟,交通便利,则诸君所余之粮食,所余之牲畜,所余之柴木,无穷之煤、铁、金、银藏之于地,可以开发;一切工场实业,可以振兴;教育可以普及,盗贼可以潜消矣。"演说结束后散步回船。晚饭后到城散步,回船后知事吴恭先复来请谒,9时方退。(陈少白遗著:《桂游鳞爪录》,《建国月刊》第12卷第6期,1935年6月;《在广西昭平各界欢迎会的演说》,《孙中山全集》第5

卷,第632—633页)

△ 致电陆军部,令编练警卫军。

是日途次昭平,致电陆军部,"着陆军部编练警卫军六营,限日成军,开赴桂林"。据报道,"此项军队专为大元帅行营拱卫而设,将粤中各劲旅中挑选编练"。(《孙文电饬限日编卫队》,《香港华字日报》1921年11月21日,"粤闻")据粤海关情报,"广州陆军部接到孙总统命令,大意是:必须组织巡逻宪兵队,并立即派往桂林作为总统警卫团执勤。据说,陈总司令接到以上命令后,想从粤军第一师中抽调部队,编成一个团,派往广西。其任命权保持不变,如以往一样,直接由第一师师长邓铿管辖"。"陈省长安排召开一系列常会,讨论、总结与地方自治有关的治安问题。"(广东省档案馆编译:《孙中山与广东——广东省档案馆库藏海关档案选译》,第284—285页)

△ 报载陈炯明改组孙中山所设航空局。

报道称,顷据省署传出消息,陈炯明有将航空局长朱卓文撤职,并将该局改组消息。省中各报所述航空局改组编配北伐一说,未尝无因,不过讳言其内幕。"查其解散航空局原因,系孙文于两月前与美国购买飞机四家。当孙出发巡桂时,搬运之事,未暇兼顾,着朱卓文前往小吕宋运回。朱遂请邓铿派舰到某处接收,邓对于此事,不敢擅专。答谓须请命于陈总司令,朱即大肆咆哮,谓我孙先生命令,谁敢延玩。邓答之曰,只知服从陈总司令,不知其他。两人大其冲突。其后孙科、陈庆云知其事,前往调解,并即赴梧州晋谒陈炯明(时陈已班师返至梧州),只述孙意见派舰往接收该项飞机。当时陈已首肯。及陈氏返粤后,邓氏即将此事之颠末告之于陈,并请辞职。陈大怒,遂下令将该局解散而派舰接收之议,亦即取消。而朱亦于昨日赴桂力陈此事,听候孙文解决。"(《航空局改组之内幕》,《香港华字日报》1921年11月21日,"粤省要闻")

△ 美国驻广州总领事报告,陈炯明对北伐置身事外。

报告称"大家在说孙陈合作无间,但陈自桂返粤后,对我和日领事说他极不赞成孙之北伐。他虽反对与北京正式破裂,但将不阻孙之行动,也不助孙"。(陈定炎编:《陈竞存(炯明)先生年谱》,第 434 页)

△　报称孙中山与陈炯明商定北伐案。

报道称,孙、陈意见经魏邦平、李福林疏通后,现已和衷共济,一致筹备北伐。现已商定之北伐案:"(一)为陈氏所统各军三分之二编为北伐军,在桂者担任后援队,在粤者担任先发队;(二)为北伐军所需饷械均由孙文筹备,陈已声明概不负责;(三)为北伐作战计划由总指挥会商大元帅规定进行。"(《探电中之孙陈北伐案》,天津《大公报》1921年 11 月 21 日,"紧要新闻")

另据报道,外间传说孙中山、陈炯明关于北伐意见,殊非事实。据闻陈炯明意见,则欲力避战争,竭尽平和手段,以冀达到目的;万一不能之时,则再诉诸武力。至于此种计划之实行办法,则先向吴佩孚、陈光远等说以大义及人心趋向,劝其与南方一致尽力联省自治之实行。若吴、陈两氏不听从,则当亲率所部,为北伐军之急先锋。"近日孙文亦深谅陈氏之意,结果赞成陈炯明之措置,一任其进行,但一方有准备万一之必要,故仍然整顿战备。孙文方面,现正依照最初计划,着着整顿战备。外间误解此事,遂传孙陈两氏之不和。另一消息,日前来粤之吴佩孚代表张雨田、包兰友□至,由陈所派往之某代表现已行抵吴佩孚之处矣。又陈光远代表夏同龢现尚在广东,由陈炯明所派往陈光远处之代表邓文辉现尚在江西。"(《孙文陈炯明对北意见之一致》,北京《晨报》1921 年 11 月 22 日,"紧要新闻")

△　保定会议召开,制订南征计划。

报道称,是日保定会议开幕,列席者五十余人。曹锟自任主席,吴佩孚发言最多,财政总长高凌霨提出理财办法十四条。奉天代表张景惠亦振振有词。因吴力主由直军担任征南,无须奉军赴援,张景惠则述张作霖之意,称必须派奉军入关帮助直军南下。席间争议颇烈。吴卒允张所请,将此议附于条件之末。吴所提出条件,包括:"(一)此次保定会议,各代表须负完全责任。(二)本会议表决之件,于闭会十日后实行之。(三)防南军事,先注重于湘赣川闽,将来战事,即由四省开始。(四)南征军以直隶军为主力,苏皖为协助,各省军为后援。(五)拟将曹巡阅所辖之兵改编为三十混成旅。(六)任王承斌为防南总司令。(七)南征大本营设于汉口,各省军司令部亦设于汉口。(八)南征军费定为一千万,暂不向中央索款。由直隶地租加赋,省公债,官钱局三项筹出百万元,由湖北盐斤加价、铜元局、杂捐三项筹出六百万元。(九)一切军用品由各省自办。(十)维持赵恒惕之位置,缘已与赵约定,遇军事紧急时,许由长沙假道南下。(十一)与广东陈炯明联络,以分南军之势力。(十二)尚至不得已时,请奉军入关援助。"(《保定会议之所闻》,《香港华字日报》1921年12月1日,"中外要闻")

11月22日　共产国际机关刊物发表文章指责北京政府,赞扬孙中山领导的中国革命。

文章指出:"在北京,一小撮反动军阀集团控制了中国政府并拥有大批军队,军阀之间互相征战……中华民国实际上是一个残暴、腐败和混乱的军事统治。目前只有一个地方——它拥有四亿人口——有着真正的共和与民主。这就是以广州为中心的华南地区。孙中山是这个独立政府的领袖。无论哪个军阀政府如何自称承认北京政府为最高政府,而孙中山则公开向北方军阀宣战。"文中称赞"孙中山是中国第一次革命的著名精神领袖。他反对黩武主义的膨胀,他和他的广州朋友一道正在努力使中国革命取得成功。孙中山首先得到了学生和知识分子的支持。而这些学生和知识分子已经掌握了那种与工农一起取得对反动派胜利的思想。这样,广州就会给中国革命以新的推动"。(陈锡祺主编:《孙中山年谱长编》下册,第1399页)

△　报载陈炯明派魏邦平与孙中山沟通意见。

报道称,孙中山在梧州会议,凡两广要人均有相当议案提出,独陈炯明因不干预北伐,坚持冷静态度。"孙文仍未亲往前方,亦为此事。惟现在陈返广州对于市政借款签字后,已派魏邦平为代表赴梧谒孙,表示并非反对北伐意见,且提出巩固粤桂办法,请孙承认。孙已了解陈意。据闻陈俟再返南宁后,亦必积极北伐。"(《陈炯明派代表谒孙文》,天津《大公报》1921 年 11 月 22 日,"紧要新闻")

11 月 23 日　广州陆军部召开会议,"议定北伐总计划",并来电奉呈。(《本社专电》,上海《民国日报》1921 年 11 月 26 日)

△　蒋母王太夫人下葬,派陈果夫参加丧礼,代为祭奠。

是日,蒋母灵柩安葬于凤凰山腰。遣陈果夫代为祭奠。祭文如下:"呜呼! 文与郎君介石游十余年,共历艰险,出生入死,如身之臂,如骖之靳,朝夕未尝离失,因得略识太夫人之懿行……其于介石也,慈爱异常母,督责如严师,裁其跅弛,以全其昂昂千里之资。虽夷险不测,成败无定,而守经达变,如江河之自适,山岳之不移。古有丸熊画荻,文闻其语,未见其人。及遇介石,念其根器之深,毓育之灵,乃知古之或不如今,幸而见于今,复不令其上跻耄耋,长为闺壶之仪型,是非特郎辈所痛悼,亦足令天下闻之而失声! 呜呼哀哉! 尚飨。"(《产经新闻》社撰、《蒋介石秘录》翻译组译:《蒋介石秘录》第 2 卷,第 237 页)并为蒋母王太夫人像题写赞词,撰悼蒋母王太夫人挽词。赞辞曰:"陟彼四明,名山苍苍,瞻彼南海,大风泱泱;中有贤母,仪式四方,厥生公琰,为国之良。孙文敬题。"挽词谓:"壶范足式　民国十年孙文题。"(《蒋母王太夫人像赞》《悼蒋母王太夫人挽词》,陈旭麓、郝盛朝主编,王耿雄等编:《孙中山集外集》,第 642 页)

△　致电蒋介石,催其来桂。

电谓:"作战计划,昨电略告廖、汪两兄,可询之。一切仍俟兄来商榷,即偕季陶兄启行。"(毛思诚编纂:《民国十五年以前之蒋介石先生》,第 138 页)

△　报载某旧国会议员谈北伐问题。

据由粤来京旧国会议员某君云:"余自广州北上,孙中山适在梧州大阅,陈竞存已至广州两日矣。陈鉴于广州满城空气均为北伐声浪所弥漫,遂杜门谢客三日之久,未曾接见来宾。在广州附近驻防之各级军官,俟外间均悉陈因反对北伐故有此举,特函请筹办自治以为接见之导火线。陈果堕入各行政军政长官术中,接见后仍纷纷要请承认速就联军北伐总司令职务,军官声明不索欠饷,官绅声明接济军费,切言各方面已筹备犒师,专候总司令就职北攻。陈竟存被他们说的天花乱坠,亦无主张。又因各方面之殷勤,实难拒绝。最后李福林、魏邦平及许崇智代表刘冠民与民党要人胡汉民等一致敦劝疏通,陈始慨然允诺于本月 8 日实行就职总司令。然一切职权决不擅专,北伐计划亦不条陈,任凭孙中山在桂支配一切……陈就职后因欠饷、军费问题,各军长官虽已宣言决不索讨,如清远粤军第二团、英德粤军第三支队向粤北开拔时竟不发动,陈派副官探其原因,以欠饷未发故耳。竞存由此始悉各军官前日声明不能有效,遂将种种情形电知中山。适逢美国某商所借之市政借款已拨垫四百万元,即将该款拨交陈竟存八十万元,使其分配有关各军欠饷,开拔费乃再拨付。是以得此大宗接济后,各方面遂兴高采烈筹备一切,实力上亦遂由此扩张。

“孙、陈最近北伐计划,在余未起程前一日(12)探诸粤系某参谋长云:北伐军已由陆海军大元帅(指孙文)确定八师五混成旅:滇省两师一旅、黔省一师一旅、湘省两师一旅(自治军不在内)、川省一师、粤军两师五混成旅。在桂另募补充兵一师,归陈炯光编练统带,由桂北上。所编之义勇队、敢死团共有两团,先发侦探队一营均不在内。他如飞机队、电信队届时均加入北伐。所需军火,日本某商与劳农政府源源接济。此为西南联军之兵力也。北伐路线仍分五路前进:粤为第一路、桂省粤军为第二路、滇军为第三路、黔军为第四路、川湘为第五路,海军向闽进攻,沿闽浙苏实行协攻。此为联军北攻之路线也。所定作战计划,孙中山决以海陆军大元帅名义,亲统在桂粤军北上督战,俾励士气。陈竟存以总司令名义由粤向湘出发,反攻长岳。李烈钧任总指挥,先取赣省,再赴湘省会师。许崇智进攻赣南,夺取根据地,包作霖会同关国雄所统各支队实行攻闽。于是三路并进,直趋北上。此为孙、陈之作战计划也。"(《北京特约通信》,天津《大公报》1921 年 11 月 23 日,"紧要新闻")。

△ 报载北伐消息。

报道称,某使馆消息:"陈炯明最近对于北伐问题仍不赞成,厥因陈与吴佩孚确有一种结合,吴不侵粤,陈不北伐,专待各方面厌战后携手谋和,使南北早日统一。惟闻陈吴并有军事上之规定,是以陈对北伐决不赞置一辞,恐使吴有措辞统兵南征,违反前约,致令南北发生绝大战事。"又一消息,"日前盛传孙文已下动员令,西南联军行将陆续北伐。项闻政府已接驻桂委员来电报告,孙在梧州连开紧急军事会议,大体决定北伐第一批为李烈钧、许崇智、洪兆麟、谷正伦等各路□于巧日(18)已发动员令,但不过为入手结合团体。据闻第二次动员于马日(22)颁发,所有各路南军齐向北方进攻。第三次动员令于有日(25)实现,届时孙即亲率军队北犯。"另据北京政府接粤探来电,孙中山在桂所编之北伐军,"本拟与前线各军一律开赴粤省,兹因桂省各界一致要请,桂防吃紧,萑苻遍地,不宜抽调各军出境,实想发生意外。是以在桂之北伐军暂守防地,决不开拔"。(《南北和战消息之互传》,天津《大公报》1921 年 11 月 23 日,"紧要新闻")

△ 粤海关情报称:"川军司令但懋辛派王希闵为代表前来广州会见孙总统和陈炯明,商议北伐事宜。王昨天从上海来到广州,说但的部队现驻在巫山,与北方将领吴佩孚部队相距很近。孙总统一发布命令,他就指挥部队与粤军一起北伐。"(广东省档案馆编译:《孙中山与广东——广东省档案馆库藏海关档案选译》,第 249—250 页)

△ 粤海关情报称:"至于拟议中的北伐,陈炯明总司令至今不但看不出有调兵遣将、运送军械的行动,也看不出有筹备军饷的行动,而且还想裁减多余士兵结束军事行动,使人民能休息一下。实际上,他要把军政权限分开,要大力实行民主。省署内务处奉命就该问题起草一份公告,很快就要发布。至今,陈直接控制的粤军第一军没有派出一兵一卒,但据谣传,他在秘密进行策划。"(广东省档案馆编译:

《孙中山与广东——广东省档案馆库藏海关档案选译》,第285页)

11月24日　许崇智23日离昭平,24日前来谒见。(《本社专电》,上海《民国日报》1921年11月27日)

△　陈炯明召集军事将领举行会议,筹商对北军事计划。(《本社专电》,上海《民国日报》1921年11月27日)

△　报载是日北京电,美国驻华公使照会外交部,谓孙中山"拟向犹太人借款",请北京政府阻止。(《国内专电》,《申报》1921年11月25日)

11月25日　委定北伐军各军总司令等职。

委任李烈钧为第一军总司令,许崇智为第二军总司令,李福林为第三军总司令,朱培德为第一军参谋长。委任徐绍桢为大本营参军长,邓铿为大本营参谋长,胡汉民为大本营秘书长,吕超、石青阳、廖湘芸为大本营参军,均随营出发。(《上海快信摘要》,长沙《大公报》1921年11月30日,"快信")下令各军将领齐集桂林,预备召开会议,研商誓师北伐问题。(《上海快信摘要》,长沙《大公报》1921年12月1日,"快信")

11月26日　李福林军集中韶关待命。

25日,粤军总司令部忽电令李福林,酌调军队回防清、连等处,企图阻止北伐。李福林拒绝听命,是日在韶下令,福军前锋开拔。(《上海快信摘要》,长沙《大公报》1921年12月2、4日,"快信")

△　滇、赣两军集中桂林待命。前廖仲恺仅筹得二十万解来梧州,复电促廖勉筹数十万应急。(《上海快信摘要》,长沙《大公报》1921年12月2日,"快信")

△　报载是日广州电,孙中山任命李安邦为参军,统领卫队。(《本社专电》,上海《民国日报》1921年11月27日)

△　北报载孙中山在桂林召集军事会议传言。

报道称,孙中山自抵桂林后,即在大元帅行营召集会议,李烈钧、许崇智、李福林、刘祖武、谷正伦、吕超、石青阳、王隆中、孔庚、曹亚伯、路孝忱等均列席。闻第一次军事会议军事分配,大致已经商妥。

"至于饷械问题,孙氏宣言现已筹得的款一千数百万元,除左路川滇黔联军令其自行筹给外,足供中路粤桂军、右路湘粤军三月之用。至枪械一层,除令广东、四川两省兵工厂赶急加工制造、提前供用外,且曾与某国定有条约,购运大批军械来华,以供接济。至军用上之飞机电器材料,则早已有充分之准备云。惟会议席中因唐继尧尚未到桂,致有许多要事尚不能解决。其最要紧者,即滇军问题。因滇军朱、鲁两部及李友勋部为唐氏统系,此次北伐主力军队,除粤军外,即在桂滇两军,滇军一切布置,须先得唐之同意,且唐已承认担任参谋总长之职,则军事计划尤不能不先行与之筹商。现唐已将赴桂。"(《湖南形势又转急》,北京《晨报》1921 年 11 月 26 日,"紧要新闻")

△ 报章载文析陈炯明拟回原籍说。

报道称,"粤局自陈炯明凯旋后,外间纷传将有大变化。或谓因陈不赞成北伐,与孙中山大生意见,孙意拟将陈省长一职另行易人接任。或谓陈已自知立脚不住,拟自行告退。于是遂有陈回籍省墓之一说。当马育航之辞财厅也,外间已有谓马以退为进,将有继任省长之希望矣。盖谓陈炯明为汪(精卫)、胡(汉民)等军民分治之说所包围,不得不拟辞退省长一职,默计继省长之人非马莫属,即饬马先行辞退也。及陈回籍省墓之说传出,又有以陈炯光代总司令、马育航代省长之消息,且谓已准备一切,其随行军队拟由兵工厂卫队拨两连随护,俟马接省印后即行启节。一若果为事实也者。但政务厅对于省报之纪载有此项消息者,皆为严厉之更正。其机关报更目为北派所造之谣言,以图挑拨孙陈两方之恶感。其实孙陈间之意见日深一日,已为人所共喻,岂容讳饰。闻陈之拟返乡省亲者,因其自闽回粤之后久未旋里,以是屡作返乡之想。近以自桂归来,更欲暂息乡间,稍事休养,加以孙文出巡桂边,声言北伐,将于广西扩张地盘,两人间之意见愈益参商。原来陈此时尚逗留在桂,因现正当桂省溃兵土匪诪张为幻之际,应未能遽行返粤,而陈亦急于返旆者,其原因固由于此,而其欲暂行告退者,亦未始由于此。初意欲俟传见新选任之各县长后,即行首途,省署之人均言之凿凿。惟日来所得消息,则谓陈为压息谣言起见,有将回乡省墓之意打消,恐不能成为事实"。(《陈炯明拟回原籍之索隐》,北京《晨报》1921 年 11 月 26 日,"紧要新闻")

△　粤海关情报称:"云南和贵州多次来电说,由于孙总统的努力,滇军打消了回滇的念头,顾品珍总司令决定于 12 月(下个月)初派滇军三个混成旅参加北伐。黔军总司令卢焘也同意按原定计划派出两个旅;但是,由于该省很穷,确实没法筹备军饷,因此他得请求帮助。如果给该省汇去二十万元作为开拔费,那么部队将马上开赴湖南。上述问题已呈孙总统考虑。"(广东省档案馆编译:《孙中山与广东——广东省档案馆库藏海关档案选译》,第 250－251 页)

11 月 27 日　抵平乐,发表演说。

是月 22 日,船队离昭平继续北行。连日船行颇慢,泊船甚早。25 日抵七里滩,26 日循崎岖鸟道前发至长滩。27 日晨离长滩,因闻平乐各将领来迎,不作陆行。此处沙浅船多,航行不易,山水愈奇,遥见李烈钧乘船来接。(陈少白遗著:《桂游鳞爪录》,《建国月刊》第 12 卷第 6 期,1935 年 6 月)

及抵平乐,只见水步之前,彩棚高矗,音乐队正装列队演奏国乐,各部军士排列河干举手敬礼。弃船登陆,乘舆而行,沿途旗帜飘扬,炮声载道。先赴各界于中学举行的欢迎会,与胡汉民、李烈钧相继演说,掌声雷动。散会后转诣广东会馆,与胡汉民皆有演说。

当晚,赴李烈钧于公园举行的欢迎晚宴。8 时散席归舟。9 时,平乐县长及平乐、修仁、荔浦各界代表前来晋谒,报告各属匪情,请暂缓征调防兵,以利维持地方治安。随召杨团长入见,饬与各界会商剿抚事宜,务须迅速进行,早纾民困。是夜宿营平乐。(《总统由平乐抵阳朔记》,上海《民国日报》1921 年 12 月 21 日,"要闻")

△　报载英人刊文称孙中山为解决中国问题希望所在。

英国学者莫安仁在《上海泰晤士报》刊文,指出孙中山实为唯一有可能解决中国问题之人。其文谓:"中华民国政体,实孙中山一人最初发起之。今又建坚固政府于粤东,亦颇有一定之政策;其著之《中华之国际发展》一书,已详述之矣。徇可称有胆有识。吾观于此,诚不能不归功于孙氏。乃或谓其陈义虽高,终难达其目的,亦空言耳。殊不知理想乃事实之母,今试问出此理想的计划以救中国,以贡献社会者,舍中山外,有无一人乎?然则国民能于以援助乎?时至今日,南北永难统一矣。吾人亦当思量孙氏最近之用兵计划,究有何种目的焉。将来此举显明,或且生面别开,达到极远之目的,庆贺极大之成功,亦未可知。吾人苟能许孙氏之进行一回,扫除对于孙氏之偏见,予以良机,不加阻力,俾能联络感情,维持目下之国家秩序,使克尽所长,则民国之治安,我敢决其必有一番可以慰藉吾人者。尚有一要事所以不能思索于脑海中者,即孙氏非一军阀派,乃一民治家也。故其一切措施,乃真正共和民主之要素,为中国当今所急需之美意良法,若舍而不用,中国前途断难得若何之成效。并望中华国民能捐弃个人意见,予孙氏以时机及其扶助,则政治庶几可巩固,兵祸可以消除也。"(《英人对孙总统之属望》,上海《民国日报》1921 年 11 月 27 日,"本埠新闻")

11 月 28 日　自平乐启程,继续溯江而上。

是日破晓,船队自平乐启碇。因沿途不断有各部兵士加入,船队规模由自梧州出发时的一百余艘,至此已扩大逾二百艘。自平乐而上,虽时值冬季,水势稍杀,但峻滩仍复不少,两岸更是怪石悬垫,奇峰撑云,渐入桂林山水佳胜处。中午时分,船队越滩水数重,行过小湾墟。下午 2 时 15 分,行抵留公村。该村倚危岩而建,隔岸群岫遥阵,岩腰结椽祀九天玄女。岩左绝径险巇,俯见洞口无路可下。偕幕僚相继入探,或于洞侧见铁槛石屋,老妇栖迹其间,询知议员黎少桃挈家幽居于此。是日,船队宿营留公村左岸。(《总统由平乐抵阳朔记》,上海《民国日报》1921 年 12 月 21 日,"要闻")

△　报载孙中山优待黔军将士。

据报道,黔军司令官胡瑛日前由南宁抵达梧州,随即入谒孙中山,表达服从命令及努力杀敌之意。孙闻言甚喜,即命其将军队尽速由柳州开赴桂林,并拨开拔费两万元、棉背心三千五百件、棉衣裤三千套。胡瑛月内即拟遄赴柳州。此外,孙中山对于黔军谷正伦部亦颇为体念,日前决定拨发卫生衣三千件及开拔费两万元。(《总统优待黔将士》,上海《民国日报》1921年11月28日,"要闻")

11月29日　抵阳朔,并发表演说。

是日拂晓,旅长吴忠信率部先行赴朔,布置警备。各船队依鼓号相继开进。上午抵达阳朔,受到阳朔知事偕各团体及桂林各团体代表的热烈欢迎。至欢迎处稍憩,即开欢迎会,发表演说。略谓:"今日受诸君之欢迎,乘此机会,得与诸君谈民国之政治,不胜愉快。改造真正之民国,乃全体国民之责任,尤为中华国民党员应负之责任。责任维何?即实行民族、民权、民生三民主义,即近代所谓之国为民有、国为民治、国为民享之真精神也。"并指出:"粤军回粤,除去违背民国之强盗,为时不过月余。再观粤军援桂,扫清盗窟,以广西还于广西人民之手,亦不过五十日。更可推想,此次大军北伐,扫除盗据民国之亡清余孽,而恢复全国真正共和,亦当无难事也。"并望阳朔人民开发富源。(《在广西阳朔人民欢迎会的演说》,《孙中山全集》第5卷,第636—638页)

11月30日　伍廷芳致电太平洋会议,要求列强不予承认北京政府,不得干涉中国内政。

28日,广州政府召开国务会议,外交总长伍廷芳提出意见书,会议决定致电太平洋会议,表明南方政府立场。(《申报》1921年12月1日,"国内专电")是日,由伍廷芳署名的致太平洋会议英文电发表,全信长两千余言,要求列强"须撤回承认徐世昌统治权","不宜干涉中国内政","外交政策取公开主义","中国民意政府要土地完全、经济完全、统治完全"。(《伍廷芳致华会电》,《香港华字日报》1921年12月6、7日,"粤闻")

△　报载孙中山拟定三路北伐计划。

报道称,孙中山所拟伐计划,计分三路进兵。"(一)川、陕两省合出四师之众为左翼军,取道襄郧直趋武胜关,断鄂省后路。(二)滇、黔联军出贵州,经酉阳,攻鄂西,牵制荆宜;又以粤军出湘省,令湘军为乡道绕道石首、公安攻沙市,顺流直迫武汉。(三)联军大本营则由萍乡进窥赣西,另集宜章方军于桂东,取吉安为根据地,以断赣陈后路;一军则由大雄攻赣,直取南昌越九江而入鄂境,集合三路军队会师武汉。至于誓师典礼,初拟定 12 月 2 日在韶城北校场举行,近因唐继尧尚未莅桂,现又改为 12 月 10 日。"(《再行大举之北伐联军》,北京《晨报》1921 年 11 月 30 日,"紧要新闻")

△ 报载唐继尧表示愿随孙中山北伐。

报道称,"前传唐继尧与孙意见不合,不愿随孙北伐之说,现近经各方面之疏通,唐已决意助孙,且唐为自身地位计,亦有不能不于此时谋相当活动之势。故唐近日已先后两次派遣代表来桂与孙接洽,昨日(28)又命其弟唐继虞携带现金五万元到桂,犒劳滇军,并向滇军宣唐旨意一致随孙北行"。(《再行大举之北伐联军》,北京《晨报》1921 年 11 月 30 日,"紧要新闻")

△ 报载滇、黔、粤军队纷纷动员,整军待发。

报道称,至于滇省顾品珍前以吴学显希图扰乱,有所牵制,未能出兵。兹已次第平复,复感孙氏打消唐氏回滇之意,深为感激,愿效驰驱,已整军待发。黔省卢焘对于出兵更为赞成,早已节节筹备,昨电援桂黔军司令谷正伦,迅将所部移驻桂,听候调动。并闻卢氏已下令动员,调派第二师师长廖寿嵩统率全部,取道湘省晃州开动,约期会师。至粤省北伐军队,除已开赴湘边外,福军十余营尚在韶候命,昨奉孙氏桂林电令,催饬出发赴衡州集合。李奉令后,已向总部辞去第一区善后处长之职,定于 25 日亲行赴韶。又粤军第四独立旅,亦奉令加入北伐队。日前该旅第一团团长杨锦龙,由北江英德一带开始移动,将与福军一起出发入湘。(《再行大举之北伐联军》,北京《晨报》1921 年 11 月 30 日,"紧要新闻")

12 月

12月1日　报载孙中山致函但懋辛、熊克武,劝其和衷共济。

报道称,孙中山致函但懋辛、熊克武,劝其蠲除意见,辅助喻培棣、唐式遵和衷共济,巩固北伐联军团体。并谓:"刘湘态度不明,南方早已认其朝秦暮楚,反复无常,私降北方,破坏起义名义。惟前次失败既出自动,执事等即应一洗旧习,联络西南,所有饷械,粤省自当按批接济。"(《内幕庞杂之西南北伐》,天津《大公报》1921年12月1日,"紧要新闻")

△　报载孙中山派员分赴西南各省筹商北伐。

报道称,孙中山到桂林后,行兵计划大致已经定妥,现又拟派代表分赴川滇湘黔各省,秘密筹商要件。闻派往四川者为谢持,派往云南者为叶荃,派往贵州者为王伯群,派往湖南者为居正。并派黄复生入陕,劝令陈树藩与刘存厚合力一致发展。(《渐次移动之北伐联军》,北京《晨报》1921年12月1日,"紧要新闻")

△　报载孙中山充实拱卫军。

报道称,孙中山大本营本有李安邦、许济六营充拱卫军,"现闻孙氏电粤,饬再选编六营,以厚兵力。闻已由邓铿所部先挑一营,即编一团,不日开赴桂林"。(《渐次移动之北伐联军》,北京《晨报》1921年12月1日,"紧要新闻")

△　报载北伐军因子弹缺乏陷入停滞。

报道称,北京政府接驻粤林委员来电谓,孙中山在桂林誓师后,即将新编各军一律开赴湘南,与滇黔联军在衡州集合,以大元帅名义指示各军作战方针。是以湘南北伐军现均筹备北伐,惟因子弹缺乏,不敢贸然前进。陈炯明表面虽已赞成北伐,实际上仍在筹办省治之中,对于联军总司令一节迄今尚未就职,故广州附近之北伐军均无开动准期。(《内幕庞杂之西南北伐》,天津《大公报》1921年12月1日,"紧要新闻")

　　△　粤海关情报称:"北方将领吴佩孚宣称,孙逸仙博士的北伐是不能实现的,因此,直系军队不必南下。"(广东省档案馆编译:《孙中山与广东——广东省档案馆库藏海关档案选译》,第251页)

　　△　粤海关情报称:"据悉,陈炯明总司令主张首先说服湖北、江西、福建和江苏赞成联省自治政策,否则,他就要执行他的讨伐北方计划。关于这个问题已给湖北发了一封长电报,该省督军萧耀南已打电报请示北方军阀曹锟和吴佩孚。"(广东省档案馆编译:《孙中山与广东:广东省档案馆库藏海关档案选译》,第278页)

　　12月2日　抵良丰。

　　上月29日抵阳朔县城,略为休息,接见军绅学界,即向前进发。30日抵达元宝塘。12月1日午后,许崇智、吴忠信先行前往桂林布置。当晚船队泊羊蹄。2日继续北行,晚间在李烈钧等人的陪同下抵桂林城四十里外之良丰,驻节岑氏大花园。该花园系岑春煊督粤时的别墅,风景优雅。此次经李烈钧查封作为北伐联军俱乐部。3日,滇军总司令朱培德、赣军总司令部参谋长,各军旅长率同官、绅、学界至良丰岑氏大花园举行欢迎大会。发表演说,略谓:"今日兴师北伐,最为机不可失。一因北方十余省互相离二,无异十余国,不及西南团体之固结;二因徐、靳天怒人怨,久失民心,大权旁落,百政废弛,不及西南至大得人心;三因趁此年关在即,北方积欠各省军饷,无法支付,军心愤极,决不肯力战,溃变当在目前;四因北军已属暮气,多而无用,南军朝气不待交绥,士气已足寒北人之胆;五因桂军素著悍名,陆、谭又系百战老贼,不及两月,金行败逃,桂军向见称于北方,今见粤军摧桂之易,声威已慑;六因川军再攻宜施,兵力加增,桂黔滇均助粤,试问武汉间之北军,何能抵拒此生龙活虎之朝气生力军耶?七因北方倒阁声浪日高,政潮日剧,奉直暗斗,将行决裂,若此时不出师,将来奉直统一,合力图南,则后悔莫及;八因唐继尧回滇,闽赣攻粤等说,皆足障碍北伐,今则唐继尧来电,惟于三日由港至广梧,即来桂林,所传回滇之谣,决不成事实矣。闽赣方曲意交欢于我,观于陈光远徇陈竞存之请,逐沈鸿英出境,可见障碍既无,毫无后顾之忧。有此种种胜算可操,俟迟日开军事大会议后,月内即各路齐进,决不延滞,反令北廷防备完密也。"(陈少白遗著:《桂游鳞爪录》,《建国月刊》第12 卷第 6 期,1935 年 6 月;《孙中山行营纪事》,长沙《大公报》1921 年 12 月 19 日,"中外要闻")

△ 报载美国驻华公使照复北京政府,称孙中山"以广东全省矿产向美人借款一节,美政府并未知悉。兹遵照来函,通知粤领事阻止"。(《国内专电》,《申报》1921 年 12 月 2 日)

12 月 3 日 美驻华公使雪曼密电美国务卿,报告陈炯明、吴佩孚政见之异。

报告称,"我派商务参赞亚诺去广州探查政局,他上星期回来,做一对南方政府极表同情的报告。南方主张立宪政府、省自治、废除督军、以民治代替军治。陈炯明告诉亚诺,南方最后目的是联合自治省,组织联邦政府。这里消息灵通的人有信心的预测陈炯明与孙中山将决裂,而曹锟与吴佩孚亦将分手。结果陈、吴携手,以稍更改的南方主张为基础,订立同盟。但是现据亚诺所报告,陈对吴之意旨尚有怀疑。根据一可靠的美国人上星期在保定与吴佩孚的谈话,吴觉得陈炯明不可靠,吴且说:最近他派代表来告诉我,统一必须符合两条件,恢复旧国会与实行'联省自治'主义。我觉得国会已成立,何能恢复?至于联省自治,我更不愿意中国因之而分裂。我的目的是维护北京政府与保护人民。给我三年,我坚信能把中国统一为强盛的国家"。(段云章、沈晓敏编著:《孙文与陈炯明史事编年(增订本)》,第 441 页)

△ 粤海关情报称孙中山已组中央兵站,保障北伐军需。

该情报称:"孙逸仙博士为了保证北伐军军需品的供给,已正式组成了中央兵站。总监部将设在广州,下设九个处,即:金柜处、粮服处、交通处、运输处、统计处、通讯处、参谋处、副官处和庶务处。北伐将分为三个区,每个区设立分监部:第一区供应李烈钧所率的联军一切军需品,第二区供应许崇智部,第三区供应李福林部。"(广东省档案馆编译:《孙中山与广东——广东省档案馆库藏海关档案选译》,第251页)

△ 报载粤军总司令部裁员。

报道称,粤军总司令部每月支销各职员薪公各费共五百万元。刻自陈总司令返旆后,以粤省财库支绌,当饬将本部冗员裁汰,以节糜费。"昨并面谕该部参谋长邓铿,着令本部薪公各费每月限支销三万元为度,不能溢支。邓参谋长奉谕后,昨已将部内冗员着实裁汰,所有旧设之顾问参议谘议等职,一律裁去。副官处亦裁去副官十余人,各事务均归并办理。现在部内人员一律每日须上办公厅办公,否则悉数全裁。"(《总司令部裁冗员》,《香港华字日报》1921年12月3日,"粤省要闻")

12月4日 抵达桂林,设大本营于桂王府。

是日上午5时,一行由柏木墟登陆而行,11时55分抵距城五里许之将军桥。各团体闻讯,均鹄立道旁预备欢迎。将抵欢迎场时,礼炮队燃放礼炮一百余响,继导入欢迎亭。欢迎亭设于将军桥口,亭前以松针扎成,上书"以党治国",左右两边各书"三民主义""五权宪法"。会场警备森严,到会军队约三万人。

欢迎人群均脱帽举旗致敬,并齐呼"新广西万岁""中华民国万岁""中华民国大总统万岁",随唱桂林人民专为大总统到来而谱写的欢迎歌。歌词谓:"跸节兮遥临,桂岭兮生春;君子兮至此,万众兮欢腾。笑徐逆抗命,伪廷卖国计空逞。不见武鸣陆,祸国残民终自焚;不见谭、陈、莫,穷兵黩武终逃奔。到头来还是强权失败民权胜。'三民''五权'主义真,欢迎我元勋。"入欢迎亭就坐,陪坐者有李烈钧、许崇智、胡汉民及各省代表数人,随摄影留念,并接见来宾与两位西人(一为美国浸信教会卢牧师,一为医生穆厦)。与此同时,粤、滇、赣诸军排成四行纵队,正步行经亭前,向孙中山致敬。

下午1时,起驾入城。由南门大街经鼓楼至十字街转后库街,行抵大总统行辕(设于皇城旧桂王府)。是日乘肩舆,着平民装,胸口佩一党旗,风尘仆仆,须眉虽稍带苍白,而精神矍铄。入晚,在总统府楼上观赏灯景,"异常赞叹桂林之人美术技艺"。后又偕四川代表王芷塘等登临紫金山,周览城市,并时与工人交谈。当晚,桂林城燃放烟火,紫金山顶缀以电灯数百,照耀如同白昼。总统行辕附近,观者如堵,热闹异常。(《桂林欢迎大总统详记》,上海《民国日报》1921年12月26日,"要闻")

据报道,12月1日许崇智先抵桂林后,晤滇军总司令朱培德、粤军旅长谢文炳、滇军旅长胡思舜、赣军旅长赖世璜等,佥称"北伐刻不容缓,迟则戎机贻误,直军筹防已密,川军独力难支"。许谓"俟大总统到,即联同面催"。4日孙中山入城后,许崇上述诸将所陈。孙中山遂饬自5日起开始会商军事。(《孙中山行营纪事》,长沙《大公报》1921年12月19日,"中外新闻")

抵桂林后即视师,整理军队,组织大本营。准备于明春入湘,大举北伐。

12月5日　唐继尧应邀由香港抵达梧州,并电告即行来桂林相晤。

唐继尧居港,前迭派邓家彦、汪兆铭、伍朝枢、戴恩赛等赴港相邀,旋再派黔军司令胡瑛赴港,转达相邀诚意。陈炯明听闻后,亦派陈觉民到港,坚请唐赴广州一行。12月3日,唐乘香山号轮船先赴广州。翌日晨抵达,假亚洲酒店稍作休息后,即电知陈炯明。陈命陈觉民将唐迎候至粤军总部谈话。随后,唐又往拜伍廷芳、林森等。当日下午1时半,偕郑开文、田钟谷、李玉昆、陈维庚等军官及幕僚登轮到石围塘,转车赴三水后,搭乘大明轮船溯江西上,5日抵达梧州。据报道,唐抵梧次日,即接滇黔军全体将领李友勋、朱培德、谷正伦、胡瑛等呈文,联请就任靖国联军总司令一职。(《唐继尧赴梧及滇黔军拥戴之详情》,《香港华字日报》1921年12月12日,"粤省要闻")抵梧后,唐继尧即来电通告行程。来电略谓:"时局艰难,群瞻远略,风声所树,薄海钦从。尧以闲退之身，辱荷不遗在远，信使相招，下怀感激，勉效追随。前托天命赍呈一函后，当即摒挡行装，由港经粤来梧，敬悉车驾已赴桂林，怅望旌麾，徒深仰止。兹拟休息一二日，即便按程前来，面聆教诲。"（《唐继尧态度表示》，长沙《大公报》1921年12月21日，"中外新闻"）

7日，有记者往访唐继尧，征询本次出山意见。唐谓："兄弟居港半载，野鹤闲云，对于时局甚少研究。此次承中山先生雅意，信使屡招，在梧久候，情不可却，勉为一行。本应早至梧州，与中山商榷一切，因家务羁绊，不能不略为摒挡，致迟迟吾行，抱歉殊甚。世人不察，多疑兄弟主张滇军回滇，与中山之主张北伐背道而驰，不知兄弟自袁洪宪坏法而后，即树护法旗帜，此志始终不渝⋯⋯此次滇军回滇之说兴，实因滇军回家多年，加之饷项支绌，遂兴思家之念。兄弟因此一事，亦不能不来桂一慰劳⋯⋯此次中山北伐，兄弟正希望其先团结粤桂川湘滇黔六省兵力，一致行动，而后乘机同力合作，自操胜算。如上年粤军未援桂之前，人多疑孙陈意见不一致，遂有奸人从中造出种种谣言，实则援桂之举，孙陈本属一致，不过孙取激进主义，陈则欲利用时机，与兄弟此次主张北伐正复相同。现则六省军民已归一致，正兵力足时机到之会也。故兄弟拟明日即由梧赴柳，慰劳滇黔旧将士，立即赴桂与中山先生面商一切大计。"（《梧州特约通信》，上海《民国日报》1921年12月16日，"要闻"）

12月6日　粤海关情报称，孙中山于本月4日达到桂林。"他制定了十条规章供北伐会议考虑。贵州政府和四川政府分别派周恭寿和王湘为代表出席会议。云南和广西也派代表参加。自12月5日以来，一直在召开北伐会议。"（广东省档案馆编译：《孙中山与广东——广东省档案馆库藏海关档案选译》，第251页）

△　报载粤军购置飞机将运往桂林。

报道称，日前朱卓文赴小吕宋，系奉孙中山命令往该处订购飞机。朱早经返省，"现查朱已订购之飞机，计共七架，每架值价八千元有奇。不日可以运到粤省。朱现俟此项新机到粤后，即行完全运往桂林应用"。(《新购飞机运赴桂林》,《香港华字日报》1921 年 12 月 6 日,"粤省要闻")

　　△　报载六省组织北伐军情形。

　　报道称,孙中山率师出发后,西南军事布置,暗中益为进行。"先是四川刘湘派人往黔滇切实联络,以参议院议员龚焕辰驻扎黔省,以参谋李某驻扎云南,于是三省进退一致。滇省因此次唐蓂赓部下有回滇之议,总统力为排解,故顾品珍异常感激,特出兵助一臂之力,益以川黔滇内幕一致,实为北伐之原动力。桂省方面,马君武有派桂军一旅,隶属黄大伟部下,领往武汉之请求。广东方面,所出之兵已有许崇智全军、李福林全军、邓铿两混成团、黄大伟全军,又昭关两粤军独立旅。其他属第二路者,尚未发表。以已出者计之,约在四万人以外。黔窦、谷、胡三旅已开拔随总统出发,近日谷正伦又将王华裔留在广西之少数黔军,亦编入北伐军内。川总司令刘湘自退兵归巴一带,与潘正道、但懋辛、刘成勋等屡电广州代表王湘及政府,催促出兵,同时下武汉。总统因集中军队,尚需时日,又恐川军独出,难以成功,连电川军取守势,俟北伐联军何时出发,抵何地点,川军始用全力进攻。故川军近来不甚活动。从前川中来电,或二十日始到广州,其中来往各电,两方均未接到者多。后经刘湘彻查各电局,令处电报生以极刑,又查由湖南经过者亦多遗失,此后所有川电,均由川拍贵阳,再由贵阳拍广州,限五日以内达到。故两月以来,川粤消息异常灵通。至于湖南,则自总统出发,湘省各将领均派有重要代表在桂林守候,且赵恒惕亦有心腹代表在桂林。据陈方度见赵恒惕及湘中各将领回粤所言,湘省知总统与川有盟约,志在武汉、长江,湖南不过一必由之路,故认北伐对湘甚利有益,湘省军队亦可向外发展,不至如今之穷蹙云。据军事界计算,北伐联军粤桂两省可出兵五万以外,黔省一万以外,滇省与在桂滇军在两万以外,加入湖南军约两万以外,四川约五万,西南各省兵力当在二十万以内十五万以外。近并议定西南各省每省须派一重要军务代表来大本营,随时公同计划各省联军一致进行事宜。大致明年开春,必有许多动作也。"(《六省合组北伐军概况》,上海《民国日报》1921年12月6日,"要闻")

12月7日　出席桂林各界欢迎会,发表演讲。

是日,桂林军、政、学各界七十六团体举行欢迎会,莅会并发表演讲。该演讲着重论述三民主义与建设新国家的关系,略谓:"诸君今天来欢迎本大总统,还要希望诸君来欢迎本大总统所主张的三民主义。三民主义能够实行,民国才可以建设得好。如果人民不了解三民主义,民国前途,还是毫无希望。三民主义便是民国的精神。诸君欢迎民国的精神,那才算是真正的欢迎。"并就三民主义的内容、意义作了详尽分析阐述。最后指出:"本大总统这次的来意,是要把中国造成一个新世界。三民主义就是本大总统拿来造新世界的工具。诸君今天欢迎本大总统,本大总统所要求诸君的,是望诸君提起精神来,一齐同心协力建设这个新世界的新中国!"(《在桂林军政学七十六团体欢迎会的演说》,《孙中山全集》第6卷,第1—8页)

12月8日　签发大总统令,任命刘震寰为广西陆军第一师师长,韦冠英为广西陆军步兵第一旅旅长,严兆丰为广西陆军步兵第二旅旅长。(《大总统命令》,上海《民国日报》1922年1月8日,"要闻")

△　唐继尧一行由梧州启程前往柳州。

是日午时,唐继尧在黔军胡瑛所部一团护送下由梧州启程前往柳州。行前接朱培德、谷正伦、李友勋等将领来电,推举唐为靖国军总司令。为阻止唐氏赴柳,胡汉民自桂林致电胡瑛,告外间传言颇多,"最好请唐公直来桂林,不必赴柳"。胡瑛旋即复电,述唐继尧之意,谓"唐公此次赴柳,乃慰问军士起见,并无他意。在柳逗留不过三数日,即兼程赴桂谒大总统请示方略"。并谓"此行既在追随大总统出征,义无反顾,如果他意,非大丈夫所为"。(《唐继尧态度表示》,长沙《大公报》1921年12月21日,"中外新闻")

12月9日　接见桂林请愿公民代表,并发表治理广西之演讲。

是日,桂林五百余公民代表假座总商会,商议请愿事宜,议决迁省会于桂林、巩固团防、收抚溃兵土匪、开办桂濛桂全马路、扩充教育、振兴实业、筹备仓谷、免除苛细杂捐、统一民政财政、严禁烟赌、明令各军退出学校商店民房、给还各团枪支以卫地方、收复广西银行以维金融等十三项。会后前往大总统行辕请愿。下午 3 时半，亲自出接请愿代表及接受请愿书，并请代表发表意见。随后讲演中表示：“方今之政府，乃中华民国人民之政府，政府受制人民之下，无异于人民之公仆，人民所请愿之事，政府当尽力为人民办之。尚望人民与政府合力同办，则事易举，如此乃谓之真正民主国家。”演讲中又特别指出交通不便是困扰广西的痼疾，解决交通问题乃治理广西之根本：“至于交通一层，尤为目前之急务，交通不便则万事不能办，此乃根本问题。本大总统由梧苍桂，亲见漓江滩高水浅，诸多困苦，历二十余日始抵桂林。此江险阻，为文化不进之大原因。如能修筑马路，不过一二日可抵桂林，即可省数十日光阴，又可开发各县之富源。修筑桂濛马路，为治理广西之根本办法，本大总统决心先办此事，尚望诸君随时与政府共同出力，则事易举矣。”演讲结束，全体代表高呼：“中华民国万岁！”“新广西万岁！”“孙大总统万岁！”（《桂林公民向总统请愿》，上海《民国日报》1921 年 12 月 26 日；《桂林公民之大请愿》，《申报》1921 年 12 月 25 日，“国内要闻二”）

△　训令外交总长，通电反对徐世昌与日本直接交涉山东问题。

训令谓：“自我国拒签德约，山东问题遂成为国际悬案。我全国上下所祷祀以求者，惟有拒绝直接交涉，请求世界公判之一途。乃警电传来，徐世昌竟欲违反民意，与日本直接交涉。除布告反对外，合将原文录发，仰该总长迅将全文通电，唤起舆论之注意。”（《大总统训令》，上海《民国日报》1921 年 12 月 24 日，“要闻”）

△　洪兆麟来电，称力效驰驱。

是月 7 日，致电洪兆麟表示慰勉。本日，洪来电，称“向沐陶镕，以身许国，自当淬厉精神，训练士卒，力效驰驱，以酬高厚”。（《陆海军大元帅大本营公报》第 1 号，1922 年 1 月 30 日，“公电”）

是月初　宣布在桂林召开军事会议。

据报道,孙中山宣布 10 日在桂林召开军事会议,并"电华商印务局,续印一元纸币五百万元,年内先交百万,以备军用"。(《上海快信摘要》,长沙《大公报》1921 年 12 月 19 日,"快信")

12 月 10 日　在桂林对滇、赣、粤军讲述"军人精神教育"。

是日下午 1 时,粤、滇、赣三军全体军官千余人假总统行辕召开欢迎会,各界绅民凭入场券列席者百余人。会场中上列大总统席,左右两旁为高级长官席,再左右为公府随员席。莅临会场时,各军官将领均肃然起敬。略作休息后,赣军总司令彭程万宣布开会,赣军参谋长张某宣读颂词,词毕高呼民国万岁,大总统万岁,三军万岁。随后登台训示,讲述"军人精神教育",约历一时半。李烈钧、胡汉民、许崇智、蒋作宾及前川军总司令吕超相继演说,至 4 时始告闭会。(《桂林联军欢迎大总统》,上海《民国日报》1921 年 12 月 24 日,"要闻")

在演说中,就军人精神智、仁、勇三要素作了详细阐释。并指出吾人革命,"务在造成安乐之新世界","要使老者有所养,壮者有所营,幼者有所教"。当今世界"惟俄国所创设之政府,颇与相似,凡有老者、幼者、废疾者,皆由政府给养,故谓之劳农政府。其主义在打破贵族及资本家之专制,因而俄国革命党,乃被各国合攻。然迄今数年,仍不能胜,此即因俄国新政府具有决心,始能贯彻其主义"。"又由俄国革命反观,指出:俄国之革命,为打破政治之不平等,同时打破资产之不平等。而吾国今日则尚无大资本家产出,只须用预防政策,较俄国更易为力。彼俄国之新政府,名为劳农政府,实即农工兵政府。其军人皆有主义、有目的,故能与农工联合而改造新国家。吾国今日之军人,倘亦具有主义及目的,决心改造新中国,其效果必在俄国上。"最后勉励行将奔赴前线的将士:此次由桂林出发北伐,亟望各能下定决心,"发扬军人之精神,造成光辉之革命,中华民国国家实利赖之"。(《在桂林对滇赣粤军的演说》,《孙中山全集》第 6 卷,第 9—40 页)

△　致电马君武,令整顿吏治,绥抚地方。

巡桂期间,迭接广西地方绅民上书,陈述苦匪、苦兵、苦官情形,阅后"殊堪悯念"。本日致电广西省长马君武,略谓:"查桂人憔悴于盗阀之下,十年来痛苦已深,故各军扶义而西,民之望之谓可以出水火而登衽席。军兴之际,戎马仓皇,关于地方之治安,吏治之整顿,或有未能兼顾之处,今已荡平群盗,亟当尽力抚绥,则土匪应如何肃清,兵士应如何约束,各县知事应如何刷新一切,此皆当务之急。仰即切实办理,务令闾阎获享安宁之福,民治得有发展之机,是所至望。"(《陆海军大元帅大本营公报》第1号,1922年1月30日,"公电")

△　于梧州西门设大本营办事处,委任粤军总司令行营余耀华为主任。(《上海快信摘要》,长沙《大公报》1921年12月17日,"快信")

△　签发陆海军大元帅令,任命蒋作宾、吕超、石青阳、孔庚、陈白、王乃昌为大本营参议,任命赵德恒为大本营谘议。(《陆海军大元帅大本营公报》第1号,1922年1月30日,"命令")

△　李烈钧、朱培德、彭程万呈文,致谢犒赏滇军士兵。

是月6日,令大总统行营金库发给滇军士兵犒赏费广东银币一万元。接命后,行营金库即遣该部职员伍嘉城将犒赏金送交。本日,李烈钧、朱培德、彭程万呈文表示感谢,谓:"伏维我大总统顺海内之归心,缵民国之正统,发皇新治,桂岭已首跻熙台,戡定艰危,苍生将咸登衽席。旌旄远莅,气壮河山,威德覃孚,宏颁国帑,听春雷之动地,将士欢呼,戴冬日于钧天,驽骀益奋。除将奉颁犒金分别派员妥行转发宣扬德意外,所有感激下忱,理合具文呈请大总统鉴核。"(《陆海军大元帅大本营公报》第1号,1922年1月30日,"公文")

△　报刊载文,分析柳州滇军西行内情。

文章称,粤政府方面,已向外报访员作非正式承认驻在柳州滇军有向云南移动消息。"但滇军回滇之说酝酿已久,此举于西南大局关系至巨,不惟于北伐进行发生阻力,而西南自起内讧,亦足以立召外侮。且顾品珍方与孙中山接近,忽有排顾之举,是显然破坏孙之行动,而使西南瓦解也。迭经各要人劝止,唐氏旋亦觉悟,故前传是举业已打消,唐氏且有赴桂林与孙共策进行之说。而一般政客利用唐氏素不甘居人下之心理,复以此耸动唐氏,谓若顾氏北伐有功,则云南地盘益形稳固,当此自治潮流所趋,既不能向外发展,则更将无出山之望,惟有长此憔悴抑郁而已。不如乘此时机,回滇逐顾之为愈。唐氏野心不免复动,以故赴桂晤孙,又行中止。而一部分滇军亦受人运动,颇有异议,此日来滇军回滇说所以复活也。说者谓李烈钧与滇军素有感情,朱培德又力主北伐,现在内部虽略有不靖,尚不难设法制止,一俟孙文抵桂林后,风潮或可消弭。但据唐氏方面观察,唐氏日来不仅为政客所怂恿,又有吴佩孚代表在港活动,唐氏能否摆脱,则尚未可知耳。顾品珍昨有电来粤,谓已编成劲旅,区分为北伐军第一二三路,集中待发。又电致孙文,谓已任命范石生为北伐先遣队司令,杨希闵为北伐军第一路司令,杨蓁为北伐军第三路司令,并将兼省长职务交由政务厅刘祖武。在顾氏之意,一面竭力拥护孙氏,使打消唐氏回滇计划;一面则亲率师族,名为北伐,实以拒绝唐氏,到不得已时即可以一战也。现在唐氏举动仍极难测,而拥唐者亦尚积极进行不已。"(《滇军回滇之粤讯》,北京《晨报》1921 年 12 月 10 日,"紧要新闻")

12 月 12 日 致函彭泽文,望踊跃捐输。

函谓:"今西南再造,响应自治之声弥漫宇内。然自治非可徒托空言,必挟实力以为后盾。""今前敌杀贼,义不反顾,虽断胫裂身,犹冒锋突进。""文终日焦劳,冀我海外同志念前敌之艰苦、祖国之阽危,勃然有作,踊跃输将。兹中央筹饷会由发起人等公举干事十人,主持会务,广设劝捐员,一面于国内分别募捐,一面函托海外同志担任募捐之事,内外合力,共襄进行。夫国家兴亡,匹夫有责。今四百兆同胞以重任付托于我同志,则共同尽力以解其倒悬,致民国于福利者,即我同志之责也。"(《致彭泽文函》,《孙中山全集》第 6 卷,第 41—42 页)

△ 公布军事会议条例。

《军事会议条例》共十条,规定:军事会议直隶于大总统(大元帅),由陆军总次长、海军总次长、参谋总次长、参军长、各省总司令及不设总司令省份之省长人员组成。该会议的职责:"(一)关于建设国家及国防事项;(二)关于作战事项;(三)关于解决军政事项;(四)关于军事统一及各省联防事项;(五)关于政府交议事项;(六)关于本会议各员提议事项。"(《军事会议条例》,上海《民国日报》1921年12月12日,"要闻")

△　粤海关情报称:据香港中文报纸《循环日报》报道,"北方军阀曹锟收到陈炯明总司令一封电报,电报的内容是促进以尽快实现奉天、直隶、广东三方联合"。(广东省档案馆编译:《孙中山与广东——广东省档案馆库藏海关档案选译》,第286页)

12月13日　复电顾品珍,勉率师北伐。

上月18日,顾品珍来电,报告已将滇军分路编定,集中待发。业于16日将所兼省长职务,交由政务厅长刘祖武代理,以期专力疆场,躬亲前敌;并建议北伐之举,"宜战略上全盘统筹,划定各省军作战区域分配任务,指定路线,明令遵守,各专责成"。(《陆海军大元帅大本营公报》第1号,1922年1月30日,"公电")

是日复电,对其所作北伐准备及建议予以肯定。电谓:"执事辞卸兼职,专理军政,躬率劲旅,驰赴北方,俾地方举分治之实,疆场收合作之功,体国公忠,洵属超越流辈,毋任欣佩。所委各司令,皆一时干城之选,底定中原,胥于此举是赖。划定区域,分防专责,尤为战略上要着,当就各省壤地及交通上之便利,妥为区划,再行分达。"(《复顾品珍电》,《孙中山全集》第6卷,第44页)

△　粤海关情报称:"关于减少军费开支、增加民政经费问题,陈省长决定分批裁减全省军队30%。第一批定于本月执行。"16日粤海关情报称:"粤军司令部实际上执行了裁兵计划。据说,第一批被裁的士兵共有一万五千人,相当于三十五个营。"(广东省档案馆编译:《孙中山与广东:广东省档案馆库藏海关档案选译》,第286页)

△　报载孙中山发行纸币以充北伐军饷。

报道称，"造币厂已得孙中山之订单，印刷数百万元纸币。第一百万元须于十二月内交货，相信为北伐军饷之用"。（陈定炎编：《陈竞存（炯明）先生年谱》，第447页）

12月14日　在桂林召开军事会议，讨论以下问题："一，推迟发表反对北京非法政府的总统令；二，打电报给韶关李福林将军，命他暂时不要率部开赴湖南；三，总统一行将留在桂林过年；四，公布总统大本营组织条例。"（广东省档案馆编译：《孙中山与广东——广东省档案馆库藏海关档案选译》，第253页）

△　签发陆海军大元帅令，任命王乃昌为大本营桂林安抚处督办，并训令从速安辑流盗。

粤军援桂奏功后，桂系散兵多流为盗匪，治安堪虞。此次督师广西，屡屡接获各地控诉散兵滋扰报告，深为轸念，于是日任命王乃昌为大本营桂林安抚处督办，训令其"切实调查，妥为安抚，务期化莠为良，早消隐患，勿任怙恶，以苦吾民"。（《给王乃昌的训令》，《孙中山全集》第6卷，第45页）

△　签发陆海军大元帅令，任命焦易堂为大本营参议。（《任命焦易堂职务令》，《孙中山全集》第6卷，第45页）

12月15日　发表文告，揭破北京政府卖国奸谋。

是日就北京政府与日本直接交涉山东问题，伍廷芳代为签发总统文告，谓："山东问题，徐世昌久欲与日本直接交涉，只因国民监视綦严，不敢肆行己意。今竟藉华盛顿会议，派遣代表赴美，以英、美两国代表劝告为词，悍然与日本直接交涉而无所忌惮。似此甘心卖国，挟外力以压国民，实属罪不容诛。本大总统以救国讨贼为己任，除对外竭力主张无条件收回山东一切权利，废除'二十一条款'外，特宣布徐世昌及其党羽卖国奸谋。凡我国民，其共起诛之，毋后！"（《大总统命令》，上海《民国日报》1921年12月23日，"要闻"）

△　报载美国舍路埠侨商派代表送孙中山大饼，重六十磅。（《本社专电》，上海《民国日报》1921年12月16日）

12月16日　任命陈策为抚河船务管理局局长。(《委派陈策职务令》,《孙中山全集》第6卷,第47页)

△　粤海关情报称:"孙总统到达桂林后,一直忙于筹备拟议中的北伐事宜。俟唐继尧和各省代表到达桂林后,立即进行深入的讨论,然后才采取行动。至于总统的北伐文稿,已打电报指示汪精卫与广州的主要官员一起就地拟就一份草稿。草稿是否可以不需国会审议即可付诸实施,这仍有待作仔细的考虑。大多数议员认为,孙总统在动身前往广西边境前,已拥有实现国家统一的绝对权力。此外,在宣布徐世昌、吴佩孚一伙的罪行后,孙总统应当尊重全国民众的意见,执行北伐计划,因此,下令进攻北方的问题,应由总统自行决定。"(广东档案馆编译:《孙中山与广东——广东省档案馆库藏海关档案选译》,第252—253页)

12月17日　粤海关情报称:"广东远征军很快就要开始撤回来。从5月15日即发布动员令那天至10月底,对桂作战所花去的军费开支达六百七十七万元;而从6月28日即粤军在梧州设立行营那天至10月底,在广西所收的各种税款和厘金总共四十五万五千元。估计广东在这方面所亏损的总开支不少于一千万元。"(广东省档案馆编译:《孙中山与广东——广东省档案馆库藏海关档案选译》,第359页)

△　报载北京政府煽惑,意图分裂西南。

报道称,此次北伐军队,乃以粤之许崇智、黄大伟、李福林,滇之杨益谦、胡若愚、李友勋,黔之胡瑛、谷正伦、窦居仁,赣之李明扬、赖世璜等为中坚,陆续集中桂林,分途趋功。粤陈、川刘、黔卢、滇顾、桂马、湘赵均一致赞成,正极力筹备援应及后方任务。如此计划实行,历年纠纷之国家,不难统一于一旦。殊某某政客深知此中究竟,乃献计徐靳曹吴,为釜底抽薪之计。"一面派人赴港运动张某董某,又派刘显世、袁祖铭四处煽惑。谷正伦所部之团长王天培者,素党于袁,极热心利禄者也,久欲取谷而自代。今既受袁利用,极力怂恿谷正伦率兵回黔捣乱。明知此举为黔人所不容,不惜借此题目将谷正伦牺牲,以达取而代之之目的。谷初不觉悟,遂因贵州省长问题通电以发其端,王天培即收纳王华裔所部,自由行动,开往省内。假令其计划成功,则黔省陷于内争,北伐之举,立竟而破坏。刘显世、袁祖铭依附北方,甘作鹰犬,诚不足责,而谷正伦身为西南中坚分子,亦恐难辞责。幸黔军卢总司令烛破其奸,早有防备,黔司令胡瑛亦大义凛然,力主北伐,且亲赴香港迎唐北上,因之卷地风潮,渐归岑寂。此刻唐冀虔与孙中山携手,亲赴桂林,商议北伐,南方各省之拥护中山,现已趋于一致。合滇黔川湘两粤之力,分途北伐,真有如火如荼之概,历年纷扰之南北问题,或可得一结束也。"(《广州特约通信》,上海《民国日报》1921 年 12 月 17 日,"要闻")

12 月 18 日　为文追悼林修梅。

是日,于广州设位追悼林修梅。特派陆军部次长程潜代为致祭,并为文以诔。诔曰:"唯君之生,曼珠方恣,翳君之逝,国难未已。君之一生,艰难历史,宝剑长埋,英雄何恃。君始从戎,志切西封,谋抗充因,彼皆内聋。发张愤楚,辛壬之际,茧足三湘,功存经制。国有元凶,醢凤贼龙,空山伤足,东海栖踪。济济平社,助予同功,护法讨贼,转战千里。三度衡阳,屡仆屡起,岳云昏昏,湘流汕汕。振臂一呼,鼓声不死,疮痍载途,民亦劳止。律如秋霜,壶浆咏喜,惟食如货,为民之天。豪强抢夺,人乃颠连,君目如炬,其论蔼然。军人宝筏,仁者之言,政府草创,祭酒军诹。方赖明达,宏我远猷,溘然长逝,何不少留。天湖此醉,抑予之尤,我不遑宁,驾言西适。挞彼群凶,以安四国,徒御戒行,君方绵缀。语出呻吟,不忌跋涉,以此励军,士气弥炽。君志必成,我行未已,靖国弭兵,君固不死。呜呼哀哉!尚飨。"(《林上将修梅追悼会纪》,上海《民国日报》1921 年 12 月 25 日,"要闻")

△　报载孙中山、伍廷芳将对美国发出警告:"勿因海军减吨案,以中国实权为牺牲。日本与北代表所议,妨害中国主权实际之条件,正式政府代表全国民意,概不承认。"(《本社专电》,上海《民国日报》1921 年 12 月 18 日)

12月19日　任命蔡大愚为大本营谘议。(《陆海军大元帅大本营公报》第1号,1922年1月30日,"命令")

△　报载张作霖调停南北计划,拟任孙中山为西南五省经略使,陈炯明为副,准西南自治罢兵,一致对外。(《香港华字日报》1921年12月19日,"本报特电")

△　据报载,孙中山"近日派密探多人,携带巨款,潜伏陕南战地,运动吴新田部下将士勿为直系帮忙,冀其溃变"。(景平:《六志陕西之战事》,《申报》1921年12月19日,"国内要闻")

△　粤海关情报称:"粤军兵站总监一直辖有三千名士兵,但是,最近由于撤销了兵站,孙总统打算将他们改编为他的拱卫军。然而,兵站总监钟秀南认为,如果这些部队调拨给孙直接控制,那么,他们与他的关系就会这样了结。因此,他向陈炯明总司令谈及此事,建议把他的部队改编为第八路粤军,由他自己任司令,兼任现职广东财政厅长。"(广东省档案馆编译:《孙中山与广东——广东省档案馆库藏海关档案选译》,第286页)

12月20日　命内政、外交两部,"海关、常关及邮电等附带赈捐,自11年1月16日起实行停征"。(《本社专电》,上海《民国日报》1921年12月22日)

粤海关情报称:本日,"孙总统向代财政总长伍廷芳和内务总长陈炯明发出指令,大意是:对关税、邮电征收附加税应在1922年1月15日后停止。为救济目的而征收附加税是军政府国务会议所通过的一项决议,为期一年"。(广东省档案馆编译:《孙中山与广东——广东省档案馆库藏海关档案选译》,第360页)

12月21日　唐继尧抵达柳州。

是日,唐继尧抵达柳州。到柳后,即召集滇军将领举行军事会议,筹商解决时局办法。"全体军官皆主张先定滇局,然后北伐。力言滇省为护法根据地,关系重要。顾品珍并非诚意北伐,不过藉北伐为名,组织军队,来迎击在外之滇军。我不打他,彼亦必来打我。为大局计,为滇军计,皆不得不先谋根本解决。"会议决定,"下月初四五日完全开拔回滇"。(《驻桂滇军决定回滇之探报》,《香港华字日报》1921年12月28日,"粤省要闻")

12月22日 致电廖仲恺等,嘱与徐树铮商洽。

闻徐树铮抵粤,自桂林致电廖仲恺、汪精卫,嘱与其商洽共同打击直系的军事计划。电谓:"徐君惠临,慰我数年渴望。且我等已积极进行,由粤至桂,动需月余,虑于彼此所事有所妨碍,兹请两兄及介石为我代表,与切商军事之进行。现我军决于旧历年后用兵,吴佩孚若来,则用小包围法,击之于衡、宝一带。彼若退守武汉,则用大围之法,以荆、汴、长、岳为正面攻击,由汉水出襄樊为左翼,由赣出九江、黄州为右翼,三路以制其死命,两者皆以有他军为援,应为我之大利。闽王攻赣之背面,鄂孙乱吴之后方,尤须应时,请先注意于此。形势既利,浙卢、皖马即可据长江下游,而豫赵、鲁田共起,使直系更无归路。自来战略因于政略,吾人政略既同,斯为南北一致,以定中国,其庶几也。此电已兼示汝为。"(《孙中山与段张建立反直同盟函电选》,《历史档案》1986年第3期)据报道,徐树铮抵达广州后,初寓西堤亚洲酒店,嗣改寓粤军第一师司令部。邓铿及军界各要人均密往接洽。且闻此间有电致孙中山,并谓孙中山将委徐为参谋部长。(《徐树铮抵粤消息续报》,《香港华字日报》1921年12月27日,"粤省要闻")

△ 报载宋庆龄偕同红十字会安抵桂林。(《本社专电》,上海《民国日报》1921年12月22日)

12月23日 共产国际代表马林抵达桂林。

为对抗太平洋会议(华盛顿会议),推动远东地区的革命形势,苏联和共产国际除组织召开远东人民代表大会外,并命令派驻各国的代表积极活动。12月10日,马林在张太雷的陪同下自上海启程,转道汉口南来。时包惠僧恰在武汉,有所忆述:"1921年9月初,我奉中央之命到武汉,任武汉区党委书记,并兼劳动组合书记部长江支部的主任。有一天,接张太雷电报,要我到汉口怡和码头接船,到时我约陈潭秋一起去,约在下午 3 时左右,由上海开来的船到了,我们上船去见到张太雷与马林正在准备下船。张太雷对我说:'我们不在武汉停留,我们马上过江乘粤汉铁路火车去广州。'我在上海时,便知道马林要访问孙中山,谈国共联合战线的问题。"(包惠僧:《包惠僧回忆录》,第 432 页)一路长途跋涉,饱览中国内地破败景象,最终于 23 日晚抵达桂林。中国国民党广西支部长邓家彦负责接待。他将来宾安排在广西银行下榻。据其观察,马林等进入金碧辉煌的银行大楼,目睹建筑整洁雅致,意外之余,不胜欣喜,顿时生出"复履文明之城"的感觉。

在马林逗留桂林的九天里,孙中山与他进行了三次坦率的谈话。二人会晤时,胡汉民、许崇智、陈少白、孙科、林云陔、李禄超、曹亚伯、朱卓文等时在桂林的国民党要人陪同接待。"最开始时是讨论华盛顿会议的问题,接着讨论了帝国主义的问题,俄国革命的实质、革命宣传的意义以及工人对解放斗争的作用等问题。孙中山受过西方教育,可却是一个地地道道的中国人,他毫不含糊的表示了对新俄国的强烈同情,他同时又时时不忘宣传自己的事业。他向我那位年青的同志调查了学生运动的状况,他反对学生空谈哲理,强烈主张学生诉诸行动,起来反抗。"([荷]马林:《我对孙中山的印象》,李玉贞主编:《马林与第一次国共合作》,第 367 页)

谈话间,马林介绍了帝国主义在华盛顿召开的分赃会议,以及共产国际的对策,即召开远东人民代表大会。他指出,华盛顿会议"表明列强已经插手中国事务",他们"通过这次会议达成了某种合作,而中国和苏联是其受害者"。"华盛顿会议使苏俄和中国处于同样的地位,从而决定了这两个国家必将互助合作以反抗四国同盟。在中国建立一个坚强的真正独立的中央政府,并非纯属中国一国事务,它具有直接的国际意义。"马林并对《建国方略》进行了评论,认为利用列强来开发中国的富源,帮助中国进行建设,是根本不现实的。

马林还向在座的国民党领导人介绍了苏俄新经济政策的内容,

并详谈了苏俄对远东国家的政策和期望。他指出："苏俄政府对亚洲的改革证明苏俄坚决支持所谓落后国为政治独立而斗争。基于同样的理由,中国革命政府也应同苏俄合作,并应尽快同苏维埃共和国达成明确的协议,以增强国家的地位。"

对于苏俄实行的新经济政策,孙中山颇表称许。但对马林所宣传的共产主义理论和共产主义革命的伟大理想,显然并不能接受。他用英语郑重说明了自己的主张:"革命之主义,各国不同,甲能行者,乙或扞格不通。故共产之在苏俄行之,而在中国断乎不能。"并向来宾介绍了中国国民党的思想体系:"中国有一道统,尧、舜、汤、武、周公、孔子相继不绝。余之思想基础即承认道统而发扬光大耳。"孙中山还借此机会,与张太雷就青年需要更积极参与民族主义运动进行了讨论。据马林忆述:孙中山"宣称马克思主义里面没有什么新的东西,中国的经典学说早在两千年前就都已经说过了"。他的思想具有某些神秘特性,他"向我说明他是怎样发展一个有希望的青年军官加入国民党的:'一连八天,每天八小时,我向他解释我是从孔子到现在的中国伟大的改革家的直接继承者,如果在我生前不发生重大的变革,中国的进一步发展将推迟六百年。'"

马林此次来访,虽然没能使孙中山立即决定师法苏俄,但却有效沟通了双方情况,使孙中山与苏俄及共产国际的关系迈入了新的阶段,对此后中国国民党政策及中国国内政局的走向产生了深远影响。([荷]马林:《中国的建设与对苏关系》,《马林与第一次国共合作》,第53—54页;邓家彦:《马丁谒总理实记》,罗家伦主编:《革命文献》第9辑,第203—207页;伊罗生:《与斯内夫利特谈话记录》,《马林在中国的有关资料(增订本)》,第24—25页;李玉贞:《孙中山与共产国际》,第98—104页)

△　据载,孙中山函招徐树铮前往桂林,"徐现拟于旧历年内即往桂林一行"。(《徐树铮赴桂林消息》,《香港华字日报》1921年12月28日,"粤省要闻")

△　任命粤军第七独立旅旅长吴忠信兼任大本营宪兵司令。

(《陆海军大元帅大本营公报》第 1 号,1922 年 1 月 30 日,"命令")

12 月 24 日　梁士诒任北京政府国务总理。(《申报》1921 年 12 月 26 日,"命令")

12 月 25 日　报载孙中山、陈炯明对于北伐态度大相径庭。

报道称,孙中山现以师行在即,关于军事筹备有三:"(一)组织雷电队。孙昨下令粤军长官,组织水陆雷电队,开赴桂林行营,听候调遣。闻总部昨已调集前水鱼雷局学员,就中挑选学识较优者编为一大队,定名为广东水陆雷电队,委马伯群为队长,已于 12 日报告成立,并搜集水雷电雷百数十具,将于日内拔队西上,驰赴行营效命。(二)调遣飞机队。陈庆云、张惠良两飞行家自去年返粤,及今年援桂,随军助战,叠著功绩。此次孙率师北讨,已令随征,故彼等近数日业将所部飞机整理,并作长途试演。而航空局亦已准备大号飞机实行试演,由广东飞赴湖南,将来大军一出长江,飞机可为前锋之助,俟日间整备妥协,即可随军出发。(三)增募新兵。第二军军长许崇智因本军开赴桂林,准备出发,须认真训练,汰弱留强,故特派第十五营营长梁若谷,赴罗定招募新兵数百名;又派军事委员数名,往北江韶关一带,增募新兵二千余名,以备补充。现梁营长及各路委员已将新兵招足,陆续运往桂林,以便训练成军。"

而陈总司令方着手裁兵,进行甚速,已将命令拟定,不日发表。其文略谓:"我军自援桂以来,军费增加已达极点,现当库储支绌,亟须统筹收束,分别裁汰,以资撙节。着本军各部长官,体察情形,拟定裁遣兵额,呈报核夺。"当此军事紧急之秋,而有裁兵之举,殊令人不能无疑。并闻其裁兵计划已决定实行,第一次裁遣兵额约为一万五千人,营数则在三十五营左右,即于各陆军师旅、各警备队内酌量抽裁。日前已通令各部队长官,迅将拟定裁遣营连数目具复察夺。(《北伐声中粤政府之意见分歧》,北京《晨报》1921 年 12 月 25 日,"紧要新闻")

12 月 26 日　委派大本营金库长林云陔兼任桂林广西银行总理,龙鹤龄、谢尹为桂林广西银行协理。(《陆海军大元帅大本营公报》第

1号,1922年1月30日,"命令")

12月27日　发布命令,为林义顺等授勋。

令谓:"林义顺给予一等嘉禾章;廖正兴给予二等嘉禾章;林文庆给予三等嘉禾章;蓝伟烈给予四等嘉禾章;郭巨川准给予五等嘉禾章;郭绍智准给予六等嘉禾章;陈敬堂、刘坤意、杨世典、吴扬芳、刘敬亭、刘正典、叶玉桑,均准给予七等嘉禾章;刘碧波、余来吉、蔡日升、林贵洲、王少兰、杨添发,均准给予八等嘉禾章。"(《大总统命令》,上海《民国日报》1922年1月4日,"要闻")

△　报载陈友仁谈孙中山统一政策。

据国闻通信社报道,孙中山私人秘书陈友仁于日前来沪,寓居东方饭店,该社记者前往访问,询以西南当局对于大局之意见。陈友仁谓:"据北京方面各种消息,均预示梁士诒将谋中国政治上之统一,然此不过系揣测之辞,并非诚能实现。孙文与粤政府确有一种统一之政策,其政策之要义在谋得真实主义之保障。行此政策之手段,即须将徐东海除去,而使西南居于全国领袖之地位。"记者请详为解释孙中山统一政策,陈谓:"吾人所以欲否认徐氏者,并非因有不洽于其私人。粤政府之决定政策,并不于私人之行为及其人格着眼,亦不能有排除某某私人,使不得干与于政治之意。惟徐如继续保其位置者,实足使吾人三次革命所抱之主义不能实现,阻碍国事不得解决,故必去之而后可。今目的既未达,人民自必继续为贯彻此主义而牺牲,数月之后长江中部当有此预备牺牲者十万人也……吾人以为,民国必须存在,亦必须真有民国之实。然徐为非法国会所选出,苟令其一日在位,则政府一日为不合法,更无所谓民国之实,亦无统一之可言。吾人所以主张西南取得全国领袖地位者,并未鉴于西南人物性质较他人为高,惟以倡造民国为民国奋斗及牺牲之人;若较诸彼行为轹损及国家之人,自当合宜于全国领袖之地位。徐去而西南居于全国领袖,则真实主义之保障斯存。徐氏若去,孙氏即为全国独一之总统,惟即如此情形,今日固无人能否认孙氏确系合法之元首也。其合法之地位,为西南各省所承认,湘省全部自亦在内。苟今日徐氏一去,则中立各省之大部亦必归附西南。吾人计算,届时至少全国各省有三分之二以及多数之人民与西南一致也。果然此种情形一旦实现,则各国因国际上及事实上之需要必承认西南政府。各国承认则西南自为正式中国合法之政府,则其结果现在之巡阅使、督军等等如届时敢违抗西南政府者,则自居于叛乱之地位,在政治上更无作乱之能力;且制于法律,乱动即为犯罪行为,当受法律之裁制,想当时彼督军亦决不能有此胆量。”“陈之所以言督军制者,盖记者曾询以西南苟得所谓真实主义之保障,将何以处督军制故耳。”(《孙文秘书之谈话》,天津《大公报》1921 年 12 月 27 日,“紧要新闻”)

△　粤海关情报称,吴佩孚派来广州与陈炯明商订直系同粤军结盟的代表张雨山已返回汉口。“据说,这次谈判的结果是令人满意的。他偕陈的代表北上河南洛阳,以介绍后者与吴佩孚就这个问题作深入的接触。”(广东省档案馆编译:《孙中山与广东——广东省档案馆库藏海关档案选译》,第 287 页)

12 月 29 日　滇军总司令顾品珍电告:“各路动员已准备完竣,准于下月初旬次第开拔。”(《陆海军大元帅大本营公报》第 1 号,1922 年 1 月 30 日,“公电”)

△　训令李烈钧,整肃军纪。

巡桂期间,迭接钟山、桂灵等县公民上书,呈诉知事贪酷、兵士骚扰及土匪劫掠情形,“恻然如伤,不忍卒阅”。本日将各县人民请愿书抄示大本营参谋总长李烈钧,并训令彻查滋事扰民军队。令谓:“查广西各县地方疾苦,以匪祸为最巨,而肃清土匪,责在军队。今劫案迭出,军队将何以自解? 知事搜括财赂,诈取刑求,罪不可逭;间有出身军人,以军队为护符,作奸犯法,与兵士恃其武力蹂躏闾阎者,其事尤堪痛苦。夫政府此次北伐,盖不得已而用兵,期能本革命之精神,救吾民于水深火热之中,故师行所至,首在保民,务宜耕市不惊,秋毫无犯。”“兹将各县人民请愿书另抄一份发交该总长查阅,凡有罪关于控案者,即应查明各该县所驻扎之军队系属何军,由该总长令饬各该军长官,会同大本营桂林安抚处督办王乃昌,按照所控事实,分别彻究惩办。"(《陆海军大元帅大本营公报》第 1 号,1922 年 1 月 30 日,"训令")

12 月 31 日　报载孙中山派员测量由桂入湘路程。

报道称,孙中山近在桂林组织测量处,连日派员入湘,测量由桂林达全州路程。昨又组织电信队,并由参军处致函粤省,招电信人才赴桂。(《孙文测量由桂入湘路程》,《香港华字日报》1921 年 12 月 31 日,"粤省要闻")

△　报载上海某系政客派人访唐绍仪,称梁士诒主张南孙北徐均来沪,当面直接议和。唐派人转达陈炯明,陈大笑。(《本社专电》,上海《民国日报》1921 年 12 月 31 日)

是月　与美国记者嘉乐利谈话,对中国未来充满信心。

美国记者嘉乐利来访,就中日关系、中国未来等问题探询意见。谈话中,嘉乐利问是否畏忌日本,答谓:"日本不足畏矣。日本之伟大人才,已如陈土,求如当年明治天皇之人才,今不复睹矣。"反观中国,"固尚觉暗然无生机,但自太平之役而后,即如美国南北战争,于绝望中忽发现新生命之时期。惟中国所经之途径,皆属黑暗无光。昔者美国民族尔时因系一少年之民族,今亦犹为少年之民族,困难问题较少。若中国则一旧民族也,其困难问题,因之亦甚繁夥,旧日相传之习惯,势必较长之时日始能革除之。顾当吾中国人民改革旧日困难之时,则有外人从而环绕之,而掣其肘,控制其咽喉,束缚其行动,因而消灭其改革工程之效力"。因此若持日本与中国比较,"彼直接造成现代日本之伟大人物,皆不复存;而中国之伟大人物则正在诞生。与或不能躬睹敝国获得自由最后胜利之一日,但余绝不欲生见吾民沦入于西方巴比伦为人囚奴之境界"。(《美报论孙总统与华盛顿会议》,上海《民国日报》1921 年 12 月 14 日,"要闻")。

随后,嘉乐利博士在美费星期报刊文,指出孙中山为当今中国民族之唯一领袖,太平洋会议西南代表排除在外,实因孙中山系中国内奸及外贼之仇敌。该文略谓："孙逸仙博士之所以常为中外反对及毁骂者，即因孙博士常发其直率之言，宣诸天下，以反对此二种劫贼（指本国强盗及外国强盗——引者注）故也。自 1895 年以来，政治上之巨涛恶浪，不知覆没多少中国政治上之人物，而孙博士巍然独存。今日之南方中华民国孙大总统，其穷困一如数十年前提倡推翻满洲之革命首领孙逸仙，任反对者之如何污蔑、如何攻击而无伤。孙博士之敌党虽多，且多有权力者，然彼辈皆不能攻败孙逸仙博士忠诚救国之人格。彼等劳心苦思，每欲寻隙以中伤之者，亦已有年矣，然彼辈实未曾得一健全有理之根据，即此一端，至今已成一惊世人之事实。盖中国政治自孔子以来，恒为'腐败''黑暗'所笼罩，孙逸仙博士则诚直忠实之真人也，彼今日之在中国乃惟一之明星，能当诚直忠实之称而无愧者也。且彼亦为今日中国民族之唯一领袖……夫孙逸仙总统之所以不能容于华盛顿会议者，同彼等打劫中国之内奸、外贼之仇敌故也。孙反对劫夺中国人民之内外强盗，孙自知之，且自言之。孙更知内外两种之劫贼正互相为援应，互相勾结以剥夺中国民族之生命。"（《美报论孙总统与华会》，上海《民国日报》1921 年 12 月 14 日，"要闻"；《美报论孙总统与华会（续）》，上海《民国日报》1921 年 12 月 15 日，"要闻"）

　　△　为《黄花岗烈士事略》作序，呼吁国人协助实现真正之中华民国。

　　《黄花岗烈士事略》一书为邹鲁所撰。书稿完成，前来求序。是时方督师桂林，稍得闲暇，应为作序。序言充分肯定黄花岗起义之价值，"直可惊天地、泣鬼神，与武昌革命之役并寿"。进而由远及近，指出："环顾国内，贼氛方炽，杌陧之象，视清季有加；而予三十年前所主唱之三民主义、五权宪法为诸先烈所不惜牺牲生命以争者，其不获实行也如故，则予此行所负之责任，尤倍重于三十年前，倘国人皆以诸先烈之牺牲精神为国奋斗，助予完成此重大之责任，实现吾人理想之真正中华民国，则此一部开国血史，可传世而不朽；否则不能继述先烈遗志且光大之，而徒感慨于其遗事，斯诚后死者之羞也。"（《〈黄花

岗烈士事略〉序》,《孙中山全集》第6卷,第50—51页)

　　△　为蒋翊武就义处题写碑文。

　　蒋翊武,字伯夔,辛亥革命武昌首义的主要组织者和领导者。1913年参加"二次革命"讨袁之役,事败后逃亡广西,在兴安县被俘。袁世凯电令就地正法,于9月20日上午10时就义于桂林丽泽门外左转弯之六垛口下,终年二十八岁。1916年,革命党人将其由桂林迁葬于长沙岳麓山。

　　是年12月,革命同志李光襄、覃理鸣、黄静谦、于哲士、杨少炯、廖湘芸、安百一等在桂林大本营呈请为蒋翊武建就义纪念碑。碑文为"开国元勋蒋翊武先生就义处　孙文敬题"。胡汉民奉命撰写题记,曰:"蒋公翊武,澧州人,笃志革命,辛亥武昌发难,公功为冠,以武昌防御使守危城,驱强敌,事定,即引去。当道縻以官爵,不受。癸丑讨袁,将有事于桂,至全州,为贼将所得,贼酋阿袁氏旨,遂戕公于桂林丽泽门外。今年冬,大总统督师桂林,念公勋烈,特为公立碑,而命汉民书公事略,以昭来者。公之死事与瞿张二公不同,而其成仁取义之志则一也。"(郭汉民:《蒋翊武的最后一段人生历程》,《武陵学刊》2012年第4期)

　　△　致电益智书报社,祝贺创刊八周年。电谓:"宣传主义,启牖文明。"(《益智书报社八周年纪念贺电》,《孙中山全集》第6卷,第51页)

　　△　致电吉礁坡中国阅书报社,祝贺成立十周年,誉其"振三民之木铎,导五权之先河"。(《吉礁坡中国阅书报社十周年纪念贺电》,《孙中山全集》第6卷,第51页)

　　是年　为黄花岗七十二烈士墓题词:"浩气长存　民国十年孙文敬题。"(《为黄花岗七十二烈士墓题词》,陈旭麓、郝盛潮主编,王耿雄等编:《孙中山集外集》,第640页)

　　△　为翠亨学校题词:"后来居上。"(《为翠亨学校题词》,陈旭麓、郝盛潮主编,王耿雄等编:《孙中山集外集》,第641页)

　　△　为《汕头晨报》题词:"凤鸣朝阳。"(《为〈汕头晨报〉题词》,陈旭

麓、郝盛潮主编，王耿雄等编：《孙中山集外集》，第641页）

△　为湘雅医科大学第五届毕业同学题词："学以致用　湘雅医科大学第五届毕业纪念。"（《为湘雅医科大学第五届毕业同学题词》，陈旭麓、郝盛潮主编，王耿雄等编：《孙中山集外集》，第641页）

△　申圭植来函，请向美国议员代为陈述韩情。

函谓：美议员来华观光，关于远东大局匪鲜。"唯吾人向曾以独立问题请求美议院之赞助，时赞成提出者甚多，现该议员团既东来考察，知先生于欢迎之际，对于中国及吾韩诸种问题，必有极精确之言论，使该议员团返美时转以宣传美之国民，俾得实力扶助也。但该议员团中赞成吾人者固不必言，而不明吾国情形者谅非少数，为此函请，希于讲演或谈话时借重一言，想先生为正义人道，即无吾人之申请，亦必有所述及也。"（《申圭植致总理函》，环龙路档案第04800号）